제 4 판

패널데이터강의

■ 한치록 ■

박영사

요약 목차

목차

제4판 서문

제4판에서는 최근의 연구 동향을 반영하여 정책도입의 지연(staggered adoption)과 정책효과 이질성이 결합하여 나타나는 문제에 대한 논의와 예제를 4.3절에 추가하고, 합성 이중차분법(Synthetic DID)에 관한 논의와 예제를 4.4절에 추가하였다. 또한 기후와 경제성장의 관계를 살펴본 Burke, Hsiang, and Miguel (2015, *Nature*) 논문 예제를 4.5절에 포함시켰다. 그 외에도 FD 회귀에서 제곱항이 있을 때 Stata가 명령을 처리하는 방식과 관련된 특이한 혼동사항을 처리하였고(예제 3.5), 5.3절 Bartik 도구변수에 관한 논의를 더 정리하였으며, 전체적으로 서술을 다듬었다. 데이터 저장소는 초판 서문에 있다.

용어 면에서 '2중 클러스터 표준오차'를 'two-way'라는 표현에 더 가깝게 '양방향 클러스터 표준오차'로 바꾸었다. 기호 측면에서 고정효과 모형은 $\alpha + \mu_i$를 α_i라 하고 모형을 $y_{it} = \alpha_i + X_{it}\beta + \varepsilon_{it}$로 쓰는 경우도 많다. 독자들이 α_i 표현에 좀 더 익숙해지도록 고정효과 모형의 경우 α_i 표현을 약간 더 사용하였다. 조판 측면에서 Stata의 버전이 바뀌면서 `xtset` 명령의 출력에 빈 줄이 추가되어 행 번호가 전체적으로 뒤로 밀리는 곤란한 일이 발생하였다. 앞으로도 Stata 버전이 바뀜에 따라 이런 일이 또 생길 것을 대비하여 이번 기회에 아예 빈 줄에는 번호를 매기지 않는 식으로 바꾸어 버렸다. Stata의 사소한 변화에 대해 이 책이 더 견고해졌기를 바란다.

다양한 흥미로운 문제들을 제기해 준 독자 여러분, 학생들, 동료교수들께 고마운 마음을 전한다. 4판 출판을 위해 수고해 주신 박영사 여러분과 많은 성원을 보내 주신 독자들에게도 깊이 감사드린다.

2024년 1월

한치록

제3판 서문

제3판에서는 상당한 보강이 이루어졌다. 고정효과 모형에서 제곱항에 관한 논의(4.6절)와 Bartik 도구변수에 대한 설명(5.3절)을 추가하였다. 이중차분법(4.3절)에 대한 설명을 보완하고 이중차분법과 통제집단 합성법(4.4절)을 별도의 절로 분리하였다. 고정효과 로짓 모형(8.4절)에서 평균부분효과 논의를 보강하였으며, 2중 클러스터 분산추정에 관한 논의를 전체적으로 정리하고 관련 Stata 패키지들을 소개하였다. 또한, 선형모형에서 CRE(상관된 임의효과) 모형과 관련되는 기본 내용을 별도로 정리하였으며(3.7절), 독자의 편의를 위하여 임의효과 존재 여부의 검정을 2.5절로, 고정효과 대 임의효과 검정을 3.8절로 옮겼다. 색인에서는, 사용된 데이터와 외부 패키지들을 포함하여 전반적인 정비를 하였다.

　　다양한 흥미로운 문제들을 제기해 준 독자 여러분, 학생들, 동료교수들께 고마운 마음을 전한다. 3판 출판을 위해 수고해 주신 박영사 여러분과 많은 성원을 보내 주신 독자들에게도 깊이 감사드린다.

2021년 1월

한치록

제2판 서문

제2판에서는 예제들을 보강하고 정책효과 분석에 관한 내용을 추가하였으며(4.3절과 10.4절 참조), 초판에서 설명이 다소 부족했던 부분들을 명확히 표현하고자 하였다. 초판 서문에서 언급하였듯이 책 내용 중에서 '❀' 표시된 부분은 심화학습을 위한 것으로 그 내용이 미묘하거나 어려울 수 있음을 염두에 두기 바란다. 그동안 다양한 흥미로운 문제들을 제기해 준 동료 연구자들과 학생들에게 고마운 마음을 전한다. 2판 출판을 위해 수고해 주신 박영사 여러분과 초판에 많은 성원을 보내 주신 독자들에게도 깊이 감사드린다.

2018년 10월

한치록

초판 서문

패널 데이터 혹은 종단 자료란 여러 개체들을 복수의 시간에 걸쳐서 추적 조사함으로써 얻는 데이터를 말한다. 1998년 이래로 5천여 개 가구를 추적 조사해 온 한국노동패널이 대표적인 사례이다. 패널 데이터는 각 개체의 관측되지 않은 고유 속성으로 인한 차이를 통제할 수 있게 해 준다. 예를 들어 개인들의 패널이라면 각 개인의 유전적·환경적 차이를 고려할 수 있고, 국가들의 패널이라면 각 국가의 역사적·문화적 차이를 통제할 수 있다. 그 결과 패널 데이터는 횡단면 데이터나 시계열 데이터와 다른 새로운 측면에서 경제현상들을 바라볼 수 있게 한다.

이 책은 이러한 패널 데이터를 분석하는 방법에 관한 것이다. 패널 데이터에서는 기본적으로 각 변수마다 2차원의 구조를 가지며 그 분석 모형이 다채롭고 결과의 해석이 매우 흥미롭다. 연구자는 우리 주변의 다양한 경제현상과 사회현상에 관하여 패널 데이터의 형태로 존재하는 풍부한 정보들을 올바르게 추출하고 해석함으로써, 우리 주변 세계에 관한 의미있고 심오한 통찰을 얻을 수 있을 것이다.

이 책을 쓴 목적은 계량경제학에 대한 기초 지식을 갖춘 독자들이 패널 데이터 분석 방법에 대하여 공부하여 독립적으로 연구논문을 작성할 수 있도록 돕기 위함이다. 저자의 경험을 바탕으로 실제 응용연구에서 등장하는 여러 문제들에 중점을 두면서 패널 데이터 계량경제학의 전체적인 내용을 서술하려고 하였다. 패널 데이터의 분석 과정은 통상적인 의사소통 방식, 즉 언어만을 사용해서는 의도한 내용을 제대로 전달하기 어려울 만큼 충분히 복잡하다. 다시 말하자면 수학을 사용하여 설명하지 않으면 말하는 이와 듣는 이 사이에 오해가 발생하기 십상이라는 것이다. 이러한 점을 고려하여 필자는 언어적 서술과 수학적 설명의 균형을 맞춤으로써 지나치게 복잡하지도 지나치게 간단하지도 않게 설명하고자 노력하였다. 이를 위해 패널 데이터 분석 과정에서의 수학적 엄밀성, 내적 정합성, 심미성을 추구하기보다는 최대한 독자들이 쉽고 정확하면서도 패널 분석에 있어 미묘한 점들을 이해할 수 있는 방식으로 서술하고자 하였다. 또한 독서의 원활한 흐름을 위해 지나치게 학술적이고 기술적인 세부사항이 독해의 방해물이 되지 않도록 구성하려고 하였다. 그렇다고 하여 이 책이 기초적인 내용만을 담고 있는 것은 아니며, 연구자들이 실제 연구에서 직면하는 문제들을 깊이 있게 논의하고자 하였다.

이와 더불어 이 책에서 심혈을 기울인 것 중의 하나는 적절한 예제들을 제공함으로써 독자들이 실제로 패널 데이터를 분석해 볼 수 있도록 한 점이다. 이를 위한 소프트웨어로 Stata를 사용하였다. Free software로 R이 있기는 하지만, 기초 계량경제학과는 달리 내용의 설명만으로도 매우 복잡하여 프로그래밍까지 자세히 다루기는 어려웠다. 보다 쉽고 간편한 패키지를 찾다 보니 Stata를 선택하게 되었다. Stata는 유료 소프트웨어이기는 하지만 패널 분석에서 널리 이용되고 있고 사용이 간편하다는 장점이 있다. 이 책에 제시된 Stata 코드들은 저자가 여기저기서 다양한 방법으로 배운 것들을 기초로 한다. Stata 매뉴얼, 인터넷 검색, 수많은 시행착오, 그리고 무엇보다도 동료 및 학생들과의 대화가 많은 도움이 되었다. 이 책에서 사용된 모든 데이터와 여타 학습 자료는 이 책의 웹사이트인 *econ.korea.ac.kr/~chirokhan/panelbook*에서 찾아볼 수 있다. 독자들은 이 실습예제들을 직접 실행해 봄으로써 많은 내용들을 효과적으로 배워나갈 수 있을 것으로 기대한다.

Donald Knuth가 The TeXbook (1986)에서 사용한 '⚲' 표시는 내용이 수학적이거나 어려울 수 있으므로 처음 읽을 때에는 건너뛰어도 좋음을 뜻한다. 이 표시가 두세 번 중복되는 곳은 더욱 미묘하고 어려울 수 있으므로 특별한 주의를 기울여 주기 바란다.

이 책의 저술이 쉽지는 않았다. 수학에 전적으로 의존하지 않으면서 이 주제를 저자의 의도대로 전달하는 것이 얼마나 어려운 일인지 절실히 느끼는 시간들이었다. 설명이 너무 간단하거나 너무 복잡하여 독자들이 이해하기 어렵지 않을지, 수식이 너무 간단하거나 복잡하여 따라가기 힘들지는 않는지 노심초사하며 많은 시간이 흘렀다. 독자들의 편의와 이해를 돕기 위해 원고를 수십 번 읽으면서 고치기를 반복했다. 그러나 사람이 하는 일에 완벽이란 있을 수 없으며 여전히 아쉬움이 남지만, 적어도 독자들에게 도움이 될 만한 최소한의 수준에는 이르렀다고 판단하여 출판을 단행하게 되었다. 앞으로 독자들과의 소통과 교감을 통하여 이 책의 부족함이 채워져 나가리라 믿는다.

이 책이 완성되기까지 많은 분들의 도움이 있었다. 저자가 이 책을 준비한다는 소식에 아낌 없는 격려와 응원을 보내 준 동료 교수들과 연구자들에게 감사한다. 고려대학교 박사과정 이고은 학생은 원고를 꼼꼼히 읽고 교정에 많은 도움을 주었으며 실습 예제들이 제대로 작동하는지 확인하여 주었다. 또한, 많은 대학원 학생들이 이 책의 초고를 저자의 의도대로 혹은 저자의 의도와 다르게 이해함으로써 이 책의 저술 방향과 내용에 신선한 통찰과 도움을 주었다. 이 책이 세상에 나오기까지 많은 수고를 해 주신 박영사에도 감사 드린다. 마지막으로 내 삶의 원동력인 가족들에게 사랑과 고마움을 전한다.

2017년 2월

한치록

1 준비

이 장에서는 패널 데이터가 무엇인지 설명하고(1.1절), 패널 데이터 분석의 이해에 기초가 되는 계량경제 기법들의 기본 내용을 대략적으로 살펴볼 것이다(1.2절). 더 자세한 내용에 대해서는 Wooldridge의 *Introductory Econometrics: A Modern Approach* (박상수·한치록 역)나 필자의 **계량경제학 강의** 등 계량경제학 입문서를 참조하기 바란다. 이 장에서는 또한 Stata 소프트웨어의 사용법에 대하여 간략히 소개하고(1.3절), 패널 데이터를 저장하는 방법에 대해서도 설명한다(1.4절). 이 장의 제목이 '준비'인 까닭에 별로 중요하지 않고 건너뛰어도 된다는 느낌을 받을 수 있으나 실상은 그렇지 않다. 오히려 이 책 전체에 걸쳐서 등장할 중요한 내용들을 포함하므로 특별한 주의를 기울여서 읽어 주기 바란다.

1.1 패널 데이터

패널 데이터panel data 혹은 종단 자료longitudinal data란 여러 개체들(개인, 기업, 국가, 지역 등)을 복수의 시간에 걸쳐 관측하여 얻는 데이터를 말한다. 패널 데이터는 다양한 방법으로써 얻을 수 있다. 가구나 개인의 패널 데이터처럼 동일한 대상에게 정기적으로 설문조사(패널 조사)를 하여 얻는 경우도 있고, 지역이나 국가별 패널 데이터처럼 정기적으로 집계되는 데이터를 연구자가 한데 모아서 얻는 경우도 있다. 기업별 패널 데이터의 경우 직접 설문조사를 하여 만들기도 하고 기업들이 작성하는 보고서로부터 자료를 추출하기도 한다.

예제 1.1 우리나라의 패널 조사

우리나라에서 가장 널리 알려진 패널 조사는 아마도 한국노동연구원에서 작성하고 관리하는 한국노동패널조사(Korean Labor & Income Panel Study, KLIPS)일 것이다. 2016년 12월 현재 한국노동연구원의 홈페이지에 따르면 한국노동패널조사는 "비농촌지역에 거주하는 한국의 가구와 가구원을 대표하는 패널표본구성원(5,000 가구에 거주하는 가구원)을 대상으로 1년 1회 경제활동 및 노동시장 이동, 소득활동 및 소비, 교육 및 직업훈련, 사회생활 등에 관하여 추적조사하는 종단 조사이다." 1998년에 1차연도 조사가 이루어져 현재에 이르고 있으므로, 조사 대상이 되는 사람들은 동일한 설문(약간씩 변화하기는 했음)에 대한 응답을 최장 25년 이상 해오고 있고 앞으로도 계속할 것이다! 그 외에도 재정패널조사(한국조세재정연구원), 사업체패널조사(한국노동연구원), 가계금융·복지조사(통계청), 고령

1

화연구패널, 청년패널(이상 한국고용정보원), 한국청소년패널조사(한국청소년정책연구원), 한국교육고용패널, 인적자본기업패널(이상 한국직업능력개발원), 여성가족패널, 여성관리자패널조사(이상 한국여성정책연구원), 한국아동패널(육아정책연구소), 장애인고용패널조사(한국장애인고용공단), 한국복지패널(한국보건사회연구원), 한국의료패널(한국보건사회연구원, 국민건강보험공단 공동 조사), 국민노후보장패널조사(국민연금연구원), 한국교육종단연구(한국교육개발원), 산재보험패널(근로복지연구원) 등이 있다.

패널 데이터는 횡단면 데이터와 다르다. 횡단면 데이터cross sectional data는 단순히 복수의 개체들에 관한 데이터를 모아 놓은 것이다. 이 복수의 개체들은 동일한 시점이나 짧은 기간 동안 수집되었을 수도 있고 상당한 기간에 걸쳐 수집되었을 수도 있다. 수집 기간이 어떻든 간에, 여러 개체들을 단순히 모아 놓은 데이터는 횡단면 데이터이다. 개체들이 복수의 시간에 걸쳐 관측되고 각 개체를 시간에 걸쳐 추적할 수 있을 때에만 패널 데이터가 된다.

여러 기간에 걸친 조사로 데이터를 얻더라도 동일한 개체들을 추적한 것이 아니거나 동일한 개체들을 추적했다 할지라도 데이터에서 각 개체들을 식별할 수 없으면 패널 데이터가 아니다. 예를 들어 통계청에서 조사하여 발표하는 '가계동향조사'는 매월 면접조사를 통하여 작성되는데, 설령 동일 가구가 반복적으로 관측된다 할지라도 연구자에게 제공되는 연도별 데이터에는 가구 식별 코드가 없어서 동일 가구를 기간에 걸쳐 추적할 수 없으므로 패널 데이터가 아니다. 이처럼 각 해마다 횡단면 조사를 반복하여 만드는 데이터를 반복된 횡단면repeated cross sections 데이터라 한다. 반면 패널 데이터라면 개인 또는 가구 식별 코드가 분명히 있어서 동일한 개인 혹은 가구가 시간에 걸쳐 어떻게 변화하는지 추적할 수 있다.

패널 데이터는 시계열 데이터와도 다르다. 시계열 데이터time series data는 한 대상을 복수의 시간에 걸쳐 관측함으로써 얻는 데이터인 반면, 패널 데이터는 복수의 대상을 복수의 시간에 걸쳐 관측하는 것이다. 한 기업에 대하여 10년 동안 가격과 판매량 데이터를 모아 놓으면 시계열 데이터가 되며, 동일한 10년 동안 5개 기업에 대하여 가격과 판매량 데이터를 모으면 패널 데이터가 된다. 비유하자면, 횡단면 데이터는 여러 사람들이 옹기종기 모여 있는 것과 같고, 시계열 데이터는 한 사람이 행진(시간에 걸쳐)하는 것과 같으며, 패널 데이터는 여러 사람이 줄을 맞추어 행진(시간에 걸쳐)하는 것과 유사하다.

패널 데이터의 예를 들어 보자. 세계은행World Bank의 세계개발지표World Development Indicators 에서 2016.4.23에 엑셀 포맷으로 내려받은 'CO2 emissions (metric tons per capita)' 데이터가 〈그림 1.1〉에 있다. 편의상 C열과 D열을 감추었다. 각 나라별 연도별로 1인당 CO_2 배출량(톤)이 표시되어 있다. 이로부터 특정한 해에 특정 국가의 1인당 CO_2 배출량을 알 수 있다. 예컨대 아프가니스탄의 1960년 CO_2 배출량은 1인당 0.046068톤이다.

〈그림 1.1〉에는 한 변수에 대한 자료만 있다. 자료를 이렇게 세로에 국가, 가로에 연도가 오도록 배열하면 하나의 변수에 대하여 2차원적인 데이터 배열이 필요하므로,

〈그림 1.1〉 패널 데이터의 예(세계개발지표)

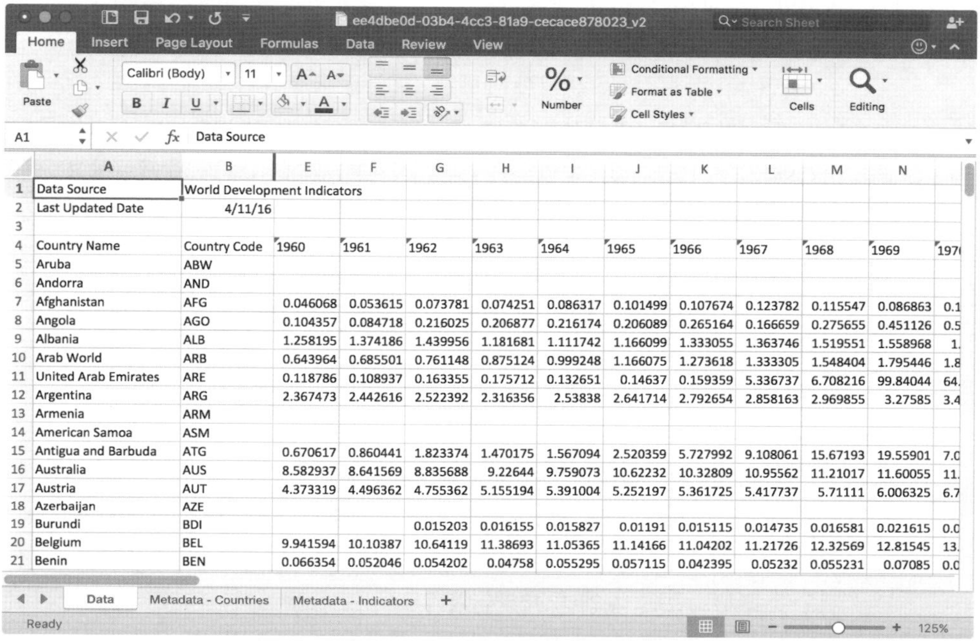

	A	B	E	F	G	H	I	J	K	L	M	N	
1	Data Source	World Development Indicators											
2	Last Updated Date	4/11/16											
3													
4	Country Name	Country Code	1960	1961	1962	1963	1964	1965	1966	1967	1968	1969	197
5	Aruba	ABW											
6	Andorra	AND											
7	Afghanistan	AFG	0.046068	0.053615	0.073781	0.074251	0.086317	0.101499	0.107674	0.123782	0.115547	0.086863	0.1
8	Angola	AGO	0.104357	0.084718	0.216025	0.206877	0.216174	0.206089	0.265164	0.166659	0.275655	0.451126	0.5
9	Albania	ALB	1.258195	1.374186	1.439956	1.181681	1.111742	1.166099	1.333055	1.363746	1.519551	1.558968	1.
10	Arab World	ARB	0.643964	0.685501	0.761148	0.875124	0.999248	1.166075	1.273618	1.333305	1.548404	1.795446	1.8
11	United Arab Emirates	ARE	0.118786	0.108937	0.163355	0.175712	0.132651	0.14637	0.159359	5.336737	6.708216	99.84044	64.
12	Argentina	ARG	2.367473	2.442616	2.522392	2.316356	2.53838	2.641714	2.792654	2.858163	2.969855	3.27585	3.4
13	Armenia	ARM											
14	American Samoa	ASM											
15	Antigua and Barbuda	ATG	0.670617	0.860441	1.823374	1.470175	1.567094	2.520359	5.727992	9.108061	15.67193	19.55901	7.0
16	Australia	AUS	8.582937	8.641569	8.835688	9.22644	9.759073	10.62232	10.32809	10.95562	11.21017	11.60055	11.
17	Austria	AUT	4.373319	4.496362	4.755362	5.155194	5.391004	5.252197	5.361725	5.417737	5.71111	6.006325	6.7
18	Azerbaijan	AZE											
19	Burundi	BDI			0.015203	0.016155	0.015827	0.01191	0.015115	0.014735	0.016581	0.021615	0.0
20	Belgium	BEL	9.941594	10.10387	10.64119	11.38693	11.05365	11.14166	11.04202	11.21726	12.32569	12.81545	13.
21	Benin	BEN	0.066354	0.052046	0.054202	0.04758	0.055295	0.057115	0.042395	0.05232	0.055231	0.07085	0.0

여러 변수들에 관한 패널 데이터를 표현하려면 3차원 데이터 구조가 필요할 것 같기도 하다. 하지만 소프트웨어 패키지들이 2차원적인 데이터 구조를 이용하도록 프로그램되어 있으므로 전체 변수들을 2차원 표로 표현할 것인데, 이에 대해서는 1.4절에서 설명한다.

패널 데이터 내 각 변수는 두 차원의 변동을 가질 수 있다. 하나는 개체 간의 차이, 〈그림 1.1〉의 예라면 국가 간의 차이이다. 동일 시기라 할지라도 변수값은 개체 간에 상이할 수 있다. 다른 하나는 시간에 걸친 변동이다. 각 개체의 변수값은 시간에 따라 변할 수 있다. 많은 변수에서 이 두 차원의 변동이 동시에 나타난다. 예를 들어, 표본 내에서 임금은 개인 간에 다를 수 있고 (동일 개인 내에서) 시간에 따라 다를 수 있다. 물론 어떤 변수는 개체 간에는 다르더라도 시간에 걸쳐 불변이기도 하고(예를 들어 성별), 또 어떤 변수는 모든 개체에서 동일하고 시간에 걸쳐서만 차이가 있기도 하다(예를 들어 기업별 패널 데이터에서 나라 전체 GDP의 시계열). 패널 데이터를 분석할 때에는 개체 차원과 시간 차원을 구별하게 된다.

횡단면 데이터나 시계열 데이터를 분석할 때와 마찬가지로, 패널 데이터를 분석할 때에도 수학적인 모형('계량경제 모형')을 사용한다. 모형을 수식으로 표현할 때, 횡단면 데이터 분석의 경우에는 변수들에 첨자를 표시해도 좋고, 귀찮으면 그렇게 하지 않아도 좋다. 모든 관측치에서 함수관계가 동일하다는 점을 나타낼 때 $y_i = \beta_0 + \beta_1 x_i + u_i$라고 표시하기도 하지만 흔히들 i첨자 없이 $y = \beta_0 + \beta_1 x + u$라고 간단히 표시한다. 그래도 아무런 혼동을 초래하지 않는다. 횡단면 데이터에서는 변수의 관측값이 개체(i) 간에 상이할 것이 자명하므로 모형에 굳이 i라는 첨자를 붙이지 않아도 뜻이 분명하다. 모든 개체에서 동일한 값을 갖는 변수는 상수항과 완전한 '공선성'을 가지므로 애초부터 사용할 수 없다.

　반면 패널 데이터를 분석할 때에는, 모형을 표현하는 단계에서도 변수에 개체와 시간을 나타내는 첨자들을 명시적으로 써 주는 것이 좋다. 어떤 변수 x가 개체별로도 다를 수 있고 시간에 걸쳐서도 다를 수 있으면 i와 t 첨자를 붙여서 x_{it}라고 표현하고, 개체별로는 다를 수 있지만 시간에 걸쳐서는 불변이라면 x_i라고 표현한다. 또 모든 개체들에게서 x의 값이 동일하고 시간에 걸쳐서만 변화하면 x_t라고 표현한다. 패널 데이터에 관한 모형을 세울 때에는 이처럼 하첨자들을 분명히 사용하는 것이 읽는 사람(은 물론 자기 자신)에게 도움이 된다. 예를 들어 다음 식을 보자.

$$\log(\text{임금}_{it}) = \alpha_t + \beta\text{학력}_i + \gamma\log(\text{국민소득}_t) + u_{it}$$

이 식을 보자마자, **임금**은 개인별, 시간별로 다를 수 있는 반면, **학력**의 경우에는 개인별로는 다를 수 있지만 시간에 걸쳐서는 동일하고, **국민소득**은 모든 개인들에게 동일하고 시간에 따라 변함을 알 수 있다. 오차항(u_{it})도 개인들 간에도 다르고 시간에 걸쳐서도 다르다. 계수를 보면, 절편 α_t에 t 첨자가 있으므로 이 모형에서 절편은 시간에 따라 다르지만 설명변수들의 계수 β와 γ는 모든 개인과 시간에 걸쳐 동일하다. 이렇게 첨자는 많은 정보를 준다. 패널 데이터 분석은 복잡해서 시작 단계부터 이렇게 분명히 해 주지 않으면 글을 읽는 사람이나 글을 쓰는 사람이나 혼란에 빠지기 쉽다.

　앞에서 이야기한 것처럼, 패널 조사에서는 각 개체별로 복수의 기간 동안 관측이 이루어진다. 모든 개체에 대하여 동일한 기간 동안 완전하게 관측이 이루어지면 그 패널 데이터를 균형패널 데이터balanced panel data라 한다. 예를 들어 35개국에 대하여 1991년부터 2010년까지 모든 변수에 대하여 완전한 관측을 하였다면 이 자료는 균형패널 데이터를 만든다. 만약 어떤 개체들이 도중에 표본으로부터 이탈하거나 신규로 표본에 진입하여 관측된 시점들이 상이하면 불균형패널 데이터unbalanced panel data를 얻는다. 균형패널의 경우 x라는 변수에 대하여 "x_{it}, $i = 1,\ldots,n$, $t = 1,\ldots,T$"라고 표기할 수 있을 것이다. 여기서 모든 i에서 관측치 개수가 T개로 동일함에 유의하라. 불균형패널의 경우, 만일 모든 개체들이 동일한 시점에서 관측되기 시작하였다면 "x_{it}, $i = 1,\ldots,n$, $t = 1,\ldots,T_i$"라고 표기할 수 있다. 여기서 i마다 시간의 길이가 다를 수 있으므로 T_i라고 하였음에 유의하라. 중도에 신규진입한 개체들이 있을 경우에는 좀 더 복잡하며, 굳이 수식으로 표현하기보다는 "불균형패널"이라고 말로 표현하는 것이 더 간편할 것이다. 〈그림 1.1〉의 패널 데이터에서는 초기 시점들에서 Aruba, Andorra, Armenia 등의 자료가 누락되어 있으므로 불균형패널이다. 불균형패널 데이터나 여타 고정되지 않은 패널 데이터는 주의를 기울여 분석해야 하나, 우선은 패널 데이터가 균형되어 있다고 가정하고 설명을 진행할 것이다. 이 책의 9장에서는 불균형패널 데이터를 더욱 엄밀하게 다루는 방법에 대해서도 설명할 것이다.

Rotating 패널이라는 것도 있다. 예를 들어 전체 패널을 3개의 집단으로 나눈 다음 각 집단마다 3년에 한 번씩 돌아가도록 조사하면 전체적으로는 매년 조사자료를 얻지만 각 집단은 3년에 한 번씩만 응답하면 된다. 이것이 rotating 패널이다. 정기적으로 설문조사를 당해 보면 왜 이렇게 이상한 자료를 만드는지 이해하게 된다. 조사를 하는 사람도 힘들지만 정기적으로 조사 당하는 사람도 그만큼(아마 그보다 더) 힘들 수 있다.

불균형패널 데이터가 있으면 몇 가지 전략을 취할 수 있다. 하나는 불균형을 야기하는 개체들을 제거하고 데이터를 균형화하여 분석하는 것이다('balanced subset' 이용). 다른 하나는 전체 데이터(불균형패널 데이터)를 이용하면서 불균형패널이라는 점을 무시하고 분석하는 것이다. 나머지 하나는 불균형패널 데이터를 사용하면서 표본의 마모(attrition, 표본이탈)나 신규진입을 명시적으로 고려하는 모형을 세워서 분석하는 것이다. 첫 번째와 두 번째 방법은 간단하고, 세 번째 방법은 복잡하다. 만일 표본이탈이나 신규진입이 내생적으로 이루어진다면(예를 들어 종속변수 값이 너무 낮으면 표본으로부터 이탈), 세 번째 방법을 사용해야만 올바른 추정이 이루어질 것이다. 이 문제는 간단하지 않다. 상세한 내용은 9장을 참조하라.

패널 데이터를 이용할 경우 상당한 장점이 있다. 우선, 횡단면 데이터나 시계열 데이터에 비하여 관측치 수가 많다. 예를 들어 Grunfeld (1958)의 데이터는 10개 기업의 20년 (1935–1954) 간 총투자, 시장가치, 자본스톡 관측치로 구성되어 있다. 기업 수도 10개로 작고 기간 수도 20개로 작지만 전체 관측치 수는 200개로 상당하다. 관측치 수가 많으면 추정의 정확성을 높일 수 있다. 둘째, 관측 불가능한 요인들을 통제하는 것은 통상적으로 매우 어려운데, 패널 데이터를 사용하면 이러한 관측 불가능한 요인들을 (일정한 범위 내에서) 통제할 수 있다는 장점이 있다. 이와 관련하여, 상이한 개체 간의 차이와 동일 개체 내의 변화를 별도로 분석함으로써 경제 현상의 본질을 다양한 관점에서 깊이 있게 이해할 수 있게 해 준다. 셋째, 횡단면 데이터를 사용하는 경우와 달리 경제정책의 효과를 개체 단위로 파악할 수 있게 된다. 예를 들어 최저임금 변화 전후로 개별 가구주의 고용 상태와 임금의 변화를 직접 관측할 수 있다(물론 이 경우에도 적절한 분석을 통하여 정책만의 효과를 별도로 구별해 내는 것이 필요하다). 넷째, 횡단면 분석과 달리 미시적 개체들의 동학을 분석할 수 있다. 그 밖에도 패널 데이터의 장단점에 관하여 더 상세한 설명이 필요한 독자들은 Baltagi (2013), Hsiao (2007, 2014), Frees (2004) 등을 참조하기 바란다.

동일한 개체들을 추적조사하는 미시 패널 데이터는 모집단 전체 구성의 시간에 걸친 변화를 실시간으로 반영할 수 없다. 예를 들어, 우리나라 전체 가구들의 모집단에서 1인 가구의 비중은 2005년 약 20%, 2015년 약 30%인데(통계청 자료 참조), 만약 2005년에 모집단을 반영하여 1인 가구가 표본의 약 20%를 차지하도록 표본이 설계되어 조사가 시작되고, 이 표본이 마모 없이 10년 동안 유지되고 표본 내 각 가구의 가구원 수도 동일하게 유지된다면, 2015년에는 표본 내 1인 가구의 비중은 여전히 20%인 반면 모집단 내 1인 가구 비중은 30%로 증가하여 표본과 모집단의 불일치가 발생한다. 이 경우 패널 조사에서 제공되는 '횡단면 가중치'와 '종단면 가중치'를 적절히 이용함으로써 가급적 대표성을 갖도록 할 수는 있으나 (가중치들은 특정 변수들만을 고려하여 작성되므로) 이 해법이 완전할 수는 없다. 패널 조사에서 또 하나의 중요한 문제는, 앞서 언급한 불가피하면서도 다루기 힘든 표본 마모(표본이탈)의 문제이다. 9.5절에서 이에 대해 더 자세히 설명한다.

1.2   계량경제학 기초

확률론과 관련된 여러 개념들(반복되는 표본추출의 맥락), 선형모형, 최소제곱법(OLS), 표준오차, 검정, 추론 등에 대해서는 독자들이 알고 있다고 가정하고, 이 절에서는 패널 데이터의 분석에 꼭 필요한 계량경제학적 기초를 간략히 살펴본다. 이 절의 내용을 통해서 계량경제학 자체에 입문하고자 하는 것은 그리 좋은 생각이 아니다. 자칫 "서둘다 오히려 달성하지 못하는"(欲速則不達, 공자, 논어의 「자로」편 17) 경우가 생길 수도 있다. 필요한 독자는 다음 문단으로 넘어가기 전에 계량경제학 입문서를 대략적으로라도 읽어 보기 바란다.

일관성의 문제와 표준오차의 문제

이제 독자들이 계량경제학 입문서를 읽어 보았다고 간주하고 설명을 계속한다. 먼저, 선형모형에서 오차항의 평균(설명변수 조건부 평균)이 설명변수 값과 관계없이 동일하면 OLS 계수 추정량은 비편향성unbiasedness을 갖는다. 또 만약 설명변수와 오차의 공분산이 0이면 OLS 추정량은 일관성(일치성)consistency을 갖는다. 설명변수가 오차항과 상관되고 설명변수 내생성(오차항과 상관되는 변수를 내생적이라 함)을 야기하는 요인들을 통제할 수 없는 경우, 일관된 consistent 추정을 위해서는 도구변수instrumental variables 추정법을 사용할 수 있다.

> ✎ 설명변수 내생성을 야기하는 주 요인으로 연관된 중요변수의 누락과 동시성(역의 인과관계 포함)이 있다. 설명변수와 연관된 중요한 변수가 누락되면 설명변수의 효과가 누락변수의 효과와 혼동될 수 있다. 기술적(technical)으로는 누락된 변수의 효과가 오차항에 포함되고 이 누락변수의 효과와 설명변수가 상관됨으로써 오차항과 설명변수가 상관되게 된다. 동시성(역의 인과관계 포함)은 종속변수에 영향을 미치는 다른 요인들(오차항)이 변할 때 설명변수가 영향을 받는 상황이다. 예를 들어, 수요곡선 추정 시 가격 이외의 충격으로 수요가 변화할 때 가격이 변화하면 가격은 내생적이다.

도구변수 추정을 위해서는 관련되고relevant(설명변수와 상관) 외생적인exogenous(오차항과 비상관) 도구변수가 꼭 필요하다. 다시 말하여, 도구변수들은 설명변수를 통제한 상태에서 직접 종속변수에 영향을 미쳐서는 안 되지만(외생성), 설명변수에 영향을 미침으로써 간접적으로 종속변수에 영향을 미쳐야만 한다(관련성). 이상에서 살펴본 "설명변수의 내생성"과 "계수 추정량의 일관성", "도구변수"는 항상 같이 다닌다는 사실을 기억하기 바란다. 설명변수 내생성과 관련된 문제는 추정량의 일관성consistency 자체를 건드리는 중대한 문제이므로 앞으로 서양장기(체스)의 '킹' 표시(♚)로 형상화할 것이다. 앞으로 '♚' 표시가 나오면 항상 내생성·일관성·도구변수의 문제를 가리킨다고 보면 되겠다. 체스에서 킹(♚)은 매우 중요하다. 다른 말들이 모두 살아 있어도 킹(♚)이 잡히면 끝이다. 계량경제학에서도 내생성의 문제는 매우 중요하다. 다른 요소들이 아무리 완벽해도 만일 내생성이 존재하고 그 문제를 해결하지 못하면 적어도 인과관계의 분석에서는 치명적이다.

어떤 추정량 $\hat{\theta}$가 있을 때, 이 추정량이 비편향적이라는 것은 수학적으로 $E(\hat{\theta}) = \theta$ 임을 의미한다. 즉, 동일 모집단에서 주어진 크기의 표본을 추출하면서 추정값을 계산하는 행동을 반복할 때, 이 추정값들의 궁극적인 평균이 참값과 같다는 것이다. 일관성(일치성)은 이와 달리 표본 크기가 ∞로 증가할 때 추정량의 성질을 나타내는 것으로서, 대략적으로 표현하여 표본크기가 크기만 하면 추정량과 참값이 임의로 높은 확률로 서로 가까워짐을 의미한다. 비편향성과 일관성(일치성)에 대해서는 Jeffrey Wooldridge (2013) 교과서 또는 **계량경제학 강의**를 참고하기 바란다. 비편향성과 일관성은 상이한 개념이며 어느 것도 다른 하나를 내포하지 않지만, 실제 분석에서는 특별한 경우가 아니면 이들의 엄밀한 구분이 필요하지 않다.

다음으로, 설명변수가 외생적이어서 OLS 추정량이 비편향적이고 일관적이라고 하자. 이때 오차항에 이분산이나 자기상관이 없으면(이분산과 자기상관에 대해서는 **계량경제학 강의** 참조), 통상적인 표준오차를 사용한 t 통계량, F 통계량 등이 귀무가설하에서 대략적으로라도 t 분포, F 분포 등을 갖고 이에 기초한 검정들은 적어도 근사적으로는 모두 타당하다. 반면 오차항에 이분산이나 자기상관이 있으면, OLS를 사용한 추론을 위해서는 견고한robust 분산 추정량을 사용하여야 한다. 만약 오차항이 이분산적이지만 자기상관이 없으면 '이분산에 견고한 분산추정량'을 사용하면 될 것이고, 자기상관까지 존재하면 좀 더 복잡한 방법들을 고려하여야 할 것이다. 특히 관측치들이 클러스터cluster(덩어리)들로 구분되어, 동일 클러스터 내에서는 임의의 상관이 존재하고 상이한 클러스터 간에는 서로 독립일 때에는 클러스터 분산추정량을 사용할 수 있다. 이 클러스터 분산추정량은 매우 중요하므로 시작하기에 앞서 꼭 한번 더 읽어 두기 바란다. 참고로 부록 B.2에 OLS 추정량의 클러스터 분산추정량이 도출되어 있다. 클러스터 분산추정값에 제곱근을 취한 것을 클러스터 표준오차라 한다. 실제 응용연구에서 클러스터 표준오차를 사용할 때에는 어떤 변수에 따라 클러스터 구분이 이루어지는지를 연구자가 정하여야 한다. 예를 들어 가구원들로 구성된 데이터에서 상이한 가구들이 서로 독립적이라면 가구 ID 변수가 클러스터를 정할 변수가 될 것이다. 패널 데이터 분석에서는 흔히 i가 다르면 서로 독립이라고 가정하는데, 그러면 i를 표시한 변수(개체 ID 변수)가 클러스터를 정할 변수이다.

이분산 및 자기상관과 관련된 또 하나의 문제로서, 오차항에 이분산과 자기상관이 없으면 보통의 최소제곱 추정량OLS은 가장 좋은 선형 비편향 추정량BLUE이므로, 적어도 선형 비편향 추정량을 고려하는 한 OLS가 매우 좋은 방법이다. 그러나 이분산이나 자기상관이 존재하면 OLS는 BLUE가 아니다. 이 경우 일반화된 최소제곱 추정량GLS이 BLUE이며 OLS보다 정보를 더 효율적으로 사용한다. 오차의 분산·공분산 구조를 알면 GLS나 FGLS (Feasible GLS)를 하여 BLUE 또는 이와 유사한 것을 얻을 수 있다. GLS는 방정식을 변형하여 오차항에 이분산과 자기상관이 없도록 만든 다음 OLS를 하는 것이므로, GLS는 추론의 문제도 해결해 준다. 이분산과 자기상관의 구조를 모르면 먼저 이분산이나 자기상관의 구조에 대한 가정을 세운 후 GLS나 FGLS를 할 수 있다. 이 가정이 옳으면 GLS나 FGLS를 한 후 통상적인 추론(검정)을 하면 되지만, 이 가정이 옳지 않으면 GLS나 FGLS 후에도 견고한 추론을 해야 할 것이다. "이분산과 자기상관", "견고한 추론", "효율성"도 함께 다니는 키워드들이다.

<표 1.1> 기호의 의미

기호	의미
♔	설명변수와 오차가 상관되지 않으면 OLS는 일관적이다. 양자가 상관되면 OLS는 비일관적이며, 일관된 추정을 위해서는 도구변수가 필요하다.
♖	오차에 이분산이나 자기상관이 있는 경우, OLS는 일관적이나 이를 이용하여 추론을 하려면 견고한 분산추정량을 사용해야 한다. 이때 OLS는 BLUE가 아니며 GLS나 FGLS를 이용하여 더 효율적인 추정을 할 수 있다.

　　내생성과 관련된 문제를 표시할 때 ♔ 표시를 사용하기로 한 것처럼, 오차항의 분산·공분산과 관련된 문제는 앞으로 체스의 '전차' 표시(♖, 루크)로 형상화하고자 한다. 앞으로 '♖' 표시가 나오면 오차항에 이분산이나 자기상관이 존재할 때 견고한 추론을 해야 한다(특히, OLS 추정량을 사용한다면)는 점과 GLS 혹은 FGLS로 추정방법을 바꿀 수 있다는 점을 떠올리기 바란다. 체스에서 전차(♖)는 매우 중요한 말이지만 킹(♔)만큼 중요하지는 않다. 전차(♖)가 잡혀도 킹(♔)이 살아 있는 한 게임은 계속된다. 계량경제학에서 이분산, 자기상관 등의 문제가 있어도 내생성의 문제만 없으면 좋은 방법을 찾을 수 있다. ♔ 기호와 ♖ 기호의 의미는 <표 1.1>에 요약설명되어 있다.

실제 계량 분석의 절차

실제 계량경제 분석을 할 때, 데이터가 주어지면 우선 모형을 세우고 관련 모수들에 대한 경제학적인 해석을 한다. 다음으로 평범한 방법(예를 들어 OLS)을 이용하여 일관된^{consistent} 추정을 할 수 있는지 확인해 본다. 이를 위해, 우선 설명변수의 외생성, 즉 설명변수들과 회귀식 오차항이 서로 상관되지 않았는지를 점검한다(♔). 설명변수가 외생적이면(즉, 설명변수와 오차항이 비상관이면) OLS가 일관적^{consistent}이므로 크게 걱정할 것이 없다. 설명변수가 내생적이면 문제가 복잡하다. 만약 모형을 변형하여(예를 들어 통제변수를 추가하거나 수준 대신 증가분을 고려하는 등의 방법을 이용) 내생성을 야기하는 요인들을 제거할 수 있으면 그렇게 하면 될 것이다. 이것이 불가능하면 도구변수(연관된 외생변수)들을 찾아야 한다(♔). 모형을 변형하든 도구변수를 찾든 아니면 다른 방법을 사용하든 간에 어떻게든 일관된 추정을 해내면, 추정량의 표준오차를 구하고 가설검정 등 모수에 대한 추론을 한다. 이때 오차항에 이분산이나 자기상관이 존재하는지 점검해 보기도 한다. 이분산과 자기상관이 없으면 통상적인 표준오차를 사용하여 추론을 하여도 문제가 없다. 오차항에 이분산·자기상관이 존재한다면, 필요 시 이분산과 자기상관을 명시적으로 고려한 분산 추정량을 사용하여 추론을 견고하게^{robust} 만들어야 한다(♖).

오차항에 이분산이나 자기상관이 존재하는 경우에는 이와 같이 표준오차를 견고하게 하는 것과 더불어, 통상적인 최소제곱 추정법^{OLS}이 BLUE가 아니므로 더 효율적인 추정을 할지 생각해 볼 수 있다(🏺). 더 효율적인 추정을 원하는 경우, 이분산·자기상관의 구조를 알고 있을 때에는 GLS 방법을 사용할 수 있고, 그 구조를 결정하는 함수 형태는 알지만 그 안에 미지의 모수들이 끼어 있을 때에는 FGLS의 방법을 사용할 수 있다. 이분산과 자기상관의 구조를 아예 모르면 흔히 그 구조에 대하여 모수적^{parametric}인 가정을 세우고(즉, 특별한 함수형태를 가정하고) FGLS를 한다.

나중에 설명하겠지만 제1부의 패널모형 분석에서는 시간에 걸쳐 오차항에 시계열 상관이 존재한다고 보는 것이 일반적이다. 반면, 제2부 동태적 분석에서는 시계열 상관이 없어야 한다. 이것이 통상적인 패널 모형과 동태적^{dynamic} 패널 모형 간 중요한 차이점 중의 하나이다.

FGLS의 비용

오차항에 존재하는 이분산·자기상관의 구조를 선험적으로 알 수 있는 경우는 거의 없다. 보통은 이분산·자기상관의 구조에 대한 그럴듯한 가정을 세우고 거기에 내재하는 미지의 모수들을 추정하여 FGLS를 하는데, 여기에는 비용이 따른다. 우선 우리가 가정하는 이분산·자기상관의 구조가 틀렸을 수 있다. 이 경우 우리의 틀린 가정에 입각한 FGLS는 비효율적이다. 이 문제는 좀 껄끄럽기는 하지만 세상에 종말을 가져올 큰 문제는 아니며, 틀린 가정에 입각한 FGLS라 할지라도 적어도 OLS보다는 효율적일 가능성이 높다. 추론의 측면에서, 이분산·자기상관에 관한 틀린 가정에 입각하여 FGLS를 하더라도, 견고한 표준오차를 잘 사용하기만 하면 표본크기가 클 때 대략적으로는 타당한 추론을 할 수 있다.

현실적인 측면에서 이보다 조금 더 곤란한 문제는 이분산·자기상관의 구조가 연구자의 선택에 의해 결정된다는 것이며 왜 그러한 이분산·자기상관의 구조를 선택하였는지 근거를 대기 어려울 때가 있다는 것이다. 예를 들어 어떤 연구자가 오차항의 분산이 설명변수 x_1의 크기에 선형의 방식으로 의존한다고 가정하고(즉, $\sigma_i^2 = \sigma^2 |x_{1i}|$) 연구논문을 작성하면, 심사자는 왜 그 가정이 맞는지 근거를 대라고 할 것이다. 그런 근거를 대기 어려우면 결국은 "과거에 이러저러한 연구자가 이런 방법을 사용했다"고 하면서 빠져나가야 할지도 모른다.

FGLS와 관련된 또 하나의 잠재적인 문제는 표본크기가 작을 때 추정량의 성질이 거의 알려져 있지 않다는 것이다(이분산·자기상관 구조를 알 때 사용하는 GLS의 경우에는 그 성질이 알려져 있지만, 현실에서 이 구조를 아는 경우는 거의 없다). 이는 오차항의 이분산·자기상관 구조에 내재하는 미지의 모수들을 추정하는 과정에서 잔차를 복잡한 방식으로 이용하고 이 잔차는 종속변수의 함수이기 때문이다. 특히 이분산·자기상관의 구조에 포함된 매개변수의 개수가 많은 경우에는 FGLS를 사용하는 것이 그리 좋지 않을 수도 있다. 반면, 분산·공분산 구조를 알기 위해 추정해야 하는 모수가 한두 개뿐이고 표본크기가 크면 FGLS의 편향이 아주 작아서 무시할 수 있다. 나중에 임의효과$^{random\ effects}$ 회귀를 할 때 이런 상황이 발생한다.

패널 데이터에서 외생성과 내생성

패널 데이터는 시간 차원을 갖기 때문에 시계열 모형의 경우처럼 내생성과 외생성의 개념이
복잡하다. 횡단면 모형의 경우에는 어떤 변수가 오차항과 상관되어 있느냐 그렇지 않느냐
에 따라 내생변수와 외생변수로 양분되지만, 패널 데이터의 경우에는 시간이 개입되므로
현재의 변수가 과거의 오차항과 상관되느냐, 현재의 변수가 동시기 혹은 미래의 오차항과
상관되느냐 하는 등의 문제가 추가로 등장한다. 이 경우 확실한 분류를 위해 강외생성
strict exogeneity, 약외생성weak exogeneity, (동시기) 내생성contemporaneous endogeneity 등의 개념을 도입
한다. '강외생성'은 모든 시기의 오차항과 무관함을 의미하고, '약외생성'은 현재 혹은
미래의 오차항과 무관함을 의미하며, '동시기적 내생성'은 미래의 오차항과만 무관함을 의
미한다. 수학적으로, u_{it} 가 오차항이라 할 때, $E(X_{is}u_{it}) = 0$이 모든 s와 t에 대해서 성립하면
강외생적, $s \leq t$일 때 성립하면 약외생적, $s < t$일 때 성립하면 내생적이다. 이해를 돕고자
설명을 추가하면, X_{it} 가 u_{it} 에 대하여 강외생적이라 함은 $(X_{i1},\ldots,X_{iT})$ 묶음이 $(u_{i1},\ldots,u_{iT})$
묶음에 대하여 외생적임을 의미한다. 이를 모든 t에서 $E(u_{it}|X_{i1},\ldots,X_{iT}) = 0$이라고 (좀 더
강하게) 표현하기도 한다. 약외생성은 $E(u_{it}|X_{i1},\ldots,X_{it}) = 0$으로 표현되고, 동시기적 내생성
은 $E(u_{it}|X_{i1},\ldots,X_{it-1}) = 0$으로 표현된다. 더 자세한 내용은 부록 B.1에 있다.

> '동시기적 내생성'이라는 말 자체는 해당 변수가 동시기의 오차항과 상관되어 있음을 뜻하지만, 패널
> 분석에서 이 용어는 흔히 그보다는 동시기의 오차항과는 상관되어 있을지라도 미래의 오차항과는
> 무관함을 의미한다. 용어 자체에는 '내생성'이라는 말이 있지만 더 중요한 것은 미래 오차항과 무관하다는
> 것이다. 어떤 변수가 임의의 방식으로 오차항과 상관되어 있음을 표현하고 싶으면 '내생성'이나 '동시기적
> 내생성'이라는 말만으로는 불충분하며, 아마도 더 장황하게 '미래의 오차항과도 상관될 수 있다'는 식으로
> 표현해야 할 것이다. 약외생적인 변수는 선결적(predetermined)이라고도 한다.

따름모수의 문제

대부분의 계량경제학 입문서는 모수의 개수가 고정된 상황을 다룬다. 선형 모형 $y_i = X_i\beta + u_i$
가 있다면 중요한 모수는 β이며, 표본크기가 크든 작든 간에 β는 항상 주어진 크기$(k \times 1)$
의 벡터이다. 오차항의 분산(σ^2)이 별도의 모수로 간주되기도 하는데 그 경우에도 σ^2은
하나의 모수이며, 표본크기가 100이든 1,000이든 10,000이든 전체 모수의 개수는 항상
고정되어 있다. 비편향성이나 일관성 등 OLS 추정량의 성질들은 모두 이처럼 모수의 개수가
고정된 상황에서 도출된 것이다. 직관적으로 볼 때, 모수의 개수가 고정되면, 표본크기가
증가함에 따라 점점 더 많은 정보가 모수들을 추정하는 데에 사용되고, 따라서 정보를 잘
이용하기만 하면 일관된consistent 추정량을 찾아낼 수 있는 것이 당연해 보인다.

만약 추정해야 할 모수의 개수가 표본크기와 함께 증가한다면 이야기가 다르다. 다음의
극단적인 예를 보자.

예제 1.2 표본크기와 함께 모수의 개수가 증가하는 경우

고등학교에서 방과후 수업을 제공하고 학생들은 몇 시간의 방과후 수업을 받을지 자발적으로 선택하거나 임의로 할당된다고 하자. 학교마다 방과후 수업의 요령이 달라서 방과후 수업 시간의 양(시간)이 성적에 미치는 영향이 다르다. 다시 말하여 j 학교에 다니는 학생 i의 성적향상도는 **성적향상도**$_{ij} = \alpha_j + \beta_j$시간$_{ij} + u_{ij}$에 의하여 결정된다. 물론 학교와 학생들의 특성들을 우변에 더 포함시키는 것이 좋겠지만 여기서는 문제를 단순화하기 위하여 이 단순모형이 성립한다고 가정한다. 이 모형의 핵심은 절편과 기울기 모수가 학교(j)마다 다르다는 것이다.

이제 한 고등학교에서 3명씩 학생들을 임의로 추출하여 표본을 만든다고 하자. 100개의 고등학교로부터 총 300명의 학생이 임의추출된다. 고등학교마다 계수가 다르므로 모수로는 $\alpha_1, \ldots, \alpha_{100}$과 $\beta_1, \ldots, \beta_{100}$이 있다. 표본크기는 300인데 모수의 개수는 200개이다. 모수 2개당 관측치 3개가 있는 셈이므로 분석의 정확성이 높을 것이라 기대할 수 없다.

표본크기를 증가시켜 문제 해결을 시도해 보자. 학교당 추출할 수 있는 학생의 수가 3명으로 제한되어 있다면 표본크기를 늘리기 위해서는 고등학교의 수를 늘려야 한다. 그런데 고등학교의 수가 늘어나면 모수의 개수도 비례적으로 늘어난다. 만일 500개의 고등학교로부터 1,500명의 학생 표본을 추출하였다면 이제 모수의 개수는 1,000개(절편 500개에 기울기 500개)가 된다. 이 경우에도 모수 2개당 관측치 3개가 있으며, 이 관계는 표본크기가 아무리 크더라도 변하지 않는다. 학교마다 모수의 참값이 다르므로 각 j마다 α_j와 β_j는 전체 표본크기와 무관하게 항상 단 3개의 관측치만을 이용하여 추정하여야 한다. 이 추정량들의 성질이 좋을 것이라 기대하기는 어렵다.

위 **예제 1.2**에서는 모수의 개수가 표본크기와 함께 증가하고, 표본크기가 크더라도 각각의 모수를 추정하는 데에 사용할 수 있는 관측치의 수가 작다. 이처럼 표본크기가 증가함에 따라 개수가 증가하는 모수들을 Neyman and Scott (1948)은 부수적 모수들(incidental parameters, 따름모수들)이라 하였다. 따름모수들이 존재하면 기존에 배웠던 추정량의 성질들은 성립하지 않을 수도 있다. 이상적인 가정들하에서 성립하였던 OLS 추정량의 좋은 성질들(일관성 등)이 여전히 성립하는지는 전부 처음부터 직접 도출해 보아야 알 수 있다.

Neyman and Scott (1948)은, 미지의 모수의 개수가 무한하고 각 모수가 유한 개수 확률변수의 분포에만 등장할 때, 이 모수들이 "incidental"하다(통계용어 사전에 "따름모수"로 번역)고 하였다.

횡단면 분석이나 시계열 분석에서는 따름모수의 문제가 잘 등장하지 않는다. 반면 패널 데이터에는 정보가 입체적으로 들어 있어, 항상은 아니지만, 따름모수의 문제가 존재하는 모형도 추정할 수 있게 된다. 사실 부수적 모수의 문제야말로 패널 분석을 흥미롭게 만드는 가장 중요한 요소 중의 하나가 아닌가 생각된다.

✎ 횡단면 분석이나 시계열 분석에서 따름모수의 문제가 잘 등장하지 않는 것은, 필자가 생각하기에, 횡단면 데이터나 시계열 데이터에서는 정보의 양이 제한되어 있어서 어차피 복잡한 문제를 풀 수가 없으므로 따름모수들이 등장하는 모형 자체를 만들지 않기 때문인 것 같다. 참고로, 횡단면 모형에서 각 개체별로 계수가 모두 상이할 수 있는 임의계수 모형에서도 따름모수의 문제가 제기되는 것은 아니며, 이 경우 추정하고자 하는 모수는 계수들의 평균값처럼 그 개수가 고정되어 있다.

1.3   계량경제 소프트웨어 Stata

패널 데이터의 분석에는 Stata™가 많이 사용된다. Stata는 유료 프로그램이므로 필자가 굳이 나서서 광고를 해 줄 이유는 없다. 그럼에도 패널 분석을 위해서는 가급적이면 Stata를 사용할 것을 추천한다. 패널 분석을 위한 R 패키지들도 존재하는 것은 사실이나(R은 무료이며 계량경제학 강의에서 사용하였다) 아직은 속도와 편의성 면에서 Stata를 따라가지 못하는 것 같다.

Stata의 발음을 어떻게 해야 할지 궁금하여 찾아 보았다("how to pronounce stata"로 구글 검색). 2018년 10월 현재 Stata 메일링 리스트 FAQ (The Statalist FAQ)의 4.1에 다음 내용이 있다.

4.1 'Stata'의 올바른 발음은 무엇인가?

Stata는 만들어낸 말이다. 어떤 사람은 day처럼 a를 길게 발음한다(Stay-ta, 스테이타). 어떤 사람들은 flat처럼 짧은 a로 발음한다(Sta-ta, 스탯타). 또 어떤 사람들은 ah처럼 a를 길게 발음한다(Stah-ta, 스타타). 옳은 영어 발음은 신비 (mystery)로 남아 있어야 한다. 단, StataCorp의 직원들은 이 중 첫 번째 것을 사용한다. (중략)

필자는 "스테이타"나 "스탯타"는 너무 영어같아서 세 번째 방법을 따라 "스타타"라고 하면서 중간의 "타"를 약간 길게 발음한다. 말하자면 스타아타 식이다(이상하게도 외국에서 발표를 할 때에는 "스테이라" 식으로 혀가 굴려지기도 한다). 여러분은 다른 사람들이 알아들을 수 있는 한 마음 내키는 대로 발음하기 바란다.

맥 OS용 Stata 버전 14의 시작 화면은 〈그림 1.2〉와 같다. Serial number 부분은 일부러 지웠다. 중간 맨 아랫쪽에 'Command'라고 되어 있는 작은 부분("명령 창")에 명령문을 치고 엔터(Enter) 키를 누르면 그 실행 결과가 그 바로 위의 가장 넓은 'Results' 부분("결과 창")에 표시된다. 명령 창에서 'Page Up'과 'Page Down' 키를 누르면 기존의 명령들을 다시 불러올 수 있다(history 기능). R에서 스크립트를 만들어 일괄실행할 수 있는 것처럼 Stata에서는 'do 파일'이라는 것을 만들어 일괄실행할 수 있다. 또, 실행 결과들을 '로그 파일'로 저장할 수도 있다. 유료 프로그램답게 결과는 더 멋지게(필자의 눈에 보기에) 화면에 출력되며 명령 구문도 훨씬 간결하다. 하지만 언어의 유연성은 R에 미치지 못한다. 특히 R을 사용할 때 필자는 실행결과들을 LaTeX 구문으로 출력하도록 명령을 내려 문서 작성의 생산성이 매우 높지만 Stata의 경우에는 이것을 충분히 하지 못하여 답답한 때가 있다. 그래서 필자는

〈그림 1.2〉 Stata 14.1의 시작화면

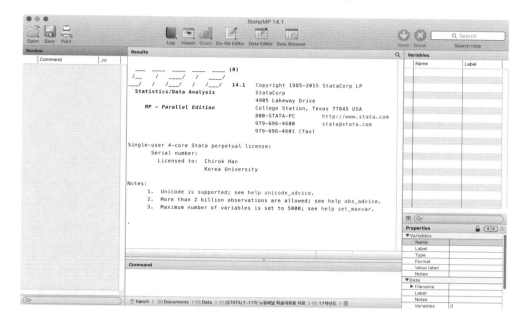

가끔씩 Stata do 파일의 실행 결과를 Stata 자료 포맷으로 저장시킨 후 R에서 이 결과를 읽어들여 더 복잡한 작업을 하는 경우도 있다. 이런 것은 특별한 경우에 해당하고, Stata는 (비싸고) 좋은 프로그램이며 많은 사람들은 Stata만으로 대부분의 작업을 어렵지 않게 한다.

이 책에서 Stata에 대하여 설명할 때에 맨 앞에 마침표(.)로 시작하는 줄은 명령 줄이다. 예를 들어 다음을 보자.

```
1  . display 1+1
2  2
```

첫째 줄은 입력 줄이고 둘째 줄은 출력 내용이다. 이 결과를 얻기 위해서는 명령 창에 마침표 없이 "display 1+1"이라고 입력한 후 엔터(Enter) 키를 치면 된다.

Stata의 간편한 점 중의 하나는 명령어를 축약할 수 있다는 것이다. 예를 들어 display라는 명령어가 있는데, "display 1+1"이라는 명령은 다음 중 어느 것을 사용해도 가독성을 제외하면 완전히 똑같다.

```
1  . display 1+1
2  2

3  . displa 1+1
4  2
```

```
  5    . displ 1+1
  6    2

  7    . disp 1+1
  8    2

  9    . dis 1+1
 10    2

 11    . di 1+1
 12    2
```

하지만 "d 1+1"이라고 하면 안 된다. 어느 정도까지 축약할 수 있는지는 명령어의 도움말을
보면 된다. 예를 들어 "help display"라고 하면 〈그림 1.3〉에서 보는 것처럼 "Syntax"
부분에 "display"와 같이 밑줄 표시가 되어 있는데 그 말은 di까지 축약할 수 있다는
뜻이다. di, dis, … display는 모두 display와 동일하다. 편리성을 추구한다면 di를
사용할 것이고 가독성을 추구한다면 display를 사용할 것이나 중간에 적당히 타협하여
disp처럼 하지 말라는 법도 없다. 하지만 displa라고 하면 웃기다고 할 것이다.

　　Stata는 유료 프로그램이므로 계약조건에 따라 구매자가 판매자에게서 도움을 받을

〈그림 1.3〉 Stata 명령어 display의 도움말

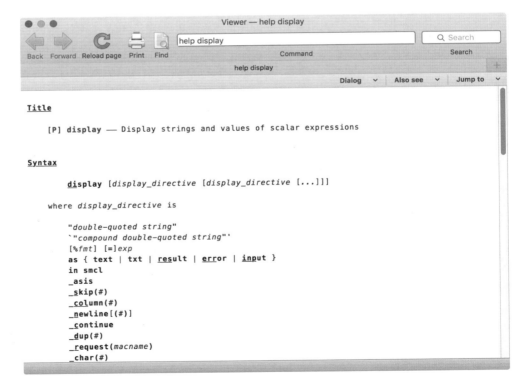

권리가 있다(고 생각한다). Stata에 대하여 문의할 사항은 StataCorp에 하기 바란다. 아니면 인터넷에서 도움을 구할 수 있을 것이다(Statalist). 필자는 Stata 사용법에 대하여 상세히 설명할 의도가 없으며, 이 책의 내용을 이해하는 데에 필요한 만큼만 설명하고자 한다. 필자보다 Stata를 더 잘 사용하는 고수들은 세상에 많다.

Stata를 (비싼) 계산기로 사용할 수도 있다. 앞에서 본 display 명령을 사용한다. 예를 들어 반지름이 4인 원의 넓이를 구하려면 "di _pi*4^2"이라고 한다. 이것을 실행해 보면 그 넓이가 50.265482임을 알 수 있을 것이다. 맨 앞의 "di" 없이 그냥 "_pi*4^2"이라고 하면 "command _pi is unrecognized"라는 오류 메시지가 나올 것이다.

Stata는 R보다 훨씬 정형화된 프로그램이다. Stata가 인식할 수 있는 명령어를 정확히 입력해야만 여러분이 원하는 결과를 얻을 수 있을 것이다. 이러한 정형성은 프로그래머 성향이 있는 사용자들의 운신의 폭을 줄여 상당히 답답하게 만들기도 한다. 하지만 프로그램에 유연성이 없다는 점은 반대로 매우 큰 이점이 되기도 한다. 무엇보다도 프로그램을 쉽게 읽을 수 있으며 오류를 비교적 쉽게 잡아낼 수 있기 때문이다.

> 하지만 구문이 직관적이지 않아 쉽게 잘못을 저지르기도 한다. 예를 들어 1+1의 연산을 하기 위해서 "1+1"이라 하지 못하고 "display 1+1"이라 해야 하는데 맨 앞에 항상 명령어가 나와야 한다는 사실을 머릿속에 새겨 놓지 않는 한 일상적으로 실수를 저지를 만하다.

R과 마찬가지로 Stata의 do 파일에도 주석(comment)을 달 수 있다. 특이하게도 별표(*)로 시작하는 줄은 주석문이다. 빗금 두 개(//) 뒷 부분은 해당 줄 끝까지 무시된다. C 언어처럼 '/*'와 '*/'로 둘러싸인 부분도 주석문으로서 무시된다.

마지막으로, Stata는 자체 자료 포맷(확장자가 dta)을 가지고 있다. 이 포맷으로 자료를 저장해 놓으면 추후에 Stata에서 자연스럽게 읽어들여 작업할 수 있다. 엑셀(확장자가 xlsx 혹은 xls)이나 CSV (Comma-separated values, 확장자가 csv) 포맷의 자료, 여타 형태 자료들도 Stata로 읽어올 수 있다. 자세한 내용은 import의 도움말을 참조하기 바란다.

1.4 패널 데이터 저장 방법

패널 데이터는 여러 개체들을 복수의 시간에 걸쳐 관측하는 것이므로 주의를 기울여서 저장하여야 한다. 〈그림 1.1〉의 예에서 본 것처럼 각 변수마다 개체와 시간이라는 두 차원이 있으므로 여러 변수들의 패널 데이터는 3차원으로 저장하는 것이 자연스러워 보인다. 예를 들어, 각 변수마다 종이(스프레드시트)를 한 장씩 사용(행은 개체, 열은 시간, 혹은 그 반대)하면 각 변수마다 2차원이고 변수가 2개 이상이면 전체적으로 3차원이 된다.

하지만 2차원만으로도 모든 변수들의 표본값들을 나타낼 수 있다. 이에 많이 사용되는 형식으로는 두 가지가 있다. 하나는 넓은wide 포맷이고 다른 하나는 긴long 포맷이다.

넓은 포맷에서는 x2001, x2002, x2003 등처럼 동일한 변수(x)라 할지라도 각 연도별로 변수를 따로 만들어 데이터를 저장한다. 다른 변수들도 예를 들어 y2001, y2002, y2003처럼 연도별로 변수를 만든다. T개 기간으로 이루어진 균형패널의 경우 이것은 각 변수마다 연도별로 T개의 변수들을 만든 후 이 모두를 횡으로 '넓게wide' 붙이는 것과 같다. 예를 들어 wage, educ, exper 변수에 대하여 2001–2005년의 패널 데이터가 있다면 총 15개의 변수 wage2001, ..., wage2005, educ2001, ..., educ2005, exper2001, ..., exper2005 변수가 있으면 된다. 단, 만일 educ 변수가 시간에 따라 변하지 않는다면 educ2001, ..., educ2005 대신에 educ 변수 하나만 있으면 될 것이므로 저장공간이 약간 절약되지만 오늘날처럼 저장공간에 비용이 적게 드는 때에 이 점은 사소하다. 패널 데이터가 관측된 기간의 개수가 많으면 자료집합 안에는 매우 많은 변수들이 있을 것이며 관리가 쉽지 않을 수 있다. 이때 만약 개체의 수가 적으면 개체와 시간의 역할을 바꾸어 개체별로 변수를 만드는 편이 좀 더 간편할 것이다.

이와 반대로, 각 변수별로 관측치들을 세로로 길게long 정렬하는 방법도 있다. 예를 들어 x변수라면 맨 위에 첫 번째 개체($i = 1$)의 T개 x값들을 나열하고, 그 아래에 두 번째 개체($i = 2$)의 T개 x값들을 나열하고, 그 아래에 그 다음 개체의 T개 x값들을 나열하는 식으로 정렬하는 것이다. 물론 맨 위에 첫 번째 시점($t = 1$)의 n개 x값들을 나열하고 그 아래에 두 번째 시점($t = 2$)의 n개 x값들을 나타내는 식으로 정렬해도 관계없다. 이 데이터 정렬 형태를 긴long 포맷이라고 한다. 이때 개체 식별부호와 기간 식별부호(연도)가 있어야 할 것이다. 〈표 1.2〉에 은행의 부실률과 관련된 변수들을 긴 포맷으로 저장한 예가 있다. 이 예에서 2006년에 설립된 '가' 은행의 2012년 부실률은 1.5%이다.

긴 포맷에서는 시간에 따라 변하지 않는 변수(예를 들어 앞의 은행이나 설립연도)도 반복하여 기록해야 하고, 개체 식별변수(앞의 예에서 은행)와 연도 식별변수(앞의 예에서 연도)가 별도로 있어야 한다. 그러므로 긴 포맷에서는 저장공간을 조금 낭비하게 되나, 요즘처럼 하드디스크와 메모리의 값이 싼 시대에 이 비용은 사소하다. Stata를 포함한 대부분의 패키지가 긴 포맷을 이용한다. 또한 대부분의 패키지들은 넓은 포맷과 긴 포맷 간에 데이터를 변환하는 수단을

〈표 1.2〉 긴 포맷으로 저장한 패널 데이터

은행	연도	설립연도	부실률	직원 1인당 여신액	...
가	2011	2006	1.3		
가	2012	2006	1.5		
가	2013	2006	1.1		
나	2011	2002	1.4		
나	2012	2002	1.8		
⋮					

제공한다(예를 들어 Stata의 reshape, R의 reshape). Stata를 사용하려면 긴 포맷으로 데이터를 저장하여야 내장 명령어들을 사용하여 패널 데이터 분석을 할 수 있다.

긴 long 포맷으로 저장되어 있는 패널 데이터를 Stata로써 분석할 때에는 Stata에게 어느 변수가 개체 식별자인지 알려 주어야 하고(앞의 예에서는 은행), 필요 시에는 어느 변수가 시간 변수인지도 알려 주어야 한다(앞의 예에서는 연도). Stata의 xtset 명령어가 이 일을 한다(Stata에서는 개체 변수도 숫자로 되어 있어야 하며, 이에 대해서는 다음 소절에서 설명한다). 예를 들어 id가 개체 식별자이고 year가 시간 식별자일 때 다음과 같이 한다.

```
. xtset id year
```

특별한 경우 연도에 관한 정보가 없거나 연도 식별자를 말해 줄 필요가 없으면 "xtset id" 라고만 하여도 된다. 이때에도 몇 가지 패널 데이터 분석을 할 수는 있다.

경우에 따라 시간 변수가 한 번에 얼마씩 증가하는지 알려 주어야 할 때도 있다. 예를 들어 UN에서 제공하는 국가별 인구 자료는 5년 단위로 제공되고, 많은 인적 자본 human capital 자료도 5년 단위로 제공된다. 한국노동연구원의 사업체패널은 2년에 한 번씩 조사된다. 이런 경우라면 다음처럼 delta 옵션을 사용한다.

```
. xtset id year, delta(5)  /* or delta(2) */
```

이런 것이 복잡하고 싫으면 기간을 1부터 시작하여 1씩 증가하도록 만드는 것이 편할 수 있다. 예를 들어 year가 1960년부터 시작하여 5년씩 증가한다면 다음과 같이 한다.

```
. gen tvar = (year-1955)/5
. xtset id tvar
```

월별 자료라면 좀 더 복잡하다. 월 식별자를 yyyymm 변수에 199501, 199502 등으로 저장하였다면, 가장 원초적인(고상하지 않지만 항상 작동하는) 방법은 다음과 같은 일련번호로 변환하는 것이다.

```
. gen year = floor(yyyymm/100)
. gen month = yyyymm - year*100
. gen tvar = (year-1995)*12+month
. xtset id tvar
```

여기서 셋째 줄의 1995는 아무 숫자나 상관없으며, 여기서는 year의 최솟값인 1995를 사용함으로써 tvar가 1, 2, 3 등이 되도록 하였다. 셋째 줄 대신에 다음과 같이 한 다음 tvar 변수를 보면("list year month tvar") 재미있는 모양이 보일 것이다(이 내용에 대하여 더 알고 싶으면 Stata가 날짜 변수를 다루는 방법에 대하여 매뉴얼을 보고 공부하기 바란다).

```
. gen tvar = (year-1960)*12+month-1
. format %tm tvar
```

    `xtset id year`라고 하여 개체 식별자와 시간 식별자를 지정해 주고 나서 `xtdescribe` 명령을 하면 각 개체마다 관측이 이루어진 기간의 수를 보기 좋게 출력해 줄 것이다. 또, 변수별 요약통계량을 보고 싶으면 `xtsum` 다음에 변수명을 입력해 보라.

실제 분석에서 데이터를 다루는 팁

실제 데이터를 분석할 때, 원본 데이터는 가능한 한 완전한 형태로 저장해 두는 것이 좋다. 그 다음 컴퓨터가 더 잘할 수 있는 일은 컴퓨터에게 시키고 사람이 더 잘할 수 있는 일은 사람이 한다. 반대로 하지 말라.

    예를 들어 **Penn World Table**에는 국가별로 여러 변수들에 대한 데이터가 있는데, 여기에는 알파벳 3글자 축약형 식별코드(ISO 3166-1 alpha-3)와 국가명이 모두 있다. 그런데 Stata는 숫자형 자료만 인식하므로 국가명이나 국가 코드를 숫자로 바꾸어 주어야 한다. 〈표 1.2〉의 은행별 패널 데이터의 경우에도 은행명이 문자열로 있으면, Stata에서 활용하기 위해서는 은행명을 은행별 숫자 코드로 옮겨야 한다. 이 작업을 연구자가 수동으로 할 생각은 애초에 하지 말기 바란다. 소프트웨어 패키지들을 사용하면 약간의 명령어로써 이런 작업을 할 수 있다. 예를 들어 Stata의

```
. egen id = group(countrycode)
```

또는

```
. encode countrycode, gen(id)
```

명령이 이 일을 해 준다. `egen`으로 시작하는 명령은 문자열을 숫자로 바꾸어 주는 일만 하고, `encode`로 시작하는 명령은 숫자값들에 다시 문자열 꼬리표를 붙여 주어 숫자임에도 불구하고 사람 눈에는 다시 문자열이 보이도록 한다. 이 명령들을 사용하지 않고 스프레드시트 프로그램(예를 들어 엑셀)이나 Stata의 데이터편집기를 사용하여 문자 코드들을 숫자로 일일이 수동으로 바꾸는 것은 (시간을 낭비할 목적이 아니라면) 권하지 않는다.

    가끔 불균형패널 데이터를 가공하여 균형패널 데이터를 만들어 분석하고 싶은 경우가 있다. 이때 어떤 연구자들은 자료집합을 만드는 단계부터 균형에 맞지 않는 부분을 제거하고 보기 좋은 균형패널을 만들어 놓는 경우가 있다. 하지만 필자가 아는 한 연구자의 마음은 매우 자주 변하며(필자를 믿어도 좋다) 언제 마음이 바뀌어 불균형패널 전체를 분석하고 싶게 될지 알 수 없다. 균형패널 분석 결과와 전체 데이터 분석 결과를 비교하고 싶을 수도 있다. 이런 경우에 대비하기 위해서는 가장 완전한 형태의(가장 큰) 데이터를 만들어 두고, Stata를 사용한다면 do 파일을 만들어서 일괄작업을 하는 습관을 들이는 것이 좋다. 참고로, 불균형패널 데이터를 다듬어 균형화하는 방법에 대해서는 9.2절에서 설명한다.

    자료집합에 처음부터 차분변수, 더미변수, 제곱항, 상호작용항 등을 만들어 넣는 것은 시간과 저장공간의 낭비일 수 있다. Stata는 대부분의 경우 이들을 직접 만들지 않

고도 회귀를 할 수 있으며(D, L, F, i, c 등 여러 접두어, #, ## 등을 활용), 그렇지 않는 경우에도 'tab year, gen(yr)'처럼 하여 더미변수를 만들 수 있고, 제곱항이나 상호작용항도 gen 명령을 사용하여 쉽게 만들 수 있다. 불가피한 경우가 아니면 변수를 만들기보다는 접두어나 #, ## 등을 사용하는 것이 좋다. 필요하면 "xi:" 접두어나 "xi" 명령어를 사용하여 변수를 직접 생성할 수도 있다. 자세한 내용은 Stata에서 help varlists와 help xi를 실행하여 도움말을 보라.

원자료를 만들어 관리할 때 연속변수로부터 이진변수를 만들어 놓는 일도 할 필요 없다. 이것도 역시 gen 명령을 사용하면 do 파일 내에서 필요할 때 만들 수 있다. 예를 들어 'gen x_is_pos = x>0'이라고 하면 x가 0보다 큰 경우 1의 값을 주고 그렇지 않으면 0의 값을 주는 더미변수 x_is_pos를 만들 수 있다.

한 자료집합을 복수의 포맷으로 만들어 저장하는 것은 자유이나, 모든 파일들을 다 수동으로 관리하려고 하면 실수할 확률이 매우 높아진다는 것을 명심하여야 할 것이다. 이보다는 예를 들어 엑셀 자료 파일 혹은 CSV 파일 하나만 만들어 수동으로 관리하고, 이 엑셀 파일을 Stata 자료 파일(dta 파일)로 바꾸는 do 스크립트를 만들어 놓는 것이 실수를 줄이는 길이다. 예를 들어, 다음 mkdata.do 스크립트는 ABC.xlsx를 읽어들여 데이터를 적당히 조작한 후 Stata 자료 파일인 abc.dta를 만든다(CSV 파일을 관리하든 xlsx 파일을 관리하든, 파일의 첫 행까지만 변수명이 될 수 있고, 적어도 둘째 행에서는 데이터가 시작되어야 한다).

```
/* filename: mkdata.do */
clear all
cd "d:/My Documents/mydata"
import excel using ABC.xlsx, sheet("Data Sheet") firstrow
* import delimited ABC  // use this if CSV
                        // or use -insheet- for older versions
egen id = group(countrycode)
xtset id year
gen lny = ln(gdp)
gen lnk = ln(capitalstock)
gen rich = gdp>20
/* generate other variables, transform, etc. */
save abc, replace
```

이 스크립트의 실행이 완료되면 해당 디렉토리 내에 abc.dta 파일이 만들어지며, 실제 분석을 할 때에는 이 abc.dta 파일을 사용(use)하면 된다. 이 자료변환 스크립트를 따로 저장해 놓은 다음, 데이터를 관리할 때에는 ABC.xlsx 파일만 수동으로 관리하도록 한다. 원자료 파일(ABC.xlsx)이 업데이트되면 mkdata.do 스크립트를 실행시켜서 Stata로 하여금 Stata용 자료를 만들도록 한다. 복사하기와 붙여넣기(Copy & Paste)를 해서 Stata용 자료를 업데이트하는 것은 매우 위험한 발상이다. 자신이 얼마나 실수를 자주하는지 확인할 목적이 아니라면 그러지 말자. 보통의 인간은 수많은 숫자들의 공격에 아주 취약하다. 실수를 피하려면 데이터를 관리하고 분석할 때 다음을 따라 주는 것이 좋다.

- 데이터는 엑셀이나 CSV 등 스프레드시트로 관리한다(예를 들어 'ABC.xlsx').

- 스크립트(예:mkdata.do)를 만들어 실행함으로써 원본 데이터(ABC.csv나 ABC.xlsx)로부터 Stata용 자료(abc.dta)를 만든다. 참고로, 이 단계에서 R을 사용할 수도 있다.

- 스크립트(예:work.do)를 만들어, 여기에서 Stata용 자료(abc.dta)를 읽어들이고 계량경제 분석을 한다.

요즘은 인터넷 검색이 쉬우므로 자신이 무슨 일을 하고 싶은지만 알면 검색을 통하여 답을 어렵지 않게 알 수 있다. 예를 들어 구글에 "stata read xlsx file"이라고 검색하면 import라는 명령어가 검색된다. 그러면 Stata에서 help import라고 해 보면 간단한 도움말이 나오고, 거기 있는 링크를 클릭하여 긴 도움말(pdf 문서)을 얻을 수 있다. 예제도 많으므로 영어를 적당히 읽을 수만 있으면 어렵지 않을 것이다.

데이터 분석 시 결코 연구자의 기억력을 믿어서는 안 된다. 한 디렉토리 안에 여러 do 파일이 있을 때, 모든 do 파일의 맨 앞에 상세한 코멘트를 붙여 놓을 뿐 아니라, 파일 이름을 특정하게 하여 파일 이름만 보고도 무슨 일을 하는지 대강은 알아야 한다. 이것은 권장사항이라기보다는 거의 의무사항에 가깝다. 예를 들어 여러 가지 상이한 내용의 do 파일들에 do-a.do, do-b.do, do-c.do와 같은 이름을 붙이면 나중에 고생한다.

선형 정태적 패널 모형

제1부에서는 변수의 동태적 변화에 관한 내용 없이 횡단면 분석에서처럼 한 변수를 다른 변수들로 회귀하는 모형에 대하여 살펴본다. 여느 모형이나 마찬가지로 패널 데이터 모형에서도 다른 요소들을 통제할 때 한 변수(설명변수)와 다른 변수(피설명변수)의 상관관계를 추정하고자 한다.

2 임의효과 모형

본 장에서는 우선 $y_{it} = X_{it}\beta + u_{it}$ 라는 선형 패널모형의 해석과 추정에 관하여 살펴본다(첨자들이 너무 복잡하다고 생각되는 독자는 1.1절을 다시 읽어 보기 바란다). 설명변수들이 비임의적^{nonrandom}이라는 가정하에 이 모형을 $E(y_{it}) = X_{it}\beta$ 라고 나타내기도 하고, 설명변수들을 명시적으로 통제하여 $E(y_{it}|X_{i1}, \ldots, X_{iT}) = X_{it}\beta$ 라고 나타내기도 한다. 여기서 X_{it} 기호에는 흔히 상수항과 시간더미들이 포함된다. 만약 모형에는 절편과 시간더미들이 포함되어 있지만 X_{it} 기호가 상수항과 시간더미들을 포함하지 않으면 $y_{it} = \alpha + X_{it}\beta + \delta_t + u_{it}$, $E(y_{it}) = \alpha + X_{it}\beta + \delta_t$, 또는 $E(y_{it}|X_{i1}, \ldots, X_{iT}) = \alpha + X_{it}\beta + \delta_t$ 라고 명시적으로 쓸 수도 있다. 시간더미들은 특별한 사유가 없는 한 포함시키는 것이 좋으며, 이때 더미변수 함정을 피하기 위하여 보통 $\delta_1 = 0$이라는 제약을 준다. 이 내용을 비롯한 선형 패널모형의 기초에 대해서는 2.1절에서 설명한다.

패널 데이터가 주어지고 패널모형이 설정되더라도 데이터가 패널 구조를 갖는다는 사실을 무시한 채 관측치들을 비교하는 것도 가능하다. 이를 위해 모든 시점의 데이터를 한데 모아^{pool} 보통최소제곱법(Ordinary Least Squares, OLS)으로써 모형을 추정할 수 있다. 이 방법을 '통합 OLS'(Pooled OLS, POLS)이라 하며 이는 2.2절에서 상세히 설명한다.

동일한 개체 내에는 시간에 걸친 종속성이 존재할 수 있다. 개체 내 오차항들 간에 특별한 형태의 상관을 가정하고 일반화 최소제곱(FGLS) 추정을 하는 방법이 있는데, 이를 '임의효과'(random effects, RE) 회귀 또는 'RE FGLS 회귀'라고 한다. 이 방법은 오차항이 시간불변 항과 무작위 오차의 합으로 구성된다고 보는 '오차성분(error components) 모형'의 FGLS 추정법이다. 임의효과 회귀에 관한 상세한 내용은 2.3절과 2.4절에서 설명한다.

전통적으로, 오차항이 시간불변 항(임의효과)과 무작위 오차(따라서 이분산·자기상관이 없음)로 구성되어 있다는 가정하에서, 오차성분 모형에서 시간불변 항이 존재하는지 여부를 검정하는 경우가 있었다. 만약 시간불변 오차가 존재하지 않는다면 POLS가 BLUE이고 통상적인 분산추정을 하여도 검정이 타당하므로, 표본크기가 작다면 시도해 볼 가치가 있다. 2.5절에서는 이 검정에 대하여 설명한다.

2.6절에서는 오차항 구성부분들이 정규분포를 갖는다는 가정하에서 최우추정(maximum likelihood estimation, MLE)을 하는 방법에 대하여 설명한다. 사실 본 장의 선형모형에 대해서는 최우추정법이 그다지 많이 사용되지 않지만 나중에 동태적 모형과 비선형 모형에서 중요한 분석도구가 되므로 여기서 잠깐이라도 살펴보는 것이 나중에 도움이 될 것이다.

한편, 모형은 각 시점의 횡단면 함수관계를 나타내도록 설정될 수도 있고, 각 개체가 시간에 걸쳐 변화하는 방식을 나타내도록 설정될 수도 있다. 전자의 모형을 '모집단평균

(population averaged, PA) 모형'이라 하고, 후자의 모형을 '개체별(subject specific, SS) 모형'이라 한다. 선형모형에서 설명변수가 오차항에 대하여 강외생적인 한 이 두 모형의 구분은 중요하지 않으며 기울기 모수(β)는 동일한 의미를 갖는다. 모집단평균 모형은 흔히 '일반화된 추정식'(GEE) 방법으로 추정한다. 이상에 대해서는 2.7절에서 간단히 언급한다.

2.1 선형 패널모형의 기초

여타 요인들이 고정될 때 한 요인의 변화가 종속변수에 어떠한 영향을 미치는지 간단하게 살펴보고자 할 때 선형 모형이 널리 사용된다. 종속변수를 y_{it} 라 하고 독립변수를 X_{it} 라 하자. 실제 분석에서는 변수명을 "y"나 "X"로 하지 않고 더 구체적으로 하는 것이 좋다. 예를 들어 i 가 국가일 때 **성장률**$_{it}$, **국내총생산1960**$_i$, **인적자본**$_{it}$, **인구증가율**$_{it}$, **개방도**$_{it}$ 와 같은 변수명이나 이를 대신할 영어 변수명을 사용하자.

> 구체적인 변수명을 사용하지 않고 Y, X1, X2나 y, x_1, x_2 처럼 변수들을 표현하면 글을 쓰는 사람은 편하겠지만 글을 읽는 사람은 문서의 다른 부분을 읽고 그 변수의 뜻을 알아내야 하므로 힘들어 한다. 이 책에서 "y_{it}"나 "X_{it}"라고 하는 것은 일반적인 이야기를 하기 위한 것일 뿐이며, 실제 분석에서는 뜻이 통하도록 변수명을 정하는 것이 좋다. 예를 들어 성장률이라면 '**성장률**' 혹은 '*growth*'라고 하자.

가장 흔히 등장하는 선형 패널모형은 $y_{it} = X_{it}\beta + u_{it}$ 와 같다. 여기서 u_{it} 는 y_{it} 와 X_{it} 간의 선형함수 관계를 교란하는 오차항$^{error\,term}$ 혹은 교란항$^{disturbance\,term}$이다. 여기서 $X_{it}\beta$ 라고 벡터를 이용한 기호를 사용했는데, X_{it} 가 $1 \times k$ 이고 β 가 $k \times 1$ 이면 $X_{it}\beta$ 는 X_{it} 의 원소들과 β 의 원소들의 곱의 합과 같다. 말하자면 $X_{it}\beta$ 는 $\beta_1 X_{1,it} + \cdots + \beta_k X_{k,it}$ 를 축약하여 나타낸 것이다. 통상적으로 X_{it} 에 상수항$^{constant\,term}$과 시간더미들$^{time\,dummies}$이 포함된다. 만약 X_{it} 부호가 상수항과 시간더미들을 포함하지 않으면, 상수항과 시간더미들이 포함된 모형은 $y_{it} = \alpha + X_{it}\beta + \delta_t + u_{it}$ 라고 표현하면 된다. 이 경우 절편은 α, 시간효과들은 δ_t 이다. 각각의 δ_t 는 t 기에 해당하는 시간더미변수들에 그 계수를 곱한 표현이다. 만약 계수 곱하기 변수 형태로 δ_t 를 나타내고자 한다면, δ_t 대신에 예를 들어 $\sum_{j=2}^{T} \delta_j D_{jt}$ 라고 하여야 한다. 여기서 D_{jt} 는 $t = j$ 이면 1의 값을 갖고 그렇지 않으면 0의 값을 갖는 더미변수이다. 주어진 t 에서 $D_{2t}, \ldots, D_{jt}$ 중 D_{tt} 만 1이고 나머지는 모두 0이므로 $\sum_{j=2}^{T} \delta_j D_{jt}$ 가 δ_t 임을 쉽게 확인할 수 있다. 그러니까 $y_{it} = \alpha + X_{it}\beta + \delta_t + u_{it}$ 라고 할 때의 설명변수 벡터는 $(1, X_{it}, D_{2t}, \ldots, D_{Tt})$ 이며, 이에 대응하는 계수 벡터는 $(\alpha, \beta', \delta_2, \ldots, \delta_T)'$ 이다. 상수항 α 가 존재하므로, δ_1 부터 δ_T 가 모두 식별되지는 않으며, 계량경제분석에서는 보통 $\delta_1 = 0$ 이라는 제약이 부과된다.

> (i) X_{it} 가 상수항과 시간더미들을 포함한다고 할 때의 $X_{it}\beta$ 의 β 와 (ii) X_{it} 가 상수항과 시간더미들을 제외할 때의 $\alpha + X_{it}\beta + \delta_t$ 의 β 는 편의상 동일한 기호를 사용하지만 그 뜻은 다르다. (i) $X_{it}\beta$ 의 β 에는 (ii)의 β 뿐 아니라, 절편과 시간더미변수들의 계수들도 모두 포함되어 있다. (i)과 (ii)의 β 가 서로 다른 의미를 가지므로 서로 다른 기호를 사용할 것도 생각해 보았으나, 기호가 너무 많으면 설명이 오히려 더 복잡해질 우려가 있어 이 책에서는 혼동을 각오하고 동일한 기호를 사용하기로 하였다.

시간더미들이 우변에 포함되어 있는 모형에서는 절편이 시간에 따라 변할 수 있으며,

이로써 일종의 '경기변동'을 통제할 수 있으므로, 대부분의 연구에서 시간더미들을 모형에 포함시킨다. 물론 연구자의 재량으로 시간더미 변수들의 일부 혹은 전부를 우변에서 제거할 수도 있으나, 그 경우에는 이유를 잘 설명하여야 할 것이다. 개체의 수를 n이라 하고 시간 길이를 T라 하자. 이하에서는 n이 크고 T가 작은 '짧은 패널' 데이터를 염두에 두고 논의를 진행하므로 시간더미 변수들은 문제(따름모수 문제)를 야기하지 않는다.

X_{it}에 포함된 독립변수들은 어떤 것은 시간(t)에 걸쳐 불변이고(i첨자만 사용) 어떤 것은 시간에 걸쳐 변하지만 모든 개체에게서 동일하며(t첨자만 사용) 또 어떤 것은 i와 t 모두에 걸쳐 상이할 수 있다(i와 t 첨자 모두 사용). 나중에 필요하면 $X_{1,it}$, $X_{2,i}$, $X_{3,t}$처럼 분명하게 첨자를 붙이겠지만, 이 장의 분석에서는 아직 그런 구별을 할 필요가 없으며 이들을 통틀어서 X_{it}라고만 표현할 것이다.

▶ **연습 2.1.** 첨자에 주의를 기울인다면 시간더미들은 $X_{1,it}$, $X_{2,i}$, $X_{3,t}$ 중 어디에 해당하겠는가?

시간더미 변수들이 포함되어 있어 절편이 시기별로 다를 수 있는 모형 $y_{it} = \alpha + X_{it}\beta + \delta_t + u_{it}$에서 β가 무엇을 의미하는지 생각해 보자(여기서 X_{it} 기호는 상수항과 시간더미를 포함하지 않으며 $\delta_1 = 0$으로 설정된다). 이 경우 동일 시점에서 X_{it}에 Δx만큼 차이가 있는 두 개체의 종속변수에 $(\Delta x)\beta$만큼 차이가 있을 것으로 기대된다고 해석된다. 만약 상이한 시점 간 비교를 한다면 종속변수 기댓값의 차이는 $(\Delta x)\beta$와 시간대별 효과의 차이(t기와 s기라면 $\delta_t - \delta_s$)를 합한 값이 될 것이다. 여기서 더 나아가, 한 시점에서 하나의 개체를 무작위로 추출하여 다른 조건은 모두 고정시키고 한 변수(X_1이라 하자)만 1단위 증가시키는 가상 실험을 하면 종속변수가 그 계수인 β_1만큼 증가한다고 해석하기도 한다. 이 마지막 해석은 ceteris paribus 해석인데, 지나친 비약으로 간주될 수도 있다는 위험이 항시 존재한다.

> 패널 데이터에서는 비교에 i와 t라는 두 차원이 있다는 점이 문제를 복잡하면서도 흥미롭게 만든다. 독립변수 값의 변화가 종속변수 값을 변화시키는 정도를 측정하기 위하여, 독립변수 값이 상이한 여러 개체들을 비교할 수도 있고, 동일한 개체 내에서 다양한 시점 간의 차이에 주목할 수도 있다. 노동조합 가입 여부와 임금의 예를 들면, 노조 가입 여부가 임금에 미치는 영향을 측정하기 위하여 특정 시점에 노동조합원들과 비조합원들 간에 평균 임금을 비교할 수도 있고, 노조 가입과 탈퇴를 반복한 각 노동자마다 가입 시기와 비가입 시기의 평균 임금을 비교할 수도 있다. 패널 데이터 분석의 흥미로운 점 중의 하나는 이러한 '개체 간 비교'와 '동일 개체 내 비교'를 구별할 수 있다는 것이다. 자세한 내용은 3장을 참조하라.

이상에서는 $y_{it} = X_{it}\beta + u_{it}$라는 모형에 대하여 이야기하였다(이 모형에서 X_{it}는 상수항과 절편을 포함한다). 한 가지 유의할 점은 β가 모든 i에서 동일하다는 사실이다. 설명의 편의를 위하여 i가 국가를 나타낸다고 하면, 한 국가에서 절편 및 기울기 계수가 다른 국가에서 절편 및 기울기 계수와 동일하다. 물론 연구자가 원한다면 그 대신 β가 i마다 다르다고 둘 수도 있다. 이는 연구자의 재량에 속한다.

> 국가별로 계수가 모두 상이하다고 한다면, 패널 데이터를 분석할 필요 없이 각 국가별로 시계열 데이터를 분석하면 될 것이다. 말하자면, A국의 두 변수 간 관계와 B국의 두 변수 간 관계가 상이하

다면, A국에서 변수들의 관계를 측정하기 위해서는 A국의 데이터를 사용하고 B국에서의 관계를 측정하기 위해서는 B국의 데이터를 사용하면 될 것이며, A국에서의 관계를 구하기 위하여 굳이 B국의 데이터를 고려하여야 할 필요는 없을 것이다. 단, 이때에는 국가별 관측치의 개수가 충분히 커야 제대로 된 추정을 할 수 있을 것이다. 예를 들어 5개 연도 패널 데이터로써 β가 i마다 다른 모형을 제대로 추정할 수는 없다.

> X 변수들의 계수는 공통으로 두고 절편만 개체별로 다르게 하는 모형이 패널 분석에서 널리 활용되는데, 이에 대해서는 3장에서 설명한다.

개체들을 몇 개의 군으로 나누어, β 계수가 모든 개체에서 상이하지는 않고 각 개체군 내에서는 동일하지만 상이한 개체군 간에는 상이하도록 설정할 수도 있다. 예를 들어 기업들의 데이터가 있을 때, 동일 산업 내의 기업들은 동일한 β를 갖도록 할 수 있다. 이것은 설명변수들과 산업 더미변수들의 상호작용interaction 항을 포함시키는 것과 동일하다. 어떤 모형을 설정하든, 제대로 된 모형을 설정할 책임은 연구자에게 있다.

원한다면 β 계수가 모든 i에서 동일한지 검정할 수 있다. 이런 검정을 통합가능성poolability 검정이라고 하며, 국가의 수(n)가 적고 기간(T)이 긴 패널 데이터가 있으면 국가별 더미변수들 및 X_{it}와의 상호작용 항들을 포함시키고 나서 상호작용 항들의 계수가 0인지 간단히 검정해 볼 수 있을 것이다. 이런 검정의 목적을 제외하고, 계수가 국가마다 다르게 설정됨에도 불구하고 여러 국가들의 데이터를 모아서 분석을 한다면 여기에는 두 가지 이유가 있을 수 있다. 하나는 그렇게 함으로써 개별 회귀보다 더 효율적인 추정량을 얻을 수 있다는 것이다. 이는 오차항이 국가 간에 상관된 경우에 해당하며 Zellner (1962)의 SUR (seemingly unrelated regressions, 겉보기에 상관없는 회귀들)을 이용하여 구현할 수 있다. SUR에 대해서는 부록 B.3에서 설명한다. 또 하나는 한 나라가 다른 나라에 미치는 직접적인 영향을 살펴보고 싶은 경우이다. 이것이 목적이라면 우변에 타국의 변수들을 포함하는 모형을 고려할 수 있을 것이다. 이에 대해서는 부록 B.4에서 간략히 서술한다. 이들 문제는 어떻게 하면 모형을 적절하게 수립할 것인가 하는 문제로서 특별한 패널 분석 기법을 요구하지 않으므로 더 이상 자세한 내용은 설명하지 않는다.

> 여러 패널 모형을 두고 SUR 추정을 하는 것도 가능하다. 원래 SUR은 복수의 종속변수를 설명하는 복수의 모형에서 오차항들이 서로 상관될 경우 이 상관을 고려하여 더 효율적인 추정량을 얻기 위하여 사용한다(부록 B.3 참조). 패널에서도 이와 똑같은 일을 할 수 있다. 두 개 이상의 패널 회귀식을 결합하여 패널 SUR 추정을 할 수도 있다. 하지만 이 패널 SUR이 상이한 i 간에 주고받는 상호작용을 측정하는 것은 아님을 분명히 인식하여야 할 것이다.

2.2 통합최소제곱 회귀

X_{it}를 독립변수들의 벡터(시간더미들과 상수항 포함), y_{it}를 종속변수, u_{it}를 오차라 할 때, 본 장에서 고려할 모형은 모든 개체에서 β 계수가 동일하도록 설정된 다음 모형이다.

$$y_{it} = X_{it}\beta + u_{it} \tag{2.1}$$

만약 절편이나 계수들이 t마다 다른데도 모형을 이렇게 간단히 표현하였다면 X_{it}에 시간 더미와의 상호작용항들이 포함되어 있다고 보면 될 것이다. 예를 들어 종속변수가 y이고 독립변수가 x1과 x2일 때 절편과 x1 계수가 t마다 다르다면 X_{it}는 1, x1, x2, 연도별 더미들, x1과 연도별 더미들의 상호작용항을 포함한다(Stata라면 x2 c.x1##i.year). 단, 더미변수 함정(공선성)을 피하기 위하여 한 해의 연도더미는 제외시켜야 한다.

▶ **연습 2.2.** i가 국가, 종속변수는 환율, 독립변수는 유가와 고령인구비율이다. 환율이 고령인구비율에 반응하는 방식은 모든 국가에서 동일하나 환율이 유가에 반응하는 방식은 산유국과 비산유국 간에 상이할 수 있도록 하려면 모형을 어떻게 설정해야 하겠는가?

참고로, 지금은 X_{it}와 u_{it}가 서로 상관되지 않았다고 보고 있지만, 일반적인 패널 모형에서는 이들이 상관되었다고 보기도 한다. 이는 ♚의 문제와 연결된다. 오차항에 존재하는 개별효과로 인하여 u_{it}가 X_{it}와 상관되는 경우를 처리하는 것이 패널 분석의 가장 큰 성과 중의 하나인데, 이에 대해서는 3장에서 '고정효과'를 고려하면서 살펴본다.

패널 데이터를 분석할 때에는 일반적으로 u_{it}가 i에 걸쳐 서로 독립이라 가정한다. 즉, 서로 다른 개체들은 독립적으로 행동한다는 것이다. 반면 u_{it}가 t에 걸쳐 독립이라고 보기는 어렵다. 이는 동일 개체의 비관측 요소들인 u_{it}가 시간에 걸쳐 상관되기 쉽기 때문이다. 오차항의 시간에 걸친 상관은 ♚의 문제가 아니라 ♛의 문제와 연결됨을 기억하라.

각 i마다 여러 t에 걸쳐 변수들이 관측될 것인데, $t = 1, 2, \ldots, T_i$에 걸쳐 관측된다고 하자. 참고로, 모든 i에 대해 $T_i = 1$이면 이 자료는 횡단면 데이터이고, i의 개수가 1이면 시계열 데이터가 된다. 개체(i)들의 수를 n이라 하자. 모든 i에서 T_i가 동일하고 관측시점들이 모든 i에서 동일한 패널 데이터를 1장에서 설명한 것처럼 균형balanced패널 데이터라 하고, T_i가 i별로 상이하거나 관측 시점들이 상이하면 불균형unbalanced패널 데이터라 한다. 문제를 단순화하기 위해서 당분간은 모든 i에서 T_i가 동일하다고 하고(이 동일한 T_i를 T라 하자), 특별한 경우가 아니면 균형패널만을 고려한다.

2.1절에서 이야기한 것처럼, 모형 (2.1)에서 한 가지 유의할 점은 β에 아무런 첨자도 없으므로 모든 개체와 시점에 동일하다는 것이다. 만일 계수가 β가 아니라 β_i라면, X가 y에 미치는 영향이 i마다 다르다는 뜻이다. 만일 계수에 t 첨자가 붙어 β_t라면 시기별로 X의 효과가 다를 수 있음을 의미하지만, 이것은 X_{it}에 시간더미와 상호작용 항들을 포함시킴으로써 처리할 수 있으므로 계수가 t마다 다른 경우도 $X_{it}\beta$라고 표현할 수 있다. 계수가 β_{it}라면 임의계수 모형이 되며, 이때 분석의 목적은 β_{it} 값들이 아니라 이 값들의 분포의 성질을 알아내는 것이 된다. 자세한 내용은 이 책의 범위를 벗어난다.

계수가 t마다 다른 경우 X_{it}에 시간더미 및 상호작용 항들이 포함되어 있다고 하면 되는 것처럼, 계수가 i마다 다른 경우에도 X_{it}에 개체별 더미 및 상호작용 항들이 포함되어 있다고 하면 되지 않느냐고 질문할 수도 있다. 하지만 중요한 것은 n이 크고 T가 작은 경우에 계수가 i마다 다르면 1장에서 설명한 따름모수 문제가 발생한다는 점이다. n이 작고 T가 큰 패널 데이터의 경우에 시간더미가 문제를 야기한다. 이 장에서는 n이 크고 T가 작다고 가정한다.

모형 (2.1)에서 설명변수(X_{it})와 오차(u_{it})가 서로 독립이라고 가정하고 β를 추정해 볼 수 있다. 이 가정이 맞는지 틀리는지는 모르지만 일단은 맞다고 하자. 이 경우 보통최소제곱 (OLS) 방법을 생각해 볼 수 있다. 이 OLS는 여러 시점들의 데이터를 통합^{pool}하여 계산하는 것이므로 통합 OLS(Pooled OLS, POLS)라고 한다. 횡단면 데이터의 경우와 마찬가지로, 만일 모든 i와 t에서 $\mathrm{E}(u_{it}|\mathbb{X}) = 0$이면 POLS는 비편향^{unbiased}이다($\mathbb{X}$는 X_{it}를 모든 i와 t에 걸쳐 모은 것). $\mathrm{E}(X_{it}' u_{it}) = 0$이면 POLS는 (약간의 기술적인 가정하에서) 일관적^{consistent}이다(♚).

선형 모형 $y_{it} = X_{it}\beta + u_{it}$가 주어질 때 $\mathrm{E}(u_{it}|\mathbb{X}) = 0$라는 조건은 $\mathrm{E}(y_{it}|\mathbb{X}) = X_{it}\beta$라는 조건과 동일하다. 그러므로 $\mathrm{E}(u_{it}|\mathbb{X}) = 0$이라는 조건하에서 POLS가 β에 대하여 비편향이라는 말은 $\mathrm{E}(y_{it}|\mathbb{X}) = X_{it}\beta$라는 관계를 모든 i와 t에서 만족시키는 β가 존재하고 POLS는 바로 그러한 β를 비편향되게 추정한다는 뜻이 된다. 모든 i와 t에서 $\mathrm{E}(y_{it}|\mathbb{X}) = X_{it}\beta$를 성립시켜 주는 β가 존재하지 않는다면, 아래 POLS의 정의에 의하여 POLS는 $(nT)^{-1}\sum_{i=1}^{n}\sum_{t=1}^{T}\mathrm{E}[X_{it}'(y_{it} - X_{it}\beta)] = 0$이 되도록 만들어 주는 β를 일관되게^{consistently} 추정한다.

POLS 추정량을 수식으로 표현하면 다음과 같다. X_{it}가 상수항과 시간더미들(필요하면)을 포함한 모든 설명변수들의 행벡터($1 \times k$)라 하자. 그러면 POLS 추정량은 다음과 같다.

$$\hat{\beta}_{pols} = \left(\sum_{i=1}^{n}\sum_{t=1}^{T}X_{it}'X_{it}\right)^{-1}\sum_{i=1}^{n}\sum_{t=1}^{T}X_{it}'y_{it} \tag{2.2}$$

X_{it}에 절편과 시간더미들이 포함되어 있으므로 이 $\hat{\beta}_{pols}$ 추정량에는 절편과 시간더미 계수 추정량들이 모두 포함되어 있다. 합산 부호가 이중으로 있어서 약간 복잡해 보이지만, 이 식을 잘 살펴보면 결국 모든 관측치들을 이용하여 OLS를 한 형태임을 알 수 있다.

$Q_t = \sum_{i=1}^{n}X_{it}'X_{it}$라 하고($i$에 대하여 합산하였으므로 Q_t에는 t 첨자만 남음에 유의하라) $Q = \sum_{t=1}^{T}Q_t$라 하자. 또한 t기의 횡단면 데이터를 이용한 OLS 추정량을 $\hat{\beta}_t = Q_t^{-1}\sum_{i=1}^{n}X_{it}'y_{it}$라 하자. 식 (2.2)를 약간 조작하면 다음을 얻을 수 있다.

$$\hat{\beta}_{pols} = Q^{-1}\sum_{t=1}^{T}(Q_tQ_t^{-1})\sum_{i=1}^{n}X_{it}'y_{it} = \sum_{t=1}^{T}(Q^{-1}Q_t)\left(Q_t^{-1}\sum_{i=1}^{n}X_{it}'y_{it}\right) = \sum_{t=1}^{T}(Q^{-1}Q_t)\hat{\beta}_t$$

다시 말하여 POLS 추정량은 각 시기(t)별 OLS 추정량들($\hat{\beta}_t$)을 $Q^{-1}Q_t$의 크기에 따라 가중평균한 것이라 할 수 있다($\sum_{t=1}^{T}Q^{-1}Q_t = I$임에 유의). 이러한 의미에서 POLS는 시기별 횡단면 함수관계 추정치 벡터들의 가중평균이라고 볼 수 있다. 이때 t별 가중치는 $Q^{-1}Q_t$이다.

패널 모형과 POLS 추정량을 행렬 표현을 좀 더 사용하여 나타낼 수도 있다. 우선 다음 부호들을 도입하자. 이하에서 X_{it}의 첫째 원소는 1임에 유의하라.

$$\mathbf{y}_i = \begin{pmatrix} y_{i1} \\ y_{i2} \\ \vdots \\ y_{iT} \end{pmatrix}, \ \mathbf{X}_i = \begin{pmatrix} X_{i1} \\ X_{i2} \\ \vdots \\ X_{iT} \end{pmatrix}, \ \mathbf{u}_i = \begin{pmatrix} u_{i1} \\ u_{i2} \\ \vdots \\ u_{iT} \end{pmatrix}, \ \mathbf{1}_T = \begin{pmatrix} 1 \\ 1 \\ \vdots \\ 1 \end{pmatrix} \tag{2.3}$$

X_{it}에 상수항이 포함되어 있으므로 지금으로서는 마지막의 $\mathbf{1}_T$ 부호를 별도로 쓸 필요가 없지만 앞으로 자주 등장할 것이다. $\mathbf{X}_i$의 1열은 $\mathbf{1}_T$이다. 이 기호들을 이용하면 $y_{it} = X_{it}\beta + u_{it}$라는 식을

$t = 1, \ldots, T$ 에 대하여 세로로 쌓아 $\mathbf{y}_i = \mathbf{X}_i \boldsymbol{\beta} + \mathbf{u}_i$ 라는 표현을 얻는다. 여기서 좌변과 우변은 $T \times 1$ 벡터이다. 이 행렬 기호들을 이용하여 POLS 추정량을 다음과 같이 쓸 수 있다.

$$\hat{\beta}_{pols} = \left(\sum_{i=1}^{n} \mathbf{X}_i' \mathbf{X}_i \right)^{-1} \sum_{i=1}^{n} \mathbf{X}_i' \mathbf{y}_i$$

여기서 더 나아가 $\mathbf{y} = (\mathbf{y}_1', \mathbf{y}_2', \ldots, \mathbf{y}_n')'$ 이라 하고 $\mathbf{X} = (\mathbf{X}_1', \mathbf{X}_2', \ldots, \mathbf{X}_n')'$ 이라 하자. 즉 $\mathbf{y}$ 는 $\mathbf{y}_i$ 들을 세로로 쌓은 벡터$(nT \times 1)$이고 $\mathbf{X}$ 는 $\mathbf{X}_i$ 들을 세로로 쌓은 행렬$(nT \times k)$이다. 이 기다란 행렬들을 사용하여 POLS 추정량을 나타내면 흔히 보는 $\hat{\beta}_{pols} = (\mathbf{X}'\mathbf{X})^{-1}\mathbf{X}'\mathbf{y}$ 가 된다.

서로 다른 개체(i) 간에 오차항 u_{it} 가 독립이라고 보는 것은 그렇게 나쁘지 않다. 하지만 u_{it} 가 동일 개체 내에서 시간에 걸쳐 독립이라고 보는 것은 무리이다. 모형 (2.1)의 $X_{it}\beta$ 가 종속변수 y_{it} 에 존재하는 시계열 상관을 완벽하게 설명한다고 보기는 어렵기 때문이다. 이처럼 오차항에 시계열상관이 존재할 때 POLS 추정량을 사용하여 올바른 추론을 하려면 클러스터clustered 분산추정량을 사용할 수 있다(🏛). '상관된 오차항을 가진 관측치들의 집합'이 한 클러스터cluster가 되는데, 여기서는 각 개체의 시간에 걸친 관측치들(동일한 i에 해당하는 관측치들)이 하나의 클러스터를 형성한다. 개체 식별자가 id(예를 들어 은행명을 고유번호로 바꾼 것)라고 하면, id 변수의 값이 동일한 관측치들이 클러스터 하나를 이룬다. 이 경우 Stata 에서는 다음과 같이 하여 클러스터 분산추정량을 사용할 수 있다.

```
. reg y x1 x2 i.year, vce(cluster id)
```

여기서 y는 종속변수, x1과 x2는 설명변수들로서 예를 들어 표현한 것이고, 실제 분석을 할 때에는 실제 변수명으로 바꾸어야 할 것이다. "i.year"는 시간더미들을 표현하며, 없어도 된다는 확신이 있으면 없어도 된다. "vce(cluster id)"는 "vce(cl id)"나 "cluster(id)"나 "cl(id)"로 축약해도 좋다. 필자는 "vce(cl id)"를 주로 사용한다.

클러스터 분산 추정량이 구체적으로 어떻게 생겼는지 살펴보려면 우선 POLS 추정량의 분산·공분산 행렬을 구할 필요가 있다. 식 (2.2)의 우변에 $y_{it} = X_{it}\beta + u_{it}$ 를 대입하여 다음을 얻는다.

$$\hat{\beta}_{pols} = \beta + \left(\sum_{i=1}^{n} \sum_{t=1}^{T} X_{it}' X_{it} \right)^{-1} \sum_{i=1}^{n} \sum_{t=1}^{T} X_{it}' u_{it}$$

X_{it} 들이 비임의적nonrandom이라고 하면, u_{it} 가 i에 걸쳐 독립이라는 가정하에 우변의 분산은 다음과 같다.

$$V(\hat{\beta}_{pols}) = \left(\sum_{i=1}^{n} \sum_{t=1}^{T} X_{it}' X_{it} \right)^{-1} \sum_{i=1}^{n} \mathrm{E}\left[\left(\sum_{t=1}^{T} X_{it}' u_{it} \right) \left(\sum_{t=1}^{T} X_{it}' u_{it} \right)' \right] \left(\sum_{i=1}^{n} \sum_{t=1}^{T} X_{it}' X_{it} \right)^{-1} \tag{2.4}$$

참고로, u_{it} 가 t에 걸쳐서도 독립이라면 중간 항은 $\sum_{i=1}^{n} \sum_{t=1}^{T} \mathrm{E}(X_{it}' u_{it}^2 X_{it})$ 가 되고, 이를 이용한 분산 추정량은 '이분산에 견고한(HC)' 분산 추정량이다. 하지만 지금 경우에는 u_{it} 가 i에 걸쳐서는 독립이지만 t에 걸쳐서는 독립이 아니므로 식 (2.4)의 형태를 갖는다.

가장 간단한 형태의 클러스터 분산 추정량은 식 (2.4)에서 기댓값(E) 부분을 무시하고 u_{it} 를 POLS 잔차로 치환하여 구한다. Stata는 여기에 추가하여 $n/(n-1) \cdot (nT-1)/(nT-k)$ 를 곱함으로써 '자유도 조정'을 한다(클러스터 분산 추정에 관한 상세한 내용은 **계량경제학 강의**참조). 계량경제 이론에 관심이 있는 독자라면 이런 수식을 주의깊게 보아야 하겠지만, 활용에만 관심이 있는 독자라면 Stata에서 'vce(cl id)' 옵션을 사용한다는 것만 유의하면 되겠다.

　　클러스터 표준오차를 사용할 때 중요한 점은 클러스터의 개수가 많아야 한다는 것이다. 이 경우에는 패널 개수(n)가 클러스터 개수이므로, n이 커야만(대략 ≥ 50) 클러스터 표준 오차의 사용이 정당화된다. n이 작은 경우에도 클러스터 방법을 사용하여 표준오차들을 계산할 수는 있으나(계산하지 못할 이유가 없다), 계산된 값들이 믿을 만한지 확신할 수 없다.

예제 2.1   임금 방정식

klipsbal.dta 데이터는 2005년부터 2015년까지 한국노동패널KLIPS로부터 전체 기간에 고용되어 양(+)의 임금을 받은 개인들을 추출하여 만든 균형패널 데이터이다. 임금(로그) 이 교육수준, 근속연수, 정규직 여부, 성별, 연령(2005년도 연령)과 어떤 관계를 갖는지 살펴보고자 한다. 연도별 더미를 포함시켜서 공통의 연도별 변화를 제거할 것이다. 아래 에서 12행과 13행은 12행 마지막의 '///'를 제거하고 한 줄로 표현해도 좋다.

```
1    . use klipsbal, clear

2    . xtset

3    Panel variable: pid (strongly balanced)
4     Time variable: year,  to
5             Delta: 1 unit

6    . xtsum age05
```

		Mean	Std. dev.	Min	Max		Observations
Variable							
age05	overall	39.53828	8.774745	21	69	N =	9196
	between		8.77952	21	69	n =	836
	within		0	39.53828	39.53828	T =	11

```
12   . reg lwage educ c.tenure##c.tenure isregul female c.age05##c.age05 ///
13   > i.year, vce(cl pid)
```

Linear regression	Number of obs =	9,196
	F(17, 835) =	167.43
	Prob > F =	0.0000
	R-squared =	0.5970
	Root MSE =	.36829

```
                        (Std. err. adjusted for 836 clusters in pid)
```

lwage	Coefficient	Robust std. err.	t	P>|t|	[95% conf. interval]	
educ	.0561993	.0046532	12.08	0.000	.047066	.0653326
tenure	.0332023	.0039328	8.44	0.000	.0254829	.0409216
c.tenure# c.tenure	-.0004475	.0001399	-3.20	0.001	-.0007221	-.0001729
isregul	.2716956	.0273889	9.92	0.000	.2179364	.3254548
female	-.3892351	.0246024	-15.82	0.000	-.4375249	-.3409452
age05	.0650688	.0086438	7.53	0.000	.0481028	.0820349
c.age05# c.age05	-.0008807	.0001026	-8.58	0.000	-.0010821	-.0006793
year						
2006	.0525424	.0097379	5.40	0.000	.0334287	.071656
2007	.0973129	.0105536	9.22	0.000	.0765982	.1180276
2008	.1421344	.0108916	13.05	0.000	.1207563	.1635126
2009	.144991	.0120814	12.00	0.000	.1212775	.1687045
2010	.1891486	.0130731	14.47	0.000	.1634886	.2148087
2011	.232266	.0140127	16.58	0.000	.2047618	.2597702
2012	.269517	.0148726	18.12	0.000	.2403249	.2987092
2013	.3050272	.0152466	20.01	0.000	.2751011	.3349532
2014	.313063	.0163485	19.15	0.000	.2809739	.345152
2015	.3397995	.0179823	18.90	0.000	.3045037	.3750953
_cons	2.983916	.1913707	15.59	0.000	2.608292	3.35954

위 1행에서 데이터를 읽어들인다. 2행 명령의 결과(3–5행)에 의하면, 이 데이터에서 i 변수는 pid이고 t변수는 year이다. 2005년 당시 나이인 age05 변수의 값은 동일한 i의 모든 t에서 동일한데, 이는 6행 명령의 결과를 보면 알 수 있다. 특히 11행의 결과에 의하면 "within" 표준편차가 0인데, 이는 동일한 개인의 age05가 시간에 걸쳐서 모두 동일함을 나타낸다. 10행과 11행의 오른쪽 끝단에 제시된 정보에 의하면 이 데이터는 전체 836명의 개인에 대하여 11년에 걸쳐 관측한 패널 데이터이다.

12–13행에서 클러스터 표준오차를 사용한 POLS 추정을 한다. 여기서 "vce(cl pid)" 의 pid는 3행의 패널 변수("panel variable")에 해당한다. 이 POLS 추정 결과를 해석해 보자. 24행에서, 연도별 공통의 변화, 근속연수, 정규직 여부, 성별, 연령을 통제할 때 1년 교육은 임금을 약 5.6% 상승시키는 것으로 추정된다. 30행에 의하면, 여타 변인들과 연도별 효과를 통제할 때 정규직은 비교가능한 비정규직에 비하여 임금이 약 31% 높다('di exp(.2716956)-1'의 값은 약 0.312). female 변수의 계수도 유사하게 해석할 수 있다. 25–28행에 의하면 tenure는 임금을 증가시키는 효과를 갖지만 그 정도는 점점 줄어든

다. 32–35행의 결과로부터 age05 효과의 반환점은 $\frac{1}{2} \times 0.0650688/0.0008807 \simeq 37$임을 알 수 있다. 2005년도의 나이가 약 37세 이하인 경우에는 나이가 많을수록 임금이 높지만 그 이후에는 나이가 많을수록 임금이 낮은 것으로 추정된다. 38–47행에서 연도 더미의 계수는 최근으로 올수록 증가하는데, 이는 (여타 요인들을 통제한 후) 해가 갈수록 임금 수준이 전반적으로 높아지는 것을 의미한다. 모든 변수들이 1% 수준에서 통계적으로 유의하다.

POLS 결과로부터 인과관계를 추론할 수 있기 위해서는 오차항이 설명변수와 비상관이라는 조건이 필요하다. 이를 위해서는 누락된 요인들(오차항) 중에 설명변수들과 연관된 것이 없어야 한다. 예제 2.1에서 만약 고령자들이 주로 고용되는 업체가 저임금 업체(예를 들어 중소기업이나 소규모 서비스 업종)라면 age05의 계수가 업종의 영향을 통제할 때의 인과관계를 나타낸다고 보기 어렵다. 따라서 위의 결과로부터 "나이를 제외한 모든 조건이 동일할 때 임금이 37세까지는 상승하다가 그 이후로 하락한다"고 말할 수는 없다. 그렇다고 하여 POLS 추정 결과가 쓸모없다는 것은 아니다. POLS는 여전히 데이터에 나타나는 변수 간 관계의 패턴을 요약하여 보여 준다.

다른 예를 보자.

예제 2.2 인구구조와 총저축률

wdi5bal.dta 데이터는 세계은행(World Bank)의 World Development Indicators (WDI) 자료 중 신생아 기대여명(lifeexp), 총저축률(sav), GDP 대비 경상수지 비율(ca) 데이터를 추출하고 여기에 UN의 인구 자료를 추가하여 만든 것이다. 원 자료의 모든 나라에 대하여 모든 연도 자료가 있는 것은 아니며 연습 삼아 산유국을 제외한 96개국에 대하여 균형패널 데이터를 만들었다. 인구 구조는 총 인구 중 연령대별 비중을 0–19세, 20–29세, 30–64세, 65세 이상으로 나눈 것을 의미한다. 인구 비중들은 백분율(%)로 표현한 것이므로, 예를 들어 "10"이라는 숫자는 10%를 뜻한다.

WDI 자료는 연간이고 UN 인구자료는 5년 단위이므로 UN 인구자료에 대해 줄긋기 (interpolation)를 하여 연도별 데이터를 만들거나, 반대로 총저축률과 경상수지 자료에 대하여 앞뒤 2년씩을 포함한 5년 평균을 구하여 5년 간격 데이터를 만들 수 있다. wdi5bal.dta 데이터는 5년 평균 자료를 만든 것이다. 최종적으로 만들어진 데이터는 1985년부터 2010년까지 5년 간격의 패널 데이터이며, 산유국을 제외하고 모든 연도의 자료가 있는 국가들만 추출하였다. 그 결과 $n = 96$, $T = 6$의 균형패널 데이터를 얻었다. 아래 4행에서 delta(5) 옵션을 준 것은 5년 단위 패널 데이터이기 때문이다. 9행 이하에 이 데이터에 관한 정보가 표시되어 있으며, 대충 훑어 보면 무슨 뜻인지 대강 알 수 있다.

```
1    . use wdi5bal, clear
2    (WDI five year balanced)

3    . xtset id year, delta(5)

4    Panel variable: id (strongly balanced)
5     Time variable: year,  to
6            Delta: 5 units

7    . xtdescribe

8        id:  5, 7, ..., 211                                    n =        96
9      year:  1985, 1990, ..., 2010                             T =         6
10           Delta(year) = 5 units
11           Span(year)  = 6 periods
12           (id*year uniquely identifies each observation)

13   Distribution of T_i:    min       5%      25%      50%      75%      95%      max
14                             6        6        6        6        6        6        6

15      Freq.   Percent    Cum. │  Pattern
16   ───────────────────────────┼─────────
17        96    100.00  100.00  │  111111
18   ───────────────────────────┼─────────
19        96    100.00          │  XXXXXX
```

이 데이터를 이용하여 총저축률(sav)을 인구 구조(age0_19, age20_29, age65over)와
신생아 기대수명(lifeexp)에 대하여 회귀해 보자. 장년층 비율(age30_64)을 제외한 것은
인구비율들의 합이 항상 1이기 때문에 특이성(공선성)을 피하기 위함이다. POLS 회귀를
하면 다음 결과를 얻는다.

```
20   . reg sav age0_19 age20_29 age65over lifeexp i.year, vce(cl id)

21   Linear regression                        Number of obs   =        576
22                                            F(9, 95)        =      10.93
23                                            Prob > F        =     0.0000
24                                            R-squared       =     0.2453
25                                            Root MSE        =      8.564

26                                 (Std. err. adjusted for 96 clusters in id)
27   ──────────────────────────────────────────────────────────────────────
28                       │            Robust
29           sav │ Coefficient  std. err.      t    P>|t|   [95% conf. interval]
30   ──────────────────────┼───────────────────────────────────────────────────
31       age0_19 │  -.6946503   .1845904    -3.76   0.000   -1.061109   -.328192
32      age20_29 │  -.3529377   .4194825    -0.84   0.402   -1.185716   .4798403
33     age65over │  -1.415149   .4794834    -2.95   0.004   -2.367044  -.4632541
34       lifeexp │   .2245316   .1016999     2.21   0.030    .0226318   .4264315
35                │
36          year │
37          1990 │   .3149697   .7540131     0.42   0.677   -1.181936   1.811875
```

38	1995	-.3434877	.8509694	-0.40	0.687	-2.032876	1.3459
39	2000	-1.504248	.8400172	-1.79	0.077	-3.171893	.1633971
40	2005	-.9561802	1.001417	-0.95	0.342	-2.944245	1.031885
41	2010	-2.836744	1.18388	-2.40	0.019	-5.187043	-.4864448
42							
43	_cons	44.04513	15.81483	2.79	0.006	12.64873	75.44153
44							

20행에서 `vce(cl id)` 옵션은 매우 중요하며, 빠뜨리면 u_{it} 내의 시계열 상관으로 인하여 표준오차들을 믿을 수 없게 된다. 31행 결과에 의하면 0–19세 인구의 비율이 높을수록 총저축률이 낮은 경향이 관측된다. 구체적으로, 신생아 기대수명, 20–29세 인구 비율 및 65세 이상 인구 비율이 동일할 때 19세 이하 인구 비율이 10% 포인트 높으면(30–64세 인구 비율이 그만큼 낮음) 총저축률은 약 7% 포인트 낮다. 33행에 의하면 65세 이상 인구의 비율이 높을수록 저축률이 낮으며, 30–64세 대신 65세 이상 인구 비율이 1% 포인트 높으면 저축률은 1.4% 포인트 낮은 것으로 추정된다. 19세 이하나 65세 이상 인구 비율이 높으면 사회 전체가 이들을 부양하여야 하므로 소비 비중이 증가하고 저축 비중이 하락하는 것은 자연스러운 현상으로 보인다.

34행에 의하면 연령대별 인구 비율이 동일할 때 신생아 기대수명이 1년 높으면 총 저축률은 약 0.2% 포인트 높은 것으로 추정된다. 기대수명이 늘어날수록 구성원들은 더 오랜 기간 소비하며 살아야 하므로 저축률이 증가하는 것으로 해석할 수 있겠으나, 이 계수 자체의 해석에 대해서는 조심하여야 한다. 신생아 기대수명이 높을 경우 고령층 인구 비율도 높은 것이 상식적으로 보이는데 모형에서는 연령대별 인구 비율이 통제되어 있다. 결국 34행 `lifeexp`의 계수는 기대수명이 1세 늘어나면서 동시에 출산율이 딱 맞게 조정되어 19세 이하, 20–29세, 30–64세, 65세 이상 인구의 비율이 동일하게 유지되는 경우 총저축률이 받는 영향을 의미한다. 우리가 무심코 사용하는 계량경제 모형에서 계수의 해석이 생각만큼 간단하지 않을 수도 있다.

37–41행의 시간더미에 대한 계수추정값들을 보면, 인구구조와 기대수명의 변화로써 설명되지 않는 연도별 저축률 하락이 관측된다. 1985년에 비하여 1990년에는 인구구조와 기대수명에 의한 설명을 제외하고 나서 저축률이 약 0.3% 포인트 높았으나 이 차이는 통계적으로 유의하지 않다. 2000년과 2010년에는 1985년에 비하여 통계적으로 유의하고 실질적으로도 상당히 낮은 저축률이 관측된다.

앞에서 POLS 추정값은 각 t별 OLS 추정값들의 가중평균이라고 하였다. 실제로 위의 데이터를 이용하여 각 t에서 OLS 계수들을 추정하여 보았다. 변수 중 `lifeexp`에 대하여 t별 OLS의 계수들과 POLS 계수를 비교하면 〈그림 2.1〉과 같다. 얼핏 보기에도 POLS 추정값은 시점별 OLS 추정값들의 평균쯤 되어 보인다.

〈그림 2.1〉 `lifeexp` 변수 계수의 시점별 OLS와 Pooled OLS

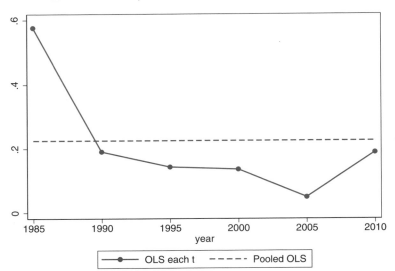

만약 오차 u_{it} 가 i 에 걸쳐서 독립이고 t 에 걸쳐서도 독립이라면 클러스터 표준오차가 아니라 이분산에 견고한(HC) 표준오차를 사용할 수도 있다. Stata 사용 시 `reg` 명령에서 HC 표준오차를 사용하려면 "vce(r)" 옵션을 사용하면 된다. 클러스터 표준오차는 n 이 커야만 좋은 성질을 갖지만 이 HC 표준오차는 nT 가 크기만 하면 좋은 성질을 가지므로, n 이 작지만 T 가 커서 nT 가 큰 상황에서, 조건이 잘 맞기만 하면 HC 표준오차를 사용할 이유는 충분히 있다. 하지만 앞에서 언급한 것처럼 오차 $u_{i1}, u_{i2}, \dots, u_{iT}$ 는 동일한 개체의 시간에 걸친 비관측 요소들이므로, 이들이 서로 독립이라고 보기에는 무리가 있다. 특히 만일 오차항이 $u_{it} = \mu_i + \varepsilon_{it}$ 의 구조를 가져서 모든 t 에 μ_i 가 공통으로 포함된다면 거의 항상 시계열 상관을 가지므로, 실제 분석에서 시계열 상관이 없다는 가정하에서 이분산에만 견고한(HC) 표준오차를 사용하는 경우는 거의 없다.

u_{it} 에 시계열 상관이 없기만 하면 HC 표준오차를 사용해도 좋고, 이 HC 표준오차는 클러스터 표준오차보다 정확성이 높다. 이런 일은 특히 n 이 작고 T 가 클 때 발생한다. 클러스터 표준오차가 i 에 걸친 차이만을 이용함에 반하여 HC 표준오차는 i 와 t 에 걸친 차이를 모두 이용하여 POLS 추정량의 분산을 추정하기 때문이다. 이러한 이유로 인하여 n 이 작고 T 가 큰 패널 데이터가 있을 때 HC 분산추정값을 사용하고 싶을 수도 있지만, 앞에서 이야기한 것처럼 u_{it} 에 시계열 상관이 존재하기 쉬우므로 그러기는 쉽지 않을 것이다.

만약 (시험 볼 때 모든 사람이 같은 정보를 공유하는 것처럼) 상이한 개체(i)들 간에 동일한 시간대에 상관관계가 존재한다면 양방향 클러스터two way clustering 방법을 사용하여 표준오차를 구할 수 있다. n 이 작으면 개체별 클러스터 방법이 문제를 일으키고 T 가 작으면 시간대별 클러스터 방법이 문제를 일으키므로, 양방향 클러스터의 방법은 n 도 크고 T 도 커야만 잘 작동하는 방법이다. $\hat{V}_{id}$를 id에 따라 클러스터화한 분산추정값, $\hat{V}_{year}$를 year에 따라 클러스터화한 분산추정값, $\hat{V}_{id,year}$를 id와 year의 값이 모두 동일한 것을 하나의 클러스터로 간주하는 클러스터 분산추정값(즉, HC 분산추정값)이라고 하자. 공식에 따르면 $\hat{V}_{2way} = \hat{V}_{id} + \hat{V}_{year} - \hat{V}_{id,year}$ 이다(Thompson 2009). 자세한 내용은 Cameron and Miller (2015)를 참조하라.

POLS 추정량은 $\hat{\beta}_{pols} = \beta + (\sum_i \sum_t X'_{it} X_{it})^{-1} \sum_i \sum_t X'_{it} u_{it}$ 를 만족시킨다. 여기서 $a_{it} = X'_{it} u_{it}$ 라고 하면 추정량의 분산·공분산 행렬을 구하려면 분자인 $\sum_i \sum_t a_{it}$ 의 분산·공분산을 구하는 것이 중요하다. 간단한 설명을 위하여 a_{it} 가 스칼라라고 하면 분산은 '제곱'에 기댓값을 취하는 것과 같으므로 $(\sum_i \sum_t a_{it})^2$ 을 구하자. 복잡하지만 제곱항을 모두 정리해 보면 다음이 된다.

$$\left(\sum_i \sum_t a_{it}\right)^2 = \sum_i \sum_t a_{it}^2 + \sum_i \sum_{t \neq s} a_{it} a_{is} + \sum_{i \neq j} \sum_t a_{it} a_{jt} + \sum_{i \neq j} \sum_{t \neq s} a_{it} a_{js} = ① + ② + ③ + ④$$

그런데 ④의 곱해지는 항들은 i와 t가 모두 다르므로 공분산이 0이며 사라진다. 그리고

$$① + ② + ③ = \sum_i \sum_{t,s} a_{it} a_{is} + \sum_{i,j} \sum_t a_{it} a_{jt} - \sum_i \sum_t a_{it}^2 = ⑤ + ⑥ - ⑦$$

이 된다. 위에서 ⑤는(더 정확히는 ⑤의 기댓값은) i가 동일한 개체들을 한 클러스터로 묶는 분산식, ⑥은 t가 동일한 개체들을 한 클러스터로 묶는 분산식, ⑦은 이분산에 견고한 분산식에 해당한다. 그러므로 $V_{2way} = V_{id} + V_{year} - V_{id,year}$ 가 성립한다.

이 공식을 사용하면 Stata에서 양방향 클러스터 분산추정을 구현할 수 있다. 다음 명령들을 보자.

```
1  qui reg y x1 x2, vce(cl id)
2  matrix b = e(b)
3  matrix V1 = e(V)
4  qui reg y x1 x2, vce(cl year)
5  matrix V2 = e(V)
6  qui reg y x1 x2, vce(r)
7  matrix V12 = e(V)
8  matrix V = V1 + V2 - V12
9  ereturn post b V
10 ereturn display
```

1행에서 POLS 추정을 하고 $\hat{V}_{id}$를 구한다. 2행에서 계수 추정값들을 b 행렬로 저장하고 3행에서 $\hat{V}_{id}$를 V1로 저장한다. 4행에서 $\hat{V}_{year}$를 구하고 5행에서 이를 V2로 저장한다. 6행에서 $\hat{V}_{id,year}$를 구하고 7행에서 이를 V12로 저장한다(id와 year가 모두 동일한 관측치들은 하나씩밖에 없으므로 이 클러스터 분산추정량은 이분산에 견고한 분산추정량과 동일하다). 8행에서 $\hat{V}_{2way}$를 만들어 V로 저장하고, 9–10행에서 이를 이용한 결과를 표준적인 방식으로 화면에 표시한다. 이 방법은 별도의 패키지를 설치하거나 개발할 필요 없이 어떤 추정량에 대해서든지 간편하게 사용할 수 있다. 앞서 설명한 것처럼 이 양방향 클러스터 분산추정법은 n과 T가 모두 큰 경우에 사용하기 적절한 방법이다.

그런데 위 방법에서 하나 유의할 사항은 Stata가 클러스터 분산추정값을 구할 때 M을 클러스터 개수, N을 전체 관측치 수라 하면 $M/(M-1) \times (N-1)/(N-k)$를 곱하여 소표본 조정을 하고 이분산에 견고한 분산추정을 할 때에는 $N/(N-k)$를 곱하여 소표본 조정을 한다는 사실이다(k는 상수항을 포함한 우변변수의 개수). 원한다면 각각의 클러스터 분산추정 단계에서 이들 숫자로 나누어 소표본 조정을 하지 못하게 하고, 마지막 단계에서 소표본 조정을 하도록 바꾸어 줄 수도 있다. 그러려면 위 3행에 $(n-1)/n \times (nT-k)/(nT-1)$을 곱하고, 5행에 $(T-1)/T \times (nT-k)/(nT-1)$을 곱하며, 7행에 $(nT-k)/nT$를 곱한다. 그 다음, $m = \min(n,T)$라 하면, 8행에는 소표본 조정을 위하여 $m/(m-1) \times (nT-1)/(nT-k)$를 곱해 준다. 다음 코드로써 이러한 조정을 할 수 있다.

```
1   qui xtreg y x1 x2, re vce(cl id)
2   scalar K = e(df_m)+1
3   scalar N = e(N)
4   scalar M1 = e(N_clust)
5   matrix b = e(b)
6   matrix V1 = e(V)*(M1-1)/M1*(N-K)/(N-1)
7   qui xtreg y x1 x2, re vce(cl year) nonest
8   scalar M2 = e(N_clust)
9   matrix V2 = e(V)*(M2-1)/M2*(N-K)/(N-1)
10  qui xtreg y x1 x2, re vce(cl id year) nonest
11  matrix V12 = e(V)*(N-K)/N
12  scalar M = min(M1,M2)
13  matrix V = (V1+V2-V12)*M/(M-1)*(N-1)/(N-K)
14  ereturn post b V
15  ereturn display
```

2–4행과 8행에서 필요한 수치들을 추출하고 6행, 9행, 11행에서 소표본 조정을 되돌리는 연산을 해 주며, 12–13행에서 다시 소표본 조정을 해 준다. Stata의 reghdfe 패키지는 이러한 방식으로 POLS 추정량의 양방향 클러스터 표준오차를 구한다.

예제 2.3   POLS에서 양방향 클러스터 분산추정

필자가 임의로 생성한 $n = 86$이고 $t = 1971, \ldots, 2008$인 패널 데이터 twowaycl.dta를 이용하여 양방향 클러스터 분산추정을 연습해 보자. 종속변수는 y, 독립변수는 x1, x2 및 after이다. after 변수는 $t \geq 1989$를 의미하는 더미변수이다. 연도별 더미를 포함시키는 것이 더 통상적이겠으나 연도별 더미의 개수가 37개나 되어 출력물이 너무 길어지는 탓에 그 대신 after만을 포함시켰다. 다음의 6행에서는 id에 의한 클러스터 분산추정, 24행에서는 year에 의한 클러스터 분산추정, 41행에서는 id와 year가 모두 동일한 집단을 한 클러스터로 간주하는 분산추정(즉, 이분산에 견고한 분산추정)을 한다. 57행에서 양방향 클러스터 분산추정값을 구하고 59행의 명령으로 그 결과를 표시한다.

```
1   . use twowaycl, clear

2   . xtset
3        panel variable:  id (strongly balanced)
4         time variable:  year, 1971 to 2008
5                 delta:  1 unit

6   . reg y x1 x2 after, vce(cl id)
```

7   Linear regression

Number of obs	=	3,268				
F(3, 85)	=	343.86				
Prob > F	=	0.0000				
R-squared	=	0.2540				
Root MSE	=	2.2102				

(Std. Err. adjusted for 86 clusters in id)

y	Coef.	Robust Std. Err.	t	P>|t|	[95% Conf. Interval]	
x1	.6794988	.0448823	15.14	0.000	.5902607	.7687369
x2	.0829377	.0261964	3.17	0.002	.0308522	.1350232
after	.5406517	.0486535	11.11	0.000	.4439155	.637388
_cons	.9178608	.0904275	10.15	0.000	.7380667	1.097655

```
22  . mat b = e(b)

23  . mat V1 = e(V)

24  . reg y x1 x2 after, vce(cl year)
```

25 Linear regression

Number of obs	=	3,268
F(3, 37)	=	274.06
Prob > F	=	0.0000
R-squared	=	0.2540
Root MSE	=	2.2102

(Std. Err. adjusted for 38 clusters in year)

y	Coef.	Robust Std. Err.	t	P>|t|	[95% Conf. Interval]	
x1	.6794988	.0394223	17.24	0.000	.5996217	.7593759
x2	.0829377	.0090998	9.11	0.000	.0644999	.1013756
after	.5406517	.6000491	0.90	0.373	-.6751632	1.756467
_cons	.9178608	.375236	2.45	0.019	.1575603	1.678161

```
40  . mat V2 = e(V)

41  . reg y x1 x2 after, vce(r)
```

42 Linear regression   Number of obs   =   3,268

```
43                                      F(3, 3264)        =        378.87
44                                      Prob > F          =        0.0000
45                                      R-squared         =        0.2540
46                                      Root MSE          =        2.2102
```

		Robust				
y	Coef.	Std. Err.	t	P>|t|	[95% Conf.	Interval]
x1	.6794988	.027183	25.00	0.000	.6262014	.7327961
x2	.0829377	.016685	4.97	0.000	.0502236	.1156519
after	.5406517	.0787472	6.87	0.000	.3862527	.6950508
_cons	.9178608	.0552243	16.62	0.000	.8095831	1.026138

```
. mat V12 = e(V)

. mat V = V1 + V2 - V12

. ereturn post b V

. ereturn display
```

	Coef.	Std. Err.	z	P>|z|	[95% Conf.	Interval]
x1	.6794988	.0531942	12.77	0.000	.57524	.7837575
x2	.0829377	.022151	3.74	0.000	.0395225	.126353
after	.5406517	.5968458	0.91	0.365	-.6291446	1.710448
_cons	.9178608	.3820072	2.40	0.016	.1691404	1.666581

6행, 24행, 41행의 추정은 모두 OLS이므로 동일 변수의 계수 추정값은 서로 동일하나, 표준오차 계산 방법을 다르게 하였으므로 표준오차, t값, p값은 상이하다. 17–20행의 id 에 의한 클러스터 표준오차와 63–66행의 양방향 클러스터 표준오차를 비교하면 어떤 것은 서로 비슷하고 어떤 것은 크게 다르다. 특히 시계열 변수인 after 변수의 표준오차가 양방향 클러스터의 경우 크게 증가한다. 참고로, vcemway 패키지(ssc install vcemway로 설치)를 이용하여 다음과 같이 하여도 동일한 결과를 얻는다.

```
. vcemway reg y x1 x2 after, cluster(id year)
```

위 실습에서는 소표본 조정을 한 클러스터 및 이분산에 견고한 분산추정값들을 이용하였다. 각 단계에서 이러한 소표본 조정을 하지 않고 마지막 단계에서 공통으로 소표본 조정을 한 추정 결과는 다음과 같다.

```
. reghdfe y x1 x2 after, noabsorb cl(id year)
( converged in 1 iterations)
```

```
70  HDFE Linear regression                              Number of obs   =     3,268
71  Absorbing 1 HDFE group                              F(  3,     37)  =     77.21
72  Statistics robust to heteroskedasticity             Prob > F        =    0.0000
73                                                      R-squared       =    0.2540
74                                                      Adj R-squared   =    0.2534
75  Number of clusters (id)        =         86         Within R-sq.    =    0.2540
76  Number of clusters (year)      =         38         Root MSE        =    2.2102
77
78                              (Std. Err. adjusted for 38 clusters in id year)
79  ─────────────────────────────────────────────────────────────────────────────
                             Robust
80        y       Coef.    Std. Err.       t      P>|t|      [95% Conf. Interval]
81  ─────────────────────────────────────────────────────────────────────────────
82       x1     .6794988   .0532942     12.75     0.000     .5715144     .7874831
83       x2     .0829377   .0222168      3.73     0.001     .0379223     .1279531
84    after     .5406517   .596737       0.91     0.371    -.6684522     1.749756
85    _cons     .9178608   .382062       2.40     0.021     .1437296     1.691992
86  ─────────────────────────────────────────────────────────────────────────────
```

82–85행과 63–66행을 비교하면 표준오차에 약간 차이가 있으나 서로 유사한 것을 확인할 수 있다. 참고로, 68행의 noabsorb 옵션은 POLS 회귀를 함을 의미한다. 위 결과는 vcemway 명령에서 vmcfactor(minimum) 옵션을 사용하여 얻을 수 있다.

한편, 이분산이 존재하거나 동일한 i 혹은 동일한 t 내에 오차항 u_{it} 간 상관이 존재하면 POLS는 BLUE가 아니다(☒). 이 경우 적절한 가정하에서 FGLS를 하는 방법이 있다. Stata에서는 xtgls 명령으로써 오차항의 분포에 관한 여러 가지 가정하에서 FGLS를 할 수 있다. 이 방법을 사용할 때에는 패널 간 상관, 패널 간 이분산성, 패널 내 시계열 상관에 관한 가정을 명시하고 나서 시작하여야 한다. 예를 들어, 패널 간에 이분산성과 상관관계가 없고 시계열 내에서도 이분산성과 상관관계가 없다고 가정하면 FGLS 추정은 POLS와 같다. 패널 간에 임의의 상관관계를 허용할 수도 있는데, 이는 SUR(부록 B.3절 참조)에서 오차들의 분산과 공분산을 처리하는 방식과 유사하며 n보다 T가 훨씬 커야 잘 작동한다. 참고로, Stata의 xtgls 명령을 사용할 때 오차항에 특정한 시계열 상관을 가정할 수 있는데, 이 시계열상관의 형태는 AR(1), 즉 1차 자기회귀만 허용된다. 이때 자기회귀AR 계수는 모든 i에서 동일하다고 보고 하나의 계수를 추정하여(ar1 옵션) 사용할 수도 있고, 각 i마다 다르게 추정하여(psar1 옵션) 사용할 수도 있다.

POLS 추정 이후에 맞춘값들fitted values $X_{it}\hat{\beta}_{pols}$과 잔차들residuals $\hat{u}_{it} = y_{it} - X_{it}\hat{\beta}_{pols}$을 계산할 수 있다. Stata에서는 predict 명령어를 사용한다. 맞춘값들을 계산하려면 "predict yhat"이라고 하고, 잔차들을 계산하려면 "predict uhat, resid"라고 한다. 이 두 명령에서 yhat과 uhat은 아무 이름이나 사용해도 좋다. 다음의 '오차 분산 추정값'도 계산할 수 있다(k는 상수항과 더미변수들을 포함한 우변변수들의 총개수).

$$s_{pols}^2 = \frac{1}{nT-k} \sum_{i=1}^{n} \sum_{t=1}^{T} \hat{u}_{it}^2 \tag{2.5}$$

이 s_{pols}^2는 무엇을 추정하는가? 만일 u_{it}의 분산이 모든 i와 t에서 σ_u^2으로 동일하다면 그

극한은 σ_u^2 과 같다(부록 D.3 참조). 이 수렴은 일종의 큰 수의 법칙law of large numbers이다.

⚡ 오차항 u_{it} 가 이분산적이어서 σ_u^2 이라고 할 만한 것이 존재하지 않으면 다음의 수렴이 성립한다(이것도 일종의 큰 수의 법칙으로서, 궁극적으로 보면 이 수렴이 성립한다고 가정할 뿐이다).

$$\text{plim}(s_{pols}^2) = \lim \frac{1}{nT} \sum_{i=1}^{n} \sum_{t=1}^{T} \text{var}(u_{it})$$

이것은 오차분산들의 평균이다.

⚡⚡⚡ 보통의 횡단면 모형에서 설명변수가 외생적일 때 OLS 추정량은 일관성consistency을 갖는다. 즉, 표본크기가 커지면서 OLS 추정량은 궁극적으로 무한히 정확해진다. 실제 데이터 분석에서는 표본크기가 클 때에 계산되는 표준오차가 작다는 것으로 이 점을 대충 확인할 수 있다. 하지만 패널 데이터 모형의 POLS 추정에서는 그렇지 않을 수 있다. 이는 n 이 고정되었는데 $T \to \infty$ 로 인해 표본크기(nT)가 무한히 증가하는 경우, 동일 개체 내에서의 강한 상관으로 인해 $T \to \infty$ 가 별 역할을 못하고 n 은 고정되어 있어 추정량의 정확성이 나아지지 않을 수 있기 때문이다. 정확한 설명을 위해 $y_{it} = \beta x_{it} + u_{it}$ 라는 절편 없는 단순 모형을 고려하는데, 여기서 오차항은 $u_{it} = \mu_i + \varepsilon_{it}$ 이고 설명변수는 $x_{it} = \eta_i + x_{it}^0$ 의 구조를 갖는다고 하자. 설명변수와 오차항 모두 시간불변time-invariant 항과 시간에 걸쳐 변하는time-varying 항으로 구성되어 있다. 편의상 모든 확률변수들의 평균은 0이라 하자. POLS의 식에 $y_{it} = \beta x_{it} + \mu_i + \varepsilon_{it}$ 를 대입하고 그 다음 다시 $x_{it} = \eta_i + x_{it}^0$ 을 필요한 부분에만 대입하여 전개하면 다음을 얻는다.

$$\hat{\beta}_{pols} = \beta + \frac{(nT)^{-1} \sum_{i=1}^{n} \sum_{t=1}^{T} (\eta_i + x_{it}^0)(\mu_i + \varepsilon_{it})}{(nT)^{-1} \sum_{i=1}^{n} \sum_{t=1}^{T} x_{it}^2}$$

우변 둘째 항의 분모가 0으로 수렴하는 일은 발생하지 않는다고 보아도 좋다. 일관성consistency을 위해서는 그 분자가 0으로 수렴해야 하며 이 수렴을 위해서는 큰 수의 법칙이 성립해야 한다. 이 수렴이 성립하는지 보기 위해 분자를 다시 전개하면 다음을 얻는다.

$$분자 = \frac{1}{nT} \sum_{i=1}^{n} \sum_{t=1}^{T} \eta_i \mu_i + \frac{1}{nT} \sum_{i=1}^{n} \sum_{t=1}^{T} \eta_i \varepsilon_{it} + \frac{1}{nT} \sum_{i=1}^{n} \sum_{t=1}^{T} \mu_i x_{it}^0 + \frac{1}{nT} \sum_{i=1}^{n} \sum_{t=1}^{T} \varepsilon_{it} x_{it}^0$$

$$= \frac{1}{n} \sum_{i=1}^{n} \mu_i \eta_i + \frac{1}{n} \sum_{i=1}^{n} \eta_i \bar{\varepsilon}_i + \frac{1}{n} \sum_{i=1}^{n} \mu_i \bar{x}_i^0 + \frac{1}{nT} \sum_{i=1}^{n} \sum_{t=1}^{T} \varepsilon_{it} x_{it}^0$$

만약 $n \to \infty$ 이면, 우변의 네 항들은 모두 대수의 법칙을 따라야 하고 설명변수가 외생적이므로 그 극한은 0이 되어야 한다. 여기까지는 좋다. 문제는 n 이 작고 T 가 큰 경우이다. 이때에는 n 이 작기 때문에 우변 첫째 항은 $E(\mu_i \eta_i) = 0$ 과 가까울 이유가 없다(큰 수의 법칙은 n 이 클 때 성립한다). $T \to \infty$ 일 때, 각각의 i 에서 $\bar{\varepsilon}_i$ 와 $\bar{x}_i^0$ 이 0으로 수렴하므로, 우변 둘째 항과 셋째 항은 0으로 수렴할 것이다. 우변 넷째 항도 $T \to \infty$ 일 때 큰 수의 법칙이 작용하여 0으로 수렴한다. 이처럼 우변의 나머지 세 항들은 $T \to \infty$ 일 때 0으로 수렴할 것으로 보이지만, 첫째 항으로 인하여 분자 전체에는 여전히 상당한 임의성randomness이 남아 있고, 이로 인하여 POLS 추정량의 정확성은 상당히 낮을 수 있다. 이 경우 T 가 아주 커서 표본크기가 아주 커도 POLS의 표준오차가 커서 변수들의 유의성이 낮을 것이다. n 이 고정되고 $T \to \infty$ 인 경우에는 POLS 추정량이 일관적이지 않을 수 있다.

POLS 추정을 위한 모형을 한 마디로 표현하면 각각의 t 에서 $E(y_{it}|X_{it}) = X_{it}\beta$ 라는 것이다. 이 모형은 한 개체 내에서 종속변수가 어떠한 방식으로 시간에 걸쳐 연관되느냐를

표현하는 것이 아니라, 각 t에서 개체들의 모집단이 어떠한 패턴을 보이는지를 표현하는 것으로서 모집단 평균(population-averaged, PA) 모형에 해당한다. 선형 PA 모형과 그 추정에 대해서는 2.7절을 참조하라.

> 위에서 E$(y_{it}|X_{it}) = X_{it}\beta$라고 하였는데, 이는 X_{it}에 상수항과 시간더미들이 포함되어 있을 때에 그러하다. 만약 X_{it}기호에 상수항과 시간더미들이 포함되어 있지 않으면, 시간더미가 포함된 모형은 E$(y_{it}|X_{it}) = \alpha + X_{it}\beta + \delta_t$라고 표현된다. 앞에서 말했듯이 이 모형에서 절편을 식별하기 위하여 $\delta_1 = 0$ 또는 $\sum_{t=1}^{T}\delta_t = 0$이라는 제약을 부여하곤 한다. Stata에서 "i.year"라고 하면 보통 $\delta_1 = 0$이라는 제약을 준다. 한편, PA 모형과 대조적으로, 한 개체가 시간에 걸쳐 어떤 연관을 갖는지를 나타내는 모형을 "개체별 (subject-specific) 모형" 혹은 "클러스터별(cluster-specific) 모형"이라 한다.

> 패널 모형에서 PA 모형이란 종속변수가 t에 걸쳐 의존성을 보이는 현상을 무시하고 오직 각 시점에서 횡단면에 걸쳐 존재하는 관계를 표현해 주는 모형이다. 선형 PA 모형은 E$(y_{it}|X_{it}) = X_{it}\beta$ 처럼 각 t에서 종속변수와 독립변수 간에 평균적으로 존재하는 함수관계를 표현하며 $y_{i1}, y_{i2}, \ldots, y_{iT}$에 내재하는 t에 걸친 종속성에는 관심을 두지 않는다. 모형은 t에 걸친 종속성에 대하여 관심을 두지 않더라도 실제 추정 시에는 종속변수의 t에 걸친 종속성에 대하여 무언가 가정을 하여야 한다. POLS는 이 선형 PA 모형에 대하여 y_{it} 내에 t에 걸쳐 독립이라는 가정하에서 "GEE" (Generalized Estimating Equations)의 일종인 "Independence Estimating Equations"의 방법을 사용하여 추정하는 것과 동일하다. 다른 가정을 할 수도 있다. 자세한 내용은 2.7절을 참조하라.

2.3 임의효과 모형

오차 u_{it}가 X_{it}와 상관되지 않는(다고 가정하는) 경우를 계속하여 살펴보자. u_{it}에 (i에 걸친 상관은 없고) 시계열 상관이 있는 경우를 고려하자. 이 경우 오차항의 시계열 상관으로 인하여 POLS 추정량은 효율적이지 않다(☞). 더 효율적인 추정을 위하여 u_{it}의 분산·공분산 구조에 대하여 하나의 가정을 해 보자. 패널 모형에서 가장 널리 사용되는 가정은 u_{it}가 다음과 같이 두 성분으로 이루어졌다고 하는 것이다(오차성분error components 모형).

$$u_{it} = \mu_i + \varepsilon_{it} \tag{2.6}$$

식 (2.6)의 모형에서 μ_i는 시간에 걸쳐 변하지 않는(t 첨자가 없음) 개별효과individual effects이며, ε_{it}는 i와 t에 걸쳐서 변하는 고유오차idiosyncratic errors이다. u_{it}는 그냥 "오차"라고 하거나 "총오차"라고 할 것이다. 오차의 각 구성부분에 관하여 이 책에서 사용하는 기호와 이름은 〈표 2.1〉에 요약되어 있다.

〈표 2.1〉 $u_{it} = \mu_i + \varepsilon_{it}$일 때 이름들

기호	u_{it}	μ_i	ε_{it}
이름	오차 또는 총오차	개별효과	고유오차

⚜️ 식 (2.3)의 기호들을 이용하여 (2.6)의 모형을 $t = 1, 2, \ldots, T$ 에 대하여 하나의 벡터로 나타내면 $\mathbf{u}_i = \mathbf{1}_T \mu_i + \boldsymbol{\varepsilon}_i$ 가 된다. 좌변과 우변 모두 $T \times 1$ 벡터이다. 우변의 원소들을 하나하나 점검하여 양변이 동일한지 확인해 보라.

모형 (2.6)이 주어질 때 모형 (2.1)의 설명변수가 오차항(u_{it})과 무관하려면 μ_i 와 ε_{it} 모두와 무관하여야 할 것이다. 이 중 개별효과 μ_i 는 설명변수와 상관되어 있는지 여부에 따라 별도의 이름이 붙어 있는데, 관측되는 속성인 $(X_{i1}, \ldots, X_{iT})$ 와 무관하게 임의로 주어지는 개별효과 μ_i 를 임의효과random effects라 하며, $(X_{i1}, \ldots, X_{iT})$ 와 상관될 수 있는 개별효과를 고정효과fixed effects라 한다.

📝 참고로, 통계학 문헌에서 혼합효과(mixed effects) 모형을 이야기할 때에도 "고정효과"와 "임의효과" 라는 용어를 사용하는데, 거기에서는 다른 의미를 갖는다는 점에 유의하라(통계학에서의 용어 정의에 대해서는 3.2절과 4.5절의 주석 참조).

선형 임의효과 모형이란 오차항을 개별효과(μ_i)와 고유오차(ε_{it})의 합으로 두고, 설명변수 (X_{it})는 고유오차(ε_{it})에 대하여 강외생적이고 개별효과 μ_i 는 임의효과라 가정하는 선형 모형을 말한다. 수식으로, $y_{it} = X_{it}\beta + \mu_i + \varepsilon_{it}$ 인데 모든 s 와 t 에서 $\mathrm{E}(X'_{is}\varepsilon_{it}) = 0$ 이고 모든 t 에서 $\mathrm{E}(X'_{it}\mu_i) = 0$ 임을 가정하는 모형이다. 참고로, 3장에서 살펴볼 선형 고정효과 모형은 μ_i 가 임의효과라는 가정을 하지 않는다. 본 장과 3장에서는 설명변수(X_{it})가 고유오차 (ε_{it})에 대하여 강외생적, 즉 모든 s 와 t 에서 $\mathrm{E}(X'_{is}\varepsilon_{it}) = 0$ 이라 가정하는 경우를 고려하며, 설명변수가 고유오차에 대하여 내생적인 경우는 5장에서 다룬다.

⚜️ 5장에서 설명변수가 내생적인 경우, 도구변수(Z_{it})가 고유오차(ε_{it})에 대하여 강외생적이라 가 정하고 도구변수가 개별효과(μ_i)와 상관되는지 여부에 따라 고정효과와 임의효과로 구분한다. 설명변수 혹은 도구변수가 오차항에 대하여 강외생적이라 가정하지 않는 경우와 비선형 모형에서는 '임의효과'의 의미가 이와 다르다. 이에 대해서는 해당 장을 참조하기 바란다.

2.4   임의효과 회귀

오차성분 모형 (2.6)이 맞다고 할 때, 2.2절의 POLS 추정량이 일관성consistency을 갖기 위해서는 μ_i 가 모든 X_{it} 와 비상관이고 또한 모든 t 에서 ε_{it} 와 X_{it} 가 비상관이면 된다. 즉, X_{it} 가 μ_i 에 대하여 외생적이고 해당 시점의 ε_{it} 에 대하여 외생적이면 된다. 반면, 이하에서 설명할 '임의효과 회귀'가 일관적인 추정량을 제공하기 위해서는 X_{it} 가 μ_i 에 대하여 외생적이면서 ε_{it} 에 대하여 밋밋하게 그냥 외생적인 것이 아니라 강외생적strictly exogenous이어야 한다. 즉, 모든 s 와 t 에서 X_{is} 와 ε_{it} 가 서로 비상관이어야 한다(상세한 내용은 1.2절과 부록 B.1 참조). 동시기에 설명변수와 오차항이 서로 비상관일 뿐 아니라, 과거에 온 충격(ε_{it-1} 등)도 현재의 설명변수(X_{it})에 영향을 미쳐서는 안 되는 것이다(물론 X_{it} 가 μ_i 에 대하여 외생적이라는 조건은 여전히 필요하다). 본 절에서는 설명변수 강외생성이 성립한다고 가정하고 논의를 진행한다.

임의효과 모형에서는 개별오차 μ_i 의 존재로 인하여 오차항에 시계열 상관이 존재하고, 이로 인하여 POLS는 더 이상 BLUE가 아니다(🏺). 임의효과 모형에 대하여 POLS보다 더 효율적인 추정을 하려면 μ_i와 ε_{it}에 대한 명시적인 가정을 해야 한다. 한 가지 통용되는 가정은 μ_i와 ε_{it}가 서로 비상관이고, μ_i가 i에 걸쳐 동일한 분산을 가지며, ε_{it}가 i와 t에 걸쳐서 비상관이며 등분산적이라는 것이다. 이 가정하에서 총오차의 분산과 공분산은 다음 구조를 갖는다.

$$\mathrm{E}(u_{it}u_{js}) = \begin{cases} \sigma_\mu^2 + \sigma_\varepsilon^2, & i = j,\ t = s \\ \sigma_\mu^2, & i = j,\ t \neq s \\ 0, & i \neq j \end{cases} \tag{2.7}$$

이 가정을 앞으로 오차 공분산 구조에 관한 임의효과 가정 또는 임의효과(RE) 공분산 가정이라 할 것이다. 앞의 오차성분 모형은 이 'RE 공분산 가정'이 성립한다고 본다. RE 공분산 가정 (2.7)이 의미하는 바는, 오차항(u_{it})의 분산이 $\sigma_\mu^2 + \sigma_\varepsilon^2$으로 모든 i와 t에서 동일하고, 동일 개체 내 상이한 시점 간 오차들의 공분산이 σ_μ^2으로 모두 동일하며, 상이한 개체 간에는 오차 공분산이 0이라는 것이다. 이 가정하에서 오차항(u_{it})은 등분산적이지만 특별한 형태의 자기상관을 갖는다.

참고로, 제1부의 강외생성하 선형 모형에서 RE 공분산 가정의 핵심은 μ_i가 임의효과라는 것과 식 (2.7)의 공분산 가정이다. 강외생성하 비선형 모형(예를 들어 이항반응모형)에서 임의효과 모형에는 공분산 구조보다 더 강한 분포 가정들이 추가된다. 동태적 모형에서 임의효과 가정이라 하면 또 다른 형태의 가정을 의미한다. '임의효과 가정'은 모형에 따라 다른 의미를 가질 수 있으며, 이 말을 쓸 때에는 정확히 무슨 뜻인지 알아야 할 것이다.

"임의효과"라는 말이 여러 맥락에서 약간씩 상이한 의미로 사용되므로 혼란스러울 수 있다. 정리해 보면, 개별효과 μ_i가 임의효과라고 할 때의 '임의효과'는 설명변수 수준과 무관하게 무작위로 주어지는 개별효과 μ_i를 말한다. '패널 임의효과 모형'이란 개별효과가 임의효과라는 제약을 가한 패널 모형을 말한다. 오차 공분산 구조에 대한 '임의효과 가정'은 (2.7)의 가정을 말한다. 나중에 '임의효과(RE) 추정량'이 나오는데, 이 말은 좁은 의미와 넓은 의미에서 약간 다르게 사용된다. 좁은 의미의 RE 추정량이란 임의효과 모형에 대하여 RE 가정 (2.7)하에 특별한 방식으로 구한 FGLS 추정량을 말한다. 넓은 의미의 RE 추정량이란 임의효과 모형에서 개별효과가 임의효과라는 제약을 명시적으로 이용하는 모든 추정량을 말한다. 동일한 용어가 다양한 의미로 사용되므로 처음에는 혼동될 수 있으나 (사람의 뇌가 유연하여) 나중에는 자연스럽게 구별이 되는 상태에 이른다.

RE 공분산 가정 (2.7)하에서는 u_{it}에서 시간 순서를 뒤바꾸어 $t = 1$과 $t = 2$의 순서를 맞바꾸어도 공분산의 구조에 변화가 없다. 이런 공분산 구조를 교환가능exchangeable하다고 한다. 반면, 만약 서로 다른 시점의 고유오차 ε_{it}에 상관이 존재하면 일반적으로 $\mathrm{cov}(\varepsilon_{i1}, \varepsilon_{i2})$와 $\mathrm{cov}(\varepsilon_{i1}, \varepsilon_{i3})$이 상이하여 $\mathrm{cov}(u_{i1}, u_{i2})$와 $\mathrm{cov}(u_{i1}, u_{i3})$도 상이하므로 공분산 구조가 교환 가능하지 않다. 참고로, 표본에서 (2.7) 가정이 성립하는지 여부는 중요한 문제이나 아직은 논할 단계가 아니다. 우리의 당면한 목적은 이 가정이 맞다는 전제하에서 효율적인 추정량을 도출하는 것이다.

이 가정의 진위를 걱정하느니, (2.7) 가정하에서 구한 추정량이 (2.7)의 위배 시 일관성과 효율성 측면에서 어떤 성질을 갖는지 살펴보는 것이 낫다. 이와 관련된 내용은 본 절 50쪽 이하를 참조하라.

벡터 형태로 표시한 모형 $\mathbf{y}_i = \mathbf{X}_i\boldsymbol{\beta} + \mathbf{u}_i$ 에서 오차항 $\mathbf{u}_i$ 의 분산·공분산을 구해 보자. 오차성분 모형 (2.6)에서 $\mu_i, \varepsilon_{i1}, \ldots, \varepsilon_{iT}$ 의 분산·공분산에 관한 RE 가정을 행렬로 표현하면 $\mathrm{E}(\boldsymbol{\varepsilon}_i\mu_i) = 0$ 과 $\mathrm{E}(\boldsymbol{\varepsilon}_i\boldsymbol{\varepsilon}_i') = \sigma_\varepsilon^2 I_T$ 가 된다. 이것과 $\mathbf{u}_i = \mathbf{1}_T\mu_i + \boldsymbol{\varepsilon}_i$ 로부터 $\mathrm{E}(\mathbf{u}_i\mathbf{u}_i')$ 를 도출할 수 있다. 구체적으로, $\mathbf{u}_i = \boldsymbol{\varepsilon}_i + \mathbf{1}_T\mu_i$ 를 이용하여 전개하면 다음을 얻는다.

$$\mathrm{E}(\mathbf{u}_i\mathbf{u}_i') = \mathrm{E}[(\boldsymbol{\varepsilon}_i + \mathbf{1}_T\mu_i)(\boldsymbol{\varepsilon}_i + \mathbf{1}_T\mu_i)'] = \mathrm{E}(\boldsymbol{\varepsilon}_i\boldsymbol{\varepsilon}_i') + \mathrm{E}(\boldsymbol{\varepsilon}_i\mu_i)\mathbf{1}_T' + \mathbf{1}_T\mathrm{E}(\mu_i\boldsymbol{\varepsilon}_i') + \mathbf{1}_T\mathrm{E}(\mu_i^2)\mathbf{1}_T'$$
$$= \mathrm{E}(\boldsymbol{\varepsilon}_i\boldsymbol{\varepsilon}_i') + 0 + 0 + \mathrm{E}(\mu_i^2)\mathbf{1}_T\mathbf{1}_T' = \sigma_\varepsilon^2 I_T + \sigma_\mu^2\mathbf{1}_T\mathbf{1}_T'$$

이것이 (2.7)의 처음 두 줄에 해당한다. 위 식은 $T \times T$ 행렬로서, 자세히 보면 $\mathrm{E}(\mathbf{u}_i\mathbf{u}_i')$ 가 다음과 같음을 알 수 있다.

$$\mathrm{E}(\mathbf{u}_i\mathbf{u}_i') = \begin{pmatrix} \sigma_\mu^2 + \sigma_\varepsilon^2 & \sigma_\mu^2 & \cdots & \sigma_\mu^2 \\ \sigma_\mu^2 & \sigma_\mu^2 + \sigma_\varepsilon^2 & \cdots & \sigma_\mu^2 \\ \vdots & \vdots & & \vdots \\ \sigma_\mu^2 & \sigma_\mu^2 & \cdots & \sigma_\mu^2 + \sigma_\varepsilon^2 \end{pmatrix}$$

$\mathrm{E}(\mathbf{u}_i\mathbf{u}_i')$ 의 대각 원소들은 u_{it} 의 분산으로서 $\sigma_\varepsilon^2 + \sigma_\mu^2$ 이고, 비대각 원소들은 u_{it} 와 u_{is} 의 공분산($t \neq s$) 으로서 모두 σ_μ^2 으로 동일하다. 이 형태는 시간 순서를 바꾸어도 동일하게 유지된다(교환가능).

RE 공분산 가정 (2.7)하에서, 만약 σ_μ^2 과 σ_ε^2 을 안다면 오차항 u_{it} 의 분산과 공분산을 완전히 알게 되므로 GLS 추정을 할 수 있다. 이 두 분산을 모르면 이들을 적절히 추정하여 FGLS를 할 수 있다. 이 FGLS를 임의효과(RE) 회귀random effects regression라 하고 그 추정량을 흔히 임의효과(Random Effects, RE) 추정량, 또는 RE FGLS 추정량이라 한다.

> FGLS란 오차항의 분산·공분산 구조를 미지의 모수의 함수로 설정하고서 데이터를 이용하여 이들 모수를 추정한 후, 추정된 모수값을 대입하여 오차항의 분산·공분산 구조를 추정하고, 이 추정된 분산·공분산 구조를 이용하여 GLS를 하는 방법을 의미한다. RE FGLS에서는 회귀식 $y_{it} = X_{it}\beta + u_{it}$ 에서 u_{it} 의 분산·공분산 구조가 (2.7)과 같다고 가정하고, 데이터를 이용하여 모수인 σ_μ^2 과 σ_ε^2 을 추정한 후 이 추정값을 대입하여 분산·공분산들을 추정한 다음, 이 추정된 분산·공분산 구조를 이용하여 GLS를 한다.

RE 회귀 절차를 상세히 설명하기에 앞서 Stata를 사용하는 방법을 먼저 설명한다. RE 회귀를 하기 위해서는 우선 `xtset id year`라고 하여 패널 데이터의 구조를 Stata에게 알려 준 후, 예를 들어 다음과 같이 한다.

```
. xtreg y x1 x2 i.year, re
```

POLS 시의 `reg` 대신에 `xtreg` 명령을 사용하고 마지막에 `re`라는 옵션을 붙인다. y는 종속변수, x1과 x2는 우변의 독립변수들이다. 시간더미들은 `i.year`로써 포함시켰으며, 연구자가 확신한다면 제거하여도 좋다. 이 명령을 내리면 절편, 두 독립변수들의 계수, 시간대별 효과(i.year가 포함된 경우)가 RE FGLS 추정법에 의하여 계산된다.

예제 2.4 임금방정식의 RE 회귀

예제 2.1의 모형과 데이터에 대하여 RE 추정을 해 보자.

```
1   . use klipsbal, clear

2   . xtreg lwage educ c.tenure##c.tenure isregul female c.age05##c.age05 ///
3   > i.year, re

4   Random-effects GLS regression              Number of obs      =       9,196
5   Group variable: pid                        Number of groups   =         836

6   R-squared:                                 Obs per group:
7       Within  = 0.3735                                     min =          11
8       Between = 0.6072                                     avg =        11.0
9       Overall = 0.5604                                     max =          11

10                                             Wald chi2(17)      =     6364.01
11  corr(u_i, X) = 0 (assumed)                 Prob > chi2        =      0.0000
```

lwage	Coefficient	Std. err.	z	P>|z|	[95% conf. interval]	
educ	.0675308	.0039954	16.90	0.000	.0597	.0753617
tenure	.0153892	.0013481	11.42	0.000	.012747	.0180314
c.tenure#						
c.tenure	-.0002659	.000043	-6.18	0.000	-.0003503	-.0001816
isregul	.1459042	.0102437	14.24	0.000	.1258268	.1659815
female	-.415865	.0235981	-17.62	0.000	-.4621165	-.3696135
age05	.0774362	.0087848	8.81	0.000	.0602183	.0946541
c.age05#						
c.age05	-.0009979	.0001045	-9.55	0.000	-.0012027	-.000793
year						
2006	.0610374	.0105689	5.78	0.000	.0403227	.0817522
2007	.1189771	.010621	11.20	0.000	.0981603	.1397939
2008	.1759488	.0106954	16.45	0.000	.1549862	.1969114
2009	.1871107	.0107986	17.33	0.000	.1659458	.2082755
2010	.2377319	.010913	21.78	0.000	.2163428	.2591211
2011	.2907716	.0110873	26.23	0.000	.2690409	.3125023
2012	.3334439	.0112057	29.76	0.000	.3114812	.3554066
2013	.379693	.0114134	33.27	0.000	.3573232	.4020629
2014	.3968874	.0116571	34.05	0.000	.3740399	.4197349
2015	.4288892	.0118634	36.15	0.000	.4056375	.452141
_cons	2.751014	.1897678	14.50	0.000	2.379076	3.122952
sigma_u	.29362279					
sigma_e	.21338597					
rho	.65438868	(fraction of variance due to u_i)				

1행에서 데이터를 읽어들이고 2–3행에서 RE 추정을 한다. 예제 2.1의 POLS 추정결과와 보고되는 방식이 다른 여타 항목들이 눈에 띈다. 4행에 "Random-effects GLS regression" 이라는 설명이 있고 그 의미는 자명하다. 5행에서 패널 변수("Group variable")가 pid이며,

4–5행의 우단으로부터 $n = 836$, $nT = 9{,}196$임을 알 수 있다. 7–9행의 왼편 결과물에는 세 가지 R제곱이 제시되어 있다. 이들에 대해서는 4.1절에서 설명할 것이다. 오른편에는 T_i 에 대한 요약이 있다. 최솟값(min)과 최댓값(max)이 모두 11이므로 모든 i에서 $T_i = 11$ 임을 알 수 있다. 11행에 μ_i와 독립변수 간의 상관계수가 0으로 가정되어 있다고 친절하게 표시되어 있다. RE 추정에서는 이 둘이 비상관이라고 가정하므로 타당한 설명이다. 42행의 sigma_u는 $\hat\sigma_\mu$ 이고, 43행의 sigma_e는 $\hat\sigma_\varepsilon$ 을 나타낸다. 44행의 "rho"는 $\hat\sigma_\mu^2/(\hat\sigma_\mu^2 + \hat\sigma_\varepsilon^2)$ 으로서, 42행과 43행으로부터 계산할 수 있다.

▶ **연습 2.3.** 42행과 43행으로부터 44행의 결과를 구하라.

결과를 보면 예제 2.1의 POLS 회귀 결과와 다른 면이 있다. POLS 추정 결과에서는 정규직 여부(isregul)의 계수가 .2716956이었는데 RE 추정값은 21행의 .1459042로 양자 간에 상당한 차이가 있다.

이제 RE 회귀가 추정값을 어떻게 계산하는지 수식으로 정확히 알아보자. 추정식은 $y_{it} = X_{it}\beta + u_{it}$ 이며, X_{it} 의 처음 원소는 상수항인 1이다. 모형에 시간대별 효과가 포함되어 있으면 X_{it} 는 시간더미들도 포함하고 있다. 추정식 양변에 각 i별로 t에 걸친 평균average을 취하면 $\bar y_i = \bar X_i\beta + \bar u_i$가 된다. 수학에 따르면(부록 D.2 참조) RE 공분산 가정하에서 GLS는 어떤 실수 θ에 대하여 모형을 다음과 같이 변환시킨 후 POLS를 하는 것과 동일하다.

$$y_{it} - \theta\bar y_i = (X_{it} - \theta\bar X_i)\beta + (u_{it} - \theta\bar u_i) \tag{2.8}$$

여기서 θ는 변환된 오차항 $u_{it} - \theta\bar u_i$가 (2.7)의 RE 공분산 가정하에서 등분산적이고 시계열 상관이 없게 만들도록 선택된다. 다소 복잡한 수학 연산에 따르면 다음 θ를 사용하면 된다.

$$\theta = 1 - 1/\sqrt{1 + T\lambda}, \quad \lambda = \sigma_\mu^2/\sigma_\varepsilon^2 \tag{2.9}$$

🖉 참고로, (2.8)과 같은 변환이 오차항에서 자기상관을 제거한다는 사실을 미리 알면 θ를 구하기는 비교적 간단하다. 하지만 백지 상태에서 어떤 방식의 변환이 u_{it} 내의 시계열 상관을 제거할지 도출하는 것은 좀 더 많은 수학을 필요로 한다. 이에 대해서는 부록 D.2를 참조하라.

식 (2.9)의 θ는 다른 방식으로 표현할 수도 있다. $\bar u_i = \mu_i + \bar\varepsilon_i$이므로 RE 공분산 가정 (2.7)하에서 $\mathrm{var}(\bar u_i) = \sigma_\mu^2 + (1/T)\sigma_\varepsilon^2$ 이고 $\mathrm{var}(\bar\varepsilon_i) = (1/T)\sigma_\varepsilon^2$ 이므로 다음이 성립한다.

$$\frac{\mathrm{var}(\bar\varepsilon_i)}{\mathrm{var}(\bar u_i)} = \frac{\sigma_\varepsilon^2/T}{\sigma_\mu^2 + \sigma_\varepsilon^2/T} = \frac{1}{T\sigma_\mu^2/\sigma_\varepsilon^2 + 1} = \frac{1}{T\lambda + 1}$$

따라서 θ를 $\theta = 1 - \mathrm{sd}(\bar\varepsilon_i)/\mathrm{sd}(\bar u_i)$ 처럼 나타낼 수도 있다.

참고로, 식 (2.9)의 θ를 이용하여 변환시킨 오차 $u_{it} - \theta\bar u_i$가 RE 공분산 가정 (2.7)하에서 등분산적이고 시계열 상관이 없다는 것을 증명하는 것은 어렵지 않다. $\ddot u_{it} = u_{it} - \theta\bar u_i$라 하면, $\ddot u_{it} = \mu_i + \varepsilon_{it} - \theta(\mu_i + \bar\varepsilon_i) = (1 - \theta)\mu_i + (\varepsilon_{it} - \theta\bar\varepsilon_i)$이므로, $t \ne s$에 대하여

$$E(\ddot{u}_{it}\ddot{u}_{is}) = (1-\theta)^2\sigma_\mu^2 + (-2\theta+\theta^2)\sigma_\varepsilon^2/T = (1-\theta)^2(\sigma_\mu^2 + \sigma_\varepsilon^2/T) - \sigma_\varepsilon^2/T \qquad (2.10)$$

인데 여기에 $(1-\theta)^2 = 1/(T\lambda+1) = \sigma_\varepsilon^2/(T\sigma_\mu^2 + \sigma_\varepsilon^2)$ 을 대입하면 0이 되는 것을 간단히 확인할 수 있다. 등분산 부분은 자명하다.

▶ **연습 2.4.** (2.10)이 0임을 증명하라.

식 (2.9)에서 λ 는 분산들의 비율이므로 반드시 $\lambda \geq 0$ 이고, 따라서 θ 의 값은 반드시 0과 1 사이에 위치한다. 하나의 극단에 $\theta = 0$ 이 있다. 이는 $\sigma_\mu^2 = 0$ 인 경우에 해당하는데, RE 공분산 가정 (2.7)이 옳다면 이는 오차항 u_{it} 에 이분산과 시계열 상관이 없음을 의미한다. 이때($\lambda = 0$ 이고 $\theta = 0$), $y_{it} - \theta\bar{y}_i = y_{it}$ 이고 GLS는 POLS와 같다.

🍃 참고로, RE 공분산 가정이 옳다는 가정하에 $H_0 : \sigma_\mu^2 = 0$ 인지를 검정하여 μ_i 가 존재하는지 여부를 검정할 수 있다. 귀무가설하에서는 POLS가 BLUE이다. 이 검정을 Breusch-Pagan 검정이라고 하며 2.5절에서 설명한다. 다만 이 검정은 RE 공분산 가정이 위배되면 타당성을 잃으므로 표본크기가 매우 작아 어쩔 수 없이 POLS를 하면서 통상적인 표준오차를 사용할 필요가 있는 경우가 아니라면 그다지 유용하지 않다.

반대의 극단에서, 만일 개별효과의 분산(σ_μ^2)이 고유오차의 분산(σ_ε^2)에 비하여 현저히 크면 $T\lambda+1$ 의 값이 매우 클 것이고 따라서 $\theta = 1 - 1/\sqrt{1+T\lambda}$ 는 1에 가까울 것이다.

🍃🍃 λ 가 큰 상황은 독립변수들을 통제한 상태에서 종속변수의 동일 개체 내 시간대별 차이($u_{it} - u_{is}$)의 분산에 비하여 개체 간 차이($u_{it} - u_{jt}$)의 분산이 훨씬 큰 상황에 해당한다. 이는 동일한 i 에서는 $u_{it} - u_{is} = \varepsilon_{it} - \varepsilon_{is}$ 임에 반하여 $i \neq j$ 이면 $u_{it} - u_{jt} = (\mu_i - \mu_j) + (\varepsilon_{it} - \varepsilon_{jt})$ 이기 때문이다.

또한, $\lambda > 0$ 이고 T 가 매우 큰 경우에도 θ 는 1에 가까울 것이다. 극단적으로 $\theta = 1$ 이면 $y_{it} - \theta\bar{y}_i = y_{it} - \bar{y}_i$ 가 되어, GLS를 위해서는 각 변수별로 개체별 평균(시간에 걸친 평균)을 차감하여 편차를 구한 후 POLS를 하면 된다. 이때 개체별 평균을 차감한다는 것은 각 변수의 개체 간 수준 차이를 무시한다는 뜻이 된다.

θ 의 값이 0과 1 사이인 일반적인 경우 GLS 변환은 개체별 평균을 전부 빼지 않고 약간 남겨 두어 개체 내 차이와 개체 간 차이를 적절히 결합하는 모양새가 된다.

🍃 수학적으로, $E(\mathbf{u}_i\mathbf{u}_i') = \sigma_\varepsilon^2(I_T + \lambda\mathbf{1}_T\mathbf{1}_T')$ 이다. $P_1 = \frac{1}{T}\mathbf{1}_T\mathbf{1}_T'$ 라 할 때, 앞에서 구한 θ 는 주어진 λ 에서 $(I_T - \theta P_1)'(I_T - \theta P_1) = (I_T + \lambda\mathbf{1}_T\mathbf{1}_T')^{-1}$ 을 만족시키는 θ 이다. (2.3)의 기호들을 사용하면 GLS 추정량은 $(I_T - \theta P_1)\mathbf{y}_i$ 를 $(I_T - \theta P_1)\mathbf{X}_i$ 에 대하여 OLS 회귀하는 것이고, 최소제곱법의 정의에 따르면 이는 $\sum_{i=1}^n (\mathbf{y}_i - \mathbf{X}_i\beta)'(I_T - \theta P_1)'(I_T - \theta P_1)(\mathbf{y}_i - \mathbf{X}_i\beta)$ 를 최소화시키는 것을 의미한다. 그러므로 λ 가 알려져 있을 때 RE GLS는 $\sum_{i=1}^n (\mathbf{y}_i - \mathbf{X}_i\beta)'(I_T + \lambda\mathbf{1}_T\mathbf{1}_T')^{-1}(\mathbf{y}_i - \mathbf{X}_i\beta)$ 를 최소화한다. 나중에 최우추정법(MLE)과의 비교를 위해서 이 점을 기억해 두기 바란다.

한편, 균형패널에서는 T 가 모든 i 에서 동일하므로 θ 가 모든 i 에서 동일하고, 불균형패널에서는 T 가 i 마다 다르므로 θ 의 값이 i 에 따라 상이하다. 구체적인 식은 $\theta_i = 1 - 1/\sqrt{1+T_i\lambda}$ 이며, RE 추정을 위한 변환은 각 i 마다 T_i 에 따라 상이한 θ_i 를 사용한 $y_{it} - \theta_i\bar{y}_i$ 등이 된다. 참고로 $T_i = 1$ 인 i 도 추정에 이용되는데, 그 경우 $\theta_i = 1 - 1/\sqrt{1+\lambda}$ 이다.

균형패널의 상황으로 돌아와서, 만약 σ_μ^2과 σ_ε^2을 안다면 (2.9)에 따라 θ를 계산하고 GLS 추정을 할 수 있다. 하지만 현실에서는 이 오차 분산들을 모르기 때문에 θ를 구할 수 없다. 그러나 적절한 추정방법들을 사용하여 σ_μ^2과 σ_ε^2을 추정하면 θ를 추정할 수 있고, 이 추정값 $\hat{\theta}$을 사용하여 FGLS를 할 수 있다. FGLS 추정을 위하여 미리 추정해야 하는 모수의 개수가 2개(σ_μ^2과 σ_ε^2)뿐이어서 매우 정확하게 추정할 수 있고, 그 결과 이 FGLS는 σ_μ^2과 σ_ε^2을 알 경우의 GLS와 별로 차이가 없다.

이제 σ_μ^2과 σ_ε^2을 추정하는 문제를 고려하자. 그럴 리는 없지만 우선 u_{it}가 관측된다고 상정하고 σ_ε^2과 σ_μ^2을 추정하는 방법을 생각해 보자. μ_i와 ε_{it}는 별도로 관측되지 않고 총오차인 u_{it}만 관측됨에 유의하라. $u_{it} - \bar{u}_i = \varepsilon_{it} - \bar{\varepsilon}_i$이므로, 표준적인 절차에 따라 $\tilde{\sigma}_\varepsilon^2 = \frac{1}{n(T-1)} \sum_{i=1}^{n} \sum_{t=1}^{T} (u_{it} - \bar{u}_i)^2$은 σ_ε^2의 일관된 추정량임을 알 수 있다. 이로써 σ_ε^2은 해결되었다. σ_μ^2의 추정방법으로는 몇 가지를 생각해 볼 수 있다. 첫째, $\bar{u}_i = \mu_i + \bar{\varepsilon}_i$이므로 $E(\bar{u}_i^2) = \sigma_\mu^2 + \frac{1}{T}\sigma_\varepsilon^2$이다. 따라서 $\tilde{\sigma}_\mu^2 = \frac{1}{n} \sum_{i=1}^{n} \bar{u}_i^2 - \frac{1}{T} \tilde{\sigma}_\varepsilon^2$은 σ_μ^2의 일관된 추정량이다. 둘째 방법은 $\frac{1}{nT} \sum_{i=1}^{n} \sum_{t=1}^{T} u_{it}^2$을 이용하는 것이다. 이것의 평균은 $E(u_{it}^2) = \sigma_\mu^2 + \sigma_\varepsilon^2$이 므로, 우리의 두 번째 σ_μ^2 추정량은 $\ddot{\sigma}_\mu^2 = \frac{1}{nT} \sum_{i=1}^{n} \sum_{t=1}^{T} u_{it}^2 - \tilde{\sigma}_\varepsilon^2$이다. 셋째 방법은 $t \neq s$일 때 u_{it}와 u_{is}의 공분산이 σ_μ^2임을 이용하고, $t \neq s$인 t와 s 쌍은 $T(T-1)/2$개 있으므로 $\dot{\sigma}_\mu^2 = \frac{2}{nT(T-1)} \sum_{i=1}^{n} \sum_{s=1}^{T-1} \sum_{t=s+1}^{T} u_{is} u_{it}$로써 추정하는 것이다. 복잡하지만 자명한 계산을 해 보면 세 가지 방법을 사용한 σ_μ^2의 추정량은 모두 동일함을 알 수 있다. 즉, $\tilde{\sigma}_\mu^2 = \ddot{\sigma}_\mu^2 = \dot{\sigma}_\mu^2$이다. 어차피 우리가 이용하는 것은 u_{it}의 집단내 변동과 집단간 변동(전체 변동은 이 둘을 결합하여 구할 수 있다)이므로, 무슨 방법을 사용하든 결과가 동일한 것은 한편으로 당연하다. 결국 u_{it}를 관측할 수만 있으면 두 분산을 추정할 수 있는데 문제는 u_{it}가 관측되지 않는다는 점이다. 그 대신 잔차를 이용하는데 어떤 잔차를 이용하느냐에 따라 다양한 추정방법이 가능하다. 또한, 오차 대신 잔차를 사용하므로 자유도를 적절히 조정하여야 할 것이다.

이러한 맥락에서 σ_μ^2과 σ_ε^2을 추정하는 방법들을 설명해 보면, Wallace and Hussain (1969)은 POLS 회귀로부터의 잔차를 이용하는 방법을 제안하였다. Stata는 Swamy and Arora (1972)의 방법을 구현하는데, 여기에는 나중에 배울 '집단간 회귀'와 '집단내 회귀'가 사용된다. 구체적으로, 집단내 회귀로부터 σ_ε^2 추정량을 구하고, 집단간 회귀로부터 $\bar{u}_i$ 분산($\sigma_\mu^2 + \frac{1}{T}\sigma_\varepsilon^2$)의 추정량을 구한 후 이들을 결합하여 σ_μ^2을 추정한다. 집단내 회귀와 집단간 회귀에서 각각 σ_ε^2과 $\bar{u}_i$ 분산을 추정하는 방법에 대해서는 각각 3.4절과 3.1절을 참조하라. 여하한 방법을 사용하든 일단 σ_μ^2과 σ_ε^2을 추정하면 이로부터 $\lambda = \sigma_\mu^2/\sigma_\varepsilon^2$과 $\theta = 1 - 1/\sqrt{1 + T_i \lambda}$를 추정할 수 있다. 모든 i에서 T_i가 동일하다면(균형패널) 하나의 θ 추정값이 구해질 것이고 T_i가 i마다 상이하다면(불균형패널) 각 i마다 상이한 θ 추정값이 구해질 것이다. Stata에서 이 추정값($\hat{\theta}$)을 리포트하기 위해서는 명령의 마지막에 theta 라는 옵션을 추가한다.

예제 2.5 인구구조와 총저축률(RE 회귀)

예제 2.2의 모형과 데이터에 대하여 RE 회귀를 해 보자. $\hat{\theta}$의 값도 리포트하도록 하였다.

```
1   . use wdi5bal, clear
2   (WDI five year balanced)

3   . xtreg sav age0_19 age20_29 age65over lifeexp i.year, re theta
```

```
4   Random-effects GLS regression          Number of obs     =        576
5   Group variable: id                     Number of groups  =         96

6   R-squared:                             Obs per group:
7       Within  = 0.1216                               min =          6
8       Between = 0.2562                               avg =        6.0
9       Overall = 0.2145                               max =          6

10                                         Wald chi2(9)      =      95.83
11  corr(u_i, X) = 0 (assumed)             Prob > chi2       =     0.0000
12  theta        = .67715627
```

sav	Coefficient	Std. err.	z	P>|z|	[95% conf. interval]	
age0_19	-.291279	.1070124	-2.72	0.006	-.5010194	-.0815385
age20_29	-.3485632	.197211	-1.77	0.077	-.7350896	.0379632
age65over	-1.18385	.2538398	-4.66	0.000	-1.681367	-.6863331
lifeexp	.5536395	.0778841	7.11	0.000	.4009894	.7062895
year						
1990	.280314	.8009387	0.35	0.726	-1.289497	1.850125
1995	-.2403157	.8194044	-0.29	0.769	-1.846319	1.365687
2000	-1.291651	.8450391	-1.53	0.126	-2.947898	.3645947
2005	-.6714149	.8856588	-0.76	0.448	-2.407274	1.064444
2010	-2.656247	.9402987	-2.82	0.005	-4.499199	-.8132955
_cons	6.888907	9.329987	0.74	0.460	-11.39753	25.17535
sigma_u	6.5085329					
sigma_e	5.4381647					
rho	.58888184	(fraction of variance due to u_i)				

3행에서 RE 회귀를 하면서 theta 옵션을 주어 12행에 $\hat{\theta}$ 값이 표시되도록 하였다. 이 데이터가 불균형패널 데이터였다면 $\hat{\theta}$의 값이 i마다 다를 수 있고, 그 경우에는 $\hat{\theta}$ 값의 분포가 대략적으로 표시될 것이다.

▶ **연습 2.5.** 30행과 31행의 결과로부터 12행의 $\hat{\theta}$ 값을 구하라.

16행에 의하면 0–19세 인구의 비율이 높을수록 총저축률이 낮은 경향이 관측된다. 구체적으로, 신생아 기대수명, 20–29세 인구 비율 및 65세 이상 인구 비율이 동일할 때 19세 이하 인구 비율이 10% 포인트 높으면(30–64세 인구 비율이 그만큼 낮음) 총저축률은 약 3% 포인트 낮다. 이 효과는 예제 2.2에서 POLS로 추정한 값보다 작다. 18행에 의하면 65세 이상 인구의 비율이 높을수록 저축률이 낮으며, 30–64세 대신 65세 이상 인구 비율이 1% 포인트 높으면 저축률은 약 1.2% 포인트 낮은 것으로 추정된다. 이 결과는 예제 2.2의 POLS 결과와 별반 다르지 않다. 여기서도 19세 이하나 65세 이상 인구 비율이 높으면 사회 전체가 이들을 부양하여야 하므로 소비 비중이 증가하고 저축 비중이 하락하는 것은 자연스러운 결과로 보인다. 19행에 의하면 연령대별 인구 비율이 동일할 때 신생아의 기대수명이 1년 높으면 총저축률은 0.55% 포인트 높은 것으로 추정된다. 해석은 POLS의 경우와 유사하며 여기에서도 세밀한 주의를 기울여야 할 것이다.

지금까지 오차 공분산에 관한 RE 가정 (2.7)하에서 FGLS 회귀인 RE 회귀를 하는 방법을 살펴보았다. RE 공분산 가정이 맞으면 이 RE 추정량은 BLUE와 동일한 대표본 특성을 갖는다. 참고로, 여기서 RE 추정량이 BLUE라고 하지 않고 "BLUE와 동일한 대표본 특성을 갖는다"고 다소 현학적으로 표현한 것은 분산의 구조가 옳다고 하더라도 RE 추정에서는 1단계에서 이 분산들을 추정하여 구한 것이므로 GLS가 아니라 FGLS이며, 따라서 정확히 BLUE인 것은 아니기 때문이다. BLUE는 σ_μ^2과 σ_ε^2을 알 때 구할 수 있는 것이다. 이러한 미세한 차이점을 제외하면 RE 회귀로부터의 추정량은 RE 공분산 가정 (2.7)하에서 BLUE 라고 대충 표현할 수 있고, RE 가정이 정말로 맞으면 변환된 오차항에 이분산이나 자기상 관이 (거의) 없으므로 통상적인 방식으로 구한 표준오차들은 잘 작동한다.

하지만 RE 공분산 가정 (2.7)은 상당히 강한 가정이며 일반적으로 성립한다고 보기 어렵다. 특히 시간에 따라 변하는 ε_{it}가 시간에 걸쳐 비상관이라는 가정은 성립하지 않기 쉽다. 만약 X_{it}가 여전히 u_{it}에 대하여 강외생적(μ_i가 임의효과임을 포함)이지만 RE 공분산 가정 (2.7)이 옳지 않으면, RE 추정량은 여전히 일관적이지만(♔) FGLS가 아니다(♖).

> 📝 이상하게 들릴 수도 있지만 RE FGLS 추정량은 RE 공분산 가정 (2.7)이 옳을 때에만 FGLS이고, RE 가정이 옳지 않으면 FGLS가 아니다. 이때 진짜 FGLS는 따로 있고, 우리의 "RE FGLS"는 이름만 'FGLS'일 뿐, 실제로는 FGLS가 아니다.

RE 공분산 가정 (2.7)이 위배되는 경우, 변형한 오차항 $u_{it} - \theta \bar{u}_i$는 이분산이나 시계열 상관을 가질 수 있다. 그러므로 RE 공분산 가정 (2.7)이 옳지 않으면 통상적인 표준오차("xtreg, re"를 아무런 옵션 없이 사용하여 구한 표준오차)는 잘못되며, 올바른 추론을 위해서는 다음과 같이 RE 회귀와 클러스터 표준오차를 결합하여 사용할 수 있다(♖).

```
. xtreg y x1 x2 i.year, re vce(r)
```

참고로, Stata에서 `vce(r)` 옵션은 보통최소제곱(Stata의 reg)에서 사용되면 이분산에 견고한 분산추정을 말하지만 `xtreg`에서 사용되면 클러스터 분산추정을 의미한다. 이 클러스터 분산 추정량이 잘 작동하기 위해서는 앞에서와 마찬가지로 n이 커야 한다(대략 $n \geq 50$). n이 작은 상황이 아니면 가급적 클러스터 표준오차를 사용하는 것이 좋다.

예제 2.6 임금방정식의 RE 추정(클러스터 표준오차)

예제 2.4의 RE 회귀에 대하여 클러스터 표준오차를 사용한 통계량들은 다음과 같다. 계수 추정 방법은 예제 2.4와 동일하므로 계수 추정값에는 변함이 없으나, 예제 2.4와 달리 클러스터 표준오차를 구하므로 표준오차, t값, p값, 신뢰구간은 다르다.

```
1    . use klipsbal, clear

2    . xtreg lwage educ c.tenure##c.tenure isregul female c.age05##c.age05 ///
3    > i.year, re vce(r)

4    Random-effects GLS regression              Number of obs     =      9,196
5    Group variable: pid                        Number of groups  =        836

6    R-squared:                                 Obs per group:
7         Within  = 0.3735                              min =         11
8         Between = 0.6072                              avg =       11.0
9         Overall = 0.5604                              max =         11

10                                              Wald chi2(17)     =    2899.29
11   corr(u_i, X) = 0 (assumed)                 Prob > chi2       =     0.0000

12                           (Std. err. adjusted for 836 clusters in pid)
```

		Robust				
lwage	Coefficient	std. err.	z	P>|z|	[95% conf. interval]	
educ	.0675308	.0048683	13.87	0.000	.0579892	.0770725
tenure	.0153892	.0025585	6.01	0.000	.0103746	.0204038
c.tenure# c.tenure	-.0002659	.000077	-3.45	0.001	-.0004169	-.000115
isregul	.1459042	.0204505	7.13	0.000	.1058218	.1859865
female	-.415865	.0267944	-15.52	0.000	-.468381	-.363349
age05	.0774362	.0086559	8.95	0.000	.0604709	.0944015
c.age05# c.age05	-.0009979	.0001015	-9.83	0.000	-.0011969	-.0007988
year						
2006	.0610374	.0095495	6.39	0.000	.0423208	.079754
2007	.1189771	.0101664	11.70	0.000	.0990514	.1389028

33	2008	.1759488	.0107724	16.33	0.000	.1548352	.1970624
34	2009	.1871107	.0123594	15.14	0.000	.1628867	.2113347
35	2010	.2377319	.0133495	17.81	0.000	.2115673	.2638965
36	2011	.2907716	.0145779	19.95	0.000	.2621993	.3193438
37	2012	.3334439	.0155454	21.45	0.000	.3029756	.3639122
38	2013	.379693	.0167195	22.71	0.000	.3469235	.4124626
39	2014	.3968874	.0178983	22.17	0.000	.3618075	.4319674
40	2015	.4288892	.0199933	21.45	0.000	.389703	.4680754
41							
42	_cons	2.751014	.1921306	14.32	0.000	2.374445	3.127583
43							
44	sigma_u	.29362279					
45	sigma_e	.21338597					
46	rho	.65438868	(fraction of variance due to u_i)				
47							

이 결과를 예제 2.4의 결과와 비교하면 클러스터 표준오차를 사용하는 경우 표준오차가 증가하는 경향이 보이지만, 어느 경우에나 p값이 매우 작아서 차이가 특별히 눈에 띄지는 않는다. 다른 모형과 데이터에서는 양자 간에 큰 차이가 있을 수도 있다.

RE 공분산 가정 (2.7)이 옳으면 RE 회귀가 FGLS이나, (2.7)이 위배되면 RE 회귀는 FGLS가 아니며 RE 추정량보다 더 효율적인 추정량이 존재한다(☲). 예를 들어 $\varepsilon_{it} = \rho\varepsilon_{it-1} + \zeta_{it}$ 이고 ζ_{it} 가 IID라면 이러한 구조를 활용하여 FGLS를 하거나 정규분포 가정을 추가하여 최우추정MLE을 할 수도 있을 것이다. 또, n이 크고 T가 (매우) 작은 경우에는 아예 각각의 t와 s에 대하여 $\text{cov}(u_{it}, u_{is})$를 $\tilde{u}_{it}$ 와 $\tilde{u}_{is}$ 의 표본공분산(여기서 $\tilde{u}_{it}$ 는 POLS 잔차)으로써 추정한 다음 이를 이용하여 일반적인 경우에 해당하는 FGLS를 할 수도 있다. 이런 일반적인 FGLS는 n이 크고 T가 작은 상황이 아니면 미리 추정할 모수가 많아 성질이 나쁠 수 있고, 무엇보다도 RE 회귀만으로도 이미 상당한 효율성에 도달하였다고 보기 때문에, (2.7)의 성립 여부와 무관하게 굳이 더 좋은 추정량을 찾으려고 노력하지 않고 RE 회귀로 만족해도 좋다는 것이 필자의 판단이다. 다만 (2.7)이 성립한다고 확신할 수 없는 경우에는 앞에서 설명한 것처럼 클러스터 표준오차를 사용하는 것이 바람직하다.

※ RE 추정량과 앞에서 설명한 일반적인 FGLS의 차이는, RE 추정량은 오차항 u_{it} 의 분산·공분산을 σ_μ^2 과 σ_ϵ^2 만 추정함으로써 구하는 반면, 일반적인 FGLS는 모든 t와 s 조합에 대하여 u_{it} 와 u_{is} 의 공분산을 추정한다는 것이다. 그 결과 u_{it} 의 분산·공분산을 구하기 위해 추정해야 하는 모수의 개수가 RE 추정에서는 2개인 반면 일반적인 FGLS에서는 $T(T+1)/2$ 개이다. T가 작은 경우가 아니면 일반적인 FGLS를 위해 추정할 모수의 개수가 너무 커서 추정량의 성능이 나빠지는 문제가 발생할 수 있다. 'xtreg, re' 명령을 사용하는 RE 추정 시에는 이런 문제가 없다.

※ 확률변수들이 i에 걸쳐 IID인 경우, 행렬 부호를 사용하여 일반적인 FGLS를 표현해 보자. $\tilde{u}_{it}$ 를 POLS로부터의 잔차라 하고 $\tilde{\mathbf{u}}_i$ 를 그 $T \times 1$ 벡터라 하자. 그러면 $\tilde{\mathbf{u}}_i$ 의 분산·공분산행렬은 $\tilde{\Sigma} = \frac{1}{n}\sum_{i=1}^{n} \tilde{\mathbf{u}}_i \tilde{\mathbf{u}}_i'$ 로써 추정할 수 있다. 여기서 n으로 나누느냐 $n-k$로 나누느냐 하는 것은 중요하지 않다(아래 식에서 분모와 분자에 모두 $\tilde{\Sigma}^{-1}$ 이 등장하므로). 일반적인 FGLS 추정량은 다음과 같다.

$$\hat{\beta} = \left(\sum_{i=1}^{n} \mathbf{X}_i' \hat{\Sigma}^{-1} \mathbf{X}_i\right)^{-1} \sum_{i=1}^{n} \mathbf{X}_i' \hat{\Sigma}^{-1} \mathbf{y}_i$$

이 추정값은 Stata에서 '`xtgls y x1 x2, panel(iid)`'에 의하여 계산할 수 있다. 단, 이 추정량은 $\mathbf{u}_i$가 i에 걸쳐 IID인 경우만 FGLS이며, n이 크고 T가 작을 때에만 좋은 성질을 갖는다. $\mathbf{u}_i$가 i에 걸쳐 이분산적이면 이것은 FGLS가 아니며, T가 n과 비교할 만한 크기이면(예를 들어 $n = 50$, $T = 20$) $\hat{\Sigma}$내에 추정할 원소의 개수가 너무 많아 이 추정량의 성능은 나쁠 수 있다.

▸ **연습 2.6.** 임의효과 모형에서 $y_{it} - 0.5\bar{y}_i$를 $X_{it} - 0.5\bar{X}_i$에 대하여 OLS 회귀를 하면 그 추정량은 어떤 성질을 갖는가? 이 추정량을 이용하여 가설검정들을 하려면 어떻게 하여야 하는가?

▸ **연습 2.7.** 불균형패널 데이터가 있다고 하자. 임의효과 모형에서 RE 공분산 가정이 옳고, $\theta_i = 1 - 1/\sqrt{1 + T_i \lambda}$이라 하자. $\bar{\theta} = n^{-1}\sum_{i=1}^{n}\theta_i$일 때, $y_{it} - \bar{\theta}\bar{y}_i$를 $X_{it} - \bar{\theta}\bar{X}_i$에 대하여 OLS 회귀를 하면 그 추정량은 어떤 성질을 갖는가? 이 추정량을 이용하여 가설검정들을 하려면 어떻게 하여야 하는가? 이 추정방법과 RE 회귀는 동일한가 서로 다른가?

POLS에서 i나 t 중 하나가 동일한 두 관측치 간에 오차항 u_{it}에 상관이 존재할 때 양방향 클러스터 분산추정을 할 수 있었다. RE 회귀에서는 난해한 부분이 있다. RE 회귀는 $\ddot{y}_{it} = y_{it} - \hat{\theta}\bar{y}_i$를 $\ddot{X}_{it} = X_{it} - \hat{\theta}\bar{X}_i$에 대하여 POLS를 하는 것이므로 오차항은 $\ddot{u}_{it} = u_{it} - \hat{\theta}\bar{u}_i$이다. 그러므로 만약 u_{it}에 상이한 i라 할지라도 동일한 t에서 상관이 존재하면 $\hat{\theta}\bar{u}_i$ 항을 경유하며 이 동시기 상관이 모든 t에 전파된다. 그러므로 t를 기준으로 클러스터를 묶는 분산추정법의 타당성이 불분명하다. RE 회귀에서 양방향 클러스터 분산추정은 생각보다 훨씬 복잡해 보인다.

한 가지 가능한 방법은 $\sum_{t=1}^{T}\ddot{X}_{it}'\ddot{u}_{it}$를 u_{it}들의 가중합으로 재정리하는 것이다. $A = I_T - \hat{\theta}P_1$이라 하자. 그러면 $\ddot{X}_{it}$의 행렬은 $\ddot{\mathbf{X}}_i = A\mathbf{X}_i$이고 $\ddot{u}_{it}$의 벡터는 $\ddot{\mathbf{u}}_i = A\mathbf{u}_i$이다. 따라서 $\sum_{t=1}^{T}\ddot{X}_{it}u_{it} = \mathbf{X}_i'A'A\mathbf{u}_i$이고, $A'A\mathbf{X}_i$를 $\mathbf{Z}_i$라 표기하면 $\sum_{t=1}^{T}\ddot{X}_{it}'\ddot{u}_{it} = \sum_{t=1}^{T}Z_{it}'u_{it}$이다. 이를 2.2절의 POLS 경우와 비교하면 X_{it}가 Z_{it}로 변한 것밖에 없다. 이를 이용한 양방향 클러스터 분산추정은 분명해 보이나, 실제로도 그러할지는 더 연구해 볼 필요가 있다.

다음으로, 오차항에 동시기 횡단면 상관이 있을 때 이를 고려하여 효율적인 추정을 하는 문제를 생각해 보자. 만약 모형에서 시간별 효과를 충분히 통제하지 않아 f_t가 오차항에 포함되어 있고 이 f_t가 설명변수들과 독립이라면, f_t가 t에 걸쳐서 IID, μ_i가 i에 걸쳐 IID, ε_{it}가 i와 t에 걸쳐 IID, 그리고 오차의 모든 구성부분들이 서로간에 독립이라는 가정하에 u_{it}는 다음 공분산구조를 갖는다.

$$\mathrm{E}(u_{it}u_{js}) = \begin{cases} \sigma_\mu^2 + \sigma_f^2 + \sigma_\varepsilon^2, & i = j, t = s \\ \sigma_\mu^2, & i = j, t \neq s \\ \sigma_f^2, & i \neq j, t = s \\ 0, & i \neq j, t \neq s. \end{cases} \tag{2.11}$$

만약 n도 크고 T도 크면 세 모수들 σ_μ^2, σ_f^2, σ_ε^2을 적절히 추정할 수 있고, 이를 활용하여 FGLS를 할 수 있다. 이를 앞의 RE 회귀와 구별하여 2원^{two-way} 임의효과 회귀라 한다(양방향 클러스터 분산추정이 아님에 유의). 그런데 설명변수가 시간에 걸친 추세를 갖는다면, 그 추세가 종속변수에 내재한 추세와 무관할 리가 없어서 f_t를 임의효과로 간주하기가 상당히 부담되므로 계량경제학에서 2원 임의효과 회귀는 별로 사용되지 않는다. 이보다는 주로 모형에 시간더미를 포함시켜(즉, 시간별 효과는 고정효과로 간주하여) f_t를 통제한다.

> 📝 경우에 따라서는 개체들 간에 오차항의 상관관계(횡단면 종속, cross sectional dependence)가 존재하도록 만들기 위하여 u_{it} 내에 f_t가 존재한다고 보기도 한다. 이것은 전혀 다른 종류의 이야기이지만, 이때에도 보통은 시간더미를 우변에 포함시켜 오차항에 f_t가 잔존하지 않도록 한다.

☸ n이 작고 T가 큰 "좁고 긴" 패널 데이터가 있으면 'n 고정, $T \to \infty$'의 환경에서 무슨 일이 생길지 살펴볼 필요가 있다. 2.2절에서는 이 경우 POLS 추정량의 정확성이 떨어질 수 있음을 지적하였다. RE 회귀의 경우 수학을 잘 사용하여 설명할 수도 있겠지만, 지금 단계에서는 그보다는 RE 공분산 가정 (2.7)하에서 RE 추정량이 나중에 살펴볼 고정효과(FE) 추정량보다 반드시 더 효율적이라는 점만 언급하고자 한다. 더욱이, 나중에 보겠지만, FE 추정량은 n이 작고 T가 큰 경우에도 좋은 성질을 갖고, 이로부터 RE 추정량도 n이 고정되고 $T \to \infty$일 때 정확성이 높다는 결론을 내리고자 한다. 단, 이러한 논의는 (2.7)의 가정이 만족되는 경우에 한하며, 만일 (2.7)이 위배되면 RE 회귀가 FE 회귀보다 더 효율적이라고 확신할 수 없기 때문에 RE 추정량에 어떤 일이 일어날지 단정적으로 말하기는 어렵다. 다만 대다수는 이 경우에도 RE 추정량이 FE추정량보다 더 나을 것이라 추측한다.

요약하자면, 지금까지 X_{it}가 총오차 u_{it}에 대하여 강외생적이라는 전제하에 논의를 진행하였다(POLS 추정량의 일관성에는 강외생성이 아니라 동시기적 외생성만 요구되나, RE 추정량의 일관성에는 강외생성이 요구된다). 이때 오차 u_{it}에 시계열상관이 존재할 수 있음을 고려하여 오차항에 대하여 $u_{it} = \mu_i + \varepsilon_{it}$라는 모형을 사용하였는데, 이 모형에서 X_{it}는 고유오차(ε_{it})에 대하여 강외생적일 뿐 아니라 개별효과(μ_i)와도 무관하였다. 즉, μ_i가 $(X_{i1}, \ldots, X_{iT})$와 상관되지 않은 '임의효과'라고 가정하고, 그 구성부분들의 분산·공분산 구조에 대한 특별한 가정(RE 공분산 가정)을 한 후 FGLS인 RE 회귀를 하였다. 설명변수의 강외생성이 충족될 때, RE 공분산 가정이 충족되면 RE 추정량은 정말로 FGLS 추정량이고 BLUE에 가까운 성질을 갖는다. RE 공분산 가정이 맞지 않아도, 강외생성이 충족되기만 하면 RE 추정량은 여전히 일관적이며 효율성 면에서도 상당히 좋은 성질을 보이지만, 올바른 검정과 추론을 위해서는 견고한 클러스터 표준오차를 사용하여야 한다.

☸☸☸ 미묘한 점이지만 주의할 것은, $(X_{i1}, \ldots, X_{iT}$에 대한 조건부 평균을 명시적으로 표현할 때) POLS 는 $E(y_{it}|X_{it}) = X_{it}\beta$로 표현되는 β 모수를 추정하는 반면 RE 추정량은 $E(y_{it}|X_{i1}, \ldots, X_{iT}) = X_{it}\beta$일 때 명료한 표현을 갖는다는 점이다(이 두 조건부 평균에서 조건변수들의 집합이 상이함에 유의하라). POLS의 일관성을 위해 X_{it}가 u_{it}에 대하여 (동시기에) 외생적이면 충분함에 반하여 RE 추정량의 일관성을 위해서는 설명변수의 강외생성이 요구된다는 사실이 이와 연관되어 있다. $E(y_{it}|X_{it}) = X_{it}\beta$이면서 $E(y_{it}|X_{i1}, \ldots, X_{iT}) \neq X_{it}\beta$일 수도 있는데, 그러한 경우 POLS 추정량과 RE 추정량은 상이한 모수를 추정하며 두 추정값은 현저히 다를 수 있다. 이때 POLS 추정량은 (모형의 옳고 그름과 관계 없이) 각 시점별 횡단면 함수관계의 가중평균으로서 자연스러운 해석을 할 수 있는 여지가 있는 반면, RE 추정량에는 (모형이 정확히 맞지 않는 경우라면) 흥미로운

해석의 여지가 더 적다. 예를 들어, X_{it} 가 t 에 걸쳐 독립이고 u_{it} 에 대하여 강하게 외생적이며 $y_{it} = X_{it}\gamma + \bar{X}_{it}\delta + u_{it}$ 라면 $y_{it} = X_{it}(\gamma + T^{-1}\delta) + T^{-1}\sum_{s\neq t}X_{is}\delta + u_{it}$ 이므로 $\mathrm{E}(y_{it}|X_{it}) = X_{it}(\gamma + T^{-1}\delta)$ 인 반면 $\mathrm{E}(y_{it}|X_{i1},\ldots,X_{iT}) = X_{it}\gamma + \bar{X}_i\delta$ 이다. 이 경우 $\beta = \gamma + T^{-1}\delta$ 라 하면 POLS 추정량은 β 를 추정하지만 RE 추정량은 이와 다른 모수 β_{re} 를 추정한다. 이 β_{re} 가 무엇인지 행렬연산을 사용하여 표현할 수 있겠지만 그렇게 하지 않겠다.

        $\mathrm{E}(y_{it}|X_{it})$ 와 $\mathrm{E}(y_{it}|X_{i1},\ldots,X_{iT})$ 의 차이에 대해 부연설명한다. 모형이란 변수들의 관계에 대한 우리의 생각을 수학적으로 표현한 것이다. 우리의 모형이 변수들의 참된 관계를 항상 바르게 서술하라는 법은 없다. 직관으로부터 모형을 만드는 경우, 변수들 간의 관계를 몇 개의 모수들만을 조정하여 표현할 수 있을 정도로 우리의 직관이 완벽하다고 보기는 어려울 것이다. 경제이론으로부터 모형을 만들었다고 할지라도 이론 자체가 현실의 단순화이므로 우리의 모형이 옳다고 할 근거가 확실히 있는 경우는 별로 없다. 사실 '옳은 모형'이 무엇인지 분명하지 않은 경우도 있다. 예를 들어 데이터가 다음 방식으로 생성되었다고 하자.

$$y_{it} = X_{it}\gamma_0 + \bar{X}_i\delta_0 + e_{it}, \quad t = 1, 2, \ldots, T \tag{2.12}$$

$X_{i1},\ldots,X_{iT}$ 의 집합과 $e_{i1},\ldots,e_{iT}$ 의 집합은 서로간에 완전히 독립적이라 하자(강외생성). 또 $X_{i1},\ldots,X_{iT}$ 도 서로간에 독립적이라 하자. 편의상 $\mathrm{E}(X_{it}) = 0$ 이라 한다(아니면 절편으로 인하여 기호들이 복잡해진다). 관측되는 것은 $X_{i1},\ldots,X_{iT}$ 와 $y_{i1},\ldots,y_{iT}$ 이다 이 관측변수들에 대하여 모형들을 세워 보자.

    (i) 먼저 $\mathrm{E}(y_{it}|X_{i1},\ldots,X_{iT}) = X_{it}\beta + \bar{X}_i\alpha$ 라는 약간 복잡해 보이는 모형(우리의 생각)을 고려해 보자. 데이터를 생성한 관계 (2.12)에 의하여 $\mathrm{E}(y_{it}|X_{i1},\ldots,X_{iT}) = X_{it}\gamma_0 + \bar{X}_i\delta_0$ 이 성립하므로, (i)의 함수관계(모형)는 제대로 설정되었으며, 이때 $\beta = \gamma_0$ 이고 $\alpha = \delta_0$ 임을 쉽게 알 수 있다.

    (ii) 다음으로 $\mathrm{E}(y_{it}|X_{i1},\ldots,X_{iT}) = X_{it}\beta$ 라는 모형을 고려해 보자. 변수들이 (2.12)의 관계를 가질 때 $\mathrm{E}(y_{it}|X_{i1},\ldots,X_{iT}) = X_{it}\gamma_0 + \frac{1}{T}\sum_{s=1}^{T}X_{is}\delta_0$ 이므로, $\delta_0 \neq 0$ 인 한, 이를 $X_{it}\beta$ 라고 표현할 수 있는 상수 β 는 존재하지 않는다. 그러므로 (ii)의 모형은 잘못 설정된 것이다. 단, 여기서는 (2.12)라는 참된 관계가 있다는 것을 알기 때문에 (ii)의 모형이 잘못 설정되었다고 이야기할 수 있는 것이며, 실제 계량경제 분석에서는 참된 관계라는 것은 알 수 없으므로 (ii)의 모형이 잘못 설정되었다는 것도 알지 못한다(경우에 따라 모형 설정이 제대로 되었는지 검정할 수 있기도 하지만 몇 가지 대표적인 경우를 제외하고 패널 분석에서 선형 모형의 타당성을 일일이 검정하는 경우는 별로 없다).

    (iii) 마지막으로, 각 t 에서 $\mathrm{E}(y_{it}|X_{it}) = X_{it}\beta$ 라는 모형을 고려해 보자. 변수들이 (2.12)의 관계를 가지고 X_{it} 가 서로간에 독립이므로 각 t 에서 $\mathrm{E}(y_{it}|X_{it}) = X_{it}\gamma_0 + \frac{1}{T}X_{it}\delta_0 = X_{it}(\gamma_0 + \frac{1}{T}\delta_0)$ 이다. 그러므로 (iii)의 모형은 모든 t 에서 $\mathrm{E}(y_{it}|X_{it})$ 의 함수를 제대로 표현하고 있으며, 이때 모수 β 의 참값은 $\gamma_0 + \frac{1}{T}\delta_0$ 이다. 이 모형은 "$y_{it} = X_{it}\beta + u_{it}$ 이며 각 t 에서 $\mathrm{E}(u_{it}|X_{it}) = 0$"이라는 것으로 표현할 수도 있다. 참고로 $u_{it} = e_{it} + \frac{1}{T}\sum_{s\neq t}X_{is}\delta_0$ 이므로 $\mathrm{E}(u_{it}|X_{it}) = 0$ 이지만 $\mathrm{E}(u_{it}|X_{i1},\ldots,X_{iT}) \neq 0$ 이다. (i)의 모형과 달리, (iii)의 모형은 (2.12)의 참 관계를 완벽하게 재현하지 못한다. 그렇다고 (iii)의 모형이 '잘못' 설정된 것도 아니다. $\mathrm{E}(y_{it}|X_{it}) = X_{it}\beta = X_{it}(\gamma_0 + \frac{1}{T}\delta_0)$ 이기 때문이다. 참고로, 이 (iii) 모형을 "POLS 모형"이라고 하고 "POLS 추정은 POLS 모형을 추정한다"고 표현하여도 좋을 것이다.

    위에서 설명한 (i)과 (iii)의 두 모형은 모두 올바르게 설정된(correctly specified) 것이다. 이 두 모형 중 어느 것이 "옳으냐"를 판단할 수는 없다. 다만, (iii)의 모형에서는 $\mathrm{E}(y_{it}|X_{i1},\ldots,X_{iT})$ 가 아니라 $\mathrm{E}(y_{it}|X_{it})$ 만을 고려하므로 t 시점을 제외한 나머지 독립변수들($X_{is}, s \neq t$)이 t 시점의 종속변수에 미치는 평균적인 영향이 표현되어 있지 않다. (iii)의 모형은 일종의 모집단 평균(PA) 모형이다.

2.5 임의효과 존재 여부의 검정

T. S. Breusch와 A. R. Pagan은 라그랑지 승수(Lagrange multiplier, LM) 검정에 대한 자신들의 논문(1980) 3.3절에서 임의효과를 갖는 오차성분 모형에서 오차항의 모든 구성부분들이 정규분포를 갖는다는 가정하에 임의효과의 분산이 0임을 검정하는 LM 통계량에 대하여 이야기하였다. 이 Breusch-Pagan 검정(BP 검정)은 고유오차 ε_{it} 가 IID임을 가정하며, 그 귀무가설은 임의효과(μ_i)의 분산이 0이라는 것이다. 귀무가설이 옳다면 오차 $u_{it} = \mu_i + \varepsilon_{it}$ 에서 μ_i 가 없고 ε_{it} 가 IID이므로 오차 u_{it} 가 i 와 t 에 걸쳐 IID이다. 귀무가설이 옳지 않다면 오차 u_{it} 는 μ_i 의 존재로 인하여 특정한 형태의 시계열 상관을 갖는다.

> 🖋 LM 검정을 이해하는 한 가지 방식은, 제약하의 추정값들이 제약없는 추정의 조건식(예를 들어 선형 모형이라면 직교방정식)을 만족시키는지 점검하는 절차라고 보는 것이다. 이 LM 검정은 제약없는 추정값이 귀무가설상의 제약식들을 만족시키는지 점검하는 Wald 검정과 정반대의 접근법이다.

Stata에 이 BP 검정은 **xttest0**으로 구현되어 있다. LM 검정이라는 특성에 의하여, RE 추정까지는 필요없고 POLS만 하여도 BP 검정을 할 수는 있지만, Stata에는 우선 RE 추정을 하고 나서 **xttest0** 명령을 내려야 하도록 프로그래밍되어 있다. 다음 예를 보라.

예제 2.7 임의효과 존재에 관한 BP 검정

testfe.dta 데이터를 이용하여 임의효과 존재 여부에 대한 BP 검정을 해 보자. 귀무가설은 임의효과가 존재하지 않아 u_{it} 에 이분산과 자기상관이 없다는 것이다. 다음 2행에서 RE 추정을 하고 23행에서 BP 검정을 한다.

```
1   . use testfe, clear

2   . xtreg y x1 x2 z1, re

3   Random-effects GLS regression          Number of obs      =       800
4   Group variable: id                     Number of groups   =       100

5   R-sq:                                  Obs per group:
6       within  = 0.0635                           min =         8
7       between = 0.8528                           avg =       8.0
8       overall = 0.5030                           max =         8

9                                          Wald chi2(3)       =    607.45
10  corr(u_i, X)   = 0 (assumed)           Prob > chi2        =    0.0000
11  -----------------------------------------------------------------------
12        y  |     Coef.   Std. Err.      z    P>|z|   [95% Conf. Interval]
13  -----------+-----------------------------------------------------------
14       x1  |   .9041291   .146366     6.18   0.000    .617257    1.191001
15       x2  |  -.6432941   .1523437   -4.22   0.000   -.9418824   -.3447059
```

```
16        z1      1.885058    .2267163      8.31    0.000      1.440702    2.329414
17      _cons      .7386197    .1712392      4.31    0.000      .4029969    1.074242
18
19     sigma_u     .93847017
20     sigma_e     4.0528235
21        rho      .05089108    (fraction of variance due to u_i)
22
```

```
23  . xttest0
24  Breusch and Pagan Lagrangian multiplier test for random effects
25        y[id,t] = Xb + u[id] + e[id,t]
26        Estimated results:
27                              Var      sd = sqrt(Var)
28
29                    y      34.58091       5.880553
30                    e      16.42538       4.052823
31                    u       .8807263       .9384702
32  Test:    Var(u) = 0
33                        chibar2(01) =      5.83
34                     Prob > chibar2 =     0.0079
```

검정 결과에 따르면, 34행의 p값은 매우 작고(0.0079), 따라서 임의효과(μ_i)의 분산이 0이라는 귀무가설은 기각된다.

참고로, BP 검정은 오차항의 구성부분들이 서로 독립적이고 일정한 분산의 정규분포를 갖는다는 전제하에서 시작하며, 이분산이나 시계열상관이 존재하는 경우에 대한 논의가 없다. 위 예시의 첫째 줄 끝에 vce(r)을 붙여서 RE 추정 시 클러스터 표준오차를 사용하도록 견고화하여도 Stata는 동일한 검정통계량을 계산하고 동일한 결과를 제시할 것이다.

Stata에서는 RE 회귀 이후에 임의효과 존재여부 검정을 하지만, 앞에서 잠깐 언급한 것처럼, 원래의 BP 검정을 하는 데에는 사실 RE 회귀가 필요없다. BP 검정은 LM 검정이고 LM 검정은 귀무가설하의 제약된 추정량을 이용한다. 우리의 경우에는 귀무가설이 μ_i가 없다는 것이므로 귀무가설이 옳다면 POLS가 정규분포 가정하의 최우추정량MLE이 된다. 그러므로 POLS 추정량만 있으면 BP 검정을 할 수 있다. 실제로, $\hat{u}_{it}$이 POLS로부터의 잔차라 할 때 BP 통계량은 다음과 같다.

$$\text{BP} = \frac{nT}{2(T-1)} \left[\frac{\sum_{i=1}^{n} (\sum_{t=1}^{T} \hat{u}_{it})^2}{\sum_{i=1}^{n} \sum_{t=1}^{T} \hat{u}_{it}^2} - 1 \right]^2 \tag{2.13}$$

귀무가설이 옳을 때 이 검정통계량은 근사적으로 χ_1^2 분포를 갖는다. Baltagi and Li (1990)는 이 검정을 불균형 패널에 적용할 수 있도록 수정하였다.

검정통계량의 공식을 잘 보면 알겠지만 BP 검정은 기본적으로 $\sum_{i=1}^{n} (\sum_{t=1}^{T} \hat{u}_{it})^2$과

$\sum_{i=1}^n \sum_{t=1}^T \hat{u}_{it}^2$ 의 차이가 얼마나 큰지 살펴보는 것이다. 잔차 $\hat{u}_{it}$ 을 오차 u_{it} 로 바꾸어서 생각해 보자. 만일 u_{it} 에 시계열상관이 없다면, 즉 만일 u_{it} 가 t 에 걸쳐서 상관되지 않았다면, 시간에 걸친 공분산이 모두 0이므로 $\mathrm{E}[(\sum_{t=1}^T u_{it})^2] = E[\sum_{t=1}^T u_{it}^2]$ 이다. 그러므로 귀무가설하에서 (2.13)의 중괄호 안의 항은 0에 가까울 것이고 여기에 $nT/[2(T-1)]$ 을 곱하면 적절한 분포를 갖게 된다.

⚛ Stata에서 계산하는 BP 검정의 p값은 χ_1^2 분포의 오른쪽 꼬리 확률의 절반이 되도록 계산한다. 그래서 예제 2.7의 33–34행에서는 "chi2"가 아니라 "chibar2"라는 표현을 하고 있다. 그렇게 하는 이유는 다음과 같다. BP 검정 통계량의 식에서 $\hat{u}_{it}$ 를 u_{it} 로 바꾸어 보자. 만일 $u_{it} = \mu_i + \varepsilon_{it}$ 가 맞다면 RE 가정하에서 $E[\sum_{t=1}^T u_{it}^2] = T\sigma_\mu^2 + T\sigma_\varepsilon^2$ 이고 $E[(\sum_{t=1}^T u_{it})^2] = T^2\sigma_\mu^2 + T\sigma_\varepsilon^2$ 이다. 그러므로 귀무가설이 틀린 경우에는 (2.13) 우변 중괄호 안의 값은 대체로 상당히 큰 양수 값을 갖는다. 반면 귀무가설하에서는 $\sigma_\mu^2 = 0$ 이고 양자가 일치하여 (2.13) 우변 중괄호 안의 값이 음의 값을 쉽게 가질 수 있다. 우변 중괄호 안의 값이 음수인 경우는 귀무가설이 틀리고 대립가설이 맞는($\sigma_\mu^2 > 0$) 상황이라고 간주하기 어렵다. 그래서 Stata의 xttest0은 우변 중괄호의 값이 음수이면 BP 통계량 값을 0으로 하고 귀무가설을 기각하지 않는다. 이에 맞추어 p값 계산 방식도 χ_1^2 오른쪽 꼬리 확률의 절반이 되도록 바뀐다.

▶ **연습 2.8.** 예제 2.7의 33행으로부터 34행의 p값을 계산하라. 힌트: `chi2tail`

(Stata 프로그래밍이 힘들기는 하지만 머리를 많이 써서) 예제 2.7의 BP 통계량을 Stata에서 수동으로 계산해 보겠다. 다음 결과를 보라.

예제 2.8   BP 검정 통계량 값의 수동 계산

예제 2.7의 33행에 계산된 BP 검정 통계량 값 **5.83**을 식 (2.13)에 따라 Stata를 이용하여 다음과 같이 수동으로 계산할 수 있다.

```
1    . use testfe, clear

2    . qui reg y x1 x2 z1

3    . scalar a = e(rss)

4    . predict uhat, resid

5    . qui reg uhat i.id

6    . scalar b = e(mss)*8

7    . di e(N)/(2*7)*(b/a-1)^2
8    5.8347888
```

2행에서 POLS 추정을 한다. 공간을 절약하기 위해서 결과를 출력하지 않았다. 3행에서 잔차 제곱합, 즉 $\sum_{i=1}^{n}\sum_{t=1}^{T}\hat{u}_{it}^2$을 a라는 스칼라로 저장하였다. 4행에서는 $\hat{u}_{it}$를 uhat이라는 변수로 저장하였다. 그런데 $\sum_{i=1}^{n}\sum_{t=1}^{T}(\frac{1}{T}\sum_{t=1}^{T}\hat{u}_{it})^2$은 $\hat{u}_{it}$를 개체별 더미변수들에 대하여 회귀할 때의 설명된 제곱합(SSE)이므로 $\sum_{i=1}^{n}(\sum_{t=1}^{T}\hat{u}_{it})^2$은 이 SSE에 T를 곱하여 구할 수 있다. 이것이 6행에서 b라는 스칼라로 저장되었다. 6행의 숫자 8은 T이다. 마지막으로 7행에서 BP 통계량 값을 구하여 화면에 표시한다. 맨 앞의 e(N)은 전체 표본크기, 즉 (2.13)의 nT를 나타낸다. 8행의 결과는 예제 2.7의 33행에서 xttest0을 이용하여 구한 값과 소수점 아래 둘째 자리까지 동일하다.

BP 검정은 ε_{it}가 IID인 상황을 염두에 두고 고안된 것이다. $u_{it} = \mu_i + \varepsilon_{it}$이므로 u_{it}에 자기상관이 있다면 이는 오로지 μ_i 때문에 존재한다. 반면, 만일 ε_{it} 자체에 자기상관이 존재하도록 허용하면 이 자기상관과 μ_i로 인한 자기상관이 구분되지 않을 수도 있으므로, ε_{it}에 자기상관을 허용하면서 μ_i의 존재 여부를 검정하는 것은, ε_{it} 내의 시계열상관에 대한 특별한 가정을 도입하지 않는 한 가능하지 않다. 사실 고유오차항이 시간에 걸쳐 독립이라는 가정을 받아들일 수 있는 경우가 아니라면 임의효과 존재 여부를 검정하는 것은 별 의미가 없을 수도 있다. 그 밖에도 Stata의 xttest1 명령(별도의 "xttest1"모듈을 설치해야 함)은 임의효과 모형과 관련된 다양한 검정 결과들을 제시한다.

2.6 최우추정법

오차항의 분산·공분산에 대한 가정뿐 아니라 그 분포에 대한 가정도 하게 되면 최우추정법(maximum likelihood estimation, MLE)에 따라 모수들을 추정할 수 있다. 특히 $\mu_i, \varepsilon_{i1}, \ldots, \varepsilon_{iT}$가 서로간에 모두 독립이고 $\mu_i \sim N(0, \sigma_\mu^2)$, $\varepsilon_{it} \sim N(0, \sigma_\varepsilon^2)$이라는 가정하에서 최우(ML)추정을 할 수 있다. 이를 Stata로 구현하기 위해서는 다음과 같이 한다.

```
. xtreg y x1 x2, mle
```

ML 추정과 앞의 RE 회귀 간에는 오차항이 정규분포를 갖는다는 가정을 명시적으로 이용하느냐 마느냐의 차이가 있다.

예제 2.9 임금방정식의 최우추정

예제 2.4의 임금방정식을 MLE로 추정해 보자. 이하 3행의 mle 옵션에 유의하라.

```
1  . use klipsbal, clear

2  . xtreg lwage educ c.tenure##c.tenure isregul female c.age05##c.age05 ///
3  > i.year, mle
```

```
 4   Fitting constant-only model:
 5   Iteration 0:    log likelihood = -2560.7231
 6   Iteration 1:    log likelihood = -2560.7225

 7   Fitting full model:
 8   Iteration 0:    log likelihood = -478.94493
 9   Iteration 1:    log likelihood = -234.95553
10   Iteration 2:    log likelihood = -220.22646
11   Iteration 3:    log likelihood = -220.10082
12   Iteration 4:    log likelihood =  -220.1008
```

```
13   Random-effects ML regression              Number of obs    =    9,196
14   Group variable: pid                       Number of groups =      836

15   Random effects u_i ~ Gaussian             Obs per group:
16                                                         min =       11
17                                                         avg =     11.0
18                                                         max =       11

19                                             LR chi2( 17)     =  4681.24
20   Log likelihood = -220.1008                Prob > chi2      =   0.0000
```

lwage	Coefficient	Std. err.	z	P>|z|	[95% conf. interval]	
educ	.0677313	.004296	15.77	0.000	.0593113	.0761514
tenure	.0147638	.001357	10.88	0.000	.0121042	.0174234
c.tenure#						
c.tenure	-.0002682	.0000429	-6.25	0.000	-.0003524	-.0001841
isregul	.1428339	.0102553	13.93	0.000	.1227339	.1629338
female	-.4172799	.0255257	-16.35	0.000	-.4673093	-.3672504
age05	.0780086	.0095014	8.21	0.000	.0593861	.0966311
c.age05#						
c.age05	-.0010029	.000113	-8.87	0.000	-.0012244	-.0007813
year						
2006	.0614494	.0104688	5.87	0.000	.0409309	.0819679
2007	.1199571	.0105252	11.40	0.000	.0993281	.1405862
2008	.177459	.0106067	16.73	0.000	.1566703	.1982477
2009	.1890793	.0107188	17.64	0.000	.1680708	.2100878
2010	.2400846	.0108427	22.14	0.000	.2188333	.2613358
2011	.2936534	.0110319	26.62	0.000	.2720312	.3152756
2012	.3366505	.0111611	30.16	0.000	.3147752	.3585259
2013	.3834546	.0113886	33.67	0.000	.3611332	.4057759
2014	.4011751	.0116537	34.42	0.000	.3783342	.4240159
2015	.4335539	.0118772	36.50	0.000	.410275	.4568327
_cons	2.741299	.2050749	13.37	0.000	2.339359	3.143238
/sigma_u	.3224392	.0084849			.3062307	.3395055
/sigma_e	.2137019	.0016585			.210476	.2169773

```
53        rho    |    .6948016    .0117393                      .6714207    .7174135
54
55  LR test of sigma_u=0: chibar2(01) = 7267.20             Prob >= chibar2 = 0.000
```

최우추정은 극대화(혹은 극소화) 문제를 수치적으로numerically 푸는 것이므로 연산을 반복하면서 '개연도(likelihood)'를 최대화하려고 한다. 4–12행에 이러한 반복 연산 과정의 결과가 표시되어 있다. 13행에 친절하게 이 회귀가 임의효과 ML 회귀임이 명시되어 있다. ML 추정 결과와 예제 2.4의 RE 추정 결과는 상당히 유사하다. 예를 들어 `isregul`의 계수는 RE 추정의 경우 `.1459042`인데 ML 추정의 경우에는 30행 결과에 의하면 `.1428339`이다. 여타 계수 추정값들도 매우 유사하다.

▶ **연습 2.9.** 예제 2.5의 저축률 데이터와 모형에 대하여 Stata를 이용하여 MLE 추정을 하라. 계수 추정값들은 RE 추정값과 유사한가? 유사하다면 왜 유사하겠는가? 조금이라도 차이가 있다면 왜 차이가 있겠는지 설명하라.

　수학적으로 정리를 해 보면, 본 장에서 고려하는 모형에서는 ML 추정과 RE 추정 간에 사실상 큰 차이가 없음을 알 수 있다.

MLE를 수학적으로 표현해 보자. 모형 $y_{it} = X_{it}\beta + \mu_i + \varepsilon_{it}$ 에서 $(X_{i1},\ldots,X_{iT})$ 와 μ_i 및 $\varepsilon_{i1},\ldots,\varepsilon_{iT}$ 가 모두 서로간에 독립이고 μ_i 와 ε_{it} 가 서로 독립이면서 모두 정규분포를 갖는다고 가정하자. 정확히 표현하면 $\mu_i \sim N(0,\sigma_\mu^2)$ 이고 $\varepsilon_{it} \sim \text{IID } N(0,\sigma_\varepsilon^2)$ 이면서 서로간에 독립이다. 그러면 $\mathbf{X}_i = (X'_{i1},\ldots,X'_{iT})'$ 조건부로 개체 i 의 종속변수들은 다음 분포를 갖는다.

$$\mathbf{y}_i \sim N(\mathbf{X}_i\beta,\Omega), \quad \Omega = \sigma_\varepsilon^2(I_T + \lambda\,\mathbf{1}_T\mathbf{1}'_T), \quad \lambda = \sigma_\mu^2/\sigma_\varepsilon^2 \tag{2.14}$$

참고로, 여기서 $\mathbf{X}_i$ 조건부로 분포를 구한 것은 오차항 $\mu_i + \varepsilon_{it}$ 가 $\mathbf{X}_i$ 와 독립이라는 점을 염두에 둔 것이다. 이 경우에는 $\mathbf{X}_i$ 가 비임의적이라고 하여도 문제가 없다. 이 정규분포 가정 (2.14)로부터 로그 우도함수를 구하면 다음과 같다.

$$
\begin{aligned}
\ln L(\beta,\sigma_\varepsilon^2,\lambda) &= -\frac{nT}{2}\ln 2\pi - \frac{n}{2}\ln|\Omega| - \frac{1}{2}\sum_{i=1}^{n}(\mathbf{y}_i - \mathbf{X}_i\beta)'\Omega^{-1}(\mathbf{y}_i - \mathbf{X}_i\beta) \\
&= -\frac{nT}{2}\ln 2\pi - \frac{nT}{2}\ln\sigma_\varepsilon^2 - \frac{n}{2}\ln|I_T + \lambda\,\mathbf{1}_T\mathbf{1}'_T| \\
&\quad - \frac{1}{2\sigma_\varepsilon^2}\sum_{i=1}^{n}(\mathbf{y}_i - \mathbf{X}_i\beta)'(I_T + \lambda\,\mathbf{1}_T\mathbf{1}'_T)^{-1}(\mathbf{y}_i - \mathbf{X}_i\beta)
\end{aligned}
$$

이 로그우도함수를 최대화하는 문제를 생각해 보자. σ_ε^2 이 무엇이 되었든, λ 가 주어진 상태에서 β 를 조정하여 $\ln L$ 을 최대화하려면 $\sum_{i=1}^{n}(\mathbf{y}_i - \mathbf{X}_i\beta)'(I_T + \lambda\,\mathbf{1}_T\mathbf{1}'_T)^{-1}(\mathbf{y}_i - \mathbf{X}_i\beta)$ 를 최소화시켜야 한다. 주어진 λ 에서 이 문제는 앞에서 살펴본 RE GLS 추정 문제와 동일하다. 따라서 만약 λ 의 MLE가 RE FGLS에서 사용되는 λ 추정값과 동일하다면 MLE는 RE 추정량과 동일하다. MLE와 RE 추정량 사이에 차이가 있다면 이는 λ 의 추정방식이 다름에 기인한다.

MLE와 RE가 정확히 어떻게 다른지 따라가 보자. RE 추정 부분에서 등장하는 수학과 부록 D.2에서 소개하는 방법을 사용하면, $\theta = 1 - (1 + T\lambda)^{-1/2}$, $\ddot{y}_{it} = y_{it} - \theta\bar{y}_i$, $\ddot{X}_{it} = X_{it} - \theta\bar{X}_i$ 라 할 때,

$$(\mathbf{y}_i - \mathbf{X}_i\beta)'(I_T + \lambda\mathbf{1}_T\mathbf{1}_T')^{-1}(\mathbf{y}_i - \mathbf{X}_i\beta) = \sum_{t=1}^{T}(\ddot{y}_{it} - \ddot{X}_{it}\beta)^2$$

이다. 또, $I_T + \lambda\mathbf{1}_T\mathbf{1}_T'$ 의 행렬식을 계산할 수 있는데, 사람들이 구해 놓은 바에 따르면(Bhargava and Sargan 1983 참조) 이는 $1 + T\lambda$ 이다. 이들을 이용하여 로그우도함수를 재정리하면 다음과 같다.

$$\ln L = -\frac{nT}{2}\ln 2\pi - \frac{nT}{2}\ln\sigma_\varepsilon^2 - \frac{n}{2}\ln(1 + T\lambda) - \frac{1}{2\sigma_\varepsilon^2}\sum_{i=1}^{n}\sum_{t=1}^{T}(\ddot{y}_{it} - \ddot{X}_{it}\beta)^2$$

주어진 λ 에서 θ 를 구할 수 있고 이로부터 β 를 구할 수 있다. 또, 주어진 λ 와 β 에서 위의 식을 최대화하는 σ_ε^2 은 (미분에 따르면) 다음과 같다.

$$\sigma_\varepsilon^2 = \frac{1}{nT}\sum_{i=1}^{n}\sum_{t=1}^{T}(\ddot{y}_{it} - \ddot{X}_{it}\beta)^2$$

이제 주어진 λ 에서 β 와 σ_ε^2 자리에 최적화된 β 와 σ_ε^2 를 대입하면, 다음의 각 λ 에서 최대화된 로그우도함수(프로필profile 로그우도함수)를 얻는다.

$$\ln L^*(\lambda) = -\frac{nT}{2}\ln 2\pi - \frac{nT}{2}\ln\left[\frac{1}{nT}\sum_{i=1}^{n}\sum_{t=1}^{T}(\ddot{y}_{it} - \ddot{X}_{it}\beta)^2\right] - \frac{n}{2}\ln(1 + T\lambda) - \frac{nT}{2}$$

여기서 $\ddot{y}_{it}$ 및 $\ddot{X}_{it}$ 에 등장하는 θ 가 λ 의 함수이고 β 가 이에 따라 결정됨에 유의하라. 그러므로 $\ln L^*(\lambda)$ 는 λ 만의 함수이다. 이 함수를 최대화시키는 λ 값이 λ 의 MLE $\hat{\lambda}$ 이다. 일단 $\hat{\lambda}$ 이 구해지면 β 의 MLE는 앞에서 설명한 것처럼, 주어진 $\hat{\lambda}$ 에서 RE FGLS와 동일한 방식으로 계산된다. RE 추정에서는 단번에 λ 를 추정하고 이로부터 단번에 β 를 추정함에 반하여, MLE에서는 λ 추정과 β 추정을 반복하여 양자가 서로간에 잘 맞도록compatible 한다.

불균형패널의 경우, N 이 전체 표본크기($N = \sum_{i=1}^{n}T_i$)라면, 프로필 우도함수는 다음과 같다.

$$\ln L^*(\lambda) = -\frac{N}{2}\ln 2\pi - \frac{N}{2}\ln\left[\frac{1}{N}\sum_{i=1}^{n}\sum_{t=1}^{T_i}(\ddot{y}_{it} - \ddot{X}_{it}\beta)^2\right] - \frac{1}{2}\sum_{i=1}^{n}\ln(1 + T_i\lambda) - \frac{N}{2}$$

λ 가 주어질 때 여기서도 β 는 RE 추정 시와 동일한 방식으로 결정된다. MLE와 RE 간에 차이가 있다면 오직 λ 추정 방식의 차이에 기인한다.

이상에서 MLE와 관련된 수학에 대하여 살펴보았다. 이 수학이 보여주는 것은, 앞에서도 언급하였지만, MLE와 RE가 오직 λ, 즉 θ 의 추정방식에서만 서로 다르다는 점이다. 그 결과, 설명변수들의 강외생성이 성립하는 한 RE 가정 (2.7)이 성립하지 않아도 RE 추정량이 일관적인 것처럼, MLE에 사용되는 RE 가정과 정규분포 가정이 성립하지 않더라도 $\hat{\lambda}$ 이 (비임의적인 수량으로) 수렴을 하는 한 정규분포 가정에 입각한 MLE는 여전히 일관적이다. 일관성의 측면에서, 이 MLE 는 오차 분포의 비정규성non-normality이나 이분산, 자기상관 등에 견고하다.

2.7   선형 PA 모형의 GEE 추정

2.2절의 POLS는 모집단 평균 모형(Population-Averaged model, PA 모형)의 GEE (Generalized Estimating Equations) 추정과 관련되어 있다. PA 모형이란 각 t 에서 모집단의 평균적인

횡단면 관계population average를 나타내는 모형이다. 각 t의 종속변수가 $E(y_{it}|X_{it}) = \alpha + X_{it}\beta + \delta_t$의 함수관계를 갖는다는 모형을 세워 보자(이 표현에 α와 δ_t가 있는 것을 보니 X_{it}는 상수항과 시간더미를 포함하지 않는다). 이 모형은 t기에 존재하는 모집단 내 개체들 간의 함수관계를 표현하는 PA 모형으로, 동일 개체 내의 변화가 아니라 개체 간 비교에 집중한다.

　　PA 모형의 추정을 위해 많이 사용되는 방법은 Liang and Zeger (1986)가 제안한 GEE 추정법이다. 이 방법은 y_{it}의 평균들에 관한 주어진 PA 모형에 대하여, y_{it}의 개체 내 시점 간 상관에 관한 주어진 가정하에서 계수를 추정한다. 이 개체 내 상관에 대한 가정으로는 '독립', '교환가능', '자기회귀' 등을 포함한 여러 가지 중 하나를 사용할 수 있다. 이때 중요한 것은 각 시점에서 y_{it}의 평균에 관한 모형 $E(y_{it}|X_{it}) = \alpha + X_{it}\beta + \delta_t$만 맞으면 나머지 가정이 틀렸어도 $n \to \infty$일 때 GEE 추정량은 여전히 일관적consistent이라는 것이다. 개체 내 상관에 관한 가정이 틀렸으면 클러스터 표준오차를 사용하여 분산추정량을 보정한다. Stata에서 패널 데이터 GEE는 `xtgee` 명령으로 구현되어 있다.

　　이 PA 모형에 대하여 오차항 u_{it}가 t에 걸쳐서 독립이라는 가정하에서 구한 GEE 추정량은 바로 POLS 추정량이다. 이 추정량을 Liang and Zeger는 "Independence Estimating Equations" 추정량이라 하였다. Stata에서 y를 x에 대하여 POLS하려면 다음 명령어 중 하나를 사용한다(시간더미를 포함시키지 않으려면 우변에서 `i.year`를 제외시키면 된다).

```
. reg y x i.year, vce(cl id)
. xtreg y x i.year, pa corr(ind) vce(r)
. xtgee y x i.year, family(gaussian) link(identity) corr(ind) vce(r)
```

`xtreg`와 `xtgee` 명령은 "`xtset id year`"로 패널 변수와 기간 변수를 지정하고 나서 사용하여야 한다. 위 세 명령은 동일한 결과를 준다. 두 번째 명령은 사실 세 번째 명령을 호출하도록 프로그램되어 있다. 세 번째 명령에서 "`family(gaussian)`"이란 잔차제곱 합을 최소화한다는 뜻이며 "`link(identity)`"란 y_{it}의 평균에 아무런 변환을 하지 않으면("identity" 함수) $\alpha + X_{it}\beta + \delta_t$를 얻는다는 뜻이다(자세한 내용은 Stata의 `glm` 명령 도움말 참조). 이 `family(gaussian)`과 `link(identity)` 옵션은 기본사양default이므로 생략해도 좋지만, 여기서는 선형모형에 관한 것이라는 점을 분명히 하기 위하여 써 두었다. 위 명령들은 확률변수들이 t 간에 서로 독립이라는 가정을 한 상태에서 GEE로 추정한 것이다. 하지만 확률변수들이 t 간에 서로 독립이지 않더라도 $E(y_{it}|X_{it}) = \alpha + X_{it}\beta + \delta_t$가 성립하기만 하면 이 GEE 추정량은 일관성consistency을 갖는다.

▶ **연습 2.10.** 예제 2.1의 데이터와 회귀 모형에 대하여 "`xtreg, pa`" 명령어와 "`xtgee`" 명령어를 사용한 추정 결과들이 `reg`를 사용한 POLS 결과와 동일한지 확인하라.

　　참고로, 선형모형에서 Liang and Zeger (1986)의 "Independence Estimating Equations" 추정량은 $\sum_{i=1}^{n} \mathbf{X}_i'(\mathbf{y}_i - \mathbf{X}_i\hat{\beta}) = 0$을 만족시키는 것으로 정의된다. 이 추정량은 POLS 추정량과 동일하다. 여기서 $\mathbf{X}_i$는 상수항과 시간더미들을 모두 포함한다고 하자.

2.4절의 RE 회귀는 $y_{it} = X_{it}\beta + u_{it}$ 에서 u_{it} 의 분산이 동일하고(등분산) 상이한 시점 간 공분산이 시점을 막론하고 모두 동일하다(교환가능)는 가정에서 2단계two-step로 FGLS를 하는 것이다. 이와 유사한 방법으로, u_{it} 의 t 간 상관관계가 교환가능하다는 가정을 똑같이 하면서 GEE 추정을 할 수도 있다. 이 GEE 추정은 다음과 같이 한다.

```
. xtreg y x1 x2, pa corr(exc) vce(r)
. xtgee y x1 x2, family(gaussian) link(identity) corr(exc) vce(r)
```

위 두 명령은 똑같으며, POLS에서의 "corr(ind)"를 "corr(exc)"로 바꾼 것이다. 이 PA 추정의 결과는 RE 회귀의 결과와 정확히 같지는 않지만 상당히 유사하다.

▸ **연습 2.11.** 예제 2.6의 데이터와 회귀 모형에 대하여 오차항(u_{it})의 공분산이 교환가능 exchangeable하다는 가정하에서 PA 모형의 GEE 추정을 하라. 이때 견고한 클러스터 표준오차를 사용하라. 이 결과와 예제 2.6의 결과가 유사한지 확인하라.

2.4절의 마지막 부분에서 μ_i 와 설명변수가 독립인 선형모형에서는 모집단 평균PA 모형과 개체별 SS 모형을 구별할 필요가 없다고 하였다. 설명변수의 차이가 종속변수에 초래하는 평균적인 차이가 두 모형에서 동일하기 때문이다. 둘 간에 차이가 없지만 굳이 구별하자면 Stata의 "xtreg, pa c(exc)" 명령은 교환가능한 공분산 구조를 갖는다는 가정하에 PA 모형을 GEE의 방식으로 추정하고 "xtreg, re" 명령은 SS 모형을 FGLS로 추정한다고 할 수도 있다. 두 추정값들이 유사하다는 점으로부터도 두 모형이 동일함을 간접적으로 확인할 수 있다. 이항반응모형binary choice model 같은 비선형 모형에서는 두 추정결과들이 확연히 다르다.

추정량의 측면에서, RE 추정량과 '교환가능'으로 설정한 GEE 추정량 간에는 약간의 차이가 있다. 이 차이는 RE와 MLE 추정량의 차이와 같다. RE 추정량이 2단계 추정임에 반하여 GEE는 다음의 반복된 절차를 통하여 구한다. 모든 $t \ne s$에서 $\text{cor}(u_{it}, u_{is}) = \rho$ 라고 하면(exchangeable), $(y_{i1}, \ldots, y_{iT})$ 의 공분산 행렬($X_{i1}, \ldots, X_{iT}$ 는 비임의적이라고 가정)은 $\sigma_u^2 R(\rho)$ 의 형태가 될 것이다. 여기서 $R(\rho)$ 는 대각원소들이 모두 1이고 비대각원소들이 모두 ρ 인 $T \times T$ 행렬이다. 이 공분산행렬을 V 라 하자. 그러면 GEE 추정량은 $\sum_{i=1}^{n} X_i' V^{-1}(y_i - X_i\hat{\beta}) = 0$을 만족시킨다. 또한 V 를 추정하기 위해서는 σ_u^2 과 ρ 를 추정하여야 한다. $\hat{\sigma}_u^2$ 으로는 모든 $\hat{u}_{it}^2$ 들의 평균(평균을 구할 때 분모에서 k를 차감하여 자유도 조정)을 사용할 수 있다. $\hat{\rho}$ 는 $\hat{u}_{it} = y_{it} - X_{it}\hat{\beta}$ 라 할 때 $\hat{\sigma}^{-2}$ 곱하기 모든 가능한 $n^{-1}\sum_{i=1}^{n} \hat{u}_{it}\hat{u}_{is}$, $t \ne s$ 의 평균(자유도를 조정)으로 추정할 수 있다. 이 추정방법은 RE 회귀와 거의 유사하나 약간 차이가 있다. RE 회귀는 POLS 추정량 혹은 3장의 BE 추정량과 FE 추정량으로부터 단번에(two-step) V 혹은 $R(\rho)$ 를 추정하는 반면, GEE 추정법은 $\sum_{i=1}^{n} X_i' \hat{V}^{-1}(y_i - X_i\hat{\beta}) = 0$을 만족시키는 $\hat{\beta}$ 와 $\hat{V}$ 를 반복적인 절차를 통하여 구한다. 말하자면, RE 회귀는 2단계 추정이고 교환가능한 공분산을 가정하는 GEE 는 계속 업데이트하는continuous updating 추정이다. 이 때문에 RE 추정량과 GEE 추정량이 다르다. 2.6절의 MLE도 계속 업데이트하는 추정량이다. '교환가능' GEE와 2.6절의 MLE는 균형패널의 경우 거의 똑같고 불균형패널에서는 좀 더 다르다. 이러한 이유로, 이 장에서 PA 모형과 RE 모형을 구분하는 것은 별 의미를 갖지 않는다.

앞에서 식 (2.12)에 따라 데이터가 생성될 때 $\text{E}(y_{it}|X_{i1}, \ldots, X_{iT}) = X_{it}\gamma_0 + \bar{X}_i\delta_0$ 라는 관 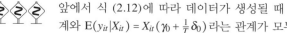 계와 $\text{E}(y_{it}|X_{it}) = X_{it}(\gamma_0 + \frac{1}{T}\delta_0)$ 라는 관계가 모두 성립함을 보았다. 이때 $y_{it} = X_{it}\beta + u_{it}$

라는 모형에 대하여 오차항의 IID를 (잘못) 가정한 GEE 추정량(즉, POLS 추정량)은 어떤 모수를 일관되게 추정하는가? 이 경우 $\beta = \gamma_0 + \frac{1}{T}\delta_0$ 이면 $u_{it} = e_{it} + \frac{1}{T}\sum_{s \neq t} X_{is}\delta_0$ 이므로 $\mathrm{E}(X_{it}'u_{it}) = 0$ 이고 이 '독립성 가정하의 GEE 추정량'은 $\beta = \gamma_0 + \frac{1}{T}\delta_0$ 을 일관되게 추정한다. 그렇다면 '교환가능성'하의 GEE 추정량은 무엇을 일관되게 추정하는가? 이 경우는 난해하다. 앞 문단의 논의에 의하면 '교환가능성'하의 GEE 추정량은 $\hat{\beta}_{exc} = (\sum_{i=1}^{n} \mathbf{X}_i'\hat{V}^{-1}\mathbf{X}_i)^{-1}\sum_{i=1}^{n}\mathbf{X}_i'\hat{V}^{-1}\mathbf{y}_i$ 을 만족시킨다. 여기에 $\mathbf{y}_i = \mathbf{X}_i\beta + \mathbf{u}_i$ 를 대입하면 다음을 얻는다.

$$\hat{\beta}_{exc} = \beta + \left(\frac{1}{n}\sum_{i=1}^{n}\mathbf{X}_i'\hat{V}^{-1}\mathbf{X}_i\right)^{-1}\frac{1}{n}\sum_{i=1}^{n}\mathbf{X}_i'\hat{V}^{-1}\mathbf{u}_i$$

'독립성'하의 GEE 추정량, 즉 POLS의 경우에는 $\hat{V}^{-1}$ 대신에 항등행렬(I)이 사용되고 $\mathbf{X}_i'\mathbf{u}_i = \sum_{t=1}^{T} X_{it}'u_{it}$ 의 평균이 0이어서 일관성consistency을 얻는다. 반면 '교환가능성'하의 GEE에서는 $\hat{V}^{-1}$ 가 대각행렬이 아닐 것이므로 $\mathbf{X}_i'\hat{V}^{-1}\mathbf{u}_i$ 에 시간대가 뒤섞인 곱셈 항들이 존재하고 이 항들의 평균은 0이 아니다. 또한 $\hat{V}^{-1}$ 는 $\hat{\beta}_{exc}$ 에 의존하고 $\hat{\beta}_{exc}$ 는 β 로 수렴하라는 법이 없으므로 $\hat{V}^{-1}$ 도 $\mathrm{E}(\mathbf{u}_i\mathbf{u}_i')$ 에 비례하는 행렬이 아닌 다른 무엇인가로 수렴할 것이다. 전체적으로 복잡한 일이 발생하며 $\hat{\beta}_{exc}$ 는 β 에 대하여 일관성을 갖지 않는다. 정확히 어떤 일이 일어날지는 알기 힘들다. 사실 RE 추정량의 경우에도 문제가 복잡하며 정확히 어떤 추정량이 구해질지 알기 힘들다.

Stata 명령어 `xtgee`의 도움말(`help xtgee`)을 보면 `independent`나 `exchangeable` 이외에도 사용할 수 있는 `corr` 옵션들에 대하여 정보를 얻을 수 있을 것이다.

3

고정효과 모형

패널 데이터의 분석에서는 개체와 시간에 걸친 변동으로부터 정보를 얻을 수 있다. 앞의 2장에서는 '개체 간' 비교로부터 도출되는 함수관계와 '개체 내' 비교로부터 도출되는 함수관계가 동일하여 '개체 간'과 '개체 내'를 굳이 구별할 필요가 없는 경우에 한정하여 논의를 진행하였다. 본 장에서는 이 둘이 상이한 정보를 제공하는 경우에 대하여 살펴본다.

모형 $y_{it} = X_{it}\beta + u_{it}$ 에서 오차(u_{it})를 개별효과(μ_i)와 고유오차(ε_{it})로 구분하고 X_{it} 가 ε_{it} 에 대하여 강외생적이라고 가정할 경우, '개체 간' 함수관계와 '개체 내' 함수관계를 다르게 만들어 주는 것은 μ_i 의 역할이다. 변수들 간에 $y_{it} = X_{it}\beta + \mu_i + \varepsilon_{it}$ 관계가 성립하고 X_{it} 가 ε_{it} 에 대해서는 강외생적이지만 μ_i 와는 아무렇게나 상관(횡단면 상관)될 수 있는 모형을 '고정효과(fixed effects) 모형'이라 한다. 고정효과 모형에서 β 는 설명변수가 고유오차에 대하여 강외생적이라는 가정에 의해서만 정의된다.

개체 간, 즉 집단간[between-group] 비교를 위하여, 우선 패널 데이터를 개체별 평균들의 횡단면 데이터로 축약하고, 이 축약된 횡단면 데이터를 이용하여 OLS를 하는 것을 '집단간 (between effect, BE) 회귀'라 한다. BE 회귀에 대해서는 3.1절에서 설명한다.

> 📝 '집단간'은 원래 '집단 간'으로 띄어 써야 하겠지만 하나의 개념으로 이해하기를 바라는 마음에서 '집단간'으로 붙여 쓴다. 다음에 등장하는 '집단내'도 동일한 이유에서 붙여 쓴다.

집단간 회귀와 정반대의 극단에는 개체 내, 즉 집단내[within-group] 비교로부터 도출되는 함수관계가 있다. 고정효과 모형 $y_{it} = \alpha + X_{it}\beta + \mu_i + \varepsilon_{it}$ 에서(시간 더미는 X_{it} 에 포함됨) 이 함수관계를 표현하는 한 가지 방법은 $E(y_{it}|X_{i1},\ldots,X_{iT},\mu_i) = \alpha + X_{it}\beta + \mu_i$ 이다. 이 표현에 의하면, μ_i 값이 동일하고 X_{it} 값에 차이가 있으면 X_{it} 값의 차이에 β 를 곱한 것만큼 종속변수에 차이가 있을 것으로 기대된다. μ_i 가 고정되므로 이 효과는 동일한 개체 내의(집단내) 비교나 μ_i 값이 동일한 개체들의 비교를 통하여 식별될 것이다. 이 모형은 2장의 임의효과[random effects] 모형과 얼핏 유사해 보이나, 고정효과 모형에서는 설명변수들과 μ_i 간의 상관관계에 대하여 아무런 제약도 가하지 않는다는 중요한 차이가 있다. 고정효과 모형에 대해서는 3.2절에서 자세히 설명한다.

> 📝 임의효과 모형에서는 X_{it} 와 μ_i 가 서로 비상관이라는 가정을 하며, 모형의 양변에 μ_i 에 대하여 평균을 취하여 $E(y_{it}|X_{i1},\ldots,X_{iT}) = \alpha + X_{it}\beta$ 라고 하는 익숙한 모형을 얻었다. 고정효과 모형에서는 $E(\mu_i|X_{i1},\ldots,X_{iT})$ 가 $X_{i1},\ldots,X_{iT}$ 의 함수일 수 있으므로 $E(y_{it}|X_{i1},\ldots,X_{iT}) = \alpha + X_{it}\beta$ 라고 표현할 수 없다.

고정효과 모형에서 계수의 추정을 위해서는 POLS나 RE 추정의 방법을 사용할 수 없다. 왜냐하면 설명변수가 개별효과를 통하여 오차항과 상관되기 때문이다(♕). 연구자는 어떠한 방식으로든 이 내생성 문제를 해결하여야 할 것이다. 한 가지 방법은 모형을 변형시켜 문제가 되는 μ_i를 소거하는 것이다. 가장 간단히 생각해 볼 수 있는 것은 모형을 1계차분 first difference하는 것이다. 1계차분과 관련된 제반 문제에 대해서는 3.3절에서 설명한다.

고정효과 모형에서 설명변수가 시간불변의 고정효과와 상관될 때, 1계차분만이 μ_i를 소거하는 유일한 방법인 것은 아니다. 1계차분보다 더 자주 사용되는 방법은 이른바 "집단내within-group 편차"를 구하는 변환을 하는 것이다. 이 변환의 의미와 이를 이용한 모수 추정에 관한 상세한 내용은 3.4절에서 설명한다.

한편, 고정효과 모형 $y_{it} = \alpha + X_{it}\beta + \mu_i + \varepsilon_{it}$에서 μ_i들을 고정된 모수로 취급하고 우변에 개체 더미변수들을 포함시켜 모조리 추정하는 방법이 있다(사실 이로부터 "고정효과"라는 이름이 나왔다). 이 방법을 '더미변수 최소제곱(least squares dummy variables, LSDV) 회귀'라 한다. LSDV와 관련된 내용들은 3.5절에서 다룬다.

3.6절에서는 BE 추정값과 FE 추정값(혹은 FD 추정값)을 정확히 해석하는 방법에 대하여 비교를 통해 좀 더 자세히 설명한다. 또, 집단간 추정과 집단내 추정이 상이한 모수를 추정할 경우, 2장의 POLS와 RE 추정량이 과연 어떤 모수를 추정하는지에 대해서도 이 절에서 설명한다. 계수의 해석 문제는 매우 중요하며, 실제 계량경제 연구에서 필수적이다. 3.6절의 내용은 특별히 주의를 기울여 읽어 보기 바란다. 3.7절에서는 상관된 임의효과 접근법을 강외생성하 선형 패널모형에 적용할 때 발생하는 일에 대하여 설명한다.

FE 회귀는 변수들의 집단간 수준 차이를 무시하므로, 집단간 차이를 이용하는 RE 추정량보다 효율성이 떨어지는 경우가 많다. 만약 개별효과 μ_i가 임의효과이면 RE 추정량과 FE 추정량 간에 체계적인 차이가 없으므로 RE 회귀를 하여 FE 모형의 계수들을 추정할 수 있고, 그 결과 더 효율적인 추론을 할 수 있다. 3.8절에서는 개별효과가 고정효과인지 임의효과인지 검정하는 방법을 설명한다.

마지막으로 3.9절에서는 Hausman and Taylor (1981)가 제시한 매우 일반적인 모형을 살펴본다. 이 모형에는 시변하는time-varying 설명변수(X_{it})와 시간불변time-invariant의 설명변수 (Z_i)가 모두 존재하고, X_{it}와 Z_i의 일부는 μ_i와 상관되고 나머지는 상관되지 않는다. 이 모형에서는 μ_i와 상관되지 않은 변수들을 적절히 도구변수로 활용하게 된다.

3.1 집단간 회귀

패널 데이터의 분석에서 개체들 간의 횡단면 함수관계를 측정하기 위해 많이 사용되는 회귀방법으로 집단간(between effect, BE) 회귀가 있다. 이 BE 회귀는 패널 데이터에서 시간에 걸친 변동으로부터 오는 정보를 무시하고 개체 간 차이로부터 오는 정보만 이용하는 방법들 중의 하나이다. 구체적으로 BE 회귀는 각 i에 대하여 시간에 걸친 평균들의 횡단면 데이터 $\bar{y}_i$와 $\bar{X}_i$를 구한 후 $\bar{y}_i$를 $\bar{X}_i$에 대하여 OLS 회귀한다. 수학적으로 $\bar{y}_i = T_i^{-1}\sum_{t=1}^{T_i} y_{it}$ 이고 $\bar{X}_i = T_i^{-1}\sum_{t=1}^{T_i} X_{it}$ 이다. Stata에서 y를 x1과 x2에 대하여 자동으로 BE 회귀를 하기 위해서는 다음과 같이 한다.

```
. xtreg y x1 x2, be
```

마지막의 **be** 옵션이 BE 회귀를 하도록 해 준다. $\bar{y}_i = \bar{X}_i \beta + \bar{u}_i$이므로, BE 회귀에서 얻는 오차 분산 추정량은 $\bar{u}_i$의 분산 추정량이다.

패널 데이터 y_{it}와 X_{it}가 있을 때 BE 회귀는 $\bar{y}_i$를 $\bar{X}_i$에 대하여 OLS 회귀를 하는 것이다. 패널 데이터 내 개체들이 서로간에(i간에) 독립인 상황에서, $E(\bar{y}_i|\bar{X}_i) = \bar{X}_i \beta_{be}$가 어떤 β_{be}에 대하여 성립한다고 하자. BE 추정량 $\hat{\beta}_{be}$은 그러한 β_{be}를 일관되게 추정한다. BE 회귀가 추정하는 모수 β_{be}는 "$\bar{X}_i$가 Δx만큼 높은 개체의 경우 $\bar{y}_i$가 $(\Delta x)\beta_{be}$만큼 높을 것으로 기대된다"는 식으로 해석("횡단면 해석")할 수 있다. y를 x1과 x2에 대하여 BE 회귀하는 경우, "(x2를 통제한 후) x1의 전체 기간 평균값이 1 단위 더 큰 개체의 y값이 이러저러한 정도만큼 더 큰 것으로 나타난다"고 해석하면 된다. BE 회귀는 개체 간 비교를 하는 것이므로, BE 회귀 결과로부터 한 개체 내에서의 변화를 언급해서는 안 될 것이다.

예제 3.1   정규직과 비정규직의 임금 비교(BE 추정)

예제 2.1의 임금방정식 예제에 대하여 연도별 더미 **i.year**를 제거하고 BE 회귀를 하면 다음 결과를 얻는다.

```
1  . use klipsbal, clear

2  . xtreg lwage educ c.tenure##c.tenure isregul female c.age05##c.age05, be

3  Between regression (regression on group means)   Number of obs    =    9,196
4  Group variable: pid                              Number of groups =      836

5  R-squared:                                       Obs per group:
6      Within  = 0.1411                                        min =       11
7      Between = 0.6681                                        avg =     11.0
8      Overall = 0.5628                                        max =       11

9                                                   F(7,828)         =   238.07
10 sd(u_i + avg(e_i.)) = .300589                    Prob > F         =   0.0000
```

lwage	Coefficient	Std. err.	t	P>|t|	[95% conf. interval]	
educ	.0522695	.0042705	12.24	0.000	.0438872	.0606518
tenure	.0403999	.0048598	8.31	0.000	.0308608	.0499389
c.tenure#						
c.tenure	-.0006232	.0001547	-4.03	0.000	-.0009269	-.0003195
isregul	.3315297	.0345083	9.61	0.000	.2637957	.3992637

21	female	-.382411	.0234828	-16.28	0.000	-.4285037	-.3363182
22	age05	.061516	.0088423	6.96	0.000	.04416	.078872
23							
24	c.age05#						
25	c.age05	-.0008373	.0001051	-7.97	0.000	-.0010436	-.0006311
26							
27	_cons	3.201163	.1903507	16.82	0.000	2.827536	3.574789
28							

1행에서 데이터를 읽어들인 후 2행에서 BE 추정을 한다. 결과를 보면, 3행은 BE 추정을 하였다는 사실을 친절하게 말해 준다. 20행에서 정규직 여부를 나타내는 isregul의 계수 추정값은 .3315297로서, 2장의 POLS 추정값(약 0.272)이나 RE 추정값(약 0.146)보다 훨씬 크다. 여타 요소 통제 후, 전체 기간 정규직이었던 노동자(isregul의 값이 1)와 전체 기간 비정규직이었던 노동자(isregul의 값이 0)를 비교하면, 전체 기간 정규직이었던 노동자의 임금이 전체 기간 비정규직이었던 비교 대상 노동자에 비하여 평균 약 39% 높았다(exp(.3315297)-1의 값은 약 0.393).

예제 3.1의 회귀식은 기간별 더미변수를 포함하지 않는다. 이는 균형패널의 경우 모든 i에서 각각의 시간더미가 딱 한 번 1의 값을 가지므로 모든 시간더미들의 t에 걸친 평균은 $1/T$로 동일하고, 그 결과 시간더미들의 개체별 표본평균이 상수항과 완전한 공선성collinearity을 가지기 때문이다. 실제 균형패널에서 Stata로 시간더미를 포함시키고 BE 추정을 하면 이 시간더미 변수들이 모두 제외됨을 알 수 있다.

▶ **연습 3.1.** 예제 3.1의 모형에 시간더미 변수들(i.year)을 추가하고 BE 회귀를 하여, 시간더미 변수들이 어떻게 되는지 확인하라.

BE 회귀를 수동으로 직접 해 보면 추정 절차를 더 잘 이해하게 된다. Stata에서는 다음과 같이 y를 x1과 x2에 대하여 수동으로 BE 추정을 할 수 있다.

```
. collapse (mean) y x1 x2, by(id)
. reg y x1 x2
```

첫째 줄에서는 id 값별로 y, x1, x2의 평균을 구하여 횡단면 데이터를 만든다. 이때 "(mean)"은 생략하여도 좋다. collapse 명령 대신에 "xtdata y x1 x2, be"라고 할 수도 있다. 둘째 줄에서 OLS 추정을 한다. 이것이 바로 BE 회귀이다. 다음 예를 보자.

예제 3.2 인구구조와 총저축률(BE 추정)

예제 2.5의 저축률 예제에서 'xtreg, be'를 사용하여 BE 회귀를 하면 결과는 다음과 같다.

```
1    . use wdi5bal, clear
2    (WDI five year balanced)

3    . xtreg sav age0_19 age20_29 age65over lifeexp, be

4    Between regression (regression on group means)   Number of obs    =        576
5    Group variable: id                               Number of groups =         96

6    R-squared:                                       Obs per group:
7         Within  = 0.0130                                         min =          6
8         Between = 0.3390                                         avg =        6.0
9         Overall = 0.2170                                         max =          6

10                                                    F(4,91)          =      11.67
11   sd(u_i + avg(e_i.)) = 6.876768                   Prob > F         =     0.0000
```

sav	Coefficient	Std. err.	t	P>|t|	[95% conf. interval]	
age0_19	-1.039488	.256372	-4.05	0.000	-1.548739	-.5302362
age20_29	.1929056	.8233109	0.23	0.815	-1.4425	1.828312
age65over	-1.438063	.5723246	-2.51	0.014	-2.574915	-.3012104
lifeexp	-.002177	.162875	-0.01	0.989	-.3257081	.3213542
_cons	59.93927	21.46837	2.79	0.006	17.29498	102.5836

이 결과의 해석은 다음과 같을 것이다. 우선 age65over의 계수에 의하면, 다른 설명변수 값들이 동일하고 65세 이상 인구의 비율이 1% 포인트 높을 때(그 대신 30–64세 비율이 1% 포인트 낮음) 저축률은 약 1.4% 포인트 낮다. 다른 계수들도 표준적인 방식으로 해석할 수 있다. 다만, 독립변수와 종속변수 값들은 모두 각 국가별로 6기(30년)에 걸친 평균으로써 측정하였음에 유의하여야 할 것이다.

이와 동일한 결과를 수동으로 구하자. 이해를 돕기 위하여 결과를 단계별로 제시한다. 원래 패널 데이터를 처음 두 id 값에 대하여 표시하면 다음과 같다.

```
21   . list id year sav age0_19 age20_29 age65over lifeexp in 1/12, sep(6)
```

	id	year	sav	age0_19	age20_29	age65o~r	lifeexp
1.	5	1985	30.1614	33.98737	20.42723	5.399827	71.43493
2.	5	1990	13.64918	32.69588	19.03675	5.502593	71.94168
3.	5	1995	13.50017	32.65485	17.88841	6.44524	72.32787
4.	5	2000	26.17547	30.26331	16.8738	7.074487	74.25684
5.	5	2005	31.23556	26.2911	18.49777	8.582195	76.04263
6.	5	2010	19.02392	21.42512	18.57949	10.95482	76.98528
7.	7	1985	16.53527	30.85555	15.79373	8.611471	70.62188
8.	7	1990	14.2218	30.61321	16.16222	9.053479	71.55587
9.	7	1995	15.59106	29.13403	17.50275	9.547154	72.66351

```
35   10.   7   2000   15.00193   27.98483   17.6897   9.911591   73.74877
36   11.   7   2005   21.77844   26.91889   16.8701   10.11025   74.68136
37   12.   7   2010   19.04411   25.87196   16.52778  10.40499   75.48822
38
```

BE 회귀를 위해서는 먼저 각각의 국가에 대하여 시간에 걸친 변수 평균을 구한다. 예를 들어, id가 5인 국가의 sav 변수라면, 25–30행의 6개 sav 값들 30.1614, 13.64918, 13.50017, 26.17547, 31.23556, 19.02392의 평균을 구한다. 여타 id 값과 변수들에 대해서도 동일한 연산을 해 준다. 아래 실행 결과는 각 변수에 대하여 개체별 집단내 평균을 구하고 처음 두 국가에 대하여 그 값들을 보여 준다.

```
39   . collapse sav age0_19 age20_29 age65over lifeexp, by(id)

40   . list in 1/2
41
42        id       sav    age0_19   age20_29   age65o~r    lifeexp
43
44   1.    5   22.29095   29.55294   18.55057   7.326526   73.83154
45   2.    7   17.02877   28.56308   16.75771   9.60649    73.1266
46
```

39행에서 모형 내 모든 변수에 대하여 각각의 id별 평균을 구하고 40행에서 처음 두 국가에 대하여 결과를 표시한다. 44행에 의하면 id가 5인 국가의 6개 sav 값 평균은 22.29095이다. 참고로, 원래 데이터는 각 i마다 6개의 관측치를 갖는 패널 데이터임에 반하여 39행에 의하여 변환된 데이터는 각 i마다 하나의 관측치를 갖는 횡단면 데이터이다.

마지막으로 이렇게 변환된 데이터를 이용하여 OLS 추정을 한다. 다음 결과를 보라.

```
47   . reg sav age0_19 age20_29 age65over lifeexp
```

Source	SS	df	MS		
				Number of obs =	96
				F(4, 91) =	11.67
Model	2206.98261	4	551.745651	Prob > F =	0.0000
Residual	4303.38451	91	47.2899397	R-squared =	0.3390
				Adj R-squared =	0.3099
Total	6510.36712	95	68.5301802	Root MSE =	6.8768

sav	Coefficient	Std. err.	t	P>|t|	[95% conf. interval]	
age0_19	-1.039488	.256372	-4.05	0.000	-1.548739	-.5302362
age20_29	.1929056	.8233109	0.23	0.815	-1.4425	1.828312
age65over	-1.438063	.5723246	-2.51	0.014	-2.574915	-.3012104
lifeexp	-.002177	.162875	-0.01	0.989	-.3257081	.3213542
_cons	59.93927	21.46837	2.79	0.006	17.29498	102.5836

47행에서 OLS 추정을 하는데, 57–61행에 제시된 결과는 앞에서 'xtreg, be' 명령을 이용한 15–19행의 결과와 모든 면에서 완전히 일치함을 확인할 수 있다.

참고로, 불규칙하게 관측이 누락된 데이터에서 수동식 추정을 하면 "xtreg, be"와 상이한 결과를 얻는 경우가 있다. 이는 변수별로 누락이 발생한 시점이 달라, 한 변수에서 개체별 평균을 구할 때 사용한 시점들과 다른 변수에서 개체별 평균을 구할 때 사용한 시점들이 상이할 수 있기 때문이다. 예를 들어 어떤 개체에서 x1 변수는 $t = 2, 3, 4$에서 관측되고 x2 변수는 $t = 3, 4$에서 관측될 경우, BE 추정을 위하여 해당 개체에 대하여 수동으로 평균을 계산하면 x1에 대해서는 2, 3, 4기 관측값의 평균을 구하고 x2에 대해서는 3, 4기 관측값의 평균을 구하게 된다. 반면 Stata의 "xtreg, be" 명령은 이런 방식으로 평균을 구하지 않고, 모든 변수들이 공통으로 관측되는 기간인 3, 4기에 대하여 평균들을 구한다.

이러한 복잡한 경우 Stata의 'xtreg, be' 명령과 동일한 결과를 수동으로 얻으려면, 모든 변수들에서 동일한 관측치들을 사용하여 평균을 구하도록 해 주어야 한다. 예를 들어 종속변수가 y, 독립변수가 x1과 x2일 때 다음의 명령을 보라.

```
. collapse (mean) y x1 x2 if y!=. & x1!=. & x2!=., by(id)
. reg y x1 x2
```

첫째 줄의 "if" 이하 부분이 모든 변수들(y, x1, x2)이 관측된 기간에 대하여 평균을 구하도록 한다. 변수의 수가 많으면 이처럼 길게 쓰는 것이 귀찮을 수 있는데, 그 경우에는 둘째 줄 대신 다음과 같이 할 수도 있다.

```
. qui reg y x1 x2
. collapse (mean) y x1 x2 if e(sample), by(id)
. reg y x1 x2
```

이렇게 하면 수동 추정과 자동 추정의 결과가 동일해진다. xtdata 명령을 사용하면 이 모든 일을 자동으로 해 준다.

▶ **연습 3.2.** wdi5data.dta는 균형패널로 깔끔하게 다듬어지기 전의 원래 (지저분한) 데이터이다. 이 데이터를 이용하여 예제 3.2의 BE 추정을 자동으로 하고 수동으로 하여 두 결과가 동일하도록 하라.

변수별로 상이한 시점에서 누락이 발생하는 복잡한 패널 데이터에서 BE 회귀를 위하여 개체별 평균을 구할 때, 각 변수별로 모든 가용 관측치에 대하여 평균을 구할 것인가, 아니면 Stata의 'xtreg, be'처럼 모형 내의 모든 변수가 공통으로 관측되는 시점들에 한하여 평균을 구할 것인가? 만약 $y_{it} = X_{it}\beta + u_{it}$ 라는 모형에 의하여 모수를 정의한다면, 모든 변수들에 대하여 동일한 기간을 사용해야 할 것 같다. 그래야만 집단내 평균으로 표현한 회귀식에 내생성이 발생하지 않기 때문이다. 예를 들어 다음 모형

$$y_{it} = \alpha + \beta_1 x_{1,it} + \beta_2 x_{2,it} + u_{it} \tag{3.1}$$

에서, y_{it}는 1, 2, 3, 4기에 관측되고, $x_{1,it}$는 2, 3, 4기, 그리고 $x_{2,it}$는 3, 4기에 관측된다고 하자. 세 변수가 공통으로 관측되는 기간은 3, 4기이므로 모든 변수에 대하여 3, 4기 표본평균을 구하면 다음 등식이 성립한다.

$$\frac{1}{2}\sum_{t=3}^{4} y_{it} = \alpha + \beta_1 \left(\frac{1}{2}\sum_{t=3}^{4} x_{1,it}\right) + \beta_2 \left(\frac{1}{2}\sum_{t=3}^{4} x_{2,it}\right) + \frac{1}{2}\sum_{t=3}^{4} u_{it} \tag{3.2}$$

모형 (3.1)에서 설명변수가 오차항에 대하여 강외생적이라면, 이 변환된 회귀식 (3.2)에서도 설명변수들은 오차항에 대하여 외생적이고, 식 (3.2)의 OLS 추정량은 일관적이다. 반면 각 변수별로 관측가능한 모든 기간에 걸친 표본평균을 구하는 경우에는 복잡한 일이 발생한다. 다음 식을 보자.

$$\frac{1}{4}\sum_{t=1}^{4}y_{it} = \alpha + \beta_1\left(\frac{1}{3}\sum_{t=2}^{4}x_{1,it}\right) + \beta_2\left(\frac{1}{2}\sum_{t=3}^{4}x_{2,it}\right) + 오차_{it} \tag{3.3}$$

이 식의 오차항은 $u_{i1},\ldots,u_{i4}$ 의 표본평균이 아니라, 식 (3.1)에 의하여 다음과 같게 된다.

$$오차_{it} = \frac{1}{4}\sum_{t=1}^{4}u_{it} + \beta_1\left(\frac{1}{4}\sum_{t=1}^{4}x_{1,it} - \frac{1}{3}\sum_{t=2}^{4}x_{1,it}\right) + \beta_2\left(\frac{1}{4}\sum_{t=1}^{4}x_{2,it} - \frac{1}{2}\sum_{t=3}^{4}x_{2,it}\right)$$

식 (3.3)의 OLS 회귀가 모수의 참값을 일관되게 추정하는지 보려면, 이 오차가 (3.3)의 우변 설명변수들과 비상관인지 여부를 확인해야 한다. 식을 자세히 들여다 보면, 오차항 맨 앞의 u_{it} 의 표본평균은 설명변수들과 비상관이지만, β_1 과 β_2 가 0이 아닌 한 나머지 항들과는 상관이 있어 보인다. 따라서 (3.1)의 설명변수가 오차항에 대하여 강외생적이라면, (3.3)의 우변변수들에 내생성이 존재하고 이 식의 OLS 회귀는 β_1 과 β_2 를 편향되게 추정한다.

⚐⚐⚐ BE 회귀를 위해서는 늘 (3.2)와 같이 모든 변수들이 공통으로 관측되는 기간에 대해서 표본평균을 구해야 할까? 모형 (3.1)에 의하여 모수들을 정의한다면 그래야 할 것 같다. 그렇다면 BE 추정의 출발점이 반드시 (3.1) 모형이어야 하는가? 모형을 처음부터 (3.3)으로 설정하고 그 오차항이 우변 변수들과 비상관이라고 해서는 안 되는가? 무엇이 좋은지는 궁극적으로 선택의 문제인 것 같지만, (3.2)에 의한 추정은 변수들 간에 관측시점이 상이하여 발생하는 차이를 통제한다는 의미를 갖는다는 장점이 있다. 이 때문에 필자는 모든 변수들이 공통으로 관측되는 기간에 대하여 평균을 구하는 것이 좀 더 적절하다고 생각한다.

앞에서, 균형패널의 경우 BE 회귀에 시간더미들을 포함시키면 공선성collinearity이 발생하고 시간더미들이 제외된다고 하였다. 불균형패널의 경우에는 이와 달리 완전한 공선성이 일어나지 않으며, 살아남은 시간더미에 대해서는 추정값이 계산된다. BE 추정 자체가 패널 데이터에 개체별 평균을 취함으로써 (납작하게) 횡단면 데이터를 만들어 분석하는 것이기는 하지만, 변수들에 시간 추세가 존재하는 경우에는 관측 시점이 상이함으로 인하여 절편이 상이해지는 일이 발생하고, 우변에 시간더미들(i.year)을 포함시키면 이 문제가 해결된다.

▶ **연습 3.3.** 연습 3.2의 데이터(wdi5data.dta)와 모형에 대하여 우변에 "i.year"를 추가하여 시간더미들을 포함시키고 BE 회귀를 하라. 무슨 결과가 나오는지 눈으로 확인하라. BE 회귀에서 시간더미들을 포함시킬 때 시간더미의 일부 혹은 전체에 대한 추정량이 구해진다면 시간더미들을 포함시키겠는가?

⚐ 불균형패널 데이터가 있을 때 BE 회귀 시 시간더미들을 포함시킨다는 것은 개체별로 관측시점이 상이함으로 인한 차이를 (특정한 방식으로) 통제한다는 의미를 갖는다. 이 차이를 통제하지 않고 오로지 변수들의 집단내 표본평균들이 갖는 횡단면 함수관계만을 추정하고자 한다면 시간더미를 포함시키지 않아야 하겠지만, 필자가 보기에는 회귀식에 시간더미를 포함시켜 관측시점의 상이함으로 인한 차이를 통제하는 것이 좀 더 타당해 보인다.

BE 회귀 시 표준오차는 통상적인 방법으로 구할 수도 있고 이분산에 견고한 방법으로 구할 수도 있을 것이다(왠지 모르지만 Stata는 견고한 표준오차를 구하는 옵션을 제공하지 않는다).

한편, BE 회귀는 $\bar{y}_i = \bar{X}_i\beta + \bar{u}_i$에 적용된 OLS이므로 $\bar{X}_i$와 $\bar{u}_i$가 비상관이면 $n \to \infty$일 때 일관성을 갖는다. 이 "$\bar{X}_i$와 $\bar{u}_i$가 비상관이면"이라는 표현은, "태초에 β의 참값과 비관측 요소인 $\bar{u}_i$가 있고, 관측변수 $\bar{X}_i$가 $\bar{u}_i$와 상관되는지 여부에 관한 진실이 존재하며, 만일 진실이 $\mathrm{E}(\bar{X}_i'\bar{u}_i) = 0$이면 BE 추정량이 β의 참값에 대하여 일관성을 갖는다"는 뜻으로 들린다. 하지만 생각을 뒤집을 수도 있다. 우리에게 주어진 것은 y_{it}와 X_{it}의 데이터뿐이며 우리는 $\bar{y}_i$와 $\bar{X}_i$를 연관시키는 하나의 선형 모형을 가지고 있다. 만약 β_{be}라고 하는 어떤 값에 대하여 $\mathrm{E}(\bar{y}_i|\bar{X}_i) = \bar{X}_i\beta_{be}$가 성립한다면 이 β_{be}를 모수의 "참값"이라고 정의해 버릴 수 있다. 이런 식으로 이해하는 회귀식은 축약형 방정식(reduced-form equation)의 일종이다. 축약형 방정식에 의하여 정의된 β_{be}가 존재한다면 BE 회귀는 바로 이 β_{be}를 일관적으로 추정한다.

예를 들어 $y_{it} = X_{it}\gamma + \bar{X}_i\delta + e_{it}$에 의하여 데이터가 생성되고, $(X_{i1},\ldots,X_{iT})$는 $(e_{i1},\ldots,e_{iT})$와 독립이라고 하자. 이 표현은 데이터가 이러한 방식으로 생성된다는 것을 뜻할 뿐, 모형이 무엇이며 모수의 참값이 무엇인지에 대해서는 아무런 이야기도 하지 않는다. 이제 y_{it}와 X_{it}의 데이터에 대하여 $\mathrm{E}(\bar{y}_i|\bar{X}_i) = \bar{X}_i\beta_{be}$라는 모형(현실을 이해하는 마음의 창)을 설정하자. 이 모형은 $\bar{y}_i = \bar{X}\beta_{be} + \bar{u}_i$이고 $\mathrm{E}(\bar{u}_i|\bar{X}_i) = 0$이라는 모형과 동일하다. 그렇다면 이러한 β_{be}는 존재하는가? 데이터의 생성 메커니즘을 보면 $\bar{y}_i = \bar{X}_i\gamma + \bar{X}_i\delta + \bar{e}_i = \bar{X}_i(\gamma+\delta) + \bar{e}_i$이고, 여기서 $\bar{X}_i$와 $\bar{e}_i$는 서로 독립이다. 그러므로 $\beta_{be} = \gamma+\delta$라 정의하면 $\mathrm{E}(\bar{y}_i|\bar{X}_i) = \bar{X}_i\beta_{be}$이다. BE 추정량은 바로 이 $\beta_{be} = \gamma+\delta$에 대하여 일관적이다. 하지만 $\delta \neq 0$인 한 $\beta_{be} \neq \gamma$이며 BE 추정량은 γ에 대하여 일관적이지 않다. 그러면 $\delta \neq 0$일 때 BE 추정량은 일관적인가 비일관적인가? 일관적이기도 하고 비일관적이기도 하다. $\gamma+\delta$에 대해서는 일관적이고 γ에 대해서는 비일관적인 것이다. 우리는 "일관성"을 논할 때 아무런 수식어 없이 그냥 이야기하지는 않으며, 항상 "무엇에 대하여" 일관적인지 이야기한다. 데이터가 $y_{it} = X_{it}\gamma + \bar{X}_i\delta + e_{it}$에 의하여 생성되었다면, y_{it}를 X_{it}에 회귀할 때의 BE 추정량은 $\gamma+\delta$에 대하여 일관적이다. 그리고 $\gamma+\delta$를 "모수의 참값"이라 정의하는 한, BE 추정량은 모수의 참값에 대하여 일관적이다.

개인적인 생각이지만, BE 회귀를 하는 것은 각 개체의 특성이 시간에 걸친 평균에 의하여 좀 더 정확히 계측된다고 믿기 때문인 것 같다. 예를 들어 개방도(무역규모를 GDP로 나눈 값)를 생각해 보자. 우리나라의 1980–2015년 연도별 개방도 데이터가 있을 때, 특정 연도의 우리나라 개방도가 아니라 그냥 '우리나라의 개방도'가 얼마인지 묻는다면 이를 어떻게 측정할까? 아마도 전체 기간 개방도들의 평균을 구할 것이다. BE 회귀는 각 변수마다 이처럼 시간에 걸친 평균을 구하여 변수들을 가급적 "잘" 계측하고 나서 그 평균들을 가지고 횡단면 분석을 하는 것이라고 이해할 수도 있다.

BE 회귀와 POLS 회귀의 비교

모형 $y_{it} = X_{it}\beta + u_{it}$에서, 본 절의 BE 회귀와 2.2절의 POLS 회귀 간 관계를 살펴보자. X_{it}가 u_{it}에 대하여 강외생적이면 양자 모두 β를 일관되게 추정한다. X_{it}와 u_{it}가 상관되는 경우에는 두 추정량이 β와 다른 모수를 추정한다.

BE 회귀와 POLS 회귀 간에 어떤 차이가 있는지 살펴보자. 먼저 BE 회귀는 문자 그대로

$\bar{y}_i$와 $\bar{X}_i$의 평균적인 함수관계를 추정한다. 즉, 독립변수의 전체 기간 표본평균 수준에 차이가 있는 개체들 간에 종속변수의 전체 기간 표본평균 수준에 평균 얼마나 차이가 있는지 나타낸다. 반면 POLS 회귀는 각 t에서 $\mathrm{E}(y_{it}|X_{it}) = X_{it}\beta_{pols}$가 성립한다고 할 때의 계수를 추정한다. 이 β_{pols}는 각 시점에서 개체 간 독립변수의 차이가 종속변수에 평균 어느 정도의 차이를 야기하는지 나타낸다. 만약 그 정도가 t마다 다르다면 각 t에서의 계수들을 가중평균한 값이 POLS에 의해 추정된다.

그렇다면 일반적인 상황에서 BE 회귀와 POLS 회귀가 추정하는 모수들은 서로 같은가 다른가? 답부터 말하면, 둘은 서로 다를 수 있다. 심지어 각각의 t에서 OLS가 추정하는 모든 횡단면 함수관계가 동일한 경우에도 POLS와 BE는 서로 다른 모수를 추정할 수 있다. 이 현상은 X_{it}가 u_{it}에 대하여 강외생적이지 않을 때 발생한다.

앞의 꼬부랑길 표시에서 사용한 예를 다시 살펴보자. 종속변수는 $y_{it} = X_{it}\gamma + \bar{X}_i\delta + e_{it}$에 의하여 생성된다. 여기서 e_{it}는 모두 독립변수 값들과 무관하게 무작위로 생성되고 $X_{i1},\ldots,X_{iT}$들도 서로간에 모두 독립이라고 가정하였다. 이 경우 2.7절에서 잠깐 설명한 것처럼 모든 t에서 $\mathrm{E}(y_{it}|X_{it}) = X_{it}(\gamma + \frac{1}{T}\delta)$이므로, 모든 t에서 횡단면 함수관계는 동일하다. 그리고 POLS 회귀는 이 $\beta_{pols} = \gamma + \frac{1}{T}\delta$를 일관되게 추정한다. 반면, 앞의 꼬부랑길에서 설명한 것처럼 BE 회귀는 $\beta_{be} = \gamma + \delta$을 일관되게 추정한다. $\delta \neq 0$이면 POLS와 BE 회귀가 추정하는 대상은 서로 다르다.

$y_{it} = X_{it}\beta + \mu_i + \varepsilon_{it}$ 모형에서 μ_i가 독립변수들과 상관될 수 있을 때, BE 추정값과 POLS 추정값 간에 상당한 차이가 있을 수 있다. 기술적으로 설명하자면, 이는 X_{it}와 μ_i의 상관이 두 추정량을 편향시키는 방식이 상이하기 때문이다. 구체적으로, 두 추정량은 각각 다음 관계를 만족시킨다.

$$\hat{\beta}_{be} = \beta + \left(\frac{1}{n}\sum_{i=1}^{n}\bar{X}_i'\bar{X}_i\right)^{-1}\frac{1}{n}\sum_{i=1}^{n}\bar{X}_i'(\mu_i + \bar{\varepsilon}_i)$$

$$\hat{\beta}_{pols} = \beta + \left(\frac{1}{n}\sum_{i=1}^{n}\frac{1}{T}\sum_{t=1}^{T}X_{it}'X_{it}\right)^{-1}\frac{1}{n}\sum_{i=1}^{n}\frac{1}{T}\sum_{t=1}^{T}X_{it}'(\mu_i + \varepsilon_{it})$$

n이 증가하고 T가 고정된 상황에서, 두 식의 "분자"에서 ε_{it}와 관련된 부분인 $n^{-1}\sum_{i=1}^{n}\bar{X}_i'\bar{\varepsilon}_i$와 $n^{-1}\sum_{i=1}^{n}T^{-1}\sum_{t=1}^{T}X_{it}'\varepsilon_{it}$가 모두 0으로 확률수렴하고 또한 $T^{-1}\sum_{i=1}^{n}X_{it}'\mu_i = \bar{X}_i'\mu_i$이므로, 이 두 추정량의 확률극한은 다음과 같다.

$$\plim_{n\to\infty}\hat{\beta}_{be} = \beta + \mathrm{E}(\bar{X}_i'\bar{X}_i)^{-1}\mathrm{E}(\bar{X}_i'\mu_i), \quad \plim_{n\to\infty}\hat{\beta}_{pols} = \beta + \mathrm{E}(\bar{Q}_i)^{-1}\mathrm{E}(\bar{X}_i'\mu_i)$$

여기서 $\bar{Q}_i = T^{-1}\sum_{t=1}^{T}X_{it}'X_{it}$이다. 그런데

$$\bar{Q}_i - \bar{X}_i'\bar{X}_i = \frac{1}{T}\sum_{t=1}^{T}(X_{it} - \bar{X}_i)'(X_{it} - \bar{X}_i)$$

이므로 $\mathrm{E}(\bar{X}_i'\bar{X}_i)$는 반드시 $\mathrm{E}(\bar{Q}_i)$보다 '행렬의 의미'에서 작다(A가 B보다 '행렬의 의미'에서 더 작다는 것은 $A - B$가 음반정negative semidefinite임을 의미한다). 그러므로 $\mathrm{E}(\bar{X}_i'\mu_i)$가 0이 아닐 때 BE 추정량은 POLS 추정량보다 편향을 더 두드러지게 하며, 이 차이는 표본크기 n이 아무리 크더라도 사라지지 않는다.

이상의 내용을 다른 각도에서 살펴보면, 집단내within 비교와 집단간between 비교가 주는 함수관계가 상이할 경우 POLS와 BE 추정은 이 두 함수관계들을 상이한 방식으로 가중평균하여 측정하므로

서로 다르다고 할 수도 있다. 그렇다면 BE와 POLS 중 무엇이 집단간 차이에 기반한 횡단면 함수관계를 더 잘 표현하는가? 이는 한마디로 대답하기 어려우며 결국 선택의 문제이고 해석의 문제인 것 같다. 필자는 지금까지는 BE 추정량이 횡단면 함수관계를 더 잘 표현한다고 생각하지만 이 생각이 장래에 바뀔지는 잘 모르겠다. 단, BE 회귀는 나중에 살펴볼 FE 회귀와 정반대의 극단적인 함수관계를 측정하므로 그 자체로 흥미롭다. POLS도 흥미롭다.

▶ **연습 3.4.** $y_{it} = X_{it}\beta + \mu_i + \varepsilon_{it}$ 라는 모형에서 X_{it} 가 고유오차(ε_{it})에 대하여 강외생적이라 하자. $T > 1$ 이면 어느 경우에 BE 추정량과 POLS 추정량의 확률극한이 동일한가?

가중 BE 회귀

BE 회귀는 i마다 변수당 하나의 관측치를 만들어 횡단면 OLS 추정을 하는 것이다. 이를 위해서는 패널 데이터를 n개의 관측치로 이루어진 횡단면 데이터로 변환시켜야 한다. 불균형패널의 경우 관측이 이루어진 기간 수가 i별로 상이할 수 있다. 예를 들어 1번 개체는 5개 연도에 걸쳐 관측이 이루어지고 2번 개체는 3개 연도에 거쳐 관측이 이루어질 수 있다. 이때 관측 연도의 길이(T_i)에 따라 가중치를 주고 BE 회귀를 하는 방법이 있다. 이를 가중 BE 회귀라 하고, Stata에서는 `xtreg y x1 x2, be wls`와 같이 `wls` 옵션을 붙인다. 이 가중 BE 회귀 추정량은 수식으로 다음과 같다.

$$\hat{\beta}_{wbe} = \left(\sum_{i=1}^{n} T_i \bar{X}_i' \bar{X}_i \right)^{-1} \sum_{i=1}^{n} T_i \bar{X}_i' \bar{y}_i$$

균형패널에서는 모든 T_i가 동일하므로 모든 i에 동일한 가중치가 주어지며 가중 BE 회귀와 원래의 통상적인 BE 회귀는 서로 동일하다. 불균형패널에서는 둘이 서로 다르다.

가중 BE 추정량은 다음과 같이 표현할 수도 있다.

$$\hat{\beta}_{wbe} = \left(\sum_{i=1}^{n} \sum_{t=1}^{T_i} \bar{X}_i' \bar{X}_i \right)^{-1} \sum_{i=1}^{n} \sum_{t=1}^{T_i} \bar{X}_i' \bar{y}_i$$

그러므로 가중 BE 회귀는 원래 패널 데이터 구조를 무너뜨리지 않고 $\bar{X}_i$와 $\bar{y}_i$에 해당하는 변수들을 각 i마다 모든 t에서 반복 사용한 후 POLS 회귀를 하여 구현할 수도 있다.

예제 3.3 가중 BE 회귀

불균형패널 데이터 `wdi5data.dta`를 이용하여 가중 BE 회귀를 자동과 수동으로 해 보자. 종속변수는 `sav`, 독립변수는 `age65over`와 `lifeexp`이다. 실제 연구라면 연도 더미도 포함시키는 것이 좋겠지만, 이 실습에서는 코딩이 복잡하므로 제외시킨다. 이하에서는 `xtreg` 명령을 이용하여 가중 BE 회귀를 하고, 이와 똑같은 결과를 $\bar{X}_i$와 $\bar{y}_i$ 변수들을 생성한 후 `reg` 명령으로써 구현한다.

```
1    . use wdi5data, clear
2    (WDI five year unbalanced)

3    . global X "age65over lifeexp"

4    . qui reg sav ${X}

5    . keep if e(sample)
6    (511 observations deleted)

7    . xtreg sav ${X}, be wls
```

```
8    Between regression (regression on group means)   Number of obs    =       987
9    Group variable: id                               Number of groups =       170

10   R-sq:                                            Obs per group:
11       within  = 0.0769                                         min =         1
12       between = 0.1733                                         avg =       5.8
13       overall = 0.1433                                         max =         7

14                                                    F(2,167)         =     17.50
15   sd(u_i + avg(e_i.))=  9.117566                   Prob > F         =    0.0000
```

sav	Coef.	Std. Err.	t	P>|t|	[95% Conf. Interval]
age65over	-.4607951	.2012566	-2.29	0.023	-.8581301 -.0634601
lifeexp	.5601872	.1018808	5.50	0.000	.3590469 .7613274
_cons	-14.75754	5.992137	-2.46	0.015	-26.58764 -2.927435

```
23   . by id: egen sav_bar = mean(sav)

24   . foreach v of global X {
25   2. by id: egen `v'_bar = mean(`v')
26   3. }

27   . reg *_bar, vce(cl id)
```

```
28   Linear regression                               Number of obs   =       987
29                                                   F(2, 169)       =     17.34
30                                                   Prob > F        =    0.0000
31                                                   R-squared       =    0.1733
32                                                   Root MSE        =    9.0505

33                               (Std. Err. adjusted for 170 clusters in id)
```

sav_bar	Coef.	Robust Std. Err.	t	P>|t|	[95% Conf. Interval]
age65over_~r	-.460795	.1772207	-2.60	0.010	-.8106464 -.1109436
lifeexp_bar	.5601871	.1068464	5.24	0.000	.3492616 .7711126
_cons	-14.75753	6.214507	-2.37	0.019	-27.02559 -2.489472

4–5행에서는 불균형패널 데이터에서 y_{it}와 X_{it}가 관측된 i와 t만 남기고 나머지는 모두 제거한다. 7행에서 가중 BE 회귀를 xtreg를 이용하여 실행한다. 11–13행 우단의 T_i 정보를 보면 T_i는 1부터 7까지 분포되어 있다. 이 T_i를 이용한 가중 BE 회귀 추정값들은 19–21행에 제시되어 있다. 통상적인 BE 추정(xtreg sav \$X, be) 결과와 비교해 보면 상당한 차이가 있음을 알 수 있을 것이다.

23–26행에서는 $\bar{y}_i$와 $\bar{X}_i$ 변수들을 생성하고, 27행에서 $\bar{y}_i$를 $\bar{X}_i$에 대하여 POLS 회귀한다(여전히 패널 데이터 구조임에 유의할 것). 이 POLS는 i마다 $\bar{y}_i$와 $\bar{X}_i$를 T_i번 반복하여 사용하므로 T_i만큼의 가중치를 주는 효과를 갖는다. 실제로 38–40행의 추정값들이 19–21행의 추정값들과 동일함을 확인하라. 하지만 표준오차들은 상이한데 이는 7행이 통상적인 표준오차를 구하는 반면 27행은 견고한(클러스터) 표준오차를 구하기 때문이다.

나중에 BE, FE, POLS, RE 회귀 추정량들을 비교할 것인데 이때 언급하는 BE 회귀는 모두 가중 BE 회귀임을 기억하기 바란다. 그렇다고 하여 불균형패널 데이터 분석에서 통상적인 BE 회귀보다 가중 BE 회귀가 더 적절하거나 유용하다는 말은 아니다. 필자는 가중 BE 회귀가 통상적인 BE 회귀의 역할을 대신해 주지 못한다고 생각한다. 다만 가중 BE 회귀는 추정량들의 본성과 상호 관계를 이론적으로 이해하는 데에 큰 도움을 준다.

3.2 고정효과 모형

설명변수와 상관된 효과를 고정효과$^{\text{fixed effects}}$라 한다. 예를 들어 μ_i가 설명변수와 상관되면 μ_i는 개별 고정효과이다. 또, 오차항을 구성하는 시간대별 효과 f_t가 설명변수와 상관되면 f_t는 시간별 고정효과이다. 일반적으로, 꾸미는 말 없이 '고정효과'라고 하면 설명변수들과 상관된 μ_i를 의미한다. 고정효과의 예는 많다. 기업별 패널 데이터라면 기업 내의 분위기나 혁신성, 국가별 패널 데이터라면 관측되지 않은 문화적 속성들, 개인별 패널 데이터라면 개인들의 비관측 능력이나 성격 등이 고정효과의 구성요소가 될 것이다.

> 원래 계량경제학에서 '임의효과'란 임의변수(random variable)로 간주되고 '고정효과'란 고정된(fixed) 모수로 간주된다는 의미로 사용되기도 하나, 그보다는 X와 상관된 것을 고정효과라고 하는 것이 간편하다. '고정효과'와 약간 다른 것으로 "상관된 임의효과"(correlated random effects, CRE)라는 것이 있으며, 이 CRE는 좀 더 제한된 의미를 갖는다. 통계학 문헌에서 고정효과와 임의효과라는 말은 이 책과 다른 의미로 사용된다. 통계학에서는 보통 "고정효과"란 모든 개체에서 동일한 계수(말하자면 β)를 의미하고, "임의효과"란 개체마다 상이할 수 있는 계수(말하자면 i 첨자를 붙인 γ_i)를 의미한다.

n이 크고 T가 작을 때, f_t는 X_{it}에 시간더미를 포함시킴으로써 처리할 수 있으므로 우선은 f_t에 주의를 기울이지 않고 논의를 진행한다. T가 크면 f_t가 따름모수이고 그 처리가 중요하지만, 이 경우에도 n이 클 때 μ_i를 처리하는 것과 동일한 방식으로 다루면 되므로, 우선은 n이 클 때 μ_i를 처리하는 방법을 설명할 것이다.

선형 고정효과 모형이란 $y_{it} = \alpha + X_{it}\beta + \mu_i + \varepsilon_{it}$ 에서 X_{it} 는 고유오차 ε_{it} 에 대해서는 강외생적이나 μ_i 와는 아무렇게나 상관될 수 있는 모형이다. X_{it} 에 시간더미들이 포함되어 있지 않으면 1원^one-way 고정효과 모형, 포함되어 있으면 2원^two-way 고정효과 모형이라고 한다. 보통은 2원 모형을 사용하므로 시간더미들을 제외하고자 할 경우 숙고하기 바란다. 고정효과 모형에서 β 는 μ_i 가 통제될 때 X_{it} 의 차이로 인한 y_{it} 의 평균적인 차이를 정의한다. 이처럼 β 가 μ_i 가 통제될 때의 효과를 나타내므로 고정효과 모형은 기본적으로 집단내 차이로부터 도출되는 함수관계를 정의한다.

> 반면 PA 모형은 각 시점에서 개체 간 차이로부터 추출되는 함수관계에 관심을 갖는다. 특히 POLS 는 각 시점별 횡단면 함수관계들의 시간에 걸친 가중평균을 관심 모수로 정의하고 추정함을 보았다. 임의효과 모형은 X_{it} 가 $u_{it} = \mu_i + \varepsilon_{it}$ 에 대하여 강외생적이라고 가정하므로 개체 간 비교와 개체 내 비교에 의해 도출되는 함수관계들이 동일하다고 본다.

앞에서 POLS나 RE 추정을 할 때 X_{it} 는 상수항이나 시간불변^time-invariant의 설명변수를 포함한다고 해도 괜찮았다. 이제는 X_{it} 가 상수항을 포함하지 않는다고 하고, 절편은 명시적으로 α 라고 표현한다. 또한 X_{it} 안의 모든 설명변수들이 시간에 따라 변한다^time-varying고 할 것이다. 그래서 고정효과 모형에서는 모형을 다음과 같이 쓰고자 한다.

$$y_{it} = \alpha + X_{it}\beta + Z_i\gamma + \mu_i + \varepsilon_{it} \tag{3.4}$$

모형 (3.4)의 X_{it} 에는 통상적으로 시간더미들이 포함되지만 연구자의 재량에 따라 제외될 수도 있다. 고유오차 ε_{it} 는 설명변수와 전적으로 무관하다고 하였으므로(강외생적) 별 문제를 일으키지 않을 것이니 내버려 두고, 개별효과 μ_i 가 고정효과라는 점에 집중해 보자. μ_i 와 설명변수가 상관될 수 있으므로 μ_i 를 오차의 일부로 간주하는 접근법에서는 설명변수와 오차항이 상관되어 β 에 대한 비편향 추정량을 구하기 힘들 것이다(☹). 특히, 앞의 POLS 나 RE 추정량은 모두 편향된다. 이 경우 $\alpha + \mu_i$ 가 개체별 절편이므로 $n-1$ 개의 개체별 더미변수를 포함시켜 추정하는 것(3.5절의 LSDV 참조)도 생각해 볼 수 있겠지만, μ_i 가 따름모수(1.2절 참조)이므로 그 통계적 특성을 알려면 그 수식을 모두 뜯어서 살펴보아야 한다. 나중에 이러한 더미변수 방법이 작동함을 보이기는 하겠지만, 그보다는 우선 1차적으로 따름모수들을 제거하고 나서 추정을 하는 방법을 생각해 볼 것이다.

논의의 진행을 위해서 우리가 고려할 모형은 (3.4)에서 $Z_i\gamma$ 부분을 제거한 것으로서 다음과 같다.

$$y_{it} = \alpha + X_{it}\beta + \mu_i + \varepsilon_{it} \tag{3.5}$$

$Z_i\gamma$ 부분을 제거한 것은 μ_i 에 아무런 제약도 없을 때 $Z_i\gamma$ 부분과 μ_i 를 서로 구별할 수 없기 때문이다(고정효과 모형에서 시간에 걸쳐 불변인^time-invariant 설명변수들에 대해서는 나중에 3.9절에서 논의할 것이다). T 가 짧은 상황을 고려하므로 시간 더미변수가 X_{it} 에 포함되어 있다고 해도 좋다. 중요한 것은 X_{it} 에 시변하는^time-varying 변수들만 있다는 것이다. 절편을 α 라고 하여 명시적으로 밖으로 뺀 것도 상수항이 시간에 걸쳐 불변이기 때문이다. 관측불가인 μ_i 는

설명변수들과 상관될 수 있으므로 골칫거리이다. 이를 모형으로부터 제거할 수 있다면 문제는 해결될 것이다. 고정효과 추정의 핵심은 μ_i를 모형으로부터 제거하여 따름모수와 내생성 문제를 해결하고 β에 대한 일관된 추정을 하는 것이다. μ_i를 소거할 때 모든 시간불변 변수들도 함께 소거되므로, 추가적인 가정 없이는 성별 더미나 인종 더미와 같은 시간불변 설명변수들(Z_i)의 계수를 추정할 수 없다. 고정효과 모형의 구체적인 추정방법에 대해서는 3.3절 이하에서 설명한다.

> ✏️ μ_i가 골칫거리라고 하였는데, 그보다는 μ_i가 설명변수들과 상관된 경우에도 패널 데이터를 이용하여 문제를 해결할 수 있다고 긍정적으로 표현하는 편이 더 적절하다.

개별효과 μ_i가 독립변수 X_{it}와 상관된다는 의미를 좀 더 생각해 보자. 어떤 두 변수가 양의 상관관계를 갖는다는 것은 한 변수의 값이 클 때 평균적으로 다른 변수의 값도 큰 성향이 있다는 것이다(음의 상관관계의 경우에는 그 반대). 그런데 변수들의 시간에 걸친 차이를 보면 μ_i가 시간에 걸쳐 변하지 않으므로, 동일한 i 내에서 특정 시점에 X_{it}의 값이 상대적으로 크다고 해도 해당 시점의 μ_i의 값은 다른 시점에 비하여 클 수 없다. 따라서 동일 개체 내에서 시간에 걸친 변동의 측면을 고려하면 개별효과는 독립변수와 상관관계를 가질 수 없다. 그러므로 μ_i와 X_{it} 간에 양의 상관이 있다는 것은 μ_i가 큰 개체에서 X_{it} 값의 수준도 대체로 크다는 의미를 갖는다(음의 상관인 경우에는 그 반대). 그래서 μ_i가 고정효과라고 하면 보통 μ_i와 X_{it} 값들(특히 $\bar{X}_i$)의 수준이 횡단면 상관관계를 갖는다는 것으로 해석된다.

고정효과를 갖는 모형에서 상이한 개체들 간에 종속변수(y_{it})에 수준 차이가 있으면 이것이 독립변수(X_{it}) 수준 차이로 인한 것인지 개별효과(μ_i)로 인한 것인지 알 수 없다. 반면 동일한 개체 내에서 종속변수 값이 시간에 따라 다르면 이로부터 독립변수와 종속변수의 관계에 대하여 유추할 수 있다. 따라서 상이한 시점 간 차이로부터 독립변수 차이로 인한 효과를 식별해 내는 것이 고정효과 모형의 분석에 중요한 문제가 된다. 추정의 문제는 3.3절 이하를 참조하라.

고정효과 모형에서 계수의 해석

고정효과 모형에서는 설명변수와 μ_i가 상관될 수 있다. 이때 β는 μ_i가 동일한 상태에서 설명변수 값에 차이가 있을 경우 종속변수에 평균적으로 어떠한 차이가 있는지를 나타낸다. 수학 기호를 사용하면, 모든 개체들이 서로 독립일 때 $\mathrm{E}(y_{it}|X_{i1},\ldots,X_{iT},\mu_i) = \alpha + X_{it}\beta + \mu_i$ 라고 표현할 수 있다. 이는 모집단의 평균에 관한(PA) 모형이 아니라 개별 주체에 관한 (SS) 모형의 일종이다. j번째 설명변수의 계수 β_j는 "다른 설명변수 값들과 μ_i가 동일하고 j번째 설명변수 값에만 한 단위 차이가 있을 때 종속변수 값에 존재할 것으로 기대되는 차이"를 나타낸다. 여기서 중요한 것은 μ_i가 통제된다는 점이다. 언제 μ_i가 통제되는가? 동일 개체 내에서 시간에 걸친 비교가 이루어질 때에는 μ_i가 고정된다. 개체간 비교가 이루어질 때에는 μ_i가 동일한 개체들만 비교된다. 다만 상이한 개체에서 μ_i가 동일한 경우를

상상하기는 어려우므로, 설명변수 값에 Δx만큼의 차이가 있을 때 $(\Delta x)\beta$는 보통 "동일한 개체 내에서 상이한 시점 간에 독립변수들에 Δx의 차이가 있을 때 종속변수 값에 있을 것으로 기대되는 차이"로 해석한다. 고정효과를 갖는 모형에서는 고정효과를 명시적으로 통제한다. 모수는 집단내^{within} 비교를 통하여 측정하는 효과와 동의어로 간주된다.

고정효과 모형 $y_{it} = \alpha + X_{it}\beta_{fe} + \mu_i + \varepsilon_{it}$에서, 한 시점($s$라 하자)의 독립변수 값이 Δx만큼 증가한다고 하자. 그러면 각 시기의 종속변수 값들에는 무슨 일이 일어날 것으로 기대되는가? 고정효과 모형에서 X_{it}가 ε_{it}에 대하여 강외생적이라고 하였으므로, 해석 시에는 $\varepsilon_{i1},\ldots,\varepsilon_{iT}$에 변화가 없다고 보아도 무방하다. X_{is}가 Δx만큼 증가하면 y_{is}는 $X_{is}\beta$ 항으로 인하여 우선 $(\Delta x)\beta$만큼 증가할 것으로 기대된다. 하지만 이것으로 끝이 아니다. X_{is}가 변화하면 μ_i가 조정될 수 있다(예를 들어 X_{it}가 소득, y_{it}가 소비라 할 때, 한 시점에서 소득이 변화하고 이 변화의 일부가 이미 예상되었다면 항상소득이 조정되고 이로 인하여 모든 기간에서 그 사람의 소비 행태가 변한다). X_{is}의 변화로 인하여 μ_i가 조정된 정도를 Δm이라 하자. 그러면 s기(설명변수 값 변화 시점)에 y_{is}는 $(\Delta x)\beta_{fe} + \Delta m$만큼 증가할 것으로 기대된다. 다른 기간에는 μ_i의 조정분만큼, 즉 Δm만큼 종속변수가 증가할 것으로 기대된다. 그러므로 독립변수의 변화가 있었던 시기(s기)에 종속변수가 다른 기간(s를 제외한 나머지 기간)에 비하여 상대적으로 증가한 정도는 $(\Delta x)\beta_{fe}$인 것으로 기대된다. 일반적으로, 만일 t_1기에 비하여 t_2기에 독립변수 값이 Δx만큼 더 크다면, t_1기에 비하여 t_2기에 종속변수 값이 $(\Delta x)\beta_{fe}$만큼 더 클 것으로 기대된다. 결국 이렇든 저렇든 간에, $(\Delta x)\beta_{fe}$는 '다른 기간에 비하여 한 기간에 설명변수의 값이 Δx만큼 높을 때, 다른 기간에 비하여 해당 기간에 종속변수의 값이 더 높으리라고 기대하는 정도'를 의미한다. 이것이 흔히 "한 개체에게서 독립변수가 Δx만큼 증가하면 종속변수는 $(\Delta x)\beta_{fe}$만큼 증가할 것으로 기대된다"고 말할 때의 참뜻이다. 다시 말하여 "다른 시점보다 X_{it}가 Δx만큼 큰 해에는 해당 개체의 종속변수 값이 다른 시점보다 $(\Delta x)\beta_{fe}$만큼 클 것으로 기대된다"는 것이다. 이러나 저러나, "μ_i가 동일하고 X_{it}에 Δx만큼의 차이가 있는 두 관측치 간에는 종속변수 값에 $(\Delta x)\beta_{fe}$만큼의 차이가 있을 것으로 기대된다"고 하면 아무 문제 없다.

종속변수와 독립변수에 대한 패널 데이터가 있고, 연구자가 $y_{it} = \alpha + X_{it}\beta_{fe} + \mu_i + \varepsilon_{it}$라는 고정효과 모형을 설정하였다고 하자. 여기서 β_{fe} 대신에 β라고 해도 되겠지만 이 계수가 고정효과 모형의 계수라는 점을 분명히 하기 위하여 'fe' 첨자를 붙였다. 이 모형에서 μ_i가 고정되고 X_{it}가 Δx만큼 증가하면 y_{it}가 $(\Delta x)\beta_{fe}$만큼 증가할 것으로 기대된다. 하지만 μ_i의 고정이 없이 X_{it}가 Δx만큼 증가할 때 y_{it}가 $(\Delta x)\beta_{fe}$만큼 증가할 것으로 기대되는 것은 아니다. 예를 들어, $\mu_i = \bar{X}_i\delta + a_i$이고 $\bar{X}_i$와 a_i가 비상관이라 가정할 때, 모든 t에서 X_{it}가 Δx만큼 다른 두 개체 간에는 각 시점에서 y_{it}는 $(\Delta x)\beta_{fe}$만큼 다를 것으로 기대되는 것이 아니라 오히려 $(\Delta x)(\beta_{fe} + \delta)$만큼 다를 것으로 기대된다.

3.3 1계차분 회귀

고정효과를 갖는 모형 (3.5)의 β 계수를 추정하는 방법을 생각해 보자. 가장 쉽게 생각해 볼 수 있는 것은 모형 (3.5)의 양변에 대하여 $t-1$기로부터 t기로의 증가분을 구하는 것이다.

$$\Delta y_{it} = \Delta X_{it}\beta + \Delta \varepsilon_{it} \tag{3.6}$$

여기서 Δ 기호는 $\Delta y_{it} = y_{it} - y_{it-1}$ 등 증가분을 의미한다. 식 (3.5)와 (3.6)을 비교해 보면 α와 μ_i가 사라진 것을 볼 수 있는데, 이는 상수항과 개별효과가 시간에 따라 변하지 않아 증가분이 0이기 때문이다. 모형 (3.5)에서 X_{it} 가 ε_{it} 에 대하여 강외생적이라 하였으므로, 변환된 식 (3.6) 우변의 설명변수인 ΔX_{it} 는 오차항인 $\Delta\varepsilon_{it}$ 와 비상관이다. 또 (3.6)의 모수로는 β 만 존재하며 따름모수incidental parameters가 존재하지 않는다. 그러므로 설명변수가 고유오차에 대하여 강외생적일 때 Δy_{it} 를 ΔX_{it} 에 대하여 POLS 회귀하면 β 가 일관적으로 추정될 것이다(☺). 식 (3.6)에 대한 POLS 회귀를 1계차분(first difference, FD) 회귀라 한다.

FD 추정값을 $\hat{\beta}_{fd}$ 라 하자. FD 추정량이 차분방정식 (3.6)을 추정한 것이므로 있는 그대로 해석하면 "X_{it} 의 증가폭이 d만큼 더 크면 y_{it} 의 증가폭은 $d\hat{\beta}_{fd}$ 만큼 더 클 것으로 예측된다"고 '증가폭의 차이'로써 해석되지만, (3.6)에 근거할 필요 없이 원래의 모형 (3.5)로 돌아가서 "동일 개체 내에서 설명변수 값에 Δx 만큼의 차이가 있으면 종속변수 값에 $(\Delta x)\hat{\beta}_{fd}$ 만큼의 평균적인 차이가 있는 것으로 추정된다"고 해석해도 좋다.

설명변수가 고유오차 ε_{it} 에 대하여 강외생적이면 ΔX_{it} 와 $\Delta\varepsilon_{it}$ 가 비상관이므로 FD 추정량은 일관적consistent이다(☺). 하지만 $\Delta\varepsilon_{it}$ 에 시간에 걸친 상관이 존재하는 것이 일반적이므로 견고한 표준오차를 사용하여야 할 것이다(🕮). 간단한 방법은 클러스터 표준오차를 사용하는 것으로서, Stata에서 다음과 같이 하면 된다.

```
. reg d.(y x1 x2) i.year, vce(cl id)
```

POLS에서 클러스터 표준오차를 사용하였던 것처럼, FD 회귀에서도 vce(cl id) 옵션을 붙여 클러스터 표준오차를 사용하는 것이 중요하다. 이 경우에도 클러스터의 개수인 n 이 커야만 클러스터 표준오차의 사용이 정당화됨은 물론이다.

> 📝 위 Stata 명령에는 주목할 점이 있다. 이 명령은 $\Delta y_{it} = \Delta X_{it}\beta + \delta_t^* + 오차_{it}$ 를 통합 OLS로 추정한 것으로서, 당초의 모형 $y_{it} = \alpha + X_{it}\beta + \delta_t + \mu_i + \varepsilon_{it}$ 를 1계차분한 $\Delta y_{it} = \Delta X_{it}\beta + (\delta_t - \delta_{t-1}) + \Delta\varepsilon_{it}$ 와 다르다. 후자의 모형을 Stata로 제대로 구현하기 위해서는 "xi: reg d.(y x1 x2 i.year), vce(cl id)" 과 같이 해야 한다. 여기서 맨 앞에 "xi:" 접두어를 붙인 이유는, 그냥 하면 Stata가 더미변수("i.")를 차분 ("d.")하지 못하게 하므로, 먼저 i.year에 해당하는 더미변수들을 생성한 다음 1계차분하여 회귀하도록 하기 위함이다. 만약 "xi:" 접두어를 생략하고 명령을 내리면 "the 'D' operator is not allowed with factor variables"라는 오류를 발생시키고 실행을 거부한다. i.year가 차분 괄호 밖으로 빠져 나온 모형과 차분 괄호 안에 있는 모형에서 시간더미들이 다르기는 하지만 β 의 추정은 동일하다. Stata에서 "xi: reg d.(y x1 x2 i.year), vce(cl id)"라 하지 않고 "reg d.(y x1 x2) i.year, vce(cl id)"라 하여도 문제가 없다.

> 📝 시간더미들이 없는 모형에서는 1계차분에 의하여 절편이 소거됨에 주의하라. 그러므로 시간더미가 없는 모형이라면 "reg d.(y x1 x2), nocons vce(cl id)"와 같이 'nocons' 옵션을 사용해야 한다. 1계차분했을 때 절편이 존재하는 모형은 시간더미들이 있거나 아니면 $y_{it} = \alpha + X_{it}\beta + \gamma t + \mu_i + \varepsilon_{it}$ 처럼 선형추세가 있는 모형이다.

> 🍸 행렬 기호를 사용하여 1계차분 추정량을 표현하는 연습을 해 보자. (2.3)의 기호를 사용하고, $\boldsymbol{\varepsilon}_i$ 를 $\varepsilon_{i1}, \ldots, \varepsilon_{iT}$ 의 $T \times 1$ 행렬이라 하자. $\mathbf{1}_T = (1, 1, \ldots, 1)'$ 기호는 앞에서 사용한 바 있다. 패널 고정효과 모형 (3.5)는 다음과 같이 나타낼 수 있다.

$$\mathbf{y}_i = \mathbf{1}_T\alpha + \mathbf{X}_i\beta + \mathbf{1}_T\mu_i + \boldsymbol{\varepsilon}_i, \quad i = 1, 2, \ldots, n \tag{3.7}$$

이제 1계차분을 하게 해 주는 $(T-1) \times T$ 행렬 연산자 D 를 다음과 같이 정의하자.

$$D = \begin{pmatrix} -1 & 1 & 0 & \cdots & 0 \\ 0 & -1 & 1 & \cdots & 0 \\ \vdots & \vdots & \vdots & & \vdots \\ 0 & 0 & 0 & \cdots & 1 \end{pmatrix} \tag{3.8}$$

그러면 $D\mathbf{y}_i = (\Delta y_{i2}, \Delta y_{i3}, \ldots, \Delta y_{iT})'$이고 마찬가지로 $D\mathbf{X}_i$의 각 행은 ΔX_{it}이다($t = 2, 3, \ldots, T$). $D\boldsymbol{\varepsilon}_i$도 이와 마찬가지로 $\Delta\varepsilon_{it}$의 $(T-1) \times 1$ 벡터이다. $D\mathbf{1}_T = 0$이므로 (3.7)의 양변의 앞쪽에 D를 곱하면 다음이 된다.

$$D\mathbf{y}_i = D\mathbf{X}_i\beta + D\boldsymbol{\varepsilon}_i \tag{3.9}$$

여기서 중요한 것은 $D\mathbf{1}_T = 0$이라는 특성으로 인하여 $D\mathbf{1}_T\mu_i$라는 골칫덩어리 고정효과가 식으로부터 소거된다는 것이다. 차분식 (3.9)에 의거하여 $D\mathbf{y}_i$를 $D\mathbf{X}_i$에 대하여 POLS를 하면 FD 추정량은 다음과 같이 표현할 수 있다.

$$\hat{\beta}_{fd} = \left(\sum_{i=1}^n \mathbf{X}_i' D' D \mathbf{X}_i \right)^{-1} \sum_{i=1}^n \mathbf{X}_i' D' D \mathbf{y}_i$$

다음으로, FD 추정량의 분산은 다음과 같이 구할 수 있다. 위 식 우변의 $D\mathbf{y}_i$ 자리에 식 (3.9)의 우변을 대입하면 다음 등식을 얻는다.

$$\hat{\beta}_{fd} = \beta + \left(\sum_{i=1}^n \mathbf{X}_i' D' D \mathbf{X}_i \right)^{-1} \sum_{i=1}^n \mathbf{X}_i' D' D \boldsymbol{\varepsilon}_i$$

X_{it}가 모두 비임의적이라는 가정하에서 FD 추정량의 분산·공분산 행렬은 다음의 샌드위치 형태를 갖는다.

$$V(\hat{\beta}_{fd}) = \left(\sum_{i=1}^n \mathbf{X}_i' D' D \mathbf{X}_i \right)^{-1} \sum_{i=1}^n \mathbf{X}_i' D' \, \mathrm{E}(D\boldsymbol{\varepsilon}_i \boldsymbol{\varepsilon}_i' D') D \mathbf{X}_i \left(\sum_{i=1}^n \mathbf{X}_i' D' D \mathbf{X}_i \right)^{-1}$$

이 샌드위치 형태는 기댓값('E')을 무시하고 $D\boldsymbol{\varepsilon}_i$를 차분 회귀의 잔차로 치환함으로써 추정할 수 있다(클러스터 분산 추정량). 클러스터의 개수(i의 개수)에 따라 자유도를 조정하거나 여타 소표본 조정을 할 수도 있다(상세한 내용은 **계량경제학 강의** 참조). 물론 만일 $\Delta\varepsilon_{it}$가 i와 t에 걸쳐 IID이면 샌드위치 형태를 쓸 필요가 없지만 실제 데이터에서 이러한 일이 발생하리라 기대하기는 매우 어려울 것이다. ε_{it}가 IID인 경우에조차 차분한 오차 $\Delta\varepsilon_{it}$는 t에 걸쳐 상관된다.

고정효과를 갖는 패널 모형에서 개체 간 차이를 단순비교하면 종속변수 값의 차이가 독립변수 값의 차이에 기인하는지 아니면 개별효과의 차이로 인한 것인지 불분명하다고 하였다. FD 회귀에서는 1계차분을 통하여 개체별 특수성들을 제거해 버리므로 종속변수 값의 평균적인 차이는 오로지 독립변수 값의 차이에 기인한다고 할 수 있다. 이로써 독립변수가 종속변수에 미치는 영향을 식별할 수 있다.

예제 3.4   인구구조와 총저축률(FD 추정)

예제 2.5의 데이터와 모형에 대하여 FD 추정을 한 결과는 다음과 같다.

```
1    . use wdi5bal, clear
```

```
2  (WDI five year balanced)

3  . reg d.(sav age0_19 age20_29 age65over lifeexp) i.year, vce(cl id)

4  Linear regression                          Number of obs   =       480
5                                              F(8, 95)        =      3.13
6                                              Prob > F        =    0.0035
7                                              R-squared       =    0.0560
8                                              Root MSE        =    5.5511

9                                    (Std. err. adjusted for 96 clusters in id)
```

D.sav	Coefficient	Robust std. err.	t	P>|t|	[95% conf. interval]
age0_19						
D1.	-.3460055	.2486922	-1.39	0.167	-.8397221	.147711
age20_29						
D1.	-.1167379	.2283094	-0.51	0.610	-.5699893	.3365134
age65over						
D1.	-1.005626	.4703192	-2.14	0.035	-1.939327	-.0719239
lifeexp						
D1.	.4353528	.2583715	1.68	0.095	-.0775796	.9482851
year						
1995	-.8690968	.8882802	-0.98	0.330	-2.632556	.8943623
2000	-1.425476	1.160648	-1.23	0.222	-3.729653	.8787022
2005	.2455556	.8630723	0.28	0.777	-1.46786	1.958971
2010	-2.268603	.9880684	-2.30	0.024	-4.230167	-.3070395
_cons	.4192943	.7052553	0.59	0.554	-.9808145	1.819403

클러스터 표준오차를 사용함에 유의하라. 앞의 RE 회귀와 비교하면, 우선 계수들에 약간씩 차이가 있고 lifeexp 변수의 p값이 증가하여 통계적 유의성이 낮아졌다. 회귀의 R제곱은 0.0560으로 모형의 설명력이 매우 낮다(이 회귀의 R제곱은 Δy_{it} 의 차이를 ΔX_{it} 가 어느 정도 설명하느냐 하는 것이다). lifeexp 변수의 계수추정값 .4353528은 한 나라의 인구구조(포함된 "age..." 변수 3개)는 일정하면서 기대수명이 1세 차이 나는 시기들 간에 저축률에 약 0.4% 포인트 차이가 있다는 것으로 해석된다.

고정효과 모형에서 시간불변time-invariant 변수들의 효과는 고정효과와 구별되지 않는다고 하였다. 이 때문에 고정효과 모형에서는 시변하는time-varying 설명변수들만 우변에 포함된다. 만약 시간불변 설명변수들을 우변에 포함시키고 FD 추정을 하면 이 변수들의 증가분은 0 이므로 모두 소거되고 추정값이 계산되지 않는다. 다음 예제를 보라.

예제 3.5 정규직 전환 효과의 FD 회귀

임금방정식 모형에 시간더미를 포함시키고 FD 회귀를 하자.

```
1  . use klipsbal, clear

2  . gen age05sq = age05^2

3  . gen tenuresq = tenure^2

4  . reg d.(lwage educ tenure tenuresq isregul female age05 age05sq) i.year, ///
5  > vce(cl pid)
6  note: D.female omitted because of collinearity.
7  note: D.age05 omitted because of collinearity.
8  note: D.age05sq omitted because of collinearity.
```

```
9  Linear regression                          Number of obs   =     8,360
10                                             F(13, 835)      =      7.48
11                                             Prob > F        =    0.0000
12                                             R-squared       =    0.0135
13                                             Root MSE        =    .24296
```

14   (Std. err. adjusted for **836** clusters in **pid**)

D.lwage	Coefficient	Robust std. err.	t	P>|t|	[95% conf. interval]	
educ						
D1.	.0478285	.0207337	2.31	0.021	.0071321	.0885249
tenure						
D1.	.0094793	.0039247	2.42	0.016	.0017758	.0171828
tenuresq						
D1.	-.0002073	.0001427	-1.45	0.147	-.0004874	.0000728
isregul						
D1.	.0887488	.0237373	3.74	0.000	.042157	.1353406
female						
D1.	0	(omitted)				
age05						
D1.	0	(omitted)				
age05sq						
D1.	0	(omitted)				
year						
2007	-.0014164	.0167854	-0.08	0.933	-.0343629	.0315301
2008	-.0025918	.0129682	-0.20	0.842	-.0280458	.0228622
2009	-.0501528	.0133258	-3.76	0.000	-.0763089	-.0239968

44	2010	-.0114747	.0122723	-0.94	0.350	-.0355629	.0126136
45	2011	-.0075862	.0123386	-0.61	0.539	-.0318045	.0166322
46	2012	-.0196236	.0117069	-1.68	0.094	-.0426021	.0033548
47	2013	-.0140309	.0123261	-1.14	0.255	-.0382246	.0101629
48	2014	-.0438484	.0118024	-3.72	0.000	-.0670144	-.0206825
49	2015	-.0304476	.0127458	-2.39	0.017	-.0554652	-.00543
50						
51	_cons	.0640449	.0096757	6.62	0.000	.0450534	.0830365
52						

특이하게도 Stata에서 d.(y c.x##c.x)와 같이 회귀식을 표현하면 x를 제곱한 것을 차분하는 것이 아니라 x를 차분한 것을 제곱하여 우리가 원하는 결과를 주지 않는다. 그래서 2행과 3행에서 제곱항을 먼저 만들어서 4행에 사용하였다.

FD 회귀에서 2005년도 당시의 연령 age05와 여성 더미변수 female은 시간에 따라 변하지 않으므로 관련 항들은 모두 회귀에서 제외된다(6–8행, 31–38행). 실제 분석을 할 때에는 이 점을 미리 인지하고서 4–5행을 "reg d.(lwage educ tenure tenuresq isregul) i.year, vce(cl pid)"로 바꾸는 것도 좋다. 물론 4–5행 그대로 실행하여 당초 시간불변이라고 생각한 변수들이 실제로 제외되는지 확인함으로써 코딩에 문제가 없다는 점을 확인하는 것도 나쁘지 않다.

정규직 여부를 나타내는 isregul 변수의 계수 추정값(29행)은 예제 3.1의 BE 추정값(.3315297)보다 훨씬 작은 .0863623이다. 이는 여타 요소 통제 시 정규직 노동자와 비정규직 노동자 간에는 상당한 임금 격차가 있으나, 동일 노동자의 상태가 비정규직에서 정규직으로 바뀔 때의 임금 변화는 그보다 훨씬 작음을 나타낸다.

20행에서 educ의 계수가 추정되는 것이 의외이다. 이는 educ에 집단내^{within} 변동이 약간이라도 존재함을 의미한다. "xtsum educ" 명령에 의하면 educ 변수의 집단간^{between} 표준편차는 2.99이고 집단내^{within} 표준편차는 0.13이다. 다음 명령으로써 알아낸 바로는, 총 836명 중 11명에서 educ 변수의 값이 변했다.

```
. by pid: egen sd_educ = sd(educ)
. list pid year educ if sd_educ > 0 & year==2005
```

이후 다음 명령을 사용하면 11명 변화의 내역을 일일이 확인할 수 있다.

```
. list pid year educ if sd_educ > 0, sep(11)
```

결과에 따르면, 2명은 고졸 → 전문대졸, 3명은 고졸 → (4년제) 대졸, 1명은 전문대졸 → 대졸, 나머지 5명은 대졸 → 석사로 표본기간 도중에 변경되었다. 20행 educ 계수 추정값은 이들 11명의 변동 내역만을 바탕으로 추정된 값이다. 그럼에도 p값이 0.021로 5% 수준에서 통계적 유의성을 얻은 것은 놀라운 일이다. 회귀 시 "if sd_educ==0"에 의해

11명을 분석에서 제외하면 `educ` 변수가 소거되고 `isregul`의 계수 추정값은 .0898071로 약간 바뀐다.

▶ **연습 3.5.** 표본기간 내에 `educ` 값이 변하지 않은 개인들만을 대상으로 본 예제의 모형을 추정하여 `isregul` 변수의 계수 추정값이 .0898071임을 확인하라.

　　FD 회귀에서 양방향 클러스터 분산추정은 1계차분한 오차항 $\Delta u_{it} = \Delta \varepsilon_{it}$ 에 임의의 시계열 상관과 임의의 동시기 횡단면 상관을 허용하는 분산추정 방법이다. 2.2절의 POLS 부분에서 소개한 `reghdfe` 패키지와 `xtivreg2` 패키지(이 패키지를 설치하려면 `ivreg2` 패키지도 설치하여야 한다)를 사용하여 이를 수행할 수 있다.

```
. reghdfe d.(y x1 x2), noabsorb cl(id year)
. xtivreg2 y x1 x2, fd cluster(id year) small
```

위 두 명령은 동일한 결과를 준다. 참고로, `xtivreg2`에서 사용한 `small` 옵션은 소표본 자유도 조정을 하라는 뜻이며, 이 옵션을 사용하지 않으면 클러스터 개수 및 설명변수 개수와 관련된 자유도 조정을 하지 않는다.

> 📝 `xtreg`에서 `vce(cl id year)`라고 하면(`nonest` 옵션 추가) id와 year가 모두 동일한 관측치들을 동일 클러스터로 묶는 데 반하여 `reghdfe`나 `xtivreg2`에서 `cl(id year)`라고 하면 id 또는 year 가 같은 관측치들을 동일 클러스터에 포함시키므로 주의하라.

예제 3.6 FD 회귀 양방향 클러스터 분산추정

FD 회귀에서 `xtivreg2`를 이용하여 양방향 클러스터 분산추정을 하자.

```
1  . use twowaycl, clear

2  . xtivreg2 y x1 x2 after, fd cl(id year) small

3  FIRST DIFFERENCES ESTIMATION
4  ─────────────────────────────
5  Number of groups =          86           Obs per group: min =        37
6                                                          avg =      37.0
7                                                          max =        37

8  OLS estimation
9  ─────────────────────────────

10 Estimates efficient for homoskedasticity only
11 Statistics robust to heteroskedasticity and clustering on id and year

12 Number of clusters (id) =          86      Number of obs =        3182
13 Number of clusters (year) =        37      F(  3,    36) =       43.30
```

```
14                                                       Prob > F        =    0.0000
15   Total (centered) SS     =    28085.31827            Centered R2     =    0.0440
16   Total (uncentered) SS   =    28211.47115            Uncentered R2   =    0.0483
17   Residual SS             =    26848.18068            Root MSE        =    2.907
18   ─────────────────────────────────────────────────────────────────────────────
19                                   Robust
20        D.y        Coef.      Std. Err.      t     P>|t|     [95% Conf. Interval]
21   ─────────────────────────────────────────────────────────────────────────────
22        x1
23        D1.     .5860479     .1457953      4.02    0.000     .2903613     .8817345
24
25        x2
26        D1.     .9362254     .6738361      1.39    0.173    -.4303775     2.302828
27
28     after
29        D1.     1.425579     .4335398      3.29    0.002     .5463198     2.304839
30
31     _cons     .1065428     .4414453      0.24    0.811    -.7887497     1.001835
32   ─────────────────────────────────────────────────────────────────────────────
33   Warning: estimated covariance matrix of moment conditions not of full rank.
34            overidentification statistic not reported, and standard errors and
35            model tests should be interpreted with caution.
36   Possible causes:
37            number of clusters insufficient to calculate robust covariance matrix
38            singleton dummy variable (dummy with one 1 and N-1 0s or vice versa)
39   partial option may address problem.
40   ─────────────────────────────────────────────────────────────────────────────
41   Included instruments: D.x1 D.x2 D.after
42   ─────────────────────────────────────────────────────────────────────────────
```

2행에서 small 옵션을 사용하여 소표본 자유도 조정을 하도록 하였다. 이 결과는 reghdfe d.(y x1 x2 after), noa cl(id year)로부터 얻는 결과와 동일하다.

FD 회귀에서 양방향 클러스터 분산추정에는 POLS 회귀의 경우와 다른 미묘한 점이 있다. 앞에서 $\Delta\varepsilon_{it}$ 의 동시기 횡단면 상관을 허용한다고 하였는데, 만약 $\Delta\varepsilon_{it}$ 가 아니라 ε_{it} 에 동시기 횡단면 상관이 있다고 가정하면 $\Delta\varepsilon_{it}$ 에는 동일 시기뿐 아니라 앞뒤 한 시기까지 상관이 발생한다. 즉, ε_{it} 와 ε_{jt-1} 간에는 아무 상관이 없더라도 $\Delta\varepsilon_{it} = \varepsilon_{it} - \varepsilon_{it-1}$ 과 $\Delta\varepsilon_{jt-1} = \varepsilon_{jt-1} - \varepsilon_{jt-2}$ 는 모두 $t-1$ 기를 포함하고 있어 이 둘 간에 상관이 발생한다. 그러므로 ε_{it} 에 동시기 횡단면 상관이 존재한다고 가정하면, reghdfe 패키지와 xtivreg2 패키지 모두 이 ± 1 기 상관을 무시하므로 문제가 있다.

이를 POLS의 경우와 동일한 방식으로 수식으로 살펴보자. 간단한 표기를 위하여 $a_{it} = \Delta X_{it}' \Delta\varepsilon_{it}$ 라 하고 a_{it} 가 스칼라라고 하면, $\sum_i \sum_t a_{it}$ 의 제곱은 다음과 같이 전개된다.

$$\left(\sum_{i=1}^{n}\sum_{t=2}^{T} a_{it}\right)^2 = \sum_{i=1}^{n}\sum_{t=2}^{T} a_{it}^2 + \sum_{i=1}^{n}\sum_{t\neq s} a_{it}a_{is} + \sum_{i\neq j}\sum_{t=2}^{T} a_{it}a_{jt} + \sum_{i\neq j}\sum_{t=3}^{T}(a_{it-1}a_{jt} + a_{it}a_{jt-1}) + \sum_{i\neq j}\sum_{t\neq s} a_{it}a_{js}$$

$$= ① + ② + ③ + ④' + ④''$$

앞의 POLS의 경우에는 ④′ + ④″를 ④로 표기하였고 그 기댓값이 0이었으나, 여기서는 ±1기 상관 문제가 있으므로 기댓값이 0이 아닌 ④′ 부분과 0인 ④″ 부분으로 나누었다. POLS 부분에서 ① + ② + ③을 'i 클러스터 + t 클러스터 − (i, t) 클러스터'로 처리한 바 있다. FD 회귀에서는 ④′를 추가적으로 고려하여야 한다. 이 부분의 코딩은 쉽지 않아 보인다.

♤♤♤ ε_{it}에 동시기 횡단면 상관이 있는 모형에서 다른 접근법을 취할 수도 있다. 행렬 연산을 이용하면 ΔX_{it}의 벡터는 DX_i, $\Delta \varepsilon_i$의 벡터는 $D\varepsilon_i$이므로 $\sum_{t=2}^{T} \Delta X_{it}' \Delta \varepsilon_{it} = X_i' D' D \varepsilon_i$이다. $D'DX_i$를 Z_i라 하고 Z_i의 t번째 행을 Z_{it}라 하면 $\sum_{t=2}^{T} \Delta X_{it}' \Delta \varepsilon_{it}$는 $\sum_{t=1}^{T} Z_{it}' \varepsilon_{it}$가 된다. 이 Z_{it}로 표현한 식을 이용하면 POLS의 경우와 동일한 방식으로 'i클러스터 + t클러스터 − (i, t) 클러스터' 공식으로 분산·공분산 행렬을 나타낼 수는 있다. 하지만 ε_{it}에 해당하는 잔차를 구할 수 없다는 문제가 있다. 한 가지 방법은 '절편 포함 잔차'인 $r_{it} \equiv y_{it} - X_{it} \hat{\beta}_{fd}$를 구한 후 $\tilde{r}_{it} = r_{it} - \bar{r}_i$를 ε_{it} 대용으로 사용하는 것이다. n과 T가 모두 클 때 ε_{it} 대신에 $\tilde{r}_{it}$를 사용하는 것이 작동할 것 같기는 한데, 정말로 그럴지는 연구해 봐야 알겠다(분명히 될 것 같은데 막상 해 보면 안 되는 경우가 꽤 있다).

♤♤ 원래 모형 $y_{it} = \alpha + X_{it}\beta + \mu_i + \varepsilon_{it}$에서 ε_{it}에 동시기 횡단면 상관이 존재한다고 할지, 아니면 1계차분된 모형 $\Delta y_{it} = \Delta X_{it}\beta + \Delta \varepsilon_{it}$의 오차항 $\Delta \varepsilon_{it}$에 동시기 횡단면 상관이 존재한다고 할지는 연구자가 선택할 문제인 것으로 보인다. 만약 패널 고정효과 모형을 처음부터 상정하였다면 ε_{it}에 동시기 횡단면 상관이 있다고 하는 것이 약간 더 편안해 보인다. 다만, 그 경우 양방향 클러스터 분산추정을 위해서는 여러분이 직접 코드를 작성하거나 아니면 누군가의 도움을 받아야 할 것이다.

♤ 앞에서 n이 고정되고 $T \to \infty$인 상황에서 μ_i가 임의효과인 경우에도 POLS 추정량은 일관성을 잃을 수 있다고 하였다. 그 이유는 오차항과 설명변수에 시간불변 요소들이 포함되어 있고, μ_i로 인하여 회귀식의 오차항 u_{it} 내에 소멸되지 않는 강한 시계열 상관이 존재하여 t에 걸쳐 표본평균을 구하는 것만으로는 큰 수의 법칙이 작용하지 않기 때문이다(보통 i에 걸친 표본평균이 이 문제를 해결하는데 n이 작으면 표본평균의 정확도가 낮을 수 있다). 반면 FD 회귀에서는 설명변수가 ΔX_{it}이고 오차항이 $\Delta \varepsilon_{it}$이다. 이 항들에는 시간불변 요소가 없으며, ε_{it}의 경우에는 시계열 상관이 있더라도 그 크기는 시간 간격이 멀어질 때 급속하게 줄어든다고 보아도 좋을 것이다. 그리하여 FD 추정량의 경우에는 n이 작고 T가 큰 상황에서도 μ_i의 존재로 인한 문제가 발생하지 않는다.

♤ T가 큰 경우에는 공통의 시간별 효과들(f_t)이 문제를 야기할 수 있다. FD 회귀의 "정신"을 여기에도 적용시킨다면 i번째 개체의 회귀식으로부터 그 "이전 개체"의 회귀식을 빼는 것이 되겠으나 개체들의 경우에는 순서가 없어 그 "이전"이라는 것이 없으므로 그 뜻이 애매하다. 보통은 모형에 시간별 더미를 포함시키는데, n이 작고 $T \to \infty$인 환경에서 시간별 더미의 계수들은 따름모수가 된다. 하지만 설명변수들이 강외생적일 때, β의 추정에 관한 한 이 따름모수 문제는 (나중에 보겠지만) 심각한 문제를 야기하지 않는다.

원래의 고유오차 ε_{it}가 IID인 상황에서도 식 (3.6)의 오차항 $\Delta \varepsilon_{it}$는 시계열 상관을 보이므로 FD 추정량은 BLUE가 아니다(♤). 이 경우 ε_{it}가 IID라는 특정한 가정하에서 GLS를 할 수 있다. 그 가정하에서 공분산의 구조는

$$E[(\Delta \varepsilon_{it})^2] = 2\sigma_\varepsilon^2, \quad E[(\Delta \varepsilon_{it})(\Delta \varepsilon_{it-1})] = -\sigma_\varepsilon^2$$

이고 그 밖의 공분산은 모두 0이다. 여기서 σ_ε^2은 공통의 스칼라이므로 무시할 수 있고,

따라서 FGLS가 아니라 GLS를 할 수 있는데, 그 결과는 다음 3.4절의 고정효과(FE) 회귀와 동일하다. 상세한 내용은 부록 D.4에 도출되어 있다.

3.4 고정효과 회귀

앞에서는 1계차분을 통하여 개별효과를 제거하는 방법을 고려하였다. 이제는 각 개체별로 평균값을 빼서 개별효과를 제거하는 법을 생각해 보자. 다음의 첫 번째 식에서 각 i별로 평균(t에 걸친 표본평균)을 구하면 두 번째 식이 된다.

$$y_{it} = \alpha + X_{it}\beta + \mu_i + \varepsilon_{it}$$
$$\bar{y}_i = \alpha + \bar{X}_i\beta + \mu_i + \bar{\varepsilon}_i$$

여기서 $\bar{y}_i = T^{-1}\sum_{t=1}^{T} y_{it}$ 이고 $\bar{X}_i$와 $\bar{\varepsilon}_i$도 이와 마찬가지로 정의된다(불균형패널이면 T를 T_i로 바꿈). 첫 번째 식에서 두 번째 식을 빼면 다음 표현을 얻는다.

$$y_{it} - \bar{y}_i = (X_{it} - \bar{X}_i)\beta + (\varepsilon_{it} - \bar{\varepsilon}_i) \tag{3.10}$$

여기서도 μ_i가 소거된다는 점이 중요하다. 참고로, (3.10)과 유사한 식을 2.4절의 RE 추정에서 본 적이 있다. 단, 그때에는 표본평균 $\bar{y}_i$에 θ라는 것을 곱하였다.

식 (3.10)을 POLS하는 것을 집단내(within-group, WG) 회귀 또는 고정효과(fixed effects, FE) 회귀라 한다. '집단내'라는 수식어가 붙는 것은 식 (3.10)에서 $y_{it} - \bar{y}_i$와 $X_{it} - \bar{X}_i$를 해당 변수들의 집단내$^{\text{within-group}}$ 편차라고 하는 것과도 관련된다. '고정효과 회귀'라는 이름은 원래 μ_i들을 고정된 모수로 간주한다(3.5절 참조)는 것으로부터 유래하였으나, 이보다는 그냥 '집단내 편차들을 이용한 OLS'라고 받아들이는 편이 혼동을 줄인다.

▶ **연습 3.6.** 모형 (3.5)에서 μ_i가 고정효과(설명변수와 상관됨)일 때, 모든 $t = 2,\ldots,T$에 대하여 $y_{it} - y_{i1}$과 $X_{it} - X_{i1}$을 구한 후$^{\text{long differencing}}$ 이 변환된 자료들로써 POLS를 하는 방법도 있다. 이와 유사하게 $y_{it} - y_{i2}$를 $X_{it} - X_{i2}$에 대하여 POLS 회귀할 수도 있다. T가 고정되고 $n \to \infty$일 때 이 추정량들이 일관성을 갖는다는 것을 증명하라. 또한 1기 대비 증가분으로 나타낸 방정식에 대하여 ε_{it}가 IID라는 가정하에서 GLS를 하면 FE 추정량이 됨을 증명하라.

FE 회귀가 식 (3.10)에 대하여 POLS를 하는 것이기는 하지만 식 (3.10)에 맞추어 결과를 해석할 필요는 없다. FD 추정값의 경우처럼 FE 추정값 $\hat{\beta}_{fe}$을 해석하기 위해서는 원래 FE 모형으로 돌아가서 "동일 개체 내에서 설명변수 값에 Δx만큼의 차이가 있으면 종속변수 값에 평균 $(\Delta x)\hat{\beta}_{fe}$만큼의 차이가 있는 것으로 추정된다"고 하면 된다.

▶ **연습 3.7.** FE 회귀와 3.3절의 FD 회귀는 당연히 서로 다르다. 하지만 $T = 2$인 경우에는 두 회귀로부터의 추정량이 서로 동일하다. 이를 수학적으로 증명하라.

원래 모형 (3.5)의 절편overall intercept인 α를 추정할 수 있는가? 모형에서 μ_i와 ε_{it}의 평균이 0이라고 가정하면 $\mathrm{E}(y_{it}) = \alpha + \mathrm{E}(X_{it})\beta$가 되고, 이로부터 $\alpha = \mathrm{E}(y_{it}) - \mathrm{E}(X_{it})\beta$로 둔 다음, 우변의 두 평균들을 각 변수의 전체 평균overall mean들로써 추정하고 β를 $\hat{\beta}_{fe}$로 치환한다. 그 결과는 다음과 같다.

$$\hat{\alpha}_{fe} = \frac{1}{nT} \sum_{i=1}^{n} \sum_{t=1}^{T} (y_{it} - X_{it}\hat{\beta}_{fe}) \tag{3.11}$$

📝 Stata는 절편(overall constant) 추정값을 교묘하게 계산한다. 방정식을 $y_{it} - \bar{y}_i$의 방식으로 변환하고 나서 $\bar{y} = (nT)^{-1} \sum_{i=1}^{n} \sum_{t=1}^{T} y_{it}$를 합해 주자. $\bar{y} = \alpha + \bar{X}\beta + \bar{\mu} + \bar{\bar{\varepsilon}}$이므로 원래의 (3.5)는 다음과 같이 변환된다.

$$y_{it} - \bar{y}_i + \bar{y} = (\alpha + \bar{\mu}) + (X_{it} - \bar{X}_i + \bar{X})\beta + (\varepsilon_{it} - \bar{\varepsilon}_i + \bar{\bar{\varepsilon}})$$

이 식을 OLS로 추정하면(절편 포함) 그 기울기 추정값은 정확히 $\hat{\beta}_{fe}$가 되고 절편 추정값은 (3.11)의 $\hat{\alpha}_{fe}$가 된다. 이렇게 추정한다고 하여 특별한 것은 아니고 똑같은 계산을 이 방식으로 하는 것일 뿐이다.

독립변수가 x1, x2이고 종속변수가 y일 때 Stata에서 시간더미들을 포함시켜 FE 추정을 하려면 xtset id year 후에 다음과 같이 xtreg 명령을 이용한다.

```
. xtreg y x1 x2 i.year, fe
```

연구자의 재량에 따라 시간더미가 필요없다고 판단되면 i.year를 삭제하면 되겠지만 그 이유를 충분히 잘 설명하여야 할 것이다. x1과 x2는 시변하는 설명변수들이다. 시간에 걸쳐 변하지 않는 변수의 경우에는 그 개체별 평균을 빼면 모든 i와 t에서 0이 되므로 모형으로부터 소거되어 버린다. 이 때문에 X_{it}에는 시변하는 설명변수들만 있어야 한다.

📝 Stata의 xtreg 명령어를 사용하지 않고, 각 변수별로 집단내 편차(yd, x1d, x2d라 하자)를 구한 후 이 편차들로써 reg yd x1d x2d처럼 POLS하여 추정하면 계수 추정값 자체는 동일하지만 소프트웨어 패키지에 따라 자유도 문제로 인하여 표준오차를 잘못 계산할 수 있다(R은 제대로 계산하지만 Stata는 제대로 계산하지 않는다). 그러므로 Stata에서는 꼭 xtreg를 사용하여야 할 것이다. 하지만 클러스터 표준오차를 사용한다면 두 결과는 동일하다. 그렇더라도 (공부 목적이 아니라면) 쉬운 것을 어렵게 할 이유가 없다.

앞에서 설명하였듯이, FE 회귀는 회귀식을 (3.10)으로 변형하여 POLS를 하는 것이다. 그런데 (3.10)의 오차항에는 $\bar{\varepsilon}_i$가 포함되어 있으므로, 고유오차 ε_{it}가 IID이건 아니건 간에 상관없이 최종 회귀식 오차항인 $\varepsilon_{it} - \bar{\varepsilon}_i$는 시계열 상관을 갖는다. OLS로 추정할 회귀식의 오차항에 시계열 상관이 있을 때에는 견고한 표준오차를 사용하여야 한다고 지금까지 반복하여 이야기하였다(📿). FE 회귀에서 집단내 편차들로 표현된 회귀식의 오차항 $\varepsilon_{it} - \bar{\varepsilon}_i$도 시계열 상관을 갖기 때문에 표준오차 계산 시 이를 고려하여야 한다.

▶ **연습 3.8.** $T = 3$이라 하자. ε_{i1}, ε_{i2}, ε_{i3}이 IID이고 평균이 0, 분산이 1이라면 $\varepsilon_{it} - \bar{\varepsilon}_i$의 분산은 무엇인가? 그 경우 $\varepsilon_{i1} - \bar{\varepsilon}_i$와 $\varepsilon_{i2} - \bar{\varepsilon}_i$의 공분산은 무엇인가? 단, $\bar{\varepsilon}_i = \frac{1}{3}(\varepsilon_{i1} + \varepsilon_{i2} + \varepsilon_{i3})$.

고유오차항 ε_{it}가 IID인 경우 FE 추정량의 분산은 특수한 형태를 갖는다. 수학을 이용하여 도출을 해 보면, ε_{it}가 IID일 때 FE 추정량의 표준오차를 제대로 구하기 위해서는 자유도만 잘 조정하면 된다(자세한 내용은 이하에서 설명). 그 결과, $\varepsilon_{it} - \bar{\varepsilon}_i$ 에 존재하는 시계열 상관을 자유도만 조정함으로써 처리할 수 있다. Stata가 기본사양으로 계산하는 '통상적인' 표준오차는 이처럼 ε_{it} 가 IID라는 가정하에서 자유도를 조정한 표준오차이다.

어떻게 자유도를 조정할 것인가? 각 개체당 T 개의 관측치가 있고 전체 n 개의 개체가 있으므로 식 (3.10)에 해당하는 전체 표본크기는 nT 이다. 여기서 β 모수(k 개라 하자)를 추정하므로 k 개의 자유도를 잃는다는 것은 쉽게 알 수 있다. 그런데 식 (3.10)을 자세히 들여다보면 각 i 마다 모든 t 에 걸쳐서 식들을 합하면 좌변과 우변이 동시에 0이 되는 것을 알 수 있다. 왜냐하면 $\sum_{t=1}^{T}(y_{it} - \bar{y}_i) = 0$, $\sum_{t=1}^{T}(X_{it} - \bar{X}_i) = 0$, $\sum_{t=1}^{T}(\varepsilon_{it} - \bar{\varepsilon}_i) = 0$ 이기 때문이다. 그러므로 각 i 마다 눈에 보이는 관측치들(집단내 편차들)의 수는 T 개이지만 $T-1$ 개의 집단내 편차들을 알면 합이 0이어야 하므로 나머지 하나도 자동으로 결정된다. 그러므로 각 i 에서 자유도를 하나씩 잃고, 각 i 내에서 자유로운 관측치들의 수는 $T-1$ 이다. 그러므로 총 n 개의 자유도를 추가로 잃고, 결국 남는 자유도residual degrees of freedom는 $nT - n - k$ 이다. 종합하여, ε_{it} 가 IID이고 평균은 0, 분산은 σ_ε^2 이라 할 때, σ_ε^2 의 FE 추정량은 다음과 같다.

$$\hat{\sigma}_\varepsilon^2 = \frac{1}{nT - n - k} \sum_{i=1}^{n} \sum_{t=1}^{T} (\hat{u}_{it} - \bar{\hat{u}}_i)^2, \quad \hat{u}_{it} = y_{it} - \hat{\alpha}_{fe} - X_{it}\hat{\beta}_{fe} \tag{3.12}$$

그 다음, 설명변수들이 $X_{it} - \bar{X}_i$ 이므로 통상적인 형태의 분산은 $\sigma_\varepsilon^2 [\sum_{i=1}^{n} \sum_{t=1}^{T} (X_{it} - \bar{X}_i)'(X_{it} - \bar{X}_i)]^{-1}$ 임을 알 수 있고(증명하려면 수학이 필요함), 여기서 σ_ε^2 을 (3.12)의 $\hat{\sigma}_\varepsilon^2$ 으로 치환하면 ε_{it} 가 IID라는 가정하에서 타당한 '통상적인' 분산 추정량을 얻는다.

수식을 사용하여 FE 추정량 $\hat{\beta}_{fe}$ 의 분산·공분산 행렬을 엄밀하게 구하여 보자. $\tilde{\mathbf{X}}_i = M_1 \mathbf{X}_i$, $\tilde{\mathbf{y}}_i = M_1 \mathbf{y}_i$, $M_1 = I_T - \frac{1}{T} 1_T 1_T'$ 라고 하면, FE 추정량은 $\hat{\beta}_{fe} = (\sum_{i=1}^{n} \tilde{\mathbf{X}}_i' \tilde{\mathbf{X}}_i)^{-1} \sum_{i=1}^{n} \tilde{\mathbf{X}}_i' \tilde{\mathbf{y}}_i$ 이다. 그런데 $\mathbf{y}_i = \mathbf{X}_i \beta + 1_T \alpha_i + \varepsilon_i$ 이므로(여기서 $\alpha_i = \alpha + \mu_i$), $M_1 1_T = 0$ 임을 고려하면 $\tilde{\mathbf{y}}_i = M_1 \mathbf{y}_i = M_1 \mathbf{X}_i + M_1 \varepsilon_i$ 가 되고, 이를 대입하면 $M_1' M_1 = M_1$ 으로부터 다음을 얻는다.

$$\hat{\beta}_{fe} = \beta + \left(\sum_{i=1}^{n} \mathbf{X}_i' M_1 \mathbf{X}_i \right)^{-1} \sum_{i=1}^{n} \mathbf{X}_i' M_1 \varepsilon_i$$

$\mathbf{X}_i$ 가 비임의적이고 $E(\varepsilon_i \varepsilon_i') = \sigma_\varepsilon^2 I_T$ 라는 가정하에 $\hat{\beta}_{fe}$ 의 분산·공분산 행렬을 구하면 다음이 된다.

$$V(\hat{\beta}_{fe}) = \left(\sum_{i=1}^{n} \mathbf{X}_i' M_1 \mathbf{X}_i \right)^{-1} \sum_{i=1}^{n} \mathbf{X}_i' M_1 \, E(\varepsilon_i \varepsilon_i') M_1 \mathbf{X}_i \left(\sum_{i=1}^{n} \mathbf{X}_i' M_1 \mathbf{X}_i \right)^{-1} = \sigma_\varepsilon^2 \left(\sum_{i=1}^{n} \mathbf{X}_i' M_1 \mathbf{X}_i \right)^{-1} \tag{3.13}$$

여기서 $E(\varepsilon_i \varepsilon_i') = \sigma_\varepsilon^2 I_T$ 라는 가정은 ε_{it} 의 분산이 모두 동일하고 상이한 t 와 s 간에 ε_{it} 와 ε_{is} 의 공분산이 0임을 의미한다.

관심을 가질 독자들을 위하여 σ_ε^2 을 추정하는 문제에 수학적으로 접근해 보자. $\mathbf{y}_i$ 를 세로로 쌓아서 만든 행렬을 $\mathbf{y}$ 라 하고 이와 마찬가지로 $\mathbf{X}$ 와 ε 도 정의하자. 그러면 FE 추정은 회귀식 $(I_n \otimes M_1)\mathbf{y} = (I_n \otimes M_1)\mathbf{X}\beta + (I_n \otimes M_1)\varepsilon$ 에 대하여 OLS 추정을 하는 것과 같다. 이 식의 잔차는 $M_{(I_n \otimes M_1)\mathbf{x}}(I_n \otimes M_1)\varepsilon$ 와 동일하며(자세한 내용은 계량경제학 강의를 참조하라), 잔차제곱합의 평균은 σ_ε^2 곱하기 $(I_n \otimes M_1)' M_{(I_n \otimes M_1)\mathbf{x}}(I_n \otimes M_1)$ 의 대각합과 같다. 이 복잡한 행렬을 A 라 하자. 그러면 A 의 대각합은 다음과 같다.

$$\mathrm{tr}(A) = \mathrm{tr}\{(I_n \otimes M_1)'(I_n \otimes M_1)\} - \mathrm{tr}\{(I_n \otimes M_1)'P_{(I_n \otimes M_1)\mathbf{X}}(I_n \otimes M_1)\}$$

$$= \mathrm{tr}\{I_n \otimes M_1\} - \mathrm{tr}\{P_{(I_n \otimes M_1)\mathbf{X}}\} = n(T-1) - k$$

그러므로 집단내 편차들로 이루어진 회귀식의 잔차들을 제곱하여 합한 다음 $n(T-1)-k$로 나누면 σ_ε^2의 비편향 추정량을 얻는다.

Stata의 `xtreg ..., fe` 명령은 자유도 조정을 거쳐서 ε_{it}가 IID일 때(좀 더 정확히는 등분산적이고 자기상관이 없을 때) 타당한 통상적인 표준오차를 이용한 통계량들을 보고해 준다. 다음 실습 결과를 보라.

예제 3.7 인구구조와 총저축률(FE 회귀)

다음 결과는 예제 2.5의 저축률 모형을 FE 회귀로 추정한 것이다.

```
1   . use wdi5bal, clear
2   (WDI five year balanced)

3   . xtreg sav age0_19 age20_29 age65over lifeexp i.year, fe

4   Fixed-effects (within) regression        Number of obs    =      576
5   Group variable: id                       Number of groups =       96

6   R-squared:                               Obs per group:
7       Within  = 0.1263                         min =        6
8       Between = 0.2284                         avg =      6.0
9       Overall = 0.1951                         max =        6

10                                           F(9,471)         =     7.56
11  corr(u_i, Xb) = -0.2478                  Prob > F         =   0.0000
```

sav	Coefficient	Std. err.	t	P>|t|	[95% conf. interval]	
age0_19	-.1874117	.137726	-1.36	0.174	-.4580451	.0832217
age20_29	-.2854431	.2028476	-1.41	0.160	-.6840414	.1131553
age65over	-1.217475	.3208239	-3.79	0.000	-1.847898	-.5870518
lifeexp	.7431412	.1096868	6.78	0.000	.5276052	.9586772
year						
1990	.2155309	.8174689	0.26	0.792	-1.390806	1.821868
1995	-.3066153	.9033753	-0.34	0.734	-2.08176	1.468529
2000	-1.399115	1.034249	-1.35	0.177	-3.431428	.6331987
2005	-.8769248	1.233439	-0.71	0.477	-3.300649	1.546799
2010	-2.995868	1.473922	-2.03	0.043	-5.892144	-.0995922
_cons	-10.02792	10.42443	-0.96	0.337	-30.51208	10.45623
sigma_u	7.5309095					
sigma_e	5.4381647					

```
31        rho |    .6572692    (fraction of variance due to u_i)
32      ------+
33   F test that all u_i=0: F(95, 471) = 9.82              Prob > F = 0.0000
```

lifeexp의 계수 추정값 .7431412는 "(공통의 사이클을 통제한 후) 동일 국가 내에서 시간에 걸쳐 age0_19, age20_29, age65over가 일정하고 기대수명에 1년 차이가 있으면 총저축률에 평균 약 0.74% 포인트의 차이가 있는 것으로 추정된다"고 해석된다. 개별 효과와 설명변수 간에 상관관계(횡단면 상관관계)가 있으면 FE 추정값과 RE 추정값 사이에 상당한 차이가 있는 것이 당연하고, FE 추정값과 FD 추정값은 모두 고정효과 모형의 모수 추정값이므로 유사해야 한다. 그런데 이 결과를 예제 2.5(RE 회귀) 및 예제 3.4(FD 회귀)의 결과와 비교하면 lifeexp의 FE 계수 추정값(.743)은 FD 추정값(.435)보다 오히려 RE 추정값(.554)에 가깝다. FD 회귀와 FE 회귀가 모두 고정효과 모형을 일관되게 추정하므로 이 결과가 약간 당혹스러우나, 적어도 추정값들의 부호가 동일하고 또 RE 추정값이 FE 추정값과 유사한 경우도 있으므로 회복불가능한 타격을 입지는 않은 것으로 보인다.

FE 회귀에서, 만약 ε_{it}에 이분산이나 시계열 상관이 있으면 FE 추정량은 여전히 일관적이지만(☺) 통상적인 표준오차들은 타당하지 않다(☒). 이 경우에도 가장 손쉬운 방법은 클러스터 표준오차를 사용하는 것이다. 이 클러스터 표준오차는 동일한 i로 이루어진 관측치들을 하나의 클러스터로 삼는 것으로서, 클러스터 개수인 n이 크기만 하면 ε_{it}에 임의의 이분산이 있고 t에 걸쳐 어떤 상관이 있어도 사용할 수 있는 편리한 것이다. Stata에서는 vce(r) 옵션으로써 이 클러스터 표준오차들을 사용할 수 있다. 다음 예를 보라.

예제 3.8 인구구조와 총저축률(FE 회귀, 견고한 표준오차)

예제 3.7의 추정량에 대하여 견고한(클러스터) 표준오차를 계산도록 하면 다음 결과를 얻는다.

```
1  . use wdi5bal, clear
2  (WDI five year balanced)

3  . xtreg sav age0_19 age20_29 age65over lifeexp i.year, fe vce(r)

4  Fixed-effects (within) regression        Number of obs    =        576
5  Group variable: id                       Number of groups =         96

6  R-squared:                               Obs per group:
7       Within  = 0.1263                            min =          6
8       Between = 0.2284                            avg =        6.0
9       Overall = 0.1951                            max =          6
```

```
10                                         F(9,95)           =        4.03
11    corr(u_i, Xb) = -0.2478              Prob > F          =      0.0002

12                             (Std. err. adjusted for 96 clusters in id)
13
14                     Robust
15       sav   Coefficient   std. err.      t    P>|t|    [95% conf. interval]
16    ─────────────────────────────────────────────────────────────────────
17   age0_19    -.1874117    .2359885    -0.79   0.429    -.6559081    .2810847
18   age20_29   -.2854431    .2613957    -1.09   0.278    -.8043791     .233493
19  age65over   -1.217475    .4548876    -2.68   0.009    -2.120541    -.314409
20    lifeexp    .7431412    .2433866     3.05   0.003     .2599577    1.226325
21
22      year
23      1990     .2155309    .7585254     0.28   0.777    -1.290332    1.721394
24      1995    -.3066153    1.109736    -0.28   0.783    -2.509719    1.896489
25      2000    -1.399115    1.522316    -0.92   0.360    -4.421295    1.623065
26      2005    -.8769248    1.882772    -0.47   0.642      -4.6147    2.860851
27      2010    -2.995868    2.535657    -1.18   0.240    -8.029785    2.038048
28
29      _cons   -10.02792    20.36592    -0.49   0.624     -50.4594    30.40355
30    ─────────────────────────────────────────────────────────────────────
31    sigma_u   7.5309095
32    sigma_e   5.4381647
33        rho    .6572692   (fraction of variance due to u_i)
34
```

통상적인 표준오차를 사용하는 경우와 비교하면 계수 추정값은 동일하나 표준오차가 변경되었다. 이 예에서는 클러스터 표준오차를 사용하여도 시간더미들을 제외하면 유의성 면에서 결과를 바꿀 만한 차이가 없다. 다른 분석에서는 유의성이 달라질 수도 있다.

FD 회귀에서처럼, 시간에 따라 변하지 않는 설명변수들은 FE 회귀 시 소거된다. 이는 FE 회귀가 동일 개체 내에서 시간에 따른 변화만을 고려하기 때문이다. 다음 예에서는 정규직 전환의 효과를 FE 회귀로써 추정한다. 결과가 깔끔한 모양을 갖도록 하기 위하여 시간불변 설명변수들은 모형에서 미리 제외시킨다.

예제 3.9 정규직 전환 효과의 FE 회귀

임금방정식 모형에서 시간불변 설명변수들을 제외시킨 다음 시간더미를 포함시키고 FE 회귀를 하자. 견고한 표준오차를 사용한다.

```
1   . use klipsbal, clear

2   . xtreg lwage educ c.tenure##c.tenure isregul i.year, fe vce(r)
```

```
3   Fixed-effects (within) regression          Number of obs     =      9,196
4   Group variable: pid                        Number of groups  =        836

5   R-squared:                                 Obs per group:
6       Within  = 0.3770                                  min =         11
7       Between = 0.4559                                  avg =       11.0
8       Overall = 0.3668                                  max =         11

9                                              F(14,835)         =     135.81
10  corr(u_i, Xb) = 0.3194                     Prob > F          =     0.0000

11                                 (Std. err. adjusted for 836 clusters in pid)
```

lwage	Coefficient	Robust std. err.	t	P>|t|	[95% conf. interval]	
educ	.035242	.0139772	2.52	0.012	.0078075	.0626765
tenure	.0106582	.0027718	3.85	0.000	.0052177	.0160987
c.tenure#						
c.tenure	-.0002984	.0000791	-3.77	0.000	-.0004536	-.0001431
isregul	.1247037	.021713	5.74	0.000	.0820852	.1673223
year						
2006	.0647465	.0095661	6.77	0.000	.0459701	.083523
2007	.1272478	.010373	12.27	0.000	.1068876	.147608
2008	.1885725	.0113422	16.63	0.000	.1663098	.2108351
2009	.2036432	.0135005	15.08	0.000	.1771443	.2301422
2010	.257434	.0148574	17.33	0.000	.2282719	.2865962
2011	.3150238	.0164821	19.11	0.000	.2826725	.347375
2012	.3603812	.0177596	20.29	0.000	.3255225	.3952398
2013	.4112133	.0197236	20.85	0.000	.3724997	.4499269
2014	.4327351	.0213889	20.23	0.000	.3907528	.4747175
2015	.4679129	.0238886	19.59	0.000	.4210242	.5148016
_cons	4.523782	.1796466	25.18	0.000	4.17117	4.876394
sigma_u	.43713115					
sigma_e	.21338597					
rho	.80756441	(fraction of variance due to u_i)				

2005년도 당시의 연령 age05와 여성 더미변수 female은 시간에 따라 변하지 않으므로 회귀에서 제외시켰다. 이들을 포함시키면 FD 회귀의 경우처럼 자동으로 모두 소거될 것이다. 22행에서 정규직 여부를 나타내는 isregul 변수의 계수 추정값은 예제 3.1의 BE 추정값(.3315297)이나 예제 2.1의 POLS 추정값(.2716956)보다 훨씬 작은 .1247073으로, FD 추정값(.0898071)보다 약간 더 크다. 이 또한 여타 요소 통제 시 정규직 노동자와 비정규직 노동자 간에는 상당한 임금 격차가 있으나, 동일 노동자의 상태가 비정규직인 시기와 정규직인 시기 간 임금 차이는 그보다 훨씬 작음을 나타낸다.

FE 회귀에서도 양방향 클러스터 분산추정이 가능하다. `reghdfe`와 `xtivreg2`를 모두 사용할 수 있으나 둘은 소표본 교정을 약간 다르게 한다. 다음 두 명령을 보라.

```
. reghdfe y x1 x2, absorb(id) cl(id year)
. xtivreg2 y x1 x2, fe cl(id year) small
```

집단내 변환을 한 후 POLS를 하면서 2.2절에서 설명한 양방향 클러스터 분산추정을 수동으로 하면 `reghdfe`의 결과와 동일하다. `xtivreg2`에 의한 표준오차는 그보다 약간 작다. 이 차이는 사소해 보인다.

예제 3.10   FE 회귀에서 양방향 클러스터 분산추정

FE 회귀에서 `reghdfe`와 `xtivreg2`를 이용한 양방향 클러스터 분산추정을 연습하자.

```
1   . use twowaycl, clear

2   . reghdfe y x1 x2 after, a(id) cl(id year)
3   ( converged in 1 iterations)

4   HDFE Linear regression                        Number of obs   =      3,268
5   Absorbing 1 HDFE group                        F(  3,    37) =      29.28
6   Statistics robust to heteroskedasticity       Prob > F        =     0.0000
7                                                 R-squared       =     0.3345
8                                                 Adj R-squared   =     0.3161
9   Number of clusters (id)     =        86       Within R-sq.    =     0.0955
10  Number of clusters (year)   =        38       Root MSE        =     2.1153

11                              (Std. Err. adjusted for 38 clusters in id year)
12  ------------------------------------------------------------------------------
13                 |               Robust
14            y    |     Coef.   Std. Err.      t    P>|t|     [95% Conf. Interval]
15  -------------+----------------------------------------------------------------
16           x1    |  .4533434   .2427037     1.87   0.070    -.0384209    .9451077
17           x2    |  .2406424   1.142821     0.21   0.834    -2.074932    2.556217
18        after    |  .6235091   .9139334     0.68   0.499    -1.228296    2.475314
19        _cons    |  1.076808   .6278221     1.72   0.095    -.1952807    2.348896
20  ------------------------------------------------------------------------------

21  Absorbed degrees of freedom:
22  -----------------------------------------------------+
23   Absorbed FE | Categories  - Redundant  = Num. Coefs |
24  -------------+---------------------------------------|
25           id  |      86           86            0    *|
26  -----------------------------------------------------+
27  * = FE nested within cluster; treated as redundant for DoF computation

28  . xtivreg2 y x1 x2 after, fe cl(id year) small

29  FIXED EFFECTS ESTIMATION
```

```
30
31   Number of groups =              86              Obs per group: min =        38
32                                                                  avg =      38.0
33                                                                  max =        38
34   OLS estimation
35
36   Estimates efficient for homoskedasticity only
37   Statistics robust to heteroskedasticity and clustering on id and year
38   Number of clusters (id) =            86        Number of obs  =        3268
39   Number of clusters (year) =          38        F(  3,    37) =        29.29
40                                                   Prob > F      =       0.0000
41   Total (centered) SS    =  15725.07931           Centered R2   =       0.0955
42   Total (uncentered) SS  =  15725.07931           Uncentered R2 =       0.0955
43   Residual SS            =  14224.05719           Root MSE      =       2.115
```

y	Coef.	Robust Std. Err.	t	P>|t|	[95% Conf. Interval]	
x1	.4533434	.2426665	1.87	0.070	-.0383456	.9450324
x2	.2406424	1.142646	0.21	0.834	-2.074577	2.555862
after	.6235091	.9137934	0.68	0.499	-1.228012	2.47503

```
52   Included instruments: x1 x2 after
53
```

reghdfe가 보고하는 표준오차와 xtivreg2가 보고하는 표준오차가 미세하게 다른데 그 이유는 불분명하다. reghdfe는 늘 소표본 조정을 하고 xtivreg2에서도 small 옵션을 사용하여 소표본 자유도 조정을 하도록 하였으나 둘이 소표본 조정을 하는 방식이 서로 약간 다른 듯하다. 이 차이는 미세하여 염려하지 않아도 될 듯하다.

2.4절 RE 회귀에서 양방향 클러스터 분산추정이 애매할 수 있다고 하였다. 이는 RE 회귀가 오차항을 $u_{it} - \hat{\theta}\bar{u}_i$로 변환하고, 그 결과 $\bar{u}_i$ 항으로 인하여 기간이 뒤섞이면서 상이한 t라도 상이한 i간에 오차항 상관이 발생할 수 있기 때문이다. FE 회귀는 $\hat{\theta}$ 대신에 1을 사용하는 것을 제외하면 모두 동일하므로 동일한 문제가 있다고 생각할 수 있으나 그렇지 않다. 이는 집단내 편차가 갖는 특별한 성질에 기인한다. 구체적으로, $\tilde{X}_{it}$와 $\tilde{\varepsilon}_{it}$를 집단내 편차들이라 하면 $\sum_{t=1}^T \tilde{X}_{it}\tilde{\varepsilon}_{it} = \sum_{t=1}^T \tilde{X}_{it}\varepsilon_{it}$가 성립하고 $\tilde{\varepsilon}_{it}$ 항이 요술처럼 사라진다. 그리하여 FE 추정량은 다음을 만족시킨다.

$$\hat{\beta}_{fe} = \beta + \left(\sum_{i=1}^n \sum_{t=1}^T \tilde{X}_{it}'\tilde{X}_{it}\right)^{-1} \sum_{i=1}^n \sum_{t=1}^T \tilde{X}_{it}'\varepsilon_{it}$$

'분자'를 처리하기 위해 2.2절의 POLS 경우처럼 $a_{it} = \tilde{X}_{it}'\varepsilon_{it}$라 하고, 간편한 부호 처리를 위해 a_{it}를 스칼라라 하면(벡터이므로 실제로는 a^2 대신에 aa' 사용) 다음과 같이 나타낼 수 있다.

$$\left(\sum_{i=1}^n \sum_{t=1}^T a_{it}\right)^2 = \sum_{i=1}^n \sum_{t=1}^T a_{it}^2 + \sum_{i=1}^n \sum_{t \neq s} a_{it}a_{is} + \sum_{i \neq j} \sum_{t=1}^T a_{it}a_{jt} + \sum_{i \neq j} \sum_{t \neq s} a_{it}a_{js} = ① + ② + ③ + ④$$

④의 기댓값은 0이므로 무시하고, 처음 세 항의 합은 다음과 같다.

$$①+②+③ = \sum_{i=1}^{n}\left(\sum_{t=1}^{T}a_{it}\right)^2 + \sum_{t=1}^{T}\left(\sum_{i=1}^{n}a_{it}\right)^2 - \sum_{i=1}^{n}\sum_{t=1}^{T}a_{it}^2 = ⑤+⑥-⑦$$

⑤는 i에 기초한 클러스터 분산식, ⑥은 t에 기초한 클러스터 분산식, ⑦은 i와 t에 모두 기초한 클러스터 분산식에 해당하며, 이로부터 $V_{2way} = V_{id} + V_{year} - V_{id,year}$를 다시 얻는다.

한편, ε_{it}에 이분산이나 시계열 상관이 있을 때에는 FE 추정량보다 더 나은 선형 비편향 추정량이 존재한다(🏛). n이 크고 T가 작으면 FGLS 추정량("고정효과 FGLS"이라 하며 WG 변환 후 FGLS를 하면 된다)을 어렵지 않게 구할 수 있으나, T가 크면 계산이 불가능하거나 그 성질이 매우 나쁠 수 있고, FE 회귀가 일종의 표준적인 방법으로 간주되어 실제 연구에서 고정효과 FGLS가 많이 사용되지는 않는다. 이 절의 마지막 소절에서 어쨌든 이에 대해 약간 더 상세히 설명할 것이다.

FE 회귀와 관련된 잔차들

FE 추정으로부터 여러 종류의 잔차들residuals을 구할 수 있으며, 아무 설명 없이 그냥 "잔차"라고만 하면 무엇을 의미하는지 알아듣지 못할 수 있다. 이하에서 어떤 잔차들이 많이 언급되는지 확인한 후 앞으로는 항상 표현을 분명히 하도록 하자.

먼저 식 (3.10)에 따라 $y_{it} - \bar{y}_i$를 $X_{it} - \bar{X}_i$에 대하여 회귀하여 구하는 잔차를 생각해 보자. $\hat{\beta}$이 FE 추정량이라 할 때 이 잔차는 $(y_{it} - \bar{y}_i) - (X_{it} - \bar{X}_i)\hat{\beta}$이다. 이 잔차는 u_{it}에도 ε_{it}에도 정확히 해당하지 않는다. 잔차 공식에서 $\hat{\beta}$을 β의 참값으로 바꾸고 식을 재정렬해 보면 이 잔차는 $(y_{it} - X_{it}\beta) - (\bar{y}_i - \bar{X}_i\beta)$를 추정한 것에 해당된다. $y_{it} = \alpha + X_{it}\beta + \mu_i + \varepsilon_{it}$와 $\bar{y}_i = \alpha + \bar{X}_i\beta + \mu_i + \bar{\varepsilon}_i$에 의하여, 이는 $(\alpha + \mu_i + \varepsilon_{it}) - (\alpha + \mu_i + \bar{\varepsilon}_i) = \varepsilon_{it} - \bar{\varepsilon}_i$가 된다. 다시 말하여, FE 회귀로부터의 잔차(집단내 편차들의 OLS 잔차)가 추정하는 대상은 $\varepsilon_{it} - \bar{\varepsilon}_i$, 즉 고유오차의 집단내 편차이다. 이 고유효과의 집단내 편차는 총오차 u_{it}의 집단내 편차($u_{it} - \bar{u}_i$)와도 동일하다. 앞으로 이 잔차를 잔차의 집단내 편차 혹은 집단내 잔차라 할 것이다. 참고로, 집단내 편차들을 집단내에서(즉, 동일 i에서 t에 걸쳐) 합산하면 반드시 0이 되므로, 각각의 개체(i)에서 집단내 잔차들의 집단내 합(t에 걸친 합)은 반드시 0이다.

$$각\ i마다\ \sum_{t=1}^{T}(집단내\ 잔차)_{it} = 0$$

많은 논문들에서 변수의 집단내 편차에 "틸드(~)" 부호를 붙여서 표기한다. 예를 들어 $y_{it} - \bar{y}_i$를 $\tilde{y}_{it}$, $X_{it} - \bar{X}_i$를 $\tilde{X}_{it}$로 표기한다. 그러면 집단내 잔차는 $\tilde{u}_{it}$를 추정하는 잔차이다. 또한 $\tilde{u}_{it} = \tilde{\varepsilon}_{it}$이므로 집단내 잔차는 $\tilde{\varepsilon}_{it}$를 추정하는 잔차이기도 하다. 그래서 $\tilde{u}_{it}$ 또는 $\tilde{\varepsilon}_{it}$에 해당하는 잔차라는 뜻으로 $\hat{\tilde{u}}_{it}$나 $\hat{\tilde{\varepsilon}}_{it}$처럼 모자를 두 개 씌우기도 한다. 안쪽 모자(~)는 집단내 편차라는 뜻이며 바깥쪽 모자(^)는 이를 추정했다는 뜻이다. Stata에서 집단내 잔차는

xtreg ..., fe로 FE 추정을 한 후 "predict newvar, e"처럼 하여 구한다. 'predict' 다음의 'newvar' 자리에 새로 만들 변수 이름을 쓰면 된다. 쉼표 다음의 'e'라는 옵션은 $\tilde{\varepsilon}_{it}$ 에 해당하는 집단내 잔차를 구하라는 뜻이다. 예를 들어 다음과 같이 하면 집단내 잔차를 구하여 ehat이라는 변수로 저장한다.

```
. xtreg y x1 x2, fe
. predict ehat, e
```

다른 잔차도 있을 수 있다. 위에서는 종속변수의 집단내 편차에서 맞춘값들의 집단내 편차를 뺀 값을 살펴보았는데, 이제 그것이 아니라 $y_{it} - \hat{\alpha} - X_{it}\hat{\beta}$ 을 생각해 보자. 여기서도 $\hat{\alpha}$과 $\hat{\beta}$을 각각 α와 β로 치환해 보면 이 "잔차"는 총오차인 $u_{it} = \mu_i + \varepsilon_{it}$ 에 해당함을 알 수 있다. 그러므로 표현이 좀 이상하기는 하지만 $y_{it} - \hat{\alpha} - X_{it}\hat{\beta}$ 을 총잔차라 하는 것도 그렇게 나쁘지는 않아 보인다. Stata에서 총잔차는 "predict" 명령 다음에 "ue" 옵션을 주어 구한다. 다음 명령은 총잔차를 구하여 uehat이라는 변수에 저장한다.

```
. xtreg y x1 x2, fe
. predict uehat, ue
```

이상에서 u_{it} 에 해당하는 잔차와 $\varepsilon_{it} - \bar{\varepsilon}_i$ 에 해당하는 잔차를 구하는 것을 고려하였다. 그렇다면 μ_i 에 해당하는 잔차는 어떻게 구할 것인가? 이것은 총잔차의 개체별 평균에 해당한다. 즉, $\hat{u}_{it}$ 을 총잔차라 할 때 $T^{-1}\sum_{t=1}^{T}\hat{u}_{it}$ 을 μ_i 의 추정값으로 간주할 수도 있다(불균형 패널의 경우에는 T 대신에 T_i를 사용한다). 이것을 개별 평균 잔차라 하자. 물론 $\bar{u}_i = \mu_i + \bar{\varepsilon}_i$ 이므로 개별 평균 잔차는 μ_i 에 해당하는 것이 아니라 사실 $\mu_i + \bar{\varepsilon}_i$ 에 해당한다. 어쨌든 이 잔차는 Stata에서 "predict" 다음에 "u" 옵션을 주어 구한다.

```
. xtreg y x1 x2, fe
. predict uhat, u
```

참고로 Stata에서는 이렇게 추정한 $\hat{\mu}_i$들의 합이 0이 되도록 상수항 $\hat{\alpha}$을 조정한다. 이 잔차들 또는 $\hat{\alpha} + \hat{\mu}_i$ 을 개별효과들의 추정값으로 간주하기도 한다. 개별 절편들을 흔히 $\alpha_i = \alpha + \mu_i$ 로 쓰고 그 추정값에 해당하는 $\hat{\alpha} + \hat{\mu}_i$ 을 $\hat{\alpha}_i$ 으로 표기하곤 한다.

〈표 3.1〉 고정효과 추정 시 잔차들

이름	정의	Stata 명령
총잔차	$\hat{u}_{it} = y_{it} - \hat{\alpha} - X_{it}\hat{\beta}$	`predict varname, ue`
개별 평균 잔차	$\hat{u}_i = \bar{y}_i - \hat{\alpha} - \bar{X}_i\hat{\beta}$	`predict varname, u`
집단내 잔차	$\hat{u}_{it} = \tilde{y}_{it} - \tilde{X}_{it}\hat{\beta}$	`predict varname, e`

주. $\tilde{y}_{it} = y_{it} - \bar{y}_i$ 등

이상의 잔차들이 〈표 3.1〉에 요약되어 있다. 총잔차는 개별 평균 잔차와 집단내 잔차의 합과 항상 동일하다. 이 잔차들은 FE 추정뿐 아니라 RE 추정이나 다른 추정 이후에도 물론 계산할 수 있다. Stata 명령에서 varname은 새 변수명으로 아무것이나 사용하면 된다.

FE 회귀 시 맞춘값

집단내 회귀를 할 때 y_{it} 의 "맞춘값"fitted values이라고 하면 두 가지 의미가 있을 수 있다. 하나는 $\hat{\alpha} + X_{it}\hat{\beta}$ 으로 계산되는 맞춘값이다. 다른 하나는 $\hat{\alpha} + X_{it}\hat{\beta} + \hat{\mu}_i$ 으로 계산되는 맞춘 값이다. 편의상 첫 번째 맞춘값을 "Xb 맞춘값"이라 하고 두 번째 맞춘값을 "Xbu 맞춘값"이라 하자(이 용어들은 통용되는 것이 아니다). 잔차의 경우와 마찬가지로 아무런 수식어 없이 "맞춘값" 혹은 "예측값"이라고 하면 이 둘 중 어느 것을 의미하는지 불분명하다. Stata 에서 Xb 맞춘값은 회귀 이후에 "predict ..., xb"라고 하면 계산되고, Xbu 맞춘값은 "predict ..., xbu"라고 하면 계산된다. Xb 맞춘값과 Xbu 맞춘값의 차이는 전자는 각 개체별 수준 차이를 고려하지 않은 것이고 후자는 개체별로 맞춘값의 수준을 조정하여 실제값과 맞춘값의 평균적인 수준 차이가 없도록 만들었다는 데에 있다. 예를 들어 국가별 패널 데이터를 이용하여 FE 회귀를 한 후 한 나라에 대하여 Xb 맞춘값을 구하면 실제값과 예측값 사이에 상당한 수준 차이가 있을 수 있으나 Xbu 맞춘값을 구하면 그 수준 차이가 조정되어 보기 좋은 모양이 만들어진다. Xbu 맞춘값에서 Xb 맞춘값을 빼면 $\hat{\mu}_i$ 이 된다.

예제 3.11 다양한 맞춘값

다음 예를 보자. Grunfeld (1958)의 원래 데이터를 가공한 10개 회사의 20년 패널 데이터 (grunfeld.dta)를 이용하여 FE 회귀를 하고 "Xb 맞춘값"과 "Xbu 맞춘값"을 구한다. 종속변수는 기업의 투자(invest), 독립변수는 해당 기업의 시장가치(mvalue)와 자본스톡 (kstock)이다. 변수들에 로그를 취하는 것이 좋겠지만 기술적인 것만 설명하고자 하므로 더 이상 복잡하게 하지 않겠다.

```
1  . webuse grunfeld, clear

2  . xtset

3  Panel variable: company (strongly balanced)
4   Time variable: year,  to
5           Delta: 1 year

6  . xtreg invest mvalue kstock, fe

7  Fixed-effects (within) regression          Number of obs     =        200
8  Group variable: company                    Number of groups  =         10
```

```
9   R-squared:                                    Obs per group:
10       Within  = 0.7668                               min =         20
11       Between = 0.8194                               avg =       20.0
12       Overall = 0.8060                               max =         20
13                                             F(2,188)      =     309.01
14   corr(u_i, Xb) = -0.1517                   Prob > F      =     0.0000
15   ─────────────┬──────────────────────────────────────────────────────
16         invest │ Coefficient  Std. err.      t    P>|t|   [95% conf. interval]
17   ─────────────┼──────────────────────────────────────────────────────
18         mvalue │  .1101238   .0118567      9.29   0.000    .0867345    .1335131
19         kstock │  .3100653   .0173545     17.87   0.000    .2758308    .3442999
20          _cons │ -58.74393   12.45369     -4.72   0.000   -83.31086    -34.177
21   ─────────────┼──────────────────────────────────────────────────────
22        sigma_u │  85.732501
23        sigma_e │  52.767964
24            rho │  .72525012   (fraction of variance due to u_i)
25   ─────────────┴──────────────────────────────────────────────────────
26   F test that all u_i=0: F(9, 188) = 49.18             Prob > F = 0.0000
27   . predict fit0, xb
28   . predict fit1, xbu
29   . twoway line invest fit0 fit1 year if company==2, lp(solid dash shortdash)
```

2행에서 **xtset**이라고만 하고 패널 변수와 연도 변수를 지정하지 않았는데, 이는 웹에 있는 **grunfeld.dta** 자료 자체에 이미 패널 변수와 연도 변수가 지정되어 있기 때문에 여기서는 확인만 한 것이다. 만일 엑셀 파일이나 CSV 파일 등을 읽어들였다면 "**xtset company year**"라고 하여 패널 변수와 연도 변수를 명시적으로 지정해야 했을 것이다.

6행에서 FE 회귀를 한 후 27행에서 "Xb 맞춘값"을 구하여 **fit0**으로 저장하고 28행에서 "Xbu 맞춘값"을 구하여 **fit1**로 저장하였다. 29행에서 2번 회사에 대하여 종속변수 실제값, Xb 맞춘값, Xbu 맞춘값을 그리도록 하였고 그 결과는 〈그림 3.1〉과 같다. 실선은 종속변수의 실제값이다. 그림 범례에 "Linear prediction"이라고 한 것이 $\hat{\alpha} + X_{it}\hat{\beta}$에 해당하는 맞춘값이고 "Xb + u[company]"라고 한 것이 여기에 $\hat{u}_i$을 더한 맞춘값이다. Xbu 맞춘값과 Xb 맞춘값의 차이가 해당 회사(2번 회사)의 개별 효과 추정값인 $\hat{\mu}_2$이다. 그림에서 2번 회사의 Xbu 맞춘값이 Xb 맞춘값보다 크므로 개별효과 추정값($\hat{\mu}_2$)은 0보다 크다.

FE 회귀 이후 $(X_{it} - \bar{X}_i)\hat{\beta}$이라는 맞춘값도 계산할 수 있다. 이 맞춘값은 Xb 맞춘값의 집단내 편차와 동일하고 Xbu 맞춘값의 집단내 편차와도 동일하다. Stata에서 이 집단내 편차에 해당하는 맞춘값을 자동으로 계산해 주는 명령은 없다. 이 맞춘값이 꼭 필요하면 다른 맞춘값들의 집단내 편차를 구하면 될 것이다.

〈그림 3.1〉 Grunfeld (1958) 자료에서 Xb 맞춘값과 Xbu 맞춘값

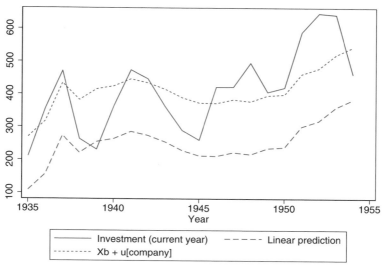

주: FE 회귀 이후에 $i = 2$에 대하여 그래프를 그린 것임

개체 수가 적은 패널에서 FE 추정량의 성질

n이 작고 T가 큰 경우 FE 추정량은 어떤 성질을 갖는가? 앞에서 POLS의 경우에는 μ_i의 존재로 인하여 정확성이 손상될 수 있음을 보았다. POLS에서는 n이 고정된 상태에서 T가 아무리 커져도 μ_i에 내재하는 불확실성으로 인한 추정값의 불확실성이 해소되지 못하고 일관성 consistency이 성립하지 않을 수도 있다. FD나 FE 회귀 등 고정효과 추정방법에서는 μ_i가 애초부터 소거되므로 이러한 일이 발생하지 않는다. 설명변수 X_{it}에 시간에 걸쳐서 충분한 변동이 존재하기만 하면 고정효과 추정량들은 n이 증가하든 T가 증가하든 관계없이 모수의 참값으로 수렴한다. FD 추정량의 경우 이는 다음 등식으로써 확인할 수 있다.

$$\hat{\beta}_{fd} = \beta + \left(\sum_{i=1}^{n} \sum_{t=2}^{T} \Delta X_{it}' \Delta X_{it} \right)^{-1} \sum_{i=1}^{n} \sum_{t=2}^{T} \Delta X_{it}' \Delta \varepsilon_{it}$$

ΔX_{it}에 t에 걸쳐 충분한 변동이 있는 한 위의 식에는 어떠한 문제도 없으며 n이 크거나 T가 크면 FD 추정량은 참값인 β와 가까울 것이다. 심지어 $n = 1$인 경우에도 T가 크기만 하면 아무런 문제도 없다. FE 추정량의 경우도 유사하다. $\tilde{X}_{it} = X_{it} - \bar{X}_i$라 하고 $\tilde{\varepsilon}_{it} = \varepsilon_{it} - \bar{\varepsilon}_i$라 하면 FE 추정량에 대하여 다음이 성립한다.

$$\hat{\beta}_{fe} = \beta + \left(\sum_{i=1}^{n} \sum_{t=1}^{T} \tilde{X}_{it}' \tilde{X}_{it} \right)^{-1} \sum_{i=1}^{n} \sum_{t=1}^{T} \tilde{X}_{it}' \tilde{\varepsilon}_{it}$$

여기서도 $\tilde{X}_{it}$에 충분한 변동이 있는 한 FE 추정량은 n이 작고 T가 큰 경우에도 참값과 가까울 것이다. 공식에 개별효과 μ_i가 전혀 개입되지 않는다는 점이 중요하다. 단, 설명변수에 집단간 차이만 크고 집단내 변동이 작으면 FD나 FE 추정량의 분산은 클 수 있다.

시기별 효과

시기별 효과는 시간더미로써 처리할 수 있다. n이 크고 T가 작은 패널 데이터의 경우 시간더미의 개수도 적으므로 문제가 되지 않는다. 반면 n이 작고 T가 큰 경우에는 시간더미의 개수가 많아 그 계수들이 따름모수가 되어 주의하여야 한다. 이 경우 모형을 명시적으로 다음과 같이 표현하자.

$$y_{it} = \alpha + X_{it}\beta + \mu_i + \delta_t + \varepsilon_{it}$$

이 2원two-way 고정효과 모형에서 μ_i와 δ_t를 동시에 소거하려면 개체별 평균을 빼는 변환(within-group 변환)을 한 후 시간대별 평균을 빼는 변환(말하자면 "within-period" 변환)을 재차 해주면 될 것이다. 구체적으로, 개체별 평균을 빼면 다음 식을 얻는다.

$$y_{it} - \bar{y}_i = (X_{it} - \bar{X}_i)\beta + (\delta_t - \bar{\delta}) + (\varepsilon_{it} - \bar{\varepsilon}_i)$$

이 식의 양변에서 각 시간대(t)별로 i에 걸친 평균을 빼면 다음을 얻는다.

$$(y_{it} - \bar{y}_i) - (\bar{y}_{\cdot t} - \bar{\bar{y}}) = [(X_{it} - \bar{X}_i) - (\bar{X}_{\cdot t} - \bar{\bar{X}})]\beta + [(\varepsilon_{it} - \bar{\varepsilon}_i) - (\bar{\varepsilon}_{\cdot t} - \bar{\bar{\varepsilon}})]$$

여기서 $\bar{y}_{\cdot t} = \frac{1}{n}\sum_{i=1}^{n} y_{it}$ 이고 $\bar{\bar{y}} = \frac{1}{nT}\sum_{i=1}^{n}\sum_{t=1}^{T} y_{it}$ 이며, 나머지 $\bar{X}_{\cdot t}$ 등의 기호도 이와 동일한 방식으로 정의된다. 이렇게 개별효과와 시간대별 효과를 모두 소거한 다음 POLS를 하면 되는데, 이 추정법은 시간더미를 우변에 포함시키고 FE 추정을 하는 것과 완전히 동일하다. 이는 3.5절과 부록 D.5의 논의를 그대로 시간더미에 적용시킴으로써 보일 수 있다. T가 크더라도 시간더미들을 우변에 포함시키는 것이 문제를 야기하지 않는다.

집단내 변동이 작은 경우

X_{it}에 시간에 걸친 변동이 별로 없다면 FD와 FE 추정량의 분산은 매우 클 수 있다. 극단적으로 만일 X_{it}가 t에 걸쳐서 변하지 않는다면 ΔX_{it}나 $\tilde{X}_{it}$가 모두 0으로 소거되어 버리므로 β의 추정이 불가능하다. 이런 극단적인 경우는 아니더라도 만일 X_{it}가 개체 간에는 상당한 차이가 있지만 동일 개체 내에서 변하는 정도가 매우 작다면, FD 추정값이나 FE 추정값이 계산될지라도, 설명변수의 집단내 변동이 제한되어 추정량의 정확성은 현저히 떨어질 수 있다. 이런 경우 흔히 표준오차가 매우 크고 t값이 작으며 p값이 커서 변수들이 유의하지 않는 일이 발생한다. 이것이 FD나 FE 추정이 불가피하게 치러야 하는 비용이다. 참고로, POLS와 RE 회귀는 i에 걸친 변동도 이용하므로 이러한 문제가 없었다. 반면 POLS 추정량과 RE 추정량은 개별효과가 고정효과일 때 일관적이지 않다는 더 심각한 문제가 있다.

예제 3.12 집단내 변동과 집단간 차이

wdi5bal.dta 데이터에서 lifeexp 변수는 집단간 차이에 비하여 집단내 변동이 작다.

```
1   . use wdi5bal, clear
2   (WDI five year balanced)

3   . xtsum lifeexp
```

Variable		Mean	Std. dev.	Min	Max	Observations	
lifeexp	overall	67.43392	10.46165	32.54911	82.8098	N =	576
	between		10.06137	40.67689	80.38993	n =	96
	within		3.015838	53.34424	82.0227	T =	6

7행에서 집단간 표준편차는 약 10임에 반하여 8행의 집단내 표준편차는 약 3 정도이다. 이처럼 집단내 변동이 상대적으로 작은 변수가 있으면 FE 추정량의 분산이 상대적으로 큰 경향이 있다. 이하에서 저축률 모형에서 RE 추정량과 FE 추정량을 비교한다.

```
9   . qui xtreg sav age0_19 age20_29 age65over lifeexp i.year, re vce(r)

10  . est store re

11  . qui xtreg sav age0_19 age20_29 age65over lifeexp i.year, fe vce(r)

12  . est store fe

13  . est tab re fe, keep(lifeexp) b se
```

Variable	re	fe
lifeexp	.55363946	.74314117
	.11504985	.24338659

Legend: b/se

9행에서 RE 추정을 하고 10행에서 그 결과를 re라는 이름으로 저장한다. 11행에서 FE 추정을 하고 12행에서 그 결과를 fe라는 이름으로 저장한다. 두 추정 모두 클러스터 표준오차를 사용하였다. 13행에서 lifeexp 변수에 대하여 추정값과 클러스터 표준오차를 비교한다. 18행의 결과에 의하면 lifeexp 계수의 RE 추정량의 클러스터 표준오차는 약 0.115임에 비하여, 동일 모형에 대한 FE 추정량의 클러스터 표준오차는 0.243으로서 두 배 이상이다. 다른 데이터와 모형의 경우에는 표준오차의 차이가 훨씬 현저하곤 한다.

표준오차에 관한 부연설명

앞에서 FE 추정량의 통상적인 표준오차와 견고한 클러스터 표준오차에 대하여 설명한 바 있다. 통상적인 표준오차는 ε_{it} 가 i 와 t 에 걸쳐서 동일 분산을 갖고 자기상관이 없다는 가정하에서 구하는 표준오차이다. 이 표준오차는 (3.12)를 이용하여 구하며 Stata에서는 아무런 옵션이 없을 때 기본으로 계산되는 값이다. 만약 실제로 ε_{it} 에 이분산과 자기상관이 없으면 이 통상적인 표준오차를 이용한 검정은 타당하다. 클러스터 표준오차는 t 에 걸쳐 ε_{it} 내에 임의의 이분산과 자기상관이 존재하고 상이한 i 간에 임의의 이분산이 존재하지만 상이한 i 간에 서로 독립일 때 사용할 수 있는 것으로서 대부분의 응용연구에서 사용된다. 클러스터 표준오차 사용 시 n 이 커야 한다는 점에 유의하라.

통상적인 표준오차와 클러스터 표준오차 이외에, ε_{it} 에 이분산만 존재하고 시계열상관이 없을 때 사용할 수 있는 방법들이 있다. 만일 동일 i 의 ε_{it} 내에 이분산과 시계열 상관이 없고 오직 i 에 걸쳐서만 이분산이 존재한다면, 즉 $\varepsilon_{it} = \sigma_i e_{it}$ 이고 e_{it} 가 IID이면, n 이 작고 T 가 큰 상황에서도 사용할 수 있는 방법이 있다. 그것은 바로 통상적인 Eicker-White 표준오차를 사용하면서 소표본 조정을 해 주는 것이다(이에 대하여 문헌에서 한두 개의 논문을 찾은 바 있으나 그 설명에 혼란의 여지가 있어서 여기에 소개하지 않는다). 예를 들어 ε_{it} 의 분산이 $\bar{X}_i$ 에 의존할 때 이 방법을 사용할 수 있다. 다만 ε_{it} 가 t 에 걸쳐서 IID라는 가정을 받아들이기가 힘들어 이 방법은 별로 사용되지 않는다.

다른 한편, ε_{it} 에 i 와 t 에 걸쳐 임의의 이분산은 있지만 자기상관이 없다고 하자. 예를 들어 ε_{it} 가 i 와 t 에 걸쳐 독립이고 그 분산이 X_{it} 에 의존하는 경우이다. 이때 Stock and Watson (2008)이 제안한 방법을 사용할 수 있다. 이 내용에 대해 자세히 설명하지는 않으며, 이 Stock and Watson의 표준오차는 자기상관이 없는 한 n 이 작고 T 가 큰 상황에서도 문제 없이 사용할 수 있는 표준오차라는 점만 지적한다. 자세한 내용은 Stock and Watson (2008)의 논문을 참조하기 바란다. 현 시점(2016년 3월)에 Stata에 `xtivreg2`라는 별도 패키지 명령에 `sw`라는 옵션을 사용할 수 있다는 말을 보기는 했으나 필자가 아직 그 타당성 여부를 확인해 보지 않아 여기에는 소개하지 않는다. 관심 있는 독자들은 스스로 Stata 프로그램을 짜든(불가능해 보이지는 않는다) 인터넷을 검색하든 해 보기 바란다.

이상을 정리하면, ε_{it} 가 i 간에 서로 독립일 때, n 이 크면 클러스터 표준오차를 문제 없이 사용할 수 있다. n 이 작더라도 ε_{it} 에 자기상관이 없으면 견고한 표준오차를 구하는 방법이 있다(Stock and Watson의 방법). 물론 모든 i 와 t 에서 등분산이고 자기상관이 없으면 통상적인 표준오차를 사용하여도 좋다. 결국 n 이 크거나 ε_{it} 에 시계열 상관이 없으면 큰 문제 없이 견고한 추론을 할 수 있다.

n 이 작으면서도 ε_{it} 에 시계열 상관이 있는 경우에는 문제가 간단하지 않다. 이 경우는 시계열 분석의 경우와 가깝다. 한 가지 접근법은 ε_{it} 가 1차 자기회귀first order autoregression를 따른다고 가정하고 일종의 FGLS를 하는 것이다. 이때 FGLS는 추정의 효율성을 높여줄 뿐 아니라 표준오차 계산도 제대로 하도록 해 준다. 이때 자기회귀 계수 추정량의 편향을 교정하는 것이 중요하다. Bhargava, Franzini and Narendranathan (1982)은 그 중 한 가지 방법을 설명한다. Stata의 `xtregar` 명령이 이 추정방법을 구현하고 있다. Hansen (2007a)은 p 차 자기회귀 모형으로 확장시켰으나 수치적 알고리즘에 의존한다. Hansen의 방법이 복잡한 편향 교정을 필요로 함에 반하여 Han, Phillips and Sul (2014)은 교차차분이라는 방법에 기초한 선형 추정방법을 제안하였다. Hansen (2007b)은 특정한 가정하에서 클러스터 표준오차를 사용한 t 통계량에 $\sqrt{(n-1)/n}$ 을 곱한 값이 근사적으로 t_{n-1} 분포를 따름을 보였다. Newey and West (1987)의 방법을 좁은 패널로 확장시키는 것도 가능하다.

집단내 FGLS 추정

고정효과 모형에서 계수가 식별되는 데에 반드시 고유오차 ε_{it}가 IID일 필요는 없다. 다시 말하여 ε_{it}가 IID라는 것은 고정효과 모형의 구성요소가 아니다. 고유오차에 이분산이나 시계열 상관이 있어도 FE 추정량은 여전히 일관적^{consistent}이다. 하지만 그 경우 FE 추정량은 더 이상 BLUE가 아니다. 이 경우 BLUE를 구하려면 (Feasible) GLS를 할 필요가 있다.

n이 크고 T가 작으면서 개체들이 (i에 걸쳐) IID일 때 간단히 생각해 볼 수 있는 방법은 우선 $\tilde{y}_{it} = \tilde{X}_{it}\beta + \tilde{\varepsilon}_{it}$처럼 집단내 편차들의 관계로 모형을 표현하고 $\tilde{\varepsilon}_{it}$에 내재하는 시계열 공분산을 FE 추정으로부터의 잔차를 이용하여 추정하는 것이다. 수학적으로, $\hat{\tilde{\varepsilon}}_{it} = \tilde{y}_{it} - \tilde{X}_{it}\hat{\beta}_{fe}$라 할 때 $\tilde{\varepsilon}_{it}$와 $\tilde{\varepsilon}_{is}$의 공분산을 $n^{-1}\sum_{i=1}^{n}\hat{\tilde{\varepsilon}}_{it}\hat{\tilde{\varepsilon}}_{is}$에 의하여 추정하고 이 계산들로부터 만든 분산·공분산 행렬의 추정값을 이용하여 GLS 추정을 하는 것이다. 이 추정량을 FEGLS 추정량이라 한다. 앞의 FE 회귀가 집단내 편차들에 대하여 POLS를 하는 것이므로 '집단내 OLS'라고 한다면, FEGLS 회귀는 집단내 편차들에 대하여 FGLS를 하는 것이므로 '집단내 FGLS'라고 할 수도 있겠다. FE 추정식(집단내 편차들의 회귀식) 대신 FD 추정식으로부터 시작하여 $E(\Delta\varepsilon_{it}\Delta\varepsilon_{is})$를 $n^{-1}\sum_{i=1}^{n}\Delta\hat{\varepsilon}_{it}\Delta\hat{\varepsilon}_{is}$으로써 추정하는 FGLS를 하여도 유사하거나 같은 결과를 얻는다. 이들 추정량이 좋은 성질을 가지기 위해서는 n이 크고 T가 작아야 한다.

수식으로 표현하여, $n^{-1}\sum_{i=1}^{n}\hat{\tilde{\varepsilon}}_{it}\hat{\tilde{\varepsilon}}_{is}$을 모든 t와 s에 대하여 $T \times T$ 행렬로 만든 것을 $\hat{\Omega}$라 하면 FEGLS 추정량은 $(\sum_{i=1}^{n}\mathbf{X}_i'\hat{\Omega}^{-1}\mathbf{X}_i)^{-1}\sum_{i=1}^{n}\mathbf{X}_i'\hat{\Omega}^{-1}\mathbf{y}_i$이다. 여기서 $\mathbf{X}_i$와 $\mathbf{y}_i$는 각각 X_{it}와 y_{it}의 T개의 행을 가진 행렬이다.

또 다른 방법으로 생각해 볼 수 있는 것은 ε_{it}가 등분산적이면서 1계 자기회귀 성질을 지녀서 ε_{it}와 ε_{is}의 상관계수가 $\rho^{|t-s|}$라고 가정하는 것이다. 이 가정하에서 ρ만 추정하면 $\tilde{\varepsilon}_{it}$의 공분산들을 추정할 수 있다(식은 약간 복잡하므로 여기에 제시하지 않는다). 시계열 데이터를 사용하는 경우와 달리 패널 데이터의 경우에는 이 ρ의 추정이 간단하지 않다. Bhargava, Franzini and Narendranathan (1982)는 패널 "더빈 왓슨" 통계량의 편향을 교정하는 방법을 제시하였고, 이를 이용한 고정효과 FGLS 추정법이 Stata의 `xtregar` 명령으로 구현되어 있다. 이를 사용하려면 "`xtregar y x1 x2, fe`"처럼 하면 된다. Han, Phillips and Sul (2011, 2014)은 "교차차분"의 방법을 이용하여 오차항이 더 일반적인 자기회귀를 따를 때 선형 최소제곱의 방법을 이용하여 자기회귀 계수들을 추정하는 방법을 제시하였다.

시계열 모형에서 $\varepsilon_t = \rho\varepsilon_{t-1} + v_t$이고 v_t가 평균이 0, 분산이 σ_v^2이며 IID일 때 ε_t가 1계 자기회귀 성질을 갖는다고 한다. $|\rho| < 1$일 때, 변수가 초기화되고 나서 오랜 시간이 지나면 ε_t와 ε_{t-1}은 동일한 분포를 갖는다. 이를 정상성(stationarity)이라 한다. 정상성하에서 ε_t의 분산은 모든 t에서 $\sigma_v^2/(1-\rho^2)$으로 동일하고 ε_t와 ε_{t-1}의 공분산은 $\sigma_v^2\rho/(1-\rho^2)$이다. 그러므로 ε_t와 ε_{t-1}의 상관계수는 ρ이다. 일반적으로 ε_t와 ε_s의 상관계수는 $\rho^{|t-s|}$이다. 더 이상의 내용은 이 책에서 설명하지 않는다.

3.5   더미변수 회귀

개별효과 μ_i는, 당연한 말이지만 i에 따라 다르다. μ_i가 설명변수들과 상관되면(고정효과) 오차항으로 취급할 수가 없다(☺). 그런데 각 i마다 T개의 관측치가 있으므로 μ_i도 α나 β 모수와 함께 직접 추정하는 것도 생각해 볼 수 있다. 시기별 효과를 시간더미로써 고려할 수 있듯이 개체별 효과는 개체더미로써 고려할 수 있다. d_{ji}를 j번 개체를 나타내는 더미변수, 즉 d_{ji}가 $i = j$일 때 1의 값을 갖고 그 밖에는 0의 값을 갖는 변수라 하면 종속변수를 설명변수 및 $d_{2i}, \ldots, d_{ni}$에 대하여 (절편을 포함하고) 회귀함으로써 개체별 차이를 추정할 수 있다. 여기서 d_{1i}를 제외시킨 것은 '더미변수 함정'(상수항과의 공선성)을 피하기 위함이다. 이 추정방법을 더미변수 최소제곱(least squares dummy variables, LSDV) 회귀라 한다. Stata 에서 LSDV 추정을 하기 위해서는 예를 들어 다음과 같이 한다.

```
. reg y x1 x2 i.year i.id
```

이 명령에서 종속변수는 y, 독립변수는 x1과 x2이며, 시간더미(i.year)가 포함되어 있다(시간더미 포함 여부는 연구자의 재량). LSDV라는 이름이 붙는 것은 개체별 더미 때문이며, 이것은 "i.id" 부분이 처리한다. 예를 들어 $T = 3$인 경우 〈표 3.2〉와 같은 데이터를 만들어서 상수항을 포함시키고 d_1을 제외한 나머지 $d_2, \ldots, d_n$ 더미변수들을 포함시켜 OLS 회귀한다고 생각하면 되겠다(표에서 시간더미는 제외하였음).

LSDV 회귀를 하면 절편, 독립변수들(시간더미 포함)의 계수, $d_{2i}, \ldots, d_{ni}$의 계수들이 추정된다(d_{1i}가 제외될 때). 이 추정값들을 각각 $\hat{\alpha}$, $\hat{\beta}$, $\hat{\delta}_2, \ldots, \hat{\delta}_n$이라 하자. 당초의 패널 모형이

$$y_{it} = \alpha + X_{it}\beta + \mu_i + \varepsilon_{it}$$

라 하자. $\mu_1, \ldots, \mu_n$을 모수로 간주할 때, i번 개체의 절편은 $\alpha + \mu_i$이고 공통의 기울기는 β이다. LSDV로부터의 절편 추정값 $\hat{\alpha}$은 기준 개체, 즉 더미변수가 제외된 개체(1번 개체)의 절편에 해당하므로 $\alpha + \mu_1$의 추정값이다. 2번 개체 더미변수 계수의 추정값 $\hat{\delta}_2$는 2번 개체와 1번 개체 간의 절편 차이, 즉 $(\alpha + \mu_2) - (\alpha + \mu_1) = \mu_2 - \mu_1$을 추정한다. 일반적으로 i번 개체 더미변수 계수의 추정값 $\hat{\delta}_i$은 $\mu_i - \mu_1$의 추정값이다.

위에서 사용한 "reg ... i.id" 명령의 한 가지 (심각할 수도 사소할 수도 있는) 문제는 n이 클 때 Stata 출력이 길다는 것이다. 만약 $n = 1,000$이면 출력물은 1,000줄 이상이 되어 곤란하다. 개체별 더미변수들의 계수를 출력하지 않도록 하는 명령은 다음과 같다.

```
. areg y x1 x2, absorb(id)
```

"reg ... i.id" 명령과 "areg ..., absorb(id)" 명령은 완전히 동일한 것을 계산하며, 오직 결과의 출력 방식만 상이하다. areg 대신에 reg라고 해도 된다.

〈표 3.2〉 LSDV 추정시 개체별 더미변수

id	year	y	상수항	x_1	x_2	d_1	d_2	d_3	$\cdots$	d_n
1	1	y_{11}	1	$x_{1,11}$	$x_{2,11}$	1	0	0		0
1	2	y_{12}	1	$x_{1,12}$	$x_{2,12}$	1	0	0		0
1	3	y_{13}	1	$x_{1,13}$	$x_{2,13}$	1	0	0		0
2	1	y_{21}	1	$x_{1,21}$	$x_{2,21}$	0	1	0		0
2	2	y_{22}	1	$x_{1,22}$	$x_{2,22}$	0	1	0		0
2	3	y_{23}	1	$x_{1,23}$	$x_{2,23}$	0	1	0		0
3	1	y_{31}	1	$x_{1,31}$	$x_{2,31}$	0	0	1		0
$\vdots$	$\vdots$									

LSDV와 FE 회귀의 관계

LSDV로부터 구한 X_{it} 계수의 추정값은 FE 추정값과 전적으로 동일하다.

그 이유는 다음과 같다. 상수항과 d_{2i} 부터 d_{ni} 까지 더미변수들을 포함시킬 때의 β 계수 추정값은 상수항을 제외하고 d_{1i} 부터 d_{ni} 까지 포함시킬 때와 동일하다. 이는 모든 i에서 $d_{1i}+d_{2i}+\cdots+d_{ni}=1$ 이기 때문이다. 그런데 우변에 $d_{1i},\ldots,d_{ni}$ 더미변수를 추가하여 OLS를 하는 것은 우선 y_{it} 와 X_{it} 를 각각 이들 더미에 회귀하여 잔차를 구한 다음 이 잔차들을 이용하여 회귀하는 것과 동일하다. 구체적으로 y_{it} 를 개체별 더미들에 회귀할 때의 잔차를 $\ddot{y}_{it}$ 라 하고 X_{it} 를 더미들에 회귀할 때의 잔차를 $\ddot{X}_{it}$ 라 하면 LSDV 추정량 $\hat{\beta}_{lsdv}$ 는 $\ddot{y}_{it}$ 를 $\ddot{X}_{it}$ 에 POLS한 것과 같다. 그런데 y_{it} 를 각 개체별 더미에 회귀할 때의 잔차인 $\ddot{y}_{it}$ 는 사실 $y_{it}-\bar{y}_i$ 와 동일하다. 이 사실은 개체별 더미가 각 개체별로 시간에 걸쳐 불변인 상수임을 고려하면 자명한 것이기는 하지만 실제 증명을 해 볼 수도 있다. 마찬가지의 방법을 사용하면 $\ddot{X}_{it}$ 는 $X_{it}-\bar{X}_i$ 와 동일함을 보일 수 있다. 그러므로 LSDV 추정량은 (3.10)을 POLS로 추정한 것, 즉 FE 추정량과 동일하다(더 엄밀한 증명은 부록 D.5 참조).

▶ **연습 3.9.** FE 회귀로부터의 집단내 잔차와 LSDV 회귀로부터의 잔차가 동일함을 증명하라.

예제 3.13 LSDV와 FE의 동일성

실제 데이터를 이용하여 LSDV와 FE가 동일함을 확인할 수 있다. 앞의 Grunfeld 데이터를 사용하자. 데이터는 webuse grunfeld라고 하면 웹으로부터 데이터를 내려받은 후 save grunfeld라고 하여 하드디스크에 저장해 두고 앞으로는 use grunfeld라고 하여 데이터를 사용할 것이다. 다음에는 LSDV와 FE 회귀결과가 제시되어 있다.

```
1   . use grunfeld, clear

2   . reg invest mvalue kstock i.company
```

Source	SS	df	MS		
				Number of obs	= 200
				F(11, 188)	= 288.50
Model	8836465.8	11	803315.073	Prob > F	= 0.0000
Residual	523478.114	188	2784.45805	R-squared	= 0.9441
				Adj R-squared	= 0.9408
Total	9359943.92	199	47034.8941	Root MSE	= 52.768

invest	Coefficient	Std. err.	t	P>|t|	[95% conf. interval]
mvalue	.1101238	.0118567	9.29	0.000	.0867345 .1335131
kstock	.3100653	.0173545	17.87	0.000	.2758308 .3442999
company					
2	172.2025	31.16126	5.53	0.000	110.7319 233.6732
3	-165.2751	31.77556	-5.20	0.000	-227.9576 -102.5927
4	42.4874	43.90987	0.97	0.334	-44.13197 129.1068
5	-44.32013	50.49225	-0.88	0.381	-143.9243 55.28406
6	47.13539	46.81068	1.01	0.315	-45.20629 139.4771
7	3.743212	50.56493	0.07	0.941	-96.00433 103.4908
8	12.75103	44.05263	0.29	0.773	-74.14994 99.652
9	-16.92558	48.45326	-0.35	0.727	-112.5075 78.65636
10	63.72884	50.33023	1.27	0.207	-35.55572 163.0134
_cons	-70.29669	49.70796	-1.41	0.159	-168.3537 27.76035

```
28  . xtreg invest mvalue kstock, fe
```

Fixed-effects (within) regression   Number of obs   =   200
Group variable: **company**   Number of groups   =   10

R-squared: Obs per group:
    Within   = 0.7668   min =   20
    Between = 0.8194   avg =   20.0
    Overall = 0.8060   max =   20

    F(2,188)   =   309.01
corr(u_i, Xb) = -0.1517   Prob > F   =   0.0000

invest	Coefficient	Std. err.	t	P>|t|	[95% conf. interval]
mvalue	.1101238	.0118567	9.29	0.000	.0867345 .1335131
kstock	.3100653	.0173545	17.87	0.000	.2758308 .3442999
_cons	-58.74393	12.45369	-4.72	0.000	-83.31086 -34.177
sigma_u	85.732501				
sigma_e	52.767964				
rho	.72525012	(fraction of variance due to u_i)			

```
47 ─────────────────────|───────────────────────────────────────────────
48 F test that all u_i=0: F(9, 188) = 49.18              Prob > F = 0.0000
```

2행에서 LSDV 회귀를 하였다. 이 명령은 "areg invest mvalue kstock, absorb (company)"로 바꾸어도 좋다. 12–13행에 LSDV 기울기 추정값들이 표시되어 있다. 이 값들은 40–41행의 FE 추정값들과 완전히 동일하다. 26행의 절편은 α_1의 추정값, 즉 $\alpha+\mu_1$의 추정값이고 16–24행의 계수 추정값들은 $\mu_i-\mu_1$의 추정값들이다. 26행의 절편 추정값과 42행의 절편 추정값은 상이한데, 이는 Stata의 LSDV 절편 추정값이 $\alpha+\mu_1$의 추정값임에 반하여 FE 회귀으로부터의 절편 추정값은 $\alpha+(\mu_1+\cdots+\mu_n)/n$의 추정값이 되도록 프로그램되어 있기 때문이다. 그럼으로써 FE 회귀 시의 $\hat{\mu}_i$의 합계는 0이 된다(호기심 있는 독자들은 실제로 확인해 보기 바란다). 42행의 값은 16–24행의 계수 추정값들을 합한 후 10으로 나눈 값에 26행의 값을 합한 값과 동일하다. 또한 6행의 "MS" 열에 해당하는 숫자 2784.45805는 LSDV로부터의 오차분산 추정값이며, 45행의 52.767964는 FE 추정으로부터의 오차분산 추정값에 제곱근을 취한 것이다. 52.767964는 2784.45805의 제곱근이다.

고정효과(FE) 회귀와 집단내(WG) 회귀는 용어의 정의상 동일하다. 또한 β에 관한 한 LSDV 회귀는 FE 회귀와 동일하다. 그러므로 앞으로 선형 모형에 관한 한 FE, WG, LSDV 중 아무 용어나 골라 써도 좋다. 하지만 WG 회귀와 LSDV 회귀의 정의 자체는 다르다. 특히 LSDV 회귀는 $n-1$개 더미변수들의 계수를 추정하므로 따름모수의 문제에 노출되어 있는 반면, WG 회귀는 처음부터 개별효과들을 소거하고 시작하므로 따름모수의 문제를 갖지 않는다. 따름모수 문제에도 불구하고 LSDV가 일관성consistency을 잃지 않는 것은 LSDV 추정량이 WG 추정량과 수치적으로 동일한 것으로부터 확인할 수 있다. "LSDV 추정량은 OLS 추정량이고 설명변수들이 외생적이므로 LSDV 추정량이 일관적"이라는 단순한 논리는 근거가 없다. 그보다 "① LSDV 추정량 = WG 추정량. ② WG 추정량은 일관적. ③ 그러므로 LSDV 추정량도 일관적"이라는 삼단논법이 올바른 논리이다.

Stata에서 xtreg를 이용하여 FE 회귀를 할 때 vce(r)로 클러스터 표준오차를 구하는 것과 마찬가지로 LSDV 회귀(reg나 areg 이용)에서도 vce(cl id) 옵션을 주어 클러스터 표준오차를 구할 수 있다. 난처한 일이지만, FE 추정량과 LSDV 추정량이 완전히 동일함에도 불구하고 Stata에서 이 두 명령을 내릴 때의 클러스터 표준오차들은 서로 다르다. 이는 Stata가 클러스터 표준오차를 구할 때 소표본 조정을 하는 방식이 xtreg와 reg 혹은 areg에서 상이하기 때문이다. 구체적으로, 전체 관측치 수가 N, 클러스터의 개수가 m, 상수항을 포함하는 설명변수의 개수가 k라 할 때, Stata는 $[m/(m-1)]^{1/2}[(N-1)/(N-k)]^{1/2}$을 곱하여 소표본 조정을 한 클러스터 표준오차를 구한다. FE 추정의 경우에는 클러스터의 개수가 n, 전체 표본의 크기가 nT이므로, 시변하는 설명변수의 개수가 k라 할 때 'xtreg, fe vce(r)' 명령에서는 $[n/(n-1)]^{1/2}[(nT-1)/(nT-k-1)]^{1/2}$을 곱한다. 여기서 $nT-k-1$의 $k+1$은 시변하는 설명변수와 상수항에 해당한다. 반면 LSDV에서는 $n-1$개의 더미변수들이 추가되므로 $k+n$이 우변변수의 개수이다. 그러므로 'areg, absorb(id) vce(cl id)' 명령에서 소표본 조정의 계수는 $[n/(n-1)]^{1/2}[(nT-1)/(nT-k-n)]^{1/2}$ 이다. 그리하여 'areg, absorb(id) vce(cl id)'의 표준오차는 'xtreg, fe vce(r)'의 표준오차의 $[(nT-k-1)/(nT-k-n)]^{1/2}$ 배가 된다. areg의 클러스터 표준오차가 xtreg의 클러스터 표준오차보다 더 크다. 다음 예를 보라.

> Cameron and Miller (2015, p. 331)에 이와 동일한 내용이 있음을 나중에 발견하였다. 독자들은 필요 시 Cameron and Miller (2015)를 인용하기 바란다.

예제 3.14 　 Stata에서 FE와 LSDV의 견고한 표준오차 비교

Card and Krueger (1994)의 데이터(fastfood.dta)를 이용하여 Stata에서 areg를 이용할 때(LSDV) 와 xtreg를 이용할 때(FE 회귀) 표준오차의 차이를 살펴보자. 데이터는 $T=2$의 패널 데이터로서, 예제 4.5에 상세히 설명되어 있다. 균형패널을 이용하여 분석한다. 다음 결과를 보라.

```
 1  . use fastfood, clear
 2  (Card and Krueger 1994, fastfood data, cleaned)

 3  . gen treat = nj*after

 4  . areg fte treat i.after if balanced, a(id) vce(cl id)

 5  Linear regression, absorbing indicators      Number of obs    =      768
 6                                               F(  2,    383)   =     1.07
 7                                               Prob > F         =   0.3439
 8                                               R-squared        =   0.7794
 9                                               Adj R-squared    =   0.5572
10                                               Root MSE         =   6.3412

11                                  (Std. Err. adjusted for 384 clusters in id)
12  ─────────────────────────────────────────────────────────────────────────
13                          Robust
14        fte     Coef.    Std. Err.     t    P>|t|    [95% Conf. Interval]
15  ─────────────────────────────────────────────────────────────────────────
16      treat      2.75    1.893064    1.45   0.147   -.9720988    6.472099
17    1.after  -2.283333   1.766289   -1.29   0.197    -5.75617    1.189504
18      _cons  21.00664    .3238072   64.87   0.000    20.36998     21.6433
19  ─────────────────────────────────────────────────────────────────────────
20         id   absorbed                                    (384 categories)

21  . xtreg fte treat i.after if balanced, fe vce(r)

22  Fixed-effects (within) regression            Number of obs    =      768
23  Group variable: id                           Number of groups =      384

24  R-sq:                                        Obs per group:
25      within  = 0.0147                                    min =        2
26      between = 0.0055                                    avg =      2.0
27      overall = 0.0000                                    max =        2

28                                               F(2,383)         =     2.14
29  corr(u_i, Xb)  = -0.0978                      Prob > F         =   0.1187
```

		Robust				
fte	Coef.	Std. Err.	t	P>|t|	[95% Conf. Interval]	
treat	2.75	1.337723	2.06	0.040	.1197995	5.380201
1.after	-2.283333	1.248138	-1.83	0.068	-4.737394	.1707278
_cons	21.00664	.2288166	91.81	0.000	20.55675	21.45653
sigma_u	8.4585732					
sigma_e	6.3411612					
rho	.64020113	(fraction of variance due to u_i)				

(위 표 상단) (Std. Err. adjusted for **384** clusters in id)

(왼쪽 행번호) 30 31 32 33 34 35 36 37 38 39 40 41 42

4행과 21행은 동일한 모형의 동일한 추정을 두 가지 방법으로 실행한다. 4행에서는 **areg** 명령을 이용하여 LSDV 추정을 하고, 21행에서는 **xtreg** 명령을 이용하여 FE 회귀를 한다. 두 경우 모두 클러스터 표준오차를 계산하도록 하였다. 16행과 35행을 비교하면 계수 추정값은 동일하지만 표준오차가 상이하다. 두 표준오차의 비율은 1.893064/1.337723 = 1.415139로서, $n = 384$, $T = 2$, $k = 2$에 해당하는 조정 비율 $[(nT - k - 1)/(nT - k - n)]^{1/2} = [(768 - 3)/(384 - 2)]^{1/2} = 1.415139$과 일치한다. 17행과 36행, 18행과 37행을 비교해도 동일한 결과를 얻는다. T가 작을수록 차이가 큰데, 이 예제에서는 표준오차 차이로 인하여 통계적 유의성까지 달라진다.

앞에서 Stata의 **areg**와 **xtreg**의 클러스터 표준오차 간에 차이가 있음을 보았다. T가 작으면 이 둘의 차이는 상당할 수도 있다. 예를 들어 $n = 100$, $T = 2$, $k = 1$이면 **areg**의 클러스터 표준오차는 **xtreg**의 클러스터 표준오차의 무려 $\sqrt{198/99} = \sqrt{2}$배나 된다! 이 정도면 결과의 유의성도 바꿀 수 있는 수준이며 예제 3.14에서는 실제 그러한 일이 발생하였다. 그렇다면 어느 쪽이 더 적절한가? 필자가 보기에는 **xtreg**의 소표본 조정이 더 타당한 것 같다. 그 이유는 다음과 같다. 클러스터 표준 오차에서 소표본 조정은 클러스터의 개수가 작을 때를 겨냥한 것이며, 클러스터의 개수가 ∞로 커지면 그 조정 계수는 1로 수렴하여야 한다. **xtreg**의 조정 계수 $[n/(n-1)]^{1/2}[(nT-1)/(nT-k-1)]^{1/2}$ 은 이를 충족시킨다. 하지만 **areg**의 조정 계수 $[n/(n-1)]^{1/2}[(nT-1)/(nT-k-n)]^{1/2}$ 은 $n \to \infty$ 일 때 $[T/(T-1)]^{1/2}$ 으로 수렴하므로, 고정된 T에서 클러스터의 수가 많을 때에도 지나치게 많은 조정이 이루어진다. 필자가 $T = 2$에 대하여 데이터를 생성하여 모의실험을 해 보았을 때에도 **xtreg** 의 소표본 조정이 더 적절한 것으로 나타났다. **areg**를 이용한 LSDV 추정에서 클러스터 표준오차 소표본 조정에 이러한 문제가 있는 것도 일종의 따름모수incidental parameters 문제이다. 따름모수 문제가 이런 식으로 발현되는 것은 매우 흥미로운 현상이다(아니면 클러스터 표준오차 계산 시 소표본 자유도를 조정에 사용하는 방법에 개선의 여지가 있지 않을까 의심이 든다).

연습 3.10. compclust.dta 데이터를 이용하여 y를 x1과 x2에 대하여 LSDV와 FE 회귀를 각각 하는데 동일 id 내에 임의의 자기상관이 존재할 수 있으므로 클러스터 표준오차를 사용하라. LSDV 추정에 따르면 x1과 x2는 각각 유의한가? FE 추정에 따르면 이들은 각각 유의한가? 어느 결과를 받아들이겠는가?

3.6   계수의 해석과 모형 비교

2장과 3장에서 POLS, RE, FD, FE, BE 등 추정방법에 대하여 살펴보았고, 각 모형에서 적절한 방식으로 계수를 해석하였다. 본 절에서는 해석에 대하여 좀 더 상세히 설명한다. 패널데이터의 분석에서는 추정방법에 따라 해석과 표현 방식이 달라진다. 특히 BE 추정값들이 의미하는 바와 FE 추정값들이 의미하는 바가 상당히 다를 수 있다.

본격적인 설명에 앞서 횡단면 데이터 분석의 경우를 살펴보자. 예를 들어 Wooldridge (2013)의 예제 4.1에 소개된 526명 임금 데이터로부터 다음 OLS 결과를 얻는다.

$$\ln\widehat{(wage)} = 0.284 + 0.092\,educ + 0.0041\,prevexp + 0.026\,tenure$$

여기서 $wage$는 시간당 임금, $educ$는 교육연수, $exper$는 경력(연), $tenure$는 현 직장에서의 근무연수(근속연수), $prevexp$는 과거 직장 경력($= exper - tenure$)이다. OLS를 하면 표준오차 등 다양한 통계량들을 얻지만 여기서는 계수의 해석에 집중하자. 변수들 중 $tenure$의 계수 추정값인 0.026은 다음과 같이 해석된다. "학력($educ$)과 과거 직장 경력($prevexp$)이 동일한 개인들 간에 근속연수($tenure$)에 1년 차이가 있으면 로그 임금에 평균 0.026의 차이가 있는 것으로 추정된다." 여기서 강조하고자 하는 것은 이 숫자가 개인들의 차이에 관한 것이라는 사실이다. 즉, 두 사람의 학력과 과거 직장 경력이 동일하고 현 직장 근속연수에 1년 차이가 있으면 두 사람의 로그 임금에 약 0.026의 차이가 있을 것으로 기대된다는 것이다. 이 해석을 '횡단면 해석'이라 하자. 이 해석을 확장하여 "내가 내년에도 현 직장에서 계속 근무한다면 근속연수가 1년 증가하므로 내 로그 임금이 이러저러하게 될 것"이라고 하는 '시계열 해석'을 내리기도 하지만, 이는 횡단면에 걸친 비교로부터 구한 함수관계가 올해의 나와 내년의 나를 비교할 때에도 똑같이 적용된다고 하는 강한 가정에 입각한 것이다. 횡단면 데이터만 있다면 달리 해 볼 방법이 없어 보인다.

계량경제학의 입문서에서는 보통 횡단면 해석과 인과적 해석이 동일해지도록 하는 가정을 세우고 나서 두 해석을 구분하지 않는다. 기술적으로, 설명변수와 오차항이 독립이라는 가정을 한 후 어떤 변수의 계수가 해당 변수의 변화로 인한 인과적 영향과 동일하다고 보고 논의를 전개한다. 사실 횡단면 데이터만 있는 상황에서는 추가적 정보가 없는 한 그 이상의 것을 하기가 어렵다. 하지만 패널 데이터가 있으면 자료 내에 횡단면에 걸친 변동과 시간에 걸친 변동을 모두 관측할 수 있으므로 더 정교한 해석을 할 수 있다. 횡단면 분석으로부터는 횡단면 해석만 내리도록 한다.

예제 2.1의 임금 모형을 보자. 2010년 데이터만을 이용하여 횡단면 분석을 하면 다음 결과를 얻는다(2010년 데이터만 이용하므로 연도 더미는 제외시킨다).

```
1   . use klipsbal, clear

2   . reg lwage educ c.tenure##c.tenure isregul female c.age05##c.age05 ///
```

```
3  > if year==2010
```

Source	SS	df	MS			
Model	138.187999	7	19.7411427			
Residual	104.02882	828	.125638672			
Total	242.216819	835	.290080023			

Number of obs = 836
F(7, 828) = 157.13
Prob > F = 0.0000
R-squared = 0.5705
Adj R-squared = 0.5669
Root MSE = .35446

lwage	Coefficient	Std. err.	t	P>|t|	[95% conf. interval]	
educ	.0561626	.0049799	11.28	0.000	.0463878	.0659374
tenure	.02995	.0047349	6.33	0.000	.0206562	.0392438
c.tenure#						
c.tenure	-.0003979	.0001531	-2.60	0.010	-.0006984	-.0000974
isregul	.2473873	.0342424	7.22	0.000	.1801752	.3145993
female	-.3817108	.0276828	-13.79	0.000	-.4360476	-.3273741
age05	.0684298	.0103674	6.60	0.000	.0480804	.0887793
c.age05#						
c.age05	-.0009137	.0001234	-7.40	0.000	-.0011559	-.0006714
_cons	3.13661	.2233611	14.04	0.000	2.698189	3.57503

이 결과를 해석할 때 2010년 개인들을 비교하고 있다는 점에 유념할 필요가 있다. 예를 들어 19행의 추정값 .2473873을 해석할 때에는, 2010년에 (교육수준, 근속연수, 성별, 나이가 동일한) 정규직 노동자는 비교가능한 비정규직에 비하여 약 30% 높은 임금을 받는다고 하여야 할 것이다. 이로부터 "한 노동자의 고용형태가 비정규직에서 정규직으로 바뀌면 임금이 약 30% 상승한다"는 강한 해석을 내리지 말자.

    시계열 데이터를 이용한 분석에서는 정반대의 일이 일어난다. 예를 들어, 앞의 임금 모형에서 pid가 4101인 개인에 대하여 총 11년 데이터를 이용하여 시계열 분석을 해 보자.

```
1  . use klipsbal, clear

2  . l pid year lwage educ tenure isregul if pid==4101
```

	pid	year	lwage	educ	tenure	isregul
34.	4101	2005	4.382027	6	5	1
35.	4101	2006	4.60517	6	6	1
36.	4101	2007	5.010635	6	7	1
37.	4101	2008	5.010635	6	8	0
38.	4101	2009	5.010635	6	9	0
39.	4101	2010	5.010635	6	10	0
40.	4101	2011	5.010635	6	11	0
41.	4101	2012	4.828314	6	12	0

```
15    42.  |  4101    2013    5.010635        6        13        1
16    43.  |  4101    2014    5.010635        6        14        1
17
18    44.  |  4101    2015    5.010635        6        15        1
19
20    . reg lwage educ c.tenure##c.tenure isregul if pid==4101
21    note: educ omitted because of collinearity.
```

Source	SS	df	MS		
				Number of obs =	11
				F(3, 7) =	6.08
Model	.331185254	3	.110395085	Prob > F =	0.0232
Residual	.127096063	7	.01815658	R-squared =	0.7227
				Adj R-squared =	0.6038
Total	.458281316	10	.045828132	Root MSE =	.13475

lwage	Coefficient	Std. err.	t	P>|t|	[95% conf. interval]	
educ	0	(omitted)				
tenure	.4330789	.1641082	2.64	0.033	.0450246	.8211333
c.tenure#						
c.tenure	-.0196538	.0081802	-2.40	0.047	-.038997	-.0003107
isregul	.1523748	.1450924	1.05	0.329	-.1907143	.495464
_cons	2.648072	.8141253	3.25	0.014	.7229718	4.573172

pid가 4101인 개인에 대하여 2행에서 데이터를 열거한다. 이 개인의 교육연수(educ)는 표본기간 동안 변하지 않는다. tenure 변수의 값들을 보면 직장을 바꾸지 않았고, isregul의 변천에 의하면 2008년에 비정규직으로 전환된 후 2013년에 다시 정규직으로 복귀되었다. 교육수준(educ)이 11년간 변하지 않으므로 분석에서 제외되었다(21행과 31행). 37행 결과에 의하면 근속연수 변화로 인한 영향을 통제한 후 이 개인이 정규직인 때의 임금은 비정규직인 때보다 약 15% 높았다. 이 결과를 바탕으로 "정규직 임금이 비교가능한 비정규직보다 약 15% 높다"고 해석해서는 안 된다. 시계열 데이터를 분석하면 '시계열 해석'에 만족해야지, 이로부터 횡단면 해석을 하는 무리수를 두어서는 안 된다.

패널 데이터는 횡단면으로서의 성격과 시계열로서의 성격을 모두 가지고 있으며, 분석 방법에 따라 해석을 다르게 해야 한다. 집단간^{BE} 회귀에 의한 추정량은 각 개체별로 시간에 걸친 평균을 구한 다음 횡단면 분석을 하는 것이므로 BE 추정 결과에 대해서는 횡단면 해석을 하여야 한다. 반면 집단내^{WG} 추정은 각 개체별로 시간에 따른 변화를 살펴보는 방법이므로 시계열 해석을 하여야 한다. 예를 들어 임금 방정식의 BE 회귀와 FE 회귀 결과를 서로 비교해 보자.

```
1    . use klipsbal, clear

2    . global X "educ c.tenure##c.tenure isregul female c.age05##c.age05 i.year"
```

```
3    . qui xtreg lwage ${X}, be

4    . est store be

5    . qui xtreg lwage ${X}, fe vce(r)

6    . est store fe

7    . est tab be fe, keep(isregul) b star

8    ─────────────────────────────────────────────
9       Variable  │      be            fe
10   ──────────────┼──────────────────────────────
11      isregul   │  .33152974***   .12470372***
12   ─────────────────────────────────────────────
13         Legend: * p<0.05; ** p<0.01; *** p<0.001
```

2행에서 설정한 우변변수들에 대하여 3행에서 BE 추정을 하고 5행에서 FE 추정을 한 후, 7행에서 `isregul` 변수에 한하여 결과를 리포트하도록 한다. 11행에 의하면 `isregul` 변수 계수의 BE 추정값은 약 0.33이며, 이는 "정규직 노동자의 임금은 유사한 비정규직 근로자에 비하여 약 39% 높다($e^{0.33} - 1 \approx 0.393$)"고 해석된다. 이로부터 비정규직 근로자가 정규직으로 전환되면 임금이 약 39% 상승할 것으로 기대하는 것은 부적절하다.

FE 회귀의 경우에는 사정이 다르다. FE 회귀는 고정효과 모형의 계수를 일관되게 추정하므로, "한 개체 내에서 상이한 시점 간에 설명변수 값에 Δx만큼의 차이가 있으면, 이로 인하여 초래되는 종속변수상의 차이는 $(\Delta x)\hat{\beta}_{fe}$라고 추정된다"고 해석된다. FE 추정값을 해석할 때에는 횡단면 해석을 해서는 안 되고 집단내(개체내)^{within} 비교에 관한 해석을 하여야 한다. 앞의 11행에서 `isregul` 계수의 FE 추정값은 약 0.125이며, 이는 "여타 설명변수들을 통제할 때 정규직으로 일한 기간에는 비정규직으로 일한 기간에 비하여 약 13% 높은 임금을 받았다"고 해석된다. 이를 바탕으로 정규직 노동자의 임금을 비교대상 비정규직 노동자의 임금과 비교하는 것은 부적절하다.

BE 회귀는 개체 간 비교를 하므로 한 개체에 가해지는 외생적 충격의 영향을 제대로 포착하지 못할 수 있다. 이는 BE 회귀에서는 개체들 간의 이질성을 완전히 통제하기가 어렵기 때문이다. FE 회귀는 동일 개체의 시간에 걸친 변화를 고려하므로 적어도 개체들 간의 이질성은 통제할 수 있다. 따라서 BE 회귀보다는 FE 회귀가 인과관계의 파악에 좀 더 도움이 되고, 이러한 이유로 경제학에서는 FE 회귀에 더 많은 관심을 갖는다.

하지만 FE 추정값이 모든 요인들을 통제할 때의 인과적 효과를 표현한다고 확신할 수 있는 것은 아니다. 현실에서 개체들의 상태(독립변수)가 변할 때에는 아무 이유 없이 실험 삼아 외생적으로 변하는 것이 아니라 환경 변화에 적응하거나 여러 요인들의 복합적인 작용으로 인하여 변화하는 것이 보통이지만, 회귀 시에는 자료 부족으로 이러한 환경 변화 요인들을 완전히 통제하지는 못하기 때문이다. 예를 들어, 고용 상태가 비정규직에서 정규직으로 바뀔 때 임금이 13% 상승하는 FE 추정 결과를 얻었다고 하여, 어떤 비정규직 근로자를 (외생적으로) 정규직으로 바꿀 때 임금이 그만큼 상승할 것이라 기대하기는 힘들다. 데이터로부터 구한 13% 효과는, 다른 모든 조건을 통제한 상태에서 고용 형태만 바뀔 때의 효과를 추정한 것이 아니라, 우변에 포함된 여타 독립변수들만을 통제하고 나서 고용 형태의 변화와 연관된 모든 변인들의 종합적인 작용을 측정한 것이다. 데이터 내에서 노동자의 고용 상태가 변하였다면, 이는 비정규직으로 있는 기간 동안 자신의 능력을 입증하였기 때문일 수도 있고, 특정 산업 부문의 갑작스런 활황으로 인하여 고용 형태가 변하였기 때문일 수도 있으며, 정치 상황의 변화로 인하여 특정 부문에서 인력 수요가 증가하였기 때문일 수도 있고, 누군가가 나서서 실험 삼아 바꾸어 본 것일 수도 있다. 연구자가 이 모든 요인들에 대한 데이터를 가지고 있지 않으면 이러한 환경 변화의 영향을 통제할 수 없다.

✍ 한편, FE 추정은 시계열 데이터를 이용한 추정과 다르다. 시계열 분석에서는 한 개체만의 데이터를 사용하는 것인 반면 FE 추정에서는 여러 개체의 시계열 데이터를 (특정한 방식으로) 통합하여 사용한다. 그렇다고 하여 FE 추정 시 개체 간 비교를 하는 것은 아니다. FE 회귀는 모든 개체들에서 자신의 평균값으로부터 벗어난 편차만을 이용한다.

추정량들 간의 수학적 관계

FE 추정값들과 BE 추정값들은 특별한 시계열 해석과 횡단면 해석을 통하여 자연스럽게 해석되고 보통 상당히 흥미롭다. 또한, POLS 추정값은 각 t에서의 횡단면 함수관계의 가중평균을 추정하는 것으로 해석될 수 있다(2.2절 참조). 하지만 RE 추정값은 기계적인 해석은 가능하나 패널 데이터의 두 차원(개체와 시간)과 관련된 명료한 해석을 제공하지는 않는다. POLS와 RE 추정값은 FE 추정값과 BE 추정값의 선형결합으로 표현할 수 있다.

$$\hat{\beta}_{pols} = (I - H)\hat{\beta}_{be} + H\hat{\beta}_{fe}, \quad \hat{\beta}_{re} = (I - H_*)\hat{\beta}_{be} + H_*\hat{\beta}_{fe} \tag{3.14}$$

여기서 H와 H_*는 설명변수 X에 의존하는 행렬로서 아래 '꼬부랑길' 표시 부분에 제시되어 있다. 만약 BE 추정량과 FE 추정량이 동일한 모수를 추정하면 BE, FE, POLS, RE는 모두 동일한 모수를 추정한다("동일한 모수를 추정한다"는 것은 확률극한이 동일하다는 것을 의미함).

✍ POLS와 RE 추정량이 BE 추정량과 FE 추정량의 선형결합임은 다음과 같이 보일 수 있다. (2.3) 의 기호를 사용하자. $P = \frac{1}{T}\mathbf{1}_T\mathbf{1}_T'$라 하고 $M = I_T - P$라 하면, 균형패널의 경우 BE 추정량과 FE 추정량은 각각 다음과 같이 표현할 수 있다.

$$\hat{\beta}_{be} = \left(\sum_{i=1}^{n}\mathbf{X}_i'P\mathbf{X}_i\right)^{-1}\sum_{i=1}^{n}\mathbf{X}_i'P\mathbf{y}_i, \quad \hat{\beta}_{fe} = \left(\sum_{i=1}^{n}\mathbf{X}_i'M\mathbf{X}_i\right)^{-1}\sum_{i=1}^{n}\mathbf{X}_i'M\mathbf{y}_i$$

POLS 추정량은 $\hat{\beta}_{pols} = (\sum_{i=1}^{n}\mathbf{X}_i'\mathbf{X}_i)^{-1}\sum_{i=1}^{n}\mathbf{X}_i'\mathbf{y}_i$이다. $I_T = P + M$이므로 $\mathbf{X}_i'\mathbf{y}_i = \mathbf{X}_i'P\mathbf{y}_i + \mathbf{X}_i'M\mathbf{y}_i$이고, 또 $\sum_{i=1}^{n}\mathbf{X}_i'P\mathbf{y}_i = \sum_{i=1}^{n}\mathbf{X}_i'P\mathbf{X}_i\hat{\beta}_{be}$이며 $\sum_{i=1}^{n}\mathbf{X}_i'M\mathbf{y}_i = \sum_{i=1}^{n}\mathbf{X}_i'M\mathbf{X}_i\hat{\beta}_{fe}$이므로, 다음이 성립한다.

$$\hat{\beta}_{pols} = \left(\sum_{i=1}^{n}\mathbf{X}_i'\mathbf{X}_i\right)^{-1}\left(\sum_{i=1}^{n}\mathbf{X}_i'P\mathbf{X}_i\right)\hat{\beta}_{be} + \left(\sum_{i=1}^{n}\mathbf{X}_i'\mathbf{X}_i\right)^{-1}\left(\sum_{i=1}^{n}\mathbf{X}_i'M\mathbf{X}_i\right)\hat{\beta}_{fe}$$

$$= (I - H)\hat{\beta}_{be} + H\hat{\beta}_{fe}, \quad H = \left(\sum_{i=1}^{n}\mathbf{X}_i'\mathbf{X}_i\right)^{-1}\sum_{i=1}^{n}\mathbf{X}_i'M\mathbf{X}_i$$

이로부터, POLS 추정량이 BE 추정량과 FE 추정량의 선형결합이며, 이 선형결합 시의 가중치는 각각 설명변수들의 총제곱합에서 개체 간 제곱합이 차지하는 비중과 개체 내 제곱합이 차지하는 비중임을 알 수 있다. 다른 한편으로, RE 추정량의 경우에는 $y_{it} - \hat{\theta}\bar{y}_i$로 변환하며 이는 $\mathbf{y}_i$를 $(I_T - \hat{\theta}P)\mathbf{y}_i$로 변환하는 것과 같다. 그런데 $I_T - \hat{\theta}P = M + (1-\hat{\theta})P$이므로 $(I_T - \hat{\theta}P)'(I_T - \hat{\theta}P) = M + (1-\hat{\theta})^2 P$이고, 이에 의하면 다음 항등식이 성립한다.

$$\hat{\beta}_{re} = \left[\sum_{i=1}^n \mathbf{X}_i'\{M + (1-\hat{\theta})^2 P\}\mathbf{X}_i\right]^{-1} \sum_{i=1}^n \mathbf{X}_i'\{M + (1-\hat{\theta})^2 P\}\mathbf{y}_i$$

$$= (I - H_*)\hat{\beta}_{be} + H_*\hat{\beta}_{fe}, \quad H_* = \left[\sum_{i=1}^n \mathbf{X}_i'\{M + (1-\hat{\theta})^2 P\}\mathbf{X}_i\right]^{-1} \sum_{i=1}^n \mathbf{X}_i'M\mathbf{X}_i$$

그러므로 RE 추정량은 BE 추정량과 FE 추정량의 또 다른 선형결합이다(Mundlak 1978).

H 행렬과 H_* 행렬의 고유값eigenvalues은 모두 0에서 1 사이이다. 이러한 의미에서 POLS 추정량과 RE 추정량은 BE 추정량과 FE 추정량의 일종의 가중평균이다. 따라서 만약 β가 하나의 원소로만 이루어져 있다면 POLS 추정값과 RE 추정값은 반드시 BE 추정값과 FE 추정값의 사이에 있어야 한다. β가 벡터인 경우에도 그러기 쉬우나 수학적으로 볼 때 반드시 그래야 하는 것은 아니므로, 어떤 변수의 경우 POLS 추정값이나 RE 추정값이 BE 추정값과 FE 추정값 사이에 있지 않아도 놀랄 필요 없다.

그림을 이용한 추정량들의 비교

$n = 12$, $T = 10$인 가상적 데이터에 대하여 POLS, FE, BE 회귀가 구하고자 하는 바를 그림으로 표현하여 보자(RE 추정량은 복잡하므로 설명하지 않는다). 우선 이 데이터가 패널 구조를 갖는다는 사실을 무시하고 모든 관측치들을 그림으로 표현하면 〈그림 3.2〉와 같다. POLS는 이 그림에 최소제곱법에 따라 직선을 덧그리는 것과 동일하다. 독립변수와 종속변수 간에 양의 상관관계가 있음이 확연하다.

이제 이 데이터가 패널 데이터임을 인식하여 각 개체별로 무늬를 다르게 하여 그림을 그려 보자. 그 결과는 〈그림 3.3〉에 있는데, 동일한 모양을 가진 관측치 집단 내에서는 오히려 음의 상관관계가 보인다. 더 분명히 보기 위하여 $(x_{it} - \bar{x}_i, y_{it} - \bar{y}_i)$ 점들을 표시하자. 결과는 〈그림 3.4〉와 같다. 이 그림의 점들을 지나도록 최소제곱법에 따라 직선을 덧그리는 것이 FE 추정이다. 〈그림 3.2〉가 나타내는 바와 매우 다른 관계가 포착됨을 알 수 있다.

〈그림 3.3〉의 각 개체별로 독립변수와 종속변수의 평균값들을 구하여 그림으로 나타내면 〈그림 3.5〉의 세모 점들을 얻는다. 참조를 위하여 원래 자료들도 희미하게 표시하였다. 이 세모 점들을 잘 지나도록 최소제곱법에 따라 직선을 그리는 것이 BE 추정이다. 이 데이터에서는 〈그림 3.5〉의 집단간 관계와 〈그림 3.4〉의 집단내 관계가 정반대의 방향을 보인다.

이들 데이터의 경우 모든 관측치들을 통합한 〈그림 3.2〉에서는 집단간 관계가 집단내 관계를 압도하여 POLS가 BE와 동일한 부호의 관계를 추정한다는 것을 〈그림 3.2〉로부터

〈그림 3.2〉 가상적 패널 데이터의 모든 관측치들

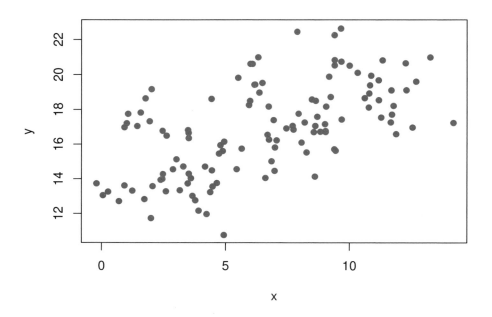

〈그림 3.3〉 개체별로 구분하여 표시한 관측치들

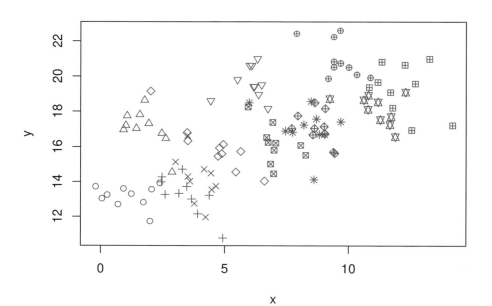

〈그림 3.4〉 개체별로 관측치들을 원점 주위로 이동

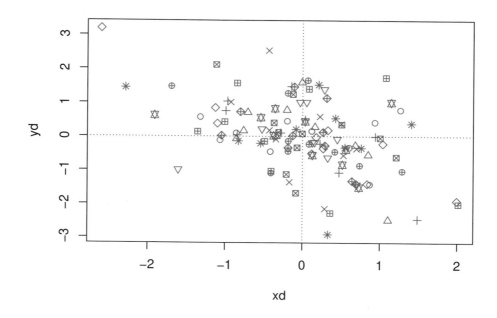

〈그림 3.5〉 개체별 평균값들

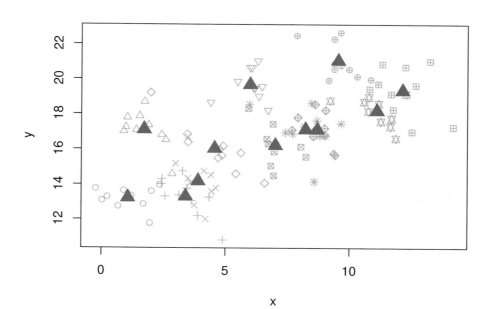

알 수 있다. 실제 추정 결과도 이에 부합한다. 아래 Stata 결과의 7행에서 FE 회귀를 하는데 계수 추정값은 19행에 의하면 음수이다. 27행에서 BE 회귀를 하며, 39행에 의하면 그 추정값은 양수이다. 42행에서 POLS를 한 결과는 53행에 의하면 양수이다.

```
1    . use artificial, clear
2    (Artificial data)

3    . xtset id year
4          panel variable:  id (strongly balanced)
5           time variable:  year, 1 to 10
6                  delta:  1 unit

7    . xtreg y x, fe

8    Fixed-effects (within) regression        Number of obs     =        120
9    Group variable: id                       Number of groups  =         12

10   R-sq:                                    Obs per group:
11       within  = 0.2234                                 min =         10
12       between = 0.5074                                 avg =       10.0
13       overall = 0.3493                                 max =         10

14                                            F(1,107)          =      30.78
15   corr(u_i, Xb)  = -0.8928                 Prob > F          =     0.0000

16   ────────────────────────────────────────────────────────────────────
17          y │    Coef.   Std. Err.      t    P>|t|    [95% Conf. Interval]
18   ──────────┼─────────────────────────────────────────────────────────
19          x │ -.615324    .110916    -5.55   0.000    -.835202   -.395446
20      _cons │ 20.82793   .7217039    28.86   0.000    19.39723   22.25862
21   ──────────┼─────────────────────────────────────────────────────────
22    sigma_u │ 4.3422753
23    sigma_e │  .9773689
24        rho │ .95178088    (fraction of variance due to u_i)
25   ────────────────────────────────────────────────────────────────────
26   F test that all u_i=0: F(11, 107) = 40.06              Prob > F = 0.0000

27   . xtreg y x, be

28   Between regression (regression on group means) Number of obs  =    120
29   Group variable: id                       Number of groups  =         12

30   R-sq:                                    Obs per group:
31       within  = 0.2234                                 min =         10
32       between = 0.5074                                 avg =       10.0
33       overall = 0.3493                                 max =         10

34                                            F(1,10)           =      10.30
35   sd(u_i + avg(e_i.))=  1.820047           Prob > F          =     0.0093

36   ────────────────────────────────────────────────────────────────────
37          y │    Coef.   Std. Err.      t    P>|t|    [95% Conf. Interval]
38   ──────────┼─────────────────────────────────────────────────────────
39          x │  .488248   .1521442     3.21   0.009    .1492495    .8272465
```

```
40        _cons    13.70233    1.114048    12.30    0.000    11.22008    16.18458
41
```

```
42   . reg y x, vce(cl id)
```

```
43   Linear regression                              Number of obs   =        120
44                                                  F(1, 11)        =      12.07
45                                                  Prob > F        =     0.0052
46                                                  R-squared       =     0.3493
47                                                  Root MSE        =     2.1056
48                                          (Std. Err. adjusted for 12 clusters in id)
```

```
49
50                          Robust
51        y      Coef.    Std. Err.       t    P>|t|    [95% Conf. Interval]
52
53        x    .4314507    .1241871    3.47    0.005    .1581167    .7047846
54    _cons    14.06906    1.063083   13.23    0.000    11.72923    16.40889
55
```

위의 결과에서 POLS가 FE보다는 BE와 가깝다는 사실로부터 설명변수의 집단간 변동이 집단내 변동보다 더 크다고 유추할 수 있다. 실제 다음의 **xtsum** 명령 결과에 의하면 설명변수 x의 집단내 표준편차는 약 0.8임에 반하여 집단간 표준편차는 약 3.6으로 집단내 표준편차의 약 4.5배이다. 이것이 POLS를 BE의 방향으로 끌어당기는 요인이다.

```
56   . xtsum x
```

```
57   Variable              Mean    Std. Dev.         Min         Max    Observations
58
59   x      overall    6.456848    3.560634   -.2397228    14.1686    N =      120
60          between                3.606872    1.076721   12.14806    n =       12
61          within                 .8077759    3.861288   8.477392    T =       10
```

RE의 경우에는 다른 방식으로 BE와 FE를 결합한다. 이 데이터의 경우에는 RE가 BE보다는 오히려 FE와 동일한 부호를 갖도록 작용한다. 특히 T가 크거나 $\sigma_\mu^2/\sigma_\varepsilon^2$의 비율이 커서 $\hat{\theta}$이 1에 가까울수록 그러한 일이 발생한다. 아래에 제시된 결과에서는 $\hat{\theta}$의 값이 0.83으로 상당히 크고(71행) 기울기 계수 추정값의 부호가 음수(75행)임을 볼 수 있다.

```
62   . xtreg y x, re theta
```

```
63   Random-effects GLS regression                  Number of obs   =        120
64   Group variable: id                             Number of groups =        12
```

```
65   R-sq:                                          Obs per group:
66       within  = 0.2234                               min =         10
67       between = 0.5074                               avg =       10.0
68       overall = 0.3493                               max =         10
```

```
69                                                  Wald chi2(1)    =       5.24
```

```
70  corr(u_i, X)    = 0 (assumed)                    Prob > chi2        =    0.0221
71  theta           = .83018505
72  ────────────────────────────────────────────────────────────────────────────
73        y  │    Coef.   Std. Err.      z    P>|z|     [95% Conf. Interval]
74  ──────────┼─────────────────────────────────────────────────────────────────
75        x  │  -.2323494   .1015072   -2.29   0.022    -.4312998   -.033399
76     _cons │   18.35512   .8852384   20.73   0.000     16.62008   20.09015
77  ──────────┼─────────────────────────────────────────────────────────────────
78   sigma_u │  1.7936126
79   sigma_e │   .9773689
80       rho │  .77104933   (fraction of variance due to u_i)
81  ────────────────────────────────────────────────────────────────────────────
```

3.7   상관된 임의효과

Mundlak (1978)은 y_{it}를 X_{it}에 대하여 FE 회귀할 때의 추정량이 y_{it}를 X_{it}와 $\bar{X}_i$에 대하여 RE 회귀할 때 X_{it} 계수 추정량과 동일함을 보인다. 또한, 이 회귀에서 $\bar{X}_i$의 계수는 BE 추정량($\bar{y}_i$를 $\bar{X}_i$에 OLS)에서 FE 추정량을 뺀 것과 동일하다. 다시 말하여, y_{it}를 X_{it}와 $\bar{X}_i$에 대하여 회귀(POLS 또는 RE)한 계수 추정량을 $\hat{\beta}$와 $\hat{\gamma}$라 하고, y_{it}를 X_{it}에 FE 회귀한 추정량을 $\hat{\beta}_{fe}$, BE 회귀할 때의 추정량을 $\hat{\beta}_{be}$라 하면, $\hat{\beta} = \hat{\beta}_{fe}$이고 $\hat{\gamma} = \hat{\beta}_{be} - \hat{\beta}_{fe}$이다. 이를 수식으로 확인하기 전에 일단 예제를 살펴보자. 이 과정에서 $\bar{X}_i$ 변수들을 생성해야 할 것인데, Stata에서는 xtset 이후에 by id: egen newvar = mean(...) 명령을 사용하면 된다.

예제 3.15   개별평균 통제 시 최소제곱 회귀

wdi5bal.dta 데이터에서 sav를 age0_19, age20_29, age65over, lifeexp와 각 설명변수들의 개체별 평균에 대하여 POLS 및 RE 회귀하고 그 결과를 FE와 비교해 보자. 이하 4–6행에서 $\bar{X}_i$ 변수들을 생성한다. 실행이 완료되면 bar_age0_19 등 변수들이 생성된다. 7행에서 y_{it}를 X_{it}와 $\bar{X}_i$에 대하여 POLS 회귀를 하고, 9행에서 RE 회귀를 하며, 11행에서 y_{it}를 X_{it}에 FE 회귀한다. 13행은 POLS, RE, FE 결과들을 나란히 비교하는 표를 만든다.

```
1  . use wdi5bal, clear
2  (WDI five year balanced)

3  . global X "age0_19 age20_29 age65over lifeexp"

4  . foreach v of global X {
5  2.          by id: egen bar_`v' = mean(`v')
6  3. }

7  . qui reg sav ${X} bar_*, vce(cl id)
```

```
 8   . est store pols

 9   . qui xtreg sav ${X} bar_*, re vce(r)

10   . est store re

11   . qui xtreg sav ${X}, fe vce(r)

12   . est store fe

13   . est tab pols re fe, b star
```

Variable	pols	re	fe
age0_19	-.02462714	-.02462704	-.02462703
age20_29	-.24088391	-.24088377	-.24088376
age65over	-1.314024**	-1.314024**	-1.314024**
lifeexp	.62182242***	.62182262***	.62182264***
bar_age0_19	-1.0148605**	-1.0148606**	
bar_age20_29	.43378938	.43378925	
bar_age65o~r	-.12403881	-.12403876	
bar_lifeexp	-.62399933*	-.62399952*	
_cons	59.939267*	59.939267**	-8.1319506

Legend: * p<0.05; ** p<0.01; *** p<0.001

17–25행에서 POLS, RE, FE 회귀 결과들이 비교되어 있다. 17–20행에서 FE 회귀와 POLS 및 RE 회귀의 계수 추정값들은 동일함을 알 수 있다. 위 결과에는 제시하지 않았지만 표준오차에는 약간 차이가 있는데, 이는 설명변수 개수 차이로 인하여 소표본 조정 정도가 서로 약간 다르기 때문이다. 이 차이는 사소하여 무시해도 좋다.

$\bar{X}_i$를 통제할 때 X_{it} 계수 추정값이 FE 회귀와 동일하다는 사실은 논리적으로도 이해할 수 있고 수학적으로도 증명할 수 있다. 회귀식을 $y_{it} = \alpha + X_{it}\beta + \bar{X}_i\delta + e_{it}$ 라 표기하자. 논리적으로 볼 때, $\bar{X}_i$가 통제된 상태에서 X_{it}가 1단위 증가하려면 $X_{it} - \bar{X}_i$가 1단위 증가하는 수밖에 없다. 그러므로 β는 $X_{it} - \bar{X}_i$가 증가할 때의 효과, 즉 '집단내' 회귀 계수이다.

논의를 더 진행해 보자. y_{it}를 X_{it}와 $\bar{X}_i$에 대하여 POLS를 하는 것은, 먼저 X_{it}를 $\bar{X}_i$에 대하여 POLS 회귀하여 잔차를 구한 후, y_{it}를 그 잔차에 대해 회귀하는 것과 마찬가지이다(Frisch-Waugh 분해정리). 그런데 X_{it}의 각 변수를 $\bar{X}_i$에 대하여 POLS 회귀하면 계수 추정량의 행렬은 $(\sum_i\sum_t \bar{X}_i'\bar{X}_i)^{-1}\sum_i\sum_t \bar{X}_i'X_{it}$ 인데 $\sum_t \bar{X}_i'X_{it} = \sum_t \bar{X}_i'\bar{X}_i$ 이므로 I이고, 따라서 맞춘값은 $\bar{X}_i$, 잔차는 $X_{it} - \bar{X}_i$ 이다. 그러므로 우변에 $\bar{X}_i$를 추가로 통제한 경우의 X_{it} POLS 회귀 추정량은 $[\sum_i\sum_t(X_{it}-\bar{X}_i)'(X_{it}-\bar{X}_i)]^{-1}\sum_i\sum_t(X_{it}-\bar{X}_i)'y_i$, 즉 FE 회귀 추정량 $\hat{\beta}_{fe}$와 동일하다. 우변에 $\bar{X}_i$를 통제하고 RE 추정을 하는 것은 $X_{it} - \hat{\theta}\bar{X}_i$를 우선 $(1-\hat{\theta})\bar{X}_i$에 대하여 회귀한 다음, y_{it}를 그 잔차에 대하여 POLS 회귀하는 것과 동일한데, 이 경우에도 처음 단계의 잔차는 $X_{it} - \bar{X}_i$와 동일하다($\hat{\theta}\bar{X}_i$ 부분은 $\bar{X}_i$에 의하여 완벽히 설명됨). $\hat{\theta}$의 값이 무엇이든 상관없이 그 결과는 FE 추정량과 동일하다.

위에서는 시변하는 설명변수만 고려했으나, 이제는 시변하는 설명변수 X_{it} 와 시간불변 설명변수 Z_i 를 모두 고려하며, y_{it} 를 (X_{it}, $\bar{X}_i$, Z_i)에 대하여 POLS 또는 RE 회귀할 때의 추정량이 무엇인지 살펴보고자 한다. 우선 다음 기호를 정의한다. $\hat{\beta}_{fe}$ 는 y_{it} 를 X_{it} 에 FE 회귀할 때 얻는 추정량이며, $\hat{\beta}_{be}$ 와 $\hat{\gamma}_{be}$ 는 y_{it} 를 X_{it} 와 Z_i 에 대하여 가중(가중치는 T_i) BE 회귀한

〈표 3.3〉 추정량 기호

종속변수	독립변수	회귀방법	추정량
y_{it}	$X_{it}, \bar{X}_i, Z_i$	POLS	$\hat{\beta}, \hat{\delta}, \hat{\gamma}$
y_{it}	$X_{it}, \bar{X}_i, Z_i$	RE	$\tilde{\beta}, \tilde{\delta}, \tilde{\gamma}$
y_{it}	X_{it}	FE	$\hat{\beta}_{fe}$
y_{it}	X_{it}, Z_i	BE	$\hat{\beta}_{be}, \hat{\gamma}_{be}$

주. 'BE'는 T_i 가중 BE 회귀.

추정량이다($\hat{\beta}_{be}$ 는 X_{it} 의 계수, $\hat{\gamma}_{be}$ 는 Z_i 의 계수). y_{it} 를 ($X_{it}, \bar{X}_i, Z_i$)에 대하여 POLS 회귀하여 얻는 추정량을 $\hat{\beta}$, $\hat{\delta}$, $\hat{\gamma}$ 라 하고, 동일한 모형을 RE 회귀하여 얻는 추정량을 $\tilde{\beta}$, $\tilde{\delta}$, $\tilde{\gamma}$ 라 하자. 이상의 기호들은 〈표 3.3〉에 정리되어 있다.

이들 기호를 사용할 때, 균형패널이든 불균형패널이든 POLS 추정량은 다음 항등식들을 항상 만족시킨다.

$$\hat{\beta} = \hat{\beta}_{fe}, \quad \hat{\delta} = \hat{\beta}_{be} - \hat{\beta}_{fe}, \quad \hat{\gamma} = \hat{\gamma}_{be} \tag{3.15}$$

RE 추정량의 성질은 균형패널과 불균형패널에서 상이하다.

$$\tilde{\beta} = \hat{\beta}_{fe} \text{ (항상)}, \quad \tilde{\delta} = \hat{\beta}_{be} - \hat{\beta}_{fe} \text{ (균형패널)}, \quad \tilde{\gamma} = \hat{\gamma}_{be} \text{ (균형패널)} \tag{3.16}$$

간편한 증명을 위하여 설명변수들을 변형하여 y_{it} 를 $X_{it} - \bar{X}_i$, $\bar{X}_i$, Z_i 에 대하여 회귀하는 것을 고려하자('변형된 모형'이라 하자). 변형된 모형의 POLS 추정량을 $\hat{b}_{MX}$, $\hat{b}_{PX}$, $\hat{b}_Z$ 라 하고, RE 추정량은 '모자(^)'를 '물결(~)'로 바꾸어 표시한다. 그러면

$$\hat{b}_{MX} = \hat{\beta}, \ \hat{b}_{PX} = \hat{\beta} + \hat{\delta}, \ \hat{b}_Z = \hat{\gamma}, \quad \tilde{b}_{XM} = \tilde{\beta}, \ \tilde{b}_{PX} = \tilde{\beta} + \tilde{\delta}, \ \tilde{b}_Z = \tilde{\gamma}. \tag{3.17}$$

이는 원래 회귀식 $y_{it} = X_{it}\beta + \bar{X}_i\delta + Z_i\gamma + v_{it}$ 를 $y_{it} = (X_{it} - \bar{X}_i)\beta + \bar{X}_i(\beta + \delta) + Z_i\gamma + v_{it}$ 로 바꾸어 쓰면 $b_{MX} = \beta$, $b_{PX} = \beta + \delta$, $b_Z = \gamma$ 가 된다는 점으로부터 손쉽게 추측할 수 있고, 필요하면 추정량을 수식으로 써서 엄밀하게 증명할 수도 있다. 다만, RE 회귀의 경우에는 (몹시 불편하게도) 두 회귀에서 θ_i 추정값이 서로 달라서 이 관계가 정확히 성립하지는 않는데, 이는 Stata가 θ_i 추정을 위해 BE 회귀를 하는 과정에서 $X_{it} - \bar{X}_i$ 설명변수를 제외시켜야 하는데(집단별 평균들이 모두 0이므로) 컴퓨터 부동소수점 연산상의 미세한 부정확성 때문에 터무니없는 숫자들을 산출하기 때문으로 보인다. 변환 이전의 원래 모형과 변환된 모형에서 동일한 $\hat{\theta}_i$ 를 사용하면 (3.17)이 성립한다.

(3.15)의 증명: 변형된 회귀식에서 $X_{it} - \bar{X}_i$ 와 ($\bar{X}_i, Z_i$)가 서로 직교함에 유의하자. 이는 $\sum_t (X_{it} - \bar{X}_i)'(\bar{X}_i, Z_i) = 0$ 이기 때문에 그러하다. 따라서, POLS 추정량 $\hat{b}_{MX}$ 는 $\bar{X}_i$ 와 Z_i 부분을 무시하고 구할 수 있다. 즉, $\tilde{X}_{it} = X_{it} - \bar{X}_i$ 라 하고 $\tilde{y}_{it} = y_{it} - \bar{y}_i$ 라 하면, $\hat{b}_{MX} = (\sum_i \sum_t \tilde{X}_{it}' \tilde{X}_{it})^{-1} \sum_i \sum_t \tilde{X}_{it}' y_{it}$ 인데, $\sum_t \tilde{X}_{it}' y_i = \sum_t \tilde{X}_{it}' \tilde{y}_{it}$ 이므로 $\hat{b}_{MX} = \hat{\beta}_{fe}$ 이다. $\bar{X}_i, Z_i$ 의 계수 추정량 $\hat{b}_{PX}$ 와 $\hat{b}_Z$ 는, $W_i = (\bar{X}_i, Z_i)$ 라 하면 $(\sum_i \sum_t W_i' W_i)^{-1} \sum_i \sum_t W_i' y_{it} = (\sum_i T_i W_i' W_i)^{-1} \sum_i T_i W_i' \bar{y}_i$ 로서, 이는 $\hat{\beta}_{be}$ 와 $\hat{\gamma}_{be}$ 이다. 여기에 (3.17)을 적용하여 $\hat{\delta} = \hat{\beta}_{be} - \hat{\beta}_{fe}$, $\hat{\gamma} = \hat{\gamma}_{be}$ 를 얻는다.

(3.16)의 증명: 변형된 모형의 RE 회귀는 $y_{it} - \hat{\theta}_i \bar{y}_i$ 를 $\tilde{X}_{it}$, $(1-\hat{\theta}_i)\bar{X}_i$, $(1-\hat{\theta}_i)Z_i$ 에 대하여 OLS를 하는 것이다($\tilde{X}_{it}$ 에서 $\hat{\theta}_i$ 곱하기 집단별 평균을 빼지 않는 것은 집단별 평균이 0이기 때문). 이 OLS 회귀에서도 $\tilde{X}_{it}$ 와 여타 설명변수들은 서로 직교하므로, $\tilde{b}_{MX} = (\sum_i \sum_t \tilde{X}_{it}' \tilde{X}_{it})^{-1} \sum_i \sum_t \tilde{X}_{it}' (y_{it} - \hat{\theta}_i \bar{y}_i) = \hat{\beta}_{fe}$ 가 성립한다.

다음으로, $\tilde{\delta}$와 $\tilde{\gamma}$ 부분의 RE 추정량은 $[\sum_i \sum_t (1-\hat{\theta}_i)^2 W_i' W_i]^{-1} \sum_i \sum_t (1-\hat{\theta}_i) W_i'(y_{it} - \hat{\theta}_i \bar{y}_i)$ 이다. 그런데 $\sum_t (y_{it} - \hat{\theta}_i \bar{y}_i) = T_i(1-\hat{\theta}_i)\bar{y}_i$ 이므로, $\tilde{b}_{PX}$ 와 $\tilde{b}_Z$ 의 벡터는 $[\sum_i T_i(1-\hat{\theta}_i)^2 W_i' W_i]^{-1} \sum_i T_i(1-\hat{\theta}_i)^2 W_i' \bar{y}_i$ 이다. 이는 일종의 가중 BE 추정량이지만 가중치는 T_i 가 아니라 $T_i(1-\hat{\theta}_i)^2$ 이다. 만약 균형패널이면 T_i 와 $\hat{\theta}_i$ 가 모든 i 에서 동일하므로 분모와 분자에서 $T(1-\hat{\theta})^2$ 이 소거되고 (3.16)의 모든 항등식이 성립한다. 하지만 불균형패널이면 (3.16)의 둘째와 셋째 항등식이 성립하지 않는다.

▶ **연습 3.11.** `wdi5bal.dta` 데이터를 이용하여 `sav`를 `age0_19`, `age20_29`, `age65over`, `lifeexp`에 대하여 BE 회귀하고, 예제 3.15의 21–24행에 보고된 $\bar{X}_i$ 계수 추정값들이 실제로 $\hat{\beta}_{be} - \hat{\beta}_{fe}$ 와 동일한지 확인하라.

종속변수를 X_{it} 와 $\bar{X}_i$ 에 대하여 POLS하는 것은 원래 모형 $y_{it} = \alpha + X_{it}\beta + \mu_i + \varepsilon_{it}$ 에서 $\mu_i = \delta_0 + \bar{X}_i \delta + a_i$ 로 두고 a_i 가 임의효과라고 하는 것과 동일하다(상수항이 α 에서 $\alpha + \delta_0$ 으로 바뀌지만 중요하지 않다). 이는 $\mathrm{E}(\mu_i | \mathbf{X}_i) = \delta_0 + \bar{X}_i \delta$, 즉 μ_i 의 평균이 $\bar{X}_i$ 의 선형함수라 가정함을 의미한다. 이렇게 μ_i 가 설명변수들의 선형함수와 임의효과의 합으로 이루어진다고 설정하는 모형을 상관된 임의효과(correlated random effects, CRE) 모형이라 한다. CRE 모형은 μ_i 중 X_{it} 와 선형상관되는 부분을 관측변수로써 통제하고 그 나머지는 임의효과라 가정하는 모형이다. 이 방법은 나중에 비선형 패널모형 처리 시 유용하다.

지금까지 본 CRE 모형은 $\mu_i = \delta_0 + \bar{X}_i \delta + a_i$ 라고 하였다. 사실 $\bar{X}_i$ 부분에는 어느 시간불변 변수든 포함될 수 있다. $\bar{X}_i$ 만큼 널리 사용되는 방법은 $X_{i1}, \ldots, X_{iT}$ 를 모두 사용하는 것이다. 그 경우 $\mu_i = \delta_0 + \sum_{s=1}^{T} X_{is} \delta_s + a_i$ 로 설정된다. 앞의 $\bar{X}_i$ 를 이용하는 방법을 Mundlak (1978) 논문을 인용하여 'Mundlak 방법'이라고 하며, $\bar{X}_i$ 대신에 $X_{i1}, \ldots, X_{iT}$ 를 모두 사용하는 방법을 Chamberlain (1980) 논문을 인용하여 'Chamberlain 방법'이라고 한다. 그렇다고 이 둘을 구분하는 것이 엄청나게 중요하다는 것은 아니며, 보통은 엄밀히 구분하지 않고 이 둘을 통칭하여 Chamberlain 방법 혹은 Chamberlain-Mundlak 방법이라고 한다.

선형 패널모형에서 FE 회귀와 Mundlak 방법을 사용한 CRE 모형의 POLS 또는 RE 회귀는 동일한 추정량을 제공한다. Chamberlain 방법을 사용한 POLS 추정량도 FE 추정량과 동일함을 보일 수 있다.

관심 있는 독자는 $y_{it} = \alpha + X_{it}\beta + \sum_{s=1}^{T} X_{is}\delta_s + Z_i \gamma + v_{it}$ 라는 모형을 $X_{it} = \tilde{X}_{it} + \frac{1}{T}\sum_{s=1}^{T} X_{is}$ 임을 이용하여 $y_{it} = \alpha + \tilde{X}_{it}\beta + \sum_{s=1}^{T} X_{is}(\delta_s + \frac{1}{T}\beta) + Z_i\gamma + v_{it}$ 로 변형함으로써, β 의 POLS 추정량이 $\hat{\beta}_{fe}$ 임을 확인할 수 있을 것이다. $\tilde{X}_{it}$ 와 $(X_{i1}, \ldots, X_{iT}, Z_i)$ 가 서로 직교함(곱의 합이 0)을 이용하라.

하지만 그렇다고 하여 CRE 모형이 FE 모형과 전적으로 동일한 것은 아니다. 고정효과 모형은 μ_i 에 대하여 정말로 아무런 가정도 하지 않는 반면, CRE 모형은 μ_i 중 외생변수들의 선형결합 부분을 제외한 나머지는 임의효과라고 가정한다. 그러므로 CRE 가정은 FE 가정보다 더 강한 가정이다. 다만 지금까지 고려한 선형모형의 최소제곱 추정에서는 이런 미세한 부분들이 중요하지 않았고 FE 모형과 Mundlak 방법을 이용한 CRE 모형은 동일한 모형이었다. 하지만 나중에 볼 동태적 패널모형이나 비선형 패널모형에서는 FE 모형과 Chamberlain-Mundlak의 CRE 간에 실질적인 차이가 있다.

3.8 고정효과 대 임의효과 검정

패널 데이터 모형 $y_{it} = \alpha + X_{it}\beta + \mu_i + \varepsilon_{it}$ 에서 μ_i를 통제한 후 독립변수의 변화가 종속변수에 미치는 영향에 관심이 있다고 하자. 이 모형에서 FD나 FE 같은 고정효과 추정방법은 개별 효과 μ_i가 고정효과인 경우에도 β를 편향되지 않게 추정하므로 매우 유용하다. 하지만 이 추정방법을 이용하기 위해서는 우리의 설명변수가 시간에 걸쳐 변하여야 한다. 시간불변의 설명변수는 고정효과 추정을 위한 변환 과정에서 소거되어 버린다. 그리하여 만일 시간불변의 변수에 대한 계수가 우리의 관심사이면 곤란한 상황에 처할 수 있다. 예를 들어 학력이 핵심 설명변수일 때 보통의 노동 관련 패널 데이터는 학교 교육이 종료되고 노동시장에 진입한 이후의 사람들을 대상으로 수집된다. 그러다 보니 학력에 개인차는 있을지라도 각 개인에게 시간에 걸친 학력 변화가 전혀 없거나 미미하여 고정효과 추정량을 아예 계산할 수 없거나 계산할 수 있을지라도 그 정확성이 심하게 떨어지는 일이 발생하곤 한다. 이런 이유로 개인들의 미시 패널 데이터를 연구할 때에는 고정효과 추정법보다는 임의효과 추정법을 사용하고자 하는 일이 많다. 하지만 만일 μ_i가 고정효과이면(즉, 설명변수들과 상관되면) RE 추정량은 일관적이지 않고 그 결과 우리가 알고자 하는 효과(μ_i를 통제한 상태에서의 효과)가 아니라 쓸모 없는 이상한 숫자를 만들어낼 수도 있다. 이러한 상황에서 μ_i가 임의효과인지 아니면 고정효과인지, 즉 μ_i가 X_{it}와 상관되어 있는지 그렇지 않은지 검정할 수 있으면 좋을 것이다.

회귀를 이용한 방법

개별효과가 고정효과인지 검정하기 위해 가장 직관적으로 생각해볼 수 있는 것은 CRE 모형에 따라 μ_i를 설명변수들의 선형함수로 만든 후 그 계수가 0인지 검정하는 것이다. 예를 들어 모형 $y_{it} = \alpha + X_{it}\beta + \mu_i + \varepsilon_{it}$ 에서 다음과 같이 설정해 보자.

$$\mu_i = \delta_0 + \bar{X}_i \delta + a_i$$

$\delta = 0$이면 μ_i는 임의효과이다. 이를 이용하여 원래 방정식을 다음과 같이 쓸 수 있다.

$$y_{it} = (\alpha + \delta_0) + X_{it}\beta + \bar{X}_i \delta + a_i + \varepsilon_{it}$$

상수항이 $\alpha + \delta_0$이 된 것은 중요하지 않다(상수항은 개별효과들의 평균을 0으로 만들어 주도록 설정되는 것에 불과하므로 별도의 주의를 기울일 필요가 없다).

위 모형에서 원래의 개별효과 μ_i 중 설명변수들과 선형 상관된 부분은 $\bar{X}_i \delta$항으로 빠져 나왔으므로 그 나머지인 a_i는 설명변수들과 상관되지 않은 임의효과가 된다. 따라서 다음과 같은 임의효과 모형을 설정하고 $H_0 : \delta = 0$이라는 가설을 검정함으로써 μ_i가 임의효과인지 고정효과인지 판단할 수 있다(상수항이 $\alpha + \delta_0$이지만 중요하지 않으므로 무시하고 α로 표기한다).

$$y_{it} = \alpha + X_{it}\beta + \bar{X}_i \delta + a_i + \varepsilon_{it}$$

이 식의 추정은 POLS나 RE로 하면 된다. 이 검정은 오차항에 이분산이나 시계열상관이 있어도 마지막 단계에서 견고한 표준오차만 사용하면 된다는 큰 장점을 갖는다.

예제 3.16 회귀를 이용한 고정효과 대 임의효과 검정

저축률(sav)을 연령구조와 신생아 기대수명에 대하여 회귀하는 모형에서 개별효과가 고정효과인지 임의효과인지 회귀 방법으로 검정해 보자. 우선 데이터를 읽어들이고 $\bar{x}_i$에 해당하는 변수들을 생성한다.

```
1  . use wdi5bal, clear
2  (WDI five year balanced)

3  . global X "age0_19 age20_29 age65over lifeexp"

4  . foreach v of global X {
5  2.          by id: egen bar_`v' = mean(`v')
6  3. }
```

위 명령이 실행되고 나면 bar_age0_19와 같은 변수들이 생성된다. 이 변수들을 우변에 추가하여 RE 추정을 하고 검정함으로써 개별효과가 고정효과인지 검정한다. 귀무가설이 기각되는 것은 개별효과가 임의효과가 아니라 고정효과라는 뜻이 된다. 다음 결과를 보라.

```
7  . xtreg sav ${X} bar_*, re vce(r)
```

8 Random-effects GLS regression		Number of obs =	576
9 Group variable: **id**		Number of groups =	96

10 R-squared:		Obs per group:	
11 Within = 0.1097		min =	6
12 Between = 0.3390		avg =	6.0
13 Overall = 0.2725		max =	6

14		Wald chi2(8) =	98.71
15 corr(u_i, X) = 0 (assumed)		Prob > chi2 =	0.0000

16   (Std. err. adjusted for **96** clusters in **id**)

sav	Coefficient	Robust std. err.	z	P>|z|	[95% conf. interval]	
age0_19	-.024627	.2284479	-0.11	0.914	-.4723767	.4231226
age20_29	-.2408838	.2500941	-0.96	0.335	-.7310592	.2492916
age65over	-1.314024	.4544836	-2.89	0.004	-2.204796	-.4232525
lifeexp	.6218226	.1781085	3.49	0.000	.2727363	.9709089
bar_age0_19	-1.014861	.3649677	-2.78	0.005	-1.730184	-.299537
bar_age20_29	.4337893	1.1684	0.37	0.710	-1.856232	2.723811

```
27    bar_age65o~r     -.1240388     .8959207     -0.14    0.890    -1.880011     1.631934
28    bar_lifeexp      -.6239995     .3030025     -2.06    0.039    -1.217874    -.0301254
29          _cons       59.93927     23.15527      2.59    0.010     14.55578     105.3228
30   ─────────────────────────────────────────────────────────────────────────────────
31         sigma_u      6.5054226
32         sigma_e      5.4604487
33             rho     .58666856    (fraction of variance due to u_i)
34   ─────────────────────────────────────────────────────────────────────────────────

35   . testparm bar_*

36    ( 1)  bar_age0_19 = 0
37    ( 2)  bar_age20_29 = 0
38    ( 3)  bar_age65over = 0
39    ( 4)  bar_lifeexp = 0

40           chi2(  4) =    16.95
41         Prob > chi2 =     0.0020
```

　　7행에서 $\bar{X}_i$를 포함시키고 RE 추정을 한 다음, 35행에서 변수명이 bar_로 시작하는 모든 변수들의 계수가 0인지 검정하도록 하였다. 40행의 결과에 따르면 검정통계량은 16.95이고 귀무가설하에서 대략적으로 χ_4^2 분포를 갖는다. 41행에 따르면 그 p값은 매우 작고(0.0020) 1% 수준에서도 귀무가설을 기각한다. 이는 개별효과가 임의효과라는 가설에 반하는 강한 증거이다. 참고로 7행에서 클러스터 표준오차를 사용하였으므로 이 검정은 임의의 이분산과 집단내 상관이 존재할 때에도 견고함에 유의하라.

　　RE 회귀 대신에 POLS 회귀(반드시 클러스터 표준오차 사용)을 해도 균형패널의 경우 추정 결과는 RE 회귀와 동일하다.

```
42   . reg sav ${X} bar_*, vce(cl id)

43   Linear regression                         Number of obs   =        576
44                                             F(8, 95)        =      12.34
45                                             Prob > F        =     0.0000
46                                             R-squared       =     0.2725
47                                             Root MSE        =     8.4006

48                                     (Std. err. adjusted for 96 clusters in id)
49   ─────────────────────────────────────────────────────────────────────────────────
50                              Robust
51            sav  Coefficient  std. err.       t    P>|t|     [95% conf. interval]
52   ─────────────────────────────────────────────────────────────────────────────────
53         age0_19    -.0246271    .2284479    -0.11    0.914    -.4781536     .4288993
54        age20_29    -.2408839    .2500941    -0.96    0.338    -.7373835     .2556157
55       age65over    -1.314024    .4544837    -2.89    0.005    -2.216288    -.4117597
56         lifeexp     .6218224    .1781085     3.49    0.001     .2682323     .9754125
57     bar_age0_19    -1.014861    .3649677    -2.78    0.007    -1.739413    -.2903079
58    bar_age20_29     .4337894      1.1684     0.37    0.711    -1.885777     2.753356
59    bar_age65o~r    -.1240388    .8959208    -0.14    0.890    -1.902666     1.654589
```

```
60    bar_lifeexp      -.6239993    .3030026     -2.06    0.042    -1.225535   -.0224632
61         _cons       59.93927    23.15527      2.59    0.011    13.97025    105.9083
62

63  . testparm bar_*

64   ( 1)  bar_age0_19 = 0
65   ( 2)  bar_age20_29 = 0
66   ( 3)  bar_age65over = 0
67   ( 4)  bar_lifeexp = 0

68         F(  4,    95) =      4.24
69              Prob > F =    0.0034
```

53–56행의 POLS 추정값들은 RE 추정값(21–24행)과 동일하다. 클러스터 표준오차도 RE의 경우와 동일하다. 다른 변수들('bar_'로 시작하는 변수들)에 해당하는 추정값들도 RE와 POLS에서 사실상 동일하다. 반면 RE에서의 검정 통계량 값(40행) **16.95**와 POLS에서의 검정 통계량 값(68행) **4.24** 간에는 상당한 차이가 있다. 이 차이는 Stata가 RE 회귀 후에는 카이제곱 검정을 하고 POLS 회귀 후에는 F검정을 하기 때문에 발생한다. $F_{m,df} = (\chi^2_m/m)/(\chi^2_{df}/df)$ 이므로, 표본크기와 분모 자유도(df)가 커서 분모가 1에 가까울 때 F통계량은 카이제곱 통계량 나누기 자유도(제약의 개수)와 비슷하다. RE에서의 카이제곱 통계값 16.95를 그 자유도인 4로 나눈 값은 4.2375로서 반올림하면 POLS에서의 F통계값인 4.24와 소수점 아래 둘째 자리까지 동일하다. RE로부터의 16.95와 POLS로부터의 4.24는 사실상 거의 동일한 값인데 4로 곱하거나 나누어서 다르게 보일 뿐이다. p값도 서로 유사하며, 어느 경우에나 결론은 개별효과가 임의효과가 아니라는 것이다.

위 예제에서 본 것처럼, 균형패널의 경우 $\bar{X}_i$가 통제될 때 POLS 추정량과 RE 추정량은 동일하고, 검정에서도 사소한 차이(F검정과 카이제곱 검정을 사용한다는 차이)를 제외하면 서로 거의 같다. 연구자는 굳이 복잡한 RE 회귀를 할 것 없이 간단한 POLS를 하여도 좋다(단, 이는 모든 독립변수의 개체별 평균이 우변에 통제되는 경우에 한하며, 단 하나의 독립변수라도 그러지 않으면 POLS와 RE는 다르다). 한편, RE와 달리 POLS를 할 때에는 임의효과 a_i가 존재하므로 a_i와 ε_{it}가 RE 공분산 가정을 만족시키는 상황이라 하더라도 반드시 견고한 클러스터 표준오차를 사용하여야 할 것이다. 사실, RE 회귀에서도 $a_i + \varepsilon_{it}$가 RE 공분산 가정을 만족시키는지 염려할 것 없이 클러스터 표준오차를 사용하는 것을 추천한다.

회귀를 이용한 고정효과 대 임의효과 검정이 실제로 무엇을 검정하는지 분명히 하자. 앞에서 우리는 $\mu_i = \delta_0 + \bar{X}_i\delta + a_i$라고 두고 $\delta = 0$ 여부를 검정하는 것이라고 하였다. 이는 μ_i를 경유한 설명이고, 검정할 귀무가설을 더 직접적으로 설명하자면 y_{it}를 X_{it}와 $\bar{X}_i$에 대하여 회귀할 때 $\bar{X}_i$ 내 변수들의 계수가 모두 0이라는 것이다. 이 가설의 뜻은 무엇인가?

회귀모형을 $y_{it} = \alpha + X_{it}\beta + \bar{X}_i\delta + v_{it}$라고 쓰고(상수항이 달라지지만 무시한 채 그냥 α로 표시하고,

오차항을 $a_i + \varepsilon_{it}$ 가 아니라 v_{it} 로 표시하였다), 설명의 편의를 위하여 X_{it} 가 하나의 변수만을 포함한다고 하자. 만일 $X_{it} - \bar{X}_i$ 가 불변인 채 $\bar{X}_i$ 만 1단위 증가하면 X_{it} 와 $\bar{X}_i$ 는 모두 1 단위 증가한다. 그 결과 y_{it} 는 평균적으로 $\beta + \delta$ 만큼 증가한다. 다음으로, $\bar{X}_i$ 는 불변인 채 $X_{it} - \bar{X}_i$ 가 1단위 증가하면 X_{it} 는 1단위 증가하고 $\bar{X}_i$ 는 불변이므로 y_{it} 는 평균 β 단위 증가한다. $\delta = 0$ 이라는 귀무가설은 이 두 경우의 효과가 동일하다는 것이다. 즉, $\bar{X}_i$ 에 차이가 있든 $X_{it} - \bar{X}_i$ 에 차이가 있든 y_{it} 에 발생하는 평균적인 차이는 동일하다는 것이 귀무가설의 뜻이다.

3.7절에서 살펴본 것처럼 y_{it} 를 X_{it} 와 $\bar{X}_i$ 에 회귀할 때 $\bar{X}_i$ 의 계수 δ 추정량은 X_{it} 변수의 BE 추정량 빼기 FE 추정량과 동일하다. 그러므로 $\delta = 0$ 이라는 귀무가설은 BE 회귀와 FE 회귀가 동일한 모수를 추정한다는 것이다. 식 (3.14)에 의하면 POLS나 RE 추정량은 BE 추정량과 FE 추정량의 일종의 가중평균이므로, 귀무가설하에서는 이들도 모두 동일한 모수를 추정한다. 결국 이 귀무가설은 BE, FE, RE, POLS 추정량들이 모두 동일한 모수를 추정한다는 것이다. 회귀 기반 검정은 바로 이 귀무가설을 직접 검정한다.

하우스만 검정

지금까지 설명한 검정 방법은 오차항에 이분산이나 자기상관이 있어도 잘 작동하는 방법으로서 실제 응용연구를 할 때 이 방법을 권장한다. 그런데 전통적으로는 이 방법보다 FE 추정값과 RE 추정값을 비교하는 방법이 널리 사용되어 왔다. 이 방법은 하우스만 검정 (Hausman test)이라는 것으로서 이하에 설명할 Hausman (1978)의 발견에 기초하는데, 귀무가설하에서 RE 공분산 가정 (2.7)이 성립하는 경우에 타당한 검정 방법이다. 고유오차에 이분산이나 자기상관이 있으면 이 방법은 사용할 수 없다.

Hausman (1978)은 두 추정량이 있고 그 중 한 추정량이 (점근적으로) 가장 효율적일 때 이 두 추정량 간 차이의 분산을 손쉽게 구할 수 있는 방법을 고안하였다.

좀 더 구체적으로, Hausman (1978)이 발견한 것은 일관된 두 추정량이 있고 그 중 한 추정량이 (점근적으로) 가장 효율적일 때 두 추정량 간의 차이의 분산(점근적 분산)은 두 추정량의 분산(점근적 분산)의 차이와 동일하다는 것이다. 기호를 사용하자면, $\hat{\theta}$ 과 $\tilde{\theta}$ 가 모두 일관되고 $\tilde{\theta}$ 가 가장 효율적일 때 $V(\hat{\theta} - \tilde{\theta}) = V(\hat{\theta}) - V(\tilde{\theta})$ 이라는 것이다. 여기서 $\tilde{\theta}$ 가 효율적이므로 $V(\hat{\theta}) - V(\tilde{\theta})$ 는 "양"임에 유의하라. 참고로, $p \times p$ 행렬 A 가 있을 때, 모든 $p \times 1$ 벡터 λ 에 대하여 $\lambda' A \lambda \geq 0$ 이면 행렬 A 가 양반정(positive semi-definite)이라고 한다. 앞에서 $V(\hat{\theta}) - V(\hat{\theta})$ 이 "양"이라고 한 것은 이 행렬이 양반정임을 의미한다.

이 방법을 FE 추정량과 RE 추정량에 적용하면, 귀무가설하에서 RE 추정량과 FE 추정량이 모두 일관적이고, RE 공분산 가정 (2.7)하에서 RE 추정량이 (점근적으로) 가장 효율적이므로 FE 추정량과 RE 추정량의 차이$(\hat{\beta}_{fe} - \hat{\beta}_{re})$의 분산·공분산 행렬을 손쉽게 구할 수 있게 된다. 이로부터 $\hat{\beta}_{fe} - \hat{\beta}_{re}$ 에 기초한 검정통계량을 구할 수 있다.

Hausman의 방법에 따라 $\hat{\beta}_{fe} - \hat{\beta}_{re}$ 의 공분산 추정량을 구할 수 있는바, 이 공분산 추정량을 $\hat{V}$ 라 하자. 그러면 $(\hat{\beta}_{fe} - \hat{\beta}_{re})' \hat{V}^+ (\hat{\beta}_{fe} - \hat{\beta}_{re})$ 라는 통계량은 귀무가설이 옳을 때 대략적으로

카이제곱 분포를 갖고 그 자유도는 $\hat{V}$ 의 계수(rank)와 같다. 여기서 '+' 상첨자는 무어-펜로즈 역행렬(Moore-Penrose inverse, MP 역행렬, pseudo inverse)을 나타낸다. 어떤 행렬 A 가 있을 때 A 의 MP 역행렬 A^+ 는 다음 조건을 만족시키는 행렬로 정의된다. (i) AA^+ 와 A^+A 가 대칭, (ii) $AA^+A = A$, (iii) $A^+AA^+ = A^+$. 예를 들어 $A = (1,1)'$ 이면 $A^+ = \frac{1}{2}(1,1)$ 이다. 이 MP 역행렬은 반드시 존재하고 유일하며, 만약 A 의 역행렬인 A^{-1} 가 존재하면 $A^+ = A^{-1}$ 이다.

하우스만^{Hausman} 검정과 회귀 기반 검정을 비교하자면, 회귀를 이용한 검정에서는 FE 추정값과 BE 추정값이 서로 충분히 가까운지 검정하는 반면, 하우스만 검정에서는 FE 추정값과 RE 추정값을 비교한다. RE 추정값은 FE 추정값과 BE 추정값의 선형결합으로 나타낼 수 있으므로, FE와 BE가 같다면 FE와 RE도 같다. 따라서 두 검정은 사실상 동일한 가설을 검정하며, 차이가 있다면 추정량들 간의 차이의 분산을 추정하는 방식에 있다. 하우스만 검정은 RE 공분산 가정 (2.7)이 성립한다는 전제하에 추정량들의 차이의 분산을 Hausman (1978)의 방법으로써 추정하고, 회귀를 이용한 견고한 검정은 RE 공분산 가정 없이 견고한 방식으로 추정량들의 차이의 분산을 구하는 것이라 이해할 수 있다.

Stata에서 하우스만 검정을 하려면 FE와 RE 각 회귀를 실행하고 결과를 저장한 후 hausman이라는 명령을 사용한다. 구체적으로, x1과 x2가 시간에 따라 변하는 설명변수이고 z1이 시간에 걸쳐 불변인 설명변수라면 x1과 x2의 FE 추정값과 RE 추정값을 비교하여 μ_i 가 임의효과라는 귀무가설을 검정하는데, 이를 위해서는 다음과 같이 한다.

```
. xtreg y x1 x2, fe
. est store obj1
. xtreg y x1 x2 z1, re
. est store obj2
. hausman obj1 obj2, sigma
```

여기서 obj1과 obj2 자리에는 아무 이름이나 넣으면 된다. 필자는 fe와 re라는 이름을 주로 사용한다. 마지막 줄에서 반드시 FE를 먼저 쓰고 그 다음 RE를 써야 한다(Stata가 그래야 작동하도록 프로그램되어 있다). sigma라는 옵션은 꼭 기억해 두기 바란다. 아무 옵션도 사용하지 않으면 하우스만 검정통계량이 음수가 될 수도 있는데, 이 검정통계량의 분포가 대략적으로 카이제곱임을 고려하면 음의 통계량 값은 말이 되지 않는다.

하우스만 검정은 $V(\hat{\beta}_{fe} - \hat{\beta}_{re})$ 의 분산·공분산행렬이 $V(\hat{\beta}_{fe}) - V(\hat{\beta}_{re})$ 와 같다고 보고 이를 $\hat{V}(\hat{\beta}_{fe}) - \hat{V}(\hat{\beta}_{re})$ 로써 추정한다. 그런데 $\hat{V}(\hat{\beta}_{fe})$ 는 $\hat{\sigma}_{fe}^2$ 곱하기 어떤 행렬이고 $\hat{V}(\hat{\beta}_{re})$ 는 $\hat{\sigma}_{re}^2$ 곱하기 어떤 행렬이다(이 "어떤 행렬"들이 정확히 무엇인지 알려면 행렬연산을 이용한 도출이 필요하며 여기서는 생략한다). 여기서 $\hat{\sigma}_{fe}^2$ 과 $\hat{\sigma}_{re}^2$ 은 모두 σ_ε^2 의 추정량이다. Stata의 'hausman fe re'에서 아무런 옵션도 사용하지 않으면 FE 추정과 RE 추정 각각에서 구한 $\hat{\sigma}_{fe}^2$ 과 $\hat{\sigma}_{re}^2$ 을 사용한다. 이때 귀무가설이 맞는 상황에서 두 값이 가까울지라도 조금은 다르며, 그 결과 $\hat{V}(\hat{\beta}_{fe}) - \hat{V}(\hat{\beta}_{re})$ 가 양반정이 아닐 수 있게 되고, 이로 인하여 하우스만 검정통계량이 음수가 될 수도 있다. 'sigmamore'의 줄임말인 'sigma'라는 옵션은 더(more) 효율적인 추정(이 경우에는 RE)으로부터 구한 $\hat{\sigma}_{re}^2$ 을 공통으로 사용하도록 해주므로 하우스만 검정통계량을 반드시 양수가 되게 한다. 'sigmaless'라는 옵션을 사용하여 덜

(less) 효율적인 추정(이 경우에는 FE)으로부터 구한 $\hat{\sigma}_{fe}^2$ 을 공통으로 사용할 수도 있다. 이 옵션 중 하나를 사용하면 하우스만 통계량 값은 반드시 양수가 된다.

다음에는 예제 3.16에서 사용한 데이터와 모형에 대하여 고정효과 대 임의효과의 하우스만 검정을 해 본다.

예제 3.17   저축률 모형에서 고정효과 대 임의효과의 하우스만 검정

예제 3.16 실습에 대하여 하우스만 검정을 해 보자.

```
1    . use wdi5bal, clear
2    (WDI five year balanced)

3    . global X "age0_19 age20_29 age65over lifeexp"

4    . xtreg sav ${X}, fe

5    Fixed-effects (within) regression          Number of obs     =        576
6    Group variable: id                         Number of groups  =         96

7    R-squared:                                 Obs per group:
8        Within  = 0.1097                                   min =          6
9        Between = 0.1033                                   avg =        6.0
10       Overall = 0.1017                                   max =          6

11                                              F(4,476)          =      14.67
12   corr(u_i, Xb) = -0.1710                    Prob > F          =     0.0000
```

sav	Coefficient	Std. err.	t	P>|t|	[95% conf. interval]
age0_19	-.024627	.1089707	-0.23	0.821	-.2387502	.1894961
age20_29	-.2408838	.2005329	-1.20	0.230	-.6349229	.1531554
age65over	-1.314024	.3193986	-4.11	0.000	-1.94163	-.6864184
lifeexp	.6218226	.0930343	6.68	0.000	.439014	.8046313
_cons	-8.131951	10.39508	-0.78	0.434	-28.55787	12.29397
sigma_u	7.9777268				
sigma_e	5.4604487				
rho	.6809726	(fraction of variance due to u_i)			

```
26   F test that all u_i=0: F(95, 476) = 9.86              Prob > F = 0.0000

27   . est store fe

28   . xtreg sav ${X}, re

29   Random-effects GLS regression              Number of obs     =        576
30   Group variable: id                         Number of groups  =         96
```

```
31  R-squared:                                      Obs per group:
32      Within  = 0.0971                                 min =          6
33      Between = 0.2310                                 avg =        6.0
34      Overall = 0.1921                                 max =          6

35                                                  Wald chi2(4)   =      81.16
36  corr(u_i, X) = 0 (assumed)                      Prob > chi2    =     0.0000

37  ─────────────────────────────────────────────────────────────────────────
38           sav │ Coefficient  Std. err.      z    P>|z|    [95% conf. interval]
39  ─────────────┼───────────────────────────────────────────────────────────
40        age0_19 │  -.1849473   .1007741    -1.84   0.066   -.3824608    .0125662
41       age20_29 │  -.2489689   .1943085    -1.28   0.200   -.6298065    .1318687
42      age65over │  -1.024292   .2488103    -4.12   0.000   -1.511951   -.5366326
43        lifeexp │   .507573    .0769963     6.59   0.000    .356663     .658483
44          _cons │  2.830397   9.183362     0.31   0.758   -15.16866    20.82946
45  ─────────────┼───────────────────────────────────────────────────────────
46        sigma_u │  6.5054226
47        sigma_e │  5.4604487
48            rho │  .58666856   (fraction of variance due to u_i)
49  ─────────────────────────────────────────────────────────────────────────

50  . est store re

51  . hausman fe re, sigma

52                      ──── Coefficients ────
53                   (b)          (B)          (b-B)      sqrt(diag(V_b-V_B))
54                   fe           re        Difference        Std. err.
55  ─────────────┼───────────────────────────────────────────────────────────
56        age0_19 │  -.024627    -.1849473    .1603203       .0456809
57       age20_29 │  -.2408838   -.2489689    .0080851       .0608468
58      age65over │  -1.314024   -1.024292   -.2897322       .2080059
59        lifeexp │   .6218226    .507573     .1142496       .0547252
60  ─────────────────────────────────────────────────────────────────────────

61                   b = Consistent under H0 and Ha; obtained from xtreg.
62          B = Inconsistent under Ha, efficient under H0; obtained from xtreg.

63  Test of H0: Difference in coefficients not systematic

64      chi2(4) = (b-B)'[(V_b-V_B)^(-1)](b-B)
65              =   21.02
66  Prob > chi2 = 0.0003
```

4행에서 FE 회귀를 하여 27행에서 그 결과를 "fe"라는 객체로 저장하고, 28행에서 RE 회귀를 하여 50행에서 그 결과를 "re"라는 객체로 저장하였다. 51행에서 하우스만 검정을 한다. 이 검정통계량 값은 FE 추정과 RE 추정에 공통으로 존재하는 계수값들(상수항은 제외)의 차이를 구하고, Hausman (1978)의 방법에 따라 구한 분산·공분산 행렬을 이용하여 검정통계량 값을 구한다. 65행에 따르면 이 통계량 값은 21.02이고, 64행에 따르면 귀무가설하에서 이 통계량은 자유도가 4인 카이제곱 분포를 갖는다. 이 χ^2_4 분포를 사용하여 구한 p값은 66행에서 보듯이 매우 작아, $\hat{\beta}_{fe} - \hat{\beta}_{re}$는 유의하게 0과 다르고 FE 추정량과 RE 추정량이 동일한 모수를 추정한다는 귀무가설은 아주 작은 유의수준에서도 기각된다.

▶ **연습 3.12.** 위 실습 56–59행의 fe 추정값과 re 추정값들을 4–49행의 결과들에서 찾아보라.

   하우스만 검정에서 중요한 점은 RE 추정량이 가장 효율적인 추정량이어야 한다는 것이다. 이는 RE 추정량이 귀무가설하에서 제대로 된 FGLS 추정량임을 의미하고 이를 위해서는 RE 공분산 가정 (2.7)이 성립하여야 한다. 다시 말하여, 하우스만 검정은 ε_{it}에 이분산과 자기상관이 없다는 가정(및 μ_i와 ε_{it} 간에 상관이 없다는 가정)하에서 FE 추정량과 RE 추정량이 동일한 모수를 추정하는지 여부를 검정한다. 고유오차 ε_{it} 내에 이분산이나 자기상관이 존재하면 하우스만 검정은 타당성을 잃는다.

   📝 Stata의 hausman 명령은 꽤 똑똑하여, 만일 사용자가 RE 추정을 하면서 "vce(r)" 옵션을 준 다음 하우스만 검정을 하라고 하면 뭔가 잘못되었다는 신호를 할 것이다. 이 vce(r) 옵션은 (2.7) 가정이 위배될 수 있으므로 견고한 표준오차들을 계산하라는 뜻인 반면 하우스만 검정은 (2.7) 가정이 성립해야만 타당한 검정이므로, RE 추정 시 vce(r) 옵션을 쓰는 것과 하우스만 검정을 하는 것은 일종의 자기모순이다. 그럼에도 막무가내로 하우스만 검정을 시도하면 Stata는 실행을 거부하고 오류 메시지를 화면에 표시한다.

   이분산이나 자기상관을 고려하여 하우스만 검정을 일반화시키는 것은 가능하다. 이를 위해서는 $\hat{\beta}_{fe} - \hat{\beta}_{re}$의 식을 모두 전개하여 그 분산·공분산 행렬을 도출하고 추정하면 된다. 이는 숙련된 사람이라면 앉은 자리에서 도출할 수 있을 정도로 표준적인 절차이나(관심 있는 독자들은 직접 도출해 보기 바란다), 우리에게는 이미 앞 소절에서 소개한 회귀를 이용한 방법이 있으므로 그럴 이유가 없다. 실제 연구에서 고정효과 대 임의효과의 검정을 하려면 하우스만 검정보다는 가급적 클러스터 표준오차를 이용한 회귀 기반 검정을 하기를 권한다.

   참고로, FE 회귀에는 시변하는 설명변수만 사용할 수 있고 RE 회귀에는 시간불변 변수도 사용할 수 있다. 그러므로 두 추정의 설명변수가 서로 다를 수 있다. 하우스만 검정은 FE 회귀와 RE 회귀에 공통으로 포함된 변수들의 계수가 동일한지 검정한다.

예제 3.18   임금 모형의 하우스만 검정

임금방정식에 대한 다음 하우스만 검정 결과를 보라. 간편한 실습을 위하여 연도별 더미는 제외시켰다. 2행에서는 학력, 근속연수, 근속연수의 제곱, 정규직 여부를 설명변수로 한 FE 회귀를 하고, 29행에서는 이에 추가하여 성별, 2005년 나이 및 그 제곱항 등 시간불변 변수를 추가하여 RE 회귀를 하였다.

```
1    . use klipsbal, clear

2    . xtreg lwage educ c.tenure##c.tenure isregul, fe
```

```
3   Fixed-effects (within) regression          Number of obs    =      9,196
4   Group variable: pid                        Number of groups =        836

5   R-squared:                                 Obs per group:
6       Within  = 0.1910                            min =         11
7       Between = 0.4646                            avg =       11.0
8       Overall = 0.4106                            max =         11

9                                              F(4,8356)        =     493.33
10  corr(u_i, Xb) = -0.0334                    Prob > F         =     0.0000
```

lwage	Coefficient	Std. err.	t	P>|t|	[95% conf. interval]	
educ	.0826208	.0199378	4.14	0.000	.0435378	.1217038
tenure	.0385901	.001462	26.39	0.000	.0357242	.0414561
c.tenure#						
c.tenure	-.0002443	.0000506	-4.82	0.000	-.0003436	-.0001451
isregul	.0761169	.0120179	6.33	0.000	.0525589	.0996749
_cons	3.912794	.2559931	15.28	0.000	3.410984	4.414604
sigma_u	.38038203					
sigma_e	.24301172					
rho	.71015416	(fraction of variance due to u_i)				

```
27  F test that all u_i=0: F(835, 8356) = 24.45              Prob > F = 0.0000

28  . est store fe

29  . xtreg lwage educ c.tenure##c.tenure isregul female c.age05##c.age05, re

30  Random-effects GLS regression              Number of obs    =      9,196
31  Group variable: pid                        Number of groups =        836

32  R-squared:                                 Obs per group:
33      Within  = 0.1900                            min =         11
34      Between = 0.6425                            avg =       11.0
35      Overall = 0.5531                            max =         11

36                                             Wald chi2(7)     =    3534.94
37  corr(u_i, X) = 0 (assumed)                 Prob > chi2      =     0.0000
```

lwage	Coefficient	Std. err.	z	P>|z|	[95% conf. interval]	
educ	.0584442	.0039935	14.63	0.000	.0506171	.0662714
tenure	.0391726	.0014027	27.93	0.000	.0364235	.0419218
c.tenure#						
c.tenure	-.0003229	.0000478	-6.75	0.000	-.0004167	-.0002291

```
47        isregul     .1034511    .0113613     9.11    0.000     .0811833    .1257189
48         female    -.3871782    .0234304   -16.52    0.000    -.4331009   -.3412555
49          age05     .0598734    .0087186     6.87    0.000     .0427853    .0769615
50
51       c.age05#
52        c.age05    -.0008731    .0001038    -8.41    0.000    -.0010765   -.0006697
53
54          _cons     3.384323    .1880885    17.99    0.000     3.015676     3.75297
55
56        sigma_u    .29152213
57        sigma_e    .24301172
58            rho     .5900114    (fraction of variance due to u_i)
59

60  . est store re

61  . hausman fe re, sigma

62                     ─── Coefficients ───
63                    (b)          (B)          (b-B)      sqrt(diag(V_b-V_B))
64                    fe           re          Difference       Std. err.
65
66          educ    .0826208     .0584442      .0241765        .0196143
67        tenure    .0385901     .0391726     -.0005825        .0004325
68      c.tenure#
69      c.tenure   -.0002443    -.0003229      .0000786        .0000172
70       isregul    .0761169     .1034511     -.0273342        .0040614
71
72                    b = Consistent under H0 and Ha; obtained from xtreg.
73          B = Inconsistent under Ha, efficient under H0; obtained from xtreg.

74  Test of H0: Difference in coefficients not systematic

75      chi2(4) = (b-B)'[(V_b-V_B)^(-1)](b-B)
76              =   76.28
77  Prob > chi2 = 0.0000
```

　　61행에서 하우스만 검정을 한다. 66–70행에 의하면 하우스만 검정은 공통으로 포함된 변수들(학력, 근속연수와 그 제곱, 정규직 여부)의 계수만 비교한다. 75–77행의 결과에 의하면 이들 변수의 계수 추정값은 RE와 FE에서 체계적으로 상이하며, 이로부터 개별효과가 (임의효과가 아니라) 고정효과라는 결론을 내리게 된다. 만약 ε_{it}에 이분산이나 자기상관이 있다고 생각된다면 이 하우스만 검정 결과는 원칙적으로 신뢰할 수 없다.

고정효과 대 임의효과 검정에 관한 추가 주제들

FE 추정에서는 μ_i를 통제하므로 결국 y_{it}에 영향을 미치는 모든 시간불변의 요인들을 통제하는 것과 같다. 반면 RE 추정에서는 우변에 포함된 시간불변 변수들만을 통제한다.

그러므로 지금까지 설명한 고정효과 대 임의효과의 검정은 모든 시간불변 요인들(μ_i)을 통제하는 경우(즉, FE 회귀)와 우변에 포함된 시간불변 변수들(Z_i)만을 통제한 경우(즉, RE 회귀) 간에 시변$^{time-varying}$하는 변수(X_{it})의 계수가 동일한지 검정하는 것이라 할 수 있다. 경우에 따라, 원래는 개별효과가 고정효과이지만 특정 시간불변 변수들을 통제하면 남아 있는 개별효과가 임의효과로 바뀌기도 한다. 관측가능한 시간불변 변수들을 통제하여 설명변수와 개별효과의 상관이 사라진다면 실제 연구 시 큰 도움이 될 수 있다. 중요한 독립변수가 시간에 걸쳐 별로 변하지 않을 때 이 방법은 특히 유용하다. 다음 예를 보라.

예제 3.19 시간불변 변수를 통제하여 내생성 문제 해결

필자가 생성해 놓은 패널 데이터($n = 100$, $T = 8$)를 이용한다. 데이터는 **testfe.dta** 파일에 있다. 우선 데이터를 읽어 들이고 변수들을 확인해 본다.

```
1   . use testfe, clear

2   . xtsum
```

3	Variable		Mean	Std. Dev.	Min	Max	Observations		
4									
5	id	overall	50.5	28.88413	1	100	N =	800
6		between		29.01149	1	100	n =	100
7		within		0	50.5	50.5	T =	8
8									
9	year	overall	2004.5	2.292721	2001	2008	N =	800
10		between		0	2004.5	2004.5	n =	100
11		within		2.292721	2001	2008	T =	8
12									
13	z1	overall	-.0054981	1.872303	-4.110715	4.864826	N =	800
14		between		1.880559	-4.110715	4.864826	n =	100
15		within		0	-.0054981	-.0054981	T =	8
16									
17	x1	overall	-.0378812	2.115052	-7.238614	6.524015	N =	800
18		between		1.903372	-4.438165	5.219628	n =	100
19		within		.9393399	-3.000091	3.438519	T =	8
20									
21	x2	overall	-.0303514	2.086007	-5.849199	6.764074	N =	800
22		between		1.893368	-3.810249	4.86093	n =	100
23		within		.8933044	-3.291123	2.59626	T =	8
24									
25	y	overall	.7135309	5.880553	-22.17253	32.86195	N =	800
26		between		4.407792	-10.75336	13.75911	n =	100
27		within		3.914395	-15.26595	20.19171	T =	8

변수 중 **id**와 **year**가 각각 i와 t 변수이다. 7행에 **id**의 "within" 표본표준편차가 0임을 알 수 있다. 이는 (당연하게도) **id** 변수의 집단내$^{within-group}$ 변동이 없다는 뜻이다. 또, 10행에

따르면 year의 "between" 표본표준편차가 0이다. 이는 year 변수의 값이 (당연하게도) 모든 i에서 동일함을 의미한다. 15행에 z1의 "within" 표본표준편차가 0이므로 z1은 시간에 걸쳐 불변이다. 나머지 변수들은 i와 t에 걸쳐 모두 변한다.

이제 두 가지 하우스만 검정(실제 연구라면 회귀 기반 검정)을 할 것이다. 한 번은 시간불변의 z1을 포함시키지 않고 검정을 하고, 다른 한 번은 시간불변의 z1을 추가로 포함시키고 검정을 한다. 먼저 z1을 포함시키지 않고 검정을 하자. 이를 위해 y를 x1과 x2에 대하여 FE 회귀하고 동일한 모형을 RE 회귀한 다음 하우스만 검정을 한다.

```
28  . qui xtreg y x1 x2, fe

29  . est store fe

30  . qui xtreg y x1 x2, re

31  . hausman fe ., sigma

32          ——— Coefficients ———
33              (b)         (B)          (b-B)       sqrt(diag(V_b-V_B))
34              fe          .            Difference        S.E.
35     ————————————————————————————————————————————————————————————
36      x1     .8714825    1.664612     -.793129         .1051885
37      x2     -.6397959   .1772767     -.8170725        .1150637
38     ————————————————————————————————————————————————————————————
39              b = consistent under Ho and Ha; obtained from xtreg
40       B = inconsistent under Ha, efficient under Ho; obtained from xtreg

41    Test:  Ho:  difference in coefficients not systematic

42           chi2(2) = (b-B)'[(V_b-V_B)^(-1)](b-B)
43                   =        59.97
44           Prob>chi2 =      0.0000
```

28행에서 y를 x1과 x2에 대하여 FE 회귀를 하고 29행에서 그 추정 결과를 fe라는 이름으로 저장하였다. 30행에서 똑같은 모형을 RE 회귀하고, 31행에서 FE 회귀 결과와 RE 회귀 결과를 비교하는 하우스만 검정을 한다("hausman fe ."에서 "."은 직전 회귀의 결과를 의미한다). 44행에 따르면 검정의 p값은 소수점 아래 넷째 자리까지 0이며, 이는 $y_{it} = \alpha + \beta_1 x_{1,it} + \beta_2 x_{2,it} + \mu_i + \varepsilon_{it}$ 모형에서 설명변수들($x_{1,it}$와 $x_{2,it}$)과 개별효과(μ_i)가 상관되어 있다는 증거이다. 물론 이 검정이 타당하려면 RE 공분산 가정 (2.7)이 성립하여야 한다. 즉, μ_i가 이분산적이거나 ε_{it}에 이분산이나 자기상관이 존재해서는 안 된다. 여기서는 이 가정이 성립한다고 하자.

다음으로 RE 회귀식의 우변에 시간불변time-invariant 요소인 z1을 추가시킬 것이다. 즉, y를 x1과 x2에 대하여 FE 회귀한 결과와 y를 x1, x2, z1에 대하여 RE 회귀한 결과를 비교하는 하우스만 검정을 한다. 다음 결과를 보라.

```
45   . qui xtreg y x1 x2 z1, re

46   . hausman fe ., sigma
```

```
47              ———— Coefficients ————
48              (b)          (B)          (b-B)        sqrt(diag(V_b-V_B))
49              fe           .            Difference   S.E.
50   ──────────────────────────────────────────────────────────────────
51   x1    .8714825     .9041291     -.0326466     .0429892
52   x2    -.6397959    -.6432941     .0034983      .0502272
53   ──────────────────────────────────────────────────────────────────
54                    b = consistent under Ho and Ha; obtained from xtreg
55            B = inconsistent under Ha, efficient under Ho; obtained from xtreg

56      Test:  Ho:  difference in coefficients not systematic

57              chi2(2) = (b-B)'[(V_b-V_B)^(-1)](b-B)
58                      =        0.58
59              Prob>chi2 =      0.7493
```

45행에서는 z1을 설명변수로 추가하여 RE 회귀를 하고 있다. z1의 영향을 제거하고 나면 개별효과는 x1, x2와 상관(개체 간 상관)이 있을 것인가 없을 것인가? 46행의 하우스만 검정 명령에 따른 59행의 p값에 의하면 개별효과에서 z1에 기인하는(혹은 z1과 상관된) 부분을 제외하면 그 나머지는 x1 및 x2의 수준과 상관되지 않아 보인다. 결국 설명변수(x1과 x2)와 개별효과가 서로 상관되게 보이는 것은 z1이 양쪽 모두와 상관되었기 때문이라고 할 수 있다. 참고로 51–52행의 z1을 포함한 RE 추정값들(.9041291과 -.6432941)은 z1을 포함시키지 않은 36–37행의 RE 추정값들(1.664612와 .1772767)과 크게 다르고, 오히려 FE 추정값들과 유사한 것을 볼 수 있다.

▶ **연습 3.13.** 위 실습에서 46행의 하우스만 검정을 할 때에 y를 x1, x2, z1에 대하여 FE 회귀를 따로 하지 않았다. 그 이유는 무엇이겠는가? 실제로 xtreg y x1 x2 z1, fe를 하여 여러분의 생각이 맞는지 확인하라.

실제 연구에서는 회귀 기반 방법을 사용하는 것이 좋다는 점을 강조하기 위하여 이제 회귀 기반 방법을 이용한 견고한 검정을 해 볼 것이다. 다음 결과를 보라.

```
60   . foreach v of varlist x1 x2 {
61   2.           by id: egen bar_`v' = mean(`v')
62   3. }

63   . reg y x1 x2 bar_*, vce(cl id)
```

```
64   Linear regression                      Number of obs   =       800
65                                          F(4, 99)        =    129.62
66                                          Prob > F        =    0.0000
67                                          R-squared       =    0.4997
```

```
68                                         Root MSE           =        4.17

69                          (Std. Err. adjusted for 100 clusters in id)
70   ──────────────────────────────────────────────────────────────────────
71   │                      Robust
72              y │    Coef.   Std. Err.      t    P>|t|    [95% Conf. Interval]
73   ──────────────┼───────────────────────────────────────────────────────
74             x1 │ .8714825   .1573229    5.54   0.000    .5593197   1.183645
75             x2 │ -.6397958  .1753989   -3.65   0.000   -.9878252  -.2917665
76          bar_x1 │ 1.219139   .3798485    3.21   0.002    .4654375   1.972841
77          bar_x2 │ .6815789   .3823663    1.78   0.078   -.0771188   1.440277
78           _cons │ .7939944   .1747832    4.54   0.000    .4471866   1.140802
79   ──────────────────────────────────────────────────────────────────────

80   . testparm bar_*

81   ( 1)  bar_x1 = 0
82   ( 2)  bar_x2 = 0

83      F(  2,    99) =    30.06
84         Prob > F =     0.0000

85   . reg y x1 x2 bar_* z1, vce(cl id)

86   Linear regression                  Number of obs    =        800
87                                      F(5, 99)         =     102.97
88                                      Prob > F         =     0.0000
89                                      R-squared        =     0.5035
90                                      Root MSE         =     4.1566

91                          (Std. Err. adjusted for 100 clusters in id)
92   ──────────────────────────────────────────────────────────────────────
93   │                      Robust
94              y │    Coef.   Std. Err.      t    P>|t|    [95% Conf. Interval]
95   ──────────────┼───────────────────────────────────────────────────────
96             x1 │ .8714825   .157422     5.54   0.000    .5591232   1.183842
97             x2 │ -.6397959  .1755093   -3.65   0.000   -.9880443  -.2915474
98          bar_x1 │ .4105955   .618496     0.66   0.508   -.8166348   1.637826
99          bar_x2 │ -.0235128  .5093258   -0.05   0.963   -1.034126   .9871002
100             z1 │ 1.528147   .8688433    1.76   0.082   -.1958262   3.252121
101          _cons │ .7503671   .1734232    4.33   0.000    .4062578   1.094476
102  ──────────────────────────────────────────────────────────────────────

103  . testparm bar_*

104  ( 1)  bar_x1 = 0
105  ( 2)  bar_x2 = 0

106     F(  2,    99) =     0.23
107        Prob > F =     0.7943
```

60–62행에서 $\bar{X}_i$에 해당하는 두 변수 bar_x1과 bar_x2를 만들었다. 그런 다음 우선 63행에서 y_{it}를 X_{it}와 $\bar{X}_i$에 대해서만 POLS 회귀하고 80행에서는 $\bar{X}_i$의 계수가 0인지 검

정하였다. 그 결과에 따르면(84행) 견고한 분산추정방법(63행에서 클러스터 표준오차를 사용함에 유의)을 사용하더라도 p값이 거의 0에 가까워 X_{it}의 수준과 그 밖에 y_{it}에 영향을 미치는 시간불변 요소의 수준은 상관된 것으로 보인다.

85행에서는 z1을 설명변수로 추가하여 POLS 추정을 하고 103행에서 견고한 검정을 하였다. 107행의 견고한 p값은 매우 커서, 시간불변의 개별효과 중 z1과 상관된 부분을 제외한 나머지 부분은 X_{it}의 수준과 상관되지 않았다는 앞의 하우스만 검정의 결과를 재확인해 준다. 한편, 74–75행과 96–97행의 계수추정값들($\hat{\beta}$)은 36–37행의 FE 추정값들($\hat{\beta}_{fe}$)과 동일하다. 또한 96행의 계수와 98행의 계수의 합($\hat{\beta}+\hat{\delta}$)은 해당 변수의 BE 추정계수($\hat{\beta}_{be}$)와 동일하다. 놀랄 일은 아니며 그 이유에 대해서는 앞에서 이미 설명하였다.

▸ **연습 3.14.** 96행과 98행 계수의 합은 "di .8714825+.4105955"에 따르면 1.282078이다. 적절한 모형에 대하여 BE 추정을 하여, x1 변수에 대한 BE 추정값이 1.282078과 같다는 것을 확인하라.

시변하는time-varying 설명변수들의 집단내 변동이 미미하면 FE 추정량의 분산이 커서 회귀를 이용한 검정이나 하우스만 검정의 검정력power이 현저히 떨어질 수도 있다. 다음 예에서는 필자가 임의로 생성한 데이터에 대하여 하우스만 검정을 한 결과를 보여 준다.

예제 3.20 설명변수에 집단내 변동이 미미한 경우의 고정효과 대 임의효과 검정

필자가 $y_{it} = \beta_0 + \beta_1 x_{it} + \mu_i + \varepsilon_{it}$로 데이터를 생성하였다. 데이터 생성 시 x_{it}와 μ_i가 서로 강하게 상관되도록 하였으므로 회귀를 이용한 검정이나 하우스만 검정이 귀무가설을 기각할 것을 기대한다. 표본크기는 $n = 100$, $T = 5$이다. 변수들의 요약통계량은 다음과 같다.

```
1  . use weakwithin, clear

2  . xtsum x y
```

Variable		Mean	Std. Dev.	Min	Max	Observations	
x	overall	.0583413	1.036869	-2.889566	2.350768	N =	500
	between		1.040064	-2.846533	2.280466	n =	100
	within		.0451119	-.0854493	.2025316	T =	5
y	overall	1.157713	2.280277	-6.294585	7.20974	N =	500
	between		2.116388	-5.254826	5.969593	n =	100
	within		.8697538	-1.58475	3.352358	T =	5

6행에 의하면, x의 집단간 표준편차는 약 1.04로서 보통이다. 이에 비하여 7행의

집단내 표준편차는 약 0.045로서 집단간 표준편차의 1/20도 되지 않는다. 종속변수 y의 경우 집단간 표준편차와 집단내 표준편차는 각각 2.12와 0.87로서 집단내 표준편차가 더 작기는 하지만 그렇게 현저하지는 않다. 이 점을 염두에 두고 FE 회귀를 해 보자.

```
12  . xtreg y x, fe

13  Fixed-effects (within) regression          Number of obs    =       500
14  Group variable: id                         Number of groups =       100

15  R-sq:                                      Obs per group:
16       within  = 0.0010                                  min =         5
17       between = 0.9581                                  avg =       5.0
18       overall = 0.8181                                  max =         5

19                                             F(1,399)         =      0.40
20  corr(u_i, Xb)  = 0.9567                    Prob > F         =    0.5298
```

y	Coef.	Std. Err.	t	P>|t|	[95% Conf. Interval]
x	.6066972	.964726	0.63	0.530	-1.289884 2.503278
_cons	1.122317	.0711201	15.78	0.000	.9825004 1.262134
sigma_u	1.504298				
sigma_e	.97217625				
rho	.70538806	(fraction of variance due to u_i)			

```
31  F test that all u_i=0: F(99, 399) = 1.01                    Prob > F = 0.4536

32  . est store fe
```

24행에 따르면 β_1의 FE 추정값은 약 0.6이고 표준오차가 상당히 크다. 표준오차가 이렇게 큰 것은 위의 7행에서 보았던 것처럼 x의 집단내 변동이 (y의 집단내 변동에 비하여 상대적으로) 작기 때문으로 보인다. 계속하여 RE 회귀를 하자.

```
33  . xtreg y x, re

34  Random-effects GLS regression             Number of obs    =       500
35  Group variable: id                        Number of groups =       100

36  R-sq:                                     Obs per group:
37       within  = 0.0010                                 min =         5
38       between = 0.9581                                 avg =       5.0
39       overall = 0.8181                                 max =         5

40                                            Wald chi2(1)     =   2234.76
41  corr(u_i, X)   = 0 (assumed)              Prob > chi2      =    0.0000

42  ─────────────────────────────
```

```
43         y |      Coef.    Std. Err.       z     P>|z|      [95% Conf. Interval]
44  ---------+-----------------------------------------------------------------------
45         x |    1.989152   .0420777     47.27    0.000     1.906681    2.071623
46     _cons |    1.041663   .0436546     23.86    0.000     .9561018    1.127225
47  ---------+-----------------------------------------------------------------------
48   sigma_u |    .0232832
49   sigma_e |   .97217625
50       rho |   .00057325   (fraction of variance due to u_i)
51  ---------------------------------------------------------------------------------
```

52 . est store re

45행에 의하면 β_1 의 RE 추정값은 약 2.0으로서 FE 추정값과 크게 다르다. 또 RE 표준오차는 약 0.04로서, RE 회귀에 의한 신뢰구간은 매우 좁다. RE 추정값과 FE 추정값이 이렇게 다른 것은 설명변수와 개별효과가 강하게 상관되어 있다는 점을 부분적으로라도 반영한다. 마지막으로 하우스만 검정 결과는 다음과 같다.

53 . hausman fe re, sigma

```
54             ———— Coefficients ————
55              (b)          (B)           (b-B)       sqrt(diag(V_b-V_B))
56              fe           re         Difference          S.E.
57  ------------+-----------------------------------------------------------------
58         x |   .6066972    1.989152    -1.382455          .9648326
59  ------------------------------------------------------------------------------
60                    b = consistent under Ho and Ha; obtained from xtreg
61           B = inconsistent under Ha, efficient under Ho; obtained from xtreg

62     Test:  Ho:  difference in coefficients not systematic

63              chi2(1) = (b-B)'[(V_b-V_B)^(-1)](b-B)
64                      =        2.05
65              Prob>chi2 =      0.1519
```

FE 추정값과 RE 추정값이 현저히 다름(58행)에도 불구하고 64행의 하우스만 검정통계량 값은 2.05로 비교적 작고 65행의 p값은 0.15 이상으로 귀무가설을 기각할 수 없다. 이는 앞에서 본 것처럼 설명변수의 집단내 차이가 작아서(7행) FE 추정량의 정확성이 낮기(24행의 큰 표준오차) 때문이다. "xbar" 변수를 만들어 회귀에 기초한 견고한 검정을 해도 결과는 거의 동일하다. xbar 계수 추정값이 상당히 큼에도 불구하고 그 표준오차가 커서 귀무가설은 기각되지 않는다. 이런 일이 발생할 때 연구자가 할 수 있는 일은 제한된다.

참고로, 이 절의 검정에서는 오직 FE 추정량과 BE 혹은 RE 추정량이 동일한 모수를 추정하는지만 확인할 수 있다. 한 가지 중요한 점으로서, 시간불변의 Z_i 가 BE 혹은 RE 추정식의 우변에 추가될 때 이 Z_i 가 μ_i 와 상관되었는지 여부는 검정해 주지 않는다. 이 절의 검정은 μ_i 중 Z_i 와 상관된 부분을 제거하고 난 나머지가 X_{it} 의 수준과 상관되는지만 검정할 뿐이다. 그러므로 예를 들어

$$y_{it} = X_{it}\beta + Z_i\gamma + \mu_i + \varepsilon_{it}$$

라는 모형이 있을 때 본 절의 검정들이 Z_i 내 변수들과 μ_i 의 상관여부를 검정해 주지 않으며, 오직 X_{it} 의 수준과 μ_i 사이에 상관관계가 존재하는지 여부만을 검정한다.

3.9   Hausman과 Taylor의 모형

지금까지는 개별효과 μ_i 가 임의효과이거나 고정효과 둘 중 하나인 경우를 살펴보았다. 다시 말하여 모든 독립변수들은 μ_i 와 상관되어 있지 않거나 하나라도 상관되어 있는 경우였다. 본 절에서는 이를 정교화하여 어떤 변수들은 μ_i 와 상관되고 어떤 변수들은 μ_i 와 상관되지 않으며, 또한 어떤 변수들은 시간에 걸쳐서 변하고 어떤 변수들은 시간에 걸쳐 불변인, 매우 일반적인 경우에 대하여 살펴본다. 다음 모형을 고려하자.

$$y_{it} = X_{1it}\beta_1 + X_{2it}\beta_2 + Z_{1i}\delta_1 + Z_{2i}\delta_2 + \mu_i + \varepsilon_{it} \tag{3.18}$$

여기서 X 라고 표시한 변수들은 시간에 따라 변하고(time-varying, TV), Z 라고 표시한 변수들은 시간에 따라 변하지 않는다(time-invariant, TI). 하첨자 1이 붙은 변수들은 개별효과 μ_i 와 무관하고, 하첨자 2가 붙은 변수들은 μ_i 와 횡단면에 걸쳐 선형상관될 수 있다. 이 모형은 Hausman and Taylor (1981)가 고려하였고, 그 후 Amemiya and MaCurdy (1986)가 확장하고, Breusch, Mizon and Schmidt (1989)가 다시 확장하였다. 어느 경우에나 ε_{it} 는 설명변수들과 아무런 상관도 없는 오차라고 가정한다. 다시 말하여, 설명변수들은 ε_{it} 에 대하여 강외생적strictly exogenous이다.

모형 (3.18)에서 β_1 과 β_2 에만 관심이 있다면 Z_{1i} 와 Z_{2i} 의 존재를 무시하고 FE 추정을 하면 된다. 만일 X_{2it} 와 Z_{2i} 가 없다면 설명변수들은 모두 μ_i 와 비상관이므로 RE 추정을 하면 된다. 만일 Z_{2i} 가 없다면 우선 X_{1it} 와 X_{2it} 에 대하여 FE 추정을 한 후, 그 잔차 ($y_{it} - X_{1it}\hat{\beta}_{1,fe} - X_{2it}\hat{\beta}_{2,fe}$)를 Z_{1i} 에 대하여 BE, POLS, RE 추정을 하면 될 것이다. 예를 들어 다음 Stata 명령을 사용하면 일관된 추정을 할 수 있다.

```
. xtreg y x1 x2, fe
. predict e, ue
. xtreg e z1, be
```

문제는 Z_{2i} 이다. 만일 Z_{2i} 가 존재하고 그 계수인 δ_2 가 관심사이면 문제가 복잡하다. FE 회귀를 하면 Z_{2i} 가 소거되어 버리고, RE 회귀를 하면 추정량이 비일관적이다(♛). 이때 문제는 X_{2it} 와 Z_{2i} 가 μ_i 로 인하여 오차($\mu_i + \varepsilon_{it}$)와 상관된다는 것이다. 그러므로 IV 추정을

해야겠는데, 문제는 어디에서 도구변수를 가져올 것인가 하는 것이다. 한 가지 방법은 모형 밖에서 제3의 도구변수를 찾는 것이겠지만, 이것은 보통 어렵다.

Hausman and Taylor (1981, HT)는 모형 내의 설명변수들을 적절히 변형하여 도구변수를 찾는 방법을 제안하였다. 우선 X_{1it}와 Z_{1i}는 오차($\mu_i + \varepsilon_{it}$)와 무관하므로 그 자체로 도구변수가 된다. 다음으로 $X_{2it} - \bar{X}_{2i}$는 모든 i에서 표본평균이 0이므로 μ_i와 선형상관을 갖지 않고, 따라서 도구변수로 사용할 수 있다. 이처럼, X_{1it}, X_{2it}, Z_{1i}에 대해서는 도구변수가 있다. 그렇다면 Z_{2i}의 도구변수는? 이상하게 생각될 수도 있지만, $\bar{X}_{1i}$가 Z_{2i}의 도구변수로 사용될 수 있다. 물론 X_{1it}는 자기 자신의 도구변수로 이미 쓰였고 Z_{2i}를 위하여 별도의 도구변수가 필요하지만, 패널 데이터의 특성(집단내 차이와 집단간 차이가 모두 존재한다는 점)으로 인하여 $\bar{X}_{1i}$가 Z_{2i}의 도구변수로 한 번 더 사용될 수 있다(보통의 경우에는 하나의 변수가 도구변수로 두 번 사용될 수 없다). Z_{2i}가 존재하는 모형을 추정할 수 있으려면 반드시 X_{1it}가 적어도 Z_{2i}의 개수만큼 있어야 하고 $\bar{X}_{1i}$와 Z_{2i} 간에 충분한 상관관계가 있어야 한다.

HT (1981)는 이들 도구변수를 사용하면서, 동시에 오차항 $\mu_i + \varepsilon_{it}$에 존재하는 시계열 상관까지 고려하여 RE FGLS와 유사한 변환($y_{it} - \hat{\theta}\bar{y}_i$ 등)을 함으로써 효율적인 추정을 한다. HT 추정법은 Stata에 xthtaylor로 구현되어 있으며 다음과 같은 문법을 갖는다.

```
. xthtaylor y x1 x2 z1 z2, endog(x2 z2)
```

여기에 필요하면 constant(...) 혹은 varying(...) 옵션을 추가로 주어 어떤 변수들이 시간불변(TI)이고 어떤 변수들이 시간에 따라 변하는지(TV) 지정할 수 있으나, Stata가 TI 변수들과 TV 변수들을 자동으로 찾아주므로 굳이 별도로 지정할 필요는 없다.

> 필자가 사용 중인 Stata 버전 14.1의 xthtaylor에 한 가지 귀찮은 점이 있다(그 이전 버전에서도 마찬가지였다고 생각한다). 그것은 모형에 반드시 시간불변 외생변수 Z_{1i}가 존재해야만 xthtaylor 명령이 제대로 작동한다는 것이다. 예를 들어, "xthtaylor y x1 z2, endog(z2)"처럼 명령하면 "모형에 시간불변 외생변수가 없다"는 오류 메시지를 발생시키고 실행을 거부한다. 버그 같다. 이 버그를 잡을 수 있는 방법은 본 절의 마지막 주석에 제시되어 있다. 균형패널의 경우에는 다음 소절의 '상세한 추정 절차'에 따라서 추정을 할 수도 있다.

HT 추정량의 분산·공분산 행렬을 추정할 때 통상적인 방법과 클러스터 방법(vce(r) 옵션) 등을 사용할 수 있다. xthtaylor 명령은 설명변수들을 TVexogenous, TVendogenous, TIexogenous, TIendogenous로 구분하여 결과를 표시해 준다. 여기서 TV와 TI는 각각 시간에 따라 변하는지 변하지 않는지를 나타내고, exogenous와 endogenous는 설명변수가 μ_i에 대하여 외생적인지 내생적인지를 의미한다. 어느 경우에나 고유오차인 ε_{it}에 대해서는 설명변수들이 강외생적임에 유의하라.

다음 예에서 HT 추정을 연습해 보자.

예제 3.21   임금 방정식의 HT 추정

Cornwell and Rupert (1988)는 HT 모형을 이용한 실증연구를 하였다. 이들이 사용한 변수는 다음과 같다. 종속변수는 로그 임금(lwage)이다. 시변하는 외생적 설명변수(X_{1it})로는 노동 시간(wks, 단위는 주), 남부 거주 여부(south, 더미변수), 도시 거주 여부(smsa, 더미변수), 결혼 여부(ms, 더미변수)가 있다. 시변하는 내생적 설명변수(X_{2it})로는 경력(exp, 연), 경력의 제곱, 직업(occ, 블루칼라 직업이면 1인 더미변수), 제조업 여부(ind, 더미변수), 노동조합 가입 여부(union, 더미변수)가 있다. 시간에 따라 변하지 않는 외생적 설명변수(Z_{1i})는 여성 더미변수(fem)와 흑인 더미변수(blk)이며, 시간에 따라 변하지 않는 내생적 설명변수(Z_{2i})는 교육연수(ed, 연)이다.

실습하기 전에 위에 말한 '내생성'의 의미를 한 번 더 설명하고자 한다. X_{2it} 에 해당하는 경력, 경력의 제곱, 블루칼라 여부, 제조업 여부, 노동조합 가입 여부는 내생적인 것으로 설정되었는데, 그 뜻은 μ_i와 상관될 수 있다는 것이다. 그러므로 이때의 내생성은 예를 들어 μ_i가 높은 사람이 경력도 높다거나 μ_i가 낮은 사람이 블루칼라 직업을 갖는 성향이 더 많다는 식의 의미이다. 이를 집단내(시간에 따른) 내생성으로 오해하면 안 된다. Z_{2i} 는 시간에 따라 변하지 않으므로 어느 누구도 시간에 따른 내생성으로 해석할 일은 없다. 단, Z_{2i} 에 해당하는 교육연수는 직업을 갖고 일을 하는 시점에서는 이미 결정되어 있으므로 외생적이라는 생각이 들 수도 있는데, 이는 내생성의 의미를 반쪽만 생각한 것이다. 교육 수준이 내생적이란, 이것이 임금의 영향을 받는다는 의미가 아니라, 관측불가의 시간불변 요소(μ_i, 예를 들어 능력)와 상관될 수 있다는 의미이다.

Conwell and Rupert (1988)가 사용한 바로 그 데이터는 아니지만 이와 유사한 데이터(psidextract.dta)를 사용하여 위 모형을 추정해 보자. 이 데이터는 PSID (Panel Study of Income Dynamics)에서 구한 595명의 7년 간 자료이다. 우선 인터넷에 연결한 후 다음 명령으로 데이터를 받아 저장해 놓을 수 있다.

```
. webuse psidextract, clear
. save psidextract, replace
```

다음 명령은 이렇게 하여 psidextract.dta를 내 컴퓨터에 저장해 놓은 다음 실행해 본 것이다(저장이 싫으면 아래 첫째 줄의 use를 webuse로 바꾸면 될 것이다). 명령 구문과 회귀 결과는 자명하게 독해할 수 있을 것으로 본다.

```
1   . use psidextract, clear

2   . xthtaylor lwage wks south smsa ms exp exp2 occ ind union fem blk ed, ///
3   > endog(exp exp2 occ ind union ed)
```

```
 4  Hausman-Taylor estimation              Number of obs     =      4,165
 5  Group variable: id                     Number of groups  =        595

 6                                          Obs per group:
 7                                                        min =          7
 8                                                        avg =          7
 9                                                        max =          7

10  Random effects u_i ~ i.i.d.            Wald chi2(12)     =    6874.89
11                                          Prob > chi2       =     0.0000
```

lwage	Coef.	Std. Err.	z	P>|z|	[95% Conf. Interval]	
TVexogenous						
wks	.000909	.0005988	1.52	0.129	-.0002647	.0020827
south	.0071377	.032548	0.22	0.826	-.0566553	.0709306
smsa	-.0417623	.0194019	-2.15	0.031	-.0797893	-.0037352
ms	-.036344	.0188576	-1.93	0.054	-.0733041	.0006161
TVendogenous						
exp	.1129718	.0024697	45.74	0.000	.1081313	.1178122
exp2	-.0004191	.0000546	-7.68	0.000	-.0005261	-.0003121
occ	-.0213946	.0137801	-1.55	0.121	-.048403	.0056139
ind	.0188416	.0154404	1.22	0.222	-.011421	.0491043
union	.0303548	.0148964	2.04	0.042	.0011583	.0595513
TIexogenous						
fem	-.1368468	.1272797	-1.08	0.282	-.3863104	.1126169
blk	-.2818287	.1766269	-1.60	0.111	-.628011	.0643536
TIendogenous						
ed	.1405254	.0658715	2.13	0.033	.0114197	.2696311
_cons	2.884418	.8527775	3.38	0.001	1.213004	4.555831
sigma_u	.94172547					
sigma_e	.15180273					
rho	.97467381	(fraction of variance due to u_i)				

Note: **TV** refers to time varying; **TI** refers to time invariant.

설명변수들을 네 종류로 분류하여 결과를 보여준다. 시간불변 내생변수인 교육수준(ed)의 계수는 .1405254로 추정되었다. 재차 설명하건대, ed의 도구변수로 TVexogenous에 해당하는 wks, south, smsa, ms의 개체별 평균이 사용되었다.

HT의 상세한 추정 절차

이하에서는 상세한 추정 절차에 대하여 설명한다. Hausman and Taylor (1981, HT)와 Stata 도움말을 참조하였다. 기술적인 세부 사항에 관심이 없는 독자는 건너뛰어도 좋다. 모형 (3.18)에 대하여 HT 추정은 σ_μ^2 과 σ_ε^2 을 추정하는 것으로부터 시작한다. 우선 β_1 과 β_2 는

FE 회귀에 의하여 일관되게 추정할 수 있으므로 σ_ε^2의 일관된 추정량은 손쉽게 구할 수 있다. 구체적으로, y_{it}를 X_{1it}와 X_{2it}에 대하여 FE 회귀를 하면 '집단내' 잔차 $\hat{\varepsilon}_{it}$가 나오는데 HT는 $\hat{\sigma}_\varepsilon^2 = (nT-n)^{-1}\sum_{i=1}^n \sum_{t=1}^T \hat{\varepsilon}_{it}^2$을 사용한다(Stata에서 자동으로 보고하는 값은 $nT-n$이 아니라 $nT-n-k$로 나눈 값으로 미세하게 다른데, 이 점은 중요하지 않다). 다음으로 σ_μ^2을 추정하여야 하는데, 이를 위해서는 β_1과 β_2뿐 아니라 δ_1과 δ_2의 일관된 추정량이 필요하다. 먼저 앞의 FE 추정으로부터의 총잔차를 d_{it}라 하면, 이 d_{it}는 '상수항 $+ Z_{1i}\delta_1 + Z_{2i}\delta_2 + \mu_i + \varepsilon_{it}$'에 해당한다(상수항은 평균을 0으로 만드는 역할을 함). 이 d_{it}를 Z_{1i}와 Z_{2i}에 대하여 회귀하는데, 도구변수로 Z_{1i}와 X_{1it}를 사용하면 δ_1과 δ_2의 일관된 추정량을 얻고 오차 $\mu_i + \varepsilon_{it}$에 해당하는 잔차 ($\hat{e}_{it}$라 하자)를 얻을 수 있다(잔차 d_{it}를 구할 때 이미 X_{1it} 정보를 활용하였으므로 다시 X_{1it}를 도구변수로 사용할 수는 없다는 생각이 들 수도 있으나 FE 회귀에서는 집단내 편차만 사용하므로 $\bar{X}_{1i}$에 대한 정보가 남아 있어 이것이 추가적인 정보를 제공한다). 이 잔차의 개체별 평균($\bar{e}_i$라 하자)은 $\mu_i + \bar{\varepsilon}_i$에 해당한다. RE 가정하에서 그 분산은 $\sigma_\mu^2 + \frac{1}{T}\sigma_\varepsilon^2$이므로, $s^2 = n^{-1}\sum_{i=1}^n \bar{e}_i^2$이라 할 때 s^2은 $\sigma_\mu^2 + \frac{1}{T}\sigma_\varepsilon^2$으로 수렴한다. 마지막으로 $\hat{\sigma}_\mu^2 = s^2 - \frac{1}{T}\hat{\sigma}_\varepsilon^2$으로써 σ_μ^2을 추정한다.

그 다음은 비교적 단순하다. RE 회귀 시와 유사하게 $\hat{\theta} = 1 - 1/\sqrt{T\hat{\sigma}_\mu^2/\hat{\sigma}_\varepsilon^2 + 1}$를 계산하고, 모든 변수들을 $y_{it}^* = y_{it} - \hat{\theta}\bar{y}_i$와 같이 변환한 후, y_{it}^*를 X_{1it}^*, X_{2it}^*, Z_{1i}^*, Z_{2i}^*에 대하여 도구변수 추정을 하는데, X_{1it}, $X_{2it} - \bar{X}_{2i}$, Z_{1i}, $\bar{X}_{1i}$를 도구변수로 사용한다. 이 마지막 단계에서 X_{1it}와 Z_{1i} 대신에 X_{1it}^*와 Z_{1i}^*를 도구변수로 사용해도 결과는 변하지 않는다.

이하에서는 필자가 실험을 위해서 만든 가짜 데이터를 이용하여 이상에서 설명한 절차가 맞는지 확인해 보았다. $X_{1,it}$ 변수에는 x1a와 x1b가 있고, 나머지 변수로는 x2, z1, z2가 있다. 차근차근 따라가 보자.

```
1  . use htexample, clear
2  (Hauman and Taylor example)

3  . xtreg y x1a x1b x2, fe
```

| 4 | Fixed-effects (within) regression | Number of obs | = | 1,000 |
| 5 | Group variable: **id** | Number of groups | = | 100 |

6	R-sq:		Obs per group:		
7	within = 0.1398		min =	10
8	between = 0.5854		avg =	10.0
9	overall = 0.4384		max =	10

| 10 | | F(3,897) | = | 48.60 |
| 11 | corr(u_i, Xb) = 0.5515 | Prob > F | = | 0.0000 |

	y	Coef.	Std. Err.	t	P>|t|	[95% Conf. Interval]
15	x1a	.3576799	.03385	10.57	0.000	.2912455	.4241143
16	x1b	-.0875137	.0317706	-2.75	0.006	-.1498672	-.0251603
17	x2	.1964121	.033992	5.78	0.000	.129699	.2631252

18	_cons	1.424631	.0320784	44.41	0.000	1.361674	1.487589

```
20  sigma_u |  2.6554236
21  sigma_e |  .99289328
22     rho  |  .87733938   (fraction of variance due to u_i)
```

24 F test that all u_i=0: F(99, 897) = 36.09   Prob > F = 0.0000

25 . local s2e = e(rss)/(e(N)-e(N_g))

26 . di `s2e'
27 .98255095

3행에서는 FE 추정을 하고 25행에서 $\hat{\sigma}_\varepsilon^2$ 을 구한다. 27행에 따르면 $\hat{\sigma}_\varepsilon^2$ 의 값은 약 0.98 이다. 참고로 20행의 값을 제곱해도 27행 값이 정확히 나오지 않는다. 이는 HT의 논문에서 $nT-n-k$ 가 아닌 $nT-n$ 으로 나눈다고 해서 25행에서 그대로 했기 때문이다. 25행의 분모에서 k 에 해당하는 3을 뺀 다음 제곱근을 취하면 21행의 값을 얻는다. 이 차이는 거의 중요하지 않다. 다음 명령으로 넘어가자.

28 . predict d, ue

29 . ivregress 2sls d z1 (z2 = x1a x1b)

30 Instrumental variables (2SLS) regression   Number of obs   =   1,000
31   Wald chi2(2)   =   235.82
32   Prob > chi2   =   0.0000
33   R-squared   =   0.2038
34   Root MSE   =   2.5024

d	Coef.	Std. Err.	z	P>|z|	[95% Conf. Interval]	
z2	.0145776	.2460766	0.06	0.953	-.4677237	.496879
z1	1.14045	.2102629	5.42	0.000	.7283422	1.552558
_cons	-.0683049	.0792595	-0.86	0.389	-.2236507	.0870409

42 Instrumented: z2
43 Instruments: z1 x1a x1b

44 . predict resid, resid

45 . by id: egen ebar = mean(resid)

46 . qui su ebar if year==1

47 . local s2 = r(Var)*(r(N)-1)/r(N)

48 . local s2u = (`s2' - `s2e'/10)

49 . di `s2u'
50 5.2794315

28–47행에서는 s^2을 계산하고, 48행에서 $\hat{\sigma}_\mu^2$을 구한다. 만약 모형에 Z_{2i}가 없으면 29행의 명령이 실행되지 않을 것이므로, 이 부분에서 OLS 추정을 하도록 바꾸어야 할 것이다. 47행이 약간 복잡한 것은 Stata가 표본분산을 구할 때에는 "표본크기 빼기 1"로 나눔에 반하여 HT는 표본크기로 나누라고 했으므로 HT에 맞추기 위하여 수동으로 계산한 것일 뿐이다. 이것도 별로 중요하지 않다. 48행에서 10으로 나누었는데, 이 10은 T에 해당한다(이 T는 tab year라고 한 다음 r(r) 리턴값을 사용하면 자동으로 구할 수도 있다). 50행에 따르면 $\hat{\sigma}_\mu^2$의 값은 약 5.28이다. 이제 이들 값을 바탕으로 $\hat{\theta}$를 구하면 다음과 같다.

```
51  . local theta = 1-1/sqrt(1+10*`s2u'/`s2e')

52  . di `theta'
53  .86483016
```

53행에 따르면 $\hat{\theta}$의 값은 .86483016이다. 이 $\hat{\theta}$를 이용하여 y_{it}^* 등을 만들고, 추정에 필요한 도구변수들도 만들고자 한다. 다음을 보라.

```
54  . foreach v of varlist y x1a x1b x2 z1 z2 {
55  2.          by id: egen `v'_bar = mean(`v')
56  3.          gen `v'_r = `v'-`theta'*`v'_bar
57  4. }

58  . foreach v of varlist x2 {
59  2.          gen `v'_d = `v' - `v'_bar
60  3. }
```

54–60행에서는 최종적인 추정에 필요한 변수들을 만든다. 54–57행에서는 54행의 변수들에 대하여 $\bar{y}_i$ 등과 y_{it}^* 등을 만든다. $\bar{Z}_{1i}$는 Z_{1i}와 동일하므로 별도로 만들 필요가 없으나 프로그래밍의 편의를 위하여 만들었다. $\bar{Z}_{2i}$도 마찬가지이다. 57행이 끝나고 나면 y_{it}^* 등은 y_r 등으로 저장된다. 58–60행에서는 $X_{2it} - \bar{X}_{2i}$를 만들어 x2_d로 저장한다. 다음으로 최종적인 도구변수 추정을 하고 그 결과를 xthtaylor 명령 결과와 비교할 것이다.

```
61  . ivregress 2sls y_r x1a_r x1b_r z1_r (x2_r z2_r = x2_d x1a_bar x1b_bar)
```

62	Instrumental variables (2SLS) regression			Number of obs	=	1,000
63				Wald chi2(5)	=	185.87
64				Prob > chi2	=	0.0000
65				R-squared	=	0.1816
66				Root MSE	=	.98937

68	y_r	Coef.	Std. Err.	z	P>|z|	[95% Conf. Interval]
70	x2_r	.1969648	.0338675	5.82	0.000	.1305858 .2633437
71	z2_r	.037789	.5078682	0.07	0.941	-.9576143 1.033192
72	x1a_r	.3573804	.0337287	10.60	0.000	.2912734 .4234875

```
73        x1b_r    -.0919898    .0313847    -2.93    0.003    -.1535028    -.0304769
74         z1_r     1.123744     .459591     2.45    0.014     .2229621     2.024526
75        _cons     .1834279    .0313474     5.85    0.000     .1219881     .2448678
76
77  Instrumented:  x2_r z2_r
78  Instruments:   x1a_r x1b_r z1_r x2_d x1a_bar x1b_bar
79  . xthtaylor y x1a x1b x2 z1 z2, endog(x2 z2)
```

```
80  Hausman-Taylor estimation                 Number of obs    =     1,000
81  Group variable: id                        Number of groups =       100
82
83                                            Obs per group:
84                                                        min =        10
85                                                        avg =        10
                                                          max =        10
86  Random effects u_i ~ i.i.d.               Wald chi2(5)     =    184.75
87                                            Prob > chi2      =    0.0000
88
```

y	Coef.	Std. Err.	z	P>|z|	[95% Conf. Interval]	
TVexogenous						
x1a	.3573804	.0338303	10.56	0.000	.2910742	.4236867
x1b	-.0919898	.0314793	-2.92	0.003	-.1536882	-.0302915
TVendogenous						
x2	.1969647	.0339695	5.80	0.000	.1303857	.2635438
TIexogenous						
z1	1.123744	.460976	2.44	0.015	.2202476	2.02724
TIendogenous						
z2	.0377891	.5093987	0.07	0.941	-.960614	1.036192
_cons	1.357018	.2326104	5.83	0.000	.9011101	1.812926
sigma_u	2.2977014					
sigma_e	.99123708					
rho	.84309267	(fraction of variance due to u_i)				

```
107  Note: TV refers to time varying; TI refers to time invariant.
```

61행에서 최종적인 도구변수 추정을 하고, 79행에서는 비교를 위해 다시 xthtaylor 명령을 사용한 추정을 하였다. 해당하는 계수 추정값들이 서로간에 모두 일치함을 확인할 수 있다. 예를 들어, 99행에 z_{2i}의 계수는 71행의 계수 추정값과 소수점 아래 6째 자리까지 일치한다(나머지 차이는 계산상의 오차이다). 단, 표준오차의 값들이 약간씩 다른 것을 볼 수 있는데, 이는 약간의 자유도 조정을 하기 때문이다. 이 차이는 거의 중요하지 않다.

▶ **연습 3.15.** 위 결과에서 70행의 표준오차와 95행의 표준오차를 비교하여 두 방법들이 표준오차를 계산하는 방식에 어떠한 차이가 있겠는지 추측해 보라.

절편 추정값들(75행과 101행)은 크게 다른데, 이는 79행의 명령에 의한 추정값(101행)

이 상수항을 $1 - \hat{\theta}$으로 변환한 것에 반하여 75행의 계수는 이러한 변환을 거치지 않았기 때문이다. 101행이 맞고 75행은 틀렸다.

특수 경우들

Hausman and Taylor (1981)는 논문의 부록에서 몇몇 특수 경우들에 대하여 이야기한다. $\hat{\beta}_j^*$와 $\hat{\delta}_j^*$를 각각 β_j와 δ_j의 HT 추정량이라 하자. $\beta = (\beta_1', \beta_2')'$이고 $\delta = (\delta_1', \delta_2')'$이라 하자. $\hat{\beta}^*$는 $\hat{\beta}_1^*$와 $\hat{\beta}_2^*$를 세로로 쌓은 벡터이다. $\hat{\beta}_{j,fe}$는 y_{it}를 $X_{1,it}$와 $X_{2,it}$에 대하여 고정효과 회귀를 할 때의 FE 추정량이고, $\hat{\beta}_{fe}$는 $\hat{\beta}_{1,fe}$와 $\hat{\beta}_{2,fe}$를 세로로 쌓은 벡터이다. k_1과 k_2는 각각 X_{1it}와 X_{2it} 내의 변수의 개수이며 g_1과 g_2는 각각 Z_{1i}와 Z_{2i} 내의 변수의 개수이다.

  (a) $k_1 = g_1 = 0$: Z_{2i}를 위한 도구변수가 없다. $\hat{\beta}^* = \hat{\beta}_{fe}$이며 δ는 추정할 수 없다.

  (b) $k_1 < g_2$: $\hat{\beta}^* = \hat{\beta}_{fe}$이며 δ는 일관되게 추정할 수 없다.

  (c) $k_1 = g_2$ (딱 맞게 식별된 경우): $\hat{\beta}^* = \hat{\beta}_{fe}$이며, 또한 HT 추정은 원래의 추정식을 $(X_{1it}, X_{2it} - \bar{X}_{2i}, Z_{1i}, \bar{X}_{1i})$를 도구변수로 이용하여 2단계 최소제곱^{two-stage least squares} (2SLS) 추정을 하는 것과 동일하다(단, 2SLS에서 통상적으로 계산되는 표준오차는 오차항 내의 시계열 상관으로 인하여 타당하지 않다).

  (d) $k_2 = g_2 = 0$: HT 추정량은 RE 추정량과 동일하다.

  (e) $k_1 > g_2$ (과다식별된 경우): HT 추정량은 FE 추정량이나 단순한 2SLS 추정량과 다르다.

▶ **연습 3.16.** htexample.dta 데이터를 이용한 앞의 예에서 X_{1it}에 x1a만 포함되도록 하여 위의 (c)가 옳음을 확인하라. 힌트: 원래 추정식에 대하여 2SLS 추정을 하기 위해서는 "ivregress 2sls y x1a z1 (x2 z2 = x2_d x1a_bar)"라고 하면 된다.

Stata의 xthtaylor는 $g_1 = 0$이면 작동하지 않는다. 또한 $g_2 = 0$이면 $k_1 = 0$이어도 추정할 수 있어야 하는데 $k_1 = 0$이면 무조건 작동하지 않는다. 버그로 보인다.

✌ 이 버그를 잡으려면 다음과 같이 한다. ① sysdir 명령어로 ado 파일들의 저장 장소를 알아낸다. 특히 'BASE'에 해당하는 곳이 중요하다. 필자의 경우에는 /Applications/Stata/ado/base/이다. ② 해당 디렉터리 아래에 x 디렉터리가 있다. 거기에 있는 xthtaylor.ado 파일을 ①에서 알아낸 'PERSONAL' 디렉터리로 복사한다. 이때 파일 이름을 xthtaylor2.ado로 바꾼다. 필자의 경우 새로 생성된 파일은 ~/Library/ApplicationSupport/Stata/ado/personal/xtytaylor2.ado이다. ③ 복사된 파일(xthtaylor2.ado)을 텍스트 편집기(예를 들어 Stata의 do 파일 편집기)로 열어서 (i) 2행의 xthtaylor를 xthtaylor2로 바꾸고 (ii) 265행과 271–275행을 다음과 같이 수정한 후 저장하라. 수정 또는 추가된 부분은 굵은 글씨로 표시하였다.

```
2    program  xthtaylor2, eclass byable(onecall) sort prop(xt)

265      if "`zvar2'" != "" & "`xvar1'" == "" {
266          di as err "There are no time-varying exogenous " /*
267              */ "variables in the model."
```

```
268            local ok = 0
269        }
270 //   if "`zvar1'" == "" {
271 //        di as err "There are no time-invariant exogenous " /*
272 //                */ "variables in the model."
273 //        local ok = 0
274 //   }
```

설명하자면, 265–269행에서 xvar1이 비어 있으면 무조건 오류를 발생시키고 멈추도록 되어 있어서, 이것을 'zvar2가 있지만 xvar1이 비어 있는' 경우 오류를 발생시키도록 조건을 바꾸었고, 271–275행은 zvar1 매크로가 비어 있을 때 오류를 발생시키는 부분이므로 이 부분을 제거하였다. 혹시 버전이 달라서 행 번호가 다르면 "There are no time-varying exogenous"를 검색하여 265행 부분을 처리하고 "There are no time-invariant exogenous"를 검색해서 271–275행 부분을 처리하기 바란다. ④ Stata에서 discard 명령을 한번 내린 후 xthtaylor 대신 xthtaylor2 명령을 사용한다. 다음부터는 discard 명령을 내릴 필요가 없다.

▸ **연습 3.17.** 자신이 해커라고 생각하는 사람은 위에서 설명된 대로 만든 xthtaylor2를 이용하여 앞의 htexample.dta 데이터의 예에서 Z_{1i}가 없는 모형을 추정하라. Z_{1i}가 없는 모형에서 원래의 xthtaylor 명령을 사용하면 추정을 할 수 없음도 확인하라.

고정효과 모형에 외생적인 시간불변 설명변수가 포함된 경우와 관련하여 흥미로운 일 (스캔들)이 일어났다. Plümper and Troeger (2007)는 $y_{it} = \alpha + X_{it}\beta + Z_i\gamma + \mu_i + \varepsilon_{it}$ 모형에서 X_{it}가 μ_i에 대하여 내생적이고 Z_i가 외생적인 경우 3단계 추정을 하는 방법을 제안하였다. 제 1 단계에서는 FE 회귀를 하여 개별평균 잔차를 구한다. 제2 단계에서는 이 개별평균 잔차를 Z_i에 대하여 회귀하고 잔차를 구한다. 제3 단계에서는 제2 단계의 잔차를 원래 모형에 추가하여 POLS 회귀를 한다. 저자들은 이 방법에 고정효과 벡터분해(fixed-effects vector decomposition, FEVD)라는 (멋있는) 이름을 붙이고, 이 방법이 FE 회귀나 Hausman-Taylor 방법보다 더 효율적이라고 주장하였다. 이에 대해 Breusch, Ward, Nguyen and Kompas (2011, BWNK)는 이 방법이 특별할 것 없는 도구변수 추정법으로서, 3단계를 거쳐 구한 β 추정량은 FE 추정량일 뿐이며 논문에서 제안한 표준오차 계산 방법이 잘못되었다고 지적하였다. Greene (2011)도 이 FEVD 추정량은 착각illusory일 뿐이고, β의 FEVD 추정량은 전통적인 FE 추정량(LSDV 추정량)에 지나지 않으며, 논문에서 제안한 표준오차 계산이 잘못되었음을 지적하였다. 필자가 testfe.dta 데이터를 사용하여 3단계 추정을 해 보았더니 당초의 FE 추정량과 동일하였으며, 마지막 제3 단계에서 보고된 표준오차가 타당한 값보다 훨씬 작아 BWNK와 Greene의 지적이 옳음을 확인하였다. 사실 제3 단계는 일종의 '통제함수 접근법'을 따르는 것인데, 이 방법을 무작정 적용하면 표준오차가 잘못 계산될 수 있다는 것은 이미 잘 알려져 있다(예를 들어 **계량경제학 강의**). 이상의 내용을 수식으로 증명할 수 있지만 그럴 필요조차 없어 보인다.

> 여하한 이유에서든 잘못된 연구가 한번 받아들여지기 시작하면 이를 바로잡기까지 보통 오랜 시간이 걸린다. 더욱이 Stata 코드가 퍼지면 걷잡을 수 없게 되는 경우가 있다.

4 정태적 모형의 심화 주제들

본 장에서는 정태적 선형 패널 모형, 즉 설명변수들이 고유오차에 대하여 강외생적인 선형 패널 모형에서 나타나는 추가적인 논의 사항들을 다룬다. 먼저 개별효과(μ_i)의 존재로 인하여 R제곱이 복잡해진다. 이에 대해서는 4.1절에서 살펴본다. 다음으로, 보통의 시계열 분석과는 달리 패널 모형에서는 기간별 더미변수들이 모두 포함될 수 있다. 기간별 더미 변수에 대해서는 4.2절에서 살펴본다. 4.3절과 4.4절에서는 패널 데이터를 이용한 이중차분(이중차감 혹은 차이의 차이) 분석 방법과 통제집단 합성법을 다룬다. 4.5절에서는 고정효과 모형에서 몇몇 계수가 i에 따라 다를 때 모든 i에서 동일한 '구조적' 모수를 추정하는 방법을 설명한다. 4.6절에서는 고정효과 모형에서 2차항을 포함시켜 비선형성을 반영하는 모형에 대하여 살펴본다. 4.7절에서는 고정효과 모형에서 더미변수와 설명변수의 상호작용 항들이 포함될 경우 추정과 해석이 복잡해지는 측면에 대해 설명한다.

패널 데이터 분석에서 흔히 사용하는 클러스터 표준오차는 오차항이 i에 걸쳐서 독립이라는 가정하에서 타당하다. 만일 횡단면(i)에 걸쳐 상관이 존재하면 곤란한 상황에 처한다. 이때 고유오차(ε_{it})에 시계열 상관이 없다는 가정하에 횡단면 상관을 검정할 수 있는 방법이 몇 가지 있다. 4.8절에서는 이에 대하여 살펴본다. 설명변수(X_{it})가 고유오차(ε_{it})에 대하여 강외생적이면 개별효과가 임의효과인지 고정효과인지 여부에 따라 2장과 3장의 추정방법들은 보통 일관성을 갖는다. 일관성을 위해 고유오차에 시계열 상관이 없어야 하는 것은 아니다. 그럼에도 고정효과 모형에서 고유오차에 시계열 상관이 존재하는지 검정하려는 시도들이 있다. 4.8절에서는 그 이유와 몇몇 검정 방법에 대해서도 살펴본다.

4.1 네 가지 R제곱

횡단면 분석이나 시계열 분석에서는 하나의 R제곱R-squared만 계산된다. 패널 데이터의 분석에서는 그렇지 않다. 물론 하나의 R제곱만 계산하고 말 수도 있으나 이미 사람들은 여러 가지 R제곱을 계산하여 사용하고 있다. 독자 여러분도 최소한 이들 R제곱이 무엇을 의미하는지는 알고 있는 것이 좋겠다.

> OLS에서 R제곱(R-squared)은 종속변수의 편차 제곱합(총제곱합, SST $= \sum_{i=1}^{n}(y_i - \bar{y})^2$) 중에 맞춘값의 편차 제곱합(설명된 제곱합, SSE $= \sum_{i=1}^{n}(\hat{y}_i - \bar{y}_i)^2$)이 차지하는 비중을 의미한다. '종속변수 값 = 맞춘값 + 잔차'가 성립하고, 또한 모형에서 절편이 추정되면 'SST = SSE + 잔차 제곱합(SSR)'이 성립하므로, R제곱은 1 − SSR/SST이기도 하다. SST는 표본에서 종속변수 값이 차이 나는 정도를 측정한 것이고 SSE는 모형에 의한 맞춘값이 차이 나는 정도를 측정한 것이다. SSR은 모형에 의하여 설명되지 않는 부분이 차이 나는 정도를 나타낸다. 그러므로 R제곱은 표본 내 종속변수 값들의 차이 중 모형에 의하여 설명되는

정도를 0 ~ 1 사이의 값으로 나타낸 것이다. 수학에 의하면 OLS 회귀의 R제곱은 종속변수 값들과 맞춘값들 간 표본상관계수의 제곱과도 동일하다. 참고로 $(x_1, \ldots, x_n)$과 $(y_1, \ldots, y_n)$ 간 표본상관계수(sample correlation coefficient)는 $\sum_{i=1}^{n}(x_i - \bar{x})(y_i - \bar{y})$를 $\sum_{i=1}^{n}(x_i - \bar{x})^2 \cdot \sum_{i=1}^{n}(y_i - \bar{y})^2$의 제곱근으로 나눈 값으로 정의된다.

패널 분석의 경우 통상적으로 세 가지 R제곱을 고려한다(이 절의 제목이 '네 가지 R제곱'인데 오타가 아니다). 이 세 가지는 집단내^{within} R제곱, 집단간^{between} R제곱, 전체^{overall} R제곱이다. 이하의 내용은 Stata 매뉴얼을 참조하였다.

이들 R제곱을 우선 대략적으로 살펴보면, 집단내 R제곱은 종속변수의 집단내 편차 $(y_{it} - \bar{y}_i)$가 모형에 의하여 얼마나 잘 설명되는지를 나타내는 척도이다. 집단간 R제곱은 종속변수의 집단별 평균$(\bar{y}_i)$이 모형에 의하여 얼마나 잘 설명되는지를 나타내는 척도이다. 전체 R제곱은 집단내와 집단간을 막론하고 종속변수(y_{it})가 모형에 의하여 얼마나 잘 설명되는지를 나타내는 척도이다.

Stata가 리포트하는 집단내^{within} R제곱은 종속변수 값의 집단내^{within} 편차와 맞춘값의 집단내 편차 간 표본상관계수의 제곱이다. 수식으로, 추정량을 $\hat{\beta}$라 하면, '집단내 R제곱' 은 $y_{it} - \bar{y}_i$ 값들$(nT$개$)$과 $X_{it}\hat{\beta} - \bar{X}_i\hat{\beta}$ 값들$(nT$개$)$ 간 표본상관계수의 제곱이다. 어떤 추정에서 '집단내 R제곱'이 0.084라면 이는 "종속변수 값들의 집단내 편차와 맞춘값의 집단내 편차 간 표본상관계수의 제곱은 0.084"임을 의미한다. 집단간^{between} R제곱은 종속변수의 개별 평균값들과 맞춘값 개별 평균값들 간 표본상관계수의 제곱이다. 수식으로, '집단간 R제곱' 은 $\bar{y}_i$ 값들$(n$개$)$과 $\bar{X}_i\hat{\beta}$ 값들$(n$개$)$ 간 표본상관계수의 제곱이다. 어떤 추정에서 '집단간 R 제곱'이 0.819라면 이는 종속변수 값들의 개별 평균들$(\bar{y}_i)$과 맞춘값의 개별 평균들$(\bar{X}_i\hat{\beta})$ 간 표본상관계수의 제곱이 0.819임을 의미한다. 전체^{overall} R제곱은 종속변수 값들(y_{it})과 맞춘값들$(X_{it}\hat{\beta})$ 간 표본상관계수의 제곱이다. 어떤 추정으로부터의 '전체 R제곱'이 0.157 이라면 이는 종속변수 값들과 맞춘값들 간 표본상관계수의 제곱이 0.157임을 의미한다. Stata의 xtreg 명령은 세 R제곱들을 모두 보고해 준다. 예를 들어 **예제 3.1** Stata 출력물 6–8행과 **예제 3.2** Stata 출력물 7–9행에 이들이 표시되어 있다.

이상의 세 가지 R제곱이 정확히 무엇인지는 수동으로 계산해 보면 확실히 알게 된다.

예제 4.1 세 가지 R제곱 연습

이 예제에서는 연습용으로 만든 균형패널 **rsqex.dta** 데이터를 이용하여 FE 회귀에서 세 가지 R제곱을 수동으로 계산해 본다. 우선 FE 회귀를 실행한다(실제 분석이라면 연도더미들을 포함시켰겠으나 이 예제에서는 지면을 아끼기 위하여 간단한 모형을 사용하였다). 아래 6–8행에 세 가지 R 제곱의 값들이 리포트되어 있다.

```
1   . use rsqex, clear
```

```
2   . xtreg y x1 x2, fe vce(r)

3   Fixed-effects (within) regression              Number of obs    =       245
4   Group variable: id                             Number of groups =        49

5   R-sq:                                          Obs per group:
6       within  = 0.2129                                      min =         5
7       between = 0.6459                                      avg =       5.0
8       overall = 0.2307                                      max =         5

9                                                  F(2,48)          =     36.85
10  corr(u_i, Xb)  = -0.7960                        Prob > F         =    0.0000

11                                  (Std. Err. adjusted for 49 clusters in id)
12  ─────────────────────────────────────────────────────────────────────────
13                          Robust
14          y      Coef.    Std. Err.      t    P>|t|    [95% Conf. Interval]
15  ─────────────────────────────────────────────────────────────────────────
16         x1   .4198934    .0533358     7.87   0.000    .3126545    .5271323
17         x2  -.2444798    .0492302    -4.97   0.000   -.3434639   -.1454958
18      _cons   7.381425    .2950387    25.02   0.000     6.78821     7.97464
19  ─────────────────────────────────────────────────────────────────────────
20    sigma_u   2.392367
21    sigma_e   1.0078179
22        rho   .84928337   (fraction of variance due to u_i)
23  ─────────────────────────────────────────────────────────────────────────
```

이제 6–8행의 R제곱들을 수동으로 계산해 보자. 이를 위해 우선 $\hat{y}_{it} = \hat{\alpha} + X_{it}\hat{\beta}$ 을 구하고(표본상관계수 계산 과정에서 표본평균이 차감되므로 $\hat{\alpha}$ 이 포함되고 말고는 중요하지 않다), 세 R제곱들의 계산 과정에 사용되는 y_{it} 와 $\hat{y}_{it}$ 의 개별평균과 집단내 편차를 생성한다. 다음 코드를 실행하면 xb, y_bar, xb_bar, y_d, xb_d 변수들이 생성된다.

```
24  . predict xb, xb

25  . foreach v of varlist y xb {
26    2.          by id: egen `v'_bar = mean(`v')
27    3.          gen `v'_d = `v'-`v'_bar
28    4. }
```

다음으로, 집단내 R제곱은 y_{it} 와 $\hat{y}_{it}$ 의 집단내 편차들 간의 표본상관계수의 제곱이다. 집단간 R제곱은 y_{it} 와 $\hat{y}_{it}$ 의 개별평균들 간의 표본상관계수의 제곱이다. 전체 R제곱은 y_{it} 와 $\hat{y}_{it}$ 간의 표본상관계수의 제곱이다. 다음 코드를 보라.

```
29  . correlate y_d xb_d
30  (obs=245)

31                  |     y_d       xb_d
32  ────────────────┼
```

```
33            y_d │    1.0000
34           xb_d │    0.4614    1.0000

35  . di r(rho)^2
36  .21288913

37  . correlate y_bar xb_bar if year==1
38  (obs=49)

39                │    y_bar    xb_bar
40  ─────────────┼──────────────────
41          y_bar │    1.0000
42         xb_bar │   -0.8037    1.0000

43  . di r(rho)^2
44  .64594318

45  . correlate y xb
46  (obs=245)

47                │      y         xb
48  ─────────────┼──────────────────
49              y │    1.0000
50             xb │   -0.4803    1.0000

51  . di r(rho)^2
52  .23068273
```

　　29행에서 y_{it} 와 $\hat{y}_{it}$ 의 집단내 편차들 간의 표본상관계수를 구한다. 그 제곱은 36행의
.21288913으로서, 6행의 집단내 R제곱과 동일하다. 37행에서 y_{it} 와 $\hat{y}_{it}$ 의 개별평균들 간의
표본상관계수를 구한다. 단, 개별평균들은 횡단면 데이터이므로 특정 시점(year가 1)만의
관측치를 이용한다. 42행에 의하면 그 값은 -0.8037로서 음(−)의 값이다. 즉, FE 회귀
결과를 이용한 맞춘값의 개별평균($\bar{X}_i\hat{\beta}$와 동일)을 구하면 실제 종속변수의 개별평균과 반대
방향으로 움직인다. 어쨌든 이 표본상관계수의 제곱은 44행에 의하면 .64594318이라는
큰 값이며, 이 값은 7행의 집단간 R제곱과 동일하다. 이 예에서 보는 것처럼, 집단간 R
제곱이 높더라도 $\bar{y}_i$ 는 $\bar{X}_i\hat{\beta}$ 과 전혀 상반된 모습을 보일 수 있음에 유의하라. 마지막으로
종속변수와 맞춘값의 표본상관계수는 50행의 -0.4803이며(여기도 음수), 그 제곱인 52행의
.23068273은 8행의 전체 R제곱과 동일하다.

▶ **연습 4.1.** 2행의 FE 회귀를 RE 회귀와 BE 회귀로 바꾸어 결과들을 재확인하라.

　　표본상관계수의 제곱을 의미하는 이들 집단내 R제곱, 집단간 R제곱, 전체 R제곱은 각
추정방법에 따라 모형에 의한 설명력을 나타내기도 한다. OLS에서 종속변수와 맞춘값 간
표본상관계수의 제곱은 모형 설명력인 R제곱과 동일함은 잘 알고 있다. FE 회귀는 $y_{it} - \bar{y}_i$

를 $X_{it} - \bar{X}_i$에 대하여 OLS 회귀하는 것이므로, FE 회귀로부터의 통상적인 R제곱은 $y_{it} - \bar{y}_i$의 표본내 차이 중 $X_{it} - \bar{X}_i$의 표본내 차이에 의하여 설명되는 비율이다. 이것은 바로 집단내 R제곱이므로, FE 회귀에서의 집단내 R제곱은 종속변수 값 집단내 변동이 모형에 의하여 설명되는 정도를 나타낸다고 해석할 수 있다. BE 추정은 $\bar{y}_i$를 $\bar{X}_i$에 대하여 OLS 회귀하는 것이므로 BE 추정으로부터의 통상적인 R제곱은 $\bar{y}_i$가 $\bar{X}_i$에 의하여 설명되는 정도를 나타내고, 따라서 BE 추정으로부터의 집단간 R제곱은 모형에 의한 $\bar{y}_i$의 설명력을 나타내는 것으로 해석된다. 이와 유사하게 POLS 추정 시의 R제곱은 전체 R제곱과 동일하며, y_{it}의 표본내 변동을 모형이 설명하는 정도를 의미한다(Stata에서 reg 명령을 이용하여 POLS 추정을 하면 통상적인 R제곱만 제시된다). FE 추정의 집단내 R제곱, BE 추정의 집단간 R제곱, POLS 추정의 전체 R제곱은 '모형의 설명력'이기도 하며 그 나머지는 표본상관계수의 제곱이다.

▶ **연습 4.2.** 예제 4.1의 2행 이후에 di e(r2)를 실행하여 그 값이 6행의 집단내 R제곱과 동일함을 확인하라. 또한 BE 회귀를 한 후 di e(r2)를 실행하여 그 값이 BE 회귀에서 보고되는 집단간 R제곱과 동일함을 확인하라.

다음 예에서는 POLS, BE, FE, RE 추정에서 보고되는 여러 R제곱들을 정리하여 비교한다.

예제 4.2   세 가지 R제곱

다음은 klipsbal.dta 데이터를 이용한 임금 방정식에 대하여 POLS, FE, RE, BE 추정을 하여 구한 R제곱들을 요약한다. 동일한 회귀식을 반복하여 타이핑하기가 귀찮아서 2행에 X이라는 전역 매크로global macro를 만든 다음 3, 5, 7, 9행에서 반복해서 사용한다. 해당 줄에서 맨 앞의 "조용히(qui)"라는 지시어를 지우면 추정결과들을 볼 수 있을 것이다. 각 추정이 끝난 다음 'est store ...' 명령을 이용하여 회귀 결과를 각각 pols, fe, re, be로 저장하고, 11행에서 이들로부터의 계수 추정값과 여러 R제곱들을 표시하도록 하였다. 계수추정값들은 15–40행에 있다. FE 추정에서 시간불변time-invariant 설명변수들이 제외되고 BE 추정에서 연도더미들이 제외되는 것을 볼 수 있다. R제곱들은 42–45행에 있다.

```
1   . use klipsbal, clear

2   . global X "educ c.tenure##c.tenure isregul female c.age05##c.age05 i.year"

3   . qui reg lwage ${X}

4   . est store pols

5   . qui xtreg lwage ${X}, fe
```

```
 6   . est store fe

 7   . qui xtreg lwage ${X}, re

 8   . est store re

 9   . qui xtreg lwage ${X}, be

10   . est store be

11   . est tab pols fe re be, stats(r2 r2_w r2_b r2_o)
```

Variable	pols	fe	re	be
educ	.05619927	.03524201	.06753084	.05226946
tenure	.03320228	.0106582	.01538918	.04039986
c.tenure#				
c.tenure	-.00044749	-.00029839	-.00026591	-.00062317
isregul	.2716956	.12470372	.14590416	.33152974
female	-.38923505	(omitted)	-.41586501	-.38241096
age05	.06506884	(omitted)	.0774362	.06151601
c.age05#				
c.age05	-.0008807	(omitted)	-.00099785	-.00083734
year				
2006	.05254239	.06474654	.06103741	(omitted)
2007	.09731286	.12724782	.1189771	(omitted)
2008	.14213445	.1885725	.17594881	(omitted)
2009	.14499096	.20364323	.18711069	(omitted)
2010	.18914863	.25743405	.23773192	(omitted)
2011	.23226602	.31502376	.29077159	(omitted)
2012	.26951702	.36038118	.33344391	(omitted)
2013	.30502716	.41121333	.37969303	(omitted)
2014	.31306298	.43273513	.39688744	(omitted)
2015	.33979949	.46791289	.42888924	(omitted)
_cons	2.9839158	4.5237822	2.7510141	3.2011628
r2	.59704088	.37700707		.66807246
r2_w		.37700707	.37346858	.14109752
r2_b		.45586317	.60722103	.66807246
r2_o		.36681573	.56037798	.5627545

42–45행 1열의 POLS 결과를 살펴보자. 3행에서 POLS를 할 때 xtreg 명령이 아닌 reg 명령을 사용하였으므로 통상적인 R제곱(r2)만 보고한다. 이 통상적인 R제곱은 전체 overall R제곱에 해당한다. 나머지 'xtreg'로 시작하는 추정들(FE, RE, BE)은 r2_w(집단 내), r2_b(집단간), r2_o(통합)의 세 R제곱을 계산하여 보여주고, FE 추정과 BE 추정의

경우에는 회귀로부터의 통상적인 R제곱(r2)도 계산한다. 통상적인 R제곱(r2)은 회귀식 종속변수의 총제곱합 대비 회귀식 맞춘값의 총제곱합의 비율에 해당하며 '회귀 종속변수 변동분에 대한 설명력'으로 해석된다. r2_w, r2_b, r2_o는 '종속변수와 맞춘값의 적절한 변환값들(각각 집단내 편차, 개별평균, 자체) 간 표본상관계수의 제곱'이다.

FE 회귀로부터의 통상적인 R제곱(r2)은 집단내^{within} R제곱(r2_w)과 동일하다. 이는 FE 추정이 종속변수의 집단내 편차를 설명변수들의 집단내 편차에 대하여 OLS하는 것이기 때문이다. 집단내 R제곱 값은 약 0.377이며, 이는 로그 임금의 집단내 변동의 약 37.7%가 설명변수들의 집단내 변동에 의하여 설명됨을 의미한다. FE 추정으로부터의 집단간 R제곱 (r2_b) 0.456은 로그 임금의 개체별 평균($\bar{y}_i$)과 FE 추정에 의한 맞춘값들의 개체별 평균 ($\hat{\alpha} + \bar{X}_i \hat{\beta}_{fe}$) 간 표본상관계수의 제곱이 0.456임을 의미한다. r2_o 값에 의하면, 종속변수인 로그 임금과 FE에 의한 맞춘값 $\hat{\alpha} + X_{it} \hat{\beta}_{fe}$ 간 표본상관계수의 제곱은 약 0.367이다.

BE 회귀의 경우에는 통상적인 R제곱(r2)이 집단간^{between} R제곱(r2_b)과 동일하며, 종속변수(로그 임금)의 집단간 차이의 약 66.8%가 설명변수들의 집단간 차이에 의하여 설명된다고 해석할 수 있다. 나머지 R제곱들의 경우, r2_w는 종속변수의 집단내 변동과 BE 맞춘값 $\hat{\alpha} + X_{it} \hat{\beta}_{be}$의 집단내 변동 간 표본상관계수의 제곱이 약 0.141이고, r2_o는 종속변수 표본값과 BE 맞춘값 $\hat{\alpha} + X_{it} \hat{\beta}_{be}$ 간 표본상관계수의 제곱이 약 0.563임을 뜻한다.

RE 회귀의 경우에는 통상적인 R제곱(r2)이 계산되지 않아 '종속변수 변동분에 대한 설명력'으로 해석할 수 없으며, 모든 R제곱은 '표본상관계수 제곱' 방식으로 해석된다.

예제 4.2에서 고려한 네 가지 추정 방법들(POLS, FE, RE, BE)을 비교하면, 집단내^{within} R 제곱은 FE 추정에서 최대화되고, 집단간^{between} R제곱은 BE 추정에서 최대화됨을 알 수 있다. 이는 FE 추정이 처음부터 집단내 편차들을 최대로 설명하기 위한 추정법이고 BE 추정은 집단간 편차들을 최대로 설명하기 위한 추정법이기 때문이다. 또한 POLS는 전체 ^{overall} R제곱을 최대화한다. 이는 POLS가 i와 t의 구분을 무시하고 잔차제곱합을 최소화시 키는 추정방법이기 때문이다. 반면 RE 추정량은 RE 공분산 가정 (2.7)하에서 계수 정확성 측면에서 가장 효율적인 추정 방법임에도 불구하고 어떤 R제곱도 최대화하지 않는다. 계수 추정의 정확성과 R제곱은 직접적인 관계가 없다.

▶ **연습 4.3.** 우변의 설명변수가 하나뿐이면 FE, BE, RE 추정으로부터의 세 가지 R제곱(집단내, 집단간, 전체)은 각각 모든 추정에서 동일하다. 왜 그렇겠는가?

　　설명변수가 하나뿐인 모형에서 FE, BE, RE 추정으로부터 구한 세 가지 R제곱은 동일하다. wdi5bal.dta 데이터를 사용하여 저축률(sav)을 고령인구비율(age65over)에 대하여 회귀 하면 〈표 4.1〉의 결과들을 얻는데, 계수 추정값들은 FE, BE, RE에서 상이한 반면 3가지 R제곱은 모든 추정에서 동일하다.

〈표 4.1〉 설명변수가 하나일 때 3가지 R제곱

종속변수	sav	FE	BE	RE
독립변수	age65over	−0.285	0.538	0.221
R제곱	within	0.0034	0.0034	0.0034
	between	0.0896	0.0896	0.0869
	overall	0.0569	0.0569	0.0569

이런 일이 일어나는 이유를 수학적으로 보면, 세 가지 R제곱이 종속변수와 맞춘값의 표본상관계수의 제곱이고, 표본상관계수의 크기는 변수의 선형변환에 의하여 영향을 받지 않기 때문이다(부호는 바뀔 수 있다). 설명변수가 하나일 때 맞춘값은 이 설명변수의 선형변환이므로, R제곱은 결국 종속변수와 설명변수의 표본상관계수의 제곱과 동일하다. 〈표 4.1〉에서 전체overall R제곱은 sav와 age65over의 표본상관계수의 제곱과 같다. Stata에서 "correlate sav age65over" 이후에 "di r(rho)^2" 이라고 하면 이를 확인할 수 있다. FE, BE, RE 모두 sav와 $\hat{\alpha}+\hat{\beta}$age65over 형태의 맞춘값 간 표본상관계수를 제곱할 것인데, 여기서 FE, BE, RE로부터의 R제곱들은 $\hat{\beta}$ 자리에 −0.285를 사용하느냐, 0.538을 사용하느냐, 0.221을 사용하느냐의 차이밖에 없다. $\hat{\beta}$ 자리에 0을 사용하지 않는 한 표본상관계수들의 크기는 똑같으므로 이 R제곱은 모든 추정에서 동일하다. 다음으로, 집단내within R제곱은 sav의 집단내 편차와 age65over의 집단내 편차 간의 표본상관계수의 제곱이다. 궁금하면 "xtdata sav age65over, fe"라고 하여 집단내 편차들을 구한 다음 두 변수의 표본상관계수를 제곱해 보기 바란다(단, xtdata 명령은 데이터를 완전히 바꾸어 버리므로 변환 직전에 preserve라고 하여 데이터를 복제해 두고, 작업이 끝난 후 restore라고 하여 원래 데이터를 복구하면 간편하다). 이와 유사하게, 집단간 R제곱은 "xtdata sav age65over, be"라고 하여 개체별 평균으로 데이터를 변환한 후 표본상관계수의 제곱을 구함으로써 얻을 수 있다.

일반적으로, 집단내, 집단간, 전체의 3가지 R제곱은 추정결과가 종속변수를 실제 얼마나 잘 설명하는지를 나타내는 것이 아니라 맞춘값을 재차 선형변환하여 달성할 수 있는 잠재적인 설명력이 얼마나 되는지를 나타낸다. FE 회귀의 집단내 R제곱은, 독립변수들을 FE 추정값들에 따라 선형결합하였을 때 이 선형결합의 집단내 편차들이 종속변수값의 집단내 편차들을 가장 잘 설명할 때의 R제곱에 해당한다. FE 회귀는 종속변수의 집단내 편차를 가장 잘 설명할 수 있도록 최적화된 것이므로 FE 회귀로부터의 집단내 R제곱은 FE 회귀로부터의 진짜 R제곱과 동일하다(예제 4.2의 실습에서 fe열의 42행과 43행 비교). FE 회귀에서 집단간between R제곱과 전체overall R제곱은 FE 회귀 계수추정값에 의한 설명변수들의 선형결합이 만들 수 있는 해당 설명력의 잠재적인 최대한도를 나타낸다. 이와 유사하게, BE 회귀는 종속변수 개체별 평균($\bar{y}_i$)의 차이를 최대한 설명하도록 최적화된 추정방법이므로, BE 회귀로부터의 집단간 R제곱은 BE 회귀로부터의 진짜 R제곱과 동일하고(예제 4.2의 실습에서 be열의 42행과 44행 비교), 나머지 두 R제곱은 BE 계수추정값이 만들어내는 선형결합의 잠재적인 최대 설명력이다. 독립변수가 하나뿐이면 선형결합을 만들든 말든 이 독립변수가 설명할 수 있는 '최대한도'는 똑같고, 그 결과 〈표 4.1〉에서처럼 세 가지 R제곱들은 모든 추정방법에서 동일하다.

모형에서 설명변수를 추가할 때 세 가지 R제곱이 어떻게 변할지 알아보자. y_{it} 를 $X_{1,it}$ 에 대하여 회귀하는 경우("작은 모형"이라 함)와 y_{it} 를 $(X_{1,it}, X_{2,it})$ 에 대하여 회귀하는 경우("큰 모형"이라 함)를 고려한다. '작은 모형'에 비하여 '큰 모형'의 세 가지 R제곱은 과연 반드시 더 클까? 답은 추정량과 R제곱에 따라 다르다. FE 회귀는 $\sum_{i=1}^{n}\sum_{t=1}^{T}[(y_{it}-\bar{y}_i)-(X_{it}-\bar{X}_i)\beta]^2$ 을 최소화시키는 방법, 즉 집단내 R제곱을 최대화시키는 방법이다. 그러므로 FE 추정 시 '큰 모형'의 집단내 R제곱은 '작은 모형'보다 절대 작지 않다. 반면, FE 회귀에서 집단간 R제곱과 전체 R제곱은 '큰 모형'에서 더 작을 수도 있다. BE 회귀는 집단간 R제곱을 최대화시키는 추정법이므로, BE 회귀 시 '큰 모형'의 집단간 R제곱은 '작은 모형'보다 반드시 더 크거나 같다. 하지만 BE 회귀의 집단내 R제곱과 전체 R제곱에는 무슨 일이든 일어날 수 있다. RE 회귀의 경우에는 어떠한 R제곱도 최대화시키지 않으므로 모형의 설명변수가 많아진다고 하여 세 가지 R제곱이 꼭 증가할 이유는 없다.

예제 4.3   작은 모형과 큰 모형의 R제곱 비교

예제 4.1의 `rsqex.dta` 데이터에서 y를 x1에 대해서만 회귀하는 모형(작은 모형)과 y를 x1과 x2에 대하여 회귀하는 모형(큰 모형)을 고려하자. BE 회귀를 고려한다. BE 회귀이므로 설명변수가 추가될 때 집단간 R제곱은 반드시 증가한다. 하지만 집단내 R제곱과 전체 R제곱에는 무슨 일이든 일어날 수 있다. 다음 결과를 보라.

```
 1  . use rsqex, clear

 2  . xtreg y x1, be

 3  Between regression (regression on group means)   Number of obs     =       245
 4  Group variable: id                               Number of groups  =        49

 5  R-sq:                                            Obs per group:
 6      within  = 0.1215                                         min =         5
 7      between = 0.1628                                         avg =       5.0
 8      overall = 0.0000                                         max =         5

 9                                                   F(1,47)           =      9.14
10  sd(u_i + avg(e_i.))=  1.533203                   Prob > F          =    0.0040
11  ────────────┬──────────────────────────────────────────────────────────────
12           y │     Coef.    Std. Err.       t     P>|t|    [95% Conf. Interval]
13  ────────────┼──────────────────────────────────────────────────────────────
14          x1 │ -1.143664     .378283    -3.02    0.004    -1.904671   -.3826567
15       _cons │   7.73179    .4977366    15.53    0.000     6.730473    8.733107
16  ────────────┴──────────────────────────────────────────────────────────────

17  . xtreg y x1 x2, be

18  Between regression (regression on group means)   Number of obs     =       245
19  Group variable: id                               Number of groups  =        49

20  R-sq:                                            Obs per group:
21      within  = 0.0002                                         min =         5
22      between = 0.7273                                         avg =       5.0
23      overall = 0.3773                                         max =         5

24                                                   F(2,46)           =     61.33
25  sd(u_i + avg(e_i.))=   .8845447                  Prob > F          =    0.0000
```

	y	Coef.	Std. Err.	t	P>|t|	[95% Conf. Interval]	
26							
27	y	Coef.	Std. Err.	t	P>|t|	[95% Conf.	Interval]
28							
29	x1	.2836297	.2627287	1.08	0.286	-.2452158	.8124752
30	x2	.5351831	.0548488	9.76	0.000	.4247783	.6455879
31	_cons	2.768292	.5841434	4.74	0.000	1.592473	3.944112
32							

7행과 22행을 비교하면 집단간 R제곱은 변수(x2)가 추가되면서 증가한다. 그런데 6행과 21행을 비교하면 집단내 R제곱은 변수 추가 시 오히려 감소한다. 8행과 23행에서 전체 R제곱은 변수 추가 시 증가하는 것으로 나타났으나 반드시 그래야 하는 것은 아니다.

지금까지 세 가지 R제곱에 대하여 알아 보았다. 마지막으로 생각해 볼 R제곱은 LSDV로부터 계산되는 R제곱이다. 이 R제곱은 y_{it} 를 X_{it} 와 모든 개체별 더미변수들에 대하여 회귀할 때의 R제곱이다(이 때문에 제목을 '네 가지 R제곱'이라 하였다). Stata에서 이것을 계산하려면 개체별 더미변수를 포함시키고 직접 OLS를 하거나(reg 사용) 아니면 areg를 사용한다. 3장에서 설명한 것처럼, 둘의 차이는 reg가 모든 개체별 더미변수들에 대한 결과를 표시하므로 출력이 매우 길어질 수 있는 반면 areg의 출력물은 짧다는 것뿐이다. 다른 방법은 xtreg, fe 명령의 결과를 이용하여 "1 − SSR/SST"에 따라 계산하는 것이다. 단, 분모의 SST는 $y_{it} - \bar{y}_i$ 의 제곱합이 아니라 $y_{it} - \bar{y}$ 의 제곱합이며($\bar{y}$는 y_{it} 의 전체 평균), 분자의 SSR은 $y_{it} - \hat{\alpha} - X_{it}\hat{\beta} - \hat{\mu}_i$ 의 제곱합(즉, 집단내 잔차의 제곱합)이다. 다음에 reg, areg, xtreg를 사용한 결과들을 제시하였다.

예제 4.4 LSDV에서 구하는 R제곱

임금방정식에 대하여 LSDV로부터의 R제곱을 구하는 실습을 해 보자. LSDV 및 FE 추정만 할 것이므로 시간불변time-invariant인 설명변수들은 회귀로부터 미리 제외시킨다. 그래서 이하에서는 age05 변수(2005년 당시 연령)와 female 변수를 사용하지 않는다.

```
1  . use klipsbal, clear

2  . global eqn "lwage educ c.tenure##c.tenure isregul i.year"

3  . qui reg ${eqn} i.pid

4  . di %6.4f e(r2)
5  0.8770

6  . areg ${eqn}, a(pid)
```

```
 7   Linear regression, absorbing indicators      Number of obs   =   9,196
 8   Absorbed variable: pid                        No. of categories =     836
 9                                                 F( 14, 8346)    = 360.76
10                                                 Prob > F        = 0.0000
11                                                 R-squared       = 0.8770
12                                                 Adj R-squared   = 0.8645
13                                                 Root MSE        = 0.2134
14   ─────────────────────────────────────────────────────────────────────
15        lwage │ Coefficient  Std. err.      t    P>|t|    [95% conf. interval]
16   ───────────┼─────────────────────────────────────────────────────────
17         educ │   .035242    .0175372     2.01   0.045    .0008648    .0696192
18       tenure │  .0106582    .0014024     7.60   0.000    .0079092    .0134072
19              │
20    c.tenure# │
21     c.tenure │ -.0002984    .0000447    -6.68   0.000    -.000386   -.0002108
22              │
23      isregul │  .1247037    .0106144    11.75   0.000    .1038969    .1455105
24              │
25         year │
26         2006 │  .0647465    .0104579     6.19   0.000    .0442465    .0852465
27         2007 │  .1272478     .010524    12.09   0.000    .1066181    .1478775
28         2008 │  .1885725    .0106214    17.75   0.000    .1677519    .2093931
29         2009 │  .2036432    .0107574    18.93   0.000     .182556    .2247304
30         2010 │   .257434    .0109049    23.61   0.000    .2360577    .2788104
31         2011 │  .3150238    .0111354    28.29   0.000    .2931956    .3368519
32         2012 │  .3603812    .0112916    31.92   0.000    .3382469    .3825155
33         2013 │  .4112133    .0115663    35.55   0.000    .3885405    .4338861
34         2014 │  .4327351    .0118841    36.41   0.000    .4094394    .4560308
35         2015 │  .4679129    .0121551    38.50   0.000    .4440859    .4917399
36              │
37        _cons │  4.523782    .2251524    20.09   0.000    4.082428    4.965137
38   ─────────────────────────────────────────────────────────────────────
39   F test of absorbed indicators: F(835, 8346) = 32.218       Prob > F = 0.000

40   . qui xtreg ${eqn}, fe

41   . di %6.4f 1-e(rss)/e(tss)
42   0.8770

43   . di %6.4f e(r2), %6.4f e(r2_w), %6.4f e(r2_b), %6.4f e(r2_o)
44   0.3770 0.3770 0.4559 0.3668
```

1행에서 데이터를 읽어들이고, 2행에서 모형을 전역global 매크로로 지정하였다. 3행에서 pid 값에 의한 835개 더미변수들을 설명변수로 추가한 LSDV 추정을 한다. 만약 메모리 부족 오류가 나오면 'set matsize 1600'을 실행하면 될 것이다. 4–5행에 의하면 이 추정으로부터의 R제곱은 소수점 이하 넷째 자리까지 반올림하여 0.8770이다. 11행의 (reg 대신에) areg 명령을 이용한 R제곱과 동일함을 알 수 있다. 40행의 FE 추정 이후 "1 – SSR/SST"에 따라 구한 42행의 R제곱도 이와 동일하다.

▶ **연습 4.4.** Stata가 FE 추정 시 보고하는 통상적인 R제곱과 FE 추정 이후 1−SSR/SSE에 의하여 계산한 R제곱은 서로 같은가 다른가? 다르다면 어떤 차이가 있는가?

43–44행에 FE 추정으로부터의 통상적인 R제곱(r2), 집단내 R제곱(r2_w), 집단간 R제곱(r2_b), 전체 R제곱(r2_o)이 출력되어 있다. 이 값들은 LSDV로부터 구한 5행, 11행, 42행의 R제곱과 크게 다르다.

LSDV 추정은 FE 추정과 100% 동일하다. 그럼에도 불구하고 **예제 4.4**에서 LSDV로부터 계산된 R제곱("네 번째 R제곱"이라 하자)은 약 0.8770으로, FE 회귀의 R제곱 0.3770, 집단내 R제곱 0.3770, 집단간 R제곱 0.4559, 전체 R제곱 0.3668에 비하여 훨씬 크다. 이 '네 번째 R제곱'은 무엇이며 어떤 의미를 갖는가?

LSDV가 계산하는 이 '네 번째 R제곱'은 개체별 더미들도 포함한 모든 우변변수들에 의한 설명력을 나타내는 R제곱이다. 여기서 중요한 것은 LSDV 추정에서는 종속변수 값 수준에 (여타 요인들을 통제한 후) 개체별로 차이가 나면, 그 수준 차이를 개체별 더미변수들이 설명하는 것으로 되어 있다는 점이다. 즉, 개체별로 종속변수 값에 보이는 수준 차이는 개체별 더미변수들에 의하여 설명된다고 본다. LSDV 추정에서는 $n-1$개의 개체별 더미변수들이 추정식에 포함되므로 설명변수의 수가 크게 늘어나고 따라서 설명력이 높아지는 것은 당연하다. 그래서 FE 추정의 집단내, 집단간, 전체 R제곱에 비하여 LSDV로부터의 '네 번째 R제곱'이 그렇게 큰 것이다.

이 '네 번째 R제곱'을 어떻게 받아들여야 할까? 이 경우 문제는 과연 개체별 더미변수들이 종속변수를 '설명한다'고 할 수 있느냐 하는 것이다. 개체별 더미변수를 포함시킨다는 것은 '개체별로 수준 차이가 있으면 그 차이를 있는 그대로 받아들이고 굳이 설명하려 하지 않는다'고 생각하고 마는 것을 의미한다. 다시 말하여, LSDV에서 개체별 더미변수들을 포함시키는 것은, 말하자면 '개체별로 종속변수 값에 평균적인(t에 걸친 평균을 말함) 수준 차이가 있는데 이 차이는 우리가 관측할 수 없는 어떤 요인들(개별효과)에 기인한다'는 것을 의미한다. 개체별 더미변수들을 포함시키는 것은 종속변수 값들의 개체별 수준 차이를 '설명'하기 위함이 아니라 오히려 '원래부터 그런 차이가 있다'고 인정하면서 더 이상 설명하지 않는 것과 같다. LSDV로부터의 높은 R제곱은 개체별 더미들이 종속변수를 설명한다고 간주하므로 고정효과 모형의 설명력을 과대평가할 수 있다. 이런 까닭으로 Stata의 xtreg 명령은, 필자가 해당 프로그램을 짜지 않아서 확실히는 모르지만, FE 추정의 경우에도 이 '네 번째 R제곱'을 보고하지 않는 것으로 보인다.

실제 연구 시 어떤 R제곱을 보고할 것인가? 답은 목적에 따라 다르다. 만약 독립변수들의 집단내 차이가 종속변수의 집단내 차이를 얼마나 잘 설명하는지 보고자 한다면 FE 회귀로부터의 R제곱, 즉 FE 회귀로부터의 집단내 R제곱을 보고하는 것이 좋을 것이다. 다른 목적이라면 다른 R제곱을 보고해야 할 것이다. '무엇이 옳으냐' 하는 질문은 무의미하며, '무엇이 내가 말하고자 하는 바를 잘 나타내 주느냐'가 적절한 질문이다. 일반적으로, FE 추정은 종속변수의 집단내 편차를 설명하는 것을 목적으로 하므로 집단내 R제곱을 보고해 주는 것이 좋다. BE 추정은 종속변수의 집단간 차이의 설명을 목적으로 하므로 집단간 R 제곱을 보고하는 것이 좋아 보인다. 이와 마찬가지 이유로 POLS 추정 시에는 전체^{overall} R 제곱을 보고하는 것이 좋을 것이다. 그렇다고 하여 꼭 이 R제곱들만 보고하라는 법은 물론 없다. 다만, 추정법에 따라 어떤 R제곱은 '모형의 설명력'으로 해석되지 못하고 표본상관계수의 제곱으로만 해석될 수 있음에 유의하라. 또한 예제 4.1에서 본 것처럼 표본상관계수는 심지어 음(−)의 값이 될 수도 있으므로 여타 R제곱을 보고할 때에는 (독자들을 현혹시키지 않도록) 주의하여야 할 것이다.

4.2   시계열 변수와 시간더미

한 국가 안의 여러 기업들은 나라 전체의 경기변동에 영향을 받기 쉽고 경제변수들(X_{it}와 y_{it})도 공통의 경기변동에 놓여 있기 쉽고, 이 공통 요인으로 인하여 X_{it}와 y_{it} 간에 유의한 상관관계가 있는 것처럼 보일 수 있다. 이는 개체 내에 있는 고유한 요인(μ_i)이 X_{it}와 y_{it}에 동시에 영향을 미침으로써 X_{it}와 y_{it}에 강한 횡단면 상관관계가 보이는 경우와 흡사하다.

패널 모형에서 이러한 공통의 경기변동을 통제하는 가장 손쉬운 방법은 시간 더미변수를 포함시키는 것이다. 앞에서 여러 번 실습한 것처럼 Stata에서 만일 **year**가 시간(연도) 변수 라면 우변에 **i.year**라고 하여 연도별 더미변수를 포함시킨다. 나머지 절차는 동일하다.

```
. xtreg y x1 x2 i.year, fe vce(r)
```

이 명령에서는 FE 추정을 하였으나 RE 추정이나 POLS 추정을 하는 경우에도 이처럼 연도 더미를 포함시키는 경우가 대부분이다. 연도별 더미들을 포함시킨다는 것은 시간대별 효 과가 고정효과라고 하는 것과 동일하다. 그러므로 RE 추정에 연도별 더미들을 포함시키면 시간별 효과는 고정효과이고 개별효과는 임의효과라는 것을 의미한다.

모형이 $y_{it} = \alpha_i + X_{it}\beta + \delta_t + \varepsilon_{it}$ 이고 ($\alpha_i = \alpha + \mu_i$) α_i와 δ_t가 모두 고정효과(즉, 설명변수와 상관 가능)라 하자. 이 모형은 2원$^{two\text{-}way}$ 고정효과 모형이다. δ_t는 시간더미 변수와 그 계수의 곱이다. 개체더미 변수들이 포함된 모형에서 LSDV가 고정효과를 소거시킨 다음 진행하는 것(FE 회귀)과 동일한 것처럼, 시간더미 변수들이 포함된 모형을 추정하는 것은 다음 변환에 의하여 시간효과를 소거시키고 진행하는 것과 동일하다.

$$y_{it} - \bar{y}_{\cdot t} = (\alpha_i - \bar{\alpha}) + (X_{it} - \bar{X}_{\cdot t})\beta + (\varepsilon_{it} - \bar{\varepsilon}_{\cdot t})$$

여기서 $\bar{y}_{\cdot t} = \frac{1}{n}\sum_{i=1}^{n} y_{it}$, 즉 t기에 모든 개체들의 y값의 평균(횡단면 평균)이며, $\bar{X}_{\cdot t}$, $\bar{\alpha}$, $\bar{\varepsilon}_{\cdot t}$도 이와 마찬가지로 정의된다. 이 변환에 의하여 시간별 효과(δ_t)가 소거되고 개별효과($\alpha_i - \bar{\alpha}$)

만 남으므로, 이 식에 대하여 FE 회귀를 하면 된다(3.4절에서는 개별효과를 소거한 후 시간대별 횡단면 평균을 차감하는 방식을 취하였는데, 두 방법은 완전히 똑같다). 결국 2원 고정효과 모형의 추정은 다음 방정식에 대하여 POLS를 하는 것과 같다.

$$y_{it} - \bar{y}_{\cdot t} - \bar{y}_i + \bar{\bar{y}} = (X_{it} - \bar{X}_{\cdot t} - \bar{X}_i + \bar{\bar{X}})\beta + (\varepsilon_{it} - \bar{\varepsilon}_{\cdot t} - \bar{\varepsilon}_i + \bar{\bar{\varepsilon}})$$

여기서 $\bar{\bar{y}} = (nT)^{-1} \sum_{i=1}^{n} \sum_{t=1}^{T} y_{it}$ 등이다. 만일 모든 개체들의 설명변수 값이 특정 기간에 동일하게 증가하면 이 증가는 공통의 경기변동 탓으로 이해되며, 해당 기간 동안 설명변수 값에 실질적으로 아무런 변화도 없는 것으로 간주된다.

공통의 경기변동을 통제하기 위하여 시간별 더미변수를 우변에 포함시키면, 시계열 변수들(t 첨자만 있는 변수들)은 공선성으로 인하여 모두 소거되고, 그로 인해 분석이 난관에 봉착할 수도 있다. 경기변동이 종속변수에 미치는 영향 자체가 관심 대상이 되고, 경기변동 변수가 모든 개체에 동일한 시계열인 경우에 그러하다. 예를 들어 i가 우리나라 기업들을 나타낼 때 우리나라 실질 GDP 성장률 g_t가 기업의 투자 행동에 미치는 영향을 고려한다고 하자. 만일 시간에 걸친 다른 공통요인들을 통제하고자 시간더미 변수들을 포함시키면 g_t는 이 시간더미들에 의하여 완전히 설명되므로 공선성을 야기하고 모형에서 삭제된다. g_t가 살아남고 시간변수들의 일부가 제외되는 경우도 있는데, 그 경우에도 공선성 문제는 여전히 있으므로 g_t의 계수를 마음대로 해석해서는 안 된다. 이는 시간불변 변수가 고정효과 추정 시 소거되는 것과 마찬가지의 이치이다. 이런 상황에는 시간더미 변수를 포함시키면 답이 없으며, 무언가 창의적인 해법을 제시하여야 할 것이다.

> 구체적인 문제에서 어떻게 경기변동을 야기하는 여타 공통요소들을 통제할지는 간단하지 않을 수도 있다. 이 책에서 이에 대하여 일반적인 해결 방법을 제시하는 것은 가능하지 않다. 독자들은 특정한 주제가 있을 때 해당 문헌을 찾아 보아야 할 것이다.

때로 시계열 변수(예를 들어 앞의 g_t)의 영향을 추정하기 위해 모든 연도의 시간더미가 아니라 3년이나 5년 간격의 기간을 나타내는 더미변수를 포함시키기도 한다. 예를 들어 **year**가 연도 변수일 때 5년마다 변하는 "5년 기간" 변수를 다음과 같이 생성할 수 있다.

```
. gen period5 = floor(year/5)*5
```

이 변환에 따를 때 **year**의 값이 2000이면 **period5**의 값은 2000/5 = 400의 내림인 400에 5를 곱한 것이므로 2000이 된다. **year**의 값이 2001이면 2001/5 = 400.2의 내림인 400에 5를 곱한 것이므로 다시 2000이 된다. 이런 식으로, **year**가 2000–2004이면 **period5**는 2000의 값을 갖고, **year**의 값이 2005–2009이면 **period5**는 2005의 값을 갖는다. 다른 연도들도 이러한 방식으로 변환된다. 참고로, 1998–2002년을 2000으로, 2003–2007년을 2005로 변환시키고자 한다면 위의 명령 대신에 다음과 같이 하면 될 것이다.

```
. gen period5 = floor((year+2)/5)*5
```

이처럼 period5를 생성한 다음 i.year 대신에 i.period5를 우변에 추가하면 각 연도별 더미변수가 아니라 5년 기간별 더미변수를 포함시키게 된다.

이런 식으로 연도별 더미변수 대신에 5년 기간별 더미변수를 포함시키면 모든 개체들에 동일한 값을 갖는 시계열 변수(g_t와 같은 변수)는 5년 기간별 더미변수와 공선성을 일으키지 않으며 FE 추정은 시계열 변수에 대한 추정 결과를 제공한다. 여기서 시계열 변수의 영향이 식별되는 것은 시계열 변수는 매년 변함에 반하여 기간별 더미변수는 5년 동안 동일하게 유지되기 때문이다. 하지만 이 접근법은 5년 기간 내에는 종속변수에 아무런 공통의 추세도 없음을 선험적으로 가정하고 있다. 5년 동안 종속변수에 공통의 추세가 없다고 확신할 이유가 없다면 이 방법이 타당하다고 볼 근거는 많지 않다.

각 5년 기간에 해당하는 더미변수를 만들어 포함시킨다는 것은, 상이한 5년 기간들 간의 평균적인 차이는 이 5년 더미변수에 의해 '설명'되는 것으로 간주하고(즉, 설명을 하지 않고 그대로 용인해 주고), 각 5년 기간 내의 $\bar{y}_t$의 변동은 동일 기간 내 시계열 변수 g_t의 변동에 기인한다고 간주하는 것과 같다. 5년 기간 더미변수를 포함시키는 회귀에서는 g_t의 5년 기간 동안의 변동이 종속변수의 5년 기간 동안의 변동을 어떠한 방식으로 설명하는지가 추정된다. 5년 단위 기간들 간의 비교는 하지 않고 각 5년 기간 내의 비교만 하는 셈이다. 결국 정보는 g_t가 각 5년 기간 내에서 어떻게 변하느냐로부터 나온다. 말하자면 '각각의 5년 기간 내에서는 종속변수에 경기변동이라는 것이 없고, 5년 기간 동안의 $\bar{y}_t$의 움직임은 g_t에 의하여 형성된 것으로 간주한다'는 것이다.

시계열 분석에 익숙한 연구자들은 선형 시간추세를 포함시켜 시간에 따른 공통의 변화를 통제하기도 한다. 말하자면 다음과 같은 모형을 상정하는 것이다.

$$y_{it} = \alpha_i + X_{it}\beta + \gamma t + \varepsilon_{it}$$

이는 모든 개체들의 y_{it} 값이 시간에 따라 동일한 추세로, 연간 γ만큼 변화한다고 가정하는 것과 같다. 이 '공통 선형추세 모형'에서는 X_{it}나 y_{it}에 존재하는 이러한 선형 추세만이 공통의 흐름으로서 통제해야 할 대상으로 간주되고, 이로부터 벗어나는 변동은 중요한 정보를 제공하는 고유한 변동으로 간주된다. 앞에서 시간 더미변수를 포함시키는 모형과 대조해 보면, γ를 포함시키는 모형에서는, 예를 들어, 모든 국가에서 설명변수 값이 5년 동안 연평균 1씩 증가하는데 3년째에는 모든 국가에서 동일하게 1.5만큼 증가했다면, 5년간 연평균을 넘어서는 0.5의 추가적 증가분이 종속변수의 변화를 설명하는 데에 사용된다. 반면 시간 더미변수를 포함하는 모형에서는 0.5의 추가적 증가분도 모든 국가에서 동일하다면 종속변수의 변화를 설명하는 데에 사용되지 않는다. γt 대신에 선형 시간추세가 개체마다 다르게 하는 경우도 있으며, 이때에는 $\gamma_i t$라고 표기할 수 있다. 이처럼 선형추세 정도가 개체마다 상이한 모형은 부수적 추세incidental trends를 갖는다고 한다. 추정방법에 대해서는 4.5절을 참조하라.

4.3 이중차분법

기간이 정책시행 이전과 이후로 양분되는 경우, 이중차분법difference-in-differences은 처치집단 treatment group과 통제집단control group 간 정책시행 전후 평균 변화폭의 차이를 정책 효과로 정의하는 방법이다. 예를 들어 정책시행 전후로 처치집단의 정규직 근로자가 5% 증가하고 통제집단은 3% 증가하였다면 그 차이인 2% 증가분만큼이 정책효과로 간주된다. 정책이 없었으면 3% 증가했을 것인데 실제로는 5% 증가했으므로 2% 증가분은 정책에 기인한다는 것이다. 이중차분법으로 구한 차이의 차이(DID)를 정책효과로 간주할 수 있기 위해서는 '정책이 없었다면 처치집단과 통제집단이 전후 기간 동안 동일한 변화를 겪었을 것'이라는 공통추세common trends 혹은 평행추세parallel trends 가정이 성립하여야 한다는 점은 잘 알려져 있다. 그림으로 표현하면 〈그림 4.1〉과 같다. 정책시행 전후로 통제집단은 평균 a에서 c로 증가하고 처치집단은 평균 b에서 d로 증가하였다고 하자. 정책이 없었다면 처치집단은 b에서 d^*로 통제집단 증가폭만큼 증가했을 것이라는 평행추세 가정하에서, 정책시행 이후 시기 실제 평균 d와 가상적 평균 d^* 간의 차이가 DID이다.

처치집단임을 나타내는 더미변수를 **처치집단**, 정책시행 이후 기간임을 나타내는 더미변수를 **사후시기**라 하자. 잘 알려져 있듯이, DID 계수는 다음과 같이 상호작용항을 포함하는 모형을 OLS 회귀하여 추정할 수 있다(첨자는 생략한다).

$$y = \alpha + \beta_1 \text{처치집단} + \beta_2 \text{사후시기} + \beta_3 (\text{처치집단}\cdot\text{사후시기}) + u \tag{4.1}$$

그러면 β_3이 DID 효과를 측정한다. 처치집단과 통제집단을 막론하고 시행이전과 시행이후

〈그림 4.1〉 이중차분법

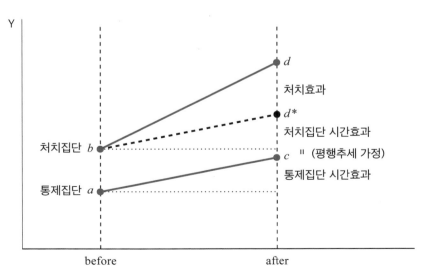

시기 모두에 오차항의 평균이 0이라는 가정(외생성), 즉 E(u|처치집단,사후시기) = 0이라는
가정하에, 처치집단과 통제집단의 전후 증가분은 각각 다음과 같다.

$$E(y|처치집단 = 1, 사후시기 = 1) - E(y|처치집단 = 1, 사후시기 = 0) = \beta_2 + \beta_3$$

$$E(y|처치집단 = 0, 사후시기 = 1) - E(y|처치집단 = 0, 사후시기 = 0) = \beta_2$$

이 두 식을 결합하면 β_3은 '처치집단의 전후 차이'와 '통제집단의 전후 차이' 간의 차이,
즉 DID가 됨을 알 수 있다.

예제 4.5   Card and Krueger (1994)

1992년 4월 미국 뉴저지(New Jersey, NJ) 주의 시간당 최저임금이 $4.25로부터 $5.05로
인상되었다. Card and Krueger (1994)는 최저임금이 인상된 뉴저지 주와 최저임금이 인상되
지 않은 인접 펜실베이니아(Pennsylvania, PA) 주의 총 410개 패스트푸드(fast-food) 식당에
대하여 최저임금 인상 이전과 인상 이후 상태에 관하여 설문조사를 실시하고 이중차분법을
이용하여 최저임금 인상이 고용에 미친 영향을 측정하였다. Card and Krueger (1994) 데
이터는 davidcard.berkeley.edu/data_sets.html에 있으며, 필자가 긴long 포맷으로
바꾸고 종속변수인 fte (full-time equivalent, FTE)와 여타 변수들을 생성하고 정리한 것이
fastfood.dta에 있다. 처치집단 더미변수는 nj이며, 사후시기 더미변수는 after이다.
다음 DID 분석결과를 보라. 동일 음식점들을 두 시기에 조사한 것이므로 시계열상관이
있을 수 있음을 고려하여 클러스터 표준오차를 사용하였다.

```
 1   . use fastfood, clear
 2   (Card and Krueger 1994, fastfood data, cleaned)

 3   . reg fte nj##after, vce(cl id)

 4   Linear regression                        Number of obs   =        794
 5                                            F(3, 409)       =       1.80
 6                                            Prob > F        =     0.1462
 7                                            R-squared       =     0.0074
 8                                            Root MSE        =     9.4056

 9                                (Std. Err. adjusted for 410 clusters in id)
10   ──────────────────────────────────────────────────────────────────────
11                         Robust
12          fte     Coef.   Std. Err.      t    P>|t|    [95% Conf. Interval]
13   ──────────────────────────────────────────────────────────────────────
14         1.nj  -2.891761   1.439546   -2.01   0.045   -5.721593   -.0619281
15      1.after  -2.165584   1.218025   -1.78   0.076   -4.559954    .2287855
16
17     nj#after
18          1 1   2.753606   1.306607    2.11   0.036    .1851025    5.322109
```

19						
20	_cons	23.33117	1.346536	17.33	0.000	20.68417	25.97816
21							

18행 결과가 DID 계수 추정값으로서, 이에 의하면 최저임금 인상 이후 고용(FTE)이 약 2.75 증가하였다(Card and Krueger, 1994, Table 3 결과와 거의 동일함). 이 결과를 14–15행에 결부시켜 설명하면, 사전시기에 NJ주의 패스트푸드 음식점은 PA주보다 평균 2.89명 고용이 적었고 (14행), 통제집단인 PA주 음식점들은 사전시기에 비하여 사후시기에 고용이 평균 2.17명 줄었다(15행). PA주와 달리 NJ주에서는 FTE가 0.588명 증가하였다('reg fte after if nj'로 확인 가능). 최저임금 인상이 없었으면 NJ주에서도 2.17명 줄었을 것인데 오히려 0.588명 증가하였으므로, PA주와 대비하여 2.53명 증가한 것이고(반올림으로 약간 차이가 있음), 이것이 바로 차이의 차이로써 측정한 최저임금 인상의 고용효과이다.

처치집단의 평균 증가분은 '처치·사후' 평균값 빼기 '처치·사전' 평균값이고, 통제집단의 평균 증가분은 '통제·사후' 평균값 빼기 '통제·사전' 평균값이다. 그런데 패널 데이터가 있으면 평균을 구하기 전에 미리 동일한 개체(예를 들어, 음식점)에 대하여 사후 빼기 사전 값을 구할 수 있다. 균형패널의 경우 처치집단($i = 1, \ldots, n_1$)의 평균 증가분은 다음과 같다.

$$\Delta_1 \equiv \frac{1}{n_1} \sum_{i=1}^{n_1} y_{i1} - \frac{1}{n_1} \sum_{i=1}^{n_1} y_{i0} = \frac{1}{n_1} \sum_{i=1}^{n_1} (y_{i1} - y_{i0})$$

두 번째 등식은 평균의 차이가 차이의 평균과 같음을 나타낸다. 그리고 통제집단($i = n_1 + 1, \ldots, n$)의 평균 증가분은 $n_0 = n - n_1$ 이라 할 때 다음과 같다.

$$\Delta_0 \equiv \frac{1}{n_0} \sum_{i=n_1+1}^{n} y_{i1} - \frac{1}{n_0} \sum_{i=n_1+1}^{n} y_{i0} = \frac{1}{n_0} \sum_{i=n_1+1}^{n} (y_{i1} - y_{i0})$$

역시 평균의 차이는 차이의 평균과 같다. DID 추정값은 $\Delta_1 - \Delta_0$ 이다. 균형패널의 경우 이와 동일한 추정값은 증가분 $\Delta y_i = y_{i1} - y_{i0}$ 을 처치집단$_i$ 에 대하여 횡단면 OLS 회귀를 하여 구할 수도 있다. Stata에서, 예제 4.5의 데이터가 균형패널이라면 reg d.fte nj라고 하면 될 것이다.

📝 $y_{i1} - y_{i0}$은 횡단면 데이터를 구성한다. 이것을 처치집단$_i$ 변수에 대하여 회귀하면 절편은 Δ_0(즉, 통제집단의 $y_{i1} - y_{i0}$의 평균값)이고 처치집단 변수의 계수는 $\Delta_1 - \Delta_0$ 이다.

정책이 시행되었음을 나타내는 더미변수를 처치라 하면 처치$_{it}$ = 처치집단$_i$·사후시기$_t$ 이며, 균형패널의 경우 처치집단$_i$ = 처치$_{i1}$ − 처치$_{i0}$ 이다(각자 확인해 보기 바란다). 균형패널의 경우 이중차분법은 y_{it} 의 증가분 Δy_i를 처치집단 더미변수에 대하여 회귀하는 것과 같다고 하였으므로, y_{it} 의 증가분을 처치$_{it}$ 의 증가분에 대하여 회귀함으로써 구현할 수도 있다. 예를 들어, 처치 변수를 treat라 하면, 균형패널의 경우

```
. reg d.y d.treat, vce(r)
```

이라고 하여도 똑같은 DID 효과를 추정한다. 위 회귀는 횡단면 회귀이며, 또한 상수항이 포함되어 있음에 유의하라. 상수항이 포함된 이 FD 회귀를 식으로 표현하면 다음과 같다.

$$\Delta y_{it} = \alpha + \beta \Delta 처치_{it} + 오차항_{it}, \quad t = 1$$

그런데 **사후시기**$_t$ 변수의 증가분, 즉 **사후시기**$_1$ – **사후시기**$_0$ 은 1이므로 위 모형은 다음과 같이 나타낼 수도 있다.

$$\Delta y_{it} = \alpha \Delta 사후시기_t + \beta \Delta 처치_{it} + 오차항_{it}, \quad t = 1$$

3.4절(연습 3.7)에 의하면 $T = 2$일 때 FD 회귀와 FE 회귀는 동일하다. 그러므로 위 회귀는 y_{it} 를 **사후시기**$_t$ 와 **처치**$_{it}$ 에 대하여 FE 회귀를 하는 것과 동일하다. 또한 $T = 2$일 때 **사후시기**$_t$ 변수를 포함시키는 것은 시간 더미변수를 포함시키는 것과 동일하므로 다음 FE 회귀에 의해서도 DID 효과를 추정할 수 있다.

```
. xtreg y treat i.after, vce(r)
```

여기서 `i.after`가 시간더미에 해당한다. 균형패널의 경우 이 FE 회귀를 통한 추정과 당초의 상호작용항을 포함한 OLS 추정은 전적으로 동일하다. 하지만 다른 통제변수가 포함되면 두 결과는 서로 다름에 유의하라.

예제 4.6 균형패널에서 DID, FD, FE 회귀

예제 4.5의 `fastfood.dta`에서 `balanced` 변수의 값이 1인 관측치들이 균형패널에 해당한다. 이들 관측치만을 이용하여 DID 추정을 하고, FD와 FE 회귀 결과와 비교하고자 한다. 다음 결과를 보라.

```
 1   . use fastfood, clear
 2   (Card and Krueger 1994, fastfood data, cleaned)

 3   . reg fte nj##after if balanced, vce(cl id)

 4   Linear regression                      Number of obs   =        768
 5                                          F(3, 383)       =       1.66
 6                                          Prob > F        =     0.1763
 7                                          R-squared       =     0.0076
 8                                          Root MSE        =     9.5113

 9                             (Std. Err. adjusted for 384 clusters in id)
10   ─────────────────────────────────────────────────────────────────
11                          Robust
12       fte      Coef.   Std. Err.      t    P>|t|   [95% Conf. Interval]
13   ─────────────────────────────────────────────────────────────────
```

```
14        1.nj      -2.949417    1.478414    -1.99   0.047    -5.856241   -.0425943
15     1.after      -2.283333    1.248955    -1.83   0.068       -4.739    .1723333
16
17     nj#after
18         1 1          2.75      1.338598     2.05   0.041     .1180787    5.381921
19
20       _cons         23.38      1.382072    16.92   0.000       20.6626    26.0974
21
```

```
22  . reg d.fte nj if balanced, vce(cl id)

23  Linear regression                          Number of obs    =        384
24                                              F(1, 383)        =       4.23
25                                              Prob > F         =     0.0405
26                                              R-squared        =     0.0146
27                                              Root MSE         =     8.9678

28                                 (Std. Err. adjusted for 384 clusters in id)
29
30                              Robust
31       D.fte    Coef.      Std. Err.     t     P>|t|    [95% Conf. Interval]
32
33          nj     2.75      1.337725     2.06   0.040     .119795    5.380205
34       _cons  -2.283333    1.24814     -1.83   0.068    -4.737399    .1707319
35
```

```
36  . gen treat = nj*after

37  . xtreg fte treat i.after if balanced, fe vce(r)

38  Fixed-effects (within) regression           Number of obs    =        768
39  Group variable: id                          Number of groups =        384

40  R-sq:                                       Obs per group:
41      within  = 0.0147                              min =          2
42      between = 0.0055                              avg =        2.0
43      overall = 0.0000                              max =          2

44                                              F(2,383)         =       2.14
45  corr(u_i, Xb)  = -0.0978                    Prob > F         =     0.1187

46                                 (Std. Err. adjusted for 384 clusters in id)
47
48                              Robust
49         fte    Coef.      Std. Err.     t     P>|t|    [95% Conf. Interval]
50
51       treat     2.75      1.337723     2.06   0.040     .1197995    5.380201
52     1.after  -2.283333    1.248138    -1.83   0.068    -4.737394    .1707278
53       _cons   21.00664    .2288166    91.81   0.000     20.55675    21.45653
54
55     sigma_u   8.4585732
56     sigma_e   6.3411612
57         rho   .64020113   (fraction of variance due to u_i)
58
```

3행에서 균형패널을 이용하여 DID 추정을 한다. 18행에 의하면 정책효과 추정값은 2.75로서, 예제 4.5의 18행 결과와 매우 유사하다. 다만 전체 데이터를 이용한 경우의 표본 크기는 794임에 반하여 균형패널을 이용한 경우의 표본크기는 768개이다(410개 음식점 모두 두 기간에 관측되었다면 820개 관측치이겠으나, 2차 조사 무응답 26개를 제외하면 794개이고, 균형패널 관측치 수는 2차 조사에 응답한 384개의 2배인 768개이다). **예제 4.5**에서는 한 기간에만 관측된 데이터도 활용하였으나, 이번 예제에서는 두 기간 모두 관측된 384개 음식점 데이터만 이용한다. 균형패널의 경우 이 DID 추정값은 FD 추정을 이용하여 구할 수도 있다. 22행에서 해당 추정을 하고(굳이 클러스터 표준오차를 사용하지 않은 것은 1계차분한 데이터가 횡단면 데이터이기 때문이며 클러스터 표준오차를 사용하는 것과 같다), 33행의 추정결과는 18행 결과와 동일하다(표준오차가 18행과 약간 다른 것은 소표본 자유도 조정과 관련된 것으로 사소한 문제이다). 다음으로 FE 추정을 위해서 36행에서 `treat` 변수를 생성하고 37행에서 FE 회귀를 한다(연도 더미에 주의). 51행에 의하면 FE 회귀 결과도 2.75로 동일하다. FD 회귀와 FE 회귀에서는 `if balanced`라고 하지 않아도 차분 및 집단내 편차 변환이 가능한 관측치들만 사용하므로 자동으로 균형패널만 이용한다(하지만 클러스터 표준오차 계산 시 소표본 조정 정도가 약간 다르므로 명시적으로 `if balanced`라고 하는 것이 좋겠다). FD 회귀의 절편과 FE 회귀의 `after` 더미 계수는 동일해야 하며, 실제로 33행과 51행은 동일하다. 하지만 다른 통제변수가 포함되면 결과가 달라진다.

이상에서, 2기간 패널 데이터를 이용하여 DID 효과를 추정하는 방법으로, ① 더미 상호작용 모형을 이용하여 OLS 추정을 하는 방법과, ② 연도 더미를 포함시키고 패널 FE 회귀를 하는 방법(또는 절편을 포함시키고 FD 회귀를 하는 방법)을 알아보았다. 균형패널의 경우에는 두 방법이

〈표 4.2〉 2기간 불균형패널 관측치 분류

기간	처치집단			통제집단		
	A1	A2	A3	B1	B2	B3
사전시기	○	○	×	○	○	×
사후시기	○	×	○	○	×	○

주. ○는 관측됨, ×는 관측되지 않음을 의미함

동일한 결과를 제공한다. 불균형패널이라면 두 방법의 차이는 전체 데이터를 활용할지 아니면 두 기간 모두에 관측된 데이터만을 활용할지 여부에 있다. 추가 설명을 위하여, 패널 데이터를 관측여부에 따라 〈표 4.2〉의 A1–A3과 B1–B3의 6가지로 분류하자. 참고로, `fastfood.dta` 예에서는 A1, A2, B1, B2에 해당하는 데이터가 있었다. **예제 4.5**의 3행은 〈표 4.2〉의 모든 관측치들을 활용하여 처치·사후, 처치·사전, 통제·사후, 통제·사전 평균들을 구한 후 이 평균들의 차이의 차이를 구하는 절차이다. 반면 **예제 4.6**의 18, 33, 51행은 먼저 차이들의 평균들을 구하고 나서 이 차이 평균들의 차이를 구하므로 〈표 4.2〉의 A1과 B1만을 활용한다(A2, A3, B2, B3에서는 차이를 구할 수 없다). 말하자면 OLS를 이용한 분석은 '평균의 증가분의 차이'를 구하고 FE 회귀를 이용한 분석은 '증가분의 평균의 차이'를 구한다. 균형패널에서는 양자가 동일하나, 불균형패널에서는 그렇지 않다.

DID 분석에서 통제변수들을 우변에 포함시키는 것도 가능하다. 그 경우 통제변수들을 제외한 나머지 요인들에서 평행추세 가정이 성립하면 된다. 만약 어떤 외생변수에 의하여 처치집단과 통제집단 간에 상이한 추세가 발생한다면, 이 변수를 통제하지 않은 DID 분석 결과는 편향될 것이다. 이 경우 해당 외생변수를 우변에 통제함으로써 평행추세 가정이 성립하고 DID 분석이 타당하도록 만들 수 있다.

$T > 2$일 때에도 종속변수를 처치 더미변수와 연도별 더미변수들에 대하여 FE 회귀하는 방법을 고려할 수 있다. 이 경우 추정량이 무엇을 추정하는지는 $T = 2$인 경우보다 더 복잡해 보인다. 하지만 $T = 3$이고 $(t = 0, 1, 2)$ 0기와 1기 중간에 처치가 일어난 경우의 수식을 풀어보면 FE 회귀 결과는 0기와 1기를 비교하는 DID와 0기와 2기를 비교하는 DID의 산술평균임을 알 수 있다.

$t = 0$이 사전시기, $t = 1, 2$가 사후시기이고, $i = 1, \ldots, n_1$이 처치집단, $i = n_1 + 1, \ldots, n$이 통제집단이다. d_{it}가 처치 더미변수, f_{1t}가 $t = 1$임을 나타내는 더미변수, f_{2t}가 $t = 2$임을 나타내는 더미변수라 하자. $d_i = (d_{i0}, d_{i1}, d_{i2})'$는 $i \le n_1$이면 $(0, 1, 1)'$, $i > n_1$이면 $(0, 0, 0)'$이고, $f_1 = (f_{10}, f_{11}, f_{12})' = (0, 1, 0)$, $f_2 = (f_{20}, f_{21}, f_{22})' = (0, 0, 1)'$이다. $\tilde{d}_i$, $\tilde{f}_1$, $\tilde{f}_2$가 집단내 편차들의 벡터라 하면, $\tilde{d}_i$는 $i \le n_1$이면 $\frac{1}{3}(-2, 1, 1)'$이고 $i > n_1$이면 $(0, 0, 0)'$이다. 또한, $\tilde{f}_1 = \frac{1}{3}(-1, 2, -1)'$, $\tilde{f}_2 = \frac{1}{3}(-1, -1, 2)'$이다. 이로부터 계산해 보면 $\tilde{d}_i'\tilde{d}_i = 2/3$ (처치집단) 혹은 0 (통제집단), $\tilde{f}_1'\tilde{f}_1 = \tilde{f}_2'\tilde{f}_2 = 2/3$, $\tilde{d}_i'\tilde{f}_1 = \tilde{d}_i'\tilde{f}_2 = 1/3$ (처치집단) 혹은 0 (통제집단), $\tilde{f}_1'\tilde{f}_2 = -1/3$임을 알 수 있다.

$\tilde{X}_i = (\tilde{d}_i, \tilde{f}_1, \tilde{f}_2)$라 하고 $X = (X_1', \ldots, X_n')'$이라 하자. 처치된 개체들의 비율을 $p = n_1/n$이라 할 때, 위 결과로부터 $X'X$와 그 역행렬을 구하면 다음과 같다.

$$X'X = \frac{n}{3} \begin{pmatrix} 2p & p & p \\ p & 2 & -1 \\ p & -1 & 2 \end{pmatrix}, \text{ 따라서 } (X'X)^{-1} = \frac{3}{n(1-p)} \begin{bmatrix} 1/(2p) & -1/2 & -1/2 \\ -1/2 & (4-p)/6 & (2+p)/6 \\ -1/2 & (2+p)/6 & (4-p)/6 \end{bmatrix}$$

또한, $\bar{y}_t = n^{-1} \sum_{i=1}^{n} y_{it}$, $\bar{y}_t^{(1)} = n_1^{-1} \sum_{i=1}^{n_1} y_{it}$, $\bar{y}_t^{(0)} = (n - n_1)^{-1} \sum_{i=n_1+1}^{n} y_{it}$라 하고, $y_i = (y_{i0}, y_{i1}, y_{i2})'$이라 하면, $\tilde{d}_i'y_i = \frac{1}{3}(y_{i1} + y_{i2} - 2y_{i0})$ 혹은 0, $\tilde{f}_1'y_i = \frac{1}{3}(2y_{i1} - y_{i0} - y_{i2})$, $\tilde{f}_2'y_i = \frac{1}{3}(2y_{i2} - y_{i0} - y_{i1})$이다. 이로부터, $y = (y_1', \ldots, y_n')'$이라 할 때 $X'y$를 구하면 그 결과는 다음과 같다.

$$X'y = \frac{n}{3} \begin{bmatrix} p\bar{y}_1^{(1)} + p\bar{y}_2^{(1)} - 2p\bar{y}_0^{(1)} \\ 2\bar{y}_1 - \bar{y}_0 - \bar{y}_2 \\ 2\bar{y}_2 - \bar{y}_0 - \bar{y}_1 \end{bmatrix}$$

d_{it}의 계수 추정값 $\hat{\beta}$는 $(X'X)^{-1}X'y$의 첫 번째 원소이다. 위로부터 이를 구하면 다음과 같다.

$$\hat{\beta} = \frac{1}{2(1-p)} \left\{ [\bar{y}_1^{(1)} + \bar{y}_2^{(1)} - 2\bar{y}_0^{(1)}] - (2\bar{y}_1 - \bar{y}_0 - \bar{y}_2) - (2\bar{y}_2 - \bar{y}_0 - \bar{y}_1) \right\}$$

여기에 $\bar{y}_t = p\bar{y}_t^{(1)} + (1-p)\bar{y}_t^{(0)}$를 대입하여 정리하면 다음 결과를 얻는다.

$$\hat{\beta} = \tfrac{1}{2}(\text{DID}_1 + \text{DID}_2)$$

단, $\text{DID}_t = [\bar{y}_t^{(1)} - \bar{y}_0^{(1)}] - [\bar{y}_t^{(0)} - \bar{y}_0^{(0)}]$, 즉 t기와 0기를 이용한 DID 추정량이다.

예제 4.7   3기간 DID

did3ex.dta에 3기간 DID 실습을 위한 데이터가 있다. 먼저 y_{it} 를 처치 변수(treat)와 기간더미들에 대하여 FE 회귀한 결과를 살펴보자. 이하에서 tgroup은 처치집단임을 나타내는 더미변수, period는 t 변수$(0, 1, 2)$, after는 사후시기$(t = 1, 2)$임을 나타내는 더미변수이다.

```
1   . use did3ex, clear

2   . gen treat = tgroup*after

3   . xtreg y treat i.period, fe vce(r)
```

```
4   Fixed-effects (within) regression          Number of obs    =       384
5   Group variable: id                         Number of groups =       128

6   R-sq:                                      Obs per group:
7       within  = 0.0293                                 min =         3
8       between = 0.0041                                 avg =       3.0
9       overall = 0.0098                                 max =         3

10                                             F(3,127)         =      3.32
11  corr(u_i, Xb)  = -0.0231                   Prob > F         =    0.0221
```

```
12                             (Std. Err. adjusted for 128 clusters in id)
```

y	Coef.	Robust Std. Err.	t	P>|t|	[95% Conf. Interval]	
treat	.547601	.2783321	1.97	0.051	-.003168	1.09837
period						
1	-.5578372	.1816854	-3.07	0.003	-.9173598	-.1983146
2	-.4270134	.1827818	-2.34	0.021	-.7887056	-.0653211
_cons	2.8445	.0900216	31.60	0.000	2.666363	3.022636
sigma_u	1.8768766					
sigma_e	1.2891251					
rho	.67945982	(fraction of variance due to u_i)				

17행에 의하면 DID 추정값은 .547601이며 p값은 약 0.05이다. 0기와 1기만을 비교하여 구한 DID 추정값과 0기와 2기만을 비교하여 구한 DID 추정값을 구하고 그 평균을 구하면 다음과 같다.

```
29   . xtreg y treat i.period if period==0 | period==1, fe vce(r)
```

```
30  Fixed-effects (within) regression              Number of obs     =      256
31  Group variable: id                             Number of groups  =      128
32  R-sq:                                          Obs per group:
33      within  = 0.0450                                     min =        2
34      between = 0.0007                                     avg =      2.0
35      overall = 0.0080                                     max =        2
36                                                 F(2,127)          =     3.37
37  corr(u_i, Xb)  = -0.0158                       Prob > F          =   0.0376
38                                   (Std. Err. adjusted for 128 clusters in id)
```

```
                                  Robust
          y       Coef.     Std. Err.      t     P>|t|    [95% Conf. Interval]
```
```
      treat    .4548742    .3242955    1.40   0.163   -.1868481   1.096597
   1.period   -.5165448    .199933    -2.58   0.011   -.9121761  -.1209135
      _cons     2.8445    .0794153   35.82   0.000    2.687351   3.001648
```
```
    sigma_u   1.9658988
    sigma_e   1.2706641
        rho    .70533208   (fraction of variance due to u_i)
```

. mat b1 = e(b)

. xtreg y treat i.period if period==0 | period==2, fe vce(r)

```
53  Fixed-effects (within) regression              Number of obs     =      256
54  Group variable: id                             Number of groups  =      128
55  R-sq:                                          Obs per group:
56      within  = 0.0409                                     min =        2
57      between = 0.0026                                     avg =      2.0
58      overall = 0.0090                                     max =        2
59                                                 F(2,127)          =     2.93
60  corr(u_i, Xb)  = -0.0207                       Prob > F          =   0.0572
61                                   (Std. Err. adjusted for 128 clusters in id)
```

```
                                  Robust
          y       Coef.     Std. Err.      t     P>|t|    [95% Conf. Interval]
```
```
      treat    .6403278    .3228434    1.98   0.049    .0014789   1.279177
   2.period   -.4683058    .2017267   -2.32   0.022   -.8674864  -.0691251
      _cons     2.8445    .0792458   35.89   0.000    2.687687   3.001313
```
```
    sigma_u   1.9428943
    sigma_e   1.2679527
        rho    .7013114    (fraction of variance due to u_i)
```

. mat b2 = e(b)

```
75    . di (b1[1,1]+b2[1,1])/2
76    .54760101
```

29행에서 0기와 1기만을 비교하는 FE 회귀를 한다. 그 결과는 43행에 있는데, 추정값은 .4548742이며 통계적 유의성은 없다. 0기와 2기를 비교하는 명령은 52행에 있으며, 그 추정값은 66행에 제시된 것처럼 .6403278이며 통계적 유의성을 갖는다. 이 두 수치들의 평균값은 76행의 .54760101로서, 앞의 17행 결과와 동일하다.

한편, 1기와 2기의 차별을 무시하고 모두 사후시기로 간주하여 OLS 방법으로 DID 추정을 할 수 있다(균형패널 데이터임). 그 결과는 다음과 같다.

```
77    . reg y tgroup##after, vce(cl id)

78    Linear regression                          Number of obs    =        384
79                                               F(3, 127)        =       3.17
80                                               Prob > F         =     0.0266
81                                               R-squared        =     0.0096
82                                               Root MSE         =     2.1535

83                                 (Std. Err. adjusted for 128 clusters in id)
84    ──────────────────────────────────────────────────────────────────────
85                           Robust
86             y      Coef.   Std. Err.     t    P>|t|    [95% Conf. Interval]
87    ──────────────────────────────────────────────────────────────────────
88      1.tgroup  -.1232432  .3919107  -0.31   0.754   -.8987637    .6522773
89       1.after  -.4924253  .1620283  -3.04   0.003     -.81305   -.1718005
90
91  tgroup#after
92           1 1    .547601  .2783321   1.97   0.051    -.003168    1.09837
93
94         _cons   2.899382  .2292323  12.65   0.000    2.445772    3.352991
95    ──────────────────────────────────────────────────────────────────────
```

위에서 after는 $t \geq 1$이면 1의 값을 갖는 더미변수이며 tgroup은 처치집단에 소속되어 있음을 나타내는 더미변수이다. 77행 추정에 의한 DID 추정값은 92행에 제시되어 있는데, 놀랍게도(혹은 당연하게도) 이 값은 17행과 76행의 결과와 동일하다. 불균형패널을 분석하거나 통제변수들을 추가하면 이러한 동일성은 사라진다.

위의 3기간 패널 데이터 분석에서는 처치집단 내 모든 개체들에게서 '사전시기'는 $t = 0$, '사후시기'는 $t = 1,2$로 동일하였다. 처치 시기가 개체마다 상이하거나 처치 시점이 내생적으로 결정되는 경우의 분석은 더 흥미로우면서도 복잡할 것이다.

정책의 점진적 도입

앞에서는 처치집단 내 모든 개체들이 동일 시점에 정책을 도입하는 경우를 살펴보았다. 이제 정책의 도입이 점진적인 경우(staggered adoption)를 살펴보자. de Chaisemartin and D'Haultfœuille (2020), Goodman-Bacon (2021) 등은 이 경우 양방향 고정효과(two-way fixed effects, TWFE) 회귀가 갖는 특이한 문제에 대하여 설명한다. 가장 간단한 예로 $t = 1, 2, 3$이고 2개 그룹이 있다고 하자. 그룹 1은 3기에 처치되고 그룹 2는 2기와 3기에 처치된다. D_{it}를 개체 i가 t

〈표 4.3〉 처치 변수

t	그룹1	그룹2
1	0	0
2	0	1
3	1	1

기에 처치를 받았는지 여부를 나타내는 더미변수라 할 때, 이 더미변수의 값이 〈표 4.3〉에 제시되어 있다. 자료가 이런 식일 때 Y를 D와 기간더미들에 대하여 FE 회귀(TWFE)를 하면 정확히 다음 관계가 성립함을 보일 수 있다(증명 생략).

$$\hat{\beta}_{fe} = (\hat{\beta}_{fe,12} + \hat{\beta}_{fe,23})/2$$

여기서 $\hat{\beta}_{fe}$는 TWFE에서 D의 계수 추정량, $\hat{\beta}_{fe,12}$는 $t = 1, 2$를 이용한 TWFE 추정량, $\hat{\beta}_{fe,23}$은 $t = 2, 3$을 이용한 TWFE 추정량이다. 그런데 $\hat{\beta}_{fe,12}$는 $t = 1, 2$ 데이터를 사용하면서 그룹 2를 처치집단으로 하고 그룹 1을 통제집단으로 할 때의 DID 추정량(DID_{12}라 하자)과 동일하고, $\hat{\beta}_{fe,23}$은 $t = 2, 3$ 데이터를 사용하면서 그룹 1을 처치집단으로 하고 그룹 2를 통제집단으로 할 때의 DID 추정량(DID_{23}이라 하자)과 동일하다. 다시 말하여

$$\hat{\beta}_{fe,12} = \mathrm{DID}_{12} = (\bar{Y}_{2,2} - \bar{Y}_{2,1}) - (\bar{Y}_{1,2} - \bar{Y}_{1,1}),$$
$$\hat{\beta}_{fe,23} = \mathrm{DID}_{23} = (\bar{Y}_{1,3} - \bar{Y}_{1,2}) - (\bar{Y}_{2,3} - \bar{Y}_{2,2}).$$

단, $\bar{Y}_{g,t}$는 g그룹 t기 성과변수의 평균값이다. $\hat{\beta}_{fe,12}$에서는 처치집단과 통제집단이 상식에 부합하는 방식으로 구성된 반면, $\hat{\beta}_{fe,23}$에서는 두 기간 모두 처치된 그룹 2가 통제집단으로 간주되고 처치 상태가 변한 그룹 1이 처치집단이 된다. 둘째 점이 좀 이상하다고 느껴질 수 있겠지만 어쨌든 사실이다. 이상의 내용은 모두 수학적으로 증명할 수 있다.

예제 4.8 Staggered Adoption

Vella and Verbeek (1998)의 데이터 vv98.dta는 1980–1987년 패널 데이터인데, 1981, 1984, 1987년 자료만을 따로 추출하고 거기서도 1981년에는 union이 0이고 1987년에는 union이 1인 관측치들만을 모아서 균형패널로 정리한 것이 vv98staggered.dta이다. 이 데이터에서는 $D_{it} \geq D_{it-1}$이 성립하여 staggered adoption의 조건을 만족시킨다. 변수로는 vv98.dta에 있는 변수들 이외에도 $t = 1, 2, 3$을 나타내는 period 변수와 각각의 t에 union이 1인지 여부를 나타내는 d1, d2, d3 변수가 있다. 모든 i에서 d1은 0이고 d3은 1이다.

그룹 1은 d2의 값이 0이고 그룹 2는 d2의 값이 1이다. 추가적으로 **gt** 변수를 생성하여 사용할 것이다(아래 3행 참조). 이 변수는 두 자리 숫자 값을 갖는데, 앞 자리는 그룹(1 또는 2)을 나타내고 뒷 자리는 기간(1, 2, 3 중 하나)을 나타낸다. 예를 들어 **23**은 그룹 2, $t = 3$을 의미한다. 로그 임금(**lnwage**) 변수도 만들어 놓았다. 다음 결과를 보라.

```
 1    . use vv98staggered, clear
 2    (Vella and Verbeek (1998) three periods staggered adoption)

 3    . gen gt = (1+d2)*10 + period

 4    . tabstat lnwage, by(gt)

 5    Summary for variables: lnwage
 6    Group variable: gt
```

gt	Mean
11	.4019072
12	.3784498
13	.5758101
21	.3630408
22	.5592081
23	.6612037
Total	.4870227

```
18    . di (.5592081 - .3630408) - (.3784498 - .4019072)
19    .2196247

20    . di (.5758101 - .3784498) - (.6612037 - .5592081)
21    .0953647

22    . di (.0953647 + .2196247)/2
23    .1574947

24    . xtreg lnwage union i.period, fe
```

Fixed-effects (within) regression		Number of obs =	195
Group variable: **nr**		Number of groups =	65
R-squared:		Obs per group:	
Within = **0.2543**		min =	3
Between = **0.0301**		avg =	3.0
Overall = **0.1335**		max =	3
		F(3,127) =	14.44
corr(u_i, Xb) = **0.0133**		Prob > F =	0.0000

lnwage	Coefficient Std. err.	t	P>|t|	[95% conf. interval]

union	.1574947	.0665627	2.37	0.019	.025779	.2892103
period						
2	.005218	.0491113	0.11	0.916	-.0919645	.1024005
3	.073759	.0768032	0.96	0.339	-.0782206	.2257386
_cons	.3839688	.0270936	14.17	0.000	.3303555	.4375822
sigma_u	.21651241					
sigma_e	.21843566					
rho	.49557828	(fraction of variance due to u_i)				

F test that all u_i=0: F(64, 127) = 2.94   Prob > F = 0.0000

. xtreg lnwage union i.period if period <= 2, fe

Fixed-effects (within) regression   Number of obs   =   130
Group variable: **nr**   Number of groups   =   65

R-squared: Obs per group:
    Within = 0.1510   min =   2
    Between = 0.0194   avg =   2.0
    Overall = 0.0586   max =   2

                                            F(2,63)   =   5.60
corr(u_i, Xb) = -0.0485   Prob > F   =   0.0058

lnwage	Coefficient	Std. err.	t	P>|t|	[95% conf. interval]	
union	.2196247	.0805369	2.73	0.008	.0586846	.3805647
2.period	-.0234574	.054714	-0.43	0.670	-.1327946	.0858799
_cons	.3839688	.0283897	13.52	0.000	.3272365	.4407011
sigma_u	.25437444					
sigma_e	.22888515					
rho	.55259818	(fraction of variance due to u_i)				

F test that all u_i=0: F(64, 63) = 2.46   Prob > F = 0.0002

. xtreg lnwage union i.period if period >= 2, fe

Fixed-effects (within) regression   Number of obs   =   130
Group variable: **nr**   Number of groups   =   65

R-squared: Obs per group:
    Within = 0.2483   min =   2
    Between = 0.0782   avg =   2.0
    Overall = 0.1117   max =   2

                                            F(2,63)   =   10.41
corr(u_i, Xb) = 0.0522   Prob > F   =   0.0001

```
80        lnwage │ Coefficient  Std. err.       t    P>|t|     [95% conf. interval]
81   ─────────────┼──────────────────────────────────────────────────────────────────
82        union │  .0953647   .0705908     1.35   0.182    -.0456997    .2364291
83     3.period │  .1019956   .0517995     1.97   0.053    -.0015173    .2055086
84        _cons │  .4178622    .040996    10.19   0.000     .3359382    .4997863
85   ─────────────┼──────────────────────────────────────────────────────────────────
86      sigma_u │  .23346998
87      sigma_e │  .20061842
88          rho │  .57524845    (fraction of variance due to u_i)
89   ─────────────┴──────────────────────────────────────────────────────────────────
90   F test that all u_i=0: F(64, 63) = 2.66                      Prob > F = 0.0001
```

3행에서 앞에서 설명한 **gt** 변수를 생성한다. 5행에서 (g,t)별로 종속변수의 평균값을 구하며 9–14행에 그 결과가 있다. $t = 1,2$에 1그룹을 통제집단, 2그룹을 처치집단으로 하는 DID_{12}를 18행에서 구하였고 그 결과는 19행의 **.2196247**이다. $t = 2,3$에 2그룹을 통제집단, 1그룹을 처치집단으로 하는 DID_{23}을 20행에서 구하였고 그 결과는 21행의 **.0953647**이다. 22행에서 구한 그 둘의 평균은 23행에 의하면 **.1574947**이다.

실제 전체 데이터를 이용하여 TWFE를 하면 $\hat{\beta}_{fe}$ 값은 36행의 **.1574947**로 두 DID의 평균값과 완전히 같다. 그리고 $t = 1,2$만 사용한 TWFE 추정값은 61행에 제시되어 있으며 그 값은 19행의 DID_{12}와 동일하다. $t = 2,3$만 사용한 TWFE 추정값은 82행에 제시되어 있으며 그 값은 21행의 DID_{23}과 동일하다.

지금까지 살펴본 바는 수학적인 사실로서 별로 특별할 것이 없다. 회귀에서 어떤 변수를 '통제한다'는 것은 그 변수의 값이 변하지 않음을 의미하며 D가 0으로 동일하든 1로 동일하든 변하지 않는 것은 마찬가지이다. 그런데 이 결과를 '평행추세' 가정하에서 정책효과로 해석할 때에는 문제가 발생하고, 이를 de Chaisemartin and D'Haultfœuille (2020) 과 Goodman-Bacon (2021)은 지적한다. 그 내용은 다음과 같다. $Y_{it}(0)$과 $Y_{it}(1)$을 각각 비처치 시 및 처치 시 성과라 하고 g그룹의 t기 평균 처치효과를 $\Delta_{g,t}$라 하자. 예를 들어 $\Delta_{1,2}$는 $Y_{it}(1) - Y_{it}(0)$을 1그룹에 속하는 개인들에 대하여 $t = 2$에 평균한 것이다(계산 불가). 만약 '잠재적 비처치 성과'potential untreated outcome $E[Y_{it}(0)]$에 '평행추세' 가정이 성립하면, $E(\text{DID}_{12}) = E(\Delta_{2,2})$이다. 여기까지는 좋다. 문제는 DID_{23}이다. 계산에 의하면 $E[Y_{it}(0)]$에 '평행추세'를 갖는다는 가정하에 다음이 성립한다.

$$E(\text{DID}_{23}) = E(\Delta_{1,3}) + E(\Delta_{2,2}) - E(\Delta_{2,3})$$

그룹 2는 2기부터 처치가 이루어지는데, 만약 당해 연도 평균 처치효과와 그 다음 해의 평균 처치효과가 동일하다면 우변 둘째 항과 셋째 항이 소거되어 DID_{23}은 그룹 1의 처치 당해 연도($t = 3$) 평균 처치효과를 추정해 준다. 반면, 만약 2그룹의 처치효과가 당해 연도와 그 다음 해에 서로 다르다면 셋째 항의 음(−)의 부호로 인하여 이상한 일이 발생할 수 있다. 예를 들어 만약 처치효과가 당해 연도에는 없고 그 다음 해부터 양수(+)라면, 즉 만약 $E(\Delta_{1,3}) = 0$, $E(\Delta_{2,2}) = 0$이고 $E(\Delta_{2,3}) > 0$이라면 DID_{12}는 $E(\Delta_{2,2}) = 0$을 편향 없이 추정하므로 0에 가까운 값이 될 것이고 DID_{23}은 $E(\Delta_{1,3}) + E(\Delta_{2,2}) - E(\Delta_{2,3}) = -E(\Delta_{2,3})$에 해당하는 음수 값을 추정하여, 실제로는 평균적인 처치효과가 양수(+)임에도 불구하고 $\hat{\beta}_{fe}$가 음수(−)를 일관되게 추정하는 괴상한 일이 발생하는 것이다.

⚡ 이 예는 매우 흥미롭다. D의 계수가 이질적heterogenous이지만 이를 무시하고 전체를 통합하여 하나의 계수를 추정하면, 이질적인 계수의 선형결합이 만들어지기는 하지만 어떤 가중치가 음이 되어, 모든 계수들이 양수(+)이더라도 오히려 음(−)의 값이 추정될 수도 있다. 수식으로 표현하여, h_{it}가 정책 도입 이후 경과된 기간이라 하자. 올바른 모형은 $Y_{it} = \alpha_i + \beta_{h_{it}} D_{it} + \gamma_t + \varepsilon_{it}$으로서 D_{it}의 계수가 h_{it}에 따라 다른데 이 점을 무시하고 $Y_{it} = \alpha_i + \bar{\beta} D_{it} + \gamma_t + e_{it}$를 추정하면, $\beta_{h_{it}}$가 모두 양수임에도 불구하고 $\bar{\beta}$는 음수가 될 수도 있다. 이는 처치변수 D_{it}가 ε_{it}에 대하여 강외생적이더라도 잘못 설정된 모형의 오차항 $e_{it} = \varepsilon_{it} + (\beta_{h_{it}} - \bar{\beta}) D_{it}$가 D_{it}와 비상관이 되도록 해 주는 $\bar{\beta}$는 오히려 음수가 될 수도 있기 때문이다. 모형이 잘못 설정되면 별의별 일이 다 일어날 수 있다.

⚡⚡ 위에서 설명한 내용은 양방향 고정효과(TWFE) 회귀가 '잘못되었음'을 의미하는 것이 아니다. TWFE 회귀는 옳고 그름과 무관한 하나의 회귀일 뿐이고, 앞서 말한 문제는 여기에 '$E[Y_{it}(0)]$에 평행추세가 성립한다'는 가정을 결부시킬 때 발생한다. 만약 $E[Y_{it}(0)]$이 아니라 '잠재적 처치 성과' $E[Y_{it}(1)]$에 평행추세 가정이 성립하면, 오히려 DID_{23}이 처치효과 $E(\Delta_{1,2})$를 제대로 추정하고, DID_{12}는 $E(\Delta_{2,1}) + E(\Delta_{1,2}) - E(\Delta_{1,1})$라는 이상한 수치를 추정한다(증명해 보기 바란다). 정리하면 DID_{12}는 '정책이 없다면 형성될 성과변수'에 평행추세가 성립한다는 가정('가정 A'라 하자)하에서 하나의 처치효과를 추정하고, DID_{23}은 '정책의 적용을 받으면 형성될 성과변수'에 평행추세가 성립한다는 가정('가정 B'라 하자)하에서 다른 하나의 처치효과를 추정한다. 만약 가정 A가 성립하면 DID_{12}는 $E(\Delta_{2,2})$를 일관되게 추정하고, 가정 B가 성립하면 DID_{23}은 $E(\Delta_{1,2})$를 일관되게 추정하는 것이다. TWFE는 이 둘을 반반으로 결합한 값을 제공한다. A와 B 중 어느 가정이 현실에 부합하는지는 알 수 없다. 물론 정책 도입 이전 시기에 처치집단과 통제집단의 추세가 비슷했는지 살펴보고, 거기서 추세가 비슷하면 가정 A가 성립한다고 짐작할 수는 있겠다. 하지만 거기서 추세가 비슷하였다는 것과 가정 A가 성립한다는 것은 별개의 이야기이다. 가정 A는 정책 도입 이전의 여러 연도가 아니라 정책 도입 이전과 이후 시기 간에 평행추세가 성립함을 의미하기 때문이다. 마찬가지로 정책 도입 이후 시기에 처치집단과 통제집단의 추세가 비슷했는지 살펴볼 수는 있겠으나 거기서 추세가 비슷하였다고 하여 가정 B가 성립하는 것도 아니다.

4.4 합성통제

4.3절에서는 처치집단과 통제집단 내에 각각 여러 개체들이 관측되는 경우, 즉 개체별 데이터(미시 데이터)가 가용한 경우를 고려하였다. 이제 각 시점마다 처치집단과 통제집단의 변수값이 평균 등의 방법으로 집계aggregate되어 관측되는 경우를 고려한다. 예를 들어 지역별로 집계된 데이터가 존재하는 경우이다.

정책의 적용을 받은 집단('처치집단')과 받지 않은 집단('통제집단')이 있을 때 2기간 DID에 의한 정책 효과 분석은 마치 $n = 2$, $T = 2$의 패널 데이터를 이용하는 것과 같다. $i = 1$

은 처치집단, $i = 2$는 통제집단이고 관측치 y_{it}는 각 집단의 평균 성과변수 값이다. 정책 시행 이전을 $t = 0$이라 하고, 정책 시행 이후를 $t = 1$이라 하면 DID는 $(y_{11} - y_{21}) - (y_{10} - y_{20})$에 해당한다. 물론 이는 $(y_{11} - y_{10}) - (y_{21} - y_{20})$과 동일하다. 만약 정책 시행 이후 기간이 3기 이상이면 각 시기마다 $y_{1t} - y_{2t}$를 구하고 이것과 $y_{10} - y_{20}$의 차이가 각 시기의 DID일 것이며, 이것을 그림으로 나타낼지 아니면 정책 시행 이후 기간에 대한 평균을 구할지는 연구자가 알아서 할 일이다. 또한, 만약 정책 시행 이전 기간이 여럿이라면 비교 대상을 가장 최근 시기로 할지, 최근 몇 기간 평균으로 할지, 전체 관측기간의 평균으로 할지 결정하는 문제도 연구자의 몫이다.

통제집단이 하나가 아니라 여럿인 경우에는, 여러 통제집단 중 하나를 임의로 선택하여 DID 분석을 할 수도 있겠고, 여러 통제집단들의 종속변수 값을 단순평균하여 '평균통제집단'을 만들거나 인구 크기로 가중평균한 '가중평균통제집단'을 만들어 DID 분석을 할 수도 있겠다. 이런 선험적인 선택 방법이 아닌 데이터에 기반한 방법으로 Abadie and Gardeazabal (2003, AG)의 합성통제 방법(Synthetic Control Method)이 있다. 이는 통제집단이 여럿일 때 단순평균보다 더 체계적인 방법으로 통제집단들을 가중평균하여 최적의 통제집단(Synthetic Control, 합성통제집단)을 만드는 방법이다. 여기서 '최적'의 의미는 연구자가 정하여야 하며 연구 주제에 따라 다르나, 통상적으로 정책 도입 이전 기간에 특정한 변수들의 값이 가장 유사함(말하자면 '매칭')을 의미한다. 이하에 사례들을 제시한다.

AG (2003)가 최적 가중치를 계산한 방법은 다음과 같다. 우선 처치집단의 어떤 변수들을 통제집단들과 맞추고자balancing 하는지 연구자가 정한다. 예를 들어 정책 시행 이전 5년간의 모든 독립변수 값들과 종속변수 값으로 할 수 있다. 이들 변수의 개수를 K라 하고, i집단의 이들 변수를 $x_{i1}, \ldots, x_{iK}$라 하자. 보통 K는 크지 않다. 연구자는 또한 이들 K개 변수 각각의 상대적 중요도를 정한다. 중요도가 높은 변수는 더욱 잘 맞추어야balancing 하며, 중요도가 낮은 변수는 어느 정도 차이가 있어도 괜찮을 것이다. 이 상대적 중요도를 $v_1, \ldots, v_K$라 하자($v_k \geq 0$). 이처럼 맞추고자 하는 변수와 변수별 상대적 중요도를 정하고 나면, 합성통제집단을 만들기 위한 통제집단들($j = 2, \ldots, n$)의 가중치 $w_2, \ldots, w_n$은 ① $w_j \geq 0$과 ② $w_2 + \cdots + w_n = 1$이라는 제약하에서 다음을 최소화하여 구한다.

$$\sum_{k=1}^{K} v_k \left(x_{1k} - \sum_{j=2}^{n} w_j x_{jk} \right)^2 \tag{4.2}$$

추정 시 w_j에 관한 ①과 ② 제약을 가하는 것이 중요하다. 이 제약이 없을 경우 통제집단 후보군의 수가 많기만 하면 목표 변수들을 완벽하게 맞추는 과적합overfitting 문제가 발생한다고 AG (2003) 논문 저자들은 이야기한다(AG 2003, 각주 9 참조).

이상은 $x_{i1}, \ldots, x_{iK}$ 변수들과 이 변수들의 상대적 중요도 $v_1, \ldots, v_K$가 주어질 때의 이야기이다. 그런데, 맞출 변수들($x_{i1}, \ldots, x_{iK}$)은 반드시 연구자가 (선험적으로) 선택해야 하는 반면, 상대적 중요도 $v_1, \ldots, v_K$는 알고리즘에 따라 구하는 방법도 AG (2003)는 제시하였다. 이 방법은, 주어진 $v_1, \ldots, v_K$ 에서 추정된 최적 가중치를 $w_j(\mathbf{v})$ 라 할 때, 사전기간(혹은 그 일부) 동안 합성통제집단 $\sum_{j=2}^{n} w_j(\mathbf{v}) y_{jt}$ 가 처치집단 y_{1t} 와 가장 유사해지도록 하는 $v_1, \ldots, v_K$ 를 선택하는 것이다. 다음 예를 보라.

예제 4.9 사회 갈등의 경제적 비용

Abadie and Gardeazabal (2003, AG)은 스페인 바스크 지방 ETA(분리주의 무장단체) 활동으로 인한 경제적 손실을 측정하고자 한다(**basque-clean.dta**). 처치집단은 바스크 지방, 통제집단은 그 외의 16개 자치 지방이다. 맞추고자 하는 x_{ik} 변수로 1960–1969년 평균 1인당 실질GDP(종속변수), 동일 기간 평균 투자율, 동일 기간 평균 인구밀도, 동일 기간 평균 6개 산업부문별 생산비중, 동일 기간 평균 노동연령인구의 4개 교육수준별 비중을 고려한다 ($K = 13$). 상대적 중요도인 $v_1, \ldots, v_K$ 는 선험적으로 정하는 것이 아니라 1960–1969년 10년 간 바스크 지방 1인당 실질GDP의 추이가 가장 잘 맞추어지는 값이 되도록 재차 조정한다. 즉, $v_1, \ldots, v_K$ 는 $\sum_{t=1960}^{1969} [y_{1t} - \sum_{j=2}^{n} w_j(\mathbf{v}) y_{jt}]^2$ 을 최소화하는 값으로 정한다. 여기서 가중치를 w_j 가 아니라 $w_j(\mathbf{v})$ 라고 표현한 것은 가중치 w_j 가 주어진 $v_1, \ldots, v_K$ 에서 식 (4.2)를 최소화하는 것이므로 $v_1, \ldots, v_K$ 의 함수임을 강조하기 위한 것이다. 이렇게 가중치를 구하면 16개 통제집단 중 카탈루냐와 마드리드의 가중치는 각각 0.8508과 0.1492이며 나머지 지방의 가중치는 0이다. 이 가중치를 이용한 카탈루냐와 마드리드의 가중평균, 즉 0.8508·카탈루냐 + 0.1492·마드리드 가 합성통제집단 혹은 '합성 바스크'이다.

Stata로 실제 실험을 해 보려면 우선 `synth` 패키지를 설치한다. Stata에서 `findit synth` 명령으로 패키지를 찾을 수 있고 몇 차례 클릭으로 설치할 수 있다. 설치 후 다음과 같이 하여 AG (2003) 결과를 재현할 수 있다.

```
. use basque-clean, clear
. drop if regionno==1
. global prs "1964(1)1969"
. global pri "1964(1)1969"
. global prd "1961(2)1969"
. global prt "1960(1)1969"
. synth gdpcap gdpcap($prt) invest($pri) popdens(1969)
  sec_agriculture($prd) sec_energy($prd) sec_industry($prd)
  sec_construction($prd) sec_svc_venta($prd) sec_svc_nonventa($prd)
  school_illit($prs) school_prim($prs) school_med($prs)
  school_high($prs), trunit(17) trperiod(1969) mspeperiod($prt)
  nested allopt fig
```

위에서 여러 줄 명령은 한 줄에 써야 한다. 맨 마지막 줄의 'nested' 옵션과 'allopt' 옵션은 최적화를 더 잘하도록 만들어 주는 옵션이며, 사용 시 실행에 더 오랜 시간이 걸린

다. 위 최적화가 실패할 경우 'nested' 옵션 근처에 'tech(dfp bfgs)'라고 하여 최적화
알고리즘을 BFGS로 지정하면 아마 작동할 것이다. 맨 마지막 `fig` 옵션은 그림을 그리는
역할을 한다.

아래 그림은 1955–1997년 기간 동안 실제 바스크 지방과 '합성 바스크'의 1인당 실질
GDP 그림을 그린 것이다. 왼쪽 그림은 실제 바스크 지방 종속변수(실선)와 합성통제집
단 종속변수(점선)이며, 오른쪽 그림은 이 둘의 차이이다. 1975년까지는 바스크 지방과
합성통제집단이 유사한 움직임을 보이다가 ETA 활동이 확산된 1975년 이후에 격차가
벌어진다. AG (2003)는 1980년대와 1990년대 바스크 지방의 경제적 손실(왼쪽 그림의 실선과
점선 간 차이)을 약 10%로 잡는다.

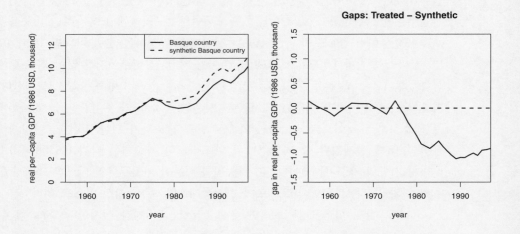

AG (2003)의 데이터는 Jens Hainmueller와 Alexis Diamond가 만든 R Synth 패키지에 포함되어
있다. 본 예제의 그림은 이 R 패키지의 코드와 데이터를 이용하여 필자가 재현한 것이다.

AG (2003)는 가중치를 구할 때 변수별 상대적 중요도 $v_1, \ldots, v_K$ 를 이용하는데, 이것을
약간 더 일반화하여, 크기 $K \times K$ 의 대칭^{symmetric} 양반정^{positive semidefinite} 행렬 V 를 이용할
수도 있다. Abadie, Diamond and Hainmueller (2010, ADH)는, X_i 가 맞추고자 하는 $K \times 1$
벡터이고 $i = 1$ 이 처치집단을 나타낼 때, $(X_1 - \sum_{j=2}^{n} w_j X_j)' V (X_1 - \sum_{j=2}^{n} w_j X_j)$ 를 최소화하는
가중치(w_j)를 선택하는 방법을 이야기한다. 이 방법을 AG (2003) 방법과 비교하면, V 가
AG (2003)에서는 대각행렬인 반면 ADH에서는 더 일반적인 대칭 양반정 행렬이라는 작은
차이점만 있을 뿐 나머지는 동일하다. 단, ADH (2010)의 실증분석에서도 AG (2003)와
동일한 방법을 사용한다.

예제 4.10 미국 캘리포니아 주 담배 억제 정책의 효과

Abadie, Diamond and Hainmueller (2010, ADH)는 통제집단 합성법을 이용하여 1989년부터 시행된 미국 캘리포니아 주의 Proposition 99 담배 억제 정책이 담배소비에 미친 영향을 분석하였다. 통제집단은 캘리포니아 주를 제외한 50개 주 가운데 1989–2000년 기간 동안 공식적인 담배 억제 프로그램을 도입한 4개 주와 동일 기간 동안 담배세를 50센트 이상 인상한 7개 주 및 DC를 제외한 38개 주이다. 종속변수는 주별 연간 담배 소비량(1인당 담뱃갑 수)이다. 총 39개 주의 1980–2000년 패널 데이터를 이용한다.

ADH가 사용한 X_i 변수(처치집단과 합성통제 집단 간에 균등화시키고자 하는 변수)는 평균 담배 소매가격, 1980–1988년 로그 1인당 개인 소득 평균, 1980–1988년 15–24세 인구 비중 평균, 1984–1988년 1인당 맥주 소비량 평균, 1975, 1980, 1988년 담배 소비량이다 ($K = 7$). 예제 4.9의 방법을 사용하여 구한 가중치는 콜로라도 주 0.164, 코네티컷 주 0.069, 몬타나 주 0.199, 네바다 주 0.234, 유

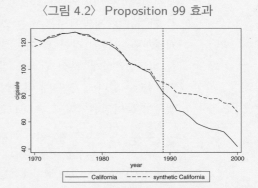

〈그림 4.2〉 Proposition 99 효과

타 주 0.334이며 나머지 33개 주의 가중치는 0이다. ADH는 1989–2000년 기간 동안 이 정책으로 인하여 담배 소비량이 약 25% 감소한 것으로 추정한다.

ADH (2010) 데이터는 synth 패키지에 내장된 synth_smoking.dta 파일에 있다. 다음 명령으로써 ADH 논문의 결과와 (정확히 동일하지는 않지만) 유사한 값들을 구할 수 있을 것이다.

```
. use synth_smoking, clear
. xtset state year
. synth cigsale lnincome age15to24 retprice beer(1984(1)1988)
  cigsale(1988) cigsale(1980) cigsale(1975),
  trunit(3) trperiod(1989) xperiod(1980(1)1988) nested allopt fig
```

마지막 3줄은 줄을 바꾸지 않고 한 줄에 입력해야 한다. 마지막 행의 'trunit(3)' 옵션은 ID 변수(state) 값이 3인 집단이 처치집단임을 의미하고, 'trperiod(1989)'는 연도 변수(year)의 값이 1989인 시기에 정책이 도입되었음을 의미한다. 'xperiod(1980(1)1988)' 옵션은 기간이 별도로 지정되지 않은 변수들(lnincome, age15to24, retprice)의 경우 1980년부터 1988년까지의 평균이 맞출 대상이 된다는 뜻이다. 마지막에 fig 옵션은 그림을 그려 주며 그 결과는 〈그림 4.2〉에 있다.

합성통제법에서 구한 정책효과는 통상적으로 그래프를 그림으로써 시각화되며, 표준오차나 p값 등은 계산되지 않는다. 검정 비슷한 것을 해 보려면 '가짜^{placebo} 처치집단'을 만들어 동일한 작업을 반복하여(이때 진짜 처치집단은 데이터에서 제외한다) '효과'의 추이들을 그림에 덧그려 본다. 진짜 처치집단에 해당하는 그림이 가짜들보다 확연히 극단적인 범위에 위치해 있으면 처치효과가 어느 정도 분명하다고들 한다. 예를 들어 $i = 1$이 처치지역이고 $i = 2, \ldots, 30$이 통제지역들이라면, 실제 분석은 2–30지역으로부터 1지역의 합성통제집단을 만들어 그 차이를 비교하는 것이다. '가짜처치' 분석으로, 1지역을 분석대상 데이터로부터 제외시킨 후, 2지역이 처치집단인 것처럼 그 나머지와 비교하는 분석, 3지역이 처치집단인 것처럼 그 나머지와 비교하는 분석 등등을 모든 29개 지역에 대하여 시행한다. 그러면 각 가짜 처치지역에 해당하는 29개의 처치효과 추정치 그림들이 예제 4.9의 그림의 우측 패널처럼 그려질 것이다. 이들 그림을 다 같이 흐리게 그리고, 그 위에 1지역과 그 나머지를 비교한 '실제' 분석 결과를 검정색으로 진하게 그려 보면 실제와 가짜들을 시각적으로 비교할 수 있다. '가짜'에 비하여 '실제' 효과가 현저하면 효과가 유의하다고 (대충) 말한다. 백문이 불여일견이라고, ADH (2010)의 Figure 4와 5를 보면 바로 무슨 뜻인지 알 것이다.

4.3절의 경우처럼 미시 데이터가 존재할 때 표준오차는 표본추출 반복 시 상이한 개체들이 표본에 포함됨으로 인한 추정값 변동의 정도를 측정한다. 미시 데이터가 없고 오직 집계데이터만 있는 상황에서는 표준오차의 의미부터 분명히 하여야 할 것이다.

합성 이중차분

앞의 합성통제 방법은 '이중 차이(DID)' 방법이라기보다는 그냥 '차이(D)' 방법이다. 합성통제집단 형성을 위한 가중치(w_j)는 정책 도입 이전 시기에 처치집단의 y_{1t}와 합성통제집단 y_{1t}^*의 수준이 맞추어지도록 선택된다. 그리고 정책 도입 이후 시기에 처치집단과 합성통제집단 간 y값의 차이가 정책효과로 간주된다. 이 'D'를 'DID'로 바꾸는 것은 개념적으로 간단하다. 예를 들어 추정 과정에서 w_j 가중치와 v_k 가중치를 조정하기 위한 손실함수에 등장하는 모든 y_{it}를 증가분 Δy_{it} 또는 집단내 편차 $y_{it} - T_0^{-1}\sum_{s=1}^{T_0} y_{is}$로 바꾸면 된다. 하지만 Stata의 synth 패키지에 그러한 옵션이 없어 간단히 구현할 수 있는 것 같지는 않다.

Arkhangelsky, Athey, Hirshberg, Imbens, and Wager (2021, AAHIW)는 손실함수가 절편을 포함하도록 하여 합성통제법을 명시적으로 DID로 바꾸고, 'ridge'를 사용한 손실함수를 사용하도록 하여 수치적 최적화의 안정성을 높이며, 또한 사전('before') 시기 평균을 구할 때 단순한 가중치가 아니라 일종의 최적화 가중치를 사용하도록 하는 방법을 제안하고 이를 'Synthetic DID'라 하였다. 구체적인 수식에 대해서는 AAHIW (2021) 논문을 참조하고, 이하에서는 Stata 실습을 해 보자.

예제 4.11 Synthetic DID

예제 4.10의 `synth_smoking.dta` 데이터를 사용하자. 합성 DID는 Stata의 `sdid` 패키지로 구현되어 있다. 이 패키지는 `ssc install sdid`로 설치할 수 있다. 앞의 `synth` 패키지에서는 처치 시점을 옵션으로 주기 때문에 'D' 변수를 생성할 필요가 없으나 `sdid` 패키지는 명시적으로 이 변수를 필요로 한다. 아래 3행에서 `treated` 변수를 생성한다.

```
1   . use synth_smoking, clear
2   (Tobacco Sales in 39 US States)

3   . gen treated = state == 3 & year >= 1989

4   . sdid cigsale state year treated, vce(placebo) seed(1) graph g1on
5   Placebo replications (50). This may take some time.
6   ----+--- 1 ---+--- 2 ---+--- 3 ---+--- 4 ---+--- 5
7   ..................................................   50

8   Synthetic Difference-in-Differences Estimator
```

cigsale	ATT	Std. Err.	t	P>|t|	[95% Conf. Interval]	
treated	-15.60383	9.06213	-1.72	0.085	-33.36529	2.15763

```
14  95% CIs and p-values are based on Large-Sample approximations.
15  Refer to Arkhangelsky et al., (2020) for theoretical derivations.
```

4행이 합성 DID 명령이다. `graph` 옵션과 `g1on` 옵션으로 2개 그림이 그려진다. 이들 그림은 다음과 같다.

〈그림 4.3〉 합성 DID 결과 그림

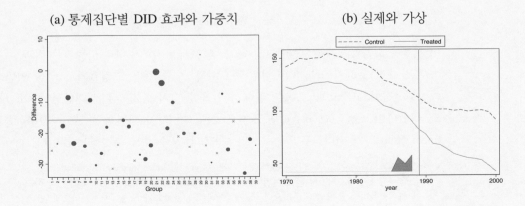

(a) 통제집단별 DID 효과와 가중치   (b) 실제와 가상

그림 (a)는 38개 비교대상 주state 각각에 대하여 DID로 측정한 정책효과를 표시한다. 단, 정책 도입 이전 시기의 평균은 그림 (b) 하단에 음영으로 표시된 가중치(mat le(lambda) 명령으로 구할 수 있음)를 적용하고, 정책 시행 이후 시기의 평균은 단순평균이다. 그림 (a)의 원의 크기는 '평균' 처치효과를 구할 때 사용하는 통제집단별 가중치(mat le(omega) 명령으로 구할 수 있음)의 크기를 표현한다. 작은 × 표시는 가중치가 0임을 나타낸다. 그림 (a)의 수 평선은 통제집단별 DID에 이들 가중치를 적용하여 구한 가중평균으로서, 앞 Stata 명령 12행에 표시된 -15.60383에 해당한다. 그림 (b)를 SCM의 〈그림 4.2〉와 비교하면 'D'와 'DID'의 차이를 알 수 있다. 〈그림 4.2〉에서는 'before' 시기의 성과 변수 수준이 맞추어져 있음에 반하여 〈그림 4.3〉에서는 추세는 유사하지만 일정한 수준 차이가 있다.

▶ **연습 4.5.** 〈그림 4.3〉 (a)에서 통제집단 중 가중치가 가장 큰 i는 무엇이며 그 가중치는 얼마인가? 그림 (b) 하단에 도형으로 표시된 시간 가중치들의 값은 무엇인가?

4.5   개체별로 상이한 계수를 갖는 변수들을 통제하기

패널 데이터 모형에서 계수가 i별로 다를 경우에는 각 i별로 β_i를 추정하는 수밖에 없다. 이때 T가 크지 않으면 β_i의 추정값이 정확하기를 바랄 수 없다. 그럼에도 β_i들의 i에 걸친 단순평균($\frac{1}{n}\sum_{i=1}^{n}\beta_i$)이나 가중평균 같은 것은 (따름모수가 아니므로) 추정할 수 있다.

만일 모형에 Z_{it} 변수 벡터가 있어 그 계수는 i마다 다르고 X_{it}의 계수는 모든 i에서 동일하다면, Z_{it}의 계수들은 따름모수이므로 정확한 추정이 어려워도 X_{it}의 계수(Neyman and Scott의 '구조적' 모수)는 일관되게 추정할 수도 있다. 대표적으로, $Z_{it} = 1$이고 그 계수를 α_i라 하면 모형은 $y_{it} = X_{it}\beta + 1 \times \alpha_i + \varepsilon_{it}$인데 FE 회귀을 통하여 β를 일관되게 추정할 수 있었다.

고정효과 모형을 일반화하여 다음 모형을 고려한다.

$$y_{it} = X_{it}\beta + Z_{it}\gamma_i + \varepsilon_{it}$$

이 모형을 고정효과 계수 모형이라고 하자. 여기서 γ_i가 i에 따라 다르다는 점과, γ_i에 관하여 아무런 가정도 하지 않는다는 점이 중요하다. 이 모형은 고정효과 모형을 일반화한 것이다. 통상적인 고정효과 모형은 앞에서 언급한 것처럼 $Z_{it} = 1$에 해당한다. 또 다른 예로, $Z_{it} = (1, t)$이고 $\gamma_i = (\alpha_i, \delta_i)'$라면 $Z_{it}\gamma_i = \alpha_i + \delta_i t$가 되어 개별적인 선형시간추세("incidental linear trends")가 된다. 우리의 목적은 '구조적' 모수 β를 추정하는 것이다.

> 📝 고정효과 계수 모형은 통계학의 선형 혼합효과 모형(linear mixed effects model)과 유사하지만 두 가지 점에서 다르다. 첫째, 용어법이 다르다. 혼합효과 모형에서 β는 "고정효과"라 하고 γ_i는 "임의효과" 라 하여, 우리의 용어법과는 다르다. 둘째, 통계학의 혼합효과 모형에서 "임의효과"인 γ_i는 설명변수들과 독립이라고 보지만, 여기서는 X_{it}와 상관될 수 있다고 본다.

γ_i들이 따름모수이므로 이를 소거할 필요가 있다. 흔히 사용하는 방법은 각 i별로 변수들을 Z_{it}에 대하여 OLS 회귀하여 y_{it}와 X_{it}로부터 Z_{it}와 상관된 부분을 소거한 후 잔차들을 이용하여 POLS 회귀를 하는 것이다. 각 i마다 별도로 회귀하는 것은 Z_{it}의 계수가 i마다 다르기 때문이다. 참고로 $Z_{it} = 1$이라면 이 변환은 집단내^{WG} 편차를 구하는 변환과 동일하다.

γ_i들을 소거하는 방법을 수학적으로 설명하기 위하여 모형을 다음과 같이 i개체에 대한 행렬 형태로 나타내자.

$$\mathbf{y}_i = \mathbf{X}_i \beta + \mathbf{Z}_i \gamma_i + \boldsymbol{\varepsilon}_i$$

이 모형을 추정하기 위해서는 우선 각 i별로 $\mathbf{y}_i$와 $\mathbf{X}_i$를 $\mathbf{Z}_i$에 대하여 회귀하여 잔차들을 구한다. 수학적으로, $M_{\mathbf{Z}_i} = I - \mathbf{Z}_i(\mathbf{Z}_i'\mathbf{Z}_i)^{-1}\mathbf{Z}_i'$라 한다면, 이 잔차들은 각각 $M_{\mathbf{Z}_i}\mathbf{y}_i$와 $M_{\mathbf{Z}_i}\mathbf{X}_i$이다. 위 식 양변의 앞에 $M_{\mathbf{Z}_i}$를 곱하면 다음이 된다.

$$M_{\mathbf{Z}_i}\mathbf{y}_i = M_{\mathbf{Z}_i}\mathbf{X}_i \beta + M_{\mathbf{Z}_i}\boldsymbol{\varepsilon}_i$$

여기서 $M_{\mathbf{Z}_i}\mathbf{Z}_i = 0$이므로 γ_i와 관련된 항이 소거됨에 유의하라. 이제 β를 추정하기 위해서는 $M_{\mathbf{Z}_i}\mathbf{y}_i$를 $M_{\mathbf{Z}_i}\mathbf{X}_i$에 대하여 OLS하면 된다. 그 추정량은 수식으로 다음과 같다.

$$\hat{\beta}_{fe} = \left(\sum_{i=1}^{n} \mathbf{X}_i' M_{\mathbf{Z}_i} \mathbf{X}_i \right)^{-1} \sum_{i=1}^{n} \mathbf{X}_i' M_{\mathbf{Z}_i} \mathbf{y}_i$$

참고로, 위 추정량은 $\mathbf{y}_i$를 $M_{\mathbf{Z}_i}\mathbf{X}_i$에 대하여 OLS 회귀하는 것과 동일하다.

Stata에서는 Volker Ludwig의 `xtfeis` 패키지를 사용할 수 있다. 사용할 때에는 다음과 같이 한다.

```
. xtfeis y x1 x2, slope(z1 z2) cluster(id)
```

Ludwig and Brüderl (2018)은 이 방법을 이용하여 남성의 임금 결정에서 결혼 프리미엄을 추정하였다. 상수항, 경력, 경력의 제곱이 개별적 기울기를 갖는 Z_{it} 변수라고 지정하여 경력의 효과가 개인마다 상이할 수 있도록 한 모형에서 Ludwig은 결혼 프리미엄이 기존에 알려진 것보다 훨씬 작다는 결론을 내린다.

예제 4.12   남성의 결혼 프리미엄

Tobias Rüttenauer와 Volker Ludwig의 R 패키지 `feisr`에 Ludwig and Brüderl (2018) 데이터(원래 소스는 NLSY79)의 약식 버전이 포함되어 있다. 이 R 데이터를 Stata 데이터 형태로 변환하고 변수명을 약간씩 바꾼 것이 `mwp.dta` 파일에 있다. 이 데이터를 이용하여 현재 학생으로 등록되어 있는지 여부(`enrol`), 학력(`yeduc`), 경력(`exp`), 경력 제곱(`expsq`), 연도 효과를 통제한 후 결혼 여부(`married`)가 로그 시급(`lnw`)에 얼마나 영향을 미치는지 측정해 보자. 통상적인 고정효과 모형과 경력 및 경력 제곱항의 계수가 i마다 상이하도록 설정된 모형(고정효과 계수 모형)을 고려한다. 다음 결과를 보라.

```
1   . use mwp, clear
2   (Panel data including wages and family status in R feisr package)

3   . qui xtreg lnw married enrol yeduc exp expsq i.year, fe vce(r)

4   . est store fe

5   . qui xtfeis lnw married enrol yeduc i.year, slope(exp expsq) cluster(id)

6   . est store feis

7   . est tab fe feis, b star drop(i.year)

8
9      Variable  |       fe              feis
10     ----------+------------------------------------
11      married  |   .07547558*         .01743955
12        enrol  |  -.20786031***      -.11612822***
13        yeduc  |   .06747906***       .01650004
14          exp  |   .12816729***
15        expsq  |  -.00237994**
16        _cons  |   1.50914***
17     ----------+------------------------------------
18        legend: * p<0.05; ** p<0.01; *** p<0.001
```

3행에서는 통상적인 FE 회귀를 한다. 5행에서는 exp와 expsq 계수가 i마다 상이할 수
있는 모형을 추정한다. 11–16행에 연도별 효과들을 제외한 나머지 변수들의 계수 추정값과
유의성(별표)이 제시되어 있다. 결혼여부 더미변수(married)의 계수는 통상적인 FE 회귀
에서는 0.075로 크기도 상당하고 통계적으로도 5% 수준에서 유의한 반면(클러스터 표준오차
사용), exp와 expsq 계수가 i마다 상이하도록 한 고정효과 계수 모형에서는 married의
계수가 약 0.017로 크기도 작고 통계적 유의성도 없다.

다음으로 기온이 경제성장에 미치는 영향을 분석한 고전적인 논문을 살펴본다. 이
예제는 고려대 경제학과의 김덕파 교수가 소개해 준 것이다.

예제 4.13   기후변화와 경제성장

Burke, Hsiang, and Miguel (2015, BHM)은 기후가 경제성장에 미치는 영향을 분석하였
다(i는 국가, t는 연도). X_{it}가 기온(temp), 기온의 제곱(temp2), 강수량(prec), 강수량의 제곱
(prec2)을 포함하는 벡터일 때 BHM (2015)의 모형은 다음과 같다.

$$y_{it} = \alpha_i + X_{it}\beta + \gamma_t + \delta_{1i}t + \delta_{2i}t^2 + \varepsilon_{it}$$

모형은 연도별 더미변수를 포함하고, 선형 추세와 그 제곱항의 계수가 국가마다 다르도록 설정되었다. BHM (2015) 데이터를 정리한 것이 `climate.dta`에 있다. BHM (2015) 'Table 1'의 (1)–(4)를 다음과 같이 복원할 수 있다. 전체 데이터를 사용한 분석(Base), 20년 이상 관측이 이루어진 국가들을 사용한 분석(Over20), 산유국을 제외한 분석(NoOil), 미국과 중국을 제외한 분석(NoUS_CH)의 결과가 제시되어 있다.

```
 1  . use climate, clear

 2  . qui tab year, gen(yr_)

 3  . global model growth temp temp2 prec prec2 yr_*

 4  . qui xtfeis $model, slope(time time2) cluster(iso_id)

 5  . est store Base

 6  . qui xtfeis $model if wdinomiss>=20, slope(time time2) cluster(iso_id)

 7  . est store Over20

 8  . qui xtfeis $model if !oil, slope(time time2) cluster(iso_id)

 9  . est store NoOil

10  . qui xtfeis $model if iso!="USA" & iso!="CHN", slope(time time2) ///
11  > cluster(iso_id)

12  . est store NoUS_CH

13  . est tab Base Over20 NoOil NoUS_CH, drop(yr_*) b se stats(N r2_w)
```

Variable	Base	Over20	NoOil	NoUS_CH
temp	.01271835	.01345599	.01275998	.0128149
	.00364287	.00366177	.00347908	.00366203
temp2	-.00048709	-.00050256	-.00050473	-.00048943
	.00011386	.00011469	.00010754	.00011419
prec	.0144515	.01483058	.01296908	.01475445
	.00964923	.00966555	.009735	.00971301
prec2	-.0047458	-.00487064	-.00401493	-.00480719
	.00245331	.00245976	.00240261	.00246439
N	6584	6477	6090	6484
r2_w	.06325147	.06379768	.06631846	.06385729

Legend: b/se

추정값 표에서 연도더미들의 계수는 표시하지 않았다. 표준오차는 BHM (2015)의 Table 1과 근소하게 다른데 이는 소표본 조정 방식이 상이하기 때문이다. BHM (2015)

은 더미변수들과 교차항들을 생성한 다음 OLS의 방법을 사용하여 추정하였고 위에서는
`xtfeis` 패키지를 사용하였는데, 이는 예제 3.14에서 살펴본 FE 회귀와 LSDV 간 클러스터
표준오차 계산 방법 차이와 유사하다. 또한 BHM (2015) 논문에는 OLS로부터의 R제곱이
제시된 반면 `xtfeis` 패키지는 집단내 R제곱을 제시한다.

▶ **연습 4.6.** 위 결과와 BHM (2015) 논문의 Table 1을 서로 비교하라.

고정효과 계수 모형에서 γ_i는 무슨 변수와든 상관될 수 있어서 소거해야 했다. 반면 γ_i가
다른 설명변수들과 독립이라고 가정하는 '임의계수' 모형에서는 별문제 없이 β와 $E(\gamma_i)$를
추정할 수 있다. 이는 $Z_{it}\gamma_i = Z_{it}\gamma + Z_{it}(\gamma_i - \gamma)$로 두고$(\gamma = E(\gamma_i))$ $Z_{it}(\gamma_i - \gamma)$를 오차항의 일부로
취급하면 설명변수가 오차항에 대하여 강외생적이므로 RE 회귀를 해도 좋기 때문이다. 단,
이분산과 자기상관이 추가로 도입되므로 클러스터 표준오차를 사용해야 할 것이다.

4.6 고정효과 모형에서 제곱항

선형모형에서 설명변수 증가의 효과가 설명변수 값이 클수록 커지거나 작아지도록 하여
2차함수 모양이 되도록 하고 싶을 때 흔히 해당 설명변수의 제곱항을 포함시킨다. 패널
고정효과 모형에서도 제곱항을 포함시키는 것을 고려할 수 있는데 횡단면 데이터의 분석과
달리 패널 데이터 분석의 경우 제곱항은 상당히 미묘한 문제와 결부되어 있다. 먼저 다음
간단한 2차식 모형을 고려하자.

$$y_{it} = \alpha_i + \beta_1 x_{it} + \beta_2 x_{it}^2 + \varepsilon_{it} \tag{4.3}$$

Stata에서 이 모형은 '`xtreg y c.x##c.x, fe`' 명령에 의하여 추정할 수 있다. 이 모형
에서 x_{it} 증가 효과의 부호가 바뀌는 반환점은 (미분을 사용하여 구하면) $-\frac{1}{2}\beta_1/\beta_2$이다.
반환점이 모든 i에서 동일하므로 모형 (4.3)을 '공통 반환점 모형'이라 하자.

제곱항이 없는 선형 고정효과 모형의 경우 μ_i는 i별로 직선을 위아래로 평행이동시켜
주는데, 직선의 경우 위아래로 움직이는 것은 좌우로 움직이는 것과 똑같은 효과를 갖는다.
그래서 모형의 μ_i는 y_{it} 값들로부터 $\bar{y}_i$를 차감해 주는 역할을 함과 동시에 x_{it} 값들로부터
$\bar{x}_i$를 차감하는 역할도 해 주고, FE 회귀는 $y_{it} - \bar{y}_i$를 $x_{it} - \bar{x}_i$에 대하여 POLS 회귀하는 것과
동일하다. 하지만 제곱항이 있는 모형에서 수평축에 x_{it}, 수직축에 y_{it} 그림을 그리면 μ_i
가 포물선을 위아래로 이동시켜 주기는 하지만, 직선의 경우와 달리 좌우로 이동시키는
역할은 하지 못한다. 그 결과 곡선을 아무리 위아래로 평행이동을 해도 반환점의 x좌표는
같은 자리에 고정된다. 식 (4.3)의 공통 반환점 모형은 모든 i가 공통의 x값에서 반환점을
갖고 y의 높이만 상이하도록 설정된 모형이다.

각 i별로 반환점 위치가 자신의 $\bar{x}_i$로부터 일정한 정도만큼 떨어져 있다고 제약을 주는 '집단내 반환점 모형'도 고려할 수 있다.

$$y_{it} = \alpha_i + \beta_1(x_{it} - \bar{x}_i) + \beta_2(x_{it} - \bar{x}_i)^2 + \varepsilon_{it} \tag{4.4}$$

이 모형에서 개체 i의 반환점은 $\bar{x}_i - \frac{1}{2}\beta_1/\beta_2$이다. 특히, 식 (4.4)에서 $\beta_1 = 0$이면 반환점이 $\bar{x}_i$이므로, $\beta_1 = 0$이라는 귀무가설을 검정함으로써 개체들이 평균적으로 최적점(반환점)에 위치해 있는지 여부를 검정할 수도 있겠다. 참고로, 식 (4.4)에서 $\beta_1(x_{it} - \bar{x}_i)$는 $\beta_1 x_{it}$라고 써도 좋다. 그렇게 쓰면 α_i가 $\alpha_i - \beta_1\bar{x}_i$가 되는데, 어차피 α_i는 관측하지 못하는 고정효과이므로 $\alpha_i - \beta_1\bar{x}_i$를 고정효과라고 해도 변하는 것은 없다. 하지만 RE 회귀나 POLS 회귀를 하면 달라지므로 주의할 필요가 있다.

모형 (4.3)과 모형 (4.4)는 모두 특정한 제약이 있는 모형이다. 이 두 모형을 결합하여 일반화하여 다음 모형을 얻는다.

$$y_{it} = \alpha_i + \gamma_1 x_{it} + \gamma_2 \bar{x}_i x_{it} + \beta_2 x_{it}^2 + \varepsilon_{it} \tag{4.5}$$

이 모형에서 $\gamma_2 = 0$이라는 제약을 가하면 공통 반환점 모형 (4.3)이 되고, $\gamma_2 = -2\beta_2$라는 제약을 가하면 집단내 반환점 모형 (4.4)가 된다. 참고로 McIntosh and Schlenker (2006) 는 (4.3)과 모형 (4.4)를 각각 'global' 모형과 'within' 모형이라 하였으며, 이들을 결합한 모형으로 다음을 제시하였다.

$$y_{it} = \alpha_i + \beta_1 x_{it} + \beta_2 x_{it}^2 + \beta_3(x_{it} - \bar{x}_i)^2 + \varepsilon_{it}$$

하지만 이 모형에서는 $\beta_2 \neq 0$이고 $\beta_3 \neq 0$일지라도 $\beta_2 + \beta_3 = 0$이면 x_{it}^2항이 사라지므로 혼란의 여지가 있고, 이보다는 (4.5)가 더 낫다.

제곱항이 사라지면 모형은 $y_{it} = \alpha_i + \gamma_1 x_{it} + \gamma_2 \bar{x}_i x_{it} + \varepsilon_{it}$ 형태가 되는데, 이 경우 집단내 비선형성은 없다. 왜냐하면 $\bar{x}_i$를 포함한 모든 시간불변 요인들이 고정될 때

$$y_{it} - y_{is} = \gamma_0(x_{it} - x_{is}) + \gamma_1\bar{x}_i(x_{it} - x_{is}) + (\varepsilon_{it} - \varepsilon_{is})$$

가 되어 x_{it}와 x_{is} 간에 Δx 만큼의 차이가 있으면 두 기간 간 종속변수 차이의 기댓값이 $(\gamma_1 + \gamma_2\bar{x}_i)\Delta x$ 만큼으로서 Δx에 대하여 선형이기 때문이다. 하지만 이 경우에도 집단간 비선형성은 존재한다. 이는 다음과 같이 개체별 평균을 구해 보면 확연히 알 수 있다.

$$\bar{y}_i = \bar{\alpha} + \gamma_1\bar{x}_i + \gamma_2\bar{x}_i^2 + \bar{\varepsilon}_i$$

모형 (4.5)에서 $\beta_2 \neq 0$이면 집단내 비선형성이 있으며 반환점 위치는 $-\frac{1}{2}(\gamma_1 + \gamma_2\bar{x}_i)/\beta_2$ 이다. 이 반환점 위치는 $\gamma_2 = 0$이면 모든 i에서 동일하고 일반적으로는 $\bar{x}_i$의 선형함수이다. 집단내 함수의 곡률인 β_2는 모든 i에서 동일하도록 설정되어 있다.

반환점 위치를 완전히 자유롭게 설정하는 모형은 다음과 같다.

$$y_{it} = \alpha_i + \beta_{1i} x_{it} + \beta_2 x_{it}^2 + \varepsilon_{it} \tag{4.6}$$

여기서 x_{it} 의 계수 β_{1i} 는 i 별로 뭐든 될 수 있으므로, 이 모형을 '고정효과 반환점 모형'이라고 할 수 있겠다. 참고로, 모형 (4.5)는 $\beta_{1i} = \gamma_1 + \gamma_2 \bar{x}_i$ 라는 제약을 가한 것이다. 고정효과 반환점 모형에서 공통 곡률 β_2 는 4.5절의 방법(예를 들어, `xtfeis c.x##c.x, slope(x)`)을 사용하여 간단히 추정할 수 있다. 하지만 β_{1i} 의 추정에는 T 개의 관측치만을 이용되므로 정확성이 낮을 수 있다.

고정효과 반환점 모형에서 β_{1i} 를 $\beta_{1i} = \gamma_1 + \gamma_2 \bar{x}_i + c_i$ 로 써 보자. 물론 β_{1i} 는 관측되지 않으며 따라서 c_i 도 관측되지 않는다. 여기서 c_i 를 무시하고 식 (4.5)와 같이 x_{it}, $\bar{x}_i x_{it}$, x_i^2 에 대하여 FE 회귀를 하면 추정량은 일관적^{consistent}일 것인가? 이를 살펴보기 위해 식 (4.6)에 $\beta_{1i} = \gamma_1 + \gamma_2 \bar{x}_i + c_i$ 를 대입하면 다음을 얻는다.

$$y_{it} = \alpha_i + \gamma_1 x_{it} + \gamma_2 \bar{x}_i x_{it} + \beta_2 x_{it}^2 + c_i x_{it} + \varepsilon_{it}$$

$\alpha_i^* = \alpha_i + c_i \bar{x}_i$ 라 하고 새로운 고정효과로 간주하면 위 식은 다음이 된다.

$$y_{it} = \alpha_i^* + \gamma_1 x_{it} + \gamma_2 \bar{x}_i x_{it} + \beta_2 x_{it}^2 + [\varepsilon_{it} + c_i(x_{it} - \bar{x}_i)] \tag{4.7}$$

FE 회귀는 WG 편차들을 가지고 OLS를 하는 것이므로 위 식을 WG 편차들로 표현하면, WG 편차들을 물결(˜) 기호로 나타내고 $q_{it} = x_{it}^2$ 이라 할 때, 다음과 같다.

$$\tilde{y}_{it} = \gamma_1 \tilde{x}_{it} + \gamma_2 \bar{x}_i \tilde{x}_{it} + \beta_2 \tilde{q}_{it} + (\tilde{\varepsilon}_{it} + c_i \tilde{x}_{it})$$

그러므로 식 (4.5)의 FE 회귀가 γ_1, γ_2, β_2 의 일관된 추정량을 제공하려면 (설명변수들이 ε_{it} 에 대하여 강외생적이라는 전제하에) 다음이 성립하여야 한다.

$$\frac{1}{n} \sum_{i=1}^{n} c_i \left[\frac{1}{T} \sum_{t=1}^{T} (\tilde{x}_{it}^2, \bar{x}_i \tilde{x}_{it}^2, \tilde{x}_{it} \tilde{q}_{it}) \right] \xrightarrow{p} 0 \tag{4.8}$$

일 것이 필요하다. 즉, c_i 가 $(\tilde{x}_{it}^2, \bar{x}_i \tilde{x}_{it}^2, \tilde{x}_{it} \tilde{q}_{it})$ 의 개별평균(t에 걸친 표본평균)과 비상관이면 y_{it} 를 $x_{it}, \bar{x}_i x_{it}, x_{it}^2$ 에 FE 회귀하여도 좋다. 예를 들어, 만약 반환점 위치가 $\gamma_1 + \gamma_2 \bar{x}_i + c_i$ 에 비례하고 c_i 가 무작위적(설명변수로부터 독립)이라면 y_{it} 를 x_{it}, $\bar{x}_i x_{it}$, x_{it}^2 에 대하여 FE 회귀를 하여도 좋다.

식 (4.7)에서는 $\beta_{1i} = \gamma_1 + \gamma_2 \bar{x}_i + c_i$ 라고 설정하였다. $\bar{x}_i$ 대신에 다른 시간불변$^{time-invariant}$ 변수 벡터 Z_i 에 대하여 $\beta_{1i} = \gamma_0 + Z_i \gamma_1 + c_i$ 라고 하여도 좋다. 이 경우 y_{it} 를 x_{it}, $x_{it} Z_i$, x_{it}^2 에 대하여 FE 회귀해도 좋을 조건은 식 (4.8)에서 $\bar{x}_i$ 를 Z_i 로 치환하여 구한다.

예제 4.14   1인당 GDP에 대한 1인당 CO_2 배출량의 탄력성

`co2pc.dta` 데이터에는 1인당 CO_2 배출량(톤)과 1인당 GDP(2010년 US\$) 변수의 패널 데이터가 있다. 이 중 1960년 인구가 1백만 명 이상인 국가들만을 대상으로(별 이유 없음) 1인당 CO_2 배출량의 로그값을 1인당 GDP와 그 제곱항에 대하여 FE 회귀해 보자. 우선 데이터를 읽어들여 1960년 인구가 1백만 명 이상인 국가만 남긴다. 이하 3행에서 1960 년도 인구 `pop60`이 1백만 이상이고, 전체 기간(1960–2017) 동안 변수값들이 누락되지 않은 관측치만 남긴다. 참고로, $\ln(\mathtt{co2pc})$는 y 변수로 이미 생성되어 있으며 $\ln(\mathtt{gdppc})$ 는 x 변수로 이미 생성되어 있다. 5행에서는 $\bar{x}_i$를 생성한다.

```
1  . use co2pc, clear
2  (CO2 emissions (MT per capita) and GDP per capita (constant 2010 US$))

3  . keep if pop60 >= 1e6 & balanced
4  (4,574 observations deleted)

5  . by id: egen xbar = mean(x)
```

이 데이터를 이용하여 식 (4.3)의 공통 반환점 모형을 추정하면 다음과 같다.

```
6  . xtreg y c.x##c.x, fe vce(r)
```

Fixed-effects (within) regression | | | Number of obs | = | 3,819
Group variable: **id** | | | Number of groups | = | 67

R-squared: | | | Obs per group: | |
    Within = 0.5154 | | | min = | 57
    Between = 0.8569 | | | avg = | 57.0
    Overall = 0.8267 | | | max = | 57

| | | | F(2,66) | = | 74.18 |
corr(u_i, Xb) = 0.3970 | | | Prob > F | = | 0.0000 |

(Std. err. adjusted for **67** clusters in **id**)

y	Coefficient	Robust std. err.	t	P>|t|	[95% conf. interval]
x	2.065099	.5956739	3.47	0.001	.875798 3.2544
c.x#c.x	-.0738334	.0327035	-2.26	0.027	-.1391281 -.0085388
_cons	-11.63669	2.62427	-4.43	0.000	-16.87621 -6.397164
sigma_u	.70121521				
sigma_e	.35277484				
rho	.79802076	(fraction of variance due to u_i)			

```
30    . mat b = e(b)

31    . di -0.5*b[1,1]/b[1,2]
32    13.98485

33    . su x
```

34	Variable	Obs	Mean	Std. dev.	Min	Max
35						
36	x	3,819	8.12826	1.549385	4.883389	11.42481

31–32행에서 공통의 반환점 위치를 구하였다. 그 값은 **13.98485**이다. 36행에 의하면 이 반환점 위치는 x_{it} 의 최댓값보다 크며, 이는 아직 반환점에 도달하지 못하였음을 나타낸다. 사실 이 결과는 x와 y의 함수관계에서 '증가'가 '감소'로 전환된다는 증거가 되지 못한다. 추정을 통하여 구한 반환점 위치는 x의 표본값 밖에 위치한다. 이 '반환점'이라는 것은 데이터에 보이는 함수관계를 2차함수 포물선으로 맞춘 후 이를 표본구간 밖으로 외삽extrapolation하여 구한 상상의 산물이므로, 이 결과로부터 반환점이라는 것을 언급한다는 것조차 부적절하다. 22행에서 x_{it}^2 의 계수가 음수라는 것은 1인당GDP가 증가할수록 두 변수 간 탄력성이 체감한다는 것을 나타낼 뿐, 그렇기 때문에 경제가 발전하면 결국 탄력성이 음수로 전환될 것이라는 근거가 되지는 않는다. 위 결과는 GDP에 대한 CO_2 배출량 탄력성이 체감한다는 정도로 받아들이는 것이 좋다.

다음으로 식 (4.4)의 집단내 반환점 모형, 즉 우변에 $x_{it} - \bar{x}_i$ 항과 그 제곱항이 있는 모형을 추정해 보자. 결과는 다음과 같다.

```
37    . gen xd = x-xbar

38    . xtreg y c.xd##c.xd, fe vce(r)
```

```
39    Fixed-effects (within) regression        Number of obs     =      3,819
40    Group variable: id                       Number of groups  =         67

41    R-squared:                               Obs per group:
42        Within  = 0.5051                                 min =         57
43        Between = 0.0409                                 avg =       57.0
44        Overall = 0.0286                                 max =         57

45                                             F(2,66)           =      85.63
46    corr(u_i, Xb) = -0.0391                  Prob > F          =     0.0000
```

```
47                                (Std. err. adjusted for 67 clusters in id)
48
```

49			Robust				
50	y	Coefficient	std. err.	t	P>|t|	[95% conf. interval]
51							
52	xd	.8539689	.0660199	12.94	0.000	.722156	.9857818
53							

```
54    c.xd#c.xd    -.2499038   .0705956    -3.54   0.001   -.3908524   -.1089552
55
56         _cons    .1351743   .0117145    11.54   0.000    .1117856    .158563
57
58       sigma_u   1.7015713
59       sigma_e   .35649506
60           rho   .95795153    (fraction of variance due to u_i)
61
```

62 . mat b = e(b)

63 . di -0.5*b[1,1]/b[1,2]
64 **1.7085951**

65 . su xd

```
66    Variable        Obs       Mean    Std. dev.       Min        Max
67
68          xd      3,819    2.58e-08   .4074082   -1.892682   2.192979
```

69 . su xd if xd >= 1.7085951

```
70    Variable        Obs       Mean    Std. dev.       Min        Max
71
72          xd          7    1.995306   .1490648    1.77551   2.192979
```

73 . gen turn1 = xbar-0.5*b[1,1]/b[1,2]

74 . l iso2c country year y x turn1 if x < . & x > turn1, sep(0)

```
75
76      iso2c   country   year        y          x       turn1
77
78  849.    CN    China    2010   1.88107   8.422982   8.356068
79  850.    CN    China    2011   1.979831  8.509409   8.356068
80  851.    CN    China    2012   2.004819  8.580235   8.356068
81  852.    CN    China    2013   2.022502  8.650091   8.356068
82  853.    CN    China    2014   2.02074   8.716659   8.356068
83  854.    CN    China    2015   2.001281  8.779622   8.356068
84  855.    CN    China    2016   1.970716  8.840451   8.356068
85
```

이 회귀 결과로부터 유추되는 반환점 위치는 64행에 의하면 $x_i^* = \bar{x}_i + 1.7085951$ 이다. 68행에 의하면 $x_{it} - \bar{x}_i$의 최댓값은 2.192979이므로 반환점 위치를 지난 관측치들이 존재한다. 하지만 72행에 의하면 그러한 관측치는 3,819개 중 7개에 불과하다. 73행에서 관측치별로 반환점 위치를 구하였으며, 78–84행에 의하면 유일하게 중국에서 2010–2016년에 반환점 위치보다 큰 x 값이 관측된다. 이것을 과연 반환점 통과로 간주할 수 있을지는 twoway scatter y x if iso2c=="CN" 또는 twoway line y x year if iso2c=="CN"으로 그림을 그려 확인해 보기 바란다(필자는 반환점을 통과했다고 보지 못하겠다).

54행과 22행의 결과를 비교하면, '공통 반환점' 모형보다 '집단내 반환점' 모형에 의한 곡률이 더 훨씬 크다. Within R-squared의 값은 공통 반환점 모형의 경우가 더 크다(10행과 42행 비교). 두 모형을 포괄하는 (4.5)를 추정한 결과는 다음과 같다.

```
86   . xtreg y c.x##c.x c.xbar#c.x, fe vce(r)

87   Fixed-effects (within) regression        Number of obs    =     3,819
88   Group variable: id                       Number of groups =        67

89   R-squared:                               Obs per group:
90       Within  = 0.5384                             min =         57
91       Between = 0.8390                             avg =       57.0
92       Overall = 0.7849                             max =         57

93                                            F(3,66)          =     62.41
94   corr(u_i, Xb) = -0.9941                  Prob > F         =    0.0000

95                               (Std. err. adjusted for 67 clusters in id)
```

y	Coefficient	Robust std. err.	t	P>|t|	[95% conf. interval]
x	2.163186	.576541	3.75	0.000	1.012084 3.314287
c.x#c.x	-.3629307	.1166586	-3.11	0.003	-.5958471 -.1300144
c.xbar#c.x	.5653214	.192903	2.93	0.005	.1801782 .9504646
_cons	-31.25282	8.153722	-3.83	0.000	-47.53225 -14.97339
sigma_u	6.8103409				
sigma_e	.34431842				
rho	.99745039	(fraction of variance due to u_i)			

```
112  . mat b = e(b)

113  . di -0.5*b[1,1]/b[1,2]
114  2.9801633

115  . di -0.5*b[1,3]/b[1,2]
116  .77882825

117  . gen turn2 = -0.5*(b[1,1]+b[1,3]*xbar)/b[1,2]

118  . su x if x > turn2
```

Variable	Obs	Mean	Std. dev.	Min	Max
x	34	9.902273	.8877221	8.241882	10.91586

102행은 제곱항에 해당하며 104행은 상호작용항 $\bar{x}_i x_{it}$ 에 해당한다. 위 결과로부터 유추되는 반환점 위치 결정식은 113–116행에 의하면 대략 $2.98 + 0.78\bar{x}_i$ 이다. 117행에서

반환점 위치들을 구할 수 있다. 이후 x가 turn2를 초과하는 관측치들을 화면에 표시해 보면 중국(CN), 한국(KR), 싱가포르(SG) 3개국의 34개 관측치가 이에 해당한다. 각국에 대하여 twoway scatter y x if iso2c=="CN" 등 명령으로 그림을 그려 보면 탄력성 부호가 실제로 전환되었는지 시각적으로 확인할 수 있다. 참고로, 우리나라(KR) 그림을 그려 보면 탄력성이 음(−)으로 전환된 것으로 보이지 않으며, 모든 국가에서 곡률(제곱항의 계수)이 동일하도록 제약을 주고 추정하였기 때문에 발생한 인위적 결과물artifact로 보인다.

마지막으로, x_{it} 의 계수가 β_{1i} 인 완전한 '고정효과' 반환점 모형 (4.6)을 추정하면 제곱 항의 계수는 다음과 같다.

```
122  . xtfeis y c.x#c.x, slope(x) sp cluster(id)

123  Fixed-effects regression with individual-specific slopes (FEIS)

124  Group variable: id                        Number of obs    =      3819
125                                            Number of groups =        67

126  R-sq:  within  = 0.0560                   Obs per group: min =        57
127                                                           avg =      57.0
128                                                           max =        57

129  Standard errors adjusted for clusters in id
```

y	Coefficient	cluster std. err.	t	P>|t|	[95% conf. interval]
c.x#c.x	-.258198	.1114465	-2.32	0.024	-.4807082 -.0356879

```
136  Estimated slope parameters (Average Partial Effects)
```

	Coefficient	Std. err.	z	P>|z|	[95% conf. interval]
x	5.183944	.1333252	38.88	0.000	4.922631 5.445256
_cons	-24.97948	.9614801	-25.98	0.000	-26.86394 -23.09501

이로부터 구한 134행 제곱항 계수는 102행 추정값보다 크기가 작다. 134행 추정값은 '고정효과' 반환점 위치 모형에서 공통 곡률에 해당한다. $\hat{\beta}_{1i}$ 의 평균은 140행에 제시되어 있다. $\hat{\beta}_{1i}$ 값들은 122행에 예를 들어 addsp(ci_) 옵션을 추가하면 ci_x 변수에 저장된 다. 그런 다음 'hist ci_x if year==2015'라고 하면 $\hat{\beta}_{1i}$ 의 히스토그램을 그릴 수 있을 것이다. $\hat{\beta}_{1i}$ 값이 클수록 포물선은 우측에 위치한다. 'twoway scatter ci_x xbar if year==2015'라고 하여 $\bar{x}_i$ 와 $\hat{\beta}_{1i}$ 의 관계를 그림으로 표현할 수도 있다.

4.7   고정효과 회귀와 더미 상호작용

표준적인 모형 $y_{it} = \alpha + X_{it}\beta + \mu_i + \varepsilon_{it}$ 의 FE 회귀는 앞에서 살펴보았다. 이제 여기에 더미 변수 d_{it} 가 있고, 이 더미 변수의 값이 0이냐 1이냐에 따라서 X_{it} 와 y_{it} 의 함수관계가 달라진다고 하자. d_{it} 의 값에 따라 달라지는 함수관계를 어떻게 표현하고 추정할 것인가?

가장 손쉽게 생각해 볼 수 있는 방법은 $d_{it} = 0$ 인 관측치들과 $d_{it} = 1$ 인 관측치들에 대하여 각각 별도의 FE 회귀를 하는 것이다. Stata에서 예를 들어 다음과 같이 할 수 있다.

```
. xtreg y x1 x2 if d==0, fe
. xtreg y x1 x2 if d==1, fe
```

다른 방법으로 d_{it} 및 X_{it} 와 d_{it} 의 상호작용^{interaction} 항(즉, $d_{it}X_{it}$)을 우변에 추가하여 단일한 회귀하는 것을 생각해볼 수 있다.

```
. xtreg y d##c.(x1 x2), fe
```

이처럼 단일한 회귀를 한 다음 상호작용 항의 계수를 점검함으로써 $d_{it} = 0$ 인 경우와 $d_{it} = 1$ 인 경우에 구조적인 차이가 존재하는지 검정할 수 있으리라 기대할 수 있다.

실제 이렇게 더미변수 및 그와의 상호작용 항을 포함시켜 구조적인 차이를 검정하는 것은 횡단면 분석이나 시계열 분석에서 빈번히 사용되며 아무 문제도 없다. 패널 데이터를 이용하여 POLS를 할 때에도 마찬가지이다. 하지만 FE 회귀를 하면 이상한 현상이 발생한다. d_{it} 의 값에 따라 관측치들을 분류하여 개별적으로 FE 회귀를 할 때와 자료들을 한데 모아서 더미변수와 상호작용 항을 포함시키고 한꺼번에 FE 회귀를 할 때의 결과는 서로 다르다(이 점은 고려대학교 경제학과 신관호 교수가 2016년 2월 27일에 지적하였다). 단, d_{it} 가 t 에 따라 변하지 않으면, 즉 만약 더미변수가 d_i 라면 이 현상이 발생하지 않는다.

왜 이런 일이 일어날까? 이 차이의 핵심은 개체별 고정효과에 있다. 더미변수 및 더미변수와 설명변수의 상호작용항을 포함시키는 "`xtreg y d##c.(x1 x2), fe`"에 의한 추정(편의상 "단일회귀"라 하자)에서 고정효과의 값이 d_{it} 에 따라 달라지기는 하나, 그 달라지는 정도는 모든 i 에서 동일하다. 이 추정에서 만일 개별효과들($d_{it} = 0$ 일 때의 개별효과들)이 $\hat{\mu}_i$ 으로 추정되고 d_{it} 의 계수 추정값이 $\hat{\gamma}$ 이라면, $d_{it} = 1$ 일 때의 개별효과는 모든 i 에서 $\hat{\mu}_i + \hat{\gamma}$ 으로 추정된다. 다시 말하여 d_{it} 가 0이냐 1이냐에 따라 개별효과가 변화하는 정도는 모든 i 에서 똑같이 $\hat{\gamma}$ 인 것이다. 반면 d_{it} 의 값에 따라 별도로 FE 회귀를 하면("개별회귀"라 하자) 두 회귀에서의 고정효과들은 아무런 제약 없이 아무것이나 될 수 있다. 단일회귀는 개별회귀에 비하여 훨씬 많은 제약을 가하고 있는 것이며, 이로 인하여 두 회귀의 결과는 크게 다를 수 있다. 다음 예를 보자.

예제 4.15 성장기와 수축기 소득수준과 저축률의 관계

sumhes91.dta 데이터는 Summers and Heston (1991)의 Penn World Table에서 발췌된 것으로서 R 소프트웨어의 Ecdat 패키지에 들어 있는 것을 필자가 Stata 포맷으로 변환시킨 것이다. 여기에는 125개국의 1960–1985년 인구(pop, 천 명), 1인당 실질 GDP(gdp, 1985년 US 달러 기준), 저축률(sr, 백분율) 등의 자료가 있다. 저축률을 미국 대비 1인당 GDP(rinc)의 로그값에 대하여 FE 회귀를 하고자 한다. 전년도에 비하여 1인당 GDP가 증가할 때와 감소할 때 1인당 GDP와 저축률의 관계가 서로 다를 수 있다고 하자. 다음과 같이 데이터를 준비하였다.

```
1  . use sumhes91, clear
2  (The Summers and Heston 1991 data set)

3  . xtset country year
4         panel variable:  country (strongly balanced)
5          time variable:  year, 1960 to 1985
6                  delta:  1 unit

7  . gen lnrinc = ln(rinc)

8  . gen dgdp = d.gdp
9  (125 missing values generated)

10 . gen neg = dgdp < 0

11 . replace neg = . if dgdp==.
12 (125 real changes made, 125 to missing)

13 . su neg
```

Variable	Obs	Mean	Std. Dev.	Min	Max
neg	3,125	.2896	.4536493	0	1

```
17 . by country: egen evercom = max(com)

18 . su evercom
```

Variable	Obs	Mean	Std. Dev.	Min	Max
evercom	3,250	.04	.1959893	0	1

```
22 . drop if neg==. | opec==1 | evercom>0
23 (350 observations deleted)

24 . xtset
25         panel variable:  country (strongly balanced)
26          time variable:  year, 1961 to 1985
27                  delta:  1 unit
```

```
28   . su neg
```

Variable	Obs	Mean	Std. Dev.	Min	Max
neg	2,900	.2924138	.4549498	0	1

7행에서 미국 대비 1인당 GDP에 로그를 취하여 lnrinc 변수를 만들었고 8–11행에서 1인당 GDP가 전년도에 비하여 감소할 때 1의 값을 갖는 더미변수 neg를 생성하였다. 16행에서 전체 3,125개 관측치(125개국, 1961–1985년)의 약 29%에서 neg 변수가 1의 값을 가짐을 알 수 있다. 17–22행에서 OPEC 국가와 공산주의 경험이 있었던 국가들을 표본으로부터 제외하였다. 31행에 의하면 나머지 2,900개 관측치의 약 29%에서 1인당 GDP가 전년도에 비하여 감소하였다.

이제 neg가 0인 경우와 1인 경우에 별도로 FE 회귀를 하자.

```
32   . xtreg sr lnrinc if neg==0, fe vce(r)
```

```
33   Fixed-effects (within) regression              Number of obs     =     2,052
34   Group variable: country                        Number of groups  =       116

35   R-sq:                                          Obs per group:
36       within  = 0.0893                                     min =         8
37       between = 0.5457                                     avg =      17.7
38       overall = 0.4648                                     max =        25

39                                                  F(1,115)          =     19.32
40   corr(u_i, Xb)  = -0.1657                       Prob > F          =    0.0000
```

```
41                                 (Std. Err. adjusted for 116 clusters in country)
```

		Robust				
sr	Coef.	Std. Err.	t	P>|t|	[95% Conf. Interval]	
lnrinc	7.496431	1.705372	4.40	0.000	4.118418	10.87444
_cons	30.94647	2.917991	10.61	0.000	25.16649	36.72645
sigma_u	5.852719					
sigma_e	4.0200624					
rho	.679444	(fraction of variance due to u_i)				

```
53   . xtreg sr lnrinc if neg==1, fe vce(r)
```

```
54   Fixed-effects (within) regression              Number of obs     =       848
55   Group variable: country                        Number of groups  =       115

56   R-sq:                                          Obs per group:
57       within  = 0.0356                                     min =         1
58       between = 0.5544                                     avg =       7.4
59       overall = 0.3854                                     max =        17
```

```
60                                                F(1,114)          =        7.29
61  corr(u_i, Xb)   = 0.1561                       Prob > F          =      0.0080

62                              (Std. Err. adjusted for 115 clusters in country)
63  ──────────────────────────────────────────────────────────────────────────
64                                Robust
65           sr      Coef.    Std. Err.      t     P>|t|     [95% Conf. Interval]
66  ──────────────────────────────────────────────────────────────────────────
67       lnrinc    4.646015   1.720575     2.70    0.008      1.23757     8.05446
68        _cons   23.13853    3.771495     6.14    0.000     15.66723    30.60983
69  ──────────────────────────────────────────────────────────────────────────
70      sigma_u   5.4462827
71      sigma_e   4.3423857
72          rho    .61135675   (fraction of variance due to u_i)
73  ──────────────────────────────────────────────────────────────────────────
```

32행에서 neg가 0인 관측치들만 이용하여 FE 추정을 하고 53행에서 neg가 1인 관측치들만 이용하여 FE 추정을 한다. 46행에 따르면 전년도보다 1인당 GDP가 감소하지 않은 경우 미국 대비 1인당 GDP가 10% 높을 때 저축률이 약 0.75% 포인트 높은 것으로 추정되고, 67행에 따르면 전년도보다 1인당 GDP가 감소한 경우 미국 대비 1인당 GDP가 10% 높을 때 저축률이 약 0.46% 포인트 높은 것으로 추정된다. 67행과 46행 계수 추정값들의 차이는 약 −2.85이다.

이제 별 생각 없이 종속변수(sr)를 neg, lnrinc, 그리고 이 둘의 상호작용항에 대하여 FE 회귀를 하자. 그 결과는 다음과 같다.

```
74  . xtreg sr neg##c.lnrinc, fe vce(r)

75  Fixed-effects (within) regression        Number of obs     =      2,900
76  Group variable: country                  Number of groups  =        116

77  R-sq:                                    Obs per group:
78       within  = 0.0868                                min =         25
79       between = 0.5799                                avg =       25.0
80       overall = 0.4765                                max =         25

81                                           F(3,115)          =      15.23
82  corr(u_i, Xb)   = -0.0350                Prob > F          =     0.0000

83                              (Std. Err. adjusted for 116 clusters in country)
84  ──────────────────────────────────────────────────────────────────────────
85                                Robust
86           sr      Coef.    Std. Err.      t     P>|t|     [95% Conf. Interval]
87  ──────────────────────────────────────────────────────────────────────────
88        1.neg   -2.730404   .5235184    -5.22    0.000    -3.767393   -1.693415
89       lnrinc    6.852716   1.527235     4.49    0.000     3.827557    9.877875
90
91  neg#c.lnrinc
```

92	1	-.8890656	.2165007	-4.11	0.000	-1.317912	-.4602193
93							
94	_cons	29.52693	2.825982	10.45	0.000	23.92921	35.12466
95							
96	sigma_u	5.4055625					
97	sigma_e	4.1706634					
98	rho	.62684533	(fraction of variance due to u_i)				
99							

89행의 결과는 $d_{it} = 0$인 관측치 집단에서의 기울기 계수와 동일하다고 생각되겠지만, 이 값을 앞의 46행과 비교하면 그렇지 않음을 알 수 있다. 또, 92행의 계수 추정값은 $d_{it} = 1$인 관측치 집단과 $d_{it} = 0$인 관측치 집단 간의 기울기 계수의 차이라고 보통 생각하지만, 그 계수 추정값 −0.89는 앞에서 구한 차이인 −2.85와 아주 다르다.

74행의 회귀는 $d_{it} = 0$일 때와 $d_{it} = 1$일 때의 개별효과 차이가 모든 i에서 동일하다는 제약을 가하고 있다. 이러한 제약하에서, 88행에 따르면 $d_{it} = 0$에 비하여 $d_{it} = 1$일 때의 개별효과는 모든 i에서 약 2.73만큼 낮은 것으로 추정된다. 반면 32–73행의 결과들은 아무런 제약이 없이 얻어졌다. 46행과 67행의 추정값들을 단일한 회귀로써 복원하려면 $d_{it} = 0$과 $d_{it} = 1$에서 개별효과의 차이가 모든 i에서 다를 수 있어야 한다.

별도의 회귀에 비하여 더미 상호작용 항을 포함시킨 단일한 회귀가 갖는 장점은 계수 차이의 유의성을 검정할 수 있다는 것이다. Stata에서 이것을 해 주려면 더미변수와 개체별 더미변수들의 상호작용항들을 모두 포함시키고 LSDV를 하거나, 아니면 한 가지 편법을 쓸 수 있다. 이 편법은 $d_{it} = 0$일 때와 $d_{it} = 1$일 때 개체 식별자의 값을 다르게 해서 별도의 개체로 간주하도록 만드는 것이다. 이 예에서는 $i = 1, 2, \ldots, 125$이므로 $j = 1000 \times d + i$라고 해 주면, $d_{it} = 0$인 t에서는 $j = i$이지만 $d_{it} = 1$인 t에서는 $j = 1000 + i$가 된다. 이렇게 개체 식별자를 j로 재정의하고 나서, 이 새로운 개체 식별자를 이용하여 FE 회귀를 하면 개체별 고정효과의 값이 자유롭게 변할 수 있다. 하지만 표준오차를 구할 때에는 새 개체 식별자가 아니라 원래의 개체 식별자에 의하여 클러스터를 정해야 할 것이다. 다음 결과를 보라.

예제 4.16   성장기와 수축기 소득수준과 저축률의 관계 (계속)

예제 4.15에서 계속해 보자.

```
1  . su country
```

	Variable	Obs	Mean	Std. Dev.	Min	Max
2						
3						
4	country	2,900	60.4569	35.91734	1	125

```
5   . gen newid = neg*1000+country

6   . xtset newid year
7         panel variable: newid (unbalanced)
8          time variable: year, 1961 to 1985, but with gaps
9                 delta: 1 unit

10  . xtreg sr neg##c.lnrinc, fe vce(cl country)
11  note: 1.neg omitted because of collinearity

12  Fixed-effects (within) regression          Number of obs     =      2900
13  Group variable: newid                      Number of groups  =       231

14  R-sq:  within  = 0.0735                     Obs per group: min =         1
15         between = 0.4120                                    avg =      12.6
16         overall = 0.3430                                    max =        25

17                                             F(2,115)          =     10.15
18  corr(u_i, Xb)  = -0.1842                    Prob > F          =    0.0001
```

                                        (Std. Err. adjusted for **116** clusters in country)

sr	Coef.	Robust Std. Err.	t	P>|t|	[95% Conf. Interval]	
1.neg	0	(omitted)				
lnrinc	7.496431	1.705544	4.40	0.000	4.118076	10.87479
neg#c.lnrinc						
1	-2.850416	1.862513	-1.53	0.129	-6.539696	.8388634
_cons	28.66332	2.70942	10.58	0.000	23.29648	34.03016
sigma_u	6.4771363					
sigma_e	4.1110461					
rho	.71283683	(fraction of variance due to u_i)				

    1–4행에 의하면 i 변수에 해당하는 country는 1부터 125까지의 값을 취한다(4행). 5행에서 j에 해당하는 변수를 newid로 만들고, 6행에서는 이 newid를 개체 식별자라고 Stata에게 알려 주었다. 10행에서 d_{it}, X_{it}, $d_{it} \times X_{it}$에 대하여 회귀를 하였다. 여기서 표준오차를 구할 때 명시적으로 vce(cl country)라고 하였음에 유의하라. 이렇게 하지 않고 vce(r)이라고만 하면 이는 vce(cl newid)라고 하는 것과 같다. 이는 동일 국가 내에서 d_{it}의 값이 다를 때 고유오차항에 서로 상관이 없다고 하는 것이어서 적절하지 않아 보인다.

    X_{it}에 해당하는 25행의 결과는 예제 4.15의 46행에서 $d_{it} = 0$인 관측치 집단에 대하여 개별적으로 회귀할 때와 추정 결과가 같다. 28행의 상호작용항 계수 추정값은 앞에서 개별 회귀를 하여 구한 계수값들의 차이($d_{it} = 1$일 때와 $d_{it} = 0$일 때 간의 차이)인 −2.85와 동일하다.

해당 p값에 따르면 그 차이는 10% 수준에서 통계적으로 유의하지 않다.

한편, 11행의 설명과 24행으로부터 d_{it} 변수는 공선성으로 인해 회귀에서 제외된 것을 알 수 있다. 이는 국가명과 d_{it} 값에 의하여 개체 식별자가 재정의될 때 새로 정의된 개체 식별자 내에서는 d_{it} 의 값이 모두 동일하기(시간에 따라 불변) 때문이다. 이 문제에서 이것은 자연스러운 현상이며 문제될 것이 없다. 만일 결과가 이런 식으로 보고되는 것이 싫으면 다음 명령처럼 해서 d_{it} 에 해당하는 neg 변수를 회귀로부터 제거하면 된다. 아래에서는 neg 변수만 제거되고 나머지는 완전히 똑같다.

```
36   . xtreg sr lnrinc neg#c.lnrinc, fe vce(cl country)

37   Fixed-effects (within) regression          Number of obs    =      2900
38   Group variable: newid                      Number of groups =       231

39   R-sq:  within  = 0.0735                     Obs per group: min =         1
40          between = 0.4120                                    avg =      12.6
41          overall = 0.3430                                    max =        25

42                                              F(2,115)         =     10.15
43   corr(u_i, Xb)  = -0.1842                    Prob > F         =    0.0001

44                               (Std. Err. adjusted for 116 clusters in country)
45   ┌──────────────────────────────────────────────────────────────────────
46   │                      Robust
47           sr │    Coef.   Std. Err.      t    P>|t|     [95% Conf. Interval]
48   ─────────────┼──────────────────────────────────────────────────────────
49       lnrinc │  7.496431   1.705544    4.40   0.000     4.118076   10.87479
50              │
51   neg#c.lnrinc │
52            1 │ -2.850416   1.862513   -1.53   0.129    -6.539696   .8388634
53              │
54        _cons │  28.66332    2.70942   10.58   0.000     23.29648   34.03016
55   ─────────────┼──────────────────────────────────────────────────────────
56      sigma_u │  6.4771363
57      sigma_e │  4.1110461
58          rho │  .71283683   (fraction of variance due to u_i)
59   └──────────────────────────────────────────────────────────────────────
```

▶ **연습 4.7.** 모형에 연도별 더미를 설명변수로 추가하여 예제 4.15와 예제 4.16의 분석을 반복하라. neg의 값에 따른 개별적인 FE 추정들의 결과와 동일한 결과들이 나오도록 단일한 FE 회귀를 하고, neg의 값에 따라 lnrinc의 계수가 동일한지 통계적으로 검정하라.

4.8 이분산, 횡단면 종속, 시계열 상관의 검정

이 절에서는 패널 모형에서 등장하는 다양한 가설 검정에 대하여 설명한다. 계수의 유의성에 관한 검정이나 결합^{joint} 귀무가설의 검정은 특별할 것이 없으며 여느 계량경제 분석과 마찬가지로 t 검정, F 검정, χ^2 검정 등을 할 수 있으므로 별도로 이야기할 것이 없다. 다만 클러스터 표준오차에 대하여 유의하기 바란다. 패널 데이터 모형에 특수한 것으로서, RE 공분산 가정이 성립한다는 전제하에 μ_i 가 존재하는지 여부에 대한 검정을 2.5절에서 살펴본 바 있다. 또, 3.8절에서는 μ_i 가 고정효과인지 임의효과인지 검정하는 것에 대하여 상세히 설명하였다. 이 절에서는 그 밖에 i 에 걸친 이분산성, 오차항이 i 에 걸쳐 상관되는지 여부, 오차항이 t 에 걸쳐 상관되는지 여부를 검정하는 방법을 살펴본다.

이분산 검정

횡단면 데이터 모형에서 이분산성을 검정한다고 하면 그 의미는 분명하다. 예를 들어 $y_i = X_i\beta + u_i$ 가 모형이라면 이분산성이란 오차항 u_i 의 분산이 X_i 에 의존하는지 여부를 가리키며, 이 경우 귀무가설은 등분산적이라는 것, 대립가설은 이분산적이라는 것이다. 보통 OLS 잔차의 제곱을 설명변수들의 일정한 함수에 대하여 회귀한 후 모든 계수가 0 인지 F 검정이나 LM 검정을 이용하여 점검함으로써 이분산성을 검정한다.

패널 모형 $y_{it} = X_{it}\beta + u_{it}$, $u_{it} = \mu_i + \varepsilon_{it}$ 에서 이분산성을 이야기할 때에는 그 의미에 대해 더 확실히 할 필요가 있다. 첫째, 어디에 이분산성이 존재하는지 분명히 하여야 한다. "오차항"이라고 하면 보통 ε_{it} 아니면 u_{it} 를 의미한다. 흔히 임의효과 모형에서는 u_{it} 를 오차항으로 간주하고 고정효과 모형에서는 ε_{it} 를 오차항으로 간주한다. 둘째, 이분산성의 의미가 오차항의 분산이 X_{it} 에 의존한다는 것인지, $\bar{X}_i$ 에 의존한다는 것인지, i 마다 다르다는 것인지, t 마다 다르다는 것인지 분명히 하여야 한다. 셋째, 검정이 타당하기 위해서 ε_{it} 나 다른 항에 추가적인 조건이 요구되는지 확인하여야 한다.

우선 오차항(무엇이 되었든 간에)의 분산이 X_{it} 의 특정한 함수에 의존하는지 여부를 검정해 보자. 이 검정을 위해서는 먼저 일관적인^{consistent} 계수추정값을 구하고 이로부터 적절한 잔차를 구한 다음 이 잔차의 제곱이 X_{it} 의 해당 함수에 의존하는지 회귀하여 검정하면 될 것이다. 예를 들어 다음을 보자.

```
1   . use testfe, clear
2   . qui xtreg y x1 x2, re
3   . predict uhat, ue
4   . predict xb, xb
```

```
5   . gen uhat2 = uhat^2

6   . reg uhat2 c.xb##c.xb, vce(cl id)

7   Linear regression                          Number of obs   =       800
8                                              F(2, 99)        =     53.80
9                                              Prob > F        =    0.0000
10                                             R-squared       =    0.2199
11                                             Root MSE        =    37.167

12                              (Std. Err. adjusted for 100 clusters in id)
```

uhat2	Coef.	Robust Std. Err.	t	P>|t|	[95% Conf. Interval]	
xb	.1875388	.6784661	0.28	0.783	-1.158685	1.533763
c.xb#c.xb	.8621798	.1122727	7.68	0.000	.6394065	1.084953
_cons	5.581136	1.176924	4.74	0.000	3.245863	7.91641

위는 임의효과 모형에서 u_{it}의 분산이 $X_{it}\beta$와 $(X_{it}\beta)^2$에 의존하는지 검정한다(횡단면 분석에서 White의 이분산성 검정 참조). 마지막의 OLS 회귀는 RE 회귀로 바꾸어도 좋을 것이다. 9행에서 F검정(절편을 제외한 모든 설명변수들의 계수가 0이라는 귀무가설 검정)의 p값이 0.0000이므로 등분산 귀무가설이 기각된다.

FE 추정량의 분산이 통상적인ordinary 형태를 갖는지 확인하기 위하여 이분산성을 검정하려면 FE 추정으로부터 구한 집단내 잔차의 제곱을 $X_{it}\hat{\beta}$과 $(X_{it}\hat{\beta})^2$에 대하여 FE 추정한 다음 모든 설명변수들의 계수가 0이라는 귀무가설을 검정해 볼 수 있을 것이다.

Greene (2000)은 오차항의 분산이 σ_i^2이라고 한 다음(시간에 걸친 이분산은 없음) σ_i^2이 모든 i에서 동일한지 검정하는 방법을 소개하였다. 이 검정을 "groupwise heteroskedasticity" 검정이라고 하며, 기본적인 아이디어는 $\hat{\sigma}_i^2$들의 편차의 합이 적절한 정규화normalization 후에 정규분포가 허용하는 일정한 범위에 들어가는지 보는 것이다. Stata에서 xttest3 패키지를 설치하여 사용하면 이 검정을 할 수 있다.

이분산성 검정을 하는 것은 좋으나 왜 이 검정을 하는지 생각해야 할 것이다. 고정효과 모형이든 임의효과 모형이든 이분산성의 존재는 (시계열 상관의 존재와 마찬가지로) 계수 추정량의 일관성을 해치지 않으며, 견고한 표준오차의 사용과 효율성 제고의 측면에서만 중요하다(賣). 만약 늘 견고한(클러스터) 표준오차를 사용하기로 결심하고 있고 효율성 제고가 그다지 중요하지 않는 연구자라면 굳이 이분산성 검정을 할 필요성을 느끼지 못할 수도 있다(이분산성 자체가 관심사가 아니라면). 잘 생각해 보기 바란다.

횡단면 종속의 검정

클러스터 표준오차는 ε_{it} 에 임의의 집단내 상관이 존재하고 i 나 t 에 걸쳐 이분산이 존재할 때 견고한 표준오차이지만 오차항이 i 에 걸쳐서 독립이라는 조건을 필요로 한다. 같은 기간의 오차항들이 i 에 걸쳐 상관된다면 클러스터 표준오차를 사용할 수 없다.

만일 n 이 작고 T 가 크다면 잔차들로부터 i 간의 표본상관계수 행렬을 만들 수 있고, 이를 이용하여 여차저차한 검정통계량을 구하여 오차항이 i 에 걸쳐서 비상관인지 검정해 볼 수 있을 것이다. FE 추정의 경우 xttest2라는 명령이 이 일을 한다. 이 검정도 Breusch-Pagan 검정의 일종으로서 모든 가능한 개체들의 쌍에 대하여 구한 표본상관계수들의 제곱을 평균하는 방식으로 구한다. 이 검정의 문제는 n 에 비하여 T 가 큰 상황이 아니면 작동하지 않는다는 것이다. 예를 들어 $n = 100$, $T = 8$인 앞의 경우 FE 추정을 한 후 xttest2 명령을 내리면 "계산할 수 없다"는 오류를 발생시킨다. 다음을 보라.

```
1  . use testfe, clear

2  . qui xtreg y x1 x2, fe

3  . xttest2

4  Correlation matrix of residuals is singular.
5  not possible with test
```

실제 실행해 보면 4–5행은 빨간 색이고 그 다음에 오류 코드가 추가로 표시될 것이다. 위의 예에서는 횡단면 종속에 대한 BP 검정 통계량 값이 계산조차 되지 않았는데, 계산이 되는 경우에도 n 에 비하여 T 가 훨씬 크지 않으면 검정의 크기size(1종 오류의 확률)가 커서 결과를 신뢰하기 어려울 수 있다. xttest2의 용도는 이처럼 제한적이므로 조심해서 사용하여야 할 것이다.

좀 더 일반적인 상황에서 오차항의 횡단면 종속cross sectional dependence을 검정하는 방법들도 있다. 1976년 노벨 경제학상 수상자 밀턴 프리드먼(Milton Friedman, 1912–2006)이, 프리드먼에 관한 우리의 선입견에 다소(상당히) 어울리지 않게, 모든 가능한 개체들 간의 스피어만Spearman 순위상관계수들을 평균하는 검정법을 1937년에 제안하였고(Friedman 1937), Pesaran (2004)은 개체들 간의 통상적인 상관계수(피어슨Pearson 상관계수)들을 평균하는 검정법을 제안하였다. 이 두 방법은 가능한 상관계수들을 평균하므로 상쇄되는 일이 있다. Frees (1995)는 상관계수들을 제곱하여 평균함으로써 이 문제를 피하였다. 흥미롭게도 Frees 는 자신의 1995년 논문에서 이미 Pesaran (2004)의 검정방법을 "논의의 완성을 위하여(for completeness)" 언급한 바 있다.

> 스피어만 순위상관계수(Spearman's rank correlation coefficient)란 두 변수의 순위값들이 서로 얼마나 상관되었는지 나타내는 지표이다. 순위값(rank)이란 몇 번째 위치를 차지하는지 나타내는 정수이다. 예를 들어 $x_1, \ldots, x_4$ 의 값들이 $-1.5, -2.1, 1.8, 0.3$이면 x_i 의 순위값들은 2, 1, 4, 3이다. 또, $y_1, \ldots, y_4$ 의 값

들이 0.8, −10.2, 452.8, 1.3이면 y_i의 순위값들은 2, 1, 4, 3이다. 이 경우, x_i들과 y_i들의 통상적인(Pearson) 상관계수는 0.827이지만, 스피어만 순위상관계수는 순위가 정확히 일치하므로 1이다.

📝 De Hoyos and Sarafidis (2006)는 `xtcsd`라는 Stata 모듈을 작성하여 이 검정들을 구현하였다. 모든 가능한 개체쌍에 대하여 잔차들의 상관계수나 순위상관계수를 구하여야 하므로 $n(n-1)/2$번의 계산이 필요하고, 따라서 n이 크면 상당히 긴 시간이 걸릴 수 있다.

한 가지 유의할 점은 이상의 횡단면 상관 검정들이 고유오차(ε_{it})의 시계열 상관을 용납하지 않는다는 것이다. 나중에 살펴볼 동태적 모형을 제외하고는 이 가정은 많은 패널 데이터에서 성립하기 어려우므로 위 검정들의 유용성은 제한된다.

고유오차 시계열 상관의 검정

표준적인 모형 $y_{it} = \alpha + X_{it}\beta + \mu_i + \varepsilon_{it}$(시간더미들은 X_{it}에 포함됨)에서 고유오차인 ε_{it}에 시계열 상관이 존재하는지 여부를 검정하고자 하는 경우가 있다. 고유오차 내의 시계열 상관 자체가 관심사가 되는 경우가 있지만 그렇게 많지는 않다. 그보다는 시계열 상관이 존재하면 통상적인 추정량(RE나 FE)보다 더 효율적인 추정량이 존재할 수 있으므로, 통상적인 추정방법이 만족스러운 결과를 제공하지 않으면 조금이라도 더 잘해보기 위해서 우선 시계열 상관을 검정하고 나서 시계열 상관이 존재하면 추정의 효율성을 제고하기 위하여 노력하는 경우가 있다. 또, 통상적인 추정량의 표준오차를 더 잘 구하기 위해서 시계열 상관이 없어야 하는 경우도 있다. 앞에서 이미 언급한 것처럼 n이 작으면 클러스터 표준오차의 품질이 나쁘다. 이때 만일 ε_{it} 내에 시계열 상관이 없으면 FE 추정의 경우 클러스터 표준오차보다 더 나은 표준오차를 구할 수 있다(Stock and Watson 2008). 이 '이분산에 견고한' 표준오차는 n이 클 것을 요구하지 않으며 전체 표본크기(nT)가 크기만 하면 잘 작동한다.

🌀 어떤 때에는 "ε_{it}에 시계열 상관이 있으므로 동태적 모형으로 모형을 바꾼다"(동태적 모형에 대해서는 나중에 설명함)고 하기도 한다. 패널 데이터 분석의 목적이 예측에 있다면 좋은 전략이 겠지만, 분석의 목적이 변수들에 존재하는 인과관계를 측정하기 위함이라면 모형은 미리 설정해 두어야 하는 것이므로, ε_{it}에 시계열 상관이 있어서 모형을 바꿀 때에는 그래도 되는지 확인해 보아야 할 것임을 염두에 두자.

어쨌든, 고유오차 ε_{it}에 t에 걸친 종속성이 존재하는지 여부를 검정한다고 하자. 패널 모형의 오차항 u_{it}는 μ_i의 존재로 인하여 반드시 시계열 상관을 가지므로, 우리가 검정 하고자 하는 것은 결국 "오차항으로부터 시간불변의 요소(μ_i)를 모두 제거하고 나면 그 나머지에 시간에 걸친 상관이 있는가" 하는 것이다.

Wooldridge (2002, 2010)는 간단한 형태의 검정에 대하여 간략하게 언급하였다. 고정 효과 추정의 맥락에서 만일 ε_{it}가 t에 걸쳐 동일한 분산 σ_ε^2을 갖고 시계열 상관이 없다면 $\Delta\varepsilon_{it}$는 다음과 같은 분산과 공분산을 갖는다.

$$\mathrm{E}[(\Delta\varepsilon_{it-1})^2] = 2\sigma_\varepsilon^2, \quad \mathrm{E}[\Delta\varepsilon_{it}\Delta\varepsilon_{it-1}] = -\sigma_\varepsilon^2, \quad \mathrm{E}[\Delta\varepsilon_{it}\Delta\varepsilon_{it-k}] = 0, \, k \geq 2$$

그러므로 만일 $\Delta\varepsilon_{it}$ 를 관측할 수 있어서 $\Delta\varepsilon_{it}$ 를 $\Delta\varepsilon_{it-1}$ 에 대하여 회귀한다면 분모와 분자의 비율이 $-1/2$ 이 된다. 이 간단한 언급에 착안하여 Drukker (2003)는 xtserial이라는 Stata 패키지를 만들었다(이 패키지를 찾아서 설치하려면 'findit xtserial'이라고 한 후 Stata가 찾는 패키지를 설치하면 된다). 이 패키지는 우선 FD 추정을 하여 잔차 $\Delta\hat{\varepsilon}_{it}$ 을 구하고 $\Delta\hat{\varepsilon}_{it}$ 를 $\Delta\hat{\varepsilon}_{it-1}$ 에 대하여 POLS하여 그 계수가 -0.5 인지 검정한다. 이 절차는 매우 간단하여 xtserial 패키지를 이용하지 않고서도 할 수 있다. 우선 그냥 해 보자. 앞에서 살펴본 바 있는 Penn World Table 데이터(sumhes91.dta)를 이용한다. 저축률(sr)을 미국 대비 1인당 GDP 수준(rinc)에 대하여 회귀할 것이다. 다음 결과를 보라.

```
1   . use sumhes91, clear
2   (The Summers and Heston 1991 data set)

3   . xtset country year
4           panel variable:  country (strongly balanced)
5           time variable:   year, 1960 to 1985
6                   delta:   1 unit

7   . qui reg d.(sr rinc) if !opec & !com, nocons cluster(country)

8   . qui predict de, resid

9   . qui reg de l.de if !opec & !com, nocons cluster(country)

10  . test l.de == -.5

11   ( 1)  L.de = -.5

12         F(  1,   115) =  254.55
13              Prob > F =    0.0000
```

7행에서 OPEC 국가들과 공산주의 국가들을 제외하고 절편 없이 FD 추정을 한다. 이 부분에서 클러스터 표준오차를 사용하는 것은 검정 자체만을 놓고 보면 중요하지 않으나, FD 추정 결과를 확인하고자 한다면 중요하다. 8행에서 FD 추정으로부터의 잔차들($\Delta\hat{u}_{it} = \Delta\hat{\varepsilon}_{it}$) 을 de라는 변수에 저장하였다. 9행에서 $\Delta\hat{\varepsilon}_{it}$ 을 $\Delta\hat{\varepsilon}_{it-1}$ 에 대하여 절편 없이(nocons 옵션) 회귀하였다. 이때 클러스터 표준오차를 사용하였다. 10행에서 그 계수가 -0.5 인지 검정한다. 12–13행의 검정 결과는 귀무가설이 틀렸다는 강한 증거가 된다.

> 7행에서 nocons 옵션을 주어 절편을 없앤 것은 나중에 설명할 Drukker (2003)의 xtserial 명령이 그렇게 하기 때문일 뿐 다른 뜻은 없다. 종속변수에 시간에 따른 추세가 없다면 절편을 포함시켜도 큰 차이가 없을 것이다. 필자는 절편을 포함시키는 편을 더 좋아한다.

더 진행하기 전에 다음 문제를 풀어 보자.

▶ **연습 4.8.** 이 검정의 귀무가설은 무엇인가?

문제 다음에 곧바로 답이 있어서 독자들이 생각할 기회를 뺏는 것 같아 미안하기도 하지만 답을 말하면 이 검정의 귀무가설은 고유오차 ε_{it} 가 t 에 걸쳐 등분산적이고 시계열 상관이 없다는 것이다. 이 검정은 단순히 시계열 상관이 없다는 것이 아니라, 시계열 상관도 없고 (시간에 걸쳐) 등분산적이라는 가설을 검정한다. 또한 이 검정의 귀무가설은 ε_{it} 가 i 에 걸쳐 이분산적인지groupwise heteroskedastic와 무관하다. 그러므로 위 13행에서 귀무가설을 기각한 결과에 의하면 ε_{it} 에 시계열 상관이나 t 에 걸친 이분산성이 있다. 이 중 어느 것 때문에 귀무가설이 기각되는지는 이 결과만으로는 알 수 없다. 이 검정에서 귀무가설이 기각되더라도 ε_{it} 에 시계열 상관이 존재한다고는 결론내릴 수 없다.

이상에서 복잡하게 한 검정을 한 줄에 끝내려면 Drukker (2003)의 xtserial 패키지(웹 검색 후 설치 가능)를 이용하여 다음과 같이 한다. 아래 17–18행 결과는 앞의 12–13행 결과와 동일하다.

```
14    . xtserial sr rinc if !opec & !com

15    Wooldridge test for autocorrelation in panel data
16    H0: no first-order autocorrelation
17       F(  1,    115) =     254.547
18             Prob > F =      0.0000
```

xtserial 명령이 매우 간편하지만 이 패키지에서는 무조건 절편을 제거하므로 조심해서 사용해야 할 것이다. 또한 이 검정은 t 에 걸친 등분산과 비상관을 동시에 검정함에도 불구하고 (안타깝게도) xtserial이라는 잘못된 이름이 붙어 있다.

참고로, ε_{it} 가 t 에 걸쳐서 등분산적이고 비상관이며 i 에 걸쳐서도 등분산적이면 FE 추정량의 경우 통상적인 표준오차를 사용할 수 있다. 만일 t 에 걸쳐서는 등분산·비상관이고 i 에 걸쳐서는 이분산적이면 Eicker-White의 표준오차를 사용해도 좋다(Stata에서는 areg에 vce(robust) 옵션을 사용). 이러한 표준오차들은 i 에 걸친 차이뿐 아니라 t 에 걸친 변동도 이용하므로 n 이 작고 T 가 큰 상황에서도 좋은 성질을 보인다. 이러한 의미에서 ε_{it} 가 t 에 걸쳐 등분산·비상관이라는 Wooldridge의 귀무가설은 현실적으로 중요하다. 다만 xtserial이라는 이름이 신경쓰일 뿐이다.

문헌에서 이상의 검정은 "Wooldridge-Drukker" 검정으로 알려져 있다. 주의하여야 할 것은 이 검정을 하는 목적에 대하여 분명히 알아야 한다는 것이다. Wooldridge (2000, 2010)는 추정량의 표준오차를 구하는 과정에서 이 검정이 유용할 것이라고 하였다. 만일 n 이 크면 이미 클러스터 표준오차가 잘 작동할 것이므로 고유오차 ε_{it} 가 t 에 걸쳐 등분산과 비상관이라는 사실 자체에 관심이 있는 경우가 아니라면 이 검정을 할 필요는 거의 없다. 반면 n 이 작으면 클러스터 표준오차의 성질이 나쁘고, 따라서 결국 n 이 크지 않아 클러스터 표준오차를 사용할 수 없을 때 이 검정의 필요성이 제기된다. 하지만 Drukker (2003)는 이 검정을 구현하면서 클러스터 표준오차를 사용하였고 클러스터 표준오차는 n 이 클 때에만 작동하므로, 말하자면 검정이 필요없는(n이 큰) 경우에 유용하고 검정이 필요한(n이 작은)

경우에 작동하지 않는 검정법을 제시한 셈이다. n이 작을 때에는 Drukker (2003)가 구현한 검정이 타당하지 않을 수도 있음을 염두에 두어야 할 것이다.

n이 큰 경우에는 $\Delta\boldsymbol{\varepsilon}_i = (\Delta\varepsilon_{i1}, \Delta\varepsilon_{i2}, \ldots, \Delta\varepsilon_{iT})'$의 분산·공분산 행렬을 어렵지 않게 추정할 수 있고 이를 이용하여 ε_{it} 내에 시계열 상관이 있는지도 검정할 수 있다. 이 검정에는 여러 방법이 있지만 n이 클 때 딱히 왜 그 검정을 해야 하는지 명확하지 않으므로 길게 설명하지 않으려 한다. 필요한 독자들은 알아서 논문을 읽고 프로그램을 짜서 해 보기 바란다.

한편, ε_{it}에 시계열 상관이 없으면 $\Delta\varepsilon_{it}$와 $\Delta\varepsilon_{it-2}$는 상관관계가 없다. 이 점을 이용하여 $\Delta\hat{e}_{it}$를 $\Delta\hat{e}_{it-2}$에 대하여 회귀한 후 $\Delta\hat{e}_{it-2}$의 계수가 0인지 검정함으로써 고유오차에 시계열 상관이 없다는 귀무가설을 검정해 볼 수 있겠다(이 경우에는 등분산성을 요구하지 않는다). 위의 데이터에 대하여 이 검정을 실행해 보면 결과는 다음과 같다.

```
19  . reg de l2.de if !opec & !com, nocons cluster(country)

20  Linear regression                              Number of obs   =       2,668
21                                                 F(1, 115)       =        9.36
22                                                 Prob > F        =      0.0028
23                                                 R-squared       =      0.0089
24                                                 Root MSE        =      2.7623

25                                (Std. Err. adjusted for 116 clusters in country)
26  ─────────────────────────────────────────────────────────────────────────
27                         Robust
28        de      Coef.   Std. Err.      t    P>|t|     [95% Conf. Interval]
29  ─────────────────────────────────────────────────────────────────────────
30        de
31        L2.   -.0941016  .0307541   -3.06   0.003   -.1550195   -.0331836
32  ─────────────────────────────────────────────────────────────────────────
```

19행에서 절편을 포함시키지 않은 것(nocons 옵션)은 일관된 행동을 견지하기 위함일 뿐 별다른 의미는 없다. 31행의 결과에 의하면 검정의 p값이 0.003으로 매우 작다. 그러므로 ε_{it} 내에 시계열 상관이 있다고 하여도 좋을 것 같다. 이 검정 결과는 고유오차에 이분산이 존재하는지 여부와 무관하며 오직 시계열 상관의 존재 여부만 점검한다.

※ $\Delta\hat{e}_{it}$를 $\Delta\hat{e}_{it-2}$에 대하여 회귀하는 시계열 상관 검정("m_2 검정")은 $\Delta\varepsilon_{it}$가 IID이어서 ε_{it}에 매우 강한 시계열 상관이 존재하는 경우 귀무가설을 기각하지 못한다. 이러한 의미에서 "m_2 검정"은 불완전하다. 관련 내용은 6.5절의 "Arellano-Bond 검정" 부분을 참조하라.

5 도구변수 추정

본 장에서는 $y_{it} = \alpha + X_{it}\beta + \mu_i + \varepsilon_{it}$ 라는 표준적인 패널 모형(시간더미는 X_{it} 에 포함됨)에서 도구변수 추정과 연관된 주제들을 살펴본다. 흥미롭게도 $y_{it} = \alpha + X_{it}\beta + \mu_i + \varepsilon_{it}$ 에서 BE 추정과 FE 추정 모두 특정한 도구변수를 사용하는 도구변수 추정으로 표현할 수 있다. 실증분석에서 이런 연관이 중요한 것은 아니지만 이 표현을 이해함으로써 BE 추정과 FE 추정에 대하여 좀 더 깊이 이해할 수 있다. 5.1절에 해당 내용이 설명되어 있다.

앞의 2장, 3장, 4장의 논의는 설명변수(X_{it})가 최소한 고유오차(ε_{it})에 대하여 강외생적이라는 가정을 바탕에 깔고 있었다. 만약 X_{it} 가 μ_i 에 대해서도 외생적이면 POLS나 RE 추정량을 비롯하여 FD, FE, BE 추정량 모두 일관적이다. 반면 만일 X_{it} 가 μ_i 와는 상관(횡단면에 걸친 상관)될 수 있고 ε_{it} 에 대해서만 강외생적이면 FD, FE 추정량이 일관적이다. 만일 X_{it} 가 ε_{it} 에 대하여 강외생적이라는 기본 가정이 위배되면 지금까지 살펴본 모든 추정량은 일관성을 잃을 수 있고, 우리는 적절한 도구변수를 찾아 도구변수 추정을 하여야 할 것이다. 고유오차에 대하여 강외생적인 도구변수들이 어떻게든 주어졌다고 할 때, 앞에서 Pooled OLS, RE, FE, BE 추정이 있었던 것처럼, 패널 모형의 2SLS 추정에도 Pooled 2SLS, RE 2SLS, FE 2SLS, BE 2SLS 등이 있다. 이 내용에 대해서는 5.2절에서 설명한다. 5.3절에서는 Bartik 도구변수(Shift-Share 도구변수)에 대하여 설명한다.

한편, 시간은 거꾸로 흐르지 않고 모든 시점에서 과거는 주어져 있으므로, 독립변수와 종속변수의 과거값들을 도구변수로 활용하여 추정하는 방법을 생각해 볼 수 있다. 이 아이디어가 솔깃해 보이기는 하지만 μ_i 의 존재 때문에 X_{it-1} 과 y_{it-1} 을 그대로 도구변수로 사용할 수는 없다. 5.4절에서 이에 대하여 설명한다. 마지막으로 5.5절에서는 과거의 종속변수(y_{it-1})가 설명변수로 사용되는 모형에 대하여 간략히 언급한다. 이 모형은 우리가 지금까지 살펴본 모형과는 완전히 다르며 제2부에서 별도로 상세히 다룰 것이다.

5.1 집단내 회귀와 집단간 회귀의 도구변수 추정 표현

선형모형의 추정량은 대부분 도구변수 추정량으로 나타낼 수 있다. 예를 들어 OLS 추정량은 설명변수 자체를 도구변수로 사용하는 도구변수 추정량이다. 선형 패널 데이터 모형에서 FE 추정량과 BE 추정량도 도구변수 추정량으로 표현할 수 있다.

FE 회귀는 $y_{it} - \bar{y}_i$ 를 $X_{it} - \bar{X}_i$ 에 대하여 POLS하는 것이다. 그런데 $\bar{X}_i$ 는 $\sum_{t=1}^{T}(X_{it} - \bar{X}_i) = 0$ 을 만족시키므로 다음이 성립한다.

$$\sum_{t=1}^{T}(X_{it}-\bar{X}_i)'(X_{it}-\bar{X}_i) = \sum_{t=1}^{T}(X_{it}-\bar{X}_i)'X_{it}$$

이와 마찬가지로 $\sum_{t=1}^{T}(X_{it}-\bar{X}_i)'(y_{it}-\bar{y}_i) = \sum_{t=1}^{T}(X_{it}-\bar{X}_i)'y_{it}$ 이다. 이 관계를 이용하면 FE 추정량은 다음과 같이 표현할 수 있다.

$$\hat{\beta}_{fe} = \left[\sum_{i=1}^{n}\sum_{t=1}^{T}(X_{it}-\bar{X}_i)'X_{it}\right]^{-1}\sum_{i=1}^{n}\sum_{t=1}^{T}(X_{it}-\bar{X}_i)'y_{it}$$

그러므로 FE 추정량은 $X_{it}-\bar{X}_i$를 도구변수로 사용하여 y_{it}를 X_{it}에 대하여 회귀할 때의 도구변수 추정량과 동일하다(균형패널과 불균형패널 모두에서 이 관계는 성립한다). 이 도구변수 추정 아이디어에 타당성이 있는 것이, 식에서 μ_i의 존재로 인하여 X_{it}가 u_{it}와 상관되므로 μ_i와 무관한 $X_{it}-\bar{X}_i$를 도구변수로 사용한 것이다. 단, 도구변수 회귀식 오차항이 u_{it}로 시계열 상관이 있으므로 통상적인 표준오차를 계산하면 잘못된다.

예제 5.1 FE 회귀의 도구변수 추정 표현

Grunfeld의 데이터(grunfeld.dta)를 이용하여 실습을 해 보면 다음과 같다.

```
1   . webuse grunfeld, clear

2   . gen lni = ln(invest)

3   . gen lnm = ln(mvalue)

4   . gen lnk = ln(kstock)

5   . foreach v in lnm lnk {
6   2. by company: egen bar_`v' = mean(`v')
7   3. gen dev_`v' = `v'-bar_`v'
8   4. }

9   . xtreg lni lnm lnk, fe
```

```
Fixed-effects (within) regression          Number of obs     =        200
Group variable: company                    Number of groups  =         10

R-squared:                                 Obs per group:
     Within  = 0.5644                                    min =         20
     Between = 0.8985                                    avg =       20.0
     Overall = 0.8607                                    max =         20

                                           F(2,188)          =     121.80
corr(u_i, Xb) = 0.6149                     Prob > F          =     0.0000

-------------------------------------------------------------------------
         lni | Coefficient  Std. err.      t    P>|t|   [95% conf. interval]
-------------+-----------------------------------------------------------
```

```
21            lnm     .5918472    .0882367      6.71   0.000      .417786    .7659084
22            lnk      .255918    .0267022      9.58   0.000     .2032435    .3085925
23          _cons    -.8469271    .5095407     -1.66   0.098    -1.852079    .1582248
24
25        sigma_u    .60887906
26        sigma_e    .29536795
27            rho    .80950478    (fraction of variance due to u_i)
28
29  F test that all u_i=0: F(9, 188) = 52.28                      Prob > F = 0.0000

30  . ivregress 2sls lni (lnm lnk = dev_lnm dev_lnk)

31  Instrumental variables 2SLS regression          Number of obs    =        200
32                                                   Wald chi2(2)     =      51.13
33                                                   Prob > chi2      =     0.0000
34                                                   R-squared        =     0.8000
35                                                   Root MSE         =     .64472

36
37            lni   Coefficient   Std. err.      z    P>|z|     [95% conf. interval]
38
39            lnm    .5918467    .1926016      3.07   0.002     .2143544     .969339
40            lnk    .2559181    .0582852      4.39   0.000     .1416813    .3701549
41          _cons   -.8469243    1.112217     -0.76   0.446     -3.02683    1.332982
42
43  Instrumented: lnm lnk
44   Instruments: dev_lnm dev_lnk
```

위 5–8행에서 설명변수들의 집단내 편차를 구하고, 9행에서는 FE 회귀를 하며, 30행에서는 앞에서 설명한 도구변수 추정을 한다. 그 결과로부터, 계수들이 서로 동일함을 확인할 수 있을 것이다. 하지만 표준오차들은 매우 다를 수 있다. 그 이유는 Stata의 ivregress 명령이 표준오차를 구할 때 우선 오차 분산을 추정하는데, 집단내 잔차를 사용해야 함에도 불구하고 총잔차를 사용하고 총오차의 시계열 상관을 고려하지 않기 때문이다. 제대로 한다면 클러스터 표준오차를 사용해야 하겠지만, Grunfeld 데이터에서는 n이 10밖에 되지 않아 그렇게 하는 데에도 어려움이 있다. 이 절에서 이야기하는 바는 오직 FE 계수 추정량이 특정한 도구변수 추정량과 동일하다는 것을 확인하는 것뿐이며 ivregress를 이용한 도구변수 회귀를 실제 연구에서 사용하지 말기 바란다. 독자들은 이 예제에서 오직 21–22행의 계수 추정값('Coef.' 열에 해당)과 39–40행의 계수 추정값이 서로 같다는 점에만 주목하고, 표준오차 등 계산을 위해서는 xtreg, fe 명령을 사용하라.

이와 같이, FE 회귀는 설명변수와 오차항($\mu_i + \varepsilon_{it}$, 특히 μ_i)이 상관되므로 μ_i와 무관한 부분인 $X_{it} - \bar{X}_i$를 도구변수로 활용하여 도구변수 추정을 하는 것이라고 이해할 수 있다. 이 내용은 사실 3.9절 Hausman-Taylor 모형의 특수한 경우에 해당하며 새로울 것이 없다.

BE 회귀도 도구변수 추정의 일종으로 표현할 수 있다. 만일 BE 추정량을 $\bar{X}_i$와 $\bar{u}_i = \mu_i + \bar{\varepsilon}_i$

가 서로 직교하도록 만들어주는 β 의 추정량이라고 본다면, 단순히 y_{it} 를 X_{it} 에 대하여 POLS 하면 '편향된' 추정량을 얻는데, 이는 우리가 찾고자 하는 관계(BE 모형의 계수)를 집단내 편차들이 오염시키기 때문이라고 생각할 수 있다. 그러므로 이런 집단내 편차와 "무관"한 $\bar{X}_i$ 를 도구변수로 사용하여 원래 방정식을 추정하면 BE 추정량이 나올 것이라 예상할 수 있다. 다음 예제를 보라.

예제 5.2 BE 추정량의 도구변수 추정량 표현

예제 5.1에서 계속하여 grunfeld.dta를 이용하여 BE 추정량이 도구변수 추정량의 하나임을 확인해 보자. 예제 5.1의 2–4행에서 ln(invest)를 lni로, ln(mvalue)를 lnm으로, 그리고 ln(kstock)을 lnk로 정의하였음을 기억하면서 다음 결과를 보라.

```
1   . xtreg lni lnm lnk, be

2   Between regression (regression on group means)   Number of obs    =        200
3   Group variable: company                          Number of groups =         10

4   R-squared:                                       Obs per group:
5        Within  = 0.5588                                        min =         20
6        Between = 0.9060                                        avg =       20.0
7        Overall = 0.8581                                        max =         20

8                                                    F(2,7)           =      33.72
9   sd(u_i + avg(e_i.)) = .5039124                   Prob > F         =     0.0003
```

lni	Coefficient	Std. err.	t	P>|t|	[95% conf. interval]
lnm	.7470126	.1529428	4.88	0.002	.3853603	1.108665
lnk	.461705	.1432417	3.22	0.015	.1229922	.8004178
_cons	-2.826049	.8701938	-3.25	0.014	-4.88373	-.7683674

```
17  . ivregress 2sls lni (lnm lnk = bar_lnm bar_lnk)

18  Instrumental variables 2SLS regression    Number of obs   =        200
19                                            Wald chi2(2)    =    1139.67
20                                            Prob > chi2     =     0.0000
21                                            R-squared       =     0.8554
22                                            Root MSE        =     .54821
```

lni	Coefficient	Std. err.	z	P>|z|	[95% conf. interval]
lnm	.7470126	.0372052	20.08	0.000	.6740917	.8199335
lnk	.461705	.0348453	13.25	0.000	.3934095	.5300005
_cons	-2.826049	.2116852	-13.35	0.000	-3.240944	-2.411153

```
29  ───────────────────────|────────────────────────
30  Instrumented: lnm lnk
31   Instruments: bar_lnm bar_lnk
```

　　1행에서 BE 회귀를 하고 17행에서 $\bar{X}_i$를 도구변수로 사용하는 2SLS를 한다. 13–15행의 계수 추정값들과 26–28행의 계수 추정값들은 서로 똑같다. 이처럼 BE 회귀는 X_{it}의 도구변수로 $\bar{X}_i$를 사용하여 구하는 도구변수 회귀와 동일하다. 단, 불균형패널의 경우 이 동일성은 성립하지 않는다. 그 이유는 2SLS 시 각 i의 관측치가 T_i번 반복 사용되기 때문이다. 이 도구변수 회귀는 가중 BE 회귀와 동일하다.

```
32  . use grunfeld, clear

33  . drop if year < 1945 & company <= 5
34  (50 observations deleted)

35  . xtdescribe

36   company:  1, 2, ..., 10                              n =         10
37      year:  1935, 1936, ..., 1954                      T =         20
38             Delta(year) = 1 year
39             Span(year)  = 20 periods
40             (company*year uniquely identifies each observation)

41  Distribution of T_i:    min      5%     25%      50%      75%     95%     max
42                           10      10      10       15       20      20      20

43      Freq.   Percent    Cum.  | Pattern
44  ─────────────────────────────┼──────────────────────
45        5     50.00    50.00   | ..........1111111111
46        5     50.00   100.00   | 11111111111111111111
47  ─────────────────────────────┼──────────────────────
48       10    100.00            | XXXXXXXXXXXXXXXXXXXX

49  . gen lni = ln(invest)

50  . gen lnm = ln(mvalue)

51  . gen lnk = ln(kstock)

52  . foreach v in lnm lnk {
53  2. by company: egen bar_`v' = mean(`v')
54  3. gen dev_`v' = `v'-bar_`v'
55  4. }

56  . qui xtreg lni lnm lnk, be

57  . est store be

58  . qui xtreg lni lnm lnk, be wls
```

```
59  . est store bewls

60  . qui ivregress 2sls lni (lnm lnk = bar_lnm bar_lnk)

61  . est store tsls

62  . est tab be bewls tsls, b star

63
64      Variable          be             bewls            tsls
65
66          lnm     .75918476**      .73707791**      .73707791***
67          lnk     .43911587*       .46405317**      .46405317***
68        _cons    -2.8130345**     -2.8070514**     -2.8070514***
69
70                  Legend: * p<0.05; ** p<0.01; *** p<0.001
```

33행에서 관측치를 제거하여 강제로 불균형패널로 만들었다. 실제 35–48행에 의하면 이 패널 데이터는 불균형패널 데이터이다. 앞에서와 같은 방식으로 변수들을 생성한 후, BE 회귀, 가중 BE 회귀, 도구변수 회귀를 한 결과들을 비교하면, 66–68행에서 보듯이 도구변수 회귀는 가중 BE 회귀와 동일한 추정값을 제공한다.

어느 경우에나 ivregress 명령에 의하여 보고되는 표준오차들은 신뢰할 수 없다. 왜냐하면 이 도구변수 추정은 $\bar{y}_i$와 $\bar{X}_i$가 각 i에서 T_i회 반복된 관측치들을 사용하여 오차항에 완전한 시계열상관이 있음에도 이를 무시하고 통상적인 표준오차를 구하기 때문이다. n이 커서 클러스터 표준오차를 사용하면 문제 없다.

▶ **연습 5.1.** 균형패널의 경우 모형 $y_{it} = X_{it}\beta + u_{it}$의 BE 계수 추정량과 해당 모형에서 $\bar{X}_i$를 도구변수로 사용하여 구한 도구변수 추정량은 동일함을 수학적으로 증명하라. 왜 불균형 패널에서는 가중 BE 추정량과 동일한지 논하라.

한편, 3장의 3.9절에서 설명한 Hausman and Taylor (1981)의 추정량은

$$y_{it} = X_{1it}\beta_1 + X_{2it}\beta_2 + Z_{1i}\delta_1 + Z_{2i}\delta_2 + \mu_i + \varepsilon_{it}$$

에서 X_{1it}의 도구변수로 X_{1it} 자체를 사용하고, X_{2it}의 도구변수로 $X_{2it} - \bar{X}_{2i}$를 사용하며, Z_{1i}의 도구변수로 자기 자신을 사용한다고 하였다(3.9절 참조). 이 접근법이 일리가 있는 것이, X_{1it}와 Z_{1i}는 오차항($\mu_i + \varepsilon_{it}$)과 무관하므로 자기 자신을 도구변수로 사용하고 X_{2it}는 μ_i와 상관되었으므로 이와 무관한 $X_{2it} - \bar{X}_{2i}$를 도구변수로 사용한다. 결국 Hausman and Taylor의 방법에서 핵심은 Z_{2i}의 도구변수를 $\bar{X}_{1i}$에서 찾는다는 것이다.

5.2   내생적 설명변수와 도구변수 추정

고정효과, 임의효과, Hausman and Taylor 등을 논의할 때 "내생적 설명변수"라는 용어를 사용하기도 하였다. 이때 "내생적"이라는 말은 설명변수가 개별효과(μ_i)와 상관되어 있다는 의미이다. 다시 말하여 개체별 설명변수 값들의 전반적인 수준(예를 들어 $\bar{x}_i$)이 해당 개체들의 시간불변 특수성(μ_i)과 상관될 수 있다는 것이다. 이상의 '내생성'은 집단간between-group 비교 시 존재하며 집단내within-group에는 내생성이 없다. 집단내에서 변하는 오차는 ε_{it} 인데 지금까지 X_{it} 는 ε_{it} 에 대하여 강외생적이라고 가정하였음을 기억하라. 일반적으로, 총오차항을 u_{it} 라 한다면 POLS나 RE 추정은 설명변수가 총오차 u_{it} 에 대하여 (강)외생적일 때 사용할 수 있는 방법이고, FE 추정은 설명변수가 시변하는time-varying 비관측 요소(ε_{it})에 대하여 강외생적이면 일관된 추정을 할 수 있게 해 준다. 그렇다면 설명변수가 시변하는 비관측 요소 ε_{it} 와 상관correlated되어 있으면 어떻게 하여야 할까?

횡단면 분석의 경우와 마찬가지로 적당한 변수를 우변에 추가하여 내생성의 문제를 해결할 수 있다면 그렇게 하면 될 것이다. 그렇지 않다면 도구변수를 찾아야 할 것이다. 패널 모형에서 도구변수를 찾아서 사용하는 경우, 개별효과(μ_i)의 존재로 인하여 추가적으로 고려해야 할 문제가 있다. 결론부터 정리해 보면, 설명변수가 외생적인 경우의 패널 모형 추정에 POLS, RE, FE, BE 추정이 있는 것처럼, 도구변수를 이용한 패널 2단계 최소제곱법(2SLS)에도 통합(pooled) 2SLS, 임의효과(RE) 2SLS, 고정효과(FE) 2SLS, 집단간 (BE) 2SLS가 있다. 이하에서는 이들에 대하여 살펴본다.

통합 2SLS

모형은 $y_{it} = X_{it}\beta + u_{it}$, $u_{it} = \mu_i + \varepsilon_{it}$ 이다. 도구변수의 집합을 Z_{it} 라 하자. 만일 Z_{it} 가 총오차 u_{it} 에 대하여 외생적(μ_i에 대해서도 외생적이고 ε_{it}에 대해서도 외생적)이라면 패널 데이터의 차원 문제를 따지지 않는 2SLS, 즉 통합pooled 2SLS(P2SLS) 추정량을 생각해 볼 수 있다. 적절한 조건하에서 이 추정량은 물론 일관적이다. Stata에서는 POLS를 위해 reg 명령을 사용한 것처럼 P2SLS를 위해서는 ivregress 2sls 명령을 사용할 수 있다. POLS에서 vce(cluster ...) 옵션을 사용하여 클러스터 표준오차를 사용한 것처럼 P2SLS에서도 동일한 옵션을 사용하여 클러스터 표준오차를 사용할 수 있다. P2SLS에서 도구변수는 각 시점에서 오차항과 비상관이면 된다.

임의효과 2SLS

오차항 $u_{it} = \mu_i + \varepsilon_{it}$ 의 구조가 RE 공분산 가정 (2.7)을 만족시킬 때 POLS보다 RE 추정이 더 효율적인 것처럼, P2SLS 추정보다 더 나은 도구변수 추정방법이 있다. 이 방법을 구현하기 위해서는 우선 P2SLS 잔차들을 이용하여 (2.9)의 $\hat{\theta}$ 을 구하고(하나의 계산 방법만 있는 것은 아니지만 자세한 설명은 생략함) RE 추정에서처럼 이를 이용하여 회귀식을 다음과 같이 변환한다.

$$y_{it} - \hat{\theta}\bar{y}_i = (X_{it} - \hat{\theta}\bar{X}_i) + u_{it}^*$$

⚲ RE 추정에서도 $\hat{\theta}$을 구하였는데, Stata에서 기본으로 사용되는 방식을 이해하기 위해서는 집단내 추정과 집단간 추정을 알아야 했다. 임의효과 2SLS에서 $\hat{\theta}$을 구하기 위해서는 나중에 볼 FE2SLS와 BE2SLS를 알아야 한다. 잔차를 구할 때 2SLS 추정량을 사용한다는 점만 제외하면 나머지는 RE 추정의 경우와 동일하다.

위와 같이 $\hat{\theta}$을 이용하여 회귀식을 변형한 다음 도구변수를 사용한다. Baltagi (1981)는 $(Z_{it}, \bar{Z}_i)$를 도구변수로 사용하는 것을 제안하고 이것을 EC2SLS (error-component 2SLS)라 하였다. Balestra and Varadharajan-Krishnakumar (1987)는 $Z_{it} - \hat{\theta}\bar{Z}_i$를 도구변수로 사용하는 것을 이야기하였다. 이 추정법은 G2SLS (generalized 2SLS)로 알려져 있다. 이들 모두 임의효과 2SLS 추정량(random effects 2SLS estimator)이라 할 수 있겠다(Wooldridge 2010). EC2SLS의 도구변수들(Z_{it}와 $\bar{Z}_i$)을 선형결합하면 G2SLS의 도구변수들($Z_{it} - \hat{\theta}\bar{Z}_i$)을 만들 수 있고 그 역은 성립하지 않으므로, 표본크기가 ∞로 증가할 때 EC2SLS 추정량이 G2SLS 보다 더 나쁠 수는 없다. 그런데 Baltagi and Li (1992)는 G2SLS의 도구변수가 더 적음에도 RE 공분산 가정 (2.7)하에서 EC2SLS와 동일한 효율성을 갖는다는 것을 보였다. 그러므로 G2SLS는 (2.7)하에서 EC2SLS의 도구변수들을 가장 효율적으로 결합하여 도구변수를 만들어내는 것이라고 볼 수 있다. 이들 문헌에서 설정한 조건하에서 EC2SLS와 G2SLS 간의 이러한 동일 효율성은 RE 공분산 가정 (2.7)과 무관하게 성립한다(Han 2016).

위에서 G2SLS와 EC2SLS가 똑같이 효율적이라고 하였는데, 이는 제1단계 회귀식(X_{it}를 Z_{it}로 설명할 때의 방정식)에 고정효과가 없을 경우에만 그렇다. 제1단계 회귀식에 고정효과가 있어도 도구변수들은 타당할 수 있으므로 여기에 고정효과가 없다고 가정하는 것은 불필요하게 강한 가정이다. 이처럼 강한 가정을 하는 경우가 아니라면 EC2SLS가 G2SLS보다 훨씬 더 나을 수 있다(Han 2016). 사실, EC2SLS가 일반적으로 G2SLS보다 더 효율적이다.

Stata로 G2SLS 추정을 하기 위해서는 다음과 같이 하면 된다.

```
. xtivreg y x1 (x2 = z2), re
```

Baltagi (1981)의 EC2SLS를 하고자 하면 마지막에 `ec2sls` 옵션을 주면 된다.

예제 5.3 노스 캐롤라이나 범죄 데이터를 이용한 RE 2SLS

데이터는 Cornwell and Trumbull (1994)의 연구에서 사용된 것과 거의 유사한 자료로서 `crime4.dta`에 있다. Cornwell이 제공하여 인터넷에서 내려받을 수 있으며 복사본이 이 책의 자료 사이트에 제공되어 있다. 미국 노스 캐롤라이나 주 90개 카운티의 1981–1987 년 데이터이다. 변수로는 카운티 식별 번호(county), 연도(year), 범죄율(crmrte), 체포율

(prbarr), 기소율(prbconv), 징역형 선고 비율(prbpris), 평균 형량(avgsen, 단위는 일), 경찰력(polpc, 1인당 경찰병력), 인구밀도(density, 1제곱마일당 인구), 인구 1인당 세입(taxpc), 지역 더미(west, central), 대도시 더미(urban, 인구 5만 명 이상), 1980년 소수인종 비율(pctmin80), 여러 부문별 주당 임금(wcon, wtuc, wtrd, wfir, wser, wmfg, wfed, wsta, wloc), 범죄 유형 지표(mix, 대면 공격과 그 이외 범죄의 비율), 젊은 남성의 비율(pctymle), 연도별 더미(d82–d87), 그리고 이 변수들의 함수(로그, 로그 증가분)가 있다. Baltagi (2006)의 논문은 위의 crime4.dta 데이터를 이용하여 Cornwell and Trumbull (1994)의 결과를 재현한 것이다. 종속변수는 범죄율이며, 설명변수로 체포율, 기소율, 징역형 선고 비율, 평균 형량, 경찰력, 인구밀도, 부문별 주당 임금, 젊은 남성의 비율, 소수인종의 비율, 지역 더미들, 대도시 더미, 연도별 더미들이 있다. 이 중 체포율과 경찰력에 내생성이 있을 것이 염려되고, 도구변수로 인구 1인당 세입과 범죄 유형 지표를 사용한다. 더미변수들을 제외한 모든 변수에 로그를 취한다.

▶ **연습 5.2.** Baltagi (2006)의 Table I이 〈표 5.1〉에 복사되어 있다. crime4.dta 데이터를 이용하여 이 표의 Table I에서 Between, Fixed effects, EC2SLS의 결과를 복원하라. 힌트: 변수들에 로그를 취하여야 할 것이다.

참고로, POLS 추정량의 일관성을 위해서는 설명변수와 총오차항 간에 동시기 비상관만 필요한 반면 RE 추정량의 일관성을 위해서는 설명변수의 강외생성이 필요했다. 마찬가지로 P2SLS 추정량의 일관성을 위해서는 도구변수와 총오차항 간에 동시기 비상관만 필요한 반면, 임의효과 2SLS 추정량의 일관성을 위해서는 도구변수의 강외생성이 필요하다. 특히 종속변수 과거값(시차종속변수)은 강외생적일 수 없음에 유의하라.

고정효과 2SLS

임의효과 2SLS 추정에서 중요한 것은 도구변수 Z_{it} 가 ε_{it} 에 대하여 강외생적이고 μ_i 에 대해서도 외생적이어야 한다는 것이다. 위의 노스캐롤라이나 범죄율 예를 들어 말하자면, 도구변수인 카운티별 1인당 세입과 범죄유형 지수는 해당 카운티의 범죄율에 영향을 미치는 모든 여타 비관측 요인들과 상관되지 않아야 한다. 그런데 FE 추정에서 설명변수와 μ_i 의 상관 여부가 중요하지 않듯이 도구변수와 μ_i 의 상관 여부와 관계없이 일관된 추정량을 만드는 도구변수 추정법이 있다. 그 방법이 고정효과 2SLS를 의미하는 FE2SLS이다.

FE2SLS를 간단히 설명하면 모형을 $y_{it} - \bar{y}_i = (X_{it} - \bar{X}_i)\beta + (\varepsilon_{it} - \bar{\varepsilon}_i)$ 로 집단내WG 변환을 하고 도구변수도 $Z_{it} - \bar{Z}_i$ 로 집단내 변환한 후 P2SLS를 하는 것이다. $Z_{it} - \bar{Z}_i$ 와 $\varepsilon_{it} - \bar{\varepsilon}_i$ 가 서로 비상관이려면 Z_{it} 가 ε_{it} 에 대하여 강외생적이어야 한다. 특히, 종속변수의 과거값(시차종속변수)을 FE2SLS 추정을 위한 도구변수로 사용할 수는 없다. Stata에서 FE2SLS를 하기 위한 구문은 다음과 같다.

⟨표 5.1⟩ Baltagi (2006)의 Table I

	Between	Fixed effects	FE2SLS	BE2SLS	EC2SLS
P_A	−0.648	−0.355	−0.576	−0.503	−0.413
	(0.088)	(0.032)	(0.802)	(0.241)	(0.097)
P_C	−0.528	−0.282	−0.423	−0.525	−0.323
	(0.067)	(0.021)	(0.502)	(0.100)	(0.054)
P_P	0.297	−0.173	−0.250	0.187	−0.186
	(0.231)	(0.032)	(0.279)	(0.318)	(0.042)
S	−0.236	−0.002	0.009	−0.227	−0.010
	(0.174)	(0.026)	(0.049)	(0.179)	(0.027)
Police	0.364	0.413	0.658	0.408	0.435
	(0.060)	(0.027)	(0.847)	(0.193)	(0.090)
Density	0.168	0.414	0.139	0.226	0.429
	(0.077)	(0.283)	(1.021)	(0.102)	(0.055)
wcon	0.195	−0.038	−0.029	0.314	−0.007
	(0.210)	(0.039)	(0.054)	(0.259)	(0.040)
wtuc	−0.196	0.046	0.039	−0.199	0.045
	(0.170)	(0.019)	(0.031)	(0.197)	(0.020)
wtrd	0.129	−0.021	−0.018	0.054	−0.008
	(0.278)	(0.040)	(0.045)	(0.296)	(0.041)
wfir	0.113	−0.004	−0.009	0.042	−0.004
	(0.220)	(0.028)	(0.037)	(0.306)	(0.029)
wser	−0.106	0.009	0.019	−0.135	0.006
	(0.163)	(0.019)	(0.039)	(0.174)	(0.020)
wmfg	−0.025	−0.360	−0.243	−0.042	−0.204
	(0.134)	(0.112)	(0.420)	(0.156)	(0.080)
wfed	0.156	−0.309	−0.451	0.148	−0.164
	(0.287)	(0.176)	(0.527)	(0.326)	(0.159)
wsta	−0.284	0.053	−0.019	−0.203	−0.054
	(0.256)	(0.114)	(0.281)	(0.298)	(0.106)
wloc	0.010	0.182	0.263	0.044	0.163
	(0.463)	(0.118)	(0.312)	(0.494)	(0.120)
Percent young male	−0.095	0.627	0.351	−0.095	−0.108
	(0.158)	(0.364)	(1.011)	(0.192)	(0.140)
Percent minority	0.148	—	—	0.169	0.189
	(0.049)			(0.053)	(0.041)
west	−0.230	—	—	−0.205	−0.227
	(0.108)			(0.114)	(0.100)
central	−0.164	—	—	−0.173	−0.194
	(0.064)			(0.067)	(0.060)
urban	−0.035	—	—	−0.080	−0.225
	(0.132)			(0.144)	(0.116)
_cons	−2.097	—	—	−1.977	−0.954
	(2.822)			(4.001)	(1.284)

주: Between과 BE2SLS를 제외하고는 시간더미가 포함되었다. 관측치 수는 630개이다. 더미변수를 제외한 모든 변수에 로그를 취하였다. Fixed effects에서 카운티 더미변수의 유의성을 나타내는 F통계값은 $F(89, 518) = 36.38$, FE2SLS에서 이에 해당하는 F통계값은 29.66으로, 둘 다 유의하다. 고정효과 대 임의효과 하우스만 검정통계값은 $\chi^2(22) = 49.4$이며 그 p값은 0.0007이다. FE2SLS 대 EC2SLS에서의 하우스만 검정통계값은 $\chi^2(22) = 19.5$이며 그 p값은 0.614이다.

```
. xtivreg y x1 (x2 = z2a z2b), fe
```

▶ **연습 5.3.** 〈표 5.1〉에 있는 Baltagi (2006) Table I의 FE2SLS 결과들을 복원하라.

　　외생성의 가정하에서 FE 회귀와 더불어 FD 회귀가 가능하듯, 도구변수 추정 시에도 FD 회귀를 할 수 있다. 이것은 $\Delta y_{it} = \Delta X_{it}\beta + \Delta \varepsilon_{it}$ 로 변환된 모형에 ΔZ_{it} 를 도구변수로 사용하여 P2SLS를 하는 것으로서 FD2SLS이라고 한다. Stata에서는 다음과 같이 하면 된다.

```
. xtivreg y x1 (x2 = z2a z2b), fd
```

집단간 2SLS

BE 추정에 해당하는 도구변수 추정법도 있다. 이것은 BE2SLS라 하기도 하며, BE 추정을 위한 모형 $\bar{y}_i = \bar{X}_i\beta + \bar{u}_i$ 에 대하여 $\bar{Z}_i$ 를 도구변수로 사용하여 추정한다. Stata에서는 위의 fe나 fd 옵션 대신 be 옵션을 사용하면 된다.

▶ **연습 5.4.** 〈표 5.1〉에 있는 Baltagi (2006) Table I의 BE2SLS 결과들을 복원하라.

패널 모형 관련 검정에 관한 주석

패널 도구변수 추정에서도 하우스만^{Hausman} 검정, 과다식별 검정^{overidentification test} 등을 할 수 있다. 이 중 하우스만 검정은 Stata에서 xtreg의 경우와 유사하게 hausman 명령을 사용하여 실행할 수 있다. 과다식별 검정을 해 주는 공식적인 패키지는 2016년 3월 현재 아직 없으나 사용자들이 만들어 배포하는 모듈들은 있다. 예를 들어 Mark E. Schaffer와 Steven Stillman이 만든 xtoverid 패키지를 사용할 수 있다(ivreg2 패키지도 설치 필요).

5.3   Bartik 도구변수

Bartik (1991)은 지역 경제발전이 해당 지역의 주택가격, 고용 등 다양한 종속변수에 미치는 영향을 측정하고자 한다. 특히 공급 충격을 통제한 상태에서 수요 변화만의 영향을 식별하고자 Shift-Share 분석의 'share effect'를 도구변수로 사용하는 2SLS 회귀(P2SLS)를 한다. 이 도구변수들을 Bartik 도구변수(Bartik IV) 또는 Shift-Share 도구변수라 한다.

> 이하의 내용은 Bartik (1991), Broxterman and Larson (2020) 논문, Shakil (2013) 슬라이드를 주로 참고하여 정리한 것이다.

　　Bartik 도구변수를 살펴보기에 앞서 Shift-Share 분석을 이해하는 것이 도움이 된다. Shift-Share 분석은 지역 성장을 다양한 효과들로 분해하는 방법이다. 예를 들어 i 지역, k 산업, t 연도에 어느 변수(설명의 편의상 일자리라 하자)의 전년도 대비 증가율을 g_{it}^k 라 하면 다음 항등식이 성립한다.

$$g_{it}^k = G_t + (G_t^k - G_t) + (g_{it}^k - G_t^k)$$

단, G_t는 나라 전체의 전체산업 평균 일자리 증가율, G_t^k는 나라 전체 k산업의 일자리 증가율이다. 이 항등식을 이용하여 k부문 일자리(x) 증가분을 다음과 같이 분해할 수 있다.

$$\Delta x_{it}^k = x_{it-1}^k g_{ik}^k = \underbrace{x_{it-1}^k G_t}_{NS} + \underbrace{x_{it-1}^k (G_t^k - G_t)}_{IM} + \underbrace{x_{it-1}^k (g_{it}^k - G_t^k)}_{RS}$$

우변 첫째 항을 National Share (NS), 둘째 항을 Industry Mix (IM), 셋째 항을 Regional Shift (RS)라 한다. NS는 i지역, k산업의 일자리가 나라 전체의 전체산업 평균 증가율로 증가했을 경우의 일자리 증가분을 의미하고, IM은 나라 전체에서 k산업과 전체산업의 증가율 차이로 인한 일자리 증가분 차이를 의미하며, RS는 k산업부문 내 i지역의 경쟁력에 기인하는 일자리 증가분을 반영한다. IM이 양(+)이라는 것은 해당 산업이 팽창하고 있음을 의미하며, RS가 양(+)이라는 것은 해당 지역에 경쟁력이 있음을 의미한다(Shakil 2013).

통상적인 Shift-Share 분석에서는 RS 부분을 지역 경쟁력으로 간주하여 중요시하는데, Bartik (1991)은 RS보다는 IM 부분에 주의를 기울이고, 지역 간 IM의 차이(모든 산업에 대하여 합산한 것)를 지역경제에 대한 수요 충격에 해당하는 도구변수로 사용할 것을 제안하였다. 구체적으로, NS + IM + RS 중 RS 부분을 제외한 NS + IM을 모든 산업에 대하여 합산한 값이 Shift-Share 도구변수, 즉 Bartik 도구변수이다(Broxter and Larson 2020).

예제 5.4   Bartik (1991)의 Chapter 4

Bartik (1991)의 Chapter 4에서는 지역 고용 증가율($\Delta \log m_{it}$)이 실업률 증가분(Δy_{it})에 미친 영향을 다음 모형으로써 측정한다.

$$\Delta y_{it} = \alpha + \delta_t + X_{it}\beta + \gamma\Delta \log m_{it} + u_{it} \tag{5.1}$$

단, i는 지역, t는 연도, δ_t는 연도별 효과, y_{it}는 실업률, X_{it}는 통제변수, $\Delta \log m_{it}$는 i지역 비농업 부문(전체산업)의 직전연도 대비 고용 증가율(Bartik 책에서는 8개 래그까지 포함)이다. 주요 설명변수인 $\Delta \log m_{it}$는 수요 변화와 공급 변화에 의하여 모두 영향을 받으며, 이 중 수요 충격만의 효과를 추출하기 위하여 Shift-Share 분석의 NS + IM에 해당하는 i지역의 t년도 고용 증가분 예측치($\Delta \hat{m}_{it}$)를 구한다(RS 부분은 제외).

$$\Delta \hat{m}_{it} = \sum_k m_{it-1}^k G_t + \sum_k m_{it-1}^k (G_t^k - G_t) = \sum_k m_{it-1}^k G_t^k \tag{5.2}$$

단, k는 산업, m_{it}^k는 i지역 k산업의 t기 고용, G_t는 나라 전체 전체산업의 직전연도 대비 고용 증가율, G_t^k는 나라 전체 k산업부문의 직전연도 대비 고용 증가율이다(Bartik 1991, p. 273, Equation (16)의 기호 변경). 식 (5.2)의 $\Delta \hat{m}_{it}$는 지역 i의 각 산업부문 고용이 해당 부문 나라 전체 평균과 동일한 증가율을 보였을 것이라는 가정하에 구한 산업별 고용 증가분의 합계이다. 이로부터 t 기 일자리 수를 예측하면 $\hat{m}_{it} = m_{it-1} + \Delta \hat{m}_{it}$ 이며, Bartik (1991)은 설명변수 $\Delta \log m_{it} = \log(m_{it}/m_{it-1})$ 에 대하여 $\Delta \log \hat{m}_{it} = \log(\hat{m}_{it}/m_{it-1})$ 를 도구변수로 고려한다. 이 도구변수 자체는 NS + IM에 해당하지만, 모형 (5.1)에 연도별 더미변수들이 포함되어 있어, $\Delta \log \hat{m}_{it}$ 로부터 $n^{-1} \sum_{i=1}^{n} \Delta \log \hat{m}_{it}$ 를 제외하고 나면 IM 즉 'share effect'가 (주로) 남기 때문에 Bartik (1991)은 이 도구변수를 share effect라 한다(Bartik 1991, p. 274).

　　이 도구변수는 산업별로 지역의 고용이 전국 평균과 같은 정도로 증가했다면 형성되었을 고용 수준에 기반하여 만들어진다. 그런데 나라 전체의 경기는 제품에 대한 나라 전체 수요를 반영할 것이므로, 이 도구변수는 지역이 생산하는 제품에 대한 나라 전체의 수요 변화를 측정한다는 것이 Bartik (1991, p. 274)의 설명이다.

　　다른 예로 Autor, Dorn, and Hanson (2013)의 분석을 살펴보자.

예제 5.5 중국 신드롬

Autor, Dorn, and Hanson (2013)은 미국 내 노동시장(임금, 고용)이 중국으로부터의 수입에 의한 경쟁심화로 영향을 받은 정도를 추정하고자 한다. 이를 위하여 우선 지역별로 노동시장이 중국으로부터의 수입 경쟁에 노출된 정도(local labor market exposure to import competition)를 다음과 같이 측정한다.

$$\Delta IPW_{uit} = \frac{1}{L_{it}} \sum_j \left(\frac{L_{ijt}}{L_{ujt}} \right) \Delta M_{ucjt}$$

단, L_{it} 는 i 지역 t 기 초 총고용(각 t 는 10년 기간), ΔM_{ucjt} 는 t 기간 동안 j 산업부문 중국으로부터의 수입액 증가분, L_{ijt} 는 i 지역 j 산업부문 고용, L_{ujt} 는 미국 전체 j 산업부문 고용이다. ΔIPW_{uit} 는 산업부문별 중국으로부터의 수입액 증가분을 해당 부문 i 지역 고용 수 비중으로 가중치를 주어 모든 산업부문에 대해 합산한 후 i 지역 고용으로 나눈 값이다. 논문에 이 지표의 도출 과정이 길게 설명되어 있다.

　　중국의 대미 수출이 증가하여 중국 경제가 좋아지면 중국인들의 소득이 증가하고 이로 인해 다시 미국산 제품에 대한 수요가 증가할 수 있다. 저자들의 분석 목적은 이러한 미국산 제품에 대한 중국으로부터의 수요 증가 효과를 제외하고 중국으로부터의 경쟁심화로 인한 영향만을 측정하는 데에 있다. 하지만 중국산 제품의 수입 자체는 수요 변화(중국으로부터의 수요 증가)까지 포함한 종합적인 요인들의 영향도 받으므로 OLS 추정을 하면 두 상반된 효과들이 서로 상쇄되어 추정값이 0쪽으로 편향될 것이다. 경쟁심화의 영향만을 추출하기 위하여, 미국을 제외한 여타 8개국(호주, 덴마크, 핀란드, 독일, 일본, 뉴질랜드, 스페인, 스위스)의 'exposure'를 도구변수로 사용한다.

$$\Delta IPW_{oit} = \frac{1}{L_{it-1}} \sum_j \left(\frac{L_{ijt-1}}{L_{ujt-1}} \right) \Delta M_{ocjt}$$

이 도구변수는 두 가지 면에서 설명변수 ΔIPW_{uit} 와 다르다. 하나는 미국이 아닌 8개국의 중국산 수입액을 사용한다는 점이다. 다른 하나는 가중치로 현재(t기) 고용 수준이 아니라 10년 전($t-1$기) 고용 수준을 이용한다는 것이다. 저자들은 이로써 동시성 편향을 완화시킬 것으로 기대한다.

추정식은 다음과 같다.

$$\Delta L_{it} = \alpha + \delta_t + \beta_1 \Delta IPW_{uit} + X_{it}\beta_2 + u_{it}$$

여기서 ΔL_{it} 는 지역 i 의 제조업 고용률(노동가능 연령대 인구 대비 제조업 고용 비율)의 증가분이고 X_{it} 는 통제변수이다. 기간은 1990년부터 2000년, 2000년부터 2007년이다($T = 2$). ΔIPW_{uit} 의 도구변수로 ΔIPW_{oit} 를 사용하여 2SLS 추정을 한다.

저자 중 한 사람인 David Dorn의 홈페이지(https://www.ddorn.net/data.htm)에 데이터(workfile_china.dta)와 코드가 있다. 논문 2137페이지 Table 3의 (2)를 복원하고, 참고로 POLS 회귀 결과와 비교해 보면 다음과 같다.

```
1  . use workfile_china, clear

2  . local X1 "l_shind_manuf_cbp t2"

3  . local X2 "d_tradeusch_pw"

4  . local Z2 "d_tradeotch_pw_lag"

5  . reg d_sh_empl_mfg `X2' `X1' [aw=timepwt48], vce(cl statefip)
6  (sum of wgt is 1.999999987072442)

7  Linear regression                          Number of obs    =      1,444
8                                             F(3, 47)         =      29.22
9                                             Prob > F         =     0.0000
10                                            R-squared        =     0.2569
11                                            Root MSE         =     1.5062

12                              (Std. err. adjusted for 48 clusters in statefip)
13  ────────────────────────────────────────────────────────────────────────
14                             Robust
15  d_sh_em~_mfg   Coefficient  std. err.      t    P>|t|    [95% conf. interval]
16  ──────────────────────────────────────────────────────────────────────────
17  d_t~eusch_pw    -.2097269    .0391988   -5.35   0.000   -.2885848   -.130869
18  l_shind_ma~p    -.0739414    .0168379   -4.39   0.000   -.1078149  -.0400678
19            t2    -.6827477    .3062525   -2.23   0.031   -1.298848  -.0666471
20         _cons    -.2991585    .3035576   -0.99   0.329   -.9098376   .3115206
21  ──────────────────────────────────────────────────────────────────────────

22  . ivregress 2sls d_sh_empl_mfg (`X2'=`Z2') `X1' [aw=timepwt48], cl(statefip)
```

```
23   (sum of wgt is    2.0000e+00)

24   Instrumental variables 2SLS regression        Number of obs    =      1,444
25                                                  Wald chi2(3)     =     190.03
26                                                  Prob > chi2      =     0.0000
27                                                  R-squared        =     0.1567
28                                                  Root MSE         =     1.6024

29                                       (Std. err. adjusted for 48 clusters in statefip)
30   ─────────────────────────────────────────────────────────────────────────────
31                                Robust
32   d_sh_em~_mfg │ Coefficient  std. err.      z     P>|z|     [95% conf. interval]
33   ─────────────┼───────────────────────────────────────────────────────────────
34   d_t~eusch_pw │  -.6104351   .0940313    -6.49   0.000    -.7947331   -.4261372
35   l_shind_ma~p │  -.0354777   .0217963    -1.63   0.104    -.0781977    .0072423
36             t2 │   .0846134   .367105      0.23   0.818    -.6348992    .8041261
37          _cons │  -.6382355   .338799     -1.88   0.060    -1.302269    .0257984
38   ─────────────┴───────────────────────────────────────────────────────────────
39   Instrumented: d_tradeusch_pw
40    Instruments: l_shind_manuf_cbp t2 d_tradeotch_pw_lag
```

핵심 설명변수는 ΔIPW_{uit} 로 변수명은 d_tradeusch_pw이다. 통제변수로 기간 초의 제조업 지역별 고용 비율(l_shind_manuf_cbp)과 기간 더미(t2)를 사용한다. 기간 초 인구로 가중치를 준 가중회귀를 하였다. OLS 추정 결과는 17행의 -.2097269이며, 2SLS 추정 결과는 34행의 -.6104351이다. 당초 예상한 대로 OLS 추정값은 2SLS 추정값보다 크기가 작다. 이는 2SLS가 중국산 수입 증가로 인한 마이너스(−) 효과를 측정하고자 고안된 것인 반면, OLS는 이 효과와 중국 내 소비증가로 인한 플러스(+) 효과를 합한 전체 효과를 추정하기 때문이라고 저자들은 해석한다.

Bartik 도구변수들을 이용한 다양한 연구들에 대해서는 Goldsmith-Pinkham, Sorkin, and Swift (2019) 논문을 참고하기 바란다. Adão, Kolesár, and Morales (2019) 논문은 Shift-Share 디자인을 이용한 회귀에서 신뢰구간을 구하는 방법을 제시한다.

5.4   과거 정보를 도구변수로 사용하는 방법

양자역학이 지배하는 아원자sub-atomic 세계가 아니라면, 통상적인 세상에서 시간은 거꾸로 흐르지 않는다(고 믿는다). 미래는 과거를 바꿀 수 없다. 미래에 대한 기대가 과거를 결정하는 경우에도, 기대 자체가 그 시점까지 주어진 정보를 바탕으로 만들어지므로 미래가 과거를 결정하는 것은 아니다. 모든 시점에서 과거는 주어져 있는 것이며, 올해의 활동에 의하여 작년의 값이 영향을 받지는 않는다. 그렇다면 종속변수나 독립변수의 과거값을 도구변수로 사용하면 되지 않겠는가? 이 질문에는 일면 타당성이 있어 보인다.

모형이 $y_{it} = X_{it}\beta + u_{it}$ 라 하자. X_{it} 가 어떤 이유에서든 u_{it} 와 상관될 수 있다고 하자. 이때 X_{it-1} 과 y_{it-1} 을 도구변수로 사용하면 어떻게 될 것인가? 이런 질문이 있을 때에는 직관으로 접근하기보다는 수학적으로 엄밀한 방식으로 접근하는 것이 좋다. 좋은 도구변수의 조건은 연관성relevance과 외생성exogeneity이다. 연관성이란 설명변수와 상관correlation이 있어야 한다는 것이고, 외생성이란 오차항과 상관관계가 없어야 한다는 것이다.

이 점을 염두에 두고, 먼저 X_{it} 가 u_{it} 와 상관되어 있을 때 X_{it-1} 이 좋은 도구변수가 되겠는지 생각해 보자. 우선, 연관성의 측면에서, 반드시 그래야 하는 것은 아니지만, 지난 시기 자신의 값인 X_{it-1} 은 현재 시기의 X_{it} 와 상관 있을 것으로 보인다. 다음으로, 외생성의 측면에서 X_{it} 가 u_{it} 와 상관이 있을 때 X_{it-1} 과 u_{it} 가 상관이 없겠는가? 그렇기는 쉽지 않아 보인다. 만일 $u_{it} = \mu_i + \varepsilon_{it}$ 이고 X_{it} 가 μ_i 와 상관이 있다면 당연히 X_{it-1} 도 μ_i 와 상관이 있을 것이다. μ_i 는 시간에 걸쳐 동일한데, 만일 μ_i 가 이번 기간의 "X"값과 상관되어 있다면 지난 기간의 "X"값과도 상관되어 있다고 보는 것이 당연해 보인다. 결국 아주 특별한 경우를 제외하고는 X_{it-1} 은 X_{it} 의 도구변수로 사용되기 어렵겠다.

그렇다면 y_{it-1} 은 어떻겠는가? 사정이 더 나빴으면 나빴지 좋아질 수는 없을 것 같다. 만일 u_{it} 가 y_{it-1} 과 전혀 상관이 없다고 한다면 당연히 y_{it-1} 은 외생적인 도구변수가 되겠지만, 이런 일은 μ_i 가 존재하지 않고 ε_{it} 가 시간에 걸쳐 독립인 아주 특별한 상황에서나 일어날 수 있고 보통은 그렇지 않을 것이다. 결국 X_{it-1} 이든 y_{it-1} 이든 t 시점에 결정되어 있는 것은 사실이지만 오차항(특히 μ_i 를 포함하는 오차항)과 상관관계가 없을 수는 없을 것이다. 이 과거변수들은 도구변수로 사용할 수 없다.

사실 설명변수와 개별효과의 상관에서 중요한 것이 시간에 걸친 상관이 아니라 개체들에 걸친 상관임을 기억하면 시차변수lagged variables들이 해결책이 되지 못한다는 것을 금방 알 수 있다. 예를 들어, μ_i 가 높은 국가들에서 X_{it} 의 값도 높으면 양자 간에 양의 상관관계가 있을 것이다. X_{it} 와 μ_i 사이에 양의 상관관계가 있으면 특별한 일이 일어나지 않은 한 X_{it-1} 과 μ_i 사이에도 양의 상관관계가 있을 것은 당연하다.

지금까지는 μ_i 도 오차항의 일부로 간주하는 경우를 고려하였다. 이제 설명변수의 과거값을 도구변수로 사용하여 고정효과 추정을 하는 경우를 생각해 보자. 모형은 $y_{it} = X_{it}\beta + \mu_i + \varepsilon_{it}$ 이고, X_{it} 가 ε_{it} 와 상관될 수 있으므로 X_{it-1} 을 도구변수로 사용하여 FE2SLS 추정을 한다는 것이다. 당연하지만, 만약 X_{it} 가 ε_{it} 와 상관되어 있으면 정의상 X_{it-1} 은 ε_{it} 에 대하여 강외생적이지 않으므로 정당한 도구변수가 되지 못한다(고정효과 2SLS에 사용할 도구변수는 강외생적이어야 한다). 그러므로 X_{it-1} 을 도구변수로 이용하는 FE2SLS 추정량은 일관성을 갖지 않는다. 이 문제에 대하여 간단히 생각하거나 '그래도 상관없겠지' 하고 대충 넘어가서는 안 된다. 다음 실험 결과를 보라.

예제 5.6   과거변수를 도구변수로 잘못 사용하는 경우

과거변수를 도구변수로 사용할 때 무슨 일이 발생할지 실제 데이터를 생성시켜 실험^{simulate}해
보았다. 아래에서 우선 패널 데이터를 생성하기 위하여 **id**와 **year** 변수를 만든다.

```
 1  . clear all

 2  . local n = 5000

 3  . local T = 7

 4  . set obs `=`n'*`T''
 5  Number of observations (_N) was 0, now 35,000.

 6  . gen id = ceil(_n/`T')

 7  . bysort id: gen year = 2010+_n

 8  . xtset id year

 9  Panel variable: id (strongly balanced)
10   Time variable: year,  to
11          Delta: 1 unit
```

위 2행에서 $n = 5{,}000$으로 크게 잡고 3행에서 $T = 7$로 하였다. 4–7행은 패널 데이터의
개체 식별자 **id**와 시간 식별자 **year**를 만든다. Stata의 **fillin** 명령을 사용할 수도 있겠
지만 필자는 6행과 7행처럼 직접 생성하는 편을 선호한다.

다음으로 μ_i, ε_{it}, X_{it} 를 생성한다. 이때 μ_i와 ε_{it} 는 서로 독립이며 표준정규분포로부터
추출하고 X_{it} 는 시계열상관을 가지면서 ε_{it} 와는 상관되지만 X_{it-1} 과 ε_{it} 는 비상관이도록
만들어 줄 것이다. 또한 X_{it} 와 μ_i 가 상관되도록 한다(고정효과).

```
12  . set seed 1

13  . by id: egen mu = total(rnormal()/(year==2011))

14  . gen e = rnormal()

15  . gen x = rnormal()

16  . replace x = l.x + x if year>=2012
17  (30,000 real changes made)

18  . replace x = x + 0.5*mu + e
19  (35,000 real changes made)

20  . gen y = x*1 + mu + e
```

위 12행은 여러분이 이 실험을 할 때 동일한 결과를 얻도록 해 준다. 13행은 각 i마다 동일한 μ_i 값을 만드는 고난도 기술이다(중간의 나눗셈을 곱셈으로 바꾸어도 좋다). 14행에서는 표준정규분포로부터 ε_{it}를 추출하고, 15–16행에서는 X_{it}를 생성시키되 X_{it}와 X_{it-1}이 서로 강한 상관관계를 갖도록 만들어 주고, 18행에서는 여기에 $0.5\mu_i$와 ε_{it}를 더하여 X_{it}가 μ_i 및 ε_{it}와 상관되도록 한다. X_{it}는 내생적이다. 단, ε_{it} 내에 시계열 상관이 없도록 ε_{it}가 생성되었으므로, X_{it-1}은 ε_{it}와 상관되지 않는다. 20행에서는 $y_{it} = X_{it} + \mu_i + \varepsilon_{it}$에 따라 y_{it}를 생성한다. 기울기 모수의 참값은 1이다(모의실험을 하기 때문에 모수의 참값을 아는 것이며, 실제 데이터 분석에서는 이를 알지 못한다).

다음으로 X_{it}와 ε_{it}의 상관계수를 구해 보고(모의실험을 해서 ε_{it}를 생성하였기 때문에 ε_{it}가 있는 것이며, 실제 분석에서는 ε_{it}를 관측되지 않으므로 이를 구할 수 없다) FE 회귀를 해 본다.

```
21  . correlate x e
22  (obs=35,000)

23                  x         e
24         ┼──────────────────────────
25       x │   1.0000
26       e │   0.4347    1.0000

27  . xtreg y x, fe

28  Fixed-effects (within) regression          Number of obs    =     35,000
29  Group variable: id                         Number of groups =      5,000

30  R-squared:                                 Obs per group:
31      Within  = 0.8943                                 min =          7
32      Between = 0.8237                                 avg =        7.0
33      Overall = 0.8487                                 max =          7

34                                             F(1,29999)       =  253734.45
35  corr(u_i, Xb) = -0.2994                    Prob > F         =     0.0000

36  ┼──────────────────────────────────────────────────────────────────────
37         y │ Coefficient  Std. err.      t    P>|t|     [95% conf. interval]
38  ┼──────────────────────────────────────────────────────────────────────
39         x │   1.427018    .002833    503.72   0.000     1.421465    1.432571
40     _cons │   .0084142   .0040402      2.08   0.037     .0004952    .0163333

41  ┼──────────────────────────────────────────────────────────────────────
42   sigma_u │  1.0946353
43   sigma_e │   .75579296
44       rho │   .67717473   (fraction of variance due to u_i)

45  ┼──────────────────────────────────────────────────────────────────────
46  F test that all u_i=0: F(4999, 29999) = 13.37            Prob > F = 0.0000
```

21행에서 X_{it}와 ε_{it}의 상관계수를 구하도록 하였다(실제라면 ε_{it}가 관측되지 않으므로 이를 구할 수 없다). 표본상관계수는 26행의 **0.4347**로 둘의 상관관계가 매우 강하다. 이 경우 FE

추정값은 참값인 1과 크게 다를 것으로 예상한다. 실제 27행에서 FE 추정을 하였더니 39
행의 FE 추정값은 **1.427018**로 참값과는 거리가 멀다.

　　이제 X_{it-1}이 적절한 도구변수처럼 보이는지 확인하기 위하여 X_{it-1}과 ε_{it}의 상관계수
(실제 분석에서는 계산 불가) 및 X_{it-1}과 X_{it}의 상관계수를 구해 보자. 그 결과는 다음과 같다.

```
47   . correlate l.x e
48   (obs=30,000)
49                           L.
50                           x           e
51   ─────────────┼──────────────────────────
52          x     │
53         L1.    │   1.0000
54          e     │   0.0015     1.0000

55   . correlate l.x x
56   (obs=30,000)
57                           L.
58                           x           x
59   ─────────────┼──────────────────────────
60          x     │
61         L1.    │   1.0000
62         --.    │   0.7206     1.0000
```

　　47행에서 X_{it-1}과 ε_{it}의 상관계수를 구하였는데 54행에 따르면 매우 작다. 이로부터
X_{it-1}이 오차항인 ε_{it}와 비상관임을 대략적으로 확인할 수 있다. 다음으로 X_{it-1}과 X_{it}의
상관계수는 62행에 의하면 **0.7206**으로 매우 크다. 이쯤 되면 X_{it-1}을 도구변수로 이용하는
FE2SLS 추정값이 참값과 유사할 것이라 기대할 수 있다. 하지만 다음 결과를 보면 이런
기대가 잘못되었음을 알 수 있다.

```
63   . xtivreg y (x = l.x), fe

64   Fixed-effects (within) IV regression      Number of obs    =    30,000
65   Group variable: id                        Number of groups =     5,000

66   R-squared:                                Obs per group:
67       Within  = 0.6595                                 min =        6
68       Between = 0.8383                                 avg =      6.0
69       Overall = 0.8523                                 max =        6

70                                             Wald chi2(1)     =    876.44
71   corr(u_i, Xb) = 0.5528                    Prob > chi2      =    0.0000

72   ──────────────────────────────────────────────────────────────────────
73         y │ Coefficient  Std. err.      z    P>|z|   [95% conf. interval]
```

```
74
75             x      .7083459    .0240386    29.47   0.000    .661231    .7554608
76         _cons     -.0072527    .0077461    -0.94   0.349   -.0224348    .0079295
77
78      sigma_u      1.3825179
79      sigma_e       1.338849
80          rho      .51604253   (fraction of variance due to u_i)
81
82   F test that all u_i=0: F(4999,24999) =       3.62         Prob > F    = 0.0000
83
84   Instrumented: x
85   Instruments: L.x
```

75행의 FE2SLS 추정값은 .7083459로서 참값인 1과 크게 다르다. 이는 X_{it-1} 이 ε_{it} 에 대하여 동시기적으로는 비상관이라 할지라도 강외생적이지 않으므로 FE2SLS 추정에서 시간이 엇갈리며 내생성이 초래되기 때문이다.

이 예에서 FE2SLS 추정량의 편향은 T 가 증가하면서 줄어든다. 이는 편향을 야기하는 집단내 변환의 영향이 T 가 증가하면서 줄어들기 때문이다. 즉, 편향을 야기하는 부분은 X_{it-1} 의 표본평균과 ε_{it} 의 표본평균 간의 상관인데, T 가 크면 이 표본평균들 내의 임의성randomness이 작아서 서로간의 상관도 작고 편향도 작다(얼마나 작을지는 경우에 따라 다르다).

▸ **연습 5.5.** 3행의 T를 7에서 30으로 증가시켜 실행하면 75행의 결과는 어떻게 바뀌는가?

연습 5.5의 결과가 시사하듯이 T 가 클 때의 편향이 작은 것은 X_{it-1} 이 ε_{it} 와 비상관이고 X_{it} 와는 상관되도록 정교하게 데이터를 생성하였기 때문이다(예제 5.6의 14–18행 참조). 보통의 경우라면 ε_{it} 에 시계열상관이 있어서 X_{it} 와 ε_{it} 가 상관될 때 X_{it-1} 과 ε_{it} 도 상관되기 쉽고, 그 결과 FE2SLS 추정량은 T 가 크더라도 편향된다.

5.5 우변에 종속변수의 과거값이 있는 모형

X_{it} 중의 하나가 y_{it-1} 인 모형을 생각해 보자. 가장 단순한 모형은 $y_{it} = \alpha + \beta y_{it-1} + u_{it}$ 일 것이다. 오차항이 $u_{it} = \mu_i + \varepsilon_{it}$ 라면 y_{it-1} 은 ε_{it} 의 예측에 기여하지 않으므로 ε_{it} 와는 상관이 없다고 할 수 있다. 이러한 동태적 모형에서 y_{it-1} 은 선결되어 있고predetermined ε_{it} 에 대하여 약외생적weakly exogenous이라고 가정된다. μ_i 와 설명변수(y_{it-1} 을 포함)들 간의 상관을 해결할 수 있는 도구변수를 찾기는 쉽지 않을 것이므로, 차분이나 집단내 변환을 통하여 μ_i 를 소거할 수 있다. 그러나 그렇게 되면 설명변수(y_{it-1} 포함)들도 마찬가지로 변환시켜야 하므로, 시간이 뒤섞여 변환된 설명변수와 변환된 오차항이 서로 상관될 수 있다. 예를 들어 $y_{it} = \alpha + \beta y_{it-1} + \mu_i + \varepsilon_{it}$ 일 때, 차분FD을 하여 μ_i 를 소거하면 식은 다음이 된다.

$$\Delta y_{it} = \beta \Delta y_{it-1} + \Delta \varepsilon_{it}$$

변환된 설명변수와 변환된 오차항을 보면 $\Delta y_{it-1} = y_{it-1} - y_{it-2}$ 이고 $\Delta \varepsilon_{it} = \varepsilon_{it} - \varepsilon_{it-1}$ 인데, 설명변수에 포함된 y_{it-1} 과 오차항에 포함된 ε_{it-1} 은 당연히 상관된다. 그러므로 위의 차분식의 설명변수는 오차항과 상관되고 우리는 최소제곱 방법을 사용할 수 없다(☝). 참고로, 설명변수가 ε_{it} 에 대하여 강외생적인 경우에는 시점과 무관하게 설명변수와 오차항이 비상관이었으므로 아무 문제 없이 FD나 FE 회귀를 할 수 있었지만, 지금은 y_{it-1} 이 ε_{it} 에 대하여 약하게만 외생적이므로, μ_i 를 제거하기 위하여 실행한 변환으로 인하여 다른 형태의 내생성이 도입된 것이다.

물론 μ_i 가 없다면 POLS를 이용하여 β 를 일관되게 추정할 수 있다. 식에서 μ_i 가 없으면 $y_{it} = \alpha + \beta y_{it-1} + \varepsilon_{it}$ 가 될 것인데, y_{it-1} 이 ε_{it} 와 독립이므로 y_{it} 를 y_{it-1} 에 대하여 POLS 하면 일관된 추정량을 얻는다. 이때 만일 RE를 하여 y_{it-1} 의 표본평균과 ε_{it} 의 표본평균을 이용하게 되면 시간이 뒤섞여 원래는 없던 내생성이 새로 도입되게 되므로 RE 추정량이 더 나을 것이라고 생각해서는 안 된다(어떤 추정량이 더 나은지 생각할 때에는 분산의 문제에 앞서 일관성의 문제를 고려해야 한다). μ_i 가 존재하는 경우, μ_i 가 설명변수와 상관되므로 FE 추정을 하면 될 것이라고 섣불리 생각해서도 안 된다. 또, '계수는 믿을 수 없지만 하우스만Hausman 검정통계량은 믿을 수 있지 않을까?' 하면서 하우스만 검정을 해 보려고 하지 말기 바란다.

우변에 종속변수의 과거값(y_{it-1} 등)이 있는 모형에서 개별효과(μ_i)를 통제하고 일관된 추정량을 얻는 문제는 제2부에서 자세히 다루고자 한다.

제2부에서는 우변에 종속변수의 과거 값이 등장하는 동태적 선형 모형에 대하여 살펴본다. 이 모형을 활용함으로써 종속변수의 과거 값이 통제된 상태에서 변수들 간의 상관관계와 인과관계를 파악할 수 있다. 이 동태적 모형에서 비로소 시간 차원이 모형의 식별에 핵심적인 요소로 등장한다.

6 선형 동태적 패널모형과 추정

이 장에서는 선형 동태적 패널 모형의 추정과 관련된 내용을 다룬다. 동태적 모형이란 y_{it-1}, y_{it-2} 등 종속변수의 과거값이 우변에 존재하는 모형이다. 이 모형에서는 설명변수가 고유오차에 대하여 강외생적이지 않다. y_{it-1} 은 ε_{it} 에 대해서 외생적이기는 하지만 강외생적은 아니다. 나머지 설명변수는 강외생적이거나 약외생적weakly exogenous일 수 있으며 동시기적으로 내생적일 수도 있다. 이 경우에 모수들을 식별하려면 개별효과와 고유오차에 대하여 조건들이 추가적으로 요구된다. 모형과 계수 해석은 6.1절에서 설명한다.

동태적 패널 모형은 동일 개체 내에서의 변화에 관한 것이므로 흔히 고정효과 접근법을 취한다. 문제를 야기하는 고정효과(μ_i)를 소거하기 위하여 가장 간단한 1계차분을 할 수 있다. 설명변수들이 ε_{it} 에 대하여 모두 강외생적인 경우와 달리, 동태적 모형에서 약외생적인 설명변수들을 차분하면 차분한 고유오차와 상관되고, 이 문제를 해결하기 위하여 적절한 도구변수를 취하여 추정을 한다(☝). 설명변수가 y_{it-1} 뿐인 단순한 모형에 대하여 Anderson and Hsiao (1981)는 방정식을 차분한 후 y_{it-2} 나 Δy_{it-2} 를 도구변수로 사용하는 방법을 제안하였다. 이 Anderson-Hsiao 추정량은 6.2절에서 설명한다.

1계차분한 방정식에서 사용할 수 있는 도구변수로 y_{it-2} 나 Δy_{it-2} 뿐 아니라 y_{it-3}, y_{it-4} 등 더 먼 과거의 관측값들도 있다. 동시에 1계차분된 오차항은 시계열 상관을 갖는다. 그러므로 Anderson-Hsiao 추정보다 효율성을 높일 수 있다. Arellano and Bond (1991)는 도구변수들을 가장 효율적으로 이용하는 일반화된 적률법(Generalized Method of Moments, GMM)을 분석하였다. 방정식을 차분한 다음 GMM을 사용하므로 차분적률법Difference GMM이라고 하는 이 방법에 대해서는 6.3절에서 설명한다.

종속변수에 오는 충격이 지속성persistency을 보이는 데이터의 경우 차분적률법은 상당한 편향을 보이고 정확성이 떨어질 수 있다. 극단적으로, 실제 데이터가 $y_{it} = y_{it-1} + \varepsilon_{it}$ 에 의하여 생성되는데 $y_{it} = \alpha + \rho y_{it-1} + \mu_i + \varepsilon_{it}$ 라는 패널 모형을 차분적률법으로 추정하면 ρ 모수를 식별할 수 없다. 이에 대한 해결책으로서 원래의 수준levels 방정식을 그대로 두고 차분difference한 과거 종속변수를 도구변수로 사용하는 수준적률법levels GMM과, 차분 GMM과 수준 GMM에서 사용하는 정보를 "시스템"으로(전체로) 함께 사용하는 시스템적률법System GMM을 고려할 수 있다. 시스템적률법에 대해서는 6.4절에서 상세히 설명한다.

동태적 패널모형의 적률법 추정이 타당하기 위해서는 몇 가지 가정들이 충족되어야 한다. 이 가정들이 성립하여야 모형이 제대로 설정되었다고 할 수 있다. 6.5절에서 표준적인 모형설정 검정에 대하여 살펴본다. 이들 검정은 동태적 패널모형 분석에서 필수적이다.

6.1 선형 동태적 모형과 계수의 해석

우변에 y_{it-1} 등이 있는 모형을 동태적dynamic 모형이라 한다. 간단한 동태적 선형 패널 모형은 다음과 같다.

$$y_{it} = \alpha + X_{it}\beta + \rho y_{it-1} + \mu_i + \varepsilon_{it}, \ i = 1, \ldots, n, \ t = 1, \ldots, T \tag{6.1}$$

이것은 일종의 패널 AR(1) 모형(AR은 autoregression의 준말)이다. 우변에 $y_{it-1}, \ldots, y_{it-p}$를 포함시키면 패널 AR($p$)가 될 것이다. X_{it}는 흔히 시간더미를 포함한다. $t = 1, \ldots, T$에 대하여 모형을 고려하므로 y_{i0}이 관측되어야 한다. 만일 그렇지 않고 y_{i1}부터 관측이 된다면 $t = 2$를 $t = 1$로 바꾸고 T를 $T-1$로 바꾸면 되므로 y_{i0}부터 관측된다고 하여도 별 문제 없다. 여기서 y_{i0}이 관측된다고 하는 것은 단지 모형 (6.1)에서 $t = 1, \ldots, T$라고 하면 보기 좋기 때문일 뿐 다른 뜻은 없다.

다만, $t = 0$부터 변수들이 관측되면 X_{i0}이 모형의 어디에도 등장하지 않으므로 X_{i0}에 관한 정보가 무시되는 것처럼 보이기도 하지만 반드시 그렇지만은 않다. 나중에 볼 것처럼, 만약 X_{i0}이 관측된다면, 추정 시 이를 도구변수로 활용할 수 있다.

이 모형에서 몇 가지 주목할 만한 것들이 있다. 첫째, 설령 X_{it}가 μ_i로부터 독립인 경우라 할지라도(그런 경우는 별로 없겠지만), 우변의 또 다른 변수인 y_{it-1}이 μ_i와 연관되어 있다. 그러므로 POLS나 RE 추정을 하면 편향된 추정량을 얻는다(☝). 둘째, 이 모형에서는 ε_{it}에 시계열상관이 없다는 것이 모형의 핵심이다. ε_{it}에 시계열상관이 있으면 모형 자체가 잘못 설정된 것이며, 이 경우 보통 AR 차수를 늘려서(즉, y_{it-2}, y_{it-3} 등을 추가적으로 포함시켜) 문제를 해결한다. 참고로, ε_{it}에 시계열 상관이 없는 것이 동태적 모형의 핵심이 되는 것은, 동태적 모형에서는 현재 t에 주어진 정보를 바탕으로 종속변수를 예측하는 것이 목적이며, 현재 시기에 예측할 수 있는 것은 "오차"라고 할 수 없기 때문이다. 만일 현재 시기에 ε_{it}에 대하여 약간이라도 예측할 수 있으면 이를 모형에 반영하여야 하며, 그 나머지가 오차가 된다. 만일 ε_{it}에 시계열상관이 있으면 그 상관으로 인한 정보를 추가로 추출해낼 수 있으므로 ε_{it}는 "오차"가 아니며, 무언가 잘못된 것이다. 셋째, 설령 μ_i를 관측한다고 할지라도 이것이 ε_{it}에 대한 정보를 제공해서는 안 된다. 동태적 모형에서 μ_i가 ε_{it}와 상관되는 상황은 용납되지 않는다. 넷째, ε_{it}에 대하여 강외생적인 변수, 약외생적인(선결된predetermined) 변수, 동시기 내생적인 변수가 모두 X_{it}에 포함될 수 있다. 그렇지만 어느 경우에나 $s < t$에 대해서는 $E(X'_{is}\varepsilon_{it}) = 0$이라고 본다. 다시 말하여 지난 기까지 관측된 변수값들로부터 이번 기의 충격(ε_{it})에 대한 정보를 얻을 수는 없다. 마지막으로, 패널 모형(특히 고정효과 모형)에서는 ε_{it}가 등분산적이라는 가정을 하지 않는 것이 관례이다. 이는 동일한 t에서도 n개의 관측치가 존재하므로 등분산적인지 아닌지 알 수 있기 때문이다. 참고로 ε_{it}가 등분산적인 경우에만 일관적인 추정량도 있고, ε_{it}에 특정 분포를 가정하여 이용하는 추정량도 있다.

동태적 패널 모형 (6.1)에서 μ_i가 임의효과라 할 때의 의미는 정태적 모형의 경우와 다르다. 별도의 설명변수가 없는 단순한 모형 $y_{it} = \alpha + \rho y_{it-1} + \mu_i + \varepsilon_{it}$ 또는 $y_{it} = \alpha_i + \rho y_{it-1} + \varepsilon_{it}$ 를 예로 들어 보면, 개별효과 μ_i (또는 α_i)는 어떠한 경우에든 우변의 설명변수 y_{it-1} 과 상관되므로 단순히 설명변수와 개별효과의 상관correlation만으로 임의효과와 고정효과를 구분하는 것은 의미가 없다. 이 모형에서는 그보다는 μ_i 가 종속변수의 초기값 y_{i0} 과 상관되어 있는지, μ_i 의 분포가 무엇인지 등에 대한 가정을 바탕으로 μ_i 가 임의효과인지 고정효과인지 구분한다. 우변에 다른 설명변수들이 포함되어 있으면 그 밖에 μ_i 가 이 설명변수들과 상관되어 있는지도 임의효과와 고정효과 모형을 구별하는 요소이다.

패널 데이터 분석에서 개별효과 μ_i 에 대하여 아무런 가정도 하지 않는 접근법을 고정효과 접근법(fixed effects approach)이라 한다. 고정효과 접근법에서는 모형의 변환을 통하여 μ_i 를 제거하거나, 아니면 μ_i 와 무관한 도구변수를 활용한다. 예를 들어, 앞의 3장에서는 고정효과 모형을 추정할 때 1계차분이나 집단내 편차로의 변환을 통하여 고정효과를 모형으로부터 제거하였다. 그러므로 고정효과는 어떠한 변수와 어떠한 상관관계를 갖더라도 아무런 문제가 없었다. 반면, 임의효과 접근법(random effects approach)에서는 μ_i 에 대한 특정한 가정을 하며, 구체적으로 어떤 가정을 하는지는 경우에 따라 다르다. 예를 들어 제 1부에서 μ_i 가 임의효과라고 할 때에는 μ_i 가 X_{it} 와 상관이 없는 경우를 일컬었다.

동태적 패널모형에서는 일반적으로 고정효과 모형을 다루며, 여기서는 y_{i0} 및 μ_i 가 $(\varepsilon_{i1}, \varepsilon_{i2}, \ldots, \varepsilon_{iT})$ 와 상관이 없다(하지만 y_{i0} 과 μ_i 는 상관될 수 있다)는 것과 $\varepsilon_{i1}, \ldots, \varepsilon_{iT}$ 가 서로간에 상관관계가 없다는 것 이외에는 별도로 가정하는 것이 없다. 고정효과 모형의 추정을 위해서는 μ_i 를 소거하고, 이 과정에서 모든 시간불변 변수들도 함께 소거되므로 시간불변 변수들의 계수는 추정할 수 없다. 이 점은 3장의 FD나 FE 회귀의 경우와 동일하다.

〽️ 동태적 패널모형에서는 고정효과 모형에서도 μ_i 가 (y_{i0} 과는 상관될 수 있으나) $\varepsilon_{i1}, \varepsilon_{i2}, \ldots, \varepsilon_{iT}$ 와 비상관이라고 가정한다. 이 가정은 모형의 식별을 위하여 꼭 필요하다. 만일 ε_{it} 와 μ_i 가 상관되면 μ_i 로부터 ε_{it} 에 대한 정보를 얻을 수 있다는 뜻이 되며, 그렇게 되면 μ_i 조건부로 ε_{it} 는 '오차'라고 보기 어렵다. 수학적으로도, 만일 μ_i 가 ε_{it} 와 상관되면 지금 널리 사용하는 추정량들 중에 잘못되는 것들이 있다. 그러므로 '고정효과' 모형이라 할지라도 μ_i 는 ε_{it} 들과는 비상관이라고 가정한다. 반면, 설명변수들이 고유오차(ε_{it})에 대하여 강외생적이라고 보는 제1부의 분석에서 μ_i 가 고정효과라고 할 때에는 μ_i 에 대하여 정말로 아무런 가정도 하지 않았다.

〽️〽️〽️ 한 가지 문제는 가장 단순한 모형 $y_{it} = \alpha + \rho y_{it-1} + \mu_i + \varepsilon_{it}$ 에서도 (y_{i0}, μ_i) 가 $(\varepsilon_{i1}, \ldots, \varepsilon_{iT})$ 와 상관이 없고 ε_{it} 에 자기상관이 없다는 가정만으로는 y_{it} 로부터 ρ 모수를 식별할 수 없는 경우가 있다는 것이다(이에 대한 자세한 내용은 생략한다). 이 점은 패널 데이터의 분석에 관한 이론적인 연구를 할 때에는 중요하겠지만 실제 데이터를 분석할 때에는 그냥 넘어가자. 다만 $\rho \simeq 1$ 이고 $\mu_i = 0$ 일 때에는 더 많은 가정을 하여 추정을 한다. 이 점에 대해서는 나중에 설명한다.

동태적 선형 패널 모형 $y_{it} = \alpha + X_{it}\beta + \rho y_{it-1} + u_{it}$, $u_{it} = \mu_i + \varepsilon_{it}$ 에서 β 와 ρ 계수를 해석해 보자. 우선 β 계수의 의미는 다음과 같다. μ_i 와 y_{it-1} 이 통제될 때 X_{it} 에 Δx 만큼의 차이가 있으면 y_{it} 는 $(\Delta x)\beta$ 만큼 차이가 있을 것으로 기대된다. 다음으로 ρ 는 한번 종속변수에 온 충격이 어느 정도 지속적으로 종속변수에 영향을 미치는지를 나타낸다. 예를 들어, 다른

조건(X_{it}와 u_{it})이 모두 동일할 때 이전 기의 종속변수 값인 y_{it-1}이 a인 경우와 $a+c$인 경우를 비교하면 이번 기의 y_{it}의 값에는 ρc의 차이가 있다. 즉, 이전 기간의 종속변수 값에 있었던 c만큼의 차이가 이번 기간에는 ρc만큼의 차이로 남아있다.

이상의 점들을 고려하여, 모든 기의 모든 요소에 차이가 없고, 딱 하나 t_0기에 X_{it_0}에 Δx만큼의 차이가 있을 때 종속변수 값의 차이가 시간이 지남에 따라 어떠한 방식으로 변화하는지 살펴보자. 우선 t_0기의 종속변수에는 $(\Delta x)\beta$만큼의 차이가 있다. 이 차이는 t_0+1기에 $\rho(\Delta x)\beta$만큼의 차이로 이어진다. 그 다음 기인 t_0+2기에는 $\rho(\Delta x)\beta$의 ρ배인 $\rho^2(\Delta x)\beta$만큼의 차이가 있다. 그 다음 해에는 $\rho^3(\Delta x)\beta$만큼의 차이가 있다. 만일 $|\rho|<1$이라면 이 차이는 시간이 지남에 따라 0으로 기하급수적으로 수렴할 것이다. 동태적으로 볼 때, X_{it}에 존재하는 차이는, 여타 모든 요소들이 앞으로 계속 동일하다면, 당해 기에는 그 차이에 β를 곱한 만큼의 차이를 가져오지만, 종국적으로는 이 차이에 ρ^∞를 곱한 만큼의 차이가 남게 된다. $|\rho|<1$이라면 이 차이는 종국적으로 소멸된다.

다른 모든 요소들이 동일하고 ε_{it}에만 1회성의 충격이 있을 때에도 이와 동일한 결과를 얻는다. 해당 연도에는 그 만큼의 차이가 y_{it}에 존재하지만, $|\rho|<1$이라면 시간이 흐름에 따라 이 차이는 0으로 수렴한다.

설명변수 값 증가의 동태적 영향

동태적 패널 모형 $y_{it}=\alpha+X_{it}\beta+\rho y_{it-1}+\mu_i+\varepsilon_{it}$에서 한 시점에 X_{it}의 값이 Δx만큼 증가하면 그 이전 시기에 비하여 y_{it}의 값은 얼마나 증가하는지 자세히 살펴보자. 이 변화가 s시점에 일어났다면 그 이전과 이후에 y_{it}의 값은 어떻게 영향을 받을 것인가?

편의상 y_{i0}과 μ_i는 이 변화에 아무런 영향도 받지 않는다고 하자. 다시 말하여 y_{i0}과 μ_i가 변하지 않고도 X_{is}가 변화할 수 있다. 그러면 $s-1$기까지는 아무런 변화도 없다. s기에는 y_{is}값이 $(\Delta x)\beta$만큼 증가한다. 원래 상태의 종속변수 값들을 y_{it}라 하고, X_{is}가 $X_{is}+\Delta x$로 증가한 경우의 종속변수 값들을 y_{it}^*라 하면 다음 관계가 성립한다.

$$y_{is}^* = \alpha + (X_{is}+\Delta x)\beta + \rho y_{is-1} + \mu_i + \varepsilon_{is} = y_{is} + (\Delta x)\beta$$

그 다음 기($s+1$기)의 새로운 종속변수 값은 다음과 같다.

$$y_{is+1}^* = \alpha + X_{is+1}\beta + \rho y_{is}^* + \mu_i + \varepsilon_{is+1} = y_{is+1} + \rho(\Delta x)\beta$$

일반적으로, $t \geq s$일 때 t기의 새로운 종속변수 값은 다음과 같다.

$$y_{it}^* = \alpha + X_{it}\beta + \rho y_{it-1}^* + \mu_i + \varepsilon_{it} = y_{it} + \rho^{t-s}(\Delta x)\beta, \quad t \geq s$$

만약 $|\rho|<1$이라면 y_{it}^*와 y_{it}의 차이는 t가 커지면서 0으로 수렴한다. s기부터 시작하여 그 후의 모든 기간의 효과 $y_{it}^* - y_{it}$를 합하면 다음을 얻는다.

$$\sum_{t=s}^{\infty}(y_{it}^* - y_{it}) = \sum_{t=s}^{\infty}\rho^{t-s}(\Delta x)\beta = \frac{(\Delta x)\beta}{1-\rho}$$

이 효과는 또한 s 기 이후의 모든 기간에 X_{it} 가 Δx 만큼 증가한 채로 일정하게 유지되면 y_{it}^* 의 수준이 궁극적으로 원래의 y_{it} 에 비하여 얼마만큼 더 높은지를 나타낸다(장기 효과).

정태적 모형에서 X_{it} 의 값이 변화할 때 μ_i 의 값이 조정될 수 있었던 것처럼 여기서도 X_{is} 의 값이 변화할 때 μ_i 와 y_{i0} 이 조정될 수 있다. 달리 말하자면 X_{is} 의 값이 변화하려면 μ_i 와 y_{i0} 의 값도 달랐어야 할 수 있다. 이러한 조정이 일어난 다음 y_{i0} 과 μ_i 의 값이 각각 b_i 와 c_i 만큼 더 크다고 하자. 그러면, 모형에 의할 때 b_i 의 효과는 매년 ρ 의 비율로 감소하고 c_i 의 효과는 매년 누적된다. 그래서 이 둘만의 효과를 보면 t 기의 종속변수는 기준상황(아무런 변화도 없는 상황)에 비하여 $\rho^t b_i + (1 + \rho + \cdots + \rho^{t-1})c_i$ 만큼 증가하는 것이 된다. 여기에 X_{is} 가 Δx 만큼 증가한 효과를 추가하면, 이러한 y_{i0} 과 μ_i 의 조정에 의한 종속변수의 변화에 덧붙여 t 기($t \geq s$)에 $\rho^{t-s}(\Delta x)\beta$ 만큼 더 증가한 것이 최종적인 종속변수 값이다.

모형에 X_{it-1} 이 포함되어 있어 $y_{it} = \alpha + X_{it}\beta + X_{it-1}\gamma + \rho y_{it-1} + \mu_i + \varepsilon_{it}$ 이면 약간 다르다. s 기에 X_{is} 가 Δx 만큼 증가하고 y_{i0} 과 μ_i 는 통제된(변함이 없는) 상황을 고려해 보자. 변화한 종속변수 값들을 y_{it}^* 라 하자. 그러면 $s-1$ 기까지는 $y_{it}^* = y_{it}$ 이고 s 기에는 $y_{is}^* = y_{is} + (\Delta x)\beta$ 이다. $s+1$ 기에는 y_{is}^* 로의 증가분 $(\Delta x)\beta$ 에 ρ 를 곱한 만큼 효과가 지속되고, 또한 그 직전 기에 독립변수가 Δx 만큼 증가하였으므로, $y_{is+1}^* = y_{is+1} + \rho(\Delta x)\beta + (\Delta x)\gamma = y_{is+1} + (\Delta x)(\beta\rho + \gamma)$ 가 된다. 그 이후에는 $y_{it}^* = y_{it} + \rho^{t-s-1}(\Delta x)(\beta\rho + \gamma)$ 이다. $\rho < 1$ 일 때, 모든 기에서의 효과를 총합하면 다음이 된다.

$$\sum_{t=s}^{\infty}(y_{it}^* - y_{it}) = (\Delta x)\beta + \frac{(\Delta x)(\beta\rho + \gamma)}{1-\rho} = \frac{(\Delta x)(\beta + \gamma)}{1-\rho}$$

만약 $\gamma = -\beta\rho$ 이면 X_{is} 의 증가의 효과는 s 기에만 $(\Delta x)\beta$ 이고 그 이후부터는 소멸된다.

6.2 Anderson and Hsiao의 도구변수 추정

모형 (6.1)에서 귀찮은 μ_i 를 소거하기 위하여 변수들의 증가분을 고려하는 방법을 생각해 보자. 모형이 (6.1)과 같을 때 증가분들 간에는 무슨 관계가 있는지 알아보기 위하여 다음과 같이 모형을 차분difference한다.

$$\Delta y_{it} = \Delta X_{it}\beta + \rho\Delta y_{it-1} + \Delta\varepsilon_{it} \tag{6.2}$$

그러면 μ_i 는 소거되나 다른 문제가 발생한다. 5.5절에서 잠깐 이야기한 것처럼 설명변수인 Δy_{it-1} 이 오차인 $\Delta\varepsilon_{it}$ 와 반드시 상관되게 된다. 특히, ε_{it} 에 시계열 상관이 없다는 필수 가정하에서 그렇다. 이는 $\Delta y_{it-1} = y_{it-1} - y_{it-2}$ 이고 $\Delta\varepsilon_{it} = \varepsilon_{it} - \varepsilon_{it-1}$ 이며 양 표현식에서 y_{it-1} 과 ε_{it-1} 이 상관되기 때문이다. X_{it} 에도 약외생적인 변수나 내생적인 변수가 있으면 유사한 상관이 발생한다. 그러므로 (6.2)에 대하여 POLS를 하면 추정량은 편향된다(♕). 다시 말하여, 동태적 선형 패널 모형에서 FD 회귀를 하면 일관된consistent 추정량을 얻을 수 없다.

다음으로 FE 회귀를 고려하자. 제1부에서 보았듯이 FE 회귀는 LSDV 및 집단내(WG) 회귀와 동일하며 다음과 같은 변환을 한 후 POLS 추정을 한다.

$$y_{it} - \frac{1}{T}\sum_{s=1}^{T} y_{is} = \left(X_{it} - \frac{1}{T}\sum_{s=1}^{T} X_{is}\right)\beta + \rho\left(y_{it-1} - \frac{1}{T}\sum_{s=1}^{T} y_{is-1}\right) + \left(\varepsilon_{it} - \frac{1}{T}\sum_{s=1}^{T}\varepsilon_{is}\right)$$

이 변환을 할 때에는 반드시 시간대를 제대로 맞추어야 한다. 즉, $y_{i0}, y_{i1}, \ldots, y_{iT}$ 가 관측될 때 좌변의 변환을 위해서는 y_{i0} 을 잘라내고 남은 $y_{i1}, \ldots, y_{iT}$ 만을 사용하여 집단내 변환을 해야 하고, X_{it} 의 경우 X_{i0} 이 관측된다 할지라도 $X_{i1}, \ldots, X_{iT}$ 를 변환시켜야 하며, 우변 시차종속변수의 경우에는 y_{iT} 를 잘라내고 남은 $y_{i0}, \ldots, y_{iT-1}$ 을 변환시켜야 한다. 변환하고 나서 잘라내면 안 된다. 잘라내고 나서 변환하자. 중요한 논문에서도 실수가 등장하는 사례가 있다.

이 식을 자세히 보면 알 수 있겠지만 y_{it-1} 의 개체별 표본평균과 오차항의 개체별 표본평균은 서로 상관될 수밖에 없으며(시계열 데이터를 생각하지 말고 T 가 작은 경우를 생각하기 바란다), 따라서 이 식에 대하여 POLS를 하는 FE 추정량은 반드시 편향된다(♔). ε_{it} 가 등분산적이고 패널 데이터가 아주 오래전부터 시작된 과정의 결과라는 가정하에서 Nickell (1981)은 그 편향을 수식으로 구하기도 하였다(이 계산에 근거하여 LSDV 추정량의 편향을 교정하려는 시도들도 있다).

어떠한 방식으로 식 (6.1)을 변환하여 μ_i 를 소거하든지 간에, 변환된 회귀변수(우변변수)와 변환된 오차항 간에는 항상 상관관계가 존재하며, 따라서 μ_i 를 소거한 후 POLS를 하려는 시도는 거의 성립하지 않는다(♔).

예외는 ε_{it} 가 t 에 걸쳐 등분산적이고 패널 데이터가 아주 먼 과거부터 시작한 경우인데, 이 때에는 교차차분(cross-differencing)에 의하여 μ_i 를 소거하고 POLS를 할 수 있다. 다만 이 방법에서는 여타 설명변수들이 방정식에 사용되는 방식에 제한이 있다. '교차차분'에 대해서는 Han, Phillips and Sul (2011, 2014)을 참조하라.

그보다는 차분하여 μ_i 를 제거한 후에 도구변수를 사용하는 것을 생각해 볼 수 있다. 차분 방정식 (6.2)에서 오차항이 $\varepsilon_{it} - \varepsilon_{it-1}$ 이므로, ε_{it} 및 ε_{it-1} 과 상관되지 않은 변수는 모두 도구변수로 사용할 수 있다. 어떤 변수가 그렇겠는가? 설명변수가 y_{it-1} 뿐인 단순한 모형을 이용하여 이를 생각해 보자. 앞에서 설명한 것처럼 차분을 하여 μ_i 를 제거하면 모형은 $\Delta y_{it} = \rho \Delta y_{it-1} + \Delta \varepsilon_{it}$ 가 된다. 설명변수가 Δy_{it-1} 하나이므로 도구변수가 하나만 있으면 될 것이다. ε_{it} 및 ε_{it-1} 과 상관되지 않은 변수로는 y_{it-2} 가 있다. 그러므로 차분식에 y_{it-2} 를 도구변수로 사용할 수 있다. 이 추정방법은 Anderson and Hsiao (1981)가 제안한 것이다. 이 Anderson-Hsiao (AH) 추정량을 수식으로 표현하면 다음과 같다.

$$\hat{\rho}_{ah} = \frac{\sum_{i=1}^{n}\sum_{t=2}^{T} y_{it-2}\Delta y_{it}}{\sum_{i=1}^{n}\sum_{t=2}^{T} y_{it-2}\Delta y_{it-1}} \tag{6.3}$$

t 에 걸친 합산이 $t=2$ 부터 시작됨에 주의하라. $t=1$ 이면 $t-2=-1$ 인데 -1 기의 종속변수 값은 관측되지 않는다. Anderson and Hsiao는 y_{it-2} 대신에 Δy_{it-2}, 즉 $y_{it-2} - y_{it-3}$ 을 도구변수로 사용하는 방법도 고려하였다. 식 (6.3)에서 분자와 분모의 y_{it-2} 를 Δy_{it-2} 로 바꾸고

덧셈이 $t=3$부터 시작하도록 하면 된다. 이는 y_{i0}부터 관측되므로 Δy_{i0} 이 관측되지 않기 때문이다. 도구변수로 Δy_{it-2}를 사용하면 각 i당 관측치를 하나씩 잃는 것과 마찬가지이다.

y_{it-1} 이외에 설명변수가 존재하는 일반적인 모형을 차분한 식 (6.2)에서는 ΔX_{it} 의 도구변수를 찾아야 한다. 이 X_{it} 에 포함된 설명변수를 세 유형으로 나누자. 하나는 강외생적인 설명변수로서 이를 $X_{1,it}$ 라 하자. 다른 하나는 선결된(약외생적인) 설명변수이며 $X_{2,it}$ 라 하자. 마지막으로 동시기 내생적인 변수 $X_{3,it}$ 가 있다고 하자. 강외생적인 설명변수는 $\Delta \varepsilon_{it}$ 와 무관할 것이므로 걱정할 필요가 없다. 선결변수의 경우 $X_{2,it}$ 는 ε_{it-1} 과 상관될 수 있으므로 $\Delta X_{2,it}$ 는 내생성을 갖는다. 이 경우 $X_{2,it-1}$ 은 $\Delta \varepsilon_{it}$ 와 상관이 없어서 $\Delta X_{2,it}$ 의 도구변수로는 $X_{2,it-1}$ 을 사용할 수 있다. 동시기적으로 내생적인 설명변수는 같은 기간의 오차항과 상관되므로 $\Delta \varepsilon_{it}$ 와 상관되지 않은 것으로는 $X_{3,it-2}$ 가 있다. 그러므로 $X_{3,it-2}$ 를 $\Delta X_{3,it}$ 의 도구변수로 사용할 것이다. 이 책에서 일반적으로 "AH 추정량"이라고 하면 바로 이 추정량을 나타낸다.

Stata를 사용할 때, x1이 외생적 설명변수, x2가 선결변수, x3가 동시기적으로 내생적인 설명변수라면 다음과 같이 하여 AH 추정값을 구할 수 있다.

```
. ivregress 2sls d.y d.x1 (d.(x2 x3 l.y) = l.x2 l2.(x3 y)), ///
  nocons vce(cl id)
```

여기서 피회귀변수는 Δy_{it}, 회귀변수는 $\Delta X_{1,it}$, $\Delta X_{2,it}$, $\Delta X_{3,it}$, Δy_{it-1} 이고 추가적 도구변수는 $X_{2,it-1}$, $X_{3,it-2}$, y_{it-2} 이다. $\Delta X_{1,it}$ 는 외생변수이므로 이것도 도구변수로 사용된다. 만일 y_{it-2} 대신에 Δy_{it-2}를 도구변수로 사용하고자 한다면 마지막의 'l2.(x3 y)'를 'l2.(x3 d.y)'로 바꾸면 될 것이다. 클러스터 표준오차를 사용하는 이유는 오차항인 $\Delta \varepsilon_{it}$ 가 시계열 상관을 가지기 때문이다. ε_{it} 에 자기상관이 없으므로 $\Delta \varepsilon_{it}$ 에는 제한된 형태의 자기상관이 존재하겠지만, 이를 고려하여 표준오차를 계산하도록 하는 방법은 아직 Stata에 구현되지 않았다. n이 작을 때에는 클러스터 방법에 문제가 있으므로 주의하여야 할 것이다.

예제 6.1   소득과 민주주의(차분 후 도구변수 추정)

Acemoglu *et al.* (2008)의 5년 단위 패널 데이터를 이용하여 이 도구변수 추정을 실제 해 보자. MIT 경제학과 Daron Acemoglu 교수의 웹사이트에서 Acemoglu *et al.* (2008)의 결과를 복원할 수 있는 자료를 찾을 수 있다. 필자는 "acemoglu 2008 data"라는 키워드로 구글 검색을 하여 데이터가 있는 페이지로 갈 수 있었다. 2016년 3월 현재 파일 링크는 `economics.mit.edu/files/5000`이다. 파일을 받아서 압축을 풀면 엑셀 파일을 얻을 수 있다. Stata에서 `import excel` 명령을 사용하여 "5 Year Panel" 시트의 자료를 불러들인 후 `xtset`을 하고 연도별 더미변수를 생성하면 된다. 필요한 절차는 엑셀 파일에 상세히 설명되어 있다. 다음 연습 6.1에서 데이터를 실제로 만들어 보기 바란다. 이것이 귀찮거나 어려운 독자들은 필자가 Stata로 바꾸어 자료 사이트에 올려 놓았으므로 참조하기 바란다.

▶ **연습 6.1.** Acemoglu *et al.*(2008)의 데이터를 내려받아 압축을 풀고 "5 Year Panel" 시트의 자료를 Stata로 읽어들인 다음(힌트: `import excel "filename.xls", sheet(5 Year Panel) first`), 엑셀 파일에 설명된 대로 `xtset`을 하고 `yr`로 시작하는 연도별 더미변수들을 만들어 Stata용 dta 파일(`ajry08five.dta`)로 저장하라.

이 데이터에서 민주주의의 정도를 나타내는 변수(종속변수)는 `fhpolrigaug`(프리덤 하우스의 정치적 권리 지수, Freedom House Political Rights Index, 0~1로 변환)이고 소득을 나타내는 변수(독립변수)는 `lrgdpch`이다. y_{it}를 x_{it-1}과 y_{it-1}에 대하여 회귀하는 것이 우리의 목적이다. 연도별 더미변수들을 포함시켜 민주주의의 정도나 소득 수준에 존재하는 전세계적인 변동을 통제하였다. 아래 명령에서 7행과 9행은 사실 불필요한 것이나, 변수명이 너무 길어 매번 타이핑하기 귀찮아 짧은 이름의 변수들 `dem`과 `inc`를 생성하였을 뿐이다. 아래 결과는 Acemoglu *et al.*(2008) Table 2의 (3)열과 동일하다.

```
 1  . use ajry08five, clear
 2  (Income and Democracy Data, Acemoglu et al. 2008 AER)

 3  . xtset

 4  Panel variable: code_numeric (strongly balanced)
 5   Time variable: year_numeric,  to
 6          Delta: 1 unit

 7  . gen dem = fhpolrigaug
 8  (804 missing values generated)

 9  . gen inc = lrgdpch
10  (1,090 missing values generated)

11  . ivregress 2sls d.dem (ld.(dem inc) = l2.(dem inc)) yr3-yr11 ///
12  > if sample==1, nocons vce(cl code_numeric)

13  Instrumental variables 2SLS regression        Number of obs   =        838
14                                                 Wald chi2(11)   =          .
15                                                 Prob > chi2     =          .
16                                                 R-squared       =          .
17                                                 Root MSE        =    .25238

18                       (Std. err. adjusted for 127 clusters in code_numeric)
```

D.dem	Coefficient	Robust std. err.	z	P>|z|	[95% conf. interval]
dem LD.	.4686594	.0985427	4.76	0.000	.2755192	.6617996

26	inc					
27	LD.	-.1035792	.1063531	-0.97	0.330	-.3120274	.104869
28							
29	yr3	.0617385	.0335069	1.84	0.065	-.0039339	.1274109
30	yr4	-.0269419	.0263427	-1.02	0.306	-.0785727	.024689
31	yr5	-.0901173	.0365294	-2.47	0.014	-.1617135	-.018521
32	yr6	.0593314	.0316232	1.88	0.061	-.0026489	.1213118
33	yr7	.0903238	.0317853	2.84	0.004	.0280257	.1526219
34	yr8	.0032207	.0287911	0.11	0.911	-.0532088	.0596502
35	yr9	.0353261	.0201329	1.75	0.079	-.0041336	.0747858
36	yr10	.0437321	.0285522	1.53	0.126	-.0122291	.0996933
37	yr11	.0029709	.0216079	0.14	0.891	-.0393799	.0453217

```
38
39  Instrumented: LD.dem LD.inc
40   Instruments: yr3 yr4 yr5 yr6 yr7 yr8 yr9 yr10 yr11 L2.dem L2.inc
```

> 위 모형에는 기간더미 변수들이 포함되어 있다. 만약 nocons 옵션을 주지 않으면 기간더미 변수들과 상수항이 공선성을 만들어 하나의 기간더미 변수가 누락될 것이다. 그 결과 다른 기간더미 변수들의 계수가 바뀔 것이나 LD.dem 변수와 LD.inc 변수의 추정 결과는 전혀 영향을 받지 않는다.

▶ **연습 6.2.** 위의 11–12행에서 종속변수를 차분한 이유는 무엇인가? 어떤 설명변수들에 대하여 어떤 도구변수를 사용하였는가? 해당 설명변수들이 내생적인 이유는 무엇이며 해당 도구변수들이 외생적인 이유는 무엇인가?

▶ **연습 6.3.** 위 결과에서 27행 계수 추정값 -.1035792를 해석하라. 어떠한 요소들이 통제되었으며, 이때 실질 GDP가 10% 높으면 민주주의 지수(0~1 사이의 값으로 변환하였음에 주의)는 어느 정도 다를 것으로 예상되는가? 이 효과는 통계적으로 유의한가?

모형이 복잡해지면 도구변수로 무엇을 사용할지 혼동스러운 경우가 있는데, 어느 경우에나 수식을 써서 오차항과 비상관인 변수를 도구변수로 사용하면 된다. 예를 들어 설명변수에 강외생적 더미변수와의 상호작용항이 포함되는 모형 $y_{it} = \alpha_i + \rho y_{it-1} + \beta D_{it} + \gamma D_{it} y_{it-1} + \varepsilon_{it}$ 를 생각해 보자. 이 경우 모형을 차분하면 다음을 얻는다.

$$\Delta y_{it} = \rho \Delta y_{it-1} + \beta \Delta D_{it} + \gamma (D_{it} y_{it-1} - D_{it-1} y_{it-2}) + \Delta \varepsilon_{it}$$

그러면 Δy_{it-1}의 도구변수로는 y_{it-2}나 Δy_{it-2}를 사용하고, ΔD_{it}의 도구변수로는 자기 자신을 사용하면 된다(강외생적이므로). 남은 것은 $D_{it} y_{it-1} - D_{it-1} y_{it-2}$인데, 이와 상관되면서 ε_{it}, ε_{it-1}과 비상관인 변수를 찾으면 된다. 곧바로 눈에 띄는 것은 $D_{it} y_{it-2}$, $D_{it-1} y_{it-2}$ 등이다.

6.3 차분적률법

좌변변수가 y_{it} 이고 우변변수가 y_{it-1} 인 단순한 모형을 생각해 보자. 6.2절의 AH 추정법에서 Δy_{it-1} 이라는 회귀변수에 대하여 y_{it-2}(또는 Δy_{it-2})라는 하나의 추가적 도구변수를 사용하였다. 그런데 오차항 $\Delta \varepsilon_{it}$ 와 비상관인 도구변수는 그 밖에도 많다. 단순한 모형에서는 y_{it-2} 뿐 아니라 $y_{it-3}, y_{it-4}, \ldots, y_{i0}$ 이 모두 $\Delta \varepsilon_{it}$ 와 비상관이다. 다양한 설명변수들이 존재하는 일반적인 모형에서, $X_{1,it}$ 가 강외생적, $X_{2,it}$ 가 약외생적, $X_{3,it}$ 가 동시기 내생적이라면, t 기에 도구변수로 사용할 수 있는 것들은 다음과 같다.

$$1, X_{1,i1}, X_{1,i2}, \ldots, X_{1,iT}, \qquad X_{2,i1}, X_{2,i2}, \ldots, X_{2,it-1},$$
$$X_{3,i1}, X_{3,i2}, \ldots, X_{3,it-2}, \qquad y_{i0}, y_{i1}, \ldots, y_{it-2}$$

이상의 변수들은 모두 $\Delta \varepsilon_{it}$ 와 비상관이므로 도구변수로 사용해도 좋을 것이다. 만약 X_{i0} 이 관측된다면 이들도 적절히 도구변수 리스트에 포함된다.

> 📝 단, 실제 Stata에서 구현된 차분적률법 추정에서는, 일부러 시키지 않으면 상수항(절편)을 사용하지 않고, 강외생적인 변수의 경우는 $X_{1,i1}, \ldots, X_{1,iT}$ 만 대신에 $\Delta X_{1,it}$ 만 사용한다. $\Delta X_{1,it}$ 만 사용하는 것은 현실적인 타당성이 있으나 상수항(절편)을 사용하지 않는 것은 코딩 잘못으로 보인다. 단, 시간더미 변수들이 포함되면 상수항이 도구변수로 사용되므로 이러한 문제가 없다.

여기서 유의할 점은 도구변수의 개수가 t 에 따라 달라진다는 것이다. 예를 들어 X_{it} 가 없는 단순한 모형에서, $t = 2$ 에서는 y_{i0} 이 도구변수이나, $t = 3$ 에서는 y_{i0} 과 y_{i1} 이 도구변수로 사용될 수 있다. 그 결과, 만약 2SLS 추정을 한다면 각 t 마다 첫째 단계first-stage 추정 계수가 달라진다. 이 경우 보통의 통합 2단계 최소제곱법(P2SLS)을 사용하지 않고, 일반화된 적률법(generalized method of moments, GMM)을 사용한다(GMM에 대해서는 부록 C 참조). 이 추정법은 식 (6.2)처럼 차분 방정식을 이용하므로 차분적률법(difference GMM) 이라고 한다(차분적률법의 수학적인 표현에 대해서는 부록 C.4 참조). 참고로, AH 추정법은 각 t 기의 방정식에 설명변수당 하나의 도구변수만 사용하므로 표준적인 도구변수 추정법을 사용해도 되는 반면, 모든 가용 도구변수를 사용하지 않았으므로 효율성이 떨어진다는 단점이 있다. 차분적률법은 가용한 모든 선형 적률조건들을 이용하므로 효율성이 더 높다.

Stata에서 차분적률법 추정을 하려면, Arellano and Bond (1991)의 이름을 딴 `xtabond` 명령을 사용한다. 예를 들어 y가 종속변수, x1이 강외생적인 설명변수, x2가 선결적 설명변수, x3이 내생적 설명변수이면 다음과 같이 한다.

```
. xtabond y x1, pre(x2) endo(x3) vce(r)
```

여기서도 `vce(r)`이라고 하면 클러스터 표준오차를 계산한다.

Stata의 `xtabond` 명령에서 시간더미들을 우변에 포함시키는 것은 더 복잡하다. `xtreg` 명령의 경우에는 `i.year`라고만 하여도 됐으나, `xtabond` 명령에서는 시간더미들을 생성하고 나서 이 생성된 변수들의 일부를 명시적으로 포함시키는 것이 좋다(7.5절 참조). 더미변수 생성을 위해서는 'tab year, gen(tdum)'이라고 하거나 'xi i.year'라고 하면 된다.

> 📝 더미변수 생성과 추정을 한꺼번에 'xi: xtabond y x1 x2 i.year, vce(r)'처럼 할 수도 있다. 단, 'xi:' 접두어와 i.year를 사용하면 어느 시점에 대하여 시간더미를 포함시킬지 통제하기가 어려울 수 있으므로('char year[omit] 2'와 같은 명령을 사용할 수는 있음) 그보다는 눈으로 보고 직접 고를 것을 권한다(7.5절 참조).

예제 6.2   소득과 민주주의(차분적률법 추정)

예제 6.1의 데이터(ajry08five.dta)와 모형에 대하여 차분적률법 추정을 하면 결과는 다음과 같다. 예제 6.1에서 dem은 fhpolrigaug, inc는 lrgdpch를 나타내도록 생성되었음에 유의하라. xtabond 명령에는 l.inc와 같은 래그 변환 명령을 사용할 수 없으므로 아래 첫째 줄에서 지난 기 inc를 inc_1로 별도로 생성하였다.

```
 1  . gen inc_1 = l.inc
 2  (1,221 missing values generated)

 3  . xtabond dem yr3-yr11 if sample==1, pre(inc_1) vce(r) nocons

 4  Arellano-Bond dynamic panel-data estimation   Number of obs      =        838
 5  Group variable: code_numeric                  Number of groups   =        127
 6  Time variable: year_numeric

 7                                                 Obs per group:
 8                                                            min =          1
 9                                                            avg =   6.598425
10                                                            max =          9

11  Number of instruments =        99             Wald chi2(11)      =     168.49
12                                                 Prob > chi2        =     0.0000
13  One-step results
14                                 (Std. err. adjusted for clustering on code_numeric)
```

dem	Coefficient	Robust std. err.	z	P>|z|	[95% conf. interval]	
dem						
L1.	.4677594	.0715836	6.53	0.000	.3274582	.6080606
inc_1	-.0661327	.0686469	-0.96	0.335	-.200678	.0684127
yr3	.0418701	.0284271	1.47	0.141	-.0138459	.0975861
yr4	.0293785	.0288102	1.02	0.308	-.0270884	.0858454
yr5	-.0687307	.0438851	-1.57	0.117	-.1547439	.0172825
yr6	-.019139	.0490083	-0.39	0.696	-.1151936	.0769156
yr7	.0603916	.0553267	1.09	0.275	-.0480469	.16883
yr8	.0575554	.0612194	0.94	0.347	-.0624325	.1775433
yr9	.0921424	.0571208	1.61	0.107	-.0198123	.2040972
yr10	.1328553	.0704843	1.88	0.059	-.0052913	.2710019

```
31      yr11 |  .1342199   .0688315    1.95   0.051   -.0006873   .2691271
32  ────────────────────────────────────────────────────────────────────
33  Instruments for differenced equation
34      GMM-type: L(2/.).dem L(1/.).inc_1
35      Standard: D.yr3 D.yr4 D.yr5 D.yr6 D.yr7 D.yr8 D.yr9 D.yr10 D.yr11
```

사용된 도구변수들이 34–35행에 요약되어 있다. 이들은 $y_{it-2}, y_{it-3}, \ldots, x_{it-2}, x_{it-3}, \ldots,$ 그리고 시간더미들의 차분값들이다. 11행에 따르면 무려 99개의 도구변수들이 있는 반면, 5행에 따르면 $n = 127$이다. 표본크기(n)에 비하여 도구변수가 너무 많아 보이지만, 이에 대해서는 넘어 가고 본 예제에서는 차분적률법으로 추정을 해 본 것으로 만족하자.

Anderson and Hsiao의 도구변수[IV] 추정법과 Arellano and Bond의 GMM 추정법의 차이를 좀 더 자세히 살펴보자. 횡단면 분석의 경우, y_i를 종속변수, X_i를 독립변수, Z_i를 도구변수라 할 때, IV 추정법은 먼저 Z_i를 이용하여 X_i를 예측하고 그 다음 y_i를 예측값인 $\hat{X}_i$에 대하여 회귀한다. 패널 분석에서도 만일 모든 t에서 도구변수 Z_{it}의 개수가 동일하다면 첫째 단계 회귀(설명변수를 도구변수로써 예측하는 회귀)의 계수가 모든 t에서 동일하다고 하여도 좋을 것이다. AH 추정에서 그렇게 한다. 반면, 도구변수의 개수가 t마다 다르면 첫째 단계 회귀식 자체가 t마다 다르고, 따라서 그 계수들도 t마다 다를 것이다. 이 경우, 모든 t에 대하여 자료를 통합pool하여 도구변수 추정을 하는 것은 설명변수와 도구변수의 관계가 동일하다고 상정하는 것이므로 부적절하다. 그러므로 첫째 단계 회귀식의 모형과 계수를 각 t마다 다르게 할 필요가 있다. 이와 더불어 회귀식의 오차항($\Delta \varepsilon_{it}$)에 존재하는 시계열 상관을 추정에 적절히 반영함으로써 효율성을 높이는 추정을 할 수 있다. 차분적률법이 이런 일을 한다(일반적인 GMM에 관해서는 부록 C 참조).

이상에서 IV 추정법과 GMM이 별개의 것이고 GMM이 더 나은 추정법인 것처럼 설명하였으나, 사실 선형모형의 경우 GMM을 IV 추정법으로 표현할 수 있고, IV 추정법을 GMM으로 표현할 수 있다. 차이가 있다면 6.2절의 IV 추정은 모든 t를 통합하여 첫째 단계 추정을 하고, GMM 추정은 각 t별로 별도의 첫째 단계 추정을 한다고 이해하면 좋다. 그 밖에도 GMM 추정에서는 오차항 $\Delta \varepsilon_{it}$에 있는 시계열 상관을 고려하여($\Delta \varepsilon_{it}$와 $\Delta \varepsilon_{it-1}$ 간에 시계열 상관이 있음에 유의할 것) 추정을 효율적으로 만드는 변환을 한다.

좀 더 수학적인 설명을 위해서 가장 간단한 모형인 $y_{it} = \alpha + \rho y_{it-1} + \mu_i + \varepsilon_{it}$를 고려하자. 차분식은 $\Delta y_{it} = \rho \Delta y_{it-1} + \Delta \varepsilon_{it}$이다. 이 식은 $t = 2, 3, \ldots, T$에 대하여 정의된다. y_{it-2}를 도구변수로 사용하는 AH 추정법은 설명변수와 도구변수 간에 다음과 같은 관계가 있다고 보고 통합 도구변수 추정을 한다.

$$\Delta y_{it-1} = \pi_0 + \pi_1 y_{it-2} + \text{error}_{it-1}, \quad t = 2, \ldots, T$$

여기서 π_0과 π_1은 모든 t에서 동일하다. 오차항에 시계열 상관이 있겠지만 AH 추정량은 이를 무시한다. 이와 달리, 차분적률법 추정량은 설명변수와 도구변수 간의 관계가 t마다 달라 다음과 같다고 본다.

$$\Delta y_{i1} = \pi_0^1 + \pi_1^1 y_{i0} + \text{error}_{i1}$$
$$\Delta y_{i2} = \pi_0^2 + \pi_1^2 y_{i1} + \pi_2^2 y_{i0} + \text{error}_{i2}$$
$$\vdots$$
$$\Delta y_{iT-1} = \pi_0^{T-1} + \pi_1^{T-1} y_{iT-2} + \cdots + \pi_{T-1}^{T-1} y_{i0} + \text{error}_{iT-1}$$

상첨자들은 지수(제곱)를 의미하는 것이 아니라 상이한 숫자임을 나타내며, 하첨자로 하면 하첨자가 너무 많아져서 상첨자로 대신한 것뿐이다. 여기서 핵심적인 사항은 모형과 계수들이 t별로 상이하다는 것이다. AH 추정에서는 식의 우변에 항상 하나의 변수만 존재하므로 계수들이 모든 t에서 동일하다고 하여도 좋으나, 차분적률법의 경우에는 t별로 우변 변수의 개수가 상이하므로 계수들이 동일할 수 없다. 이와 더불어, 차분적률법은 오차항들(error_{it}, ε_{it}) 간에 시계열 상관이 있음을 명시적으로 고려하여 최적의 추정량을 구한다. 차분적률법의 정확한 수학적 표현은 부록 C.4에서 설명한다.

　Stata의 xtabond에 구현되어 있는 추정법에 대하여 두 가지 주의할 점이 있다. 첫 번째는 강외생적인 설명변수 $X_{1,it}$의 경우 $X_{1,i1},\ldots,X_{1,iT}$ 대신에 $\Delta X_{1,it}$만을 도구변수로 사용하고 모든 t에서 $\Delta X_{1,it}$가 설명변수들에 미치는 영향은 동일하다(즉, 첫째 단계 회귀 계수가 동일하다)고 가정한다는 것이다. 이 점은 그냥 받아들일 수밖에 없는 것 같다. 왜냐하면 $X_{1,i1},\ldots,X_{1,iT}$가 전부 사용되면 도구변수의 개수가 너무 많아져 이로 인한 편향이 오히려 클 수 있기 때문이다. 두 번째는 상수항(1)이 도구변수로 사용되지 않는다는 것이다. 외생적 설명변수에 시간더미가 포함되어 있다면 이들도 자동으로 도구변수 리스트에 포함되고 이 시간더미가 절편의 역할을 하므로 문제가 없다. 하지만 시간더미가 포함되지 않는 모형에서는 명시적으로 상수항을 도구변수로 사용하도록 해 주는 것이 좋다(Han and Kim 2014). 예를 들어 예제 6.2에서 우변에 시간더미들이 없었다면 시간더미 변수들을 수동으로 생성한 후 다음 명령을 내리면 된다(왜 시간더미를 도구변수 리스트에 포함시키는 것이 상수항을 추가하는 것인지에 대해서는 7.5절 참조).

```
. xtabond dem, pre(inc_1) inst(yr3-yr11) vce(r)
```

Stata에서 시간더미를 처리하는 문제는 생각보다 복잡할 수 있다. 자세한 내용은 7.5절을 참조하기 바란다.

▶ **연습 6.4.** Acemoglu *et al.* (2008) Table 2의 (4)열에 "Arellano-Bond GMM" 추정을 한 결과에 의하면 1.dem 계수의 추정값은 0.489 (표준오차는 0.085), 1.inc 계수의 추정값은 −0.129 (표준오차는 0.076)로 보고되어 있다. 저자들이 제공하는 추정 명령에 따르면 시간더미들이 포함되고 모든 가능한 종속변수 과거값, 12.inc, 그리고 시간더미들이 도

구변수로 사용된다. 이때 첫째 단계 회귀에서 `l2.inc`의 계수는 모든 t에서 동일하도록 설정하여야 한다. 저자들은 `xtabond2`라는 패키지를 사용하였는데, 이와 동일한 결과를 `xtdpd` 명령으로 얻으려면 다음과 같이 한다.

```
. xtdpd dem l.(dem inc) yr3-yr11 if sample==1, ///
  dgmm(dem) div(l2.inc,nodi) div(yr*) nocons vce(r)
```

이 명령을 실제로 실행해 보고, 해당 변수들의 계수추정값과 표준오차를 확인하라.

선형모형의 추정에 OLS와 FGLS가 있는 것처럼 GMM에도 한 단계 추정과 두 단계 추정이 있다. 앞에 제시한 `xtabond` 명령은 한 단계로 GMM 추정을 하는데, 이 방법은 ε_{it}가 IID일 때 효율적인 추정이 되도록 특화된 것으로서, 한 단계 효율적 적률법(one-step efficient GMM)이라고 한다. 하지만 ε_{it}가 IID가 아니면 이 추정량은 일관적이기는 하지만 효율적이지 않으며, 대신 두 단계 효율적 적률법(two-step efficient GMM) 추정을 할 수 있다. Stata에서 두 단계 효율적 추정을 하려면 `twostep` 또는 간략히 `two`라는 옵션을 준다.

```
. xtabond y x1, pre(x2) endo(x3) two
```

이 두 단계two-step 추정은 한 단계one-step 추정으로부터의 결과를 이용하여 표본적률함수들의 분산·공분산을 추정하고, 이를 이용하여 한번 더 GMM 추정을 하는 것이다.

한 단계 효율적 적률법을 약간 다른 방식으로 구할 수도 있다. 모형이 $y_{it} = \alpha + X_{it}\beta + \rho y_{it-1} + \mu_i + \varepsilon_{it}$라 하자. 이때 ε_{it}는 모든 i와 t에서 IID이다. 차분적률법에서는 μ_i를 소거하기 위하여 모형을 차분하였는데, 차감의 방향을 미래 쪽으로 하는 '미래방향 차분'(forward demeaning)을 할 수도 있다. 변환 식은 다음과 같다.

$$y_{it} - \frac{1}{T-t}\sum_{s=t+1}^{T} y_{is} = \left(X_{it} - \frac{1}{T-t}\sum_{s=t+1}^{T} X_{is}\right)\beta + \rho\left(y_{it-1} - \frac{1}{T-t}\sum_{s=t+1}^{T} y_{is-1}\right)$$
$$+ \left(\varepsilon_{it} - \frac{1}{T-t}\sum_{s=t+1}^{T} \varepsilon_{is}\right), \quad t = 1, 2, \ldots, T-1$$

예를 들어 $t = 3$이라면 4기부터 T기까지의 평균을 차감함으로써 μ_i를 소거하는 것이다. 이 변환에서 중요한 것은, ε_{it}가 IID일 때 변환된 오차항 $\varepsilon_{it} - \frac{1}{T-t}\sum_{s=t+1}^{T}\varepsilon_{is}$에 자기상관이 없다('직교'한다)는 사실이다. 예를 들어 $T = 4$라면 3개의 '미래방향 차분' 식이 만들어지며 이들 방정식의 오차항은 $\varepsilon_{i1} - \frac{1}{3}(\varepsilon_{i2} + \varepsilon_{i3} + \varepsilon_{i4})$, $\varepsilon_{i2} - \frac{1}{2}(\varepsilon_{i3} + \varepsilon_{i4})$, $\varepsilon_{i3} - \varepsilon_{i4}$이다. ε_{it}가 IID일 때 이 세 오차항 간에 상관이 없음은 손쉽게 보일 수 있다.

▶ **연습 6.5.** ε_{it}가 IID일 때, $\varepsilon_{i1} - \frac{1}{3}(\varepsilon_{i2} + \varepsilon_{i3} + \varepsilon_{i4})$, $\varepsilon_{i2} - \frac{1}{2}(\varepsilon_{i3} + \varepsilon_{i4})$, $\varepsilon_{i3} - \varepsilon_{i4}$이 서로 비상관임을 증명하라. 힌트: ε_{it}가 IID이면 $\mathrm{E}(\varepsilon_{it}^2)$은 모든 t에서 동일하고 $t \neq s$일 때 $\mathrm{E}(\varepsilon_{it}\varepsilon_{is}) = 0$이다.

하지만 미래방향 차분된 오차항들은 이분산적이다. 예를 들어 $\varepsilon_{i1} - \frac{1}{3}(\varepsilon_{i2} + \varepsilon_{i3} + \varepsilon_{i4})$의 분산은 $(1 + \frac{1}{9}\cdot 3)\mathrm{E}(\varepsilon_{it}^2)$이고 $\varepsilon_{i2} - \frac{1}{2}(\varepsilon_{i3} + \varepsilon_{i4})$의 분산은 $(1 + \frac{1}{4}\cdot 2)\mathrm{E}(\varepsilon_{it}^2)$으로 서로 다

르다. 일반적으로 미래방향 차분된 오차 $\varepsilon_{it} - \frac{1}{T-t}\sum_{s=t+1}^{T}\varepsilon_{is}$ 의 분산은 $(1 + \frac{1}{T-t})\mathrm{E}(\varepsilon_{it}^2) = \frac{T-t+1}{T-t}\mathrm{E}(\varepsilon_{it}^2)$ 이다. 이 이분산을 제거하기 위하여 위에 제시된 미래방향 차분식의 양변에 $c_{T-t} = \sqrt{(T-t)/(T-t+1)}$ 을 곱하는 변환을 할 수 있다. 그 결과로 다음 식을 얻는다.

$$y_{it}^{fod} = X_{it}^{fod}\beta + \rho y_{it-1}^{fod} + \varepsilon_{it}^{fod}$$

여기서 $y_{it}^{fod} = c_{T-t}(y_{it} - \frac{1}{T-t}\sum_{s=t+1}^{T}y_{is})$ 이고 다른 변수도 이와 유사하게 정의된다. 이 변환에서 y_{it}^{fod} 등을 미래방향 직교편차(forward orthogonal deviations, FOD)라 한다(Arellano and Bover 1995). 중요한 점으로, ε_{it} 가 IID일 때 ε_{it} 의 FOD들은 자기상관이 없고 등분산적이다. 이는 FD 변환된 오차항 $\Delta\varepsilon_{it}$ 가 (등분산적이기는 하지만) 자기상관이 있다는 점과 대조된다.

▶ **연습 6.6.** ε_{it} 가 IID인 경우 $\Delta\varepsilon_{it}$ 와 $\Delta\varepsilon_{it-r}$ 의 상관계수를 각 r 별로 구하라. $\Delta\varepsilon_{it}$ 에 자기상관이 있는가?

FOD 변환을 한 오차항 ε_{it}^{fod} 는 $\varepsilon_{it}, \varepsilon_{it+1}, \ldots, \varepsilon_{iT}$ 의 함수이므로 $y_{i0}, y_{i1}, \ldots, y_{it-1}$ 과 비상관이다. 또한 $X_{2,it}$ 가 선결적일 경우 $X_{2,it}, X_{2,it-1}, \ldots$ 과 비상관이며, $X_{3,it}$ 가 동시기적으로 내생적일 경우 $X_{3,it-1}, X_{3,it-2}, \ldots$ 과 비상관이다. 따라서 Arellano-Bond의 차분적률법 대신에 FOD들의 방정식에 대하여 모든 도구변수를 사용하는 GMM 추정을 고려할 수도 있다. 단, 균형패널에서 차분적률법과 FOD에 대한 GMM은 동일한 방법이다.

　차분적률법으로 돌아와서, 한 단계one-step 적률법 추정을 할 때 ε_{it} 가 IID가 아니면 `vce(r)` 옵션을 사용하여 견고한(클러스터) 분산 추정을 할 수 있듯이, 두 단계two-step 효율적 적률법 추정에서도 `vce(r)`이라고 하여 Windmeijer (2005)가 제시한 표준오차 교정 방법을 사용할 수 있다(상세한 내용은 Windmeijer의 논문 참조). 특별한 경우가 아니라면 두 단계 효율적 적률법 추정을 할 때에도 `vce(r)`이라고 하여 표준오차를 교정해 주는 것이 낫다.

> 📝　하지만 `vce(r)`이라고 하여 견고한 표준오차를 사용하면 Stata의 `xtabond` 명령을 사용해서는 나중에 나올 Sargan 검정을 하지 못한다는 문제가 있다.

　차분적률법은 예컨대 $\Delta y_{it} = \rho\Delta y_{it-1} + \Delta\varepsilon_{it}$ 라는 식에서 t 기의 설명변수인 Δy_{it-1} 에 대한 도구변수로서 $y_{it-2}, y_{it-3}, \ldots, y_{i0}$ 까지 모두 사용한다. 그런데 그렇게 하면 적률조건의 개수가 너무 많아 표본크기(n)가 이보다 훨씬 크지 않으면 '너무 많은 적률조건'의 문제가 발생할 수도 있다. 이 경우 y_{it-2} 만 도구변수로 사용하도록 하여 적률조건의 수를 줄일 수 있는데, Stata에서는 `maxldep(1)`이라는 옵션을 주면 된다.

```
. xtabond y, maxldep(1)
```

이 '`maxldep(1)`' 옵션은 y_{it-2} 만을 도구변수로 사용하도록 하고 있으며, 만약 y_{it-2} 와 y_{it-3} 을 도구변수로 사용하려면 `maxldep(2)` 옵션을 준다.

> 📝　참고로, `maxldep(#)`이라는 옵션은 도구변수로 사용할 종속변수의 최대 래그를 나타내는 것으로서, `maxldep(2)`라고 하는 경우 $t \geq 3$ 에서는 y_{it-2} 와 y_{it-3} 을 도구변수 사용할지라도 $t = 2$ 에서는 $y_{i,-1}$ 이 관측되지 않으므로 y_{i0} 만을 도구변수로 사용한다.

종속변수 과거값 이외에 선결되었거나(약외생적) 동시기 내생적인 설명변수가 있는 경우, 도구변수로 사용할 설명변수들의 최대 래그도 Stata에서 설정할 수 있는데, 이때에는 `maxlags(#)` 옵션을 사용한다. 예를 들어 모형이 $y_{it} = \alpha + \beta x_{it} + \rho y_{it-1} + \mu_i + \varepsilon_{it}$ 이고 x_{it} 가 선결적predetermined이라 할 때, `maxlags(1)`이라고 하면 x_{it-1} 만을 도구변수로 이용한다. x_{it} 가 내생적endogenous이라고 지정되었다면 x_{it-2} 부터 도구변수로 사용가능하므로 `maxlags(2)` 라고 할 때 최소한의 도구변수를 사용하게 된다. 연습 6.4에서는 선결된 x_{it-1} 에 대하여 Δx_{it-1} 의 도구변수로 x_{it-2} 만을 사용한다. 이를 구현하기 위해서는 x_{it-1} 을 선결적 설명변수로 지정한 후 `maxlags(1)` 옵션을 준다.

```
. xtabond dem yr3-yr11 if sample, pre(inc_1) maxlag(1) nocons vce(r)
```

▶ **연습 6.7.** 위 명령을 직접 실행해 보고 **연습 6.4**의 결과와 비교하라. 두 결과가 다를 것인데 그 이유는 무엇인가? 이 명령과 **연습 6.4**의 명령의 유사점과 차이점은 무엇인가?

차분적률법은 앞 절의 Anderson and Hsiao (1981)의 차분 도구변수 방법을 일반화한 것으로 볼 수 있지만 현저히 다른 면이 있다. 예를 들어, 모형 $y_{it} = \alpha + \rho y_{it-1} + \mu_i + \varepsilon_{it}$ 에서 xtabond에 `maxldep(1)`을 사용하여 두 추정량이 동일한 도구변수를 활용하는 경우에조차 두 추정량은 두 가지 점에서 상이하다. 첫째, 차분적률법은 차분한 오차항 $\Delta\varepsilon_{it}$ 내의 시계열 상관을 GMM의 틀을 이용하여 명시적으로 고려하는 반면 Anderson-Hsiao의 차분 도구변수 방법은 이를 무시한다. 둘째, 차분적률법에서는 Δy_{it-1} 과 y_{it-2} 의 상관계수가 각 t 마다 상이하도록 설정되는 반면, Anderson and Hsiao의 차분 도구변수 방법은 모든 t 에서 Δy_{it-1} 과 y_{it-2} 의 상관계수가 동일하다고 가정한다. 결국 차분 도구변수 방법이 더 많은 제약을 주는 셈인데, 실험에 따르면 차분 도구변수 방법은 차분적률법에 비하여 편향은 작고 분산은 더 크다. n 이 크지 않고 T 가 작지 않는 패널의 경우 Anderson and Hsiao의 도구변수 추정법이 오히려 더 유용할 수 있다.

차분적률법과 약한 도구변수 문제

차분적률법이나 차분 도구변수 방법에서 유의할 점은, 추정값이 전혀 엉뚱하게 되는 경우가 있다는 것이다. 예를 들어 1변수 모형 $y_{it} = \alpha + \rho y_{it-1} + \mu_i + \varepsilon_{it}$ 에서 $\alpha = 0$, $\rho = 1$ 이고 μ_i 가 없다고 하자. 그러면 데이터는 $y_{it} = y_{it-1} + \varepsilon_{it}$, 즉 $\Delta y_{it} = \varepsilon_{it}$ 이므로, 차분식의 설명변수 인 Δy_{it-1} 은 ε_{it-1} 과 같다. 이 설명변수에 대하여 $y_{it-2}, y_{it-3}, \ldots$ 을 도구변수로 사용하는데 이 도구변수들은 ε_{it-1} 을 전혀 설명하지 못한다. 다시 말하여, 도구변수들이 설명변수와 무관하고 도구변수 추정량이나 GMM 추정량은 유용한 정보를 제공하지 못한다. 이렇게 극단적이지는 않더라도 $\rho \approx 1$ 이면 도구변수들이 약하여 추정량의 성능이 나쁠 수 있다.

예제 6.3   임의보행과 차분적률법

$\varepsilon_{it} \sim \text{IID } N(0,1)$ 이고 $y_{it} = \sum_{s=1}^{t} \varepsilon_{is}$ 라 하자. 그러면 $y_{it} = y_{it-1} + \varepsilon_{it}$ 이므로 이렇게 생성된 데이터에는 개별효과가 존재하지 않는다. 개별효과가 없으므로 그 데이터에 대하여 POLS 추정을 하면 계수추정값은 1을 일관되게 추정할 것이다. 그렇다면 이 데이터에 차분적률법 추정을 하면 어떻게 될까? 다음 실험 결과를 보자(do 파일을 작성하여 실행해야 할 것이다).

```
1   . clear all

2   . local n 5000

3   . local T 10

4   . set obs `=`n'*`T''
5   number of observations (_N) was 0, now 50,000

6   . gen id = ceil(_n/`T')

7   . by id, sort: gen year = 1990 + _n

8   . xtset id year
9        panel variable:  id (strongly balanced)
10        time variable:  year, 1991 to 2000
11               delta:  1 unit

12  . set seed 1

13  . gen e = rnormal()

14  . by id: gen y = sum(e)

15  . reg l(0/1).y
```

Source	SS	df	MS		
				Number of obs	= 45,000
				F(1, 44998)	> 99999.00
Model	232425.245	1	232425.245	Prob > F	= 0.0000
Residual	45778.868	44,998	1.01735339	R-squared	= 0.8354
				Adj R-squared	= 0.8354
Total	278204.113	44,999	6.18245101	Root MSE	= 1.0086

y	Coef.	Std. Err.	t	P>|t|	[95% Conf. Interval]	
y						
L1.	.9992434	.0020906	477.98	0.000	.9951459	1.003341
_cons	.0023504	.0047548	0.49	0.621	-.0069691	.0116699

```
30  . ivregress 2sls d.y (ld.y = l2.y), vce(cl id)
```

```
31  Instrumental variables (2SLS) regression          Number of obs    =      40,000
32                                                     Wald chi2(1)     =        0.12
33                                                     Prob > chi2      =      0.7295
34                                                     R-squared        =           .
35                                                     Root MSE         =      1.6397
36                                            (Std. Err. adjusted for 5,000 clusters in id)
37  ───────────────────────────────────────────────────────────────────────────────────
38                              Robust
39         D.y      Coef.    Std. Err.      z     P>|z|     [95% Conf. Interval]
40  ───────────────────────────────────────────────────────────────────────────────────
41          y
42         LD.   -1.281586   3.706693    -0.35    0.730    -8.546572     5.983399
43
44        _cons   .0040442   .0122367     0.33    0.741    -.0199393     .0280277
45  ───────────────────────────────────────────────────────────────────────────────────
46  Instrumented:  LD.y
47  Instruments:   L2.y

48  . xtabond y

49  Arellano-Bond dynamic panel-data estimation       Number of obs    =      40,000
50  Group variable: id                                Number of groups =       5,000
51  Time variable: year
52                                                    Obs per group:
53                                                               min =           8
54                                                               avg =           8
55                                                               max =           8
56  Number of instruments =      37                   Wald chi2(1)     =        9.24
57                                                    Prob > chi2      =      0.0024
58  One-step results
59  ───────────────────────────────────────────────────────────────────────────────────
60          y      Coef.    Std. Err.      z     P>|z|     [95% Conf. Interval]
61  ───────────────────────────────────────────────────────────────────────────────────
62          y
63         L1.    .4290759    .141155     3.04    0.002     .1524172     .7057347
64
65        _cons  -.0028914   .0038767    -0.75    0.456    -.0104896     .0047069
66  ───────────────────────────────────────────────────────────────────────────────────
67  Instruments for differenced equation
68        GMM-type: L(2/.).y
69  Instruments for level equation
70        Standard: _cons
```

2행과 3행에서 $n = 5,000$과 $T = 10$으로 설정하였다. 6행과 7행에서 id 변수와 year 변수를 만들고, 13행에서 ε_{it}를 생성한 다음 14행에서 $y_{it} = \sum_{s=1}^{t} \varepsilon_{is}$에 따라 y_{it}를 생성하였다. 그러면 $y_{it} = y_{it-1} + \varepsilon_{it}$가 성립한다. 15행에서 POLS 추정을 하면 예상한 대로 26행의 추정값은 .9992434로 거의 참값 1에 가깝다. 반면 30행에서 AH 추정을 한 결과는 42행에 의하면 -1.281586로 전혀 터무니없다. 48행의 xtabond 명령 결과 63행에서 구한

차분적률법 추정값 또한 n이 5,000이나 됨에도 불구하고 .4290759로 1과 전혀 다르다. 12행의 난수 시드를 바꾸면 또 엉뚱하게 다른 차분적률법 추정값이 나올 것이다(컴퓨터 운영체계와 Stata 버전에 따라 동일한 난수 시드를 주더라도 값이 다를 수 있음에 유의하라).

이상의 문제를 해결하는 방법으로서 더 강한 가정에 입각한 추정을 하여 추정량의 성능을 개선하거나, 원래의 가정들만을 사용하되 이 가정으로부터 도출되는 비선형 조건들을 추가로 활용하는 방법이 있다. 두 번째 방법은 모수의 2차식으로 표현되는 적률조건들을 활용하는 것인데, 계산이 어려워 별로 사용되지 않는다. 첫 번째 방법은 선형추정이므로 계산이 상대적으로 쉽고 이해하기도 쉬워 더 널리 사용된다. 다만 이 첫 번째 방법에 따른 추정량이 일관성을 갖기 위해서는 차분적률법에 요구되는 것보다 더 강한 조건이 요구된다. 다음 절에서는 이에 대하여 살펴본다.

6.4 시스템적률법

차분하지 않은 원래의 방정식을 보자.

$$y_{it} = \alpha + \rho y_{it-1} + u_{it}, \quad u_{it} = \mu_i + \varepsilon_{it} \tag{6.4}$$

이 방정식에서 문제가 되는 것은 설명변수인 y_{it-1}과 오차항인 u_{it}가 개별효과인 μ_i로 인하여 서로 상관된다는 것이다. 차분적률법에서는 μ_i를 소거하기 위하여 방정식을 차분하였고, 이로 인하여 새롭게 발생하는 내생성 문제를 해결하기 위하여 도구변수들을 이용하였다. 단, 도구변수의 개수가 t에 따라 달라져 우리가 흔히 아는 2SLS 추정이 아니라 GMM 추정을 하였지만 본질적으로 도구변수를 이용한다는 점에서는 같다. 이제는 (6.4) 자체(수준 방정식)에서 오차항과 상관되지 않은 도구변수가 있겠는지 찾아보자.

식 (6.4)의 오차항은 $\mu_i + \varepsilon_{it}$이다. 이제, $y_{i0}, \dots, y_{it-1}$을 변환하여 μ_i와 무관한 변수를 만들어낼 수 있다면 그 변수는 ($t-1$기까지의 정보만 사용하므로) ε_{it}와도 상관관계가 없어 오차항 u_{it}와 상관되지 않을 것이다. 이 과거 종속변수들을 어떻게 변환시키면 될까?

가장 먼저 떠오르는 것이 Δy_{it-1}이다. 우선 Δy_{it-1}은 고유오차 ε_{it}와 상관되어 있지 않다. 또, Δy_{it-1}은 종속변수의 증가분이고 μ_i는 시간에 따라 변하지 않으므로 Δy_{it-1}은 μ_i와 무관할 것 같기도 하다(곧 살펴볼 "시스템적률법"은 이 생각을 바탕으로 한다). 이 생각이 그럴듯하기는 하나 항상 타당한 것은 아니며, 이 외생성이 성립하려면 (다소 엉뚱해 보이나) 최초 관측치인 y_{i0}에 대한 특정 가정이 충족되어야 한다. 특히, $|\rho| < 1$인 경우 이 가정은 $y_{it} = \alpha + \rho y_{it-1} + \mu_i + \varepsilon_{it}$라는 데이터 생성 과정이 언제 최초로 시작했느냐 하는 문제와 연결된다.

예를 들어 은행들의 패널 데이터가 있을 때, 두 은행이 설립된지 얼마 지나지 않아 데이터가 관측되기 시작한다고 하자. 한 은행의 μ_i가 높고 다른 한 은행의 μ_i가 낮다면, μ_i

〈그림 6.1〉 평균정상성

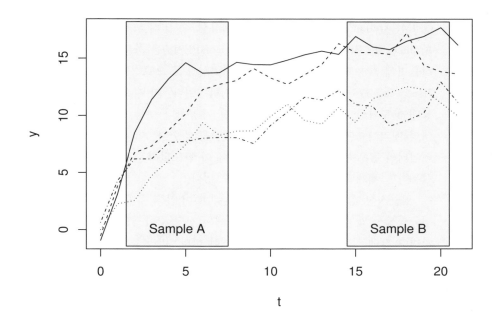

주. "Sample A"는 평균정상 상태에 도달하지 못한 패널 데이터이고 "Sample B"는 평균정상 상태에 (거의) 도달한 패널 데이터이다.

가 높은 은행의 y_{it} 는 종국적으로 높은 값으로 수렴하고, μ_i 가 낮은 은행의 y_{it} 는 종국적으로 낮은 값으로 수렴할 것이다. ε_{it} 가 없을 때 종국적으로 수렴하는 값은 $(\alpha + \mu_i)/(1-\rho)$ 이므로, μ_i 가 큰 쪽의 y_{it} 값이 더 크다. ε_{it} 가 존재하는 경우에는 평균적으로 그러하다.

이처럼 μ_i 가 큰 i 에서 y_{it} 가 큰 값으로 수렴하고 그 반대에는 그 반대가 되기 위해서는 μ_i 가 큰 은행의 y_{it} 값은 더 빨리 또는 더 오래 증가하고, μ_i 가 작은 은행의 y_{it} 값은 초기에 더 천천히 증가하거나 오히려 감소해야 한다. 그러므로 초기에는 y_{it} 가 증가하는 정도(Δy_{it})가 μ_i 의 값과 양의 상관을 가지며, 그 결과 Δy_{it} 는 오차항인 $\mu_i + \varepsilon_{it}$ 와 상관된다. 〈그림 6.1〉의 "Sample A"가 이 상황에 해당한다. 데이터 생성 과정이 시작된지 얼마 안 되어 관측되는 y_{it} 값들은 μ_i 가 높을수록 빨리 증가한다(그래야만 종국적인 수준이 높을 것이므로 반드시 그래야 한다). 따라서 Δy_{it} 는 오차항의 일부인 μ_i 와 양의 상관관계를 갖고, Δy_{it-1} 은 적절한 도구변수가 되지 못한다.

만일 시스템이 운용되기 시작한지 오랜 시간이 지나 y_{it} 가 평균정상 상태mean stationarity에 도달했다면 y_{it} 의 수준 자체는 μ_i 에 의존하나 증가분 Δy_{it} 는 μ_i 의 수준과 무관할 것이다. 어느 i 에 대해서나 y_{it} 의 값은 대체로 일정한 수준에서 유지되어야 하기 때문이다. 〈그림 6.1〉의 "Sample B"가 그러한 상황이다. 종속변수가 평균정상 상태에 도달한 경우

Δy_{it-1} 은 μ_i 의 수준과 무관하여 u_{it} 와 상관되지 않은 좋은 도구변수가 된다. 그러므로 평균 정상성의 가정하에서, 수준 방정식 (6.4)에 차분한 도구변수를 사용하는 수준적률법(Levels GMM, Arellano and Bover 1995)을 사용할 수 있다. 그리고 시스템적률법(System GMM, Arellano and Bover 1995, Blundell and Bond 1998)은 차분적률법에 사용되는 조건들과 수준 적률법에 사용되는 조건들을 결합하여 "시스템"으로 사용하는(차분적률법과 수준적률법의 모든 적률조건들을 전부 이용한다는 뜻) GMM 추정방법이다. 이 시스템적률법은 종속변수가 평균정상 상태에 도달한 경우에 일관된 추정량을 제공한다. 이는 회귀방정식으로 표현되는 변수값 생성 메커니즘이 오래전부터 시작되었음을 뜻한다. 이제 막 노동시장에 진입한 노동자들 데이터의 경우 변수들이 평균정상상태에 아직 도달하지 못하였기 쉬우므로 시스템적률법을 사용하면 체계적인 편향이 나타날 수도 있다.

평균정상 상태에 대한 앞의 논의는 $|\rho| < 1$ 인 경우에 해당한다. 만약 $\rho = 1$ 이면 y_{it} 의 평균정상성 개념은 애매하다. 이 경우에는 직접 수학적으로 수준식의 오차항과 차분한 과 거변수 간에 상관이 존재하는지 확인해야 한다. 만약 $y_{it} = y_{it-1} + \mu_i + \varepsilon_{it}$ 라면 $\Delta y_{it} = \mu_i + \varepsilon_{it}$, 즉 $\Delta y_{it-1} = \mu_i + \varepsilon_{it-1}$ 이므로, 이 "도구변수"와 t 기 방정식 오차항 $\mu_i + \varepsilon_{it}$ 는 μ_i 로 인하여 상관될 수 있다. 반면, μ_i 가 없으면 $\Delta y_{it-1} = \varepsilon_{it-1}$ 이므로 오차항인 ε_{it} 와 비상관이고 Δy_{it-1} 은 도구변수로서 적절하다. μ_i 가 없고 $\rho = 1$ 인 경우에 차분적률법이 작동하지 않음을 앞에서 보았다. 시스템적률법은 이 경우에 일관된^{consistent} 추정량을 제공한다.

반면, 만약 $\rho = 1$ 이면서 μ_i 가 존재하면(μ_i 의 분산이 0보다 큼), 차분적률법에는 아무런 문제도 없 다. 이 경우 도구변수는 $y_{it-2} = y_{i0} + (t-2)\mu_i + \sum_{s=1}^{t-2} \varepsilon_{is}$ 이고 설명변수는 $\Delta y_{it-1} = \mu_i + \varepsilon_{it-1}$ 이므로 μ_i 가 공통되어 둘 사이의 상관은 강하다. 반면, 수준 방정식에 해당하는 도구변수는 $\Delta y_{it-1} = \mu_i + \varepsilon_{it-1}$ 이고 이때의 회귀오차항은 $\mu_i + \varepsilon_{it}$ 이므로 도구변수와 오차항 간에 상관이 있다. 그러므로 이때에 시스템적률법 추정량은 비일관적^{inconsistent}이다. 참고로 $y_{it} = y_{it-1} + \mu_i + \varepsilon_{it}$ 이면 $y_{it} = y_{i0} + t\mu_i + \sum_{s=1}^{t} \varepsilon_{is}$ 이므로, 이러한 변수에는 선형추세가 보이며 추세의 기울기는 μ_i 에 의존한다. 그러므로 개체마다 다른 시간추세(incidental trends)를 보이는 데이터를 분석할 때 시스템적률법을 사용하려면 주의하 여야 할 것이다.

Stata에서 시스템적률법에 의한 추정을 하기 위해서는 차분적률법의 xtabond를 시스 템적률법의 xtdpdsys로 바꾸기만 하면 된다. 단, 차분적률법(xtabond)의 경우, 고유오차 ε_{it} 가 IID이면 한 단계 추정량이 효율적이지만, Stata의 시스템적률법 명령이 제공하는 한 단계 추정량은 ε_{it} 가 IID인 경우에도 효율적이지 않다. 한 단계 시스템적률법 추정은 몇 가지 상이한 방식으로 정의되는데, Stata의 한 단계 xtdpdsys는 ε_{it} 가 IID이고 μ_i 가 존재하지 않는다는 가정하에서도 효율적이지 않다(상세한 내용은 7.5절 참조). 이 비효율성을 심각하게 문제삼고자 하지 않는다면, 추론 시 견고한 분산추정량을 사용해야 한다는 점만 주의하면 된다. Stata에서는 vce(r)을 사용하여 클러스터 분산추정량을 계산한다.

```
. xtdpdsys y x1, pre(x2) endo(x3) vce(r)
```

하지만 차분적률법과는 달리 ε_{it} 가 IID인 상황에도 한 단계 시스템적률법 추정량이 비효율적이라는 점으로 인해 한 단계 추정량의 사용이 꺼려지는 측면이 없지 않다. 이 문제를 해결하려면 두 단계 효율적 시스템적률법을 사용하면 되는데, 이를 위해서는 여기서도 역시 twostep, 줄여서 two라는 옵션을 붙인다. 두 단계 추정 시에도 vce(r)이라고 하여 견고한 분산추정을 할 수 있으며, 그렇게 하는 것이 좋다. 두 단계 차분적률법의 경우와 마찬가지로 여기서도 견고한 분산추정 시 Windmeijer (2005) 교정이 이루어진다.

예제 6.4 소득과 민주주의 모형의 시스템적률법 추정

예제 6.2에 대해서 시스템적률법 추정을 해 보자. 여기서도 데이터는 ajry08five.dta이고, 편의상 fhpolrigaug를 dem으로, lrgdpch를 inc로 복사하였으며, "gen inc_1=1.inc" 로써 inc_1을 생성하였다. 시스템적률법 추정결과는 다음과 같다.

```
 1  . xtdpdsys dem yr3-yr11 if sample==1, pre(inc_1) vce(r) nocons

 2  System dynamic panel-data estimation          Number of obs      =      945
 3  Group variable: code_numeric                  Number of groups   =      150
 4  Time variable: year_numeric
 5                                                 Obs per group:
 6                                                             min =        1
 7                                                             avg =      6.3
 8                                                             max =        9

 9  Number of instruments =      117              Wald chi2(11)      =  2541.78
10                                                Prob > chi2        =   0.0000
11  One-step results
12  ─────────────────────────────────────────────────────────────────────────
13                            Robust
14          dem  Coefficient  std. err.      z    P>|z|    [95% conf. interval]
15  ─────────────────────────────────────────────────────────────────────────
16          dem
17          L1.    .5408229   .0603025    8.97   0.000    .4226322    .6590135
18
19        inc_1    .0407692   .0059461    6.86   0.000    .0291152    .0524233
20          yr3    .0187251   .0318924    0.59   0.557   -.0437828     .081233
21          yr4   -.0376295   .0242022   -1.55   0.120    -.085065     .009806
22          yr5   -.1807449   .0356014   -5.08   0.000   -.2505223   -.1109675
23          yr6   -.1087267   .0354001   -3.07   0.002   -.1781096   -.0393437
24          yr7   -.0328398   .0317326   -1.03   0.301   -.0950346     .029355
25          yr8   -.0581482   .0369862   -1.57   0.116   -.1306399    .0143435
26          yr9   -.0188466   .0296585   -0.64   0.525   -.0769761     .039283
27         yr10    .0139196   .0317059    0.44   0.661   -.0482228     .076062
28         yr11    .0037846    .029573    0.13   0.898   -.0541775    .0617466
29  ─────────────────────────────────────────────────────────────────────────
30  Instruments for differenced equation
31      GMM-type: L(2/.).dem L(1/.).inc_1
32      Standard: D.yr3 D.yr4 D.yr5 D.yr6 D.yr7 D.yr8 D.yr9 D.yr10 D.yr11
```

```
33    Instruments for level equation
34              GMM-type: LD.dem D.inc_1
```

▶ **연습 6.8.** 이 결과를 이용하여 소득이 민주주의에 미치는 영향에 대하여 논하라.

🚧🚧🚧 위 1행 명령에서 'nocons' 옵션은 애매하다. 차분적률법에서는 회귀방정식을 차분하고 나면 상수항이 제거되므로 nocons 옵션은 사실상 아무런 역할도 하지 않는다. 하지만 시스템적률법에서는 수준 방정식이 고려되므로 nocons 옵션을 사용해서는 안 된다. 하지만 이 분석에 사용된 데이터는 불균형패널 데이터이고 모형에 연도 더미들이 포함되어 있으며 inc_1 변수 생성 시 결측치가 만들어져 Stata가 뭔가를 제대로 처리하지 못하는 것으로 보인다. 그 결과, nocons 옵션을 사용하지 않으면 기간더미 중 하나인 yr4 변수를 누락시킨다. 이 예제에서는 그보다는 모든 기간더미들을 포함시키고 상수항을 없애는 방식을 사용하였다. 이렇게 할 때 과연 모형이 제대로 추정되는지 확인하기 위해서는 이 데이터와 모형에 대하여 R 소프트웨어 등을 사용하여 시스템적률법을 직접 구현해 보아야 할 것이다.

시스템적률법에서도 적률조건의 개수가 개체의 수 n에 비하여 너무 크다는 생각이 들 때 maxldep(#)과 maxlags(#) 옵션을 이용하여 적률조건의 개수를 제한할 수 있다.

차분적률법과 달리, 시스템적률법에서는 $\rho = 1$이고 $\mu_i = 0$인 경우에도 약한 도구변수 문제가 발생하지 않는다. 종속변수의 증가분이 μ_i와 상관이 없어야 한다는 조건이 지나치게 강한 경우가 있기도 하지만 효율성이 좋아 사용자층이 급속히 늘고 있다(이름이 멋지다는 사실도 한몫하는 것 같다). 하지만 개체별로 상이한 선형추세가 보이는 경우나 $|\rho| < 1$이면서 평균 정상성 조건이 충족되지 않는 경우에는 시스템적률법의 편향이 심각할 수 있음을 늘 염두에 두고 있어야 한다.

▶ **연습 6.9.** (i) 데이터가 $y_{it} = y_{it-1} + \varepsilon_{it}$에 의하여 생성되었다고 하자. 모든 i에서 $y_{i0} = 0$이고 $\varepsilon_{it} \sim \text{IID } N(0,1)$이다. 이 경우 $n \to \infty$일 때 왜 차분적률법 추정량이 일관적[consistent]이지 않고 시스템적률법 추정량이 일관적인지 설명하라. (ii) 데이터가 $y_{it} = y_{it-1} + \mu_i + \varepsilon_{it}$에 의하여 생성되었다고 하자. 모든 i에서 $y_{i0} = 0$이고 $\varepsilon_{it} \sim \text{IID } N(0,1)$, $\mu_i \sim N(0,1)$이며, ε_{it}와 μ_i는 서로 독립이다. 이 경우 $n \to \infty$일 때 왜 차분적률법 추정량은 일관적이고 시스템적률법 추정량은 일관적이지 않는지 설명하라.

6.5 모형설정 검정

동태적 패널모형을 비롯한 모든 도구변수 추정 혹은 GMM 추정에서는 사용되는 도구변수들이 회귀식 오차와 상관이 없을 것이 요구된다. 이 요구조건들은 이러저러한 기댓값이 0이라는 식으로 표현되므로 적률조건(moment conditions, 부록 C 참조)이라고도 한다. 동태적 패널모형의 적률조건들은 사용되는 도구변수들과 오차항의 공분산이 0이라는 것이며, 이들

적률조건들은 ε_{it} 에 시계열 상관이 없어야만 성립한다. 따라서 동태적 패널모형이 옳게 설정되었는지는 (i) 사용되는 도구변수들이 오차항과 상관관계가 없다는 적률조건들이 실제로 모두 충족되는지, (ii) 고유오차(ε_{it})에 시계열상관이 존재하는지의 문제로 축약된다.

첫 번째 문제에 관해서는 과다식별 검정(overidentification test, 부록 C.3 참조)의 일종인 Sargan 검정이 널리 사용된다. 여기서 귀무가설은 모든 도구변수들이 오차항과 상관관계가 없다는 것이다. Stata에서 이 검정을 하려면 우선 두 단계two-step 효율적 추정을 하고 나서 estat sargan 명령을 실행한다.

```
. xtabond y x1, pre(x2) endo(x3) two
. estat sargan
```

여기서 첫째 줄의 xtabond를 xtdpdsys로 바꾸면 시스템적률법에 사용되는 적률조건들의 성립 여부를 검정한다. 한편 차분적률법의 경우 한 단계one-step 추정 이후에도 Sargan 검정을 할 수 있는데, 이 검정은 ε_{it} 가 실제로 IID일 때 타당하다. 만약 vce(r) 옵션을 주어 견고한 표준오차를 구한다면 이는 오차항의 공분산 구조가 복잡하다는 뜻이 되며, 이 경우 통상적인 Sargan 검정을 쓸 수 없다. Stata에서 vce(r) 옵션을 주고 추정한 다음 estat sargan 명령을 실행하면 "계산할 수 없음"이라는 오류 메시지를 내보낼 것이다.

> 한 단계 추정은 ε_{it} 가 IID라는 가정하에서 효율적인 GMM 추정을 단번에 하는 것이고, 두 단계 추정은 이러한 가정 없이 두 단계로 효율적인 추정을 하는 것이다.

예제 6.5   소득과 민주주의 모형에 대한 Sargan 검정

앞에서 살펴본 소득과 민주주의 모형에 대하여 차분적률법 추정 이후에 Sargan 검정을 해보자. 데이터는 다음 명령에 의하여 읽고 변환하였음에 유의하라.

```
. use ajry08five, clear
. gen dem = fhpolrigaug
. gen inc = lrgdpch
. gen inc_1 = l.inc
```

이하에는 한 단계 추정 시 vce(r) 옵션을 사용한 경우(1-7행), 한 단계 추정 시 통상적인 표준오차를 사용한 경우(8-13행)와, 두 단계 추정 시 통상적인 표준오차를 사용한 경우(14-51행)에 대한 검정 결과가 있다.

```
1    . qui xtabond dem yr3-yr11 if sample==1, pre(inc_1) vce(r) nocons

2    . estat sargan
3    Sargan test of overidentifying restrictions
4    H0: Overidentifying restrictions are valid
5            cannot calculate Sargan test with vce(robust)
```

```
6           chi2(88)     =        .
7           Prob > chi2  =        .

8  . qui xtabond dem yr3-yr11 if sample==1, pre(inc_1) nocons

9  . estat sargan
10 Sargan test of overidentifying restrictions
11 H0: Overidentifying restrictions are valid

12         chi2(88)     =    114.3223
13         Prob > chi2  =      0.0312

14 . xtabond dem yr3-yr11 if sample==1, pre(inc_1) two nocons
```

15 Arellano-Bond dynamic panel-data estimation	Number of obs	=	838
16 Group variable: **code_numeric**	Number of groups	=	127
17 Time variable: **year_numeric**			
18	Obs per group:		
19		min =	1
20		avg =	6.598425
21		max =	9
22 Number of instruments = 99	Wald chi2(11)	=	14554.93
23	Prob > chi2	=	0.0000

24 Two-step results

dem	Coefficient	Std. err.	z	P>|z|	[95% conf. interval]	
dem						
L1.	.468898	.0089725	52.26	0.000	.4513123	.4864838
inc_1	-.0861922	.0135972	-6.34	0.000	-.1128422	-.0595422
yr3	.0301257	.006144	4.90	0.000	.0180837	.0421677
yr4	.024472	.0051639	4.74	0.000	.0143508	.0345931
yr5	-.0726036	.0096992	-7.49	0.000	-.0916136	-.0535935
yr6	-.0238987	.0086075	-2.78	0.005	-.0407691	-.0070282
yr7	.0649647	.010797	6.02	0.000	.043803	.0861265
yr8	.0616433	.0122938	5.01	0.000	.0375479	.0857386
yr9	.0977787	.0120925	8.09	0.000	.0740778	.1214795
yr10	.131625	.0136879	9.62	0.000	.1047973	.1584528
yr11	.1417192	.0157116	9.02	0.000	.1109249	.1725134

```
42 Warning: gmm two-step standard errors are biased; robust standard
43          errors are recommended.
44 Instruments for differenced equation
45        GMM-type: L(2/.).dem L(1/.).inc_1
46        Standard: D.yr3 D.yr4 D.yr5 D.yr6 D.yr7 D.yr8 D.yr9 D.yr10 D.yr11

47 . estat sargan
48 Sargan test of overidentifying restrictions
49 H0: Overidentifying restrictions are valid

50        chi2(88)     =    97.16243
51        Prob > chi2  =     0.2364
```

1행에서 vce(r) 옵션을 사용하여 xtabond 추정을 하면 6–7행에서 보듯이 Sargan 검정 결과가 제시되지 않는다. 본 예제 시작 직전에 설명한 것처럼, 추정에서 vce(robust) 옵션을 사용하면 Sargan 검정을 할 수 없다. 5행의 메시지로부터 이를 알 수 있다. 8행에서 vce(r) 옵션 없이 통상적인 표준오차를 구하면 Sargan 검정의 p값은 0.0312로서 5% 수준에서 유의하고, 해당 추정 시에 사용된 적률조건들이 모두 만족되지는 않는 것 같다는 부정적인 결론을 내리게 한다. 반면, 두 단계$^{\text{two-step}}$ 효율적 추정(14행)에 의한 Sargan 검정(47행)의 p값(51행)은 0.2364로서 매우 크고 10% 유의수준에서도 귀무가설은 기각되지 않는다. 두 단계$^{\text{two-step}}$ 추정의 결과에 따르면 적률조건들은 모두 만족된다는 결론을 얻는다.

위의 예에서 한 단계$^{\text{one-step}}$ 추정 이후에는 Sargan 검정이 귀무가설을 5% 수준에서 기각하고, 두 단계$^{\text{two-step}}$ 추정 이후에는 귀무가설을 기각하지 않는다. 그렇다면 적률조건들은 만족된다고 하여야 할까 만족되지 않는다고 하여야 할까? 이 경우에는 두 단계$^{\text{two-step}}$ 추정 이후의 검정 결과를 택하는 편이 좋은 것 같다. 이는 ε_{it} 가 IID가 아닐 수도 있기 때문이다. 그렇다면 추정결과도 두 단계$^{\text{two-step}}$ 추정값을 보고해야 할 것이다.

Stata에 구현된 Sargan 검정의 한 가지 문제는 고유오차 ε_{it} 에 (i에 걸친) 이분산성이 없어야만 이 검정이 타당하다는 것이다. 이분산성이 존재할 때 사용할 수 있는 견고한 방법으로 'Hansen의 J검정'이 있으며, Stata의 xtabond2 패키지에 구현되어 있다. 참고로, 예제 6.2의 Stata 실행문과 동일한 결과를 주는 xtabond2 명령은 다음과 같다.

```
. xtabond2 dem L.(dem inc) yr3-yr11 if sample==1, ///
  gmm(L.dem L.inc) iv(yr3-yr11) noleveleq robust
```

이 명령을 내리면 결과의 아랫쪽에 "Hansen test of overid. restrictions"라는 설명으로 시작되는 줄이 보일 것이다. 이 결과에 따르면 검정통계량 값은 약 **97.16**이고, 이것을 자유도 88의 카이제곱 분포와 비교하면 p값은 **0.236**이다. 이 Hansen의 J검정에 따르면 이 추정에서 사용된 적률조건들은 서로간에 어울리며 모두 타당해 보인다. 단, $n = 127$이면서 자유도가 88이므로 표본크기에 비하여 적률조건의 개수가 너무 많아 추정과 검정의 타당성을 문제삼으려면 문제삼을 수도 있다. 이를 피하기 위해, 사용되는 도구변수의 개수를 제한할 수 있다. 예를 들어 설명변수의 래그를 하나만 도구변수로 이용한 **연습 6.4**와 동일한 결과를 얻기 위해서는 다음과 같이 한다(첫째 단계 회귀에서 이 도구변수의 계수가 모든 t에서 동일하도록 하였음에 유의).

```
. xtabond2 dem L.(dem inc) yr3-yr11 if sample==1, ///
  gmm(L.dem) iv(yr*) iv(L2.inc, passthru) noleveleq robust
```

이 추정에서는 Hansen의 J통계량 값이 49.60이고 그 자유도가 44이며 p값은 0.260이다. 적률조건 개수의 문제가 많이 완화되었으며, 과다식별 검정은 여전히 통과된다.

▸ **연습 6.10.** 위 명령을 직접 실행해 보고 J통계량 값과 그 p값을 확인하라.

이상에서는 도구변수들이 오차항과 정말로 상관관계가 없는지 검정하는 방법에 대하여 이야기하였다. 다음으로 두 번째 문제, 즉 ε_{it}에 시계열 상관이 존재하지는 않는지 확인하는 문제를 살펴보자. 여기에는 Arellano and Bond (1991)가 제안한 검정이 많이 사용된다. 이 검정은 차분한 오차항 $\Delta\varepsilon_{it}$에 시계열상관이 있는지 확인함으로써 간접적으로 ε_{it}에 시계열 상관이 존재하는지 확인하는 검정이다. 그런데 고유오차 ε_{it}에 시계열상관이 없을 때, $\Delta\varepsilon_{it}$ 와 $\Delta\varepsilon_{it-1}$ 간에는 음의 상관관계가 존재한다. 왜냐하면 $E(\Delta\varepsilon_{it}\Delta\varepsilon_{it-1}) = -E(\varepsilon_{it-1}^2) < 0$이기 때문이다. 따라서, "차수 1"(order 1), 즉 $\Delta\varepsilon_{it}$ 와 $\Delta\varepsilon_{it-1}$ 간의 공분산에 관한 검정에서는 통계량 값의 부호가 음수이고 통계적으로 유의하여야(즉, 상관계수가 0이라는 귀무가설을 기각하여야) 한다. 그러나 2차 이상에서는 상관계수가 0이므로 귀무가설을 채택하여야 한다. 다시 말하여, "1차는 유의한 음수, 2차 이상은 유의하지 않음"의 결과를 얻어야만 고유오차 ε_{it} 에 시계열상관이 없다는 결론이 최소한으로라도 뒷받침된다.

Stata에서 이 검정을 하려면, 한 단계^one-step 추정에서 견고한 분산추정량을 사용하도록 하거나 두 단계^two-step 추정을 한 후 `estat abond`의 명령을 내리면 된다.

```
. xtabond y x1, pre(x2) endo(x3) vce(r)
. estat abond
```

이 예에서는 `xtabond`를 사용하였으나, `xtdpdsys`를 사용하여도 그 검정을 할 수 있다. Sargan의 검정과는 달리, 한 단계^one-step 추정을 한 경우라면 반드시 `vce(r)` 옵션을 붙여서 견고한 분산추정량을 구하여야 할 것이다. 두 단계^two-step 효율적 추정을 하면 통상적인 표준오차를 사용하든 견고한 표준오차를 사용하든 간에 검정 결과를 보여줄 것이다.

예제 6.6   소득과 민주주의 모형에서 Arellano-Bond 검정

예제 6.2의 차분적률법 추정 이후 Arellano-Bond 검정을 해 보자. 참고로, 독자의 편의를 위하여 아래 첫째 줄에서는 차분적률법 추정을 하도록 하였다.

```
1   . qui xtabond dem yr3-yr11 if sample==1, pre(inc_1) vce(r) nocons

2   . estat abond

3   Arellano-Bond test for zero autocorrelation in first-differenced errors
4   H0: No autocorrelation

5   Order        z    Prob > z
6   ─────────────────────────────
7      1    -5.7199     0.0000
8      2     .72617     0.4677
9   ─────────────────────────────
```

7행에서 차수 1에서의 검정통계량 값은 음수(-5.7199)이고 그 p값은 매우 작아 $\Delta\varepsilon_{it}$ 와 $\Delta\varepsilon_{it-1}$ 간에는 유의한 음의 상관관계가 존재하는 것으로 나타나고, 8행에 따르면 $\Delta\varepsilon_{it}$ 와 $\Delta\varepsilon_{it-2}$ 간에는 시계열 상관이 없다는 결론을 내릴 수 있다. 이로부터 ε_{it} 에는 시계열 상관이 없다는 간접적인 결론을 얻는다.

이와 동일한 검정을 **연습 6.4**의 추정에 대하여 해 보면 그 결과는 다음과 같다.

```
10  . qui xtdpd dem l.(dem inc) yr3-yr11 if sample==1, ///
11  > dgmm(dem) div(l2.inc,nodi) div(yr*) nocons vce(r)

12  . estat abond

13  Arellano-Bond test for zero autocorrelation in first-differenced errors
14  H0: No autocorrelation

15  Order        z    Prob > z
16  ─────────────────────────────
17     1    -6.1769      0.0000
18     2     .7592       0.4477
19  ─────────────────────────────
```

17–18행의 결과로부터, 여기서도 오차항 ε_{it} 에는 시계열 상관이 없고 모형이 잘 설정되어 있다는 결론을 얻는다.

▶ **연습 6.11.** 위 Stata 입력 1행의 `xtabond`를 `xtdpdsys`로 바꾸어 추정(단, `nocons` 옵션은 삭제할 것)한 후 Arellano-Bond 검정을 하고, ε_{it} 의 시계열 상관의 측면에서 모형이 잘 설정되어 있는지 확인하라.

모형설정과 관련하여 한 가지 중요한 문제는 종속변수의 래그 차수를 결정하는 것, 즉 y_{it-1} 만 포함시킬 것인가, y_{it-1} 과 y_{it-2} 를 포함시킬 것인가, 아니면 더 먼 과거까지 포함시킬 것인가 하는 문제이다. Stata에서 래그 차수를 지정하려면 `lags(2)`처럼 한다. 만약 `lags(2)`라고 하면 우변에 y_{it-1} 과 y_{it-2} 를 포함시킬 것이다. 아무런 옵션도 주지 않으면 `lags(1)`이라고 하는 것과 동일하다.

래그 차수는 연구자가 결정하여야 한다. 어떻게 할 것인가? 지금으로서 간편한 방법은 `estat abond` 검정을 통과하는(1차는 유의한 음수, 2차 이상은 비유의) 래그 차수 중 가장 작은 값을 선택하는 것이다. 해당 모형에서 Sargan 검정이 통과되는지도 확인해 보아야 할 것이다.

참고로, Stata의 `xtabond`와 `xtdpdsys` 명령에서는 래그 차수를 가장 가까운 래그로부터 차례로 증가하여야 하며 중간에 건너뛸 수 없다. 예를 들어 y_{it-1} 을 포함시키지 않고 y_{it-2} 를 포함시킬 수는 없다. 더 복잡한 것들을 하려면 손이 더 많이 가는 `xtdpd` 명령이나 `xtabond2` 패키지를 이용하여야 할 것이다. 자세한 내용에 대해서는 7.5절을 참조하라.

7 동태적 패널모형의 심화 주제들

동태적 모형의 GMM 추정량은 고정효과(μ_i)의 분포에 의존하고, 차분적률법의 경우에는 y_{it-1} 계수의 참값이 1에 가까울 때 '약한 도구변수' 문제가 발생할 수 있으며, 시스템적률법은 특정한 가정을 필요로 한다. 현실적으로도 T 가 크면 추정에 시간이 많이 걸린다. 반면 FE 회귀는 계산이 간편하고 약한 도구변수 문제가 없으나, y_{it-1} 의 약외생성weak exogeneity으로 인하여 추정량에 편향이 초래된다. FE 추정량의 편향의 정도를 분석함으로써 문제가 어느 정도인지 7.1절에서 살펴본다. 사실 T 가 크면 편향은 그리 큰 문제가 되지 않는다.

도구변수 추정과 유사하게 적률법GMM 추정은 만약 사용되는 도구변수가 약하면(즉, 설명변수와의 상관이 작으면) 효율성이 크게 저하될 위험이 있다. 이 경우 가정을 추가하여 추정의 효율성을 높이는 것이 가능하다. 6.4절에서는 평균정상성 가정하에서 시스템적률법으로 추정하는 것을 살펴본 바 있는데, 7.2절에서는 고유오차가 등분산적이고 종속변수가 정상적이라는 가정을 이용하는 몇 가지 방법에 대하여 간단히 살펴본다.

동태적 패널모형의 추정에서는 고정효과 모형이 주로 사용된다. 하나의 이유는 고정효과 모형의 적률법 추정이 (나름 복잡하지만) 비교적 간단하면서도 유연flexible하여 다양한 유형의 설명변수들을 고려할 수 있다는 것이다. 그럼에도 효율성 제고를 위하여 개별효과와 고유오차에 특정의 가정들을 하면서 임의효과 추정을 할 수도 있다. 임의효과 모형과 추정은 7.3절에 소개되어 있다. 이 방법은 나중에 동태적 비선형 모형에서 유용할 것이다.

패널 모형 $y_{it} = X_{it}\beta + \mu_i + \varepsilon_{it}$ 에서 설명변수가 특정한 방식으로 고유오차 ε_{it} 와 상관되면 모형을 동태적 모형으로 변환시킴으로써 내생성 문제를 해결하고 인과관계를 일관되게 추정할 수 있다. 이 가능성에 대해서는 7.4절에서 설명한다.

설명변수들이 모두 강외생적인 정태적 모형에 비하여 동태적 패널 모형의 GMM 추정은 복잡하며, Stata를 이용하여 복잡한 모형을 추정하기 쉽지 않을 수 있다. 7.5절에서는 Stata 명령과 관련된 몇 가지 복잡한 문제점과 해결 방안에 대하여 설명한다.

7.1 동태적 패널모형 고정효과 회귀의 편향

GMM 추정은 도구변수와 설명변수의 상관이 작을 때 추정의 불확실성이 크다. 동태적 패널모형의 차분적률법 추정에서 종속변수가 임의보행random walk에 가까우면 이러한 일이 발생한다. 또한 동태적 모형의 GMM 추정은 고정효과 추정법임에도 불구하고 추정량이 개별효과 μ_i 에 의존하며(차분적률법의 경우 도구변수가 수준변수이므로 그러하다), T 가 크면 계산에 상당한 시간이 걸리며, GMM 추정을 제대로 하려면 머릿속에 상당히 많은 내용을 기억하고 있어야 한다. 그러다 보니 실제 연구자들은 GMM 방법보다는 FE 회귀를 사용하고 싶어하는 경향이 있다. FE 회귀는 μ_i를 완전히 소거하고, 도구변수를 사용할 필요가 없으며, T가 크든 작든 속도가 매우 빠르다. 또한 Stata 사용자들은 xtreg, fe 명령만 사용할 줄 알면 되므로 매우 간편하다. 하지만 FE 회귀(LSDV 및 WG 회귀와 동일)는 각 개체별로 시간에 걸친 평균을 차감하므로 설명변수가 강외생적인 경우가 아니면 추정량을 편향시킨다. 설명변수가 강외생적이지 않으므로, 이 편향은 n이 아무리 커져도 없어지지 않는다.

Nickell (1981)은 단순한 1변수 모형 $y_{it} = \alpha + \rho y_{it-1} + \mu_i + \varepsilon_{it}$에 대하여 ε_{it}가 IID이고 시계열들이 정상상태에 도달했다는 가정하에서 FE 추정량의 편향을 실제로 계산하였다. 그 결과에 따르면, ε_{it}가 IID이고 종속변수가 정상상태에 도달해 있는 경우, FE 추정량의 편향(Nickell Bias라고 함)은 ρ만의 알려진 함수이며 $T \to \infty$이면 사라진다.

좀 더 자세히 설명하면 FE 추정량의 편향은 대략 $1/T$ 정도 크기이다. 정확한 표현은 아래 식 (7.2)에 제시되어 있다. T가 크면 이 편향이 상대적으로 작아 무시할 정도가 되기도 한다. 엄밀한 검정이 필요 없는 경우, T가 적당히 크고 n이 적당히 작으면 FE 회귀를 해도 받아들일 수 있을 것이다. 하지만 FE 추정량은 편향되어 있으므로 n이 클 때에는 신뢰구간이 잘못될 수 있음에 유의하여야 한다. 심지어 99% 신뢰구간이 아주 높은 확률로 참값을 포함하지 않을 수도 있다(예를 들어 $T = 50$이어서 편향이 아주 작을지라도 n이 아주 크면 신뢰구간이 좁아져 참값이 99% 신뢰구간 밖에 위치할 수도 있다).

여러분도 Nickell (1981)의 결과를 만들어낼 수 있다. Nickell은 $y_{it} = \alpha_i + \rho y_{it-1} + \varepsilon_{it}$에 의하여 데이터가 생성되고($\alpha_i = \alpha + \mu_i$), ε_{it}는 IID이며(평균은 0, 분산은 σ^2), $|\rho| < 1$이고, 데이터가 무한한 과거에 데이터가 생성되기 시작하였다고 본다. 이 경우, $y_{it} = \alpha_i + \rho y_{it-1} + \varepsilon_{it}$에서 $y_{it-1} = \alpha_i + \rho y_{it-2} + \varepsilon_{it-1}$를 대입하고 그 결과에 또 $y_{it-2} = \alpha_i + \rho y_{it-3} + \varepsilon_{it-2}$를 대입하는 축차적 대입을 무한히 계속하면 다음 식을 얻는다.

$$y_{it} = \frac{\alpha_i}{1-\rho} + \sum_{j=0}^{\infty} \rho^j \varepsilon_{it-j} = a_i + v_{it}$$

여기서 ε_{it}가 IID일 때 중간의 무한합 표현의 극한이 존재한다는 것을 증명(Martingale Convergence Theorem 이용)하고 나면 각 i마다 v_{it}가 평균이 0인 정상stationary 시계열임을 보일 수 있다.

편의상 $\mathbf{y}_i = (y_{i1}, \dots, y_{iT})'$, $\mathbf{x}_i = (y_{i0}, \dots, y_{iT-1})'$, $\mathbf{v}_i = (v_{i1}, \dots, v_{iT})'$, $\mathbf{w}_i = (v_{i0}, \dots, v_{iT-1})'$, $\mathbf{e}_i = (\varepsilon_{i1}, \dots, \varepsilon_{iT})'$라 하면, $\mathbf{y}_i = \mathbf{1}_T a_i + \mathbf{x}_i \rho + \mathbf{e}_i$이므로 WG 추정량은 다음과 같다.

$$\hat{\rho}_{fe} = \frac{\sum_{i=1}^{n} \mathbf{x}_i' M \mathbf{y}_i}{\sum_{i=1}^{n} \mathbf{x}_i' M \mathbf{x}_i} = \rho + \frac{\sum_{i=1}^{n} \mathbf{x}_i' M \mathbf{e}_i}{\sum_{i=1}^{n} \mathbf{x}_i' M \mathbf{x}_i} = \rho + \frac{n^{-1} \sum_{i=1}^{n} \mathbf{w}_i' M \mathbf{e}_i}{n^{-1} \sum_{i=1}^{n} \mathbf{w}_i' M \mathbf{w}_i}$$

단, M은 $M = I_T - \frac{1}{T} \mathbf{1}_T \mathbf{1}_T'$이다. 또한, $\mathbf{x}_i = \mathbf{1}_T a_i + \mathbf{w}_i$이므로 $M\mathbf{x}_i = M\mathbf{w}_i$이며, 따라서 $\mathbf{x}_i' M \mathbf{e}_i = \mathbf{w}_i' M \mathbf{e}_i$이고 $\mathbf{x}_i' M \mathbf{x}_i = \mathbf{w}_i' M \mathbf{w}_i$임을 이용하였다. 참고로, 큰 수의 법칙law of large numbers에 따라 $n \to \infty$일 때 분모와 분자는 각각 그 평균으로 수렴한다. IID이므로 평균은 모든 i에서 동일하다. 평균을 계산할 때 다음 사실이 유용하게 사용된다.

$$\sum_{j=1}^{T-1} (T-j)\rho^{j-1} = \frac{1}{1-\rho}\left(T - \frac{1-\rho^T}{1-\rho}\right) = \frac{TC_T(\rho)}{1-\rho}, \quad C_T(\rho) = 1 - \frac{1-\rho^T}{T(1-\rho)} \tag{7.1}$$

이는 등비수열의 합 공식 $\sum_{j=1}^{T-1}\rho^{j-1}=(1-\rho^{T-1})/(1-\rho)$와, (고등학교에서 배운) $S=1+2x+\cdots+nx^{n-1}$에서 $xS=x+2x^2+\cdots+(n-1)x^{n-1}+nx^n$을 뺀 다음 정리하여 얻는 $\sum_{j=1}^{n}jx^{j-1}=(1-x^n)/(1-x)^2-nx^n/(1-x)$ 공식을 이용하면 도출할 수 있다.

위를 이용하여 $\mathrm{E}(\mathbf{w}_i'M\mathbf{e}_i)$와 $\mathrm{E}(\mathbf{w}_i'M\mathbf{w}_i)$를 구하고자 한다. 우선 M을 전개하여 다음을 얻는다.

$$\mathbf{w}_i'M\mathbf{e}_i = \mathbf{w}_i'\mathbf{e}_i - T^{-1}\mathbf{w}_i'\mathbf{1}_T\mathbf{1}_T'\mathbf{e}_i = \mathbf{w}_i'\mathbf{e}_i - T^{-1}\mathbf{1}_T'\mathbf{e}_i\mathbf{w}_i'\mathbf{1}_T$$

$$\mathbf{w}_i'M\mathbf{w}_i = \mathbf{w}_i'\mathbf{w}_i - T^{-1}\mathbf{w}_i'\mathbf{1}_T\mathbf{1}_T'\mathbf{w}_i = \mathbf{w}_i'\mathbf{w}_i - T^{-1}\mathbf{1}_T'\mathbf{w}_i\mathbf{w}_i'\mathbf{1}_T$$

$\mathrm{E}(\mathbf{w}_i'\mathbf{e}_i)$는 $\mathrm{E}(\mathbf{e}_i\mathbf{w}_i')$의 대각합(대각 원소들의 합)이고 $\mathrm{E}(\mathbf{w}_i'\mathbf{w}_i)$는 $\mathrm{E}(\mathbf{w}_i\mathbf{w}_i')$의 대각합이므로 $\mathrm{E}(\mathbf{e}_i\mathbf{w}_i')$과 $\mathrm{E}(\mathbf{w}_i\mathbf{w}_i')$를 구하면 모든 것을 구할 수 있다. 앞서 $v_{it}=\sum_{j=0}^{\infty}\rho^j\varepsilon_{it}$라 하였는데, 이로부터 $\mathrm{E}(v_{it}^2)=\sigma^2/(1-\rho^2)$이며 $\mathrm{E}(v_{it}v_{it-k})=\rho^{|k|}\sigma^2/(1-\rho^2)$임을 보일 수 있다. 또한 $\mathrm{E}(v_{it}\varepsilon_{it-k})=\rho^k\sigma^2\{k\geq 0\}$이다. 이 사실들을 이용하여 다음을 얻는다.

$$\mathrm{E}(\mathbf{e}_i\mathbf{w}_i') = \sigma^2\begin{pmatrix} 0 & 1 & \cdots & \rho^{T-2} \\ 0 & 0 & \cdots & \rho^{T-3} \\ \vdots & \vdots & & \vdots \\ 0 & 0 & \cdots & 0 \end{pmatrix},\ \mathrm{E}(\mathbf{w}_i\mathbf{w}_i') = \frac{\sigma^2}{1-\rho^2}\begin{pmatrix} 1 & \rho & \cdots & \rho^{T-1} \\ \rho & 1 & \cdots & \rho^{T-2} \\ \vdots & \vdots & & \vdots \\ \rho^{T-1} & \rho^{T-2} & \cdots & 1 \end{pmatrix}$$

우선, $\mathrm{E}(\mathbf{w}_i'\mathbf{e}_i)$는 $\mathrm{E}(\mathbf{e}_i\mathbf{w}_i')$의 대각합 0이고, $\mathrm{E}(\mathbf{w}_i'\mathbf{w}_i)$는 $\mathrm{E}(\mathbf{w}_i\mathbf{w}_i')$의 대각합 $T\sigma^2/(1-\rho^2)$이다. 다음으로 $\mathbf{1}_T'\mathrm{E}(\mathbf{e}_i\mathbf{w}_i')\mathbf{1}_T$는 $\mathrm{E}(\mathbf{e}_i\mathbf{w}_i')$의 모든 원소들의 합 $\sigma^2\sum_{j=1}^{T-1}(T-j)\rho^{j-1}$이며, (7.1)에 그 결과가 제시되어 있다. 이와 유사하게, $\mathbf{1}_T'\mathrm{E}(\mathbf{w}_i\mathbf{w}_i')\mathbf{1}_T$는 $\mathrm{E}(\mathbf{w}_i\mathbf{w}_i')$의 모든 원소들의 합인 $[\sigma^2/(1-\rho^2)]\cdot[T+2\rho\sum_{j=1}^{T-1}(T-j)\rho^{j-1}]$이며, 이 또한 (7.1)을 이용하여 정리할 수 있다. 전부 정리하면 다음이 된다.

$$\mathrm{E}(\mathbf{w}_i'M\mathbf{e}_i) = -\frac{\sigma^2 C_T(\rho)}{1-\rho},\quad \mathrm{E}(\mathbf{w}_i'M\mathbf{w}_i) = \frac{T\sigma^2}{1-\rho^2}\left[1-\frac{1}{T}-\frac{2\rho C_T(\rho)}{T(1-\rho)}\right]$$

마지막으로, 이 둘의 비율을 구하면 다음과 같다.

$$\operatorname*{plim}_{n\to\infty}\hat{\rho}_{fe}-\rho = \frac{\mathrm{E}(\mathbf{w}_i'M\mathbf{e}_i)}{\mathrm{E}(\mathbf{w}_i'M\mathbf{w}_i)} = -\left(\frac{1+\rho}{T}\right)C_T(\rho)\left[1-\frac{1}{T}-\frac{2\rho C_T(\rho)}{T(1-\rho)}\right]^{-1} \tag{7.2}$$

이 표현은 Nickell (1981)의 Equation (18)과 차이가 나는 것으로 보이지만 동일하다. 위 $\mathrm{E}(\mathbf{w}_i'M\mathbf{w}_i)$ 표현에서 T가 아니라 $T-1$을 앞으로 끄집어내면 Nickell (1981)과 정확히 동일한 표현을 얻는다. $T=2$이면 편향(위 식 우변)은 $-\frac{1}{2}(1+\rho)$이고, $T=3$이면 $-\frac{1}{2}(1+\rho)(2+\rho)/(3+\rho)$이다. ρ의 참값이 0이면 Nickell 편향은 $-1/T$이다. Nickell 편향을 여러 T에 대하여 그림으로 나타내면 〈그림 7.1〉과 같다. 하방편향이 있고, 각각의 T에서 편향의 크기(0에서 벗어난 정도)는 ρ가 클수록 크며, 각각의 ρ에서 편향은 T가 증가함에 따라 0으로 수렴하는 것이 보인다. 모든 ρ에서 $\lim_{T\to\infty}C_T(\rho)=1$이므로 T가 클 때 편향은 대략 $-(1+\rho)/T$ 정도이다. 그 나머지 항은 최대 $1/T^2$ 정도의 크기이다.

참고로, 위 방법을 $\rho=1$인 경우에 대해서도 적용할 수 있지만 '정상성'이 없어지므로 처음부터 다시 계산해야 한다. $\mathrm{E}(\mathbf{e}_i\mathbf{w}_i')$는 위 행렬에 $\rho=1$만 대입하면 되며 $\mathrm{E}(\mathbf{w}_i'M\mathbf{e}_i)=-\sigma^2(T+1)/2$이다. $\mathrm{E}(\mathbf{w}_i\mathbf{w}_i')$는 전혀 다른 모양이 된다. 이 행렬의 (i,j) 원소는 $\sigma^2\min(i,j)$라고 해도 좋다. 이로부터 $\mathrm{E}(\mathbf{w}_i'M\mathbf{w}_i)$를 구하면 σ^2 곱하기 $\sum_{j=1}^{T}j-T^{-1}\sum_{j=1}^{T}j^2=T(T+1)/2-(T+1)(2T+1)/6=(T+1)(T-1)/6$임을 보일 수 있다. 따라서 $\rho=1$일 때 Nickell 편향은 $-3/(T-1)$이다.

Nickell 편향 (7.2)는 ρ에만 의존하므로, 이를 이용하여 LSDV 추정량의 편향을 교정할 수도 있고, 실제 이러한 편향교정 방법들이 연구되고 있기도 하다. 하지만 IID와 정상성 가정이 너무 강하고, 일반적인 모형으로 확장하기 어려워 많이 사용되지는 않는다.

〈그림 7.1〉 Nickell (1981) 편향

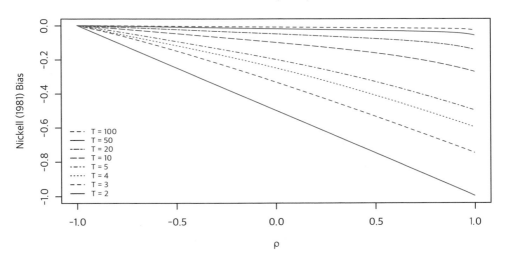

1계차분에 기초한 추정(FD 회귀)도 고려해 보자. 단순한 모형에서 고정효과를 제거하기 위하여 회귀식을 1계차분하면 $\Delta y_{it} = \rho \Delta y_{it-1} + \Delta \varepsilon_{it}$ 가 된다. FD 추정량은 다음과 같다.

$$\hat{\rho}_{fd} = \frac{\sum_{i=1}^{n} \sum_{t=2}^{T} \Delta y_{it-1} \Delta y_{it}}{\sum_{i=1}^{n} \sum_{t=2}^{T} (\Delta y_{it-1})^2} = \rho + \frac{\sum_{i=1}^{n} \sum_{t=2}^{T} \Delta y_{it-1} \Delta \varepsilon_{it}}{\sum_{i=1}^{n} \sum_{t=2}^{T} (\Delta y_{it-1})^2}$$

앞에서와 동일한 가정하에서 $\Delta y_{it} = \Delta v_{it}$ 이므로

$$\mathrm{E}[\Delta y_{it-1} \Delta \varepsilon_{it}] = \mathrm{E}[\Delta v_{it-1} \Delta \varepsilon_{it}] = -\mathrm{E}(v_{it-1} \varepsilon_{it-1}) = -\sigma^2$$
$$\mathrm{E}[(\Delta y_{it-1})^2] = \mathrm{E}[(\Delta v_{it-1})^2] = 2\sigma^2(1-\rho)/(1-\rho^2) = 2\sigma^2/(1+\rho)$$

이 되고, 둘의 비율을 구하여 다음을 얻는다.

$$\operatorname*{plim}_{n \to \infty} \hat{\rho}_{fd} - \rho = -\tfrac{1}{2}(1+\rho)$$

이 편향은 T 에 의존하지 않고 선형이므로 매우 쉽게 교정할 수 있다(7.2절 참고).

7.2 정상성 가정하의 추정

고유오차에 t 에 걸친 이분산이 없고 종속변수가 정상상태에 있을 때 아주 단순한 추정방법도 이용가능하다. 별도의 설명변수가 없는 단순한 모형에 대하여 Chowdhury (1987)는 1계차분 추정량 $\hat{\rho}_{fd}$ 에 $-(1+\rho)/2$ 만큼의 편향이 있음을 고려하여 $2\hat{\rho}_{fd}+1$ 로 추정할 것을 제안하였다. Han and Phillips (2010)는 Chowdhury와 별도로 차분된 패널 데이터에 내재하는 적률조건들을 검토하여 $2\Delta y_{it} + \Delta y_{it-1}$ 을 Δy_{it-1} 에 대하여 POLS하는 방법을 제안하였는데, 이 두 방법은 동일하다.

이상의 편향 교정 방법들은 우변에 과거 종속변수가 하나만 있을 때 사용 가능하다. Chaudhury (1987)은 종속변수 래그 차수가 2개 이상인 일반적인 모형에 대하여 편향 교정 방법을 제시하였다. Han, Phillips and Sul (2011, 2014)은 Han and Phillips (2010)의 방법을 바꾸어 미래와 과거에 균등하게 시간대가 걸치게 만든 다음 차분을 하는 교차차분 cross-differencing의 방법을 제안하였다. 이 방법은 우변에 포함된 종속변수의 래그 차수가 2개 이상인 경우로 쉽게 확장된다. 예를 들어, 모형이 $y_{it} = \alpha + \rho_1 y_{it-1} + \rho_2 y_{it-2} + \mu_i + \varepsilon_{it}$ 일 때 교차차분식은 다음과 같다.

$$y_{it} - y_{is} = \rho_1 \left(y_{it-1} - y_{is+1} \right) + \rho_2 \left(y_{it-2} - y_{is+2} \right) + \text{error}_{it,s}$$

$t-1 \geq s+1$ 인 경우에 이 교차차분식의 설명변수와 오차항은 서로 정확히 비상관이 된다. 이용가능한 모든 t 와 s 를 모아서pool OLS를 하면 'full aggregation' 교차차분 추정값을 구할 수 있다. 일부만 사용하여 'partial aggregation' 추정값을 구할 수도 있다. 각 방법은 장단점이 있으며 상세한 내용은 위에 열거한 논문들을 참조하기 바란다.

⚠⚠⚠   Hsiao, Pesaran and Tahmiscioglu (2002)는 ε_{it} 가 IID이며 정규분포를 갖는다는 가정 하에 $(\Delta y_{i1}, \ldots, \Delta y_{iT})$ 의 결합확률분포를 구하고 이로부터 우도함수를 도출한 후 이를 최대화하는 '1계차분 MLE (FDMLE)'를 고려하였다. 이 FDMLE는 n 이 1개나 2개로 작고 T 가 크며 ρ 가 1일 때 매우 특이한 불규칙성을 보인다. 우도함수가 정의되기 위해서는 ρ 의 참값이 $|\rho| \leq 1$ 를 만족시켜야만 하는데 우도함수 자체는 $\rho > 1$ 인 구간으로 함수형태가 확장analytical extension되기 때문에 이 불규칙성은 발생한다. Han and Phillips (2013)에 이 내용이 설명되어 있으며, MLE라는 것이 과연 무엇인지 이해하는 데에 도움이 될 것이다. 불규칙성은 n 이 증가하면서 점차 소멸한다.

정상성 가정하에서 편향을 교정하거나 정상성하에서 도출되는 적률조건들을 활용하는 추정방법들은 정상성 가정이 위배되면 신뢰성을 잃을 수 있다. 설령 정상성 가정을 받아들일 수 있다고 하더라도 어려운 점이 하나 더 있는데, 이는 외생변수를 처리하기 어렵다는 것이다. 한 가지 가능한 모형은 $y_{it} = a_i + X_{it}\beta + v_{it}$ 이고 $v_{it} = \rho v_{it-1} + \varepsilon_{it}$ 이며 ε_{it} 가 IID인 경우이다. 이 모형은 $y_{it} = \alpha_i + \rho y_{it-1} + X_{it}\beta + X_{it-1}\gamma + \varepsilon_{it}$ 에 $\gamma = -\beta\rho$ 라는 제약을 주는 모형과 동일하다. 더 일반적인 모형을 처리하는 것은 앞으로 풀어야 할 과제이다.

7.3 임의효과 동태패널 모형

설명변수들이 고유오차(ε_{it})에 대하여 강외생적인 모형에서 고정효과와 임의효과는 설명변수가 개별효과(μ_i)와 상관되는지에 따라 구분되었다. X_{it} 가 μ_i 와 상관되면 μ_i 는 고정효과이며 고정효과 추정을 하여야 β 계수가 일관되게consistently 추정된다. X_{it} 와 μ_i 가 상관되지 않는 경우에는 그 밖에 POLS 추정량, RE 추정량 등 많은 추정량들이 일관성을 갖는다.

동태적 모형에서는 우변에 y_{it-1} 이 포함되어 있고 이 y_{it-1} 은 반드시 μ_i 와 상관되므로, 설명변수와 개별효과의 상관 여부에 따라 고정효과 모형과 임의효과 모형을 구분하는 것은 의미가 없다. 동태적 모형에서는 그보다는 개별효과(μ_i)와 여타 설명변수(X_{it}) 및 종속변수 초기값(y_{i0})의 관계 혹은 μ_i의 분포에 대한 가정을 하느냐 마느냐에 따라 임의효과 모형과 고정효과 모형을 구분한다. 고정효과 모형의 경우에는 ε_{it}에 시계열 상관이 없다는 것과 μ_i가 ε_{it}들과 비상관이라는 것 이외에 어떠한 가정도 하지 않는다. 임의효과 모형에서는 μ_i에 대해 더 많은 가정을 한다. 특히 μ_i가 ($X_{i1},\ldots,X_{iT}$는 물론) y_{i0}과 상관되는지가 중요하다.

임의효과 모형으로 Bhargava and Sargan (1983)은 다음을 고려한다.

$$y_{it} = X_{it}\beta + \rho y_{it-1} + u_{it}, \quad u_{it} = \mu_i + \varepsilon_{it} \tag{7.3}$$

X_{it}에는 시변하는time-varying 외생변수는 물론 상수항과 시간불변time-invariant 외생변수들도 포함되어 있다. 오차항의 분포에 대해서는 $\mu_i \sim N(0,\sigma_\mu^2)$이고 $\varepsilon_{it} \sim \text{IID } N(0,\sigma_\varepsilon^2)$이라는 가정을 한다. μ_i와 ε_{it}들은 서로간에 독립이다. 임의효과 모형이므로 X_{it}가 μ_i와 ε_{is}에 대하여 독립이라는 가정도 한다. 하지만 y_{it-1}은 당연히 μ_i와 상관되고 따라서 총오차(u_{it})와 상관된다. 이로 인하여, 위 식을 OLS와 같은 방식으로 추정하면 일관된 추정량을 얻을 수 없다(♛).

식을 차분하여 μ_i를 소거시키는 6장의 고정효과 추정법과는 달리, 임의효과 모형에서는 종속변수의 초기값인 y_{i0}에 대하여 특정한 가정을 한다. Bhargava and Sargan (1983)은 과거의 무수한 시점에서 모두 (7.3) 모형이 성립한다고 가정하고 이로부터

$$y_{i0} = \sum_{j=0}^{\infty} \rho^j (X_{i,-j}\beta + u_{i,-j}) = \bar{y}_{i0} + v_{i0}, \quad v_{i0} = \sum_{j=0}^{\infty} \rho^j u_{i,-j} = \frac{\mu_i}{1-\rho} + \sum_{j=0}^{\infty} \rho^j \varepsilon_{i,-j}$$

를 도출한 후 $\bar{y}_{i0}$을 $X_{i0},\ldots,X_{iT}$의 선형함수와 그 나머지, 즉 $\bar{y}_{i0} = \sum_{j=0}^{\infty} \rho^j X_{i,-j} = \sum_{t=0}^{T} X_{it}\theta_t + e_i$로 표현하여 $y_{i0} = \sum_{t=0}^{T} X_{it}\theta_t + w_{i0}$, $w_{i0} = e_i + v_{i0}$으로 두고 $e_i \sim \text{IID } N(0,\sigma_e^2)$이라 가정한다. 그러면 $(w_{i0},u_{i1},\ldots,u_{iT})'$의 평균은 0이고 분산·공분산 행렬 Ω^*는 $\omega_{00} = \sigma_\mu^2/(1-\rho)^2 + \sigma_\varepsilon^2/(1-\rho^2) + \sigma_e^2$, $\omega_{0t} = \sigma_\mu^2/(1-\rho)$, $\omega_{ts} = \sigma_\mu^2 + \sigma_\varepsilon^2\{t=s\}$으로 표현된다. y_{i0} 식의 오차항 w_{i0}과 나머지 u_{it}는 상관되므로 y_{i0}을 주어진 것으로 간주하는 방법은 적절하지 않으며 Ω^* 행렬에 기초한 로그우도함수를 도출하고 컴퓨터 알고리즘을 이용하여 이를 최대화하는 방법을 사용할 수 있다. 이에 추가하여 정상성 가정을 완화시켜 Ω^* 행렬의 형태를 더 일반적으로 만들거나 아예 아무런 제약도 주지 않는 방법도 고려한다. 또한 X_{it}의 일부 (X_{2it}라 하자)와 μ_i가 서로 상관될 수 있는 모형에 대해서도 언급하는데, 이 방법을 간단히 설명하면 y_{i0} 모형식에서 X_{2it}를 $\tilde{X}_{2it} = X_{2it} - \bar{X}_{2i}$로 치환하여 y_{i0} 식의 설명변수와 오차항이 독립이 되도록 만들고, Hausman and Taylor (1981)의 처리 방법과 같이 $\bar{X}_{2i}$에 대한 도구변수로 μ_i에 대하여 외생적인 X_{1it}를 사용하도록 하는 것이다.

최근에는 y_{i0}과 μ_i의 역할을 바꾸어 $\mu_i = \delta_0 + \sum_{t=0}^{T} X_{it}\theta_t + \delta_1 y_{i0} + a_i$나 $\mu_i = \delta_0 + \bar{X}_i\theta + \delta_1 y_{i0} + a_i$로 두고 a_i가 y_{i0} 및 X_{it}들과 독립인 임의효과라고 모형을 설정하는 방법을 사용한다(여기서 상수항 δ_0의 역할은 우변의 평균을 0으로 만들어 주는 것이다). 이러한 μ_i를 상관된 임의효과(correlated random effects, CRE)라 한다. Chamberlain (1980)에 이 접근법으로써 패널 프로빗 모형을 처리하는 것이 소개되어 있어, 이 방법을 Chamberlain 방법이라고도 한다.

CRE 모형의 추정방법을 살펴보기 위해 일단 μ_i 가 y_{i0} 이나 여타 설명변수들로부터 독립된 임의효과로 보는 모형을 고려하자. 모형은 (7.3)이고, $\mu_i, \varepsilon_{i1}, \ldots, \varepsilon_{iT}$ 는 각각 평균이 0인 정규분포를 따르며 서로간에 독립이라 가정한다. μ_i 의 분산은 σ_μ^2 이고 ε_{it} 의 분산은 σ_ε^2 이다. y_{i0} 이 $\varepsilon_{i1}, \ldots, \varepsilon_{iT}$ 로부터 독립이라는 것은 자연스러운 가정이고, 이에 추가하여 μ_i 가 $X_{i1}, \ldots, X_{iT}$ 와 y_{i0} 으로부터 독립이라고도 가정한다(임의효과). 이 'RE 분포 가정'을 하면, $\mathbf{u}_i$ 가 $y_{it} - X_{it}\beta - \rho y_{it-1}$ 을 $t = 1, \ldots, T$ 에 대하여 세로로 쌓은 벡터라 할 때, 복잡한 절차를 거쳐 다음 로그우도함수log-likelihood를 도출할 수 있다.

$$\ln L = -\frac{1}{2}\sum_{i=1}^{n}\left[T\ln(2\pi\sigma_\varepsilon^2) + \ln(1 + T\lambda) + \frac{\mathbf{u}_i'\mathbf{u}_i}{\sigma_\varepsilon^2} - \frac{\lambda(\mathbf{u}_i'\mathbf{1}_T)^2}{(1+T\lambda)\sigma_\varepsilon^2}\right] \tag{7.4}$$

단, $\lambda = \sigma_\mu^2/\sigma_\varepsilon^2$ 이다. 식 (7.4)는 β, ρ, σ_ε^2, λ 의 함수이며 β 와 ρ 모수는 $\mathbf{u}_i$ 표현식에 들어 있다. 이 로그우도함수는 컴퓨터 알고리즘을 이용하여 최대화할 수 있다.

🎏 로그 우도함수 (7.4)를 도출해 보자. 식 (7.3)에서 $t \geq 2$ 에 대하여 양변으로부터 ρy_{it-1} 을 차감하고 $t = 1, 2, \ldots, T$ 에 대하여 세로로 쌓으면 다음을 얻는다.

$$C(\rho)\mathbf{y}_i = \mathbf{X}_i\beta + \mathbf{e}_1 y_{i0}\rho + \mathbf{u}_i$$

단, $\mathbf{y}_i = (y_{i1}, \ldots, y_{iT})'$, $\mathbf{X}_i$ 는 t 번째 행이 X_{it} 인 행렬, $\mathbf{e}_1$ 은 I_T 의 첫 번째 열, 즉 $\mathbf{e}_1 = (1, 0, \ldots, 0)'$, $\mathbf{u}_i = (u_{i1}, \ldots, u_{iT})'$ 이고, $C(\rho)$ 는 $T \times T$ 행렬로서 대각원소들은 모두 1이고 첫 번째 하단 비대각원소들, 즉 $(t, t-1)$ 원소들은 모두 $-\rho$ 이며 나머지 원소들은 모두 0인 행렬이다. 위 식의 첫 번째 줄은 $y_{i1} = X_{i1}\beta + \rho y_{i0} + u_{i1}$ 이고 그 다음부터는 $y_{it} - \rho y_{it-1} = X_{it}\beta + u_{it}$ 이다. 식 양변의 앞에 $C(\rho)^{-1}$ 을 곱하여 다음을 얻는다.

$$\mathbf{y}_i = C(\rho)^{-1}(\mathbf{X}_i\beta + \mathbf{e}_1 y_{i0}\rho) + C(\rho)^{-1}\mathbf{u}_i$$

$\mathbf{X}_i$ 와 y_{i0} 조건부로 $\mathbf{y}_i$ 는 평균이 $C(\rho)^{-1}(\mathbf{X}_i\beta + \mathbf{e}_1 y_{i0}\rho)$ 이고 공분산 행렬이 $C(\rho)^{-1}\Omega C(\rho)^{-1\prime}$ 인 정규분포를 갖는다. 이때 $\Omega = \mathrm{E}(\mathbf{u}_i\mathbf{u}_i')$ 로서, 주어진 가정에서 $\sigma_\varepsilon^2 I_T + \sigma_\mu^2 \mathbf{1}_T\mathbf{1}_T'$ 이다. $\mathbf{d}_i = \mathbf{y}_i - C(\rho)^{-1}(\mathbf{X}_i\beta + \mathbf{e}_1 y_{i0}\rho)$ 라 할 때, 이 정규분포 가정에 맞추어 개체 i 의 로그우도함수를 구하면, $C(\rho)$ 를 간단히 C 라고 표기할 때 다음과 같다.

$$\ell_i = -\frac{T}{2}\ln 2\pi - \frac{1}{2}\ln|C^{-1}\Omega C^{-1\prime}| - \frac{1}{2}\mathbf{d}_i'(C^{-1}\Omega C^{-1\prime})^{-1}\mathbf{d}_i$$

이 로그우도함수를 도출할 때 $\mathbf{X}_i$ 와 y_{i0} 조건부로 확률밀도함수를 구하며, 이 과정에서 $\mathbf{X}_i$ 와 y_{i0} 이 $u_{it} = \mu_i + \varepsilon_{it}$ 로부터 독립이라는 임의효과 가정이 사용된다.

그런데 모든 ρ 에서 $|C| = 1$ 이므로, $|C^{-1}\Omega C^{-1\prime}| = |C|^{-2}|\Omega| = |\Omega|$ 이다. 또한 $\mathbf{d}_i'(C^{-1}\Omega C^{-1\prime})^{-1}\mathbf{d}_i = (C\mathbf{d}_i)'\Omega^{-1}(C\mathbf{d}_i)$ 이며, $C\mathbf{d}_i = C\mathbf{y}_i - \mathbf{X}_i\beta - \mathbf{e}_1 y_{i0}\rho = y_{it} - X_{it}\beta - \rho y_{it-1}$ 의 $T \times 1$ 벡터이다. 이 벡터를 편의상 $\mathbf{u}_i$ 라 하면 개별 로그 우도함수는 다음이 된다.

$$\ell_i = -\frac{T}{2}\ln 2\pi - \frac{1}{2}\ln|\Omega| - \frac{1}{2}\mathbf{u}_i'\Omega^{-1}\mathbf{u}_i$$

불균형 패널의 경우에는 T 대신에 T_i 로 표시하면 될 것이다. 이 ℓ_i 들을 i 에 대하여 모두 합하면 최종적인 로그 우도함수가 된다. Ω 의 행렬식과 역행렬도 어렵지 않게 계산할 수 있다. Bhargava and Sargan (1983, p. 1641)에 의하면 $\lambda = \sigma_\mu^2/\sigma_\varepsilon^2$ 일 때 이 둘은 다음과 같다.

$$|\Omega| = (\sigma_\varepsilon^2)^T (1 + T\lambda), \quad \Omega^{-1} = \frac{1}{\sigma_\varepsilon^2} \left(I_T - \frac{\lambda}{1 + T\lambda} \mathbf{1}_T \mathbf{1}_T' \right)$$

참고로 역행렬은 임의효과 추정 부분에서 이미 구한 바 있다. 마지막으로 이들을 대입하여 정리한 후 i에 대하여 합산하면 식 (7.4)를 얻는다.

흥미롭게도 (7.4)의 로그 우도함수는 y_{it-1}이 내생적이라는 점을 무시하고 모든 설명변수들이 강외생적이라는 (잘못된) 가정하에서 임의효과 MLE를 할 때의 로그 우도함수와 동일하다(Wooldridge 2010). 따라서 y_{it}를 (X_{it}, y_{it-1})에 대하여 MLE 방식으로 임의효과 추정을 하면 된다. 말하자면 Stata에서 "xtreg y x l.y, mle"라고 하면 족하다. RE 분포 가정이 성립하면 이 추정량은 일관성^{consistency}을 갖는다.

> ✏️ 참고로, 필자가 Stata를 이용하여 실제로 $n = 10,000$, $T = 5$의 동태적 패널 데이터를 임의로 생성하여 실험해 보았다. y_{i0}을 $N(0,1)$ 분포로부터 임의로 생성하고 나서 $y_{it} = 0.5y_{it-1} + \sigma_\mu \mu_i + \varepsilon_{it}$가 되도록 y_{it}를 발생시켰다. 이때 μ_i와 ε_{it}는 모두 독립적으로 표준정규분포로부터 추출하였다. 그런 다음 "xtreg l(0/1).y, mle"라고 해 보았다. σ_μ가 대략 0.9 이하일 때에는 MLE 추정값이 참값인 0.5와 매우 가까웠다. 그런데 이상하게도 σ_μ의 값이 1쯤 되면 0.5와 전혀 비슷하지 않았다. 왜 이런 이상한 현상이 나타나는지 알 수 없다. 추측컨대, MLE를 할 때 초기값이 제대로 설정되지 않아 국지적 최적화의 덫에 빠지는 것 같다.

하지만 μ_i가 $\mathbf{X}_i$와 y_{i0}으로부터 독립이라는 가정은 비현실적이기 쉬우므로 CRE 모형으로 바꾸어 $\mu_i = \delta_0 + \bar{X}_i \theta + \delta_1 y_{i0} + a_i$라 하고 a_i가 임의효과라 하자. 그러면 당초 모형이

$$y_{it} = X_{it}\beta + \rho y_{it-1} + \bar{X}_i \theta + \delta_1 y_{i0} + a_i + \varepsilon_{it} \tag{7.5}$$

로 바뀌고, 재정의된 개별효과 a_i는 앞의 임의효과 모형에서 μ_i의 역할을 한다(상수항 δ_0은 $X_{it}\beta$의 상수항 부분에 포함되어 절편이 바뀐다). 이 모형을 (7.3)과 비교하면 우변에 변수가 더 많이 포함되었다는 것을 제외하면 아무런 차이도 없다. 이 모형을 추정하려면 y_{it}를 X_{it}, y_{it-1}, $\bar{X}_i$, y_{i0}에 대하여 임의효과 최우추정 방식으로 회귀하면 된다. CRE 모형을 더 복잡한 형태로 바꾸어 $\mu_i = \delta_0 + \sum_{t=1}^T X_{it}\theta_t + \delta_1 y_{i0} + a_i$라고 설정하고자 한다면, y_{it}를 X_{it}, y_{it-1}, $X_{i1}, \ldots, X_{iT}, y_{i0}$에 대하여 회귀하면 된다. 만약 X_{it}가 $t = 0$부터 관측된다면 해당 부분을 $\sum_{t=0}^T X_{it}\theta_t$로 바꾸면 될 것이다. 연구자가 원한다면 CRE 부분에 더 많은 시간불변 변수를 추가해도 좋다.

> ✏️ Stata에서 사용할 수 있는 방법으로, 앞에서 설명한 것처럼 'xtreg, mle'를 사용하는 간편한 방법과 Sebastian Kripfganz의 xtdpdqml 패키지를 사용하는 방법이 있다. 필자가 데이터를 생성시켜 실험을 해 보았는데 xtdpdqml 패키지와 이 '간편한 방법' 모두 항상은 아니지만 대체로 잘 작동하였다. 필자는 개인적으로 별도의 패키지를 만드는 것보다는 내장된 명령어를 사용하는 것을 좋아하기 때문에 'xtreg, mle'의 방법을 선호한다. 독자들은 각자 자기가 좋아하는 방법을 사용하면 될 것이다. 단, xtdpdqml 패키지는 추정값을 구하지 못하는 경우도 있었고, 'xtreg, mle'는 국지적 최적값에 빠지는 경우가 있었다(Stata 명령에서 초기값을 주는 옵션을 잘 활용해야 할 것으로 보인다). 누군가가 잘 실험해 보고 좋은 방법을 제공해 주면 연구자들에게 큰 도움이 될 것이다.

위에서 모형 (7.5)에 대하여 임의효과 MLE 추정을 하는 것을 설명하였는데, 이 모형을 FE 회귀하여도 동일한 결과를 얻지 않을까 기대해서는 안 된다. FE 회귀가 우변에 설명변수들의 개별평균들을 추가하여 RE 회귀를 하는 것과 동일하고 모형 (7.5)에도 $\bar{X}_i$가 있는

〈표 7.1〉 원자료와 채워지는 자료

id	year	x	y	y0	xbar	x1990	x1991	x1992	x1993
1	1990	0.5	2.6	2.6	1.816	0.5	1.5	2.1	3.2
1	1991	1.5	3.5	2.6	1.816	0.5	1.5	2.1	3.2
1	1992	2.1	1.9	2.6	1.816	0.5	1.5	2.1	3.2
1	1993	3.2	2.8	2.6	1.816	0.5	1.5	2.1	3.2
2	1990	−0.6	1.7	1.7	−0.416	−0.6	0.8	−1.4	−0.5
2	1991	0.8	0.4	1.7	−0.416	−0.6	0.8	−1.4	−0.5
2	1992	−1.4	0.5	1.7	−0.416	−0.6	0.8	−1.4	−0.5
2	1993	−0.5	0.9	1.7	−0.416	−0.6	0.8	−1.4	−0.5

것은 사실이지만, 중요한 차이는 y_{it-1}의 개별평균은 포함되어 있지 않다는 점이다. 모형 (7.5)를 FE 회귀하는 것은 우변에 y_{it-1}의 개별평균을 포함시키는 것과 동일한 효과를 갖게 되고, 바로 이 점으로 인하여 FE 회귀는 망가진다.

추가되는 우변 변수들($y_{i0}, X_{i1}, \ldots, X_{iT}, \bar{X}_i$)에 대하여 부연설명하자. 〈표 7.1〉에서 처음 4개 변수, 즉 id, year, x, y 변수에 대하여 원래 데이터가 있다고 하자. 초기 $t = 0$은 year 가 1990인 경우에 해당한다. 그러면 y_{i0}은 1990년의 y값에 해당하므로 id가 1이면 2.6, id가 2이면 1.7 등이다. 이 값들이 각각의 i에서 모든 t에 반복적으로 사용된다. 다음으로 $\bar{x}_i$의 값이 xbar 열에 있다. 이것은 각 i별로 x_{it}의 값을 평균한 것이다. $i = 1$인 경우에는 $0.5, 1.5, 2.1, 3.2$의 평균인 1.816이고(소수점 아래 셋째 자리까지), $i = 2$인 경우에는 −0.416이다. 다음으로 1990년의 x값은 x1990 변수에 있다. $i = 1$에서는 1990년 x값이 0.5이므로 이 값이 반복적으로 사용되고, $i = 2$에서는 1990년 x값이 −0.6이므로 이 값이 반복적으로 사용된다. 다른 연도의 x값들도 이와 마찬가지로 반복적으로 사용된다. 생성되는 변수들 모두 시간불변임에 유의하라.

Stata에서는 약간의 수고를 하여 이처럼 반복적으로 사용되는 변수를 생성할 수 있다. 예를 들어 〈표 7.1〉과 같은 모양을 가진 데이터라면, xbar 변수는 "by id: egen xbar = mean(x)"로써 생성할 수 있고, x1990부터 x1993까지는 do 파일에서 다음과 같이 명령을 내리면 된다(Cox 2011).

```
by id: egen y0 = total(y / (year==1990)), missing
forv j=1990/1993 {
    by id: egen x`j' = total(x / (year==`j')), missing
}
```

이렇게 데이터를 만든 다음 CRE 추정을 위해서는 xtreg, mle 명령을 사용한다.

```
xtreg y x l.y y0 x1990-x1993, mle
```

CRE의 방법을 사용할 때 주의할 점은 시간불변 설명변수인 Z_i가 우변에 포함되어 있을 때 다시 μ_i가 Z_i와 상관되도록 할 수는 없다는 것이다. 이것은 다른 모든 임의효과 모형에서도 마찬가지이다. 설명변수 Z_i가 μ_i와 상관되면 μ_i를 경유한 효과와 Z_i가 직접 y_{it}에 미치는 영향을 구별할 방법은 없다. 하지만 μ_i가 원래 모형 우변에 없는 y_{i0} 및 $X_{i1}, \ldots, X_{iT}$ 등과 상관된 경우에는 CRE 등의 방법을 사용하여 y_{it-1}, Z_i 및 X_{it}의 효과들을 별도로 식별할 수 있다. Z_i가 우변변수가 아닌 경우 Z_i를 μ_i와 상관된 요인으로 우변에 추가할 수 있다. 단, Z_i가 당초부터 설명변수인 모형과 Z_i가 y_{it}의 설명변수가 아닌데 μ_i의 결정요인으로 CRE 항에 포함된 모형은 전적으로 동일하며 서로 구별할 수 없다.

▷ Wooldridge (2005)는 약간 다른 방식으로 우도함수를 도출하였다. 예를 들어 모형이 $y_{it} = \alpha + X_{it}\beta + \rho y_{it-1} + \mu_i + \varepsilon_{it}$ 이고 오차항이 정규분포를 가질 때, 먼저 $(\mathbf{X}_i, y_{i0}, \mu_i)$ 조건부로 $y_{i1}, \ldots, y_{iT}$ 의 조건부 우도함수를 구한다. 이 우도함수는 다음과 같다.

$$f(y_{i1}, \ldots, y_{iT} | \mathbf{X}_i, y_{i0}, \mu_i) = \prod_{t=1}^{T} f(y_{it} | \mathbf{X}_i, y_{it-1}, \ldots, y_{i0}, \mu_i)$$

여기서 $f(y_{it} | \mathbf{X}_i, y_{it-1}, \ldots, y_{i0}, \mu_i) = \sigma_\varepsilon^{-1} \phi(\sigma_\varepsilon^{-1}(y_{it} - \alpha - X_{it}\beta - \rho y_{it-1} - \mu_i))$ 이며, $\phi(\cdot)$는 표준정규분포의 확률밀도함수PDF이다. 그 다음 $(\mathbf{X}_i, y_{i0})$ 조건부로 μ_i가 평균이 예를 들어 $(\bar{X}_i - \mathrm{E}\bar{X}_i)\theta + \gamma(y_{i0} - \mathrm{E}y_{i0})$ 이고 분산이 σ_a^2 인 정규분포를 갖는다고 가정하면, 즉 $\mu_i = (\bar{X}_i - \mathrm{E}\bar{X}_i)\theta + \gamma(y_{i0} - \mathrm{E}y_{i0}) + a_i$ 이고 $a_i \sim N(0, \sigma_a^2)$ 이라고 가정하면(평균들을 뺀 것은 μ_i의 평균을 0으로 만들기 위함임), $(\mathbf{X}_i, y_{i0})$ 조건부 우도함수는 다음과 같이 a_i에 대한 평균을 취함으로써 얻는다.

$$L_i = \int_{-\infty}^{\infty} \left[\prod_{t=1}^{T} \frac{1}{\sigma_\varepsilon} \phi\left(\frac{r_{it} - a}{\sigma_\varepsilon} \right) \right] \frac{1}{\sigma_a} \phi\left(\frac{a}{\sigma_a} \right) da$$

단, $r_{it} = y_{it} - \alpha^* - X_{it}\beta - \rho y_{it-1} - \bar{X}_i\theta - \gamma y_{i0}$ 이고 $\alpha^* = \alpha - \mathrm{E}(\bar{X}_i)\theta - \gamma \mathrm{E}(y_{i0})$ 이다. 이 L_i에 로그를 취하여 모든 i에 대하여 더하면 로그우도함수가 되고 이를 최대화시켜서 MLE를 얻는다. 이때 추정되는 모수는 α^*, β, ρ, θ, γ, σ_ε, σ_a 이다. L_i는 $\varepsilon_i + \mathbf{1}_T a_i$ 의 결합확률밀도함수를 $(r_{i1}, \ldots, r_{iT})$ 에서 평가한 것이므로, 이 방법은 결국 앞에서 CRE를 포함시켜 Stata에서 MLE를 한 방법과 동일하다.

7.4 동태적 모형을 이용한 내생성 문제의 해결

이 절에서는 설명변수가 내생적일 때 동태적 모형을 이용하여 내생성 문제를 해결할 가능성에 대하여 살펴 본다. $y_{it} = a_i + X_{it}\beta + v_{it}$ 라는 모형이 있을 때(a_i는 개별효과, v_{it}는 고유오차이며, 일부러 고유오차를 ε_{it}가 아니라 v_{it}라고 하였음), 설명변수가 고유오차(v_{it})에 대하여 강외생적이면 FE 회귀를 이용하여 β를 일관되게 추정할 수 있었다. X_{it}가 내생적(v_{it}와 상관)이면 FE 회귀 추정량은 비일관적이다(☺). 예를 들어 피설명변수가 경상수지이고 설명변수가 환율이면 경상수지와 환율은 동시에 결정되므로 설명변수가 내생적이다.

설명변수가 내생적(고유오차 v_{it} 와 상관)일 때, 설명변수가 내생성을 갖는 방식에 대하여 아무런 가정도 하지 않으면 더 이상 진전이 없고, 문제해결을 위해서는 적절한 도구변수를 찾아 5.2절의 도구변수 추정을 해야 할 것이다. 하지만 좋은 도구변수를 찾는 것은 쉬운 일이 아니다. 그 대신에 그럴 듯해 보이는 가정을 추가하여 도구변수를 찾는 부담을 회피해 볼 수 있다. 예를 들어 $v_{it} = \rho v_{it-1} + \varepsilon_{it}$ 처럼 고유오차 v_{it} 가 지속성^{persistency}을 야기하는 부분 ρv_{it-1} 과 새로운 충격 ε_{it} 로 분해된다고 하자. 그러면 X_{is} 는 모든 시점의 오차항 v_{it} 와 상관되겠지만 적절한 s 와 t 의 조합에서 새로운 충격 ε_{it} 에 대해서는 $\text{E}(X_{is}'\varepsilon_{it}) = 0$ 이 성립한다고 설정할 수 있다. 환율과 경상수지의 예라면, ε_{it} 는 경상수지에 가해지는 여타 예측불가 충격을 의미하므로 $s < t$ 에서 $\text{E}(X_{is}'\varepsilon_{it}) = 0$ 이라고 가정하여도 좋을 것이다.

이 가정하에서 $y_{it} = a_i + X_{it}\beta + v_{it}$ 와 $v_{it} = \rho v_{it-1} + \varepsilon_{it}$ 로부터 $y_{it} - \rho y_{it-1}$ 을 구하여 정리하면 다음과 같은 동태적 모형을 얻는다.

$$y_{it} = \alpha_i + X_{it}\beta + X_{it-1}\delta + \rho y_{it-1} + \varepsilon_{it}, \quad \alpha_i = (1-\rho)a_i, \quad \delta = -\beta\rho \tag{7.6}$$

$\delta = -\beta\rho$ 라는 제약이 존재하지만 이를 무시하고서 y_{it} 를 X_{it}, X_{it-1}, y_{it-1} 에 대하여 회귀할 수 있다. 이때 설명변수가 동시기적으로 내생성을 갖는다고 하면 X_{it} 는 동시기적으로 내생적, X_{it-1} 은 선결적인 것으로 설정된다. X_{it} 의 계수가 β 에 해당한다.

> 참고로, 만약 X_{it} 가 강외생적이면 (7.6)에 계수 제약을 가하지 않은 FE 추정량은 일관성을 갖는다 (2007년쯤엔가 필자가 잠깐 증명해 본 적이 있으나 지금은 증명 방법이 생각나지 않는다).

이상에서는 패널 모형에서 설명변수가 고유오차에 대하여 내생적일 때 내생성의 구조에 대하여 특정 가정을 하고 동태적인 모형으로 변환함으로써 문제를 해결하는 방법에 대하여 설명하였다. 이하에서는 (7.6)과 같은 동태적 모형의 변종들을 살펴보고 모형의 해석에 대하여 좀 더 자세히 설명한다.

먼저, 모형 (7.6)을 뜯어 보면 X_{it} 에 변화가 있을 때 흥미로운 일이 발생함을 알 수 있다. t 기에 설명변수 값이 Δx 만큼 일시적으로 증가하고 그 다음 기에 원래 수준으로 복귀한다고 하자. 원래의 상황과 비교하면, t 기에 종속변수 값은 $(\Delta x)\beta$ 만큼 증가한다. $t+1$ 기에 종속변수 값은 $X_{it-1}\delta$ 항으로 인하여 $(\Delta x)\delta$ 만큼 증가하고, 여기에 추가하여 ρy_{it-1} 항으로 인하여 $\rho(\Delta x)\beta$ 만큼 증가한다. 그런데 $\delta = -\beta\rho$ 이므로 이 둘은 정확히 상쇄되어 t 기 설명변수 값 증가의 효과는 $t+1$ 기에 소멸한다. 이 상황은 원래 모형 $y_{it} = a_i + X_{it}\beta + v_{it}$ 에 드러나 있다. 이 모형에서 v_{it} 가 통제될 때 X_{it} 의 변화는 해당 기의 y_{it} 에만 영향을 미치며 여타 기의 종속변수 값에는 영향을 미치지 않는다. 고유오차에 시계열 상관이 있어 종속변수 값에 지속성이 있더라도, 이 지속성은 X_{it} 의 영향과 분리된다. 경상수지와 환율의 예에서, 환율의 변화는 당해 기의 경상수지에는 영향을 미치지만 그 이후의 경상수지에는 영향을 미치지 않는다. 이 모형에서, 환율에 오는 충격의 영향은 지속되지 않는다.

이제 조금 다른 모형을 고려하자. 이 모형은 처음부터 동태적인 모형으로서 (7.6)과 다르다.

$$y_{it} = \alpha_i + X_{it}\beta + \rho y_{it-1} + \varepsilon_{it} \qquad (7.7)$$

모형 (7.7)에서 X_{it}에 Δx만큼 충격이 발생하면 해당 시점의 종속변수 값이 $(\Delta x)\beta$만큼 증가한다. 그 다음 시점에는 ρy_{it-1}항으로 인하여 $(\Delta x)\beta\rho$만큼의 영향이 남고, 그 다음 기에는 여기에 다시 ρ를 곱한 만큼의 영향이 남는다. 이러한 동태적 반응의 모양은 ε_{it}에 충격이 올 때와 동일하다. 모형 (7.7)에서는 한 기에 설명변수에 충격이 오면 우선 $X_{it}\beta$ 항에 의하여 당해 시기의 종속변수가 반응하고, 이 영향이 여타 충격(ε_{it})과 동일한 방식으로 미래에 전파된다. 경상수지와 환율의 예에서, 한 시점에 환율이 변화하면 이로 인하여 당해 시기의 경상수지가 영향을 받을 뿐 아니라 그 이후에도 영향이 지속된다. 그 지속되는 정도는 ε_{it}에 발생하는 충격이 지속되는 정도와 동일하다. 만약 ε_{it}에 경제주체들의 행동방식의 변화로 인한 영향이 포함된다면, 환율의 변화로 인한 영향은 경제주체들의 행동방식의 변화로 인한 영향과 동일한 양식으로 장래 시점들의 경상수지에 영향을 미친다.

다음으로 모형 (7.6)과 (7.7)의 요소를 모두 가지는 일반 모형을 생각해 보자.

$$y_{it} = \alpha_i + X_{it}\beta + X_{it-1}\delta + \rho y_{it-1} + \varepsilon_{it} \qquad (7.8)$$

모형 (7.6)은 위에서 $\delta = -\beta\rho$라는 제약을 가한 것이고 (7.7)은 $\delta = 0$이라는 제약을 가한 것이다. 일반 모형은 아무런 제약도 가하지 않은 것이다. 모형이 위와 같을 때, t기에 X_{it}에 충격이 오는 경우와 그 이외의 요인(ε_{it})에 충격이 오는 경우는 상이한 방식으로 y_{it+k}에 동태적인 영향을 미친다. 먼저, 여타 모든 요소들이 통제된 상태에서 $X_{j,it}$ 변수가 1만큼 증가하면 y_{it}는 β_j만큼 증가한다. 그 다음 연도에 y_{it+1}은 $\rho\beta_j + \delta_j$ 더 크고, 그 다음 연도부터는 직전연도 효과에 ρ를 곱한 만큼이 남는다. 반면, 만약 ε_{it}가 β_j만큼 증가하면 y_{it}는 β_j만큼 증가하고, $t+1$기부터 직전연도 효과에 ρ를 곱한 만큼이 남는다.

모형 (7.8)에서 X_{it}가 t기에 Δx만큼 증가한 상태로 영구히 지속되는 경우 y_{it+k}의 패턴을 살펴보자. 식 (7.8)에서 y_{it-1}을 치환하고, 그 결과 나타나는 y_{it-2}를 다시 치환하고, 그 결과 나타나는 y_{it-3}를 다시 치환하는 등 영구히 축차적으로 대입하면 다음을 얻는다.

$$y_{it} = a_i + X_{it}\beta + \sum_{j=1}^{\infty}\rho^{j-1}X_{it-j}(\delta+\beta\rho) + \sum_{j=0}^{\infty}\rho^j\varepsilon_{it-j}, \quad a_i = \frac{\alpha_i}{1-\rho}$$

단, $|\rho| < 1$이라고 가정하여 무한합이 잘 정의되도록 하였다. 그러면 y_{it}는 $\Delta x\beta$만큼 증가하고, y_{it+1}은 $\Delta x\beta + \Delta x(\delta+\beta\rho)$만큼 증가하며, y_{it+2}는 $\Delta x\beta + (1+\rho)\Delta x(\delta+\beta\rho)$만큼 증가한다. 일반적으로 y_{it+k}는 $\Delta x\beta + \sum_{j=0}^{k-1}\rho^j\Delta x(\delta+\beta\rho) = \sum_{j=0}^{k}\rho^j\Delta x\beta + \sum_{j=0}^{k-1}\rho^j\Delta x\delta$만큼 증가한다. 궁극적으로 $y_{it+\infty}$기에 이 효과는 $\Delta x(\beta+\delta)/(1-\rho)$가 된다. 이 크기는 t기에 X_{it}가 일시적으로 Δx만큼 증가하는 경우 t기부터 그후로 영원히 y_{it+k}가 받는 영향의 총합, 말하자면 $\Delta y_{it} + \Delta y_{it+1} + \Delta y_{it+2} + \cdots$과도 일치한다.

예제 7.1   OECD 국가에서 경상수지와 환율

oecdca.dta 파일의 데이터를 이용하여 OECD 국가들의 GDP 대비 경상수지 비율(ca, %)을 인구구조(d1, d2, d3) 및 실질실효환율의 로그값(lnrexrate)으로써 설명하여 보자. 실질실효환율은 해당 통화의 가치를 나타내므로, 환율상승은 평가절상을 의미한다. 인구 구조를 나타내는 변수들에 대한 설명은 생략한다. 데이터와 모형에 관한 상세한 설명은 Han and Shin (2016)을 보라.

환율은 경상수지와 동시에 결정되므로 내생적이지만 이를 무시하고 FE 추정을 해 보자. 다음 결과를 보라. 내생성으로 인하여 추정량들은 편향될 것임에 유의하라.

```
1   . use oecdca, clear
2   (WDI data 1980-2015)

3   . xtreg ca lnrexrate d1 d2 d3, fe vce(r)

4   Fixed-effects (within) regression         Number of obs      =       710
5   Group variable: id                        Number of groups   =        23

6   R-sq:                                     Obs per group:
7       within  = 0.2006                                  min =        11
8       between = 0.0048                                  avg =      30.9
9       overall = 0.0518                                  max =        36

10                                            F(4,22)            =      5.40
11  corr(u_i, Xb)  = -0.1950                  Prob > F           =    0.0035

12                                (Std. Err. adjusted for 23 clusters in id)
13  ─────────────────────────────────────────────────────────────────────
14                          Robust
15        ca      Coef.   Std. Err.      t    P>|t|    [95% Conf. Interval]
16  ─────────────────────────────────────────────────────────────────────
17  lnrexrate  -9.119201   2.75622    -3.31   0.003   -14.83525   -3.403151
18        d1   -.7055824  .3258729    -2.17   0.041   -1.381401  -.0297635
19        d2    .1061657  .0514415     2.06   0.051   -.0005175    .212849
20        d3   -.0043598   .002223    -1.96   0.063   -.0089701   .0002505
21      _cons   45.02301  12.59196     3.58   0.002    18.90889   71.13713
22  ─────────────────────────────────────────────────────────────────────
23    sigma_u   3.7031563
24    sigma_e   2.9705589
25        rho    .6084665   (fraction of variance due to u_i)
26  ─────────────────────────────────────────────────────────────────────
```

17행의 결과에 따르면, 인구구조가 통제된 상태에서 실질실효환율이 10% 상승할 때(해당 통화가 10% 평가절상될 때, 즉 lnrexrate가 0.1만큼 상승할 때) GDP 대비 경상수지(ca)가 약 0.9% 포인트 악화되는 것으로 나타난다. $n = 23$에 불과하므로 클러스터 표준오차를 사용하는 데에 무리가 있을 수 있으나 그래도 이를 사용하면 환율과 경상수지의 관계는 통계적으로 유의하다(통상적인 표준오차를 사용하면 더 유의하다). 내생성으로 인하여 이 결과는 편향되었으리라 생각하는데, 편향의 방향을 가늠하자면, 평가절상은 경상수지를 악화시키고 경상수지 악화는 이와 반대로 평가를 절하시키는 방향으로 내생성이 존재하므로 17행의 결과는 환율의 인과적 영향보다 음(−)의 방향으로 편향이 있을 것으로 추측한다.

이제 동태적 모형 (7.7)의 시스템적률법 분석 결과를 보자.

```
27  . xtdpdsys ca d1 d2 d3, endo(lnrexrate) vce(r)

28  System dynamic panel-data estimation        Number of obs      =        686
29  Group variable: id                          Number of groups   =         23
30  Time variable: year

31                                              Obs per group:
32                                                          min =         10
33                                                          avg =   29.82609
34                                                          max =         35

35  Number of instruments =      670            Wald chi2(5)       =    1129.87
36                                              Prob > chi2        =     0.0000
37  One-step results
```

ca	Coef.	Robust Std. Err.	z	P>|z|	[95% Conf. Interval]	
ca						
L1.	.8204991	.0353028	23.24	0.000	.7513068	.8896914
lnrexrate	-4.070874	1.023788	-3.98	0.000	-6.077461	-2.064286
d1	-.2622433	.0811595	-3.23	0.001	-.4213131	-.1031736
d2	.035808	.0120189	2.98	0.003	.0122514	.0593646
d3	-.0013716	.0005049	-2.72	0.007	-.0023612	-.0003819
_cons	19.76737	4.966897	3.98	0.000	10.03243	29.50231

```
51  Instruments for differenced equation
52          GMM-type: L(2/.).ca L(2/.).lnrexrate
53          Standard: D.d1 D.d2 D.d3
54  Instruments for level equation
55          GMM-type: LD.ca LD.lnrexrate
56          Standard: _cons

57  . estat abond

58  Arellano-Bond test for zero autocorrelation in first-differenced errors
```

Order	z	Prob > z
1	-3.5671	0.0004
2	-1.614	0.1065

```
65    H0: no autocorrelation
```

45행의 결과에 의하면 10% 평가절상은 당해 연도의 경상수지를 약 0.4% 포인트 악화시키는 것으로 추정된다. 이 결과를 43행의 결과와 결합하면 영구적인 10% 평가절상은 경상수지에 궁극적으로 $0.1 \times (-4.070874)/(1 - 0.8204991) \approx -2.67\%$ 포인트만큼의 영향을 미치는 것으로 나타난다. 62–63행의 Arellano-Bond 검정 결과에 따르면 모형은 잘못 설정되지 않았다(1차는 유의한 음수, 2차는 유의하지 않음).

각 변수들의 영향이 상이한 동태적 지속성을 가질 수 있도록 하는 일반 모형 (7.8)을 시스템적률법으로 추정한 결과는 다음과 같다.

```
66   . xtdpdsys ca L(0/1).(d1 d2 d3), endo(lnrexrate, lag(1,.)) vce(r)

67   System dynamic panel-data estimation          Number of obs      =        686
68   Group variable: id                            Number of groups   =         23
69   Time variable: year
70                                                 Obs per group:
71                                                               min =         10
72                                                               avg =   29.82609
73                                                               max =         35

74   Number of instruments =      664              Wald chi2(9)       =    6543.67
75                                                 Prob > chi2        =     0.0000
76   One-step results
77   ─────────────────────────────────────────────────────────────────────────────
78                         Robust
79        ca       Coef.   Std. Err.     z     P>|z|     [95% Conf. Interval]
80   ─────────────────────────────────────────────────────────────────────────────
81        ca
82        L1.    .8416592   .0259156   32.48   0.000     .7908655    .8924528
83
84   lnrexrate
85       --.    -10.35872   2.257689   -4.59   0.000    -14.78371   -5.933726
86        L1.    7.845636   2.072279    3.79   0.000     3.784043   11.90723
87
88        d1
89       --.    -.6243183   .4327133   -1.44   0.149    -1.472421    .2237842
90        L1.    .3277006   .3871788    0.85   0.397    -.4311558   1.086557
91
92        d2
93       --.     .1733152   .0861248    2.01   0.044     .0045137    .3421167
94        L1.   -.1336897   .0746509   -1.79   0.073    -.2800027    .0126233
95
96        d3
97       --.    -.0085582   .0043597   -1.96   0.050    -.0171031   -.0000133
98        L1.    .0070885   .0038503    1.84   0.066     -.000458    .0146349
99
100     _cons    11.94928   5.371611    2.22   0.026     1.421119   22.47745
101  ─────────────────────────────────────────────────────────────────────────────
102  Instruments for differenced equation
103         GMM-type: L(2/.).ca L(2/.).L.lnrexrate
104         Standard: D.d1 LD.d1 D.d2 LD.d2 D.d3 LD.d3
105  Instruments for level equation
```

```
106              GMM-type: LD.ca L2D.lnrexrate
107              Standard: _cons

108  . estat abond

109  Arellano-Bond test for zero autocorrelation in first-differenced errors
110
111     Order      z      Prob > z
112
113        1   -3.6118    0.0003
114        2   -1.6353    0.1020
115
116     H0: no autocorrelation
```

86행에서 로그 환율의 과거값이 통계적으로나 실질적으로나 매우 유의함을 볼 수 있다. 이로부터 X_{it-1} 을 우변에 포함시키지 않은 42–49행의 결과는 받아들이기 어렵다는 점이 재확인된다. 추정결과를 해석하면, 85행에서 10% 평가절상은 당해 연도 경상수지를 약 1% 포인트 악화시키는 것으로 나타났다. 이 효과는 17행의 FE 추정 결과(약 0.9% 포인트)보다 약간 더 크다. 85–86행과 82행의 결과를 결합하면, 그 이후 모든 연도의 영향들의 합이 총 $0.1 \times (-10.35872 + 7.845636)/(1 - 0.8416592) \approx -1.59\%$ 포인트임을 알 수 있다. 이 가운데 1% 포인트는 환율 변화가 당해 연도에 끼치는 영향이고 나머지 0.59% 포인트는 그 이후 연도들에 지속적으로 미치는 영향들을 합한 것이다. 113–114행의 Arellno-Bond 검정 결과에 의하면 모형은 잘못 설정되지 않았다(아슬아슬함). 이 분석에서 인구구조 고려 방식, 시간더미의 포함 여부, 동태적 패널 모형의 추정과 관련하여 1단계 혹은 2단계 추정 여부, 표준오차의 계산 등 고려할 요소들이 많으나 이에 대한 자세한 논의는 생략한다.

앞에서는 시차가 1인 모형을 살펴보았다. 이 차수를 2차 이상으로 늘릴 수도 있다. 일반적으로, 모형이 $y_{it} = \alpha_i + \sum_{j=0}^{p} X_{it-j}\beta_j + \sum_{j=1}^{p} \rho_j y_{it-j} + \varepsilon_{it}$ 라면, X_{it} 의 변화가 동시기의 y_{it} 에 미치는 영향은 β_0 이고, 이 동시기적 영향과 장기적인 영향의 총합은 $(1 - \sum_{j=1}^{p} \rho_j)^{-1} \sum_{j=0}^{p} \beta_j$ 이다. 만약 1차 모형에서 Arellano-Bond 검정 등이 기각되면 이처럼 더 높은 차수의 모형을 고려할 수도 있다.

7.5   Stata 명령에 관한 주석

Stata 명령과 관련하여 상세한 설명을 할 내용이 있다. 하나는 우변에 종속변수 과거값이 등장하지 않는 모형의 추정이다. 또 하나는 시간더미와 관련된 문제이다. 이하에서는 이 문제들을 각각 검토해 본다. 본 절은 매우 기술적technical이고 Stata 패키지를 사용자 입장에서 해부한 내용을 담고 있다.

우변에 종속변수 과거값이 등장하지 않는 모형

Stata의 `xtabond`와 `xtdpdsys` 명령은 모형의 우변에 반드시 y_{it-1} 이 존재해야만 실행된다. 하지만 모든 모형의 우변에 종속변수 과거값이 등장하는 것은 아니다. 다음의 성장모형은 매우 흔히 나타나는 예이다.

$$g_{it} = \alpha + \beta \ln y_{it-1} + X_{it}\gamma + \mu_i + \varepsilon_{it} \tag{7.9}$$

종속변수는 성장률(g_{it})이며, 보통 $g_{it} = \Delta \ln y_{it}$ 이다. 하지만 이 모형의 우변에는 g_{it-1} 이 없고 그 대신 지난 기의 소득 수준인 $\ln y_{it-1}$ 이 있다. 여기서도 $\ln y_{it-1}$ 은 $\Delta \ln y_{it-1}$ 에 의하여 영향을 받으므로 선결적이지만 강외생적이지는 않으므로 FE 회귀는 부적절하며 적률법을 사용하는 것이 적절하다. 그런데 이 모형을 Stata로 추정하기 위하여 "`xtdpdsys growth x1, pre(lny1 x2) endo(x3)`"과 같은 명령을 내리면(여기서 `growth`와 `lny1`은 각각 $\Delta \ln y_{it}$ 와 $\ln y_{it-1}$ 을 의미함) 우변에 자동으로 g_{it-1} 이 포함되어 추정되므로 우리가 원하는 모형이 아니게 된다. 혹시나 해서 "`lags(0)`"이라는 옵션을 붙이면 Stata가 실행을 거부할 것이다.

식 (7.9)처럼 우변에 시차 종속변수가 없는 모형을 Stata를 이용하여 추정하려면 몇 가지 방법을 사용할 수 있다.

모형의 변환   한 방법은 모형을 바꾸어서 우변에 종속변수 과거값이 존재하도록 만들어 주는 것이다. 이는 좌변의 성장률이 $g_{it} = \Delta \ln y_{it}$ 일 때 가능하다. 모형 (7.9)의 좌변이 $\Delta \ln y_{it}$ 일 때 양변에 $\ln y_{it-1}$ 을 더하면 다음 식을 얻는다.

$$\ln y_{it} = \alpha + (1+\beta) \ln y_{it-1} + X_{it}\gamma + \mu_i + \varepsilon_{it} \tag{7.10}$$

이 모형은 좌변변수 $\ln y_{it}$ 의 1기 래그 $\ln y_{it-1}$ 이 우변에 있는 통상적인 동태적 패널 모형이다. 그런데 식 (7.9)와 식 (7.10)을 비교하면, 식 (7.10) 우변의 $\ln y_{it-1}$ 의 계수는 (7.9) 모형의 β 에 1을 더한 값임을 알 수 있다. 그러므로 식 (7.9)의 β 추정값을 구하려면, 먼저 식 (7.10)을 추정한 후, $\ln y_{it-1}$ 의 계수 추정값($\hat{\gamma}$라 하자)에서 1을 빼면 된다($\hat{\beta} = \hat{\gamma} - 1$). 상수항을 더하거나 빼도 분산은 영향을 받지 않으므로, 이 경우 $\hat{\beta}$ 의 표준오차는 보고된 $\hat{\gamma}$ 의 표준오차와 같다. 나머지 X_{it} 변수들에 대한 추정값은 있는 그대로 사용할 수 있다.

다음에는 필자가 임의로 만든 데이터 `growth-ex.dta`에 대하여 모형 (7.9)를 (7.10)로 변환하여 시스템적률법으로 추정한 결과가 있다. 차분적률법으로 추정하고자 한다면 `xtdpdsys`를 `xtabond`로 바꾸면 된다.

```
1    . use growth-ex, clear

2    . xtdpdsys lny x1, pre(x2) endo(x3) two vce(r)

3    System dynamic panel-data estimation          Number of obs    =      1,000
```

```
 4   Group variable: id                           Number of groups   =         100
 5   Time variable: year
 6                                                 Obs per group:
 7                                                              min =          10
 8                                                              avg =          10
 9                                                              max =          10
10   Number of instruments =     174              Wald chi2(4)       =      237.31
11                                                 Prob > chi2        =      0.0000
12   Two-step results
13   ────────────────────────────────────────────────────────────────────────────
14                           WC-robust
15       lny   Coefficient   std. err.      z    P>|z|     [95% conf. interval]
16   ────────────────────────────────────────────────────────────────────────────
17       lny
18       L1.      .471318     .0561108     8.40   0.000     .3613428     .5812932
19
20        x2      .2191815    .0404469     5.42   0.000     .139907      .298456
21        x3      .3650748    .1245047     2.93   0.003     .12105       .6090995
22        x1      .0799982    .0485423     1.65   0.099    -.0151429     .1751394
23     _cons     -.0052337    .0759629    -0.07   0.945    -.1541183     .1436508
24   ────────────────────────────────────────────────────────────────────────────
25   Instruments for differenced equation
26         GMM-type: L(2/.).lny L(1/.).x2 L(2/.).x3
27         Standard: D.x1
28   Instruments for level equation
29         GMM-type: LD.lny D.x2 LD.x3
30         Standard: _cons
```

18행에서 시스템적률법에 따른 $1+\beta$의 추정값은 약 0.471이며, 이로부터 유추한 β 추정값은 $0.471-1=-0.529$이다. 18행의 t값과 p값을 이용해서는 β에 관한 검정을 할 수는 없음에 유의하라. 하지만 보고된 표준오차는 그대로 사용할 수 있으므로 $\hat{\beta}-1$을 해당 표준오차로 나누어 검정통계량값을 다시 구하고 이를 추론에 사용할 수 있다. 예를 들어 $\beta=0$이라는 귀무가설을 검정하기 위한 z통계값은 $(0.471318-1)/0.0561108=-9.422$이다. 다른 설명변수들에 대한 추정결과는 보고된 그대로 이용할 수 있다.

이 방법은 사용이 간편하지만, 사소한 점으로, 보고되는 계수 추정값이 β의 추정값이 아니라 $\beta+1$의 추정값이라는 점이 마음에 들지 않는다. 더 심각한 것은 좌변이 $\Delta \ln y_{it}$가 아니면 이 방법을 사용할 수 없다는 사실이다. 예를 들어 좌변 변수가 $\Delta \ln y_{it}$가 아니라 증가율 $g_{it}=(\Delta y_{it})/y_{it-1}$이라면 모형을 변환할 방법이 없다.

xtdpd 명령 사용 다른 하나의 방법은 Stata에 내장된 **xtdpd** 명령을 사용하는 것이다. 이 방법은 마치 원격조종기 단추만 누르면 알아서 자동으로 평행 주차를 해 주는 것(xtabond와 xtdpdsys에 해당)이 아니라, '앞차에 내 차를 평행하게 놓은 다음, 핸들을 오른쪽으로 모두 감고 서서히 후진하다가 뒤차의 범퍼가 왼쪽 사이드미러의 중앙에 오면 후진을 멈추고, 그 다음 핸들을 왼쪽으로 1.5바퀴 돌리고 …' 하는 공식에 따라 일일이 차를 움직여 평행주차를 하는 것과 같다. 사실 Stata에서 **xtabond**와 **xtdpdsys**는 변수들과 옵션들을 처리한 다음 **xtdpd** 명령을 호출하는 것으로 마무리된다.

차분적률법은 다음과 같이 **xtabond**와 **xtdpd**를 이용하여 똑같이 구현할 수 있다(두 단계 효율적 추정을 위해서는 두 경우 모두 **twostep** 옵션 사용).

```
. xtabond y x1, pre(x2) endo(x3) vce(r)
. xtdpd l(0/1).y x1 x2 x3, dgmmiv(x2, lagrange(1 .)) dgmmiv(y x3)
  div(x1) hascons vce(r)
```

시스템적률법 추정의 경우 다음 두 명령의 결과는 똑같다(여기서도 **twostep** 옵션 사용 가능).

```
. xtdpdsys y x1, pre(x2) endo(x3) vce(r)
. xtdpd l(0/1).y x1 x2 x3, dgmmiv(x2, lagrange(1 .)) dgmmiv(y x3)
  div(x1) lgmmiv(x2, lag(0)) lgmmiv(y x3) hascons vce(r)
```

단, 위에서 두 줄로 나뉜 코드들은 줄바꿈 없이 한 줄로 표시해야 할 것이다. 또, **dgmmiv**와 **lgmmiv** 옵션은 각각 **dg**와 **lg**까지, **lagrange**와 **lag** 옵션은 모두 **l**까지, **hascons** 옵션은 **h**까지 줄일 수 있다.

> 📝 필자가 Stata의 **xtabond** 버전 4.1.1 코드를 봤더니 'xtabond y x1, pre(x2) endo(x3) vce(r)' 명령은 사실 'xtdpd L(0/1).y L(0/0).x2 L(0/0).x3 x1, dgmmiv(y, lagrange(2 .)) dgmmiv(L0.x2, lag(1 .)) dgmmiv(L0.x3, lag(2 .)) div(x1) level(95) vce(robust) hascons artests(2)' 명령을 재호출하도록 프로그램되어 있었다. 그밖에도 **diffsmp**나 **xtabond** 등 중요하지 않은 옵션이 붙어 있다.

> 📝 Stata의 **xtdpdsys** 버전 1.1.1에서 'xtdpdsys y x1, pre(x2) endo(x3) vce(r)' 명령은 'xtdpd L(0/1).y L(0/0).x2 L(0/0).x3 x1, dgmmiv(y, lagrange(2 .)) dgmmiv(L0.x2, lag(1 .)) dgmmiv(L0.x3, lag(2 .)) div(x1) level(95) vce(robust) hascons lgmmiv(y) lgmmiv(L0.x2, lag(0)) lgmmiv(L0.x3, lag(1)) artests(2)'라는 긴 명령을 호출하도록 프로그램되어 있다. 이것 이외에도 **xtdpdsys** 옵션이 붙어 있으나 중요하지 않다.

위 **xtdpd** 코드들을 설명하면 다음과 같다. 우선 차분적률법의 경우, 앞에서 본 것처럼 **xtabond** 명령은 y_{it} 를 y_{it-1}, x_{1it}(외생적), x_{2it}(선결적), x_{3it}(내생적)에 대하여 회귀하는 모형을 차분적률법으로 추정한다. 구체적으로, 일단 모든 변수를 차분하고 나서 t 기 회귀식의 도구변수로 $\{y_{is}\}_{s \le t-2}$, Δx_{1it}, $\{x_{2is}\}_{s \le t-1}$, $\{x_{3is}\}_{s \le t-2}$ 를 사용하는 적률법 추정을 한다. **xtdpd** 명령을 사용할 때에는 이 작업 내용을 일일이 지정해 준다. 앞의 **xtdpd** 명령에서 추정식은 "l(0/1).y x1 x2 x3"이다. 쉼표 (,) 다음의 **dgmmiv**는 '차분(D)식에 적용되는 GMM 유형의 도구변수(IV)'를 뜻한다. 'dgmmiv(x2, lagrange(1 .))'은 차분 방정식에 대하여 $\{x_{2is}\}_{s \le t-1}$ 을 도구변수로 사용하겠다는 뜻이다. 참고로 **lagrange**는 래그ˡᵃᵍ의 범위ʳᵃⁿᵍᵉ를 뜻하며 'lagrange(1 .)'은 시차의 범위가 1부터 무한대까지임을 의미한다. 만약 'dgmmiv(y x3)'처럼 시차 범위를 지정하지 않으면 기본사양으로 'lagrange(2 .)'을 사용한 것과 같다. 따라서 'dgmmiv(y x3)'은 $\{y_{is}, x_{3is}\}_{s \le t-2}$ 를 도구변수로 사용한다는 뜻이 다. 'div(x1)'은 차분방정식(d)의 도구변수(iv)로 Δx_{1it} 를 사용한다는 것이며, **div**로 지정된 변수들의 경우 모든 t에서 제1단계ᶠⁱʳˢᵗ ˢᵗᵃᵍᵉ 회귀 계수는 동일하다. 'hascons' 옵션은 더미변수가 존재할 때 중요하며 이 7.5절 거의 마지막의 '시간더미 문제' 소절에서 설명한다.

📝 `dgmmiv`에 지정되는 변수는 수준 형태로 도구변수로 사용되는 반면 `div`에 지정되는 변수는 1계차분 후 사용된다. 프로그래머의 입장에서는 왜 그런지 의아할 수 있다. 아마도 `xtdpd`의 프로그래머가 언어의 내적 일관성보다는 사용의 편의성을 우선적으로 고려했기 때문이 아닌가 생각된다. `div`에 지정된 변수를 차분하지 않으려면 `div(x2, nodifference)`처럼 옵션(`nodi`까지 축약 가능)을 사용한다.

시스템적률법의 경우, 우선 차분적률법 부분에 추가하여 수준변수 회귀식에 사용할 도구변수 리스트를 지정한다. 수준변수 회귀식의 경우 오차항이 $\mu_i + \varepsilon_{it}$ 이므로, 선결적인 x2는 1계차분한 $\Delta x_{2,it}$ 를 래그lag 없이(`lag(0)`) 도구변수로 사용하고, 동시기 내생적인 y와 x3은 1계차분 후 한 번 래그시킨 $\Delta x_{3,it-1}$ 과 Δy_{it-1} 을 도구변수로 사용한다. `lgmmiv(x2,lag(0))`과 `lgmmiv(y x3)`이 각각 그 역할을 해 준다. 참고로, `lgmmiv`에 lag가 지정되지 않으면 `lag(1)`이 기본사양이다.

▶ **연습 7.1.** 시스템적률법 추정을 위하여 `xtdpd` 명령을 사용할 때 `liv(x1)`을 추가하면 수준식의 도구변수로 x_{1it}를 추가로 사용한다(그러면 `xtdpdsys` 명령에 의한 결과와 다른 결과를 얻는다). 이렇게 하는 것은 부적절할 수도 있는데, 왜 그런지 설명하라.

이상에서 **xtabond**와 **xtdpdsys**를 **xtdpd** 명령으로써 구현할 수 있음을 보았다. 다음 실습 결과를 참조하라(앞의 `growth-ex.dta` 데이터 이용). 참고로, 더미변수가 없으므로 **xtdpd** 명령들에 **hascons** 옵션은 붙이지 않아도 상관없지만 붙였다.

```
1   . qui xtabond lny x1, pre(x2) endo(x3) two vce(r)

2   . est store abond

3   . qui xtdpd l(0/1).lny x1 x2 x3, dg(x2,lag(1 .)) dg(lny x3) div(x1) ///
4   > hascons two vce(r)

5   . est store dpd1

6   . qui xtdpdsys lny x1, pre(x2) endo(x3) two vce(r)

7   . est store dpdsys

8   . qui xtdpd l(0/1).lny x1 x2 x3, dg(x2,lag(1 .)) dg(lny x3) div(x1) ///
9   > lg(x2,lag(0)) lg(lny x3) hascons two vce(r)

10  . est store dpd2

11  . est tab abond dpd1 dpdsys dpd2, b se
```

Variable	abond	dpd1	dpdsys	dpd2
lny				
L1.	.33414975	.33414975	.47131798	.47131798
	.08844087	.08844087	.05611081	.05611081
x2	.19926272	.19926272	.21918149	.21918149
	.050022	.050022	.04044692	.04044692
x3	.16125537	.16125537	.36507479	.36507479
	.11190748	.11190748	.12450471	.12450471
x1	.03694916	.03694916	.07999824	.07999824

```
24                  .04108361      .04108361      .0485423       .0485423
25          _cons  -.01056272     -.01056272     -.00523373     -.00523373
26                  .12116636      .12116636      .07596291      .07596291
27   ──────────────────────────────────────────────────────────────────────
28                                                           Legend: b/se
```

위의 1행에서는 **xtabond**를 사용하고, 3–4행에서는 동일한 결과를 **xtdpd**를 사용하여 구현하였다. 6행에서는 **xtdpdsys**를 사용하고 8–9행에서는 **xtdpd**를 사용하여 이를 구현하였다. 11행에서 이 네 가지 결과를 계수추정값과 표준오차에 대하여 비교하도록 하였다. 12–27행에 따르면 결과는 쌍쌍이 서로 동일하다.

xtabond나 **xtdpdsys**와 달리 **xtdpd**는 모형을 지정할 때 종속변수 과거값들을 직접 입력하게 되어 있으므로 우변에 좌변변수 과거값이 없는 모형도 추정할 수 있다. 모형 (7.9)를 차분적률법으로 추정하려면 다음과 같이 하면 될 것이다(연구자 재량에 따라 시간더미들을 x1 부분에 포함시키고, 마지막에 two나 vce(r) 같은 옵션을 붙이도록 한다). 편의상 **dgmmiv**는 **dg**로, **lagrange**는 **l**로, **hascons**는 **h**로 축약시켰다.

```
. xtdpd growth l.lny x1 x2 x3, div(x1) dg(x2, l(1 .)) dg(x3 lny) h
```

회귀식 (7.9)를 시스템적률법으로 추정하고자 한다면 다음과 같이 하면 될 것이다. 이하에서 **lg**는 **lgmmiv**의 준말이며, **lgmmiv** 옵션에서 사용하는 **lag**는 **1**로 축약시켰다.

```
. xtdpd growth l.lny x1 x2 x3, div(x1) dg(x2, l(1 .)) dg(x3 lny)
  lg(x2, l(0)) lg(x3 lny) h
```

이하에는 **xtdpd**를 이용하여 (7.9)를 차분적률법과 시스템적률법으로 직접 추정한 결과가 제시되어 있다(데이터는 growth-ex.dta).

```
1   . xtdpd growth lny1 x1 x2 x3, dg(lny1 x2,lag(1 .)) dg(x3) div(x1) ///
2   > hascons two vce(r)

3   Dynamic panel-data estimation              Number of obs     =      1,000
4   Group variable: id                         Number of groups  =        100
5   Time variable: year
6                                              Obs per group:
7                                                           min =         10
8                                                           avg =         10
9                                                           max =         10

10  Number of instruments =     146            Wald chi2(4)      =      89.36
11                                             Prob > chi2       =     0.0000
12  Two-step results
13                                        (Std. err. adjusted for clustering on id)
14  ──────────────────────────────────────────────────────────────────────
15                            WC-robust
16       growth  Coefficient  std. err.      z    P>|z|    [95% conf. interval]
17  ──────────────────────────────────────────────────────────────────────
```

lny1	-.6658502	.0884409	-7.53	0.000	-.8391912	-.4925093
x1	.0369492	.0410836	0.90	0.368	-.0435732	.1174716
x2	.1992627	.050022	3.98	0.000	.1012214	.297304
x3	.1612554	.1119075	1.44	0.150	-.0580793	.38059
_cons	-.0105627	.1211664	-0.09	0.931	-.2480444	.226919

```
Instruments for differenced equation
        GMM-type: L(1/.).lny1 L(1/.).x2 L(2/.).x3
        Standard: D.x1
Instruments for level equation
        Standard: _cons

. xtdpd growth lny1 x1 x2 x3, dg(lny1 x2,lag(1 .)) dg(x3) div(x1) ///
> lg(x2,lag(0)) lg(lny x3) hascons two vce(r)
```

Dynamic panel-data estimation   Number of obs   =   1,000
Group variable: **id**   Number of groups   =   100
Time variable: **year**

                                                  Obs per group:
                                                            min =   10
                                                            avg =   10
                                                            max =   10

Number of instruments =   174   Wald chi2(4)   =   164.45
                                                  Prob > chi2   =   0.0000
Two-step results

                                          (Std. err. adjusted for clustering on **id**)

		WC-robust				
growth	Coefficient	std. err.	z	P>|z|	[95% conf. interval]	
lny1	-.528682	.0561108	-9.42	0.000	-.6386572	-.4187068
x1	.0799982	.0485423	1.65	0.099	-.0151429	.1751394
x2	.2191815	.0404469	5.42	0.000	.139907	.298456
x3	.3650748	.1245047	2.93	0.003	.12105	.6090995
_cons	-.0052337	.0759629	-0.07	0.945	-.1541183	.1436508

```
Instruments for differenced equation
        GMM-type: L(1/.).lny1 L(1/.).x2 L(2/.).x3
        Standard: D.x1
Instruments for level equation
        GMM-type: D.x2 LD.lny LD.x3
        Standard: _cons
```

위의 18행에서 구한 β 추정값은 약 -0.666으로서, 앞의 '모형변환' 기법을 이용하여도 동일한 결과를 얻을 것이다. 46행의 시스템적률법 추정값도 '모형변환' 기법을 이용하여 구한 값과 동일하다. 표준오차들이 모두 서로 동일함도 확인할 수 있다.

xtabond2 패키지 이용 Stata에는 내장되어 있지 않으나 널리 사용되는 xtabond2 패키지 (저자는 David Roodman)가 있다. 이 패키지는 인터넷에 연결되어 있으면 "ssc install xtabond2"라는 명령을 이용하여 설치할 수 있다. 설치된 패키지를 업데이트하려면 "ssc install xtabond2, all replace"라고 한다. xtabond2는 xtdpd와 유사한 방식으로 상세하게 지정해 주어야 작동하는 명령어이다. 먼저 차분적률법의 경우 다음 두 명령은 동일하다.

```
. xtabond y x1, pre(x2) endo(x3) vce(r)
. xtabond2 l(0/1).y x1 x2 x3, gmm(x2 l.(y x3)) iv(x1) noleveleq r
```

xtabond2 명령에서 nolevelsq 옵션(nol로 축약 가능)은 수준식을 이용한 GMM을 하지 말라는 뜻이며, 따라서 차분적률법을 하라는 말이다. 이 옵션을 붙이지 않으면 시스템적률법 추정을 한다. gmm 옵션은 gmmstyle의 준말이며 iv는 ivstyle의 준말이다. gmmstyle은 설명변수와 도구변수의 함수관계가 t 마다 다르도록 만들고 ivstyle은 이 관계가 모든 t 에서 동일하도록 만든다.

한 단계 추정을 하면 위 두 명령의 결과가 동일한데, 놀랍게도 two 옵션을 붙이면 두 결과가 다를 수 있다. 그 이유는 (정확히는 모르겠으나) xtabond 명령이 상수항을 처리하는 방식이 xtabond2와 다르기 때문인 것 같다. 이때 두 단계 추정에서도 결과를 동일하게 만들려면 다음과 같이 xtabond에 noconstant 옵션(nocons로 축약 가능)을 붙이면 된다.

> Stata 버전 14와 xtabond2 버전 03.06.00에서 이것 저것 실험해 보니 표본크기가 도구변수의 개수보다 작을 때 두 결과가 달라지는 것을 알 수 있었다. 예를 들어 $y_{it}, x_{1it}, x_{2it}, x_{3it}$ 가 $t = 0, 1, \ldots, 5$ 에 대하여 관측되고 여기서 $x_{1it}, x_{2it}, x_{3it}$ 가 각각 외생적, 선결적, 내생적 설명변수이면 차분적률법 추정 시 총 36개의 도구변수가 사용되는데, $n < 36$ 이면 위 두 명령에 two 옵션을 붙일 때의 결과가 상이하다. n 이 작을 때 xtabond에 nocons 옵션을 붙인 것과 붙이지 않은 것 사이에 이런 차이가 있는 것은 당혹스럽다. 실제 사용할 때 무엇을 사용하는 것이 좋은지 필자도 알 수 없다. 다만 동태적 패널 모형의 GMM 추정은 n 이 큰 상황을 염두에 두고 개발되었음에 유의할 필요가 있겠다.

```
. xtabond y x1, pre(x2) endo(x3) two nocons vce(r)
. xtabond2 l(0/1).y x1 x2 x3, gmm(x2 l.(y x3)) iv(x1) nol two r
```

이하에, xtabond를 이용하여 얻은 2단계 추정 결과, xtabond에 nocons 옵션을 사용한 결과, xtabond2를 이용한 차분적률법 추정 결과를 비교한 것이 있다(데이터는 growth-ex.dta).

```
1   . qui xtabond lny x1, pre(x2) endo(x3) two vce(r)

2   . est store ab

3   . qui xtabond lny x1, pre(x2) endo(x3) two nocons vce(r)

4   . est store abnoc

5   . qui xtabond2 l(0/1).lny x1 x2 x3, gmm(x2 l.(lny x3)) iv(x1) nol two r

6   . est store ab2dif

7   . est tab ab abnoc ab2dif, b se
```

Variable	ab	abnoc	ab2dif
lny			
L1.	.33414975	.33635173	.33635173
	.08844087	.05066662	.05066662
x2	.19926272	.20505488	.20505488
	.050022	.04213479	.04213479
x3	.16125537	.23539915	.23539915
	.11190748	.07905671	.07905671
x1	.03694916	.03741999	.03741999
	.04108361	.03678707	.03678707
_cons	-.01056272		
	.12116636		

Legend: b/se

8–23행의 결과를 보면, xtabond에 nocons 옵션을 사용한 결과('abnoc' 열)는 xtabond2
를 이용한 결과('ab2dif' 열)와 동일함을 볼 수 있다. 참고로, 이 자료에서 $n = 100$이고
$t = 0, 1, \ldots, 10$인데, 도구변수의 개수가 n을 초과하여 xtabond에서 nocons 옵션을 붙이지
않고 두 단계 추정을 한 'ab' 열 결과는 나머지와 다르다. T가 더 작으면 모두 같다.

시스템적률법 추정의 경우 다음 두 명령은 동일한 결과를 준다.

```
. xtdpdsys y x1, pre(x2) endo(x3) vce(r)
. xtabond2 l(0/1).y x1 x2 x3, gmm(x2 l.(y x3)) iv(x1, eq(d)) h(2) r
```

여기서는 two 옵션을 주어도 결과가 동일하도록 프로그램을 잘 짠 것 같다. xtabond2
명령에서 두 가지 특이한 옵션이 눈에 띈다. 첫째, "iv(x1, eq(d))" 옵션이다. x1이
고유오차에 대하여 강외생적인 변수이므로 ivstyle로 지정하는 것은 좋은데, 그 다음의
"equation(diff)"를 축약한 "eq(d)" 옵션이 생소하다. 이 옵션은 Δx_{1it}를 차분식의 도
구변수로만 사용할 것이며 수준식에서는 x_{1it}를 사용하지 말라는 뜻이다. 만일 이 eq(d)
옵션을 붙이지 않으면 수준식의 도구변수로 x_{1it}를 추가한다. x1을 수준식의 도구변수로
사용할 때 발생할 수 있는 문제에 대해서는 연습 7.1을 참조하라.

다음으로 "h(2)" 옵션이 있다. 이 옵션은 한 단계 추정에서 차분 적률식들과 수준
적률식들을 결합하는 방식과 관련되어 있다. 시스템적률법은 차분식 $\Delta y_{it} = \Delta X_{it}\beta + \Delta \varepsilon_{it}$ 와
수준식 $y_{it} = X_{it}\beta + (\mu_i + \varepsilon_{it})$를 "시스템"으로 사용하는 것이라고 앞에서 말하였다. 시스템적
률법에서 한 단계one-step 추정은 ε_{it}가 IID라는 가정하에서 오차항들의 분산·공분산을 특정
한 방식으로 지정한다. 차분식 오차항의 분산은 $2\sigma_\varepsilon^2$, 1계($\Delta\varepsilon_{it}$ 와 $\Delta\varepsilon_{it-1}$ 간의) 공분산은 $-\sigma_\varepsilon^2$,
그 다음 차수부터는 공분산이 0이다. 수준식의 오차항은 $\mu_i + \varepsilon_{it}$ 이므로, 분산은 $\sigma_\mu^2 + \sigma_\varepsilon^2$,
공분산들은 σ_μ^2 이다. 여기에, 맞든 틀리든 간에, $\sigma_\mu^2 = 0$이라고 자의적으로 가정하면, 수준식
오차항의 분산·공분산 행렬은 $\sigma_\varepsilon^2 I_T$ 이다. 미지의 상수가 σ_ε^2 으로 동일하므로 이 상수를
무시하고 차분식의 경우에는 첫 행이 $2, -1, 0, \ldots, 0$인 대칭 토플리츠Toeplitz 행렬(좌상에서

우하로 대각선 방향으로 한 단계씩 이동할 때 원소값이 모두 동일한 행렬)을 사용하고, 수준식의 경우에는 ($\sigma_\mu^2 = 0$이라는 가정하에서) 항등행렬(I)을 오차항의 분산·공분산 행렬로 사용할 수 있다. 문제는 차분식 오차항과 수준식 오차항의 공분산이다. Stata의 xtdpdsys 명령은 한 단계 추정에서 이 공분산을 0으로 설정한다(물론 $\Delta\varepsilon_{it}$ 와 $\mu_i + \varepsilon_{it}$ 의 공분산은 0일 리가 없으므로 이 설정은 옳을 수가 없지만 그냥 0이라고 한다). xtabond2에서 "h(2)" 옵션을 사용하면 이와 동일한 방식으로 공분산을 설정한다. 참고로, xtabond2에서 기본사양으로 사용되는 옵션은 "h(3)"으로서, 이 옵션을 사용하면 ε_{it} 가 IID이고 μ_i 가 없는 상황에서 올바른 분산·공분산 행렬을 만들어 사용한다. 그러므로 xtdpdsys의 결과와 동일한 결과를 xtabond2에서 얻으려면 "h(2)" 옵션을 명시적으로 주어야 한다. 참고로, xtabond2의 기본사양인 h(3)을 사용한 한 단계 one-step 추정량은 ε_{it} 가 IID이고 $\sigma_\mu = 0$일 때 효율적이다.

다음 결과를 보면 이상의 내용을 확인할 수 있다(데이터는 growth-ex.dta). 이하에서는 xtdpdsys를 이용한 추정, xtabond2에 h(2) 옵션을 사용한 것, xtabond2에 아무런 옵션도 사용하지 않아 h(3)을 사용한 것과 똑같은 것을 비교한다.

```
1   . qui xtdpdsys lny x1, pre(x2) endo(x3) two vce(r)

2   . est store dpdsys

3   . qui xtabond2 l(0/1).lny x1 x2 x3, gmm(x2 l.(lny x3)) iv(x1,eq(d)) h(2) two r

4   . est store ab2h2

5   . qui xtabond2 l(0/1).lny x1 x2 x3, gmm(x2 l.(lny x3)) iv(x1,eq(d)) two r

6   . est store ab2h3

7   . est tab dpdsys ab2h2 ab2h3, b se

8
9     Variable  |    dpdsys        ab2h2         ab2h3
10   -----------+----------------------------------------
11       lny    |
12        L1.   |   .47131798     .47131798     .64708178
13            |   .05611081     .04616362     .04126187
14            |
15         x2   |   .21918149     .21918149     .20655948
16            |   .04044692     .04161223     .03671722
17         x3   |   .36507479     .36507479     .36373208
18            |   .12450471     .08730173     .09285265
19         x1   |   .07999824     .07999824     .11774146
20            |   .0485423      .0443163      .0427221
21      _cons  |  -.00523373    -.00523373     -.001716
22            |   .07596291     .07643766     .04640023
23   -----------+----------------------------------------
24                                        Legend: b/se
```

8–23행에 결과들이 비교되어 있다. **xtdpdsys**를 사용한 추정결과들과 **xtabond2**에 **h(2)**
옵션을 사용한 추정결과들은 서로 일치함을 볼 수 있다(당혹스럽게도 표준오차에 차이가 있는데, 이
점은 아마도 추후의 Stata 버전에서 처리하지 않을까 생각한다). **xtabond2**에서 기본사양인 **h(3)** 옵션을
사용한 결과는 다른 결과들과 약간 다르다.

> ✏️ 이렇게 Stata의 두 명령(**xtdpdsys**와 **xtabond2**)으로부터 계산되는 계수추정값은 동일한데 표준
> 오차가 다르면, 이는 동일한 추정량에 대하여 두 가지 상이한 방식으로 분산추정이 이루어졌음을
> 뜻한다. 이는 마치 두 시계가 서로 다른 시간을 말해 주는 것과 같다. 네 가지 가능성이 있다. 첫째, 두 시계
> 모두 적당한 범위 내에서 잘 맞는다(두 분산 추정량이 모두 일관적). 둘째, **xtdpdsys**의 시계는 적당히 잘
> 맞으나 **xtabond2**의 시계는 엉터리이다. 셋째, **xtdpdsys**의 시계는 엉터리이고 **xtabond2**의 시계는 적당히
> 잘 맞는다. 넷째, 두 시계 모두 엉터리이다. 필자는 첫째 경우이기를 바라나, 시계를 분해해 보기 전까지는
> (프로그램 소스 코드를 뜯어 보기 전까지는) 이를 확인할 수 없다. 모의실험을 통하여 두 시계의 성능을
> 비교할 수도 있겠다.

이상에서 **xtabond2**의 기본적인 사용법을 공부하였다. 이제 **xtabond2**를 이용하여 모형
(7.9)를 추정해 보자. Stata에 내장된 **xtdpd**를 이용할 때와 동일한 결과를 얻기 위해서는
차분적률법과 시스템적률법의 경우 각각 다음과 같이 한다.

```
. xtabond2 growth lny1 x1 x2 x3, gmm(x2 lny1 l.x3) iv(x1) noleveleq r
. xtabond2 growth lny1 x1 x2 x3, gmm(x2 lny1 l.x3) iv(x1,eq(d)) h(2) r
```

첫째 줄은 차분적률법, 둘째 줄은 시스템적률법이다. 두 단계^two-step 추정을 위해서는 **two**
옵션을 사용하면 된다. 앞에서 설명하였듯이, **xtdpd**로 동일한 결과를 얻기 위해서는 차
분적률법의 경우 **nocons** 옵션을 사용하는 것이 안전하다. 시스템적률법에서 **xtabond2**의
h(3) 옵션(디폴트)에 해당하는 추정량을 **xtdpd**로 구현할 방법은 없다. 위 **xtabond2** 명령
둘째 줄(시스템적률법)의 "**iv(x1, eq(d))**"에서 "**, eq(d)**"를 생략하면 수준식에서도 x_{1it}를
도구변수로 사용하므로 부적절할 수 있다고 한 바 있음을 기억하라(연습 7.1 참조).

이하에 **xtdpd**를 이용한 추정결과들과 **xtabond2**를 이용한 결과들이 나란히 비교되어
있다(데이터는 growth-ex.dta). 도구변수를 지정할 때 **lny1**과 **lny**를 혼용하였음에 유의하라.
8번 행과 17번 행에서 "**gmm**" 옵션 내의 **lny1**은 **l.lny**로 바꾸어도 좋다.

```
1   . global eqn "growth lny1 x1 x2 x3"

2   . qui xtdpd ${eqn}, dgmm(x2,lag(1 .)) dgmm(lny x3) div(x1) ///
3   > nocons hascons two vce(r)

4   . est store dpdab

5   . qui xtabond2 ${eqn}, gmm(x2 lny1 l.x3) iv(x1) nol two r

6   . est store ab2nol

7   . qui xtdpd ${eqn}, dgmm(x2,lag(1 .)) dgmm(lny x3) div(x1) ///
8   > lgmm(x2,lag(0)) lgmm(lny x3) hascons two vce(r)

9   . est store dpdsys
```

```
10  . qui xtabond2 ${eqn}, gmm(x2 lny1 l.x3) iv(x1,eq(d)) h(2) two r

11  . est store ab2h2

12  . est tab dpdab ab2no1 dpdsys ab2h2, b se
```

Variable	dpdab	ab2no1	dpdsys	ab2h2
lny1	-.66364826	-.66364826	-.52868202	-.52868202
	.05066662	.05066662	.05611081	.04616362
x1	.03741999	.03741999	.07999824	.07999824
	.03678707	.03678707	.0485423	.0443163
x2	.20505488	.20505488	.21918149	.21918149
	.04213479	.04213479	.04044692	.04161223
x3	.23539915	.23539915	.36507479	.36507479
	.07905671	.07905671	.12450471	.08730173
_cons			-.00523373	-.00523373
			.07596291	.07643766

Legend: b/se

13–26행에서 차분적률법에 의한 추정결과들은 양자가 완전히 일치하며(1열과 2열), 시스템 적률법의 경우에는 계수추정값들은 서로 완전히 동일함에 반하여 표준오차에는 어느 정도 차이가 있다(표준오차에 대해서는 앞에서 잠깐 이야기하였다).

▶ **연습 7.2.** Arcand, Berkes and Panizza (2015, ABP)는 금융 심화도와 경제성장의 관계를 분석하는 과정에서, 말하자면 다음과 같은 방식으로 시스템 GMM을 구현하였다(이 연습에서 사용하는 데이터와 모형은 ABP와 다름).

```
. xtabond2 growth lny1 x1 x3, gmm(l.(lny1 x3)) iv(x1) two r
```

여기서 `growth`는 경제성장률, `lny1`은 $\ln y_{it-1}$, `x1`은 외생적, `x3`은 내생적이다. (i) 만약 `x1`이 고정효과(μ_i)와 상관된다면 이 시스템적률법 추정량은 일관적인가? 단, ABP (2015)에서는 `x1`에 해당하는 변수들이 시간더미이므로 문제가 없음에 유의하라. (ii) 이 추정법에서 t기의 차분식에 대하여 $\ln y_{is}$는 어느 시점까지 도구변수로 이용되고 t기의 수준식에 대하여 $\Delta \ln y_{is}$는 어느 시점까지 도구변수로 이용되는가? 힌트: `xtabond2`에서 `gmm(z)`라고 하면 차분식에 대해서는 z_{it-1}까지, 수준식에 대해서는 Δz_{it}가 도구변수로 이용된다. `growth-ex.dta` 데이터를 사용하여 실제 추정하여 확인하라.

도구변수로서의 상수항

시간더미가 우변에 포함되지 않은 동태적 패널 모형을 고려하자. 예를 들어 단순한 모형 $y_{it} = \alpha + \beta y_{it-1} + \mu_i + \varepsilon_{it}$를 생각해 보자. 1계차분하여 고정효과를 제거하면 $\Delta y_{it} = \beta \Delta y_{it-1} + \Delta \varepsilon_{it}$가 되는데, 차분적률법 추정량은 Δy_{it-1}의 도구변수로 $y_{it-2}, y_{it-3}, \ldots, y_{i0}$을 사용한다. 하지만

$y_{it-2}, y_{it-3}, \ldots$의 평균이 0이 아니라면 당연히 상수항이 도구변수로 포함되어야 한다. 간단한 2SLS에서도 내생적 설명변수를 도구변수로 회귀(첫째 단계 회귀)할 때 너무도 당연하게 절편이 포함된다. Stata의 xtabond나 xtdpd의 차분적률법 추정에서는 놀랍게도 절편을 포함시키지 않으며, 그 결과 만약 y_{it}의 평균이 0으로부터 많이 벗어나면 첫째 단계 회귀의 설명력이 낮아지고 그 결과 차분적률법 추정량의 정확성이 손상을 입을 수도 있다. 또, y_{it}를 가지고 xtabond 추정을 할 때와 $y_{it} + 100$을 가지고 xtabond 추정을 할 때의 결과가 상이한 바람직하지 않는 일이 발생할 수도 있다(Han and Kim 2014).

다음은 필자가 임의로 생성한 1변수 패널 데이터(tdum-ex.dta)에서 y_{it}, $y_{it} + 10$, $y_{it} + 100$을 이용하여 xtabond 추정을 할 때의 결과를 비교한 것이다. 이 데이터에서 $n = 100$, $t = 0, 1, \ldots, 4$이다.

```
1   . use tdum-ex, clear

2   . xtset
3         panel variable:  id (strongly balanced)
4          time variable:  year, 0 to 4
5                  delta:  1 unit

6   . qui xtabond y, vce(r)

7   . est store y

8   . replace y = y+10
9   (500 real changes made)

10  . qui xtabond y, vce(r)

11  . est store y10

12  . replace y = y+90
13  (500 real changes made)

14  . qui xtabond y, vce(r)

15  . est store y100

16  . est tab y y10 y100, b se
```

Variable	y	y10	y100
y			
L1.	.26002401	.03947421	-.04770785
	.15960079	.20154087	.21152133
_cons	.83740439	10.696837	105.96284
	.22804232	2.2591822	21.403684

legend: b/se

6행에서는 y_{it}를 이용하여 추정을 한다. 8행에서는 y에 10을 더하고 그 다음 10행에서는 이 변환된 것을 이용하여 추정을 한다. 12행에서는 여기에 다시 90을 더하고(따라서 원래 값에 100을 더하고), 14행에서는 이를 이용한 추정을 한다. 그 결과들을 비교한 것이 17–26행에 표시되어 있다. 21행에 보는 것처럼 $y_{it} = \alpha + \beta y_{it-1} + \mu_i + \varepsilon_{it}$ 에서 β 계수 추정값은 y_{it}에 상수를 더함에 따라 크게 변하는 것을 알 수 있다. 보통 우리가 아는 추정기법에서는 특별한 경우가 아닌 한 변수에 상수를 더하면 절편만 변할 뿐 기울기 계수는 변하지 않는다. Stata의 xtabond 추정에서는 변수에 상수를 더했을 뿐인데도 y_{it-1}의 기울기 계수는 크게 변하는 것을 볼 수 있다. 이 추정량에는 결함이 있어 보인다.

평범한 2SLS라면 첫째 단계$^{\text{first-stage}}$ 회귀에 절편을 포함시키기만 하면 이 문제가 해결된다. 동태적 패널 모형의 GMM추정에서는 표현이 더 복잡하고 코딩이 복잡하여 도구변수 집합에 상수항을 포함시키는 것이 간단하지 않다. 현재의 Stata 명령을 이용하여 이 문제를 해결하기에 가장 간단한 방법은 시간더미들을 도구변수 집합에 포함시키는 것으로 보인다.

시간더미들을 도구변수 리스트에 포함시키는 것만으로 어떻게 문제가 해결되는지 살펴보자. t기 차분식 오차항은 $\Delta \varepsilon_{it}$이고, 이 오차항과 비상관인 도구변수들로 xtabond 명령이 사용하는 것은 $\{y_{is}\}_{s \le t-2}$인데 우리가 원하는 것은 상수인 1을 그 리스트에 추가하는 것이다. 단, 이 상수의 계수(즉, 절편)는 각 t마다 다를 수 있음에 유의하자. 예를 들어 $t = 0, 1, \ldots, 4$에서 y_{it}가 관측되는 단순한 1변수 모형에서 그 해결책은 다음과 같이 도구변수들을 만드는 것이다(원래의 xtabond는 t별 상수항에 해당하는 1, 3, 6번째 도구변수를 사용하지 않는다).

t	오차항	도구변수							
2	$\Delta \varepsilon_{i2}$	1	y_{i0}	0	0	0	0	0	0
3	$\Delta \varepsilon_{i3}$	0	0	1	y_{i0}	y_{i1}	0	0	0
4	$\Delta \varepsilon_{i4}$	0	0	0	0	0	1	y_{i0}	y_{i1}	y_{i2}

하지만 Stata에서 이런 도구변수들을 곧이곧대로 만드는 방법은 없다. 얼핏 생각하기에 항상 1의 값을 갖는 변수 c를 만들고(gen c = 1) 이 c를 dgmmiv에 지정하여 xtdpd를 하는 방법이 작동할 것 같지만 너무 똑똑한 Stata는 c가 상수항임을 인지하고서 자동으로 누락시켜 버린다.

그런데 자세히 들여다 보면 위의 도구변수들은 다음과 같이 순서를 바꾸어 나타낼 수도 있음을 발견하게 된다(도구변수의 순서를 바꾸어도 아무것도 변하지 않는다).

t	오차항	도구변수							
2	$\Delta \varepsilon_{i2}$	1	0	0	y_{i0}	0	0	0	0	0
3	$\Delta \varepsilon_{i3}$	0	1	0	0	y_{i0}	y_{i1}	0	0	0
4	$\Delta \varepsilon_{i4}$	0	0	1	0	0	0	y_{i0}	y_{i1}	y_{i2}

도구변수들 중 y_{is}들로 이루어진 것들은 xtabond에 의하여 만들어지고 사용되므로, 우리가 해 줄 일은 맨 앞의 시간 더미변수 블록을 도구변수로 추가하는 것이다. 이러한 이유로 시간

더미를 추가적 도구변수로 사용하면 도구변수 집합에 상수항을 포함시키는 것과 동일하다. 실제 구현할 때에는 $t = 1,2,3,4$에 해당하는 더미변수들을 각각 **yr1**, **yr2**, **yr3**, **yr4**라고 하면 **xtabond** 명령의 옵션으로 "inst(yr2-yr4)"라고 해 주면 된다. **tdum-ex.dta**에는 이미 **yr1**부터 **yr4**까지 시간더미 변수들을 생성해 놓았다.

```
1   . use tdum-ex, clear

2   . qui xtabond y, inst(yr2-yr4) vce(r)

3   . est store y

4   . replace y = y+10
5   (500 real changes made)

6   . qui xtabond y, inst(yr2-yr4) vce(r)

7   . est store y10

8   . replace y = y+90
9   (500 real changes made)

10  . qui xtabond y, inst(yr2-yr4) vce(r)

11  . est store y100

12  . est tab y y10 y100, b se
```

Variable	y	y10	y100
y L1.	.23218243 .15851676	.23218242 .15851676	.23218243 .1585169
_cons	.86949068 .22866768	8.5476665 1.7522052	77.651248 16.011875

```
                                          legend: b/se
```

위 2, 6, 10행에서 **inst(yr2-yr4)**라고 하여 시간더미들을 도구변수 집합에 포함시킨 것에 주의하라. 그렇게 하였더니 17–18행에서 보듯이 y_{it}, $y_{it}+10$, $y_{it}+100$을 변수로 하여도 추정결과에 아무런 차이가 없고, 20–21행에서 절편만 조정되었다.

참고로, xtabond에서 시간 더미변수를 만들어 포함시킬 때 'xi: xtabond y, inst(i.year)'라고 하는 방법이 있다. 이 명령은 우선 **i.year**에 해당하는 더미변수들을 생성하고 공선성collinearity 문제가 발생하지 않는 한에서 이 더미변수들을 "i.year" 자리에 포함시키고 명령을 실행한다. 그런데 이렇게 명령을 하면 Stata는 맨 처음 변수(yr1)부터 하나씩 공선성을 유발하지 않으면 추가한다(그렇게 추측은 되는데, 실제로 어떻게 하는지 필자는 잘

모르겠다). 그러다 보니, 우리에게 필요한 것은 yr2-yr4인데 Stata는 yr1-yr3을 추가할
수도 있다. 그 결과 생성되는 도구변수들은 다음과 같다.

t	오차항	도구변수								
2	$\Delta\varepsilon_{i2}$	0	1	0	y_{i0}	0	0	0	0	0
3	$\Delta\varepsilon_{i3}$	0	0	1	0	y_{i0}	y_{i1}	0	0	0
4	$\Delta\varepsilon_{i4}$	0	0	0	0	0	0	y_{i0}	y_{i1}	y_{i2}

이 도구변수는 우리가 원하는 도구변수가 아니며, yr1은 모두 0으로 소거되므로 이 추
정결과는 yr2-yr3만을 도구변수로 추가한 것과 동일하다. 이 문제를 피하려면 연구자는
(nocons 옵션을 붙여서 공선성 점검에 영향을 주거나) 아니면 자신이 원하는 더미변수들을 명시적으로
우변에 포함시켜야 한다. 다음 실습 결과를 보라(데이터는 tdum-ex.dta). 편의를 위하여 필자가
시간더미변수들(yr1부터 yr4까지)을 만들어 놓았으나 이를 사용하지 않고, 마치 없는 것처럼
Stata에게 모든 것을 맡길 것이다.

```
1   . use tdum-ex, clear

2   . xi: xtabond y, inst(i.year)
3   i.year            _Iyear_0-4           (naturally coded; _Iyear_0 omitted)
4   note: _Iyear_4 dropped from div() because of collinearity

5   Arellano-Bond dynamic panel-data estimation    Number of obs      =        300
6   Group variable: id                             Number of groups   =        100
7   Time variable: year

8                                                  Obs per group:
9                                                                  min =          3
10                                                                 avg =          3
11                                                                 max =          3

12  Number of instruments =        9               Wald chi2(1)       =       2.42
13                                                 Prob > chi2        =     0.1201
14  One-step results
15  ────────────────────────────────────────────────────────────────────────────
16           y │     Coef.   Std. Err.      z    P>|z|     [95% Conf. Interval]
17  ─────────────┼──────────────────────────────────────────────────────────────
18           y │
19          L1. │  .2179215   .1401912     1.55   0.120    -.0568482    .4926911
20             │
21        _cons │  .8859259   .1678036     5.28   0.000     .5570369    1.214815
22  ────────────────────────────────────────────────────────────────────────────
23  Instruments for differenced equation
24          GMM-type: L(2/.).y
25          Standard: _Iyear_1 _Iyear_2 _Iyear_3
26  Instruments for level equation
27          Standard: _cons

28  . est store y_stata

29  . replace y = y+10
```

```
30   (500 real changes made)

31   . qui xi: xtabond y, inst(i.year)

32   . est store y10_stata

33   . est tab y_stata y10_stata, b se

34   ──────────────────────────────────────────
35       Variable │   y_stata      y10_stata
36   ──────────────┼───────────────────────────
37            y    │
38           L1.   │  .21792145      .1037972
39                 │  .14019117      .14642643
40                 │
41         _cons   │  .88592587      9.9794774
42                 │   .1678036      1.6335857
43   ──────────────┴───────────────────────────
44                      legend: b/se
```

　　2행에서 "xi:" 접두어는 먼저 i.year에 해당하는 도구변수들을 생성한다. year의 값이 0에서 4까지 정수이므로, 3행에 보면 _Iyear_0부터 _Iyear_4까지의 변수가 생성될 것인데 _Iyear_0은 생성되지 않았다(기저의 경우에 해당하므로). $t = 0$을 제외하고 생성된 $t = 1, 2, 3, 4$ 용 더미변수들 중, 4행의 note에 따르면 $t = 4$에 해당하는 더미변수가 제외되었다. 25행을 보아도 $t = 4$를 제외하고 $t = 1, 2, 3$에 해당하는 더미변수들이 추가적인 도구변수로 사용되었음을 알 수 있다. 우리가 원하는 것은 $t = 2, 3, 4$에 해당하는 더미변수들인데 Stata가 자동을 $t = 1, 2, 3$에 해당하는 더미변수들을 도구변수로 잘못 사용하였다. 29행에서는 y_{it}를 $y_{it} + 10$으로 바꾸고 31행에서 똑같은 추정을 해 보았다. 38–39행을 보면 연도더미 변수들을 포함시켰는데도 y_{it}를 $y_{it} + 10$으로 변환할 때 y_{it-1}의 계수추정값이 바뀐 것을 볼 수 있다. 우리가 원하는 결과가 아니다. 더미변수 함정(모든 더미변수를 포함시킬 때 발생하는 공선성)에 빠지지 않기 위해 더미변수의 일부만을 사용하는 경우, 포함시킬 더미변수의 선별을 Stata에게 맡기면 문제가 발생할 수도 있으므로, 필요하다면 연구자가 직접 더미변수들을 고르는 수고를 아끼지 말아야 할 것이다.

> 　다른 방법으로는 2, 31행에 nocons 옵션을 붙이는 것이 있으며, 그 경우 Stata가 _Iyear_*에 해당하는 변수 하나를 더 포함시키므로 문제가 해결된다. 하지만 필자는 이 방법보다는 명시적으로 더미변수들을 선택하는 편을 선호한다. 그럼으로써 자신이 무엇을 하고 있는지 알도록 강제되기 때문이다.

▶ **연습 7.3.** growth-ex.dta 데이터에서 lny를 그 과거값에 회귀하는 단순한 동태적 선형패널 모형을 xtabond 명령을 이용하여 추정하되, 도구변수 리스트에 시간더미들을 추가하여 추정하라. 힌트: 먼저 "xi i.year"를 하여 더미변수들을 만들고 그 다음 추정을 한다.

▶ **연습 7.4.** growth-ex.dta 데이터에서 lny를 그 과거값에 회귀하는 단순한 동태적 선형패널 모형을 xtabond 명령을 이용하여 추정하되, "inst(_Iyear_*)" 옵션을 주어 Stata로

하여금 더미변수들을 스스로 알아서 선별하도록 하라. 그러면 $t = 10$을 제외하고 $t = 1, \ldots, 9$에 해당하는 더미변수들을 포함시킬 것인데, "inst(_Iyear_2-_Iyear_9)"라고 하여 $t = 1$을 제외하고 $t = 2, \ldots, 9$만 포함시켜도 결과가 동일한지 확인하라. $t = 1$을 제외했는데도 결과가 동일한 이유는 무엇인가?

시간더미 문제

시간더미들이 우변에 포함된 모형을 고려하자. 데이터는 $t = 0, 1, \ldots, 4$에 대하여 관측된다고 하자. 다음 두 시스템적률법 명령을 고려하자.

```
. xtdpdsys y x1
. xtdpd l(0/1).y x1, dgmm(y) lgmm(y) div(x1)
```

시간 더미변수가 없을 때 이 두 명령의 결과는 전적으로 동일하다. 실제로 **tdum-ex.dta** 데이터를 이용하여 실험해 보면 위 두 명령의 결과가 동일함을 확인할 수 있다. 이제 시간더미로 **yr1**부터 **yr4**까지의 변수가 있다고 하자. 다음 두 명령도 동일한 결과를 줄 것이라 예상할 수 있다.

```
. xtdpdsys y yr2-yr4
. xtdpd l(0/1).y yr2-yr4, dgmm(y) lgmm(y) div(yr2-yr4)
```

진짜 그런지 확인해 보자(데이터는 **tdum-ex.dta**).

```
 1   . xtdpdsys y yr2-yr4

 2   System dynamic panel-data estimation          Number of obs      =        400
 3   Group variable: id                            Number of groups   =        100
 4   Time variable: year
 5                                                 Obs per group:
 6                                                             min =          4
 7                                                             avg =          4
 8                                                             max =          4

 9   Number of instruments =       13              Wald chi2(4)       =      27.07
10                                                 Prob > chi2        =     0.0000
11   One-step results
12   ─────────────┬──────────────────────────────────────────────────────────────
13             y  │     Coef.   Std. Err.      z    P>|z|     [95% Conf. Interval]
14   ─────────────┼──────────────────────────────────────────────────────────────
15             y  │
16            L1. │  .3780422    .080588     4.69   0.000     .2200926    .5359917
17               │
18           yr2  │ -.2946934   .1378791    -2.14   0.033    -.5649314   -.0244554
19           yr3  │  -.120577   .1384728    -0.87   0.384    -.3919787    .1508248
20           yr4  │ -.0573868   .1378051    -0.42   0.677    -.3274799    .2127063
21          _cons │  .8195576   .1389451     5.90   0.000     .5472302    1.091885
22   ─────────────┴──────────────────────────────────────────────────────────────
```

```
23  Instruments for differenced equation
24          GMM-type: L(2/.).y
25          Standard: D.yr2 D.yr3 D.yr4
26  Instruments for level equation
27          GMM-type: LD.y
28          Standard: _cons
```

```
29  . xtdpd l(0/1).y yr2-yr4, dg(y) lg(y) div(yr2-yr4)
30  note: D.yr4 dropped because of collinearity
```

```
31  Dynamic panel-data estimation           Number of obs    =      400
32  Group variable: id                      Number of groups =      100
33  Time variable: year
34                                          Obs per group:
35                                                       min =        4
36                                                       avg =        4
37                                                       max =        4
38  Number of instruments =     13          Wald chi2(3)     =    26.94
39                                          Prob > chi2      =   0.0000
40  One-step results
```

y	Coef.	Std. Err.	z	P>|z|	[95% Conf. Interval]	
y						
L1.	.3795861	.0804453	4.72	0.000	.2219162	.5372561
yr2	-.2661109	.1194961	-2.23	0.026	-.500319	-.0319027
yr3	-.0914019	.1193571	-0.77	0.444	-.3253374	.1425336
_cons	.7889921	.1178925	6.69	0.000	.557927	1.020057

```
51  Instruments for differenced equation
52          GMM-type: L(2/.).y
53          Standard: D.yr2 D.yr3 D.yr4
54  Instruments for level equation
55          GMM-type: LD.y
56          Standard: _cons
```

16행과 45행의 계수추정값을 비교해 보면 서로 다르다! 어떻게 그럴 수 있는가? 힌트를 얻기 위하여 도구변수들을 설명한 부분들을 비교해 보자. 23–28행의 내용과 51–56행의 내용은 완전히 동일하다. 그럼에도 추정값은 다르다. 그런데 44–49행의 결과를 자세히 보면, **yr4**가 누락된 것을 볼 수 있다. 29행의 명령이 무언가 잘못된 것으로 보인다. 또 자세히 보니 30행의 주석이 눈에 띈다. 이에 따르면 공선성으로 인하여 **D.yr4**가 제거되었다고 한다. 특이하다. **yr1**이 사용되지 않으므로 **yr2-yr4**는 공선성을 야기하지 않음에도 Stata는 공선성이 야기된다고 판단하고 **yr4**를 제외시켰다. 결국 29행과 동일한 결과를 주는 명령은 다음과 같이 추정식 우변으로부터는 **yr4**를 제거하고 도구변수로는 **D.yr4**를 사용하는 다음과 같은 기괴한 명령이 되는 셈이다.

```
. xtdpd l(0/1).y yr2-yr3, dgmmiv(y) lgmmiv(y) div(yr2-yr4)
```

▸ **연습 7.5.** 윗 줄의 xtdpd 명령과 앞의 29행 명령의 차이점은 무엇인가? 윗 줄의 명령을 직접 실행하여 31–56행의 결과와 똑같은 결과를 얻음을 확인하라.

▸ **연습 7.6.** xtabond에 대응하는 xtdpd 명령에도 이와 똑같은 문제가 있음을 확인하라.

xtabond와 xtdpdsys 명령은 이런 문제를 유발하지 않는다. 이는 앞에서 간단히 언급하고 지나간 hascons 옵션 때문이다. 문제는 Stata가 공선성^{collinearity}을 처리하는 방식에 있다. 원래 패널 방정식이 $t = 1, 2, 3, 4$에 대하여 정의될 때 더미변수 함정을 피하려면 $t = 2, 3, 4$에 대하여 더미변수를 설정하면 된다. 그런데 차분적률법에서는 식을 일단 차분^{difference}하므로 식은 $t = 2, 3, 4$에 대해서만 정의된다. 그러므로 3개의 차분^{difference}한 더미변수들(원래 더미변수들과 동일함)은 각각의 t에서 합산하면 모든 t에서 항상 1이 되는 공선성을 초래한다(원래 식에서는 $t = 1$에서 세 더미변수들의 합이 0이므로 공선성이 없다). 차분적률법에서 차분식은 절편이 없으므로 이 점이 사실은 문제가 되지 않음에도 불구하고, Stata는 차분식 우변 변수들의 선형관계만을 '기계적으로' 점검하고 변수들 중 하나를 제거해 버린다.

문제를 해결하려면 xtdpd에서 수준식에서만 공선성을 확인하고 차분식에서는 공선성을 확인하지 않도록 강제하는 것이다. 이를 위해서는 앞의 29행의 xtdpd 명령에 hascons 옵션을 추가하는 것이다.

```
. xtdpd l(0/1).y yr2-yr4, dg(y) lg(y) div(yr2-yr4) hascons
```

▸ **연습 7.7.** tdum-ex.dta를 이용하여 위 명령이 'xtdpdsys y yr2-yr4'의 결과를 똑같이 복원하는지 확인하라.

시스템적률법에서 시간더미의 처리

Stata의 xtdpdsys는 강외생적이라고 지정된 변수들을 수준식의 도구변수로 활용하지 않는다(연습 7.1 참조). 이는 강외생적인 변수라 할지라도 고정효과인 μ_i와 상관될 수 있기 때문이다. 하지만 시간더미 변수들은 수준식의 오차항인 $\mu_i + \varepsilon_{it}$에 대하여 외생적이라고 볼 수 있으므로 수준식의 도구변수로 사용하여도 좋다. 예를 들어 다음 명령을 생각해 보자.

```
. xtdpd l(0/1).y x1 yr2-yr4, dgmm(y) lgmm(y) ///
  div(x1) div(yr2-yr4) liv(yr1-yr4) hascons two vce(r)
```

이 명령이 'xtdpdsys y x1 yr2-yr4'와 다른 점은 liv(yr1-yr4) 부분이다. 이 부분으로 인하여 차분식뿐 아니라 수준식에서도 시간더미들이 도구변수로 사용하도록 해 주고, 그로 인하여 약간의 효율성 개선을 얻을 수 있다. 실제 분석에서 이 정도의 개선은 미미할 수도 있다. 하지만 미미하나마 개선의 여지가 있는 것을 포기할 이유는 딱히 없다(시간더미들을 수준식의 도구변수로 사용하면 적률조건의 개수가 늘어나서 표본크기가 크지 않을 때 추정량의 성질이 나빠지는지는 아직 필자가 알지 못한다).

　이보다 더 중요한 것은, xtabond2 명령을 사용할 때 아무런 옵션 없이 "ivstyle(x1)"이라고 하면 $\Delta x_{1,it}$ 가 차분 회귀식의 도구변수로 사용될 뿐 아니라 $x_{1,it}$ 가 수준 회귀식의 도구변수로 사용되기도 한다는 것이다. 이것이 과연 내가 원하는 것인지 연구자들은 주의를 기울여야 한다. 만약 $x_{1,it}$ 가 ε_{it} 에 대해서는 강외생적일지라도 μ_i 와 상관되어 있으면(고정효과) $x_{1,it}$ 를 수준 회귀식의 도구변수로 사용할 수 없으며, 이를 방지하려면 xtabond2에서는 iv(x1, eq(d))라고 지정해야 함을 앞에서 보았다. 반면 xtdpdsys에서는 아무런 조치도 취하지 않으면 외생적이라고 지정된 변수들이 수준 회귀식의 도구변수로 사용되지 않으며, x1을 수준식의 도구변수로도 사용하려면 xtdpd를 사용하면서 div(x1) 대신에 iv(x1)이라고 해야 한다. 말하자면, 'xtabond2 l(0/1).y x1, gmm(l.y) iv(x1) h(2)'는 'xtdpd l(0/1).y x1, dg(y) lg(y) iv(x1)'과 동일하다. 이 점도 염두에 두고 있기 바란다. 동태적 패널모형의 GMM 추정을 제대로 하려고 하면 복잡한 점이 한둘이 아니다!

3부에서는 비선형 패널모형과 심화 주제를 다룬다. 8장에서는 이항반응모형을 중심으로 비선형 모형들을 추정하는 방법을 설명한다. 정태적 모형과 동태적 모형에서 간편하게 사용할 수 있는 방법들이 제시될 것이다. 9장에서는 표본선택 및 표본이탈에 대하여 설명한다. 10장에서는 VAR 이나 단위근 등 시계열 분석과 관련된 주제들을 다루고, 횡단면 종속을 설명하고 고려하기 위한 모형들을 살펴본다.

8 이항반응모형과 여타 모형들

본 장의 주요 대상은 종속변수가 0 아니면 1의 값을 갖는 이항반응모형(binary response model)이다. 횡단면 데이터를 위한 로짓과 프로빗 이항반응모형은 부록 B.5에서 설명하였다. 이하에서는 이 모형들을 패널 데이터로 확장하는 방법에 대하여 살펴본다.

8.1절에서는 횡단면 데이터상에 나타나는 함수관계를 분석하기 위한 모집단 평균 모형을 다룬다. 모형의 특성과 GEE 추정에 대하여 설명할 것이다. 8.2절에서는 임의효과 모형을 살펴본다. 임의효과 모형과 모집단 평균 모형의 차이점을 알아보고 주어진 가정하에서 최우추정을 하는 방법을 설명한다. 특히 설명변수와 개별효과의 상관을 부분적으로 고려하는 체임벌린(Chamberlain)의 RE 프로빗을 중요하게 다루고, 동태적 모형으로의 확장에 대하여 설명한다. 8.4절에서는 고정효과FE 로짓 모형과 그 추정에 대하여 살펴본다. 마지막으로 8.5절에서는 여타 비선형 모형들에 대하여 간략히 서술한다.

8.1 모집단 평균 모형

선형모형에서 횡단면 OLS를 패널 POLS로 확장하는 것처럼 이항반응 모형을 패널 데이터로 확장하는 방법은, 모형을 $y_{it} = I(X_{it}\beta + u_{it} > 0)$으로 설정하고(단, X_{it}에 1이 포함됨), 프로빗이냐 로짓이냐에 따라 u_{it}가 모든 t에서 표준정규 혹은 표준 로지스틱 분포를 갖는다고 가정하는 것이다. 설명변수 값들이 비임의적nonrandom이라 할 때, 프로빗의 경우 이는 $P(y_{it} = 1) = \Phi(X_{it}\beta)$라고 하는 것과 같으며, 여기서 $\Phi(\cdot)$는 표준정규분포의 누적확률분포함수이다. 로짓의 경우에는 표준 로지스틱 분포의 누적확률분포함수 $\Lambda(\cdot)$가 될 것이다. $P(y_{it} = 1) = \Phi(X_{it}\beta)$와 같은 모형은 (개체 내의 변동 또는 t에 걸친 결합확률분포를 설명하는 모형이 아니라) 각각의 t 시기에 모집단 내 개체 간 비교를 통하여 나타나는 함수관계를 설명하는 모형으로서, 모집단 평균(population-averaged, PA) 모형이라 한다. 선형 모형의 경우 PA 모형은 POLS의 배후에 있는 모형으로서 2.7절에서 살펴본 바 있다.

PA 모형을 추정할 때에는 오차항 y_{it}의 분산·공분산 구조에 관한 특별한 가정을 한다. Liang and Zeger (1986)는 오차의 공분산 구조가 옳게 주어지든 아니든 관계없이 일관된 추정량을 제공해 주는 "Generalized Estimating Equations" (GEE) 방법을 제안하였다(이에 대한 기술적인 내용은 생략한다). 패널 데이터 PA 모형의 GEE 추정은 Stata에 xtgee 명령으로 구현되어 있다. 선형모형의 GEE 추정에 대해서는 2장에서 설명한 바 있다.

가장 간단한 형태의 GEE로서 y_{it}가 t에 걸쳐서 독립이라고 가정하고 추정하는 방법이 있다. 이것은 통합 프로빗(pooled probit) 혹은 통합 로짓(pooled logit)과 동일한 것이다. 다음 명령들은 모두 y를 x1과 x2에 대하여 통합 프로빗 추정을 한다.

```
. probit y x1 x2, vce(cluster id)
. xtprobit y x1 x2, pa corr(ind) vce(r)
. xtgee y x1 x2, family(binomial) link(probit) corr(ind) vce(r)
```

위 세 명령에서 둘째와 셋째 명령은 완전히 동일하다. 둘째 명령은 사실상 셋째 명령을 간편하게 호출하는 포장지wrapper일 뿐이다. 첫째 명령은 나머지와 약간 다른 알고리즘을 이용하나 추정량은 동일하다. 시간더미를 포함시키고 싶으면 i.year를 우변에 추가하면 된다. 로짓의 경우, 다음 명령들은 y를 x1과 x2에 대하여 통합 로짓 추정을 한다.

```
. logit y x1 x2, vce(cluster id)
. xtlogit y x1 x2, pa corr(ind) vce(r)
. xtgee y x1 x2, family(binomial) link(logit) corr(ind) vce(r)
```

참고로, 로짓의 경우에는 표준오차까지도 모두 동일하나, 프로빗의 경우에는 계산된 표준오차의 값이 약간씩 다르다. 이 점에 대해서는 크게 신경쓰지 않아도 좋아 보인다.

위의 명령들은 y_{it}가 t에 걸쳐서 독립이라고 가정하고 있다. 이 독립성 가정이 맞으면 추정량은 물론 일관적이고 표준오차들도 잘 계산된다. 하지만 만약 개별효과가 존재한다면 이 가정은 맞기 어려울 것이다. 가정이 틀릴 때 대부분의 최우추정량이 비일관적inconsistent인 것과 달리, t에 걸친 독립성 가정의 경우에는 틀리더라도 통합 로짓이나 통합 프로빗 추정량은 여전히 일관적이다. 다만 표준오차가 잘못 계산됨을 고려하여 클러스터 표준오차를 사용하여야 한다. 그런 까닭에 위의 명령에서는 클러스터 표준오차를 구하도록 하였다.

개별효과가 존재할 때에도 통합 로짓이나 통합 프로빗이 일관적인 것은 각각의 t에서 모형이 옳게 설정되어 있고 이들을 결합하는 방식만 다르기 때문이다. PA 모형은 각각의 t에서 모형을 설정할 뿐이며, 동일 개체가 여러 t에서 상관되는 방식을 기술하지 않고, GEE는 각각의 t에서 모형이 잘 설정되어 있으면 일관성을 잃지 않도록 고안되어 있다. 각각의 t에 해당하는 우도함수를 이용하여 추정해도 계수가 일관되게 추정되므로, 각 t에서의 우도함수들을 단순합하는 통합 로짓이나 통합 프로빗에서 만드는 우도함수를 이용해도 계수를 일관되게 추정할 수 있는 것이다. 수학적으로 각 t에서 로그우도함수가 $\ell_t(\beta)$라고 하면 통합 추정에서는 $\sum_{t=1}^{T}\ell_t(\beta)$를 최대화한다. 각 t마다 $\ell_t(\beta)$가 참값 주위에서 최대화된다면 그 합인 $\sum_{t=1}^{T}\ell_t(\beta)$도 참값 주위에서 최대화된다.

예제 8.1   노동조합 가입 모형의 통합 프로빗과 로짓 추정

웹으로부터 union.dta 데이터를 읽어들여("webuse union, clear"), union 변수를 age, grade, not_smsa, south, black에 대하여 시간더미를 포함시키고 GEE 방법을 이용하여 통합 프로빗과 통합 로짓 회귀를 해 보자.

```
1  . webuse union, clear
```

2 (NLS Women 14-24 in 1968)

3 . xtprobit union age grade not_smsa south black i.year, pa c(ind) vce(r)

4 Iteration 1: tolerance = **6.523e-08**

```
5   GEE population-averaged model              Number of obs    =      26,200
6   Group variable:                    idcode  Number of groups =       4,434
7   Link:                              probit   Obs per group:
8   Family:                          binomial              min =           1
9   Correlation:                  independent              avg =         5.9
10                                                         max =          12
11                                             Wald chi2(16)    =      439.19
12  Scale parameter:                        1  Prob > chi2      =      0.0000

13  Pearson chi2(26200):           26370.65    Deviance         =    26433.05
14  Dispersion (Pearson):          1.006513    Dispersion       =    1.008895
```

15   (Std. Err. adjusted for clustering on idcode)

union	Coef.	Semirobust Std. Err.	z	P>|z|	[95% Conf. Interval]	
age	.0153288	.0057293	2.68	0.007	.0040996	.026558
grade	.0408607	.0082027	4.98	0.000	.0247837	.0569377
not_smsa	-.0545298	.0412537	-1.32	0.186	-.1353855	.0263259
south	-.5170804	.0381077	-13.57	0.000	-.5917701	-.4423908
black	.492056	.0396043	12.42	0.000	.4144329	.5696791
year						
71	-.0032864	.0372681	-0.09	0.930	-.0763306	.0697578
72	-.0661337	.039445	-1.68	0.094	-.1434445	.0111772
73	-.0513673	.0424011	-1.21	0.226	-.134472	.0317374
77	-.197834	.0543827	-3.64	0.000	-.3044221	-.0912459
78	-.0367441	.0596719	-0.62	0.538	-.1536989	.0802106
80	.1288014	.0688374	1.87	0.061	-.0061174	.2637202
82	-.0927447	.0771097	-1.20	0.229	-.2438768	.0583875
83	-.2029337	.0820777	-2.47	0.013	-.3638031	-.0420644
85	-.1220658	.0919083	-1.33	0.184	-.3022027	.0580711
87	-.2286704	.1018969	-2.24	0.025	-.4283846	-.0289562
88	-.2190131	.1098359	-1.99	0.046	-.4342876	-.0037386
_cons	-1.597114	.1612183	-9.91	0.000	-1.913096	-1.281132

41 . xtlogit union age grade not_smsa south black i.year, pa c(ind) vce(r)

42 Iteration 1: tolerance = **2.064e-11**

```
43  GEE population-averaged model              Number of obs    =      26,200
44  Group variable:                    idcode  Number of groups =       4,434
45  Link:                               logit   Obs per group:
46  Family:                          binomial              min =           1
47  Correlation:                  independent              avg =         5.9
48                                                         max =          12
```

```
49                                                   Wald chi2(16)     =      436.95
50  Scale parameter:                         1       Prob > chi2       =       0.0000
51  Pearson chi2(26200):              26327.40       Deviance          =     26424.62
52  Dispersion (Pearson):             1.004863       Dispersion        =     1.008573
53                                     (Std. Err. adjusted for clustering on idcode)
54  ─────────────────────────────────────────────────────────────────────────────────
55                           Robust
56      union      Coef.    Std. Err.       z     P>|z|    [95% Conf. Interval]
57  ─────────────────────────────────────────────────────────────────────────────────
58        age    .0273066    .0099121     2.75    0.006    .0078793     .0467339
59      grade    .0738793    .0142291     5.19    0.000    .0459908     .1017678
60   not_smsa   -.0894507    .0728629    -1.23    0.220   -.2322594      .053358
61      south   -.9063942    .0673239   -13.46    0.000   -1.038347    -.7744418
62      black    .8549301    .0679081    12.59    0.000    .7218326     .9880276
63
64       year
65         71   -.0159465    .0648454    -0.25    0.806   -.1430411     .1111481
66         72   -.1193468    .0690282    -1.73    0.084   -.2546397     .0159461
67         73   -.0881773    .0738813    -1.19    0.233    -.232982     .0566274
68         77   -.3510343     .094743    -3.71    0.000   -.5367272    -.1653413
69         78    -.067032    .1032697    -0.65    0.516   -.2694369     .1353729
70         80    .2002133    .1186027     1.69    0.091   -.0322438     .4326704
71         82   -.1696061    .1335137    -1.27    0.204   -.4312882     .0920759
72         83   -.3604444    .1420698    -2.54    0.011   -.6388961    -.0819927
73         85   -.2272892    .1588758    -1.43    0.153    -.53868      .0841016
74         87    -.406109    .1764916    -2.30    0.021   -.7520262    -.0601918
75         88   -.3977644    .1899011    -2.09    0.036   -.7699638     -.025565
76
77      _cons   -2.762196    .2818106    -9.80    0.000   -3.314535    -2.209858
78  ─────────────────────────────────────────────────────────────────────────────────
```

3행에서 통합 프로빗을 하고 41행에서 통합 로짓을 한다. 20–24행의 프로빗 결과와 58–62행의 로짓 결과에서 계수 추정값들에 상당한 차이가 있는데, 이는 프로빗과 로짓에서 가정하는 오차항의 분산에 상당한 차이가 있기 때문이다. 표준정규분포의 표준편차가 1 임에 반하여 표준 로지스틱 분포의 표준편차가 약 1.8이며, 그 결과 로짓 추정값도 프로빗 추정값의 약 1.8배(사실은 약 1.6~1.8배)이다. 부록 B.5에서 언급한 것처럼 부분효과를 구하면 두 결과는 상당히 유사하다. 예제 8.3을 참조하라.

이상에서는 종속변수 y_{it}가 t에 걸쳐서 독립이라는 가정하에서 추정을 하였다. y_{it}가 t에 걸쳐 상관이 있도록 추정방식을 변경할 수도 있다. 한 가지 방법은 $\mathrm{cor}(y_{it}, y_{is})$가 서로 다른 모든 t와 s에서 동일하다고 하는 것이다. 이 경우 상관correlation이 "교환가능"하다exchangeable고 한다는 것을 2장에서 보았다. 예를 들어 $u_{it} = \mu_i + \varepsilon_{it}$이고 두 구성성분이 서로 독립이며 ε_{it}가 t에 걸쳐 독립이면 그렇다. 시계열 상관이 교환가능한 형태를 띨 때 계수추정을 위해서는 xtprobit (또는 xtlogit)과 xtgee 명령에서 "corr(ind)" 부분을 "corr(exc)"로 바꾸면 된다. 나머지는 모두 동일하다. 만일 오차 공분산이 실제로는 교환가능하지 않으면 여기서도 "vce(r)" 옵션을 추가하여 클러스터 표준오차를 계산하도록 하여야 할 것이다. Stata의 xtgee에 대한 도움말을 살펴보면 그 밖에도 사용할 수 있는 상관correlation의 종류에 대하여 알 수 있다. 상세한 내용은 이 도움말을 참조하기 바란다.

예제 8.2 노동조합 가입 모형의 '교환가능' PA 추정

예제 8.1의 데이터와 회귀 모형에 대하여 오차항의 공분산 구조가 교환가능exchangeable하도록 설정하여 GEE 추정을 해 보자. 결과는 다음과 같다.

```
1   . webuse union, clear
2   (NLS Women 14-24 in 1968)

3   . xtprobit union age grade not_smsa south black i.year, pa c(exc) vce(r)

4   Iteration 1: tolerance = .06912936
5   Iteration 2: tolerance = .00347096
6   Iteration 3: tolerance = .00014102
7   Iteration 4: tolerance = 5.436e-06
8   Iteration 5: tolerance = 2.080e-07
```

GEE population-averaged model				Number of obs	=	26,200
Group variable:			idcode	Number of groups	=	4,434
Link:			probit	Obs per group:		
Family:			binomial	min =		1
Correlation:			exchangeable	avg =		5.9
				max =		12
				Wald chi2(16)	=	387.96
Scale parameter:			1	Prob > chi2	=	0.0000

(Std. Err. adjusted for clustering on idcode)

union	Coef.	Semirobust Std. Err.	z	P>|z|	[95% Conf. Interval]	
age	.012372	.0052331	2.36	0.018	.0021153	.0226287
grade	.0443157	.0076773	5.77	0.000	.0292684	.0593631
not_smsa	-.0313249	.0361241	-0.87	0.386	-.1021267	.039477
south	-.4070974	.0350436	-11.62	0.000	-.4757816	-.3384132
black	.4617907	.0364858	12.66	0.000	.3902798	.5333016
year						
71	-.0158279	.0370002	-0.43	0.669	-.088347	.0566911
72	-.0942313	.038807	-2.43	0.015	-.1702917	-.0181709
73	-.0707559	.0411393	-1.72	0.085	-.1513874	.0098755
77	-.1729914	.0516382	-3.35	0.001	-.2742005	-.0717822
78	-.0626279	.0564386	-1.11	0.267	-.1732456	.0479898
80	.1103056	.0645775	1.71	0.088	-.0162639	.2368752
82	-.0779118	.0718701	-1.08	0.278	-.2187746	.0629509

36	83	-.1946837	.0765363	-2.54	0.011	-.3446921	-.0446754
37	85	-.0999946	.0854746	-1.17	0.242	-.2675216	.0675325
38	87	-.1913857	.0941953	-2.03	0.042	-.3760051	-.0067663
39	88	-.1668384	.1011869	-1.65	0.099	-.3651611	.0314843
40							
41	_cons	-1.633738	.1506248	-10.85	0.000	-1.928957	-1.338518
42							

추정결과를 예제 8.1의 결과와 비교해 보면, 계수 추정값들이 바뀌었음을 알 수 있다. 종속변수의 t에 걸친 상관계수가 동일하지만 0이 아닐 수 있도록 가정하였으므로 추정량이 달라지는 것이 당연하다. 계수값들이 다르기는 하지만 어느 한쪽이 다른 한쪽보다 특별히 더 규모가 크거나 작은 일은 발생하지 않는다.

이상의 PA 모형은 오차항 u_{it}를 굳이 $\mu_i + \varepsilon_{it}$처럼 성분으로 나누지 않는다. 그리하여 $y_{it} = I(X_{it}\beta + u_{it} > 0)$ 모형이라면 ε_{it}가 아니라 u_{it}가 표준정규 혹은 표준 로지스틱 분포를 갖는다고 가정한다. 반면 다음 절에서 살펴볼 임의효과(RE) 모형에서는 u_{it}가 아니라 ε_{it}가 표준정규 혹은 표준 로지스틱 분포를 갖는다고 가정되므로 σ_μ^2이 크면 PA 모형의 추정값과 RE 모형의 추정값 규모에 상당한 차이가 있을 수 있음을 미리 지적해 둔다.

참고로, 오차항 u_{it}가 모든 t에서 동일한 분포를 갖는다고 가정됨에 유의하라. 시간에 걸쳐 u_{it}에 이분산이 존재하는 상황은 용납되지 않는다. 만약 u_{it}에 t에 걸쳐 이분산성이 있으면 본 절의 방법들은 묘한 추정량을 만들어낸다. 데이터가 $y_{it} = I(X_{it}\beta + u_{it} > 0)$에 의하여 만들어지고 $u_{it} \sim N(0, \sigma_t^2)$라 하자(단, $\sigma_1^2 = 1$). 부등식의 양변을 동일한 양수로 나누어도 부등호의 방향은 바뀌지 않으므로, 이 식은 $y_{it} = I(X_{it}\beta\sigma_t^{-1} + \sigma_t^{-1}u_{it} > 0)$이라고 쓸 수 있다. 이 변형된 모형에서, 오차는 $\sigma_t^{-1}u_{it}$로서 모든 t에서 $N(0,1)$ 분포를 가지며, 그 계수는 $\beta\sigma_t^{-1}$이 되는 것으로 볼 수 있다. 이 상황에서 통합 프로빗 추정을 하면 $\beta\sigma_t^{-1}$들의 특정한 가중평균이 추정될 것으로 짐작된다.

PA 모형에서 평균부분효과(average partial effects, APE)는 횡단면 모형의 경우와 동일하게 정의된다. 예를 들어 프로빗 PA 모형에서 $X_{it} = \mathbf{x}_1$과 $X_{it} = \mathbf{x}_2$ 간에 존재하는 종속변수의 평균적인 차이는 $\Phi(\mathbf{x}_2\beta) - \Phi(\mathbf{x}_1\beta)$로 표현할 수 있다. 이 APE는 개체 간에 설명변수의 값에 차이가 있을 때 y_{it}가 1일 확률에 얼마나 차이가 있는지를 나타낸다.

예제 8.3   평균부분효과

예제 8.1의 통합 프로빗과 로짓 추정 이후 black과 관련된 부분효과를 구해 보자. 부분효과는 상이한 X_{it} 값에서 $P(y_{it} = 1)$들의 차이를 의미하므로 이 확률들만 구할 수 있으면 된다. Stata에서는 이를 위해 predict 명령(xtprobit이나 xtlogit과 같은 xtgee 명령에서는 mu 옵션 사용)을 사용한다. X_{it} 값을 변화시킨 다음 확률을 구하려면, 문자 그대로 X_{it} 값을 변화시킨 다음 확률을 구한다. 예를 들어 설명변수가 x1과 x2인데 모든 관측치에서 x1의 값을 1만큼 증가시키고자 한다면 "replace x1 = x1+1"이라고 하여 x1 값을 증가시키고 나서 그 다음 predict 명령을 사용한다. 이하에서는 앞의 통합 프로빗과 통합 로짓에서 모든 개인의 인종이 흑인(black이 1)인 상황과 비흑인(black이 0)인 상황 간에 노동조합에 가입할 확률의 평균적인 차이를 수동의 방식으로 구한다.

```
1   . webuse union, clear
2   (NLS Women 14-24 in 1968)

3   . qui xtprobit union age grade not_smsa south black i.year, pa c(ind) vce(r)

4   . preserve

5   . replace black = 0
6   (7,193 real changes made)

7   . predict phat0, mu

8   . replace black = 1
9   (26,200 real changes made)

10  . predict phat1, mu

11  . gen dphat = phat1-phat0

12  . su phat0 phat1 dphat

13      Variable │        Obs        Mean     Std. Dev.         Min         Max
14   ────────────┼─────────────────────────────────────────────────────────────
15         phat0 │     26,200    .1845893     .0760998    .0331171    .4221831
16         phat1 │     26,200    .3347095     .1061749    .0893482    .6162873
17         dphat │     26,200    .1501202     .0307156    .0562311    .1943393

18  . restore
```

3행에서 통합 프로빗 추정을 한다. 4행에서는 현재 상태의 데이터를 메모리로 떠서 저장해 둔다. 5행에서는 모든 개인의 인종을 비흑인(black=0)으로 바꾸고 7행에서 노조 가입 확률 예측값을 phat0 변수에 저장한다. 8행에서는 모든 개인의 인종을 흑인(black=1)으로 바꾸고 10행에서 이 경우의 노조 가입 확률 예측값을 phat1 변수에 저장한다. 11행에서 이 두 확률 간의 차이를 구하고 12행에서 요약통계량을 보여 준다. 17행에 따르면 평균 부분효과는 약 15.0% 포인트이다. 18행에서 3행 직전의 상태로 메모리를 되돌린다. 참고로, 15–16행의 결과는 3행의 명령에서 black을 i.black으로 바꾼 다음 "margins black"이라고 하여도 구할 수 있고 17행의 결과는 그 다음 "margins, dydx(black)"으로써 구할 수 있다. 더 자세한 내용은 margins 명령의 도움말을 참조하라.

다음에는 통합 로짓을 이용하여 위와 동일한 방식으로 평균 부분효과를 구하자.

```
19  . qui xtlogit union age grade not_smsa south black i.year, pa c(ind) vce(r)

20  . preserve

21  . replace black = 0
22  (7,193 real changes made)

23  . predict phat0, mu

24  . replace black = 1
25  (26,200 real changes made)

26  . predict phat1, mu

27  . gen dphat = phat1-phat0

28  . su phat0 phat1 dphat

29      Variable         Obs        Mean     Std. Dev.         Min         Max
30  ─────────────┼───────────────────────────────────────────────────────────
31         phat0      26,200    .1845538     .0748562    .0401899    .4313308
32         phat1      26,200    .3382221     .1126748    .0896277    .6407236
33         dphat      26,200    .1536683     .0385235    .0494378    .2105358

34  . restore
```

19행에서 통합 로짓을 이용하여 추정하였다. 33행에 따르면 평균 부분효과는 15.4% 포인트이다. 15–17행과 31–33행을 비교해 보면 프로빗과 로짓에 의한 평균 부분효과는 서로 유사함을 알 수 있다.

▸ **연습 8.1.** 예제 8.2의 추정 결과를 바탕으로 **age**가 데이터보다 1세 높은 경우와 데이터상의 **age**와 같은 경우 간의 비교에 의한 평균부분효과를 구하라.

8.2 임의효과 이항반응 모형

오차항이 $u_{it} = \mu_i + \varepsilon_{it}$ 의 구조를 갖는다고 명시적으로 가정하고 이 가정을 추정에 이용하는 방법도 있다. 여기서 μ_i는 임의효과이어야 한다. 이 맥락에서 "임의효과"라고 하면 단순히 설명변수들과 상관이 없음을 의미할 뿐 아니라 μ_i에 대하여 특정한 분포를 가정하여야 한다. μ_i의 분포가 예를 들어 $N(0, \sigma_\mu^2)$이라는 가정이 주어지고 나면, 임의효과 추정방법에서는 먼저 μ_i가 주어져 있다고 상정하고 ε_{it}가 표준 분포(표준 로지스틱 분포나 표준정규분포)를 따른다고 가정하여 μ_i-조건부 우도함수^{likelihood function}를 구한 후, 이 우도함수를 μ_i의 분포에 대한 우리의 가정에 따라 가중평균하여 최종적인 우도함수를 얻는다. 임의효과 추정량은 이 우도함수를 최대화시키는 값(최우추정량)이다. Stata에서 임의효과 추정을 위해서는 로짓이냐 프로빗이냐에 따라 다음 명령을 사용한다.

```
. xtlogit y x1 x2, re
. xtprobit y x1 x2, re
```

실제 우도함수의 형태는 가공할 만하다. ε_{it} 가 μ_i 와 독립이면서 표준로지스틱 또는 표준정규분포를 갖는다고 가정하면 다음 조건부 확률을 얻는다.

$$\Pr(y_{i1} = y_1, \ldots, y_{iT} = y_T | \mu_i) = \prod_{t=1}^{T} F(\alpha + X_{it}\beta + \mu_i)^{y_t} [1 - F(\alpha + X_{it}\beta + \mu_i)]^{1-y_t}$$

여기서 $F(\cdot)$ 함수는 프로빗이냐 로짓이냐에 따라 표준정규분포의 CDF이거나 표준 로지스틱 분포의 CDF이다. 이로부터, $f(\mu)$ 가 μ_i 의 확률밀도함수PDF라 할 때 개체 i 의 우도함수를 다음과 같이 구할 수 있다.

$$L_i(\alpha, \beta, \sigma_\mu^2) = \int_{-\infty}^{\infty} \left\{ \prod_{t=1}^{T} F(\alpha + X_{it}\beta + \mu)^{y_{it}} [1 - F(\alpha + X_{it}\beta + \mu)]^{1-y_{it}} \right\} f(\mu) d\mu$$

여기서 $\mu_i \sim N(0, \sigma_\mu^2)$ 이라고 하면 $f(\mu) = (2\pi)^{-1/2} \sigma_\mu^{-1} \exp(-\frac{1}{2}\mu^2/\sigma_\mu^2)$ 이므로 좌변에 σ_μ^2 이 함수의 인자로 포함되어 있다. 우변의 적분식은 손으로 풀 수 없으며 컴퓨터 알고리즘을 이용하여 수치적으로 구하는 수밖에 없고, RE 추정은 $\sum_{i=1}^{n} \ln L_i(\alpha, \beta, \sigma_\mu^2)$ 을 최대화시키는 데 그 과정에서 수많은 적분들을 수치적으로 구하여야 하므로 보통 시간이 꽤 걸린다.

RE 추정으로 α 와 β 및 σ_μ^2 추정값을 구할 수 있다. 이렇게 구한 추정값들을 이용하여 부분효과들partial effects을 구하는 것을 생각해 보자. RE 프로빗 모형에서 $(X_{i1}, \ldots, X_{iT})$ 조건 부로 $\mu_i + \varepsilon_{it}$ 는 $N(0, 1 + \sigma_\mu^2)$ 분포를 갖는다. 그러므로 어떤 개체의 X_{it} 의 값이 $\mathbf{x}$ 일 때, RE 모형에서 $y_{it} = 1$ 일 확률은 다음과 같다.

$$\Pr(y_{it} = 1 | X_{it} = \mathbf{x}) = \Phi((\alpha + \mathbf{x}\beta)/(1 + \sigma_\mu^2)^{1/2}) \tag{8.1}$$

이로부터 $X_{it} = \mathbf{x}$ 일 때 $y_{it} = 1$ 일 확률을 구할 수 있고 평균에서의 부분효과나 평균부분효과도 어렵지 않게 구할 수 있다. 만약 X_{it} 가 연속의 값을 갖는 확률변수라면 t 기의 평균에서 의 부분효과는 $\beta\phi((\alpha + \bar{x}_t\beta)/(1 + \sigma_\mu^2)^{1/2})$ 이고 t 기의 평균부분효과는 $n^{-1}\sum_{i=1}^{n}\beta\phi((\alpha + x_{it}\beta)/(1 + \sigma_\mu^2)^{1/2})$ 일 것이다. 여기서 $\bar{x}_t$ 는 $n^{-1}\sum_{i=1}^{n}X_{it}$ 의 값이고 x_{it} 는 X_{it} 의 값이다. 만약 X_{it} 가 이산적인 값들을 갖는다면 (8.1)에 따라 해당 확률들을 직접 계산할 수 있다. 이때 모수들을 모두 추정값으로 바꾼다.

흥미로운 수학을 보여주겠다. 사실 (8.1)의 확률은, 먼저 μ_i 에 대한 조건부로 확률을 구하고 이것을 다시 μ_i 의 분포에 따라 평균을 구하는 것으로 간주하여 다음과 같이 표현할 수도 있다.

$$\Pr(y_{it} = 1 | X_{it} = \mathbf{x}) = E[\Phi(\alpha + \mathbf{x}\beta + \mu_i)] = \int_{-\infty}^{\infty} \Phi(\alpha + \mathbf{x}\beta + \mu)\sigma_\mu^{-1}\phi(\sigma_\mu^{-1}\mu)d\mu$$

$$= \int_{-\infty}^{\infty} \Phi(\alpha + \mathbf{x}\beta + \sigma_\mu r)\phi(r)dr = \int_{-\infty}^{\infty}\int_{-\infty}^{\alpha + \mathbf{x}\beta + \sigma_\mu r}\phi(z)\phi(r)dzdr$$

여기서 $\phi(\cdot)$는 표준정규분포의 확률밀도함수PDF이다. 그런데 $\phi(z)\phi(r) = (2\pi)^{-1}e^{-(z^2+r^2)/2}$의 등고선들은 (z, r) 평면에서 정확히 원을 그리므로, 위의 적분은 원점에서 $z = \alpha + \mathbf{x}\beta + \sigma_\mu r$까지의 거리와 동일한 d에서 다음의 적분값과 동일하다.

$$\int_{-\infty}^{d}\int_{-\infty}^{\infty}\phi(z)\phi(r)dzdr = \Phi(\pm d)$$

여기서 부호는 $\alpha + \mathbf{x}\beta$의 부호와 동일하다. 원점에서 직선 $z = \alpha + \mathbf{x}\beta + \sigma_\mu r$까지의 거리는 직각삼각형 비례 관계를 이용하면 다음과 같다.

$$d = |\alpha + \mathbf{x}\beta|/(1 + \sigma_\mu^2)^{1/2}$$

이로부터도 (8.1)의 우변을 도출할 수 있다. 이해할 수만 있다면 매우 흥미로운 수학이다.

PA 프로빗 모형과 RE 프로빗 모형 간에 큰 차이는 두 모형이 표현하는 모수 자체가 다르다는 것이다. 이는, $u_{it} = \mu_i + \varepsilon_{it}$일 때, PA 모형은 u_{it}가 표준분포를 따른다고 가정하는 반면, RE 모형은 ε_{it}가 표준분포를 따른다고 가정하기 때문이다. 그 결과, PA 모형을 회귀한 GEE 계수추정값은 RE 회귀의 계수추정값보다 전체적으로 규모가 더 작다(u_{it}의 분산이 ε_{it}의 분산보다 크므로 1로 정규화하기 위해서는 PA에서 규모를 더 줄여야 한다). 구체적으로, RE 프로빗 모형(μ_i도 정규분포를 갖는다는 가정하)의 모수를 β_{re}라 하고, PA 프로빗 모형의 모수를 β_{pa}라 하면 $\beta_{pa} = (1 + \sigma_\mu^2)^{-1/2}\beta_{re}$이다(PA 모형에서는 μ_i라는 것이 없으며, σ_μ^2은 RE 모형에서 μ_i의 분산이다). 그 이유는, RE 모형에서 $\varepsilon_{it} \sim N(0, 1)$이면 $u_{it} = \mu_i + \varepsilon_{it} \sim N(0, \sigma_\mu^2 + 1)$인데, 이를 PA 모형으로 변환시키면 $\alpha_{re}(1 + \sigma_\mu^2)^{-1/2} + X_{it}\beta_{re}(1 + \sigma_\mu^2)^{-1/2} + u_{it}(1 + \sigma_\mu^2)^{-1/2} > 0$인 경우에 y_{it}가 1의 값을 갖는다는 모형으로 변환되고 오차항은 $N(0, 1)$ 분포를 갖고 따라서 $\beta_{pa} = \beta_{re}(1 + \sigma_\mu^2)^{-1/2}$이 성립하기 때문이다. 추정 결과를 비교할 때 이 점을 염두에 두어야 할 것이다. 하지만 이 두 추정량을 사용하여 구한 부분효과들(평균 부분효과나 평균에서의 부분효과)은 대체로 엇비슷하다. 특히 RE 프로빗 추정계수는 "교환가능" GEE 추정계수에 $(1 + \sigma_\mu^2)^{1/2}$을 곱한 값과 유사하다. 식 (8.1)에서 α와 β는 RE 모형의 계수들이므로 α_{re}와 β_{re}라 하면 (8.1)의 우변은 $\Phi(\alpha_{pa} + \mathbf{x}\beta_{pa})$와 같다. 그러므로 PA 모형에서의 부분효과들은 RE 모형에서의 부분효과들과 동일하다. 차이가 있다면 α와 β를 GEE의 방법으로 추정하여 그대로 사용하느냐 RE의 방법으로 추정한 다음 $(1 + \sigma_\mu^2)^{1/2}$의 추정값으로 나누어 주느냐 하는 것뿐이다.

예제 8.4 노동조합 가입 모형의 RE 추정

예제 8.1의 데이터와 모형에 대하여 RE 프로빗 추정을 해 보자. 가정은 μ_i 조건부로 ε_{it}가 IID 표준정규분포를 가지고 μ_i가 $N(0, \sigma_\mu^2)$ 분포를 갖는다는 것이다. 다음 결과를 보라. 추정에 상당한 시간이 걸릴 것이다.

```
1   . webuse union, clear
2   (NLS Women 14-24 in 1968)
```

```
 3   . xtprobit union age grade not_smsa south black i.year, re nolog

 4   Random-effects probit regression            Number of obs     =     26,200
 5   Group variable: idcode                       Number of groups  =      4,434

 6   Random effects u_i ~ Gaussian                Obs per group:
 7                                                          min =          1
 8                                                          avg =        5.9
 9                                                          max =         12

10   Integration method: mvaghermite              Integration pts.  =         12

11                                                Wald chi2(16)     =     493.81
12   Log likelihood  = -10409.873                 Prob > chi2       =     0.0000
```

union	Coef.	Std. Err.	z	P>|z|	[95% Conf. Interval]	
age	.0134977	.0083666	1.61	0.107	-.0029006	.029896
grade	.066891	.0099243	6.74	0.000	.0474398	.0863422
not_smsa	-.0694908	.0461384	-1.51	0.132	-.1599204	.0209389
south	-.6609269	.0461794	-14.31	0.000	-.7514368	-.570417
black	.7645923	.0589627	12.97	0.000	.6490276	.880157
year						
71	-.0226805	.064416	-0.35	0.725	-.1489335	.1035725
72	-.1463956	.0659786	-2.22	0.026	-.2757114	-.0170799
73	-.099051	.0674602	-1.47	0.142	-.2312706	.0331686
77	-.2532107	.0825797	-3.07	0.002	-.4150639	-.0913574
78	-.0508965	.0903798	-0.56	0.573	-.2280376	.1262446
80	.2535808	.1016937	2.49	0.013	.0542648	.4528967
82	-.0607915	.1150074	-0.53	0.597	-.2862019	.164619
83	-.2522901	.1233832	-2.04	0.041	-.4941166	-.0104635
85	-.0665067	.1366114	-0.49	0.626	-.3342601	.2012467
87	-.210416	.1520171	-1.38	0.166	-.5083641	.0875321
88	-.1539902	.1626184	-0.95	0.344	-.4727165	.1647361
_cons	-2.454174	.2274061	-10.79	0.000	-2.899882	-2.008467
/lnsig2u	.5534238	.0461016			.4630665	.6437812
sigma_u	1.318786	.0303991			1.260531	1.379734
rho	.6349296	.0106861			.6137414	.6556077

```
42   LR test of rho=0: chibar2(01) = 5613.31            Prob >= chibar2 = 0.000
```

6행에서 보다시피 μ_i는 정규분포를 갖는다고 가정한다. 39행에서 $\hat{\sigma}_\mu$은 약 1.3이다. 프로빗의 경우 PA 모형과 RE 모형 사이의 계수들의 관계는 PA 모형의 계수들에 $(1+\sigma_\mu^2)^{1/2}$ 을 곱하면 RE 모형이 된다고 하였다. 이 데이터에서 이러한 현상이 나타나는지 (상당한 수고를 하여) 계수들을 비교하여 보았다. 다음을 보라.

```
43  . scalar sigu = e(sigma_u)

44  . mat re = e(b)

45  . mat re = re'

46  . svmat re

47  . qui xtprobit union age grade not_smsa south black i.year, pa c(exc) vce(r)

48  . mat pa_exc = e(b)

49  . mat pa_exc = pa_exc'

50  . svmat pa_exc

51  . qui xtprobit union age grade not_smsa south black i.year, pa c(ind) vce(r)

52  . mat pa_ind = e(b)

53  . mat pa_ind = pa_ind'

54  . svmat pa_ind

55  . gen ratio = re / pa_exc
56  (26,183 missing values generated)

57  . l pa_ind pa_exc re ratio in 1/5
```

	pa_ind1	pa_exc1	re1	ratio
1.	.0153288	.012372	.0134977	1.09099
2.	.0408607	.0443157	.066891	1.509419
3.	-.0545298	-.0313249	-.0694908	2.218389
4.	-.5170804	-.4070974	-.6609269	1.62351
5.	.492056	.4617907	.7645923	1.655712

```
67  . di sqrt(1+sigu^2)
68  1.6550521
```

Stata에서 프로그래밍이 힘들다는 것은 이미 이야기하였다. 43–55행까지 우여곡절 끝에(더 쉬운 방법이 있을지도 모르겠다) t에 걸쳐 독립을 가정하는 GEE 추정값, "교환가능" 상관계수를 가정하는 GEE 추정값, RE 추정값들과 더불어, "교환가능" GEE 추정값과 RE 추정값의 비율을 구하여 보았다. 61–65행의 "ratio" 열에 이 비율이 표시되어 있다. 앞의 39행의 결과를 이용하면 $(1+\hat{\sigma}_\mu^2)^{1/2} \doteq (1+1.31^2)^{1/2} \doteq 1.65$이다. 정확한 값은 68행에 표시되어 있다. 61–65행의 "ratio" 값들은 $1.09 \sim 2.22$의 비교적 넓은 범위에 있기는 하지만 68행의 값과 터무니 없이 다르지는 않다.

앞에서 이미 설명하였지만, 이항반응 모형의 RE 추정에서 중요한 점은 임의효과 μ_i 의 분포 자체에 대한 가정이 있어야 한다는 것이다. Stata의 명령어들은 RE 로짓과 RE 프로빗을 막론하고 μ_i 가 평균이 0이고 분산이 σ_μ^2 인 정규분포를 갖는다고 가정한다.

Chamberlain의 RE 프로빗

앞의 RE 추정 시에는 독립변수들이 주어질 때 μ_i 의 분포가 $N(0, \sigma_\mu^2)$ 이라고 가정하였다. 이는 독립변수들과 μ_i 가 서로 독립임을 의미한다. 이것을 완화시켜 μ_i 의 평균이 독립변수 값들에 의존하도록 할 수 있다. 그럼으로써 완전하지는 않지만 독립변수들과 개별효과들의 상관을 허용해 주는 것이다. μ_i 의 평균이 $\bar{X}_i$ 에 의존하도록 하는 모형은 간편해서 많이 사용된다. Stata에서 이 방법을 사용하기 위해서는 다음과 같이 하면 된다.

```
. by id: egen x1bar = mean(x1)
. by id: egen x2bar = mean(x2)
. xtprobit y x1 x2 x1bar x2bar, re
```

여기서 설명변수와 μ_i 가 상관될 수 있지만 μ_i 는 고정효과가 아니다. 정말 고정효과라면 μ_i 가 설명변수와 어떤 관계를 가져도 상관없어야 하지만, Chamberlain (1980)의 방법은 μ_i 의 분포가 정규분포이고, 평균이 $\bar{X}_i$ 의 선형함수이며, 분산이 설명변수 값과 무관한 σ_μ^2 이라는 가정을 한다. 이처럼 μ_i 의 분포에 관한 상당한 가정을 하므로, 설명변수와 개별효과의 상관이 허용됨에도 불구하고 이 추정량은 RE 프로빗 추정량이라 한다. 요즘은 설명변수와 상관된correlated 임의효과가 있는 모형이며 추정량이라는 뜻으로 상관된 임의효과(correlated random effects, CRE) 추정량이라고들 한다. 이름을 뭐라고 하든 간에 이 추정량은 여전히 임의효과 추정량이다. 진짜 고정효과 추정량은 8.4절의 FE 로짓 추정량이다(FE 프로빗은 없음).

▸ **연습 8.2.** CRE 모형에서 μ_i 의 평균은 설명변수들과 어떤 관계가 있는가? 동일한 모형에서 μ_i 의 분산은 어떠한가? 왜 CRE 모형은 '고정효과' 모형이 아니라 '임의효과' 모형이겠는가?

▸ **연습 8.3.** 예제 8.4의 모형과 데이터에 대하여 $\bar{X}_i$ 를 설명변수로 추가하여 RE 추정을 하는 RE 프로빗 추정을 하라. 이 경우 black 변수의 개인별 평균을 포함시키면 안 된다. 왜 그런가? south의 개인별 평균의 계수는 통계적으로 유의한가?

CRE 모형에서 부분효과partial effects들을 구할 때에는 좀 더 주의를 기울여야 한다. μ_i 가 $\bar{X}_i$ 와 상관된 것으로 보는 간편한 CRE 모형은 설명변수로 (X_{it} 이외에도) $\bar{X}_i$ 가 추가된 RE 모형과 동일하다. 그렇다면 $X_{it} = \mathbf{c}$ 일 때의 부분효과는 무엇을 뜻할까? 우리가 원하는 것은 $\Pr(y_{it} = 1 | X_{it} = \mathbf{c})$ 이다. 그런데 이 확률은 μ_i 의 값에 의존하므로 우리는 각 개체별로 주어진 μ_i 에서 이 확률을 구한 후 모집단 전체에 대하여 평균을 구하고자 한다. 그러므로 우리가 구하는 부분효과는 하나의 X_{it} 값에서 구하더라도 평균부분효과이다. CRE 모형에서 독립변수 값이 $\mathbf{c}$ 일 때 평균 확률을 구하려면 다음과 같이 한다.

$$\frac{1}{n}\sum_{i=1}^{n}\Phi\left((\mathbf{c}\hat{\beta}_{re}+\bar{X}_i\hat{\gamma}_{re})/(1+\hat{\sigma}_a^2)^{1/2}\right)$$

서로 다른 두 $\mathbf{c}$ 값에서 이 확률을 구하여 그 차이를 구하면 평균부분효과 추정값이 된다.

이상은 μ_i 가 $\bar{X}_i$ 에 의하여 설명되는 경우를 본 것이고, μ_i 가 $X_{i1},\ldots,X_{iT}$ 모두에 의하여 설명되는 경우라면 $\bar{X}_i\hat{\gamma}_{re}$ 를 전부 $\sum_{s=1}^{T}X_{is}\hat{\gamma}_{s,re}$ 로 바꾸면 된다. $X_{i1},\ldots,X_{iT}$ 에 해당하는 변수들의 의미와 Stata에서 이 변수들을 만드는 방법은 〈표 7.1〉과 그 근처 부분에서 설명하였다. 임의의 변수 리스트에 대하여 이들 변수를 만드는 방법은 다음과 같다.

```
1  levels year, local(yearlevels)
2  foreach v of varlist x1 x2 x3 {
3      foreach year of local yearlevels {
4          by id: egen `v'_`year' = total(`v'/(year==`year')), missing
5      }
6  }
```

독자들은 아쉬운 대로 위 코드를 베껴서 사용할 수 있을 것이다. 여기서는 x1, x2, x3에 대하여 x1_1990 등의 변수를 생성하는데 다른 변수에 대하여 이 작업을 하려면 2행의 varlist 다음을 바꾸면 될 것이다. t 변수와 i 변수가 다르면 1행과 4행의 year와 id를 바꾸기 바란다.

시변하는 설명변수를 X_{it}, 시간불변 설명변수를 Z_i 라 할 때, 앞에서는 Z_i 는 원래 모형에 등장할 수도 있고 μ_i 의 결정방정식에 등장할 수도 있다. CRE 모형에서 Z_i 가 직접 y_{it} 에 영향을 미치는지 μ_i 와의 상관을 경유하여 영향을 미치는지 식별할 방법은 없다. 다음 두 모형은 동일하여 서로 구분되지 않는다.

$$\text{모형 1: } y_{it}=1\{\alpha+X_{it}\beta+Z_i\gamma+\mu_i+\varepsilon_{it}>0\},\quad \mu_i=\sum_{s=1}^{T}X_{is}\delta_s+a_i$$

$$\text{모형 2: } y_{it}=1\{\alpha+X_{it}\beta+\mu_i+\varepsilon_{it}>0\},\quad \mu_i=Z_i\gamma+\sum_{s=1}^{T}X_{is}\delta_s+a_i$$

다르게 표현하자면, 원래 모형의 우변에 시간불변 변수 Z_i 가 포함되어 있을 때, 이상의 방법을 이용해서는 이 Z_i 가 μ_i 와 상관되는지 여부를 알아낼 수 없다.

8.3   동태적 이항반응 임의효과 모형

다음으로 동태적 모형을 고려하자.

$$y_{it}=1\{\delta+X_{it}\beta+\alpha y_{it-1}+u_{it}>0\},\quad u_{it}=\mu_i+\varepsilon_{it} \tag{8.2}$$

여기서 X_{it} 는 강외생적이다. y_{i0} 부터 관측된다고 하자. 축차적으로 대입해 나가면 y_{it} 는 $y_{i0}, X_{i1},\ldots,X_{it}$ 및 여타 다른 요소들에 의존함을 알 수 있다. 개별효과 μ_i 는 임의효과라고 가정하지만, Chamberlain의 방식으로 그 평균이 $\bar{X}_i$ 나 $(X_{i1}, \ldots, X_{iT})$ 에 의존하도록 일반화할 수 있다. 추가적으로 시간불변 변수 Z_i 를 선택하여 μ_i 가 여기에도 의존하도록 할 수 있다. 참고로, $\alpha \neq 0$ 이면 상태의존성(state dependency)이 있다고 한다.

7.3절 마지막에 소개된 Wooldridge (2005)의 방법은 동태적 비선형 패널 모형에서도 매우 간편하게 CRE 방법을 사용하여 모수들을 추정할 수 있게 해 준다. 먼저 y_{i0}, Z_i, $(X_{i1}, \ldots, X_{iT})$ 조건부로 μ_i 의 분포를 가정한다. 예를 들어 다음과 같이 가정하자.

$$\mu_i = \gamma_0 + \gamma_1 y_{i0} + \sum_{s=1}^{T} X_{is}\delta_s + Z_i\theta + a_i, \quad a_i \sim N(0, \sigma_a^2) \tag{8.3}$$

여기서 a_i 가 $y_{i0}, Z_i, X_{i1}, \ldots, X_{iT}$ 와 독립인 임의효과라고 가정한다. X_{it} 가 $t = 0$ 부터 관측되는 경우라면 $X_{is}\delta_s$ 가 $s = 0$ 부터 합산되도록 하면 될 것이다. 식 (8.2)에 (8.3)을 대입하면 모형은 다음과 같이 바뀐다.

$$y_{it} = 1\left\{ \delta + X_{it}\beta + \alpha y_{it-1} + \gamma_1 y_{i0} + \sum_{s=1}^{T} X_{is}\delta_s + Z_i\theta + a_i + \varepsilon_{it} > 0 \right\} \tag{8.4}$$

상수항이 $\delta + \gamma_0$ 로 바뀌겠지만 새로운 기호를 도입하지 않고 처음 그대로 사용하였다. 오차 구성성분들(a_i 와 ε_{it})은 서로 독립이고 평균이 0인 정규분포를 가지며 $\varepsilon_{it} \sim IID\, N(0,1)$ 이라고 상정한다. 이 식에서 y_{it-1} 은 a_i 와 상관되므로 설명변수들을 외생변수 취급을 하고 MLE 를 할 수는 없다. 그보다는 $(a_i, y_{i0}, \mathbf{X}_i, Z_i)$ 조건부로 먼저 우도함수를 구하고($\mathbf{X}_i$ 는 X_{it} 들을 모든 t 에 대하여 모은 것) 그 우도함수를 a_i 의 분포에 따라 가중평균함으로써 $(y_{i0}, \mathbf{X}_i, Z_i)$ 조건부의 우도함수를 구한다. 수식으로 표현하여, $(a_i, y_{i0}, \mathbf{X}_i, Z_i)$ 조건부로 $(y_{i1}, \ldots, y_{iT})$ 의 우도함수를 $f(\mathbf{y}_i | a_i, y_{i0}, \mathbf{X}_i, Z_i)$ 라 할 때, $(y_{i0}, \mathbf{X}_i, Z_i)$ 조건부 우도함수는 다음과 같다.

$$f(\mathbf{y}_i | y_{i0}, \mathbf{X}_i, Z_i) = \int_{-\infty}^{\infty} f(\mathbf{y}_i | a_i = a, y_{i0}, \mathbf{X}_i, Z_i) f_a(a | y_{i0}, \mathbf{X}_i, Z_i)\, da$$

여기서 $f_a(a | y_{i0}, \mathbf{X}_i, Z_i)$ 는 $(y_{i0}, \mathbf{X}_i, Z_i)$ 조건부로 a_i 의 확률밀도함수로서, (8.3)에 따르면 $f_a(a | y_{i0}, \mathbf{X}_i, Z_i) = \sigma_a^{-1}\phi(\sigma_a^{-1}a)$ 이다. 결국 다음의 우도함수를 얻는다.

$$\begin{aligned}
f(\mathbf{y}_i | y_{i0}, \mathbf{X}_i, Z_i) &= \int f(\mathbf{y}_i | a_i = a, y_{i0}, \mathbf{X}_i, Z_i)\sigma_a^{-1}\phi(\sigma_a^{-1}a)\, da \\
&= \int \prod_{t=1}^{T} f(y_{it} | a_i = a, y_{it-1}, \ldots, y_{i0}, \mathbf{X}_i, Z_i)\sigma_a^{-1}\phi(\sigma_a^{-1}a)\, da \\
&= \int \prod_{t=1}^{T} f(y_{it} | a_i = a, y_{it-1}, y_{i0}, \mathbf{X}_i, Z_i)\sigma_a^{-1}\phi(\sigma_a^{-1}a)\, da
\end{aligned}$$

여기서 적분은 $(-\infty, \infty)$ 에 걸쳐서 구하며, 마지막 줄은 (8.4)로 인하여 성립한다. 위 우도함수는 설명변수로 $(X_{it}, y_{it-1}, y_{i0}, X_{i1}, \ldots, X_{iT}, Z_i)$ 를 이용하면서 모든 설명변수들이 강외생적이라고 간주하는 경우의 RE 프로빗을 위한 우도함수임을 알 수 있다. 따라서 추정을 위해서는 $(X_{it}, y_{it-1}, y_{i0}, X_{i1}, \ldots, X_{iT}, Z_i)$ 를 설명변수로 하여 RE 프로빗을 하면 된다. 이 경우

y_{it-1}과 a_i가 상관되어 있으므로 (8.4)로부터 직접 이 마지막 우도함수를 도출할 수는 없음에 유의하라. 또, 통합pooled 프로빗이 아니라 반드시 RE 프로빗을 하여야 한다.

Stata에서 종속변수가 y, 시변하는 독립변수가 xa, xb, 시간불변 독립변수가 za, zb 라 하고, $t = 0, 1, \ldots, 6$에 대하여 데이터가 관측되는 경우, 이상에서 설명한 추정을 하기 위해서는 다음과 같이 하면 될 것이다.

```
1  by id: egen y0 = total(y / (year==0)), missing
2  levels year, local(yearlevels)
3  foreach v of varlist xa xb {
4      foreach year of local yearlevels {
5          by id: egen `v'_`year' = total(`v'/(year==`year')), missing
6      }
7  }
8  xtprobit y xa xb l.y za zb y0 xa_0-xa_6 xb_0-xb_6, re
```

마지막 줄의 xa xb l.y는 우변변수들이고 za zb y0 xa_0-xa_6 xb_0-xb_6은 Chamberlain의 CRE 방법에 따라 μ_i와 상관될 수 있는 부분을 통제해 준 것이다. 만약 $t = 1, \ldots, T$에 대하여 관측되는 xa와 xb를 사용하고자 한다면 8행의 모형설정을 바꾸면 된다.

▶ **연습 8.4.** Wooldridge (2005)의 6절에서 Vella and Verbeek (1998)의 데이터를 이용하여 분석한 바를 복원해 보자. 이 책 웹페이지의 **vv98.dta** 데이터를 이용하자(데이터는 Journal of Applied Econometrics의 자료 사이트에서 구하였다). 모형은 다음과 같다(연도 더미에 주의하라).

$$union_{it} = 1\{\gamma_t + \beta mar_{it} + \alpha union_{it-1} + \mu_i + \varepsilon_{it} > 0\}$$

변수 중 school과 black이 시간불변time-invariant임을 확인하고(힌트: xtsum), μ_i가 모든 시기의 mar, union의 초기값, school, black에 의존하는 동태적 CRE 모형을 Stata의 "xtprobit, re" 명령을 이용하여 추정하라. $\hat{\beta}$값이 0.169, 표준오차가 0.111임을 확인하라. $\hat{\alpha}$은 얼마인가? σ_a의 추정값은 무엇인가?

동태적 모형에서도 평균부분효과를 구할 수 있다. 여기서도 앞에서 본 것처럼 계수 추정값들에 반드시 $(1 + \hat{\sigma}_a^2)^{-1/2}$을 곱하여 오차항이 표준정규분포를 갖는 모형에 해당하도록 만들어 주어야 한다.

8.4 고정효과 로짓 모형

패널 모형에서 로지스틱logistic 분포는 매우 유용하다. 다른 여느 분포(정규분포 포함)와 달리 로짓은 FE 추정을 가능하게 해 준다. 여기서 FE란 μ_i에 어떠한 가정도 하지 않는 추정을 의미한다. FE 추정은 로짓에서만 가능하며, FE 프로빗이라는 것은 없다.

로짓에서 고정효과 추정이 어떻게 가능한지는 부록 D.6에 설명되어 있다. $T=2$인 경우, 고정효과 로짓 추정량은 작년과 올해 종속변수 값이 변화한(0에서 1로, 혹은 1에서 0으로) 관측치들만 이용하고, 종속변수가 0에서 1로 바뀌면 1의 값을 주고 종속변수가 1에서 0으로 바뀌면 0의 값을 주는 이진변수를 만든 다음 이 이진변수를 ΔX_i에 대하여 로짓 회귀를 하는 것과 동일하다는 점을 지적한다. 말하자면 다음과 같이 하는 것이다.

```
. gen z = (d.y+1)/2
. logit z d.x if y != l.y, nocons
```

모형에 시간더미가 포함된다면 nocons 옵션을 제거해야 한다. 이 코드는 어떤 방식인지 설명하기 위한 것일 뿐이며, 실제로 사용하지는 말기 바란다.

T가 더 큰 경우에 대해서도 고정효과 로짓 추정이 가능하나, 상세한 설명을 위해서는 상당한 수학이 필요하다. 관심 있는 독자들은 부록 D.6을 참조하기 바란다. Stata에서 FE 로짓 추정은 다음과 같이 한다.

```
. xtlogit y x1 x2 i.year, fe
```

다음 예에서 RE 로짓, CRE 로짓, FE 로짓 추정값들을 비교한다.

예제 8.5 노동조합 가입 모형의 패널 로짓 추정

예제 8.4의 모형과 데이터에 대하여 RE 로짓, CRE 로짓, FE 로짓 추정을 해 보자. 임의효과 (RE와 CRE) 추정에서는 μ_i가 정규분포를 갖는다고 가정한다. 이하에서는 xtlogit 명령에서 nolog 옵션을 붙여서 중간 단계의 로그우도값들이 출력되지 않도록 하였다. 이하의 결과들을 확인하라. 아래 47행의 CRE에서는 $\bar{X}_i$를 우변에 추가한다. 원하면 8.2절의 마지막에 설명한 것처럼 $X_{i1},\dots,X_{iT}$를 생성하여 우변에 추가할 수도 있다. RE와 CRE 추정에 시간이 꽤 걸릴 수 있으니 인내심을 갖기 바란다.

```
1   . webuse union, clear
2   (NLS Women 14-24 in 1968)

3   . xtlogit union age grade not_smsa south black i.year, re nolog

4   Random-effects logistic regression        Number of obs    =    26,200
5   Group variable: idcode                     Number of groups =     4,434

6   Random effects u_i ~ Gaussian              Obs per group:
7                                                          min =         1
8                                                          avg =       5.9
9                                                          max =        12

10  Integration method: mvaghermite            Integration pts. =        12
```

```
11                                            Wald chi2(16)      =      491.50
12   Log likelihood  = -10399.434            Prob > chi2        =      0.0000
```

union	Coef.	Std. Err.	z	P>|z|	[95% Conf. Interval]	
age	.0254758	.0148669	1.71	0.087	-.0036628	.0546144
grade	.1202381	.0176621	6.81	0.000	.085621	.1548553
not_smsa	-.1239779	.0826905	-1.50	0.134	-.2860483	.0380926
south	-1.198571	.0833385	-14.38	0.000	-1.361911	-1.03523
black	1.370434	.1050219	13.05	0.000	1.164595	1.576274
year						
71	-.045759	.1156465	-0.40	0.692	-.272422	.180904
72	-.2694948	.1183878	-2.28	0.023	-.5015307	-.0374589
73	-.1798082	.1206967	-1.49	0.136	-.4163695	.056753
77	-.4513974	.1474059	-3.06	0.002	-.7403076	-.1624873
78	-.0955747	.16096	-0.59	0.553	-.4110504	.2199011
80	.4305065	.18092	2.38	0.017	.0759098	.7851032
82	-.1009805	.2043852	-0.49	0.621	-.5015682	.2996071
83	-.4349287	.2191218	-1.98	0.047	-.8643995	-.0054579
85	-.133844	.2429545	-0.55	0.582	-.610026	.342338
87	-.3728444	.270163	-1.38	0.168	-.9023541	.1566653
88	-.2931398	.2891766	-1.01	0.311	-.8599156	.2736361
_cons	-4.404518	.4053315	-10.87	0.000	-5.198953	-3.610083
/lnsig2u	1.692365	.0472731			1.599712	1.785019
sigma_u	2.330733	.0550904			2.22522	2.441248
rho	.6228159	.0111052			.6008155	.6443216

```
LR test of rho=0: chibar2(01) = 5625.75          Prob >= chibar2 = 0.000

. est store re

. foreach v of varlist age grade not_smsa south {
  2.         by idcode: egen bar_`v' = mean(`v')
  3. }

. xtlogit union age grade not_smsa south black bar_* i.year, re nolog

Random-effects logistic regression       Number of obs    =     26,200
Group variable: idcode                    Number of groups =      4,434

Random effects u_i ~ Gaussian             Obs per group:
                                                     min =          1
                                                     avg =        5.9
                                                     max =         12

Integration method: mvaghermite           Integration pts. =        12

                                          Wald chi2(20)    =     502.11
Log likelihood  = -10389.43               Prob > chi2      =     0.0000
```

union	Coef.	Std. Err.	z	P>|z|	[95% Conf. Interval]	
age	.0276375	.0187146	1.48	0.140	-.0090424	.0643174
grade	.0936525	.0440388	2.13	0.033	.0073379	.179967
not_smsa	.0115095	.1175561	0.10	0.922	-.2188962	.2419152
south	-.7898861	.1286635	-6.14	0.000	-1.042062	-.5377102
black	1.438004	.1085786	13.24	0.000	1.225194	1.650814
bar_age	-.0017431	.0135168	-0.13	0.897	-.0282354	.0247493
bar_grade	.0265713	.0482128	0.55	0.582	-.067924	.1210666
bar_not_smsa	-.2328983	.1656569	-1.41	0.160	-.5575799	.0917832
bar_south	-.6629143	.1667058	-3.98	0.000	-.9896517	-.336177
year						
71	-.0473658	.1159826	-0.41	0.683	-.2746874	.1799559
72	-.2724976	.1197995	-2.27	0.023	-.5073002	-.037695
73	-.1839777	.1237101	-1.49	0.137	-.426445	.0584896
77	-.4594099	.1614963	-2.84	0.004	-.7759368	-.1428829
78	-.1047304	.1779677	-0.59	0.556	-.4535406	.2440799
80	.4193522	.2047791	2.05	0.041	.0179925	.820712
82	-.1115557	.235411	-0.47	0.636	-.5729527	.3498413
83	-.4442783	.25349	-1.75	0.080	-.9411096	.052553
85	-.1503779	.2847164	-0.53	0.597	-.7084119	.4076561
87	-.395256	.3193208	-1.24	0.216	-1.021113	.2306013
88	-.314337	.343234	-0.92	0.360	-.9870633	.3583894
_cons	-4.305054	.4442386	-9.69	0.000	-5.175745	-3.434362
/lnsig2u	1.696631	.0474656			1.603601	1.789662
sigma_u	2.335709	.0554329			2.229551	2.446922
rho	.6238176	.0111387			.6017478	.6453851

LR test of rho=0: chibar2(01) = 5615.80   Prob >= chibar2 = 0.000

. est store cre

. xtlogit union age grade not_smsa south i.year, fe nolog
note: multiple positive outcomes within groups encountered.
note: 2,744 groups (14,165 obs) dropped because of all positive or
      all negative outcomes.

```
Conditional fixed-effects logistic regression   Number of obs    =     12,035
Group variable: idcode                          Number of groups =      1,690

                                                Obs per group:
                                                       min =          2
                                                       avg =        7.1
                                                       max =         12

                                                LR chi2(15)      =     176.22
Log likelihood  =  -4462.077                    Prob > chi2      =     0.0000
```

union	Coef.	Std. Err.	z	P>|z|	[95% Conf. Interval]	

```
106  ─────────────────────────────────────────────────────────────
107         age      .1067907    .1087419    0.98   0.326   -.1063395    .3199209
108       grade      .0836473    .0421497    1.98   0.047    .0010354    .1662592
109    not_smsa      .0134138    .1136758    0.12   0.906   -.2093866    .2362142
110       south     -.7670987    .1263701   -6.07   0.000    -1.01478   -.5194179
111
112        year
113          71     -.1190859    .1603851   -0.74   0.458   -.4334349    .1952632
114          72     -.4662973    .2483503   -1.88   0.060   -.9530549    .0204603
115          73     -.4402826    .3466076   -1.27   0.204   -1.119621    .2390559
116          77     -.9792489    .7651763   -1.28   0.201   -2.478967    .5204691
117          78     -.7756132    .8780007   -0.88   0.377   -2.496463    .9452365
118          80     -.4138326    1.090109   -0.38   0.704   -2.550406    1.722741
119          82     -1.079228    1.306523   -0.83   0.409   -3.639966     1.48151
120          83      -1.49523    1.413878   -1.06   0.290    -4.26638     1.27592
121          85     -1.343286    1.630952   -0.82   0.410   -4.539892    1.853321
122          87     -1.743416    1.848722   -0.94   0.346   -5.366845    1.880014
123          88      -1.76389    1.996673   -0.88   0.377   -5.677298    2.149517
124  ─────────────────────────────────────────────────────────────

125  . est store fe

126  . est tab re cre fe, drop(bar_*) b stats(N)

127  ────────────────────────────────────────────
128     Variable         re          cre           fe
129  ────────────────────────────────────────────
130  union
131          age     .02547581    .02763749    .1067907
132        grade     .12023813    .09365246    .08364729
133     not_smsa    -.12397786    .01150949    .01341383
134        south    -1.1985705   -.78988609   -.76709871
135        black     1.3704344    1.4380036
136
137         year
138           71    -.04575904   -.04736579   -.11908586
139           72    -.26949482   -.27249761   -.46629731
140           73    -.17980823   -.18397771   -.44028264
141           77    -.45139744   -.45940987   -.97924893
142           78    -.09557466   -.10473035   -.77561319
143           80     .43050649    .41935221   -.41383257
144           82    -.10098054   -.11155571    -1.079228
145           83    -.43492867   -.44427832   -1.4952302
146           85    -.13384397    -.1503779   -1.3432856
147           87     -.3728444   -.39525604   -1.7434157
148           88    -.29313976   -.31433695   -1.7638905
149
150        _cons    -4.4045177   -4.3050537
151  ────────────────────────────────────────────
152  lnsig2u
153        _cons     1.6923652    1.6966314
154  ────────────────────────────────────────────
155  Statistics
156            N        26200        26200        12035
157  ────────────────────────────────────────────
```

3행에서 RE 로짓 모형을 추정하고, 47행에서 CRE 로짓 모형을 추정한다. 92행에서는 FE 로짓 모형을 추정하고, 126행에서 세 결과들로부터의 계수 추정값들을 보고하도록 만들었다. CRE 추정에서는 $\bar{X}_i$의 값들도 출력되나 출력물의 길이를 줄이기 위해서 옵션에 "drop(bar_*)"라고 하여 출력되지 않도록 하였다. 몇몇 변수, 특히 not_smsa와 south 의 경우 RE 추정값과 CRE 추정값이 상이한 반면, CRE 추정값과 FE 추정값은 상당히 유사함을 볼 수 있다. 반대로 age 변수의 경우에는 RE 추정값과 CRE 추정값이 서로 비슷하고 FE 추정값과는 상당히 다르다.

FE 로짓에서 확률 맞춘값을 구하는 문제는 난해하다. 일반적인 고정효과 모형에서 맞춘값은 μ_i를 통제한 $E(y_{it}|X_{it}, \mu_i)$에 해당한다. 선형모형의 경우 $E(y_{it}|X_{it}, \mu_i) = \alpha + X_{it}\beta + \mu_i$ 이며, 3.4절에서 $\alpha + X_{it}\beta + \mu_i$에 해당하는 맞춘값을 구한 바 있다. 개념적인 순서는 β를 추정한 후 $y_{it} - X_{it}\hat{\beta}$의 전체 평균으로 α를 추정하고, $y_{it} - \hat{\alpha} - X_{it}\hat{\beta}$의 개별 평균으로 μ_i를 추정하는 것이었다. FE 로짓에서 조건부 기댓값은 $\Lambda(\alpha + X_{it}\beta + \mu_i)$인데, 이를 추정하려면 β와 $\alpha + \mu_i$를 추정하여야 한다. 이 중 β는 FE 로짓으로 추정하였으므로 문제가 없는데 $\alpha + \mu_i$는 추정할 방법이 없다. 심지어 절편 α도 추정할 수 없다.

그럼에도 Stata는 확률 맞춘값을 제공해 준다. Stata가 제공하는 값은 두 가지이다. 하나는 $P(y_{it} = 1|\sum_{s=1}^{T_i} y_{is} = 1, \mathbf{X}_i, \mu_i)$, 즉 집단내에 한 시점에서만 종속변수 값이 1이라는 조건부로 t 시점의 종속변수 값이 1일 확률인데, 로짓 모형의 특성상 이는 $\exp(X_{it}\beta)/\sum_{s=1}^{T} \exp(X_{is}\beta)$ 로서 μ_i에 의존하지 않는다. Stata에서는 predict p, pc1처럼 pc1 옵션(pc1에서 p는 확률, c1은 '1 조건부'라는 뜻인 것 같다)을 주면 된다. 또 하나의 확률 맞춘값은 $\alpha + \mu_i$를 0으로 설정하고 $\Lambda(X_{it}\hat{\beta})$을 계산한 값이다. Stata에서는 predict p, pu0처럼 pu0 옵션(p는 확률, u0는 오차를 0으로 설정한다는 뜻인 것 같다)을 주면 된다. 이것은 μ_i가 아니라 절편을 포함한 $\alpha + \mu_i$를 0으로 설정한 것임에 유의하라. 어쨌든, 이렇게 계산한 값이 어떤 의미가 있는지는 잘 모르겠다.

FE 로짓에서는 $\alpha + \mu_i$를 추정할 수 없어 주어진 X 값에서 확률 예측값 추정이 어려우므로 부분효과 측정도 어렵다. $E(y_{it}|X_{it}, \mu_i) = \Lambda(\alpha + X_{it}\beta + \mu_i)$인 FE 로짓의 경우 X_{it}가 a에서 b로 변화할 때 기댓값의 차이는 $\Lambda(\alpha + b\beta + \mu_i) - \Lambda(\alpha + a\beta + \mu_i)$가 되는데, 이 값은 추정 불가능한 $\alpha + \mu_i$에 의존한다. Stata에서는 $\alpha + \mu_i$를 0으로 설정한 상태에서 확률 변화분을 구하는 옵션을 제공한다. 이것이 어떤 의미를 갖는지는 잘 모르겠다.

예제 8.6 FE 로짓에서 부분효과

예제 8.5 92행의 FE 로짓 회귀 후 Stata의 margins 명령을 이용하여 평균부분효과를 구해 보자. 아래 1행에서 자료를 읽어들이고 3행에서 FE 로짓 추정을 다시 한다. 4행에서 age

와 grade 변수에 대하여 평균부분효과를 구한다. 결과는 다음과 같다.

```
1   . webuse union, clear
2   (NLS Women 14-24 in 1968)

3   . qui xtlogit union age grade not_smsa south i.year, fe nolog

4   . margins, dydx(age grade)

5   Average marginal effects                        Number of obs   =      12,035
6   Model VCE     : OIM

7   Expression    : Pr(union|fixed effect is 0), predict(pu0)
8   dy/dx w.r.t.  : age grade
9
10                           Delta-method
11               dy/dx     Std. Err.      z     P>|z|     [95% Conf. Interval]
12
13       age   .0050611    .0050352    1.01    0.315    -.0048077    .0149299
14     grade   .0039643    .0075853    0.52    0.601    -.0109027    .0188312
15
```

5–15행이 실행 결과이다. 7행을 자세히 보면 "fixed effect is 0"이라는 말이 나오는데, 이는 $\alpha + \mu_i$를 0으로 설정한 상태의 평균부분효과임을 의미한다.

> FE 로짓에서 α_i를 특정 값으로 설정하지 않으면 부분효과의 추정이 가능하지 않다. 그런데 Kitazawa (2012)는 X_{it}가 스칼라인 경우 $p_{it} \equiv \mathrm{E}(y_{it}|X_{it}, \mu_i)$의 $e^{X_{it}}$에 대한 탄력성은 $\alpha_i \equiv \alpha + \mu_i$의 추정값이 없어도 계산할 수 있음을 보였다. 이는 보다 일반적인 경우로 확장 가능하다. 먼저
>
> $$\frac{\partial p}{\partial e^x} \cdot \frac{e^x}{p} = \left(\frac{\partial p}{\partial x} \bigg/ \frac{\partial e^x}{\partial x} \right) \frac{e^x}{p} = \frac{1}{p} \frac{\partial p}{\partial x} = \frac{\partial \log p}{\partial x}$$
>
> 이므로 $\partial \log p_{it} / \partial X_{it}$를 구하자. $p_{it} = \Lambda(\alpha_i + X_{it}\beta)$를 이용하여 로그를 취하고 미분하면
>
> $$\frac{\partial \log p_{it}}{\partial X_{it}} = \beta - \beta \frac{e^{\alpha_i + X_{it}\beta}}{1 + e^{\alpha_i + X_{it}\beta}} = \beta(1 - p_{it})$$
>
> 이 된다. 그러므로 평균 준탄력성은 $\hat{\beta}(1 - \bar{y})$로써 추정할 수 있다. 여기서 $\bar{y}$는 전체 표본에서 종속변수가 1인 관측치들의 비율이다. t별로 평균 준탄력성을 구할 수도 있다($\bar{y}$ 대신에 $\bar{y}_t$ 사용).

8.5 여타 모형들

다항 로짓, 서열화된 로짓, 서열화된 프로빗, 토빗, Poisson 모형 등 다양한 비선형 패널 모형이 있다. 설명변수가 ε_{it}에 대하여 강외생적이면 설명변수와 μ_i의 상관관계는 CRE 모형에 기반을 둔 Chamberlain 방법을 이용하여 처리할 수 있다. 이때 두 가지 방법을

고려할 수 있다. 하나는 오차항(개별효과 μ_i에서 설명변수와 상관된 부분을 제거한 나머지인 a_i도 포함)이 마치 시간에 걸쳐 독립인 것처럼 통합pooled 회귀를 하는 것이다. 임의효과 a_i가 존재하므로 오차항이 시간에 걸쳐 독립인 것은 아니지만 그렇게 해도 된다(단, 이 추정량은 효율적이지 않으며, 추론을 위해서는 견고한 표준오차를 사용하여야 한다). 이것은 CRE와 PA 모형을 결합한 방법이다. 또 하나의 방법은 μ_i 중 설명변수들과 상관된 부분을 제외한 나머지인 a_i가 독립된 정규분포를 갖는다고 가정하고 수치적 적분을 활용하여 RE 추정을 하는 것이다. 예를 들어 Stata의 **xttobit**은 RE 토빗 추정을 하도록 해 준다. 단, 이항반응모형의 경우처럼 통합 회귀 시와 RE 회귀 시에 추정하는 모수가 상이할 수 있으므로 유의하여야 할 것이다.

🎍 토빗(Tobit) 모형을 예로 들어 좀 더 설명해 보자. 토빗 모형은 종속변수가 0 또는 양수의 값을 갖는 경우를 모형화한 것이다. 횡단면 토빗 모형을 예로 들면 $y_i = \max(0, \alpha + X_i\beta + u_i)$과 같이 나타낼 수 있다. 이 경우 u_i는 정규분포를 갖는다고 명시적으로 가정된다. 패널 RE 토빗 모형은 $y_{it} = \max(0, \alpha + X_{it}\beta + \mu_i + \varepsilon_{it})$와 같이 표현할 수 있다. 이때 $\mathbf{X}_i, \mu_i, \varepsilon_{i1}, \ldots, \varepsilon_{iT}$가 서로 모두 독립이고 μ_i와 ε_{it}들이 정규분포를 갖는다고 가정한다. CRE 모형은 $\mathbf{X}_i$와 μ_i가 상관될 수 있도록 해 주며, 예를 들어 $\mu_i = \bar{X}_i\gamma + a_i$라고 설정한다. 이 경우에는 모형이 $y_{it} = \max(0, \alpha + X_{it}\beta + \bar{X}_i\gamma + a_i + \varepsilon_{it})$라고 한 다음 a_i가 임의효과라고 하는 것이므로, 설명변수가 X_{it}에서 $(X_{it}, \bar{X}_i)$로 바뀌는 것 이외에는 RE 토빗과 동일하다. $\bar{X}_i$ 대신에 $X_{i1}, \ldots, X_{iT}$를 이용할 수도 있다. CRE 토빗과 PA를 결합한 모형에서는 $y_{it} = \max(0, \alpha + X_{it}\beta + \bar{X}_i\gamma + v_{it})$이고 각 t에서 v_{it}가 정규분포를 갖는다고 가정한다. 앞의 CRE 모형은 오차항이 $a_i + \varepsilon_{it}$라고 가정하여 시간에 걸쳐 동일하게 유지되는 항(a_i)을 도입하므로 개체별 subject-specific 모형인 반면, PA 모형은 v_{it}의 시간에 걸친 종속성에 대하여 아무런 가정도 하지 않으며 오직 주어진 t에서의 변수 간 관계만을 표현한다. PA 모형은 GEE의 방법으로 추정 가능하며, 가장 간편하게는 y_{it}를 X_{it}와 $\bar{X}_i$에 대하여 통합 토빗 추정을 할 수 있다.

고정효과 모형은 몇몇 특수한 경우(토빗의 경우 trimmed LAD, count 데이터의 경우 Poisson MLE, Negative Binomial 모형, nonnegative 데이터의 경우 FE Gamma 추정량 등)를 제외하고는 해답이 없다. FE 추정이 되는 경우에도 앞의 FE 로짓처럼 부분효과 추정이 난해하다. 비선형 모형에 대하여 고정효과 방법을 추구하는 것은 계량경제 이론 논문을 쓰는 데에는 좋으나 응용연구를 할 때에는 CRE 모형을 이용하는 것만으로도 충분할 것이라 생각된다. 이항반응 모형의 최대점수추정(maximum score estimation, Manski 1975)처럼 이론적으로 깔끔한 준모수적 semi-parametric 방법들도 존재하나 이들 역시 현실에서 일상적으로 사용하기에는 너무 특별하다는 생각이 든다. 대부분의 경우 CRE 모형을 이용하여 개별효과와 상관될 만한 변수들을 잘 추출하여 우변에 포함시킴으로써 문제를 해결할 수 있다.

동태적 모형은 8.2절 이항반응모형의 경우와 유사하게 CRE 모형을 이용하여 처리하면 간편하다. 이를 위해서는 $y_{i0}, X_{i1}, \ldots, X_{iT}$ 및 필요한 시간불변 변수들 Z_i를 추가적으로 우변에 포함시키고 나서 RE 추정을 하면 된다. 그 밖에도 동태적 이항반응모형에서 Honoré and Kyriazidou (2000)는 흥미로운 고정효과 로짓 추정방법을 제안였으나, 이 책에서는 설명하지 않고자 한다. 다른 이론적 첨단을 걷는 방법들에 대해서 소개하는 것도 이 책의 목적이 아니다.

9 표본선택과 표본이탈

본 장에서는 표본선택과 표본이탈의 문제를 다룬다. 표본선택은 특정한 성향을 가진 대상들이 다른 대상들보다 표본에 포함될 확률이 높아서, 표본이 전체 모집단을 대표하지 못하게 되는 상황을 일컫는다. 횡단면 데이터에서 표본선택을 처리하기 위한 몇 가지 모형이 있으며, 대표적인 것은 선택을 결정하는 방정식("선택식")과 최종적으로 추정할 방정식("주방정식")의 오차항이 서로 상관될 수 있는 모형(헤크먼의 모형)이다. 표본이탈 혹은 마모는 개체들이 표본으로부터 떨어져 나가는 현상을 나타낸다. 표본이탈은 표본선택과 유사점과 차이점을 지닌다.

9.1절에서는 패널 데이터에서 표본선택과 표본이탈에 대하여 개략적으로 설명한다. 표본선택이나 표본이탈이 일어날 때, 옳고 그르고를 떠나 가장 쉽게 생각해 볼 수 있는 방법은 선택과 이탈을 무시하고, 관측되는 데이터만을 이용하여 분석을 하는 것이다. 이 전략이 언제 통하고 언제 통하지 않는지는 9.2절에서 설명한다. 9.3절에서는 표본선택이나 이탈로 인하여 추정량에 편향이 존재하는지 여부를 통계적으로 검정하는 방법에 대하여 간략히 서술한다. 9.4절에서는 표본선택으로 인한 편향을 교정하는 방법 중 확률역수 가중법과 정규분포 가정하에서 역밀스 비율을 이용하는 방법에 대하여 살펴본다. 마지막으로 9.5절에서는 표본이탈의 문제를 좀 더 설명한다.

9.1 패널 데이터에서 표본선택과 표본이탈

표본선택sample selection과 표본이탈attrition(또는 마모) 모두 표본의 일부에서 변수값들이 관측되지 않는 상황을 일컫는다. 기술적인 측면에서 보면, 표본선택은 종속변수가 관측되지 않는 때에도 통제변수들은 관측되는 경우가 있으나, 표본이탈의 경우에는 자명한 변수(나이처럼 관측되지 않아도 그 이탈 이전의 값으로부터 알 수 있는 변수)를 제외하면 어떤 변수도 관측되지 않는다는 차이가 있다.

표본선택의 유명한 예는 기혼 여성의 임금이다. 기혼여성은 임금노동과 가사노동 중 선택을 하고 임금노동을 하는 경우에만 임금이 관측된다. 종속변수가 임금일 때, 임금노동을 하도록 선택이 되면(표본선택) 종속변수 값이 관측되나, 선택이 되지 않으면 독립변수들(나이, 자녀 수, 가구소득 등)은 관측되어도 종속변수는 관측되지 않는다.

표본이탈의 예를 들어 보자. 한국노동연구원에서 작성하는 사업체패널은 2년에 한 번씩 사업체들을 조사하는데, 2차 연도 이후 매회 13~14%의 사업체들이 표본으로부터

⟨표 9.1⟩ 사업체패널조사의 표본이탈과 신규진입

연도	기존	이탈	이탈률(%)	신규진입	전체
2005				1,905	1,905
2007	1,415	490	25.7	320	1,735
2009	1,508	227	13.1	229	1,737
2011	1,488	249	14.3	282	1,770
2013	1,537	233	13.2	238	1,775

주. 이탈률은 전년도 전체 응답자 중 금년도에 이탈한 자 수의 비율

이탈하고 그와 비슷한 수의 사업체가 신규로 패널에 진입한다. 사업체패널 데이터로부터 구한 이탈자 수와 신규진입자 수가 ⟨표 9.1⟩에 있다. 이탈의 이유로는 사업체가 문을 닫는 경우도 있고 미지의 이유로 응답을 거절하는 경우도 있다. ⟨그림 9.1⟩에는 사업체패널 데이터의 일부가 표시되어 있다. 연도 변수(year)를 자세히 보면 알 수 있듯이, 첫 번째 사업체(id가 30001)는 2009년까지만 관측된다. 사업체 30002는 2011년까지만 관측되고 2013년에는 관측되지 않는다. 게다가 2011년에는 ind8 변수값이 누락되어 있다.

거시경제 데이터에서도 결측치들이 존재하는데, 보통 미시 데이터와 반대로 관측의

⟨그림 9.1⟩ 결측치가 존재하는 불균형패널 데이터의 예

시작점이 국가마다 다른 경우가 많다(고려대 경제학과 김진일 교수와의 대화). 예를 들어 World Development Indicators 국가별 데이터의 경우 초기에는 관측이 되지 않다가 최근으로 오면서 관측이 시작되는 국가들이 많다. 1990년 독일의 재통일로 그 이전까지 있던 서독과 동독의 데이터가 중단되고 통일독일의 데이터가 새로 생성되기도 하였다. OECD 국가들의 경우에는 보통 가입 이후의 데이터만 있다. 우리나라 지역별 패널 데이터의 경우에는 시군이 통합되면서 데이터가 없어지기도 하고 새로 생겨나기도 한다. 심지어 정치적인 이유로 데이터 작성 기관이 바뀌면서 단절이 발생하는 흥미로운 일이 발생하기도 한다. 현실은 교과서보다 지저분하다.

선택이나 마모가 일어날 때 취할 수 있는 방법에는 대충 세 가지가 있다. 하나는 선택이나 마모의 문제를 무시하고 불균형 상태의 전체 데이터unbalanced panel를 이용하여 그냥 분석하는 것이다. 다음으로 선택이나 마모가 일어나는 개체들을 표본으로부터 제거하고 균형화된 부분 패널balanced subset을 만드는 것이다. 이때 연도가 길면 선택이나 마모가 일어나는 패널들이 많을 수 있으므로 연도를 적당하게 잘라내기도 한다. 마지막으로, 선택이나 마모의 문제를 명시적으로 고려한 (복잡한) 모형을 만들어서 분석하는 것이다.

이하에서는 변수들의 관측이 이루어질 때 1의 값을 갖는 더미변수 s_{it}를 정의하여 사용한다. 예를 들어 〈그림 9.1〉의 경우, id가 30001인 사업체($i = 1$)는 2005, 2007, 2009년에는 변수들이 관측되지만 2011년과 2013년에는 관측되지 않으므로, $s_i = (s_{i1}, \ldots, s_{iT})$라고 하면 $s_1 = (1,1,1,0,0)$이다. $i = 2$에 해당하는 사업체(id가 30002)의 경우에는 2011년까지는 관측이 이루어지고 2013년에는 관측되지 않으므로 $s_2 = (1,1,1,1,0)$이다.

9.2   전체 불균형패널과 균형화한 부분패널의 분석

선택이나 이탈이 있을 때의 분석 방법 중, 선택이나 이탈을 무시하고 자료를 모두 이용하거나 적당히 취사선택하여 균형패널을 만드는 방법을 생각해 보자. 옳고 그르고를 떠나 이들 방법은 일단 사용이 매우 간편하다는 큰 장점이 있다. 이 방법들의 타당성은 선택이나 이탈이 어떠한 방식으로 일어나느냐에 의존한다. 나중에 보겠지만, 선택이나 이탈이 순전히 무작위로 일어나거나, 외생변수가 통제될 때 무작위적이면 이 간편한 방법들은 일관된consistent 추정량을 제공한다. 반면, 종속변수 값에 의존하여 선택이나 이탈이 일어난다면, 관측된 표본은 모집단을 대표하지 못하게 되고 편향과 같은 문제가 발생할 수 있다. 예를 들어 종속변수가 수익성이라 할 때, 어떤 연도에 일상적인 수준보다 특별히 돈을 많이 번 사업체가 당국 등에 노출될 것을 꺼려서 그 해에 응답하지 않는다면 관측여부는 종속변수에 의존하고, 관측된 표본은 전체 모집단을 대표하지 못한다. 다른 예로, 비관측요인들로 인하여 임금을 높게 받을 것으로 기대되는 기혼여성만 고용되어 임금을 받는다면, 고용된 기혼여성들은 그렇지 않은 기혼여성들과 평균적으로 성격이 다르고, 결국 전체 기혼여성을 대표하지 못한다. 이런 현상은 횡단면 분석에서 흔히 나타난다.

패널 모형에서는 여러 시간에 걸쳐 관측이 이루어지고 개별효과가 존재하므로 더 다양한 상황이 전개된다. 모형이 $y_{it} = X_{it}\beta + u_{it}$ 라 하자. 전체 불균형패널을 대상으로 POLS 추정을 한다면 기울기 추정량은 다음과 같이 표현할 수 있다.

$$\hat{\beta}_{pols} = \left(\sum_{i=1}^{n}\sum_{t=1}^{T} s_{it}X_{it}'X_{it}\right)^{-1}\sum_{i=1}^{n}\sum_{t=1}^{T} s_{it}X_{it}'y_{it} = \beta + \left(\frac{1}{nT}\sum_{i=1}^{n}\sum_{t=1}^{T} s_{it}X_{it}'X_{it}\right)^{-1}\frac{1}{nT}\sum_{i=1}^{n}\sum_{t=1}^{T} s_{it}X_{it}'u_{it}$$

위에서 둘째 등식은 $y_{it} = X_{it}\beta + u_{it}$ 를 대입한 다음 분모와 분자를 nT 로 나눔으로써 얻는다. 이 POLS 추정량이 일관적인지 여부는 $\mathrm{E}(s_{it}X_{it}'u_{it})$ 가 0인지 아닌지에 달려 있다. 만약 관측 여부 s_{it} 가 해당 연도의 비관측요인들 u_{it} 와 독립적으로 결정된다면(주어진 X_{it}에서), 즉 만약 선택이 u_{it} 에 대하여 동시기적으로 외생적이면, POLS 추정량은 일관성consistency을 갖는다. 반면, 만약 s_{it} 가 u_{it} 와 상관되면 $\hat{\beta}_{pols}$ 는 보통 편향된다. 예를 들어, 만약 s_{it} 내의 임의효과가 u_{it} 내의 임의효과 μ_i 와 상관되면(횡단면에 걸친 선택) 전체 불균형패널을 이용한 POLS 추정량은 편향된다. 주어진 시점에서 종속변수의 관측여부가 동일 시점의 고유오차 ε_{it} 에 의존하는 경우에도 POLS 추정량은 비일관적이다. 반면, 흔한 일은 아니겠지만 s_{it} 가 u_{it-1} 에만 의존하고 u_{it} 와 독립이면(예를 들어 s_{it} 가 ε_{it-1} 에 의존하는 경우) 전체 불균형패널 데이터를 이용한 POLS 추정량은 일관성을 잃지 않는다.

RE 추정량의 경우에는 시간이 뒤섞이므로 더 강한 조건이 필요하다. 앞에서와 같이 모형이 $y_{it} = X_{it}\beta + u_{it}$ 라 하자. 선택이나 이탈이 없을 때 RE 추정량이 일관적이기 위해서는 X_{it} 가 u_{it} 에 대하여 강외생적이어야 하므로 그렇다고 하자. RE 추정량은 다음과 같다.

$$\hat{\beta}_{re} = \left(\sum_{i=1}^{n}\sum_{t=1}^{T} s_{it}\ddot{X}_{it}'\ddot{X}_{it}\right)^{-1}\sum_{i=1}^{n}\sum_{t=1}^{T} s_{it}\ddot{X}_{it}'\ddot{y}_{it} = \beta + \left(\frac{1}{nT}\sum_{i=1}^{n}\sum_{t=1}^{T} s_{it}\ddot{X}_{it}'\ddot{X}_{it}\right)^{-1}\frac{1}{nT}\sum_{i=1}^{n}\sum_{t=1}^{T} s_{it}\ddot{X}_{it}'\ddot{u}_{it}$$

여기서 $\ddot{X}_{it} = X_{it} - \hat{\theta}_i\bar{X}_i$ 이고 $\bar{X}_i$ 는 y_{it} 가 관측된 시점들의 설명변수 값들의 표본평균, 즉 $\bar{X}_i = (\sum_{t=1}^{T} s_{it})^{-1}\sum_{t=1}^{T} s_{it}X_{it}$ 이다. 이와 마찬가지로 $\ddot{y}_{it}$ 와 $\ddot{u}_{it}$ 도 정의된다. $\hat{\theta}_i$ 은 통상적인 방법(2.4절 참조)을 사용하여 구한 값으로서(불균형패널의 경우 $\hat{\theta}_i$의 값은 i마다 다르다) 표본크기가 커질 때 특정한 상수로 수렴한다고 하자. 표본크기가 커서 $\hat{\theta}_i$을 거의 상수(비임의적인 수) 취급할 수 있다고 하고 $\hat{\theta}_i$ 대신에 θ_i 라고 표기하자. 그러면 $s_{it}\ddot{u}_{it} = s_{it}u_{it} - \theta_i s_{it}\bar{u}_i$ 가 된다. 전체 데이터를 사용할 때 RE 추정량이 일관적이기 위해서는 s_{it} 가 동시기의 u_{it} 와 무관할 뿐 아니라 $\bar{u}_i$ 와도 무관하여야 한다. 이를 위해서는 모든 시기의 s_{it} 각각이 시간을 교차하여 모든 시기의 u_{it} 각각과 서로 독립이어야 한다. 즉, 선택이 u_{it} 에 대하여 강외생적이어야 한다. 그러므로, 만약 $u_{it} = \mu_i + \varepsilon_{it}$ 이고 s_{it} 가 μ_i 와 상관(횡단면 상관)되거나 ε_{it} 와 상관되면 전체 데이터를 사용한 RE 추정량은 당연히 비일관적이다(이 경우에는 POLS 추정량도 비일관적임을 앞에서 보았다). 만약 s_{it} 가 ε_{it-1} 에 의존한다면, ε_{it} 와는 독립적일지라도, POLS 추정량과는 달리 RE 추정량은 비일관적inconsistent이다. RE 추정에서는 시간이 뒤섞이기 때문이다.

FE 추정의 경우를 살펴보자. 이제 모형은 $y_{it} = \alpha + X_{it}\beta + \mu_i + \varepsilon_{it}$ 이고 X_{it} 는 ε_{it} 에 대하여 강외생적이다. FE 추정량은 다음을 만족시킨다.

$$\hat{\beta}_{fe} = \beta + \left(\frac{1}{nT} \sum_{i=1}^{n} \sum_{t=1}^{T} s_{it} \tilde{X}_{it}' \tilde{X}_{it} \right)^{-1} \frac{1}{nT} \sum_{i=1}^{n} \sum_{t=1}^{T} s_{it} \tilde{X}_{it}' \tilde{\varepsilon}_{it}$$

여기서 $\tilde{X}_{it} = X_{it} - \bar{X}_i$ 이고 $\tilde{\varepsilon}_{it} = \varepsilon_{it} - \bar{\varepsilon}_i$ 이다. 이 경우에는 s_{it} 와 μ_i 가 상관되었는지 여부는 FE 추정량의 일관성에 영향을 미치지 않는다. 왜냐하면 μ_i 는 추정식으로부터 소거되기 때문이다. 중요한 것은 s_{it} 가 $\varepsilon_{it} - \bar{\varepsilon}_i$ 와 상관되었느냐 하는 것이다. T 가 크지 않은 경우, s_{it} 가 ε_{it} 에 대하여 강외생적이지 않으면 전체 데이터를 사용한 FE 추정량의 일관성은 보장할 수 없다. 앞에서 언급한 s_{it} 가 ε_{it-1} 에 의존하는 상황에서 FE 추정량은 비일관적이다. 선택 여부가 고유오차에 의존하는 경우에는 FE 추정량이 비일관적이지만, 개별효과 μ_i 에 의존하는 경우에는 FE 추정량이 일관적이다. FE 추정에서는 개별효과가 소거되기 때문이다.

다음으로 균형화한 부분패널을 다루는 경우를 고려하자. 간단히, 모든 t 에서 관측이 이루어진 i 에서 1의 값을 갖는 더미변수 S_i 를 정의하면, 즉 $S_i = \prod_{t=1}^{T} s_{it}$ 라 하면, $S_i = 1$ 인 개체들만 이용하여 패널 추정을 한다.

참고로, 종속변수가 관측되면 독립변수들도 모두 관측된다고 할 때, Stata에서 S_i 를 만들려면 먼저 s_{it} 변수를 만든 다음 "egen" 명령을 사용하여 각 i 마다 $1 - s_{it}$ 를 모두 합하여 $\sum_{t=1}^{T} (1 - s_{it})$ 를 생성하고, 그 다음 $\sum_{t=1}^{T} (1 - s_{it}) = 0$ 인 i 에 대하여 $S_i = 1$ 로 설정한다.

```
. by id: egen misstotal = sum(missing(y))
. gen Si = misstotal==0
```

이 방법은 표본선택의 경우처럼 결측된 종속변수 값이 Stata에서 결측을 뜻하는 "·"으로 입력되어 있는 경우에는 사용할 수 있으나, 〈그림 9.1〉에서처럼 표본으로부터 이탈된 관측치가 자료 파일로부터 완전히 빠지는 경우에는 사용할 수 없다. 후자의 경우에는 y가 결측되었다는 사실이 적발되지 않아서 misstotal이 0의 값을 가질 수 있기 때문이다. 이 경우라면 결측된 횟수를 세는 것이 아니라 다음과 같이 관측된 횟수를 세는 편이 더 적절하다.

```
. by id: egen obstotal = sum(!missing(y))
. su obstotal, meanonly
. gen Si = obstotal==r(max)
```

마지막 줄에서 obstotal이 그 최댓값과 동일하면 Si가 1로 설정된다.

만약 y 변수와 x1, x2 변수가 아무렇게나 결측이 이루어지고, 세 변수 모두에서 관측이 이루어진 균형패널을 만들고자 한다면 OLS 회귀를 한번 한 다음 분석표본에 포함된 관측치들만을 추려낸 다음 위의 방법을 사용하면 될 것이다.

```
. qui reg y x1 x2
. by id: egen obstotal = sum(e(sample))
. su obstotal, meanonly
. gen Si = obstotal==r(max)
```

더 많은 변수들을 고려하려면 첫째 줄에 변수를 추가하도록 한다. 다음 예에서 간단한 실습을 해 보자.

예제 9.1 불균형패널 데이터의 균형화

재정패널 1–10차 가구 데이터의 일부(nastabextr.dta)를 이용하여 패널 데이터를 균형화하는 연습을 해 보자. 분석 모형의 종속변수는 가구의 연간 총지출(exp), 독립변수는 가구의 처분가능소득(incdis), 가구원수(fnum), 0–6세 미만 자녀 수(cnum1), 만 6세 이상 18세 미만 자녀 수(cnum2), 가구주 교육수준(educ), 여성 가구주 여부(female), 가구주 연령(age)과 제곱항, 가구주 고용 여부(empl), 가구주의 현재 혼인 상태(married)이다. 소득과 지출에는 로그를 취하며, 가구원수는 더미변수를 사용하여 비모수적으로 처리한다.

우선 nastabextr.dta 자료가 어떠한 형태로 이루어져 있는지 보자.

```
1   . use nastabextr, clear
2   (A subset of NASTAB 1-10)

3   . xtset
4          panel variable:  hid (unbalanced)
5           time variable:  wave, 1 to 10, but with gaps
6                   delta:  1 unit

7   . xtdescribe, p(16)

8       hid: 10001, 10002, ..., 94991                    n =      5634
9      wave: 1, 2, ..., 10                               T =        10
10           Delta(wave) = 1 unit
11           Span(wave)  = 10 periods
12           (hid*wave uniquely identifies each observation)

13   Distribution of T_i:    min      5%     25%      50%      75%      95%      max
14                             1       1       8       10       10       10       10

15     Freq.  Percent   Cum. │ Pattern
16   ────────────────────────┼─────────────
17     3488    61.91  61.91  │ 1111111111
18      515     9.14  71.05  │ 1.........
19      477     8.47  79.52  │ .111111111
20      201     3.57  83.08  │ 11........
21      127     2.25  85.34  │ 111.......
22       76     1.35  86.69  │ 111111111.
23       67     1.19  87.88  │ 1111......
24       61     1.08  88.96  │ 11111111..
25       58     1.03  89.99  │ 11111.....
26       58     1.03  91.02  │ 1111111...
27       48     0.85  91.87  │ 111111....
28       39     0.69  92.56  │ 11.1111111
29       37     0.66  93.22  │ .1........
```

```
30       35        0.62      93.84    1.11111111
31       27        0.48      94.32    .11.......
32       23        0.41      94.73    1111.11111
33      297        5.27     100.00    (other patterns)
34   ─────────────────────────────────────────────
35     5634      100.00              XXXXXXXXXX
```

4행에서 i변수는 hid이고, 5행에서 t변수는 조사 차수를 나타내는 wave이다. 7행의 명령을 이용하여 패널 데이터가 균형인지 불균형인지, 불균형이라면 데이터의 구조가 어떠한지 개략적으로 알 수 있다. 8행의 전체 5,634개 가구 중 17행의 3,488개 가구가 모든 기간에 관측되었다. 만약 추정 모형에서 사용되는 모든 변수가 관측되었다면 $n = 3,488$, $T = 10$의 균형패널을 만들 수 있을 것이다.

조사가 이루어졌다고 해서 반드시 모든 변수가 관측된 것은 아니다. 어떤 변수에 대해서는 응답이 이루어지지 않고, 또 어떤 가구에서는 처분가능소득이 0이나 음수로 보고될 수도 있다. 이 경우 처분가능소득의 로그값이 결측치가 될 것이다.

> 처분가능소득은 0이나 음이 될 수 있으므로, 로그 처분가능소득이 결측되지 않는 경우만을 분석할 경우 모집단에 대한 대표성이 손상될 수도 있으므로 엄밀한 분석을 할 때에는 유의하여야 한다. 본 실습은 분석용 패널 데이터의 균형화에만 초점을 맞춘다.

이제 모형에 사용된 변수들이 전체 기간에 모두 관측되는 가구들만을 추출해 보자.

```
36   . gen lnexp = ln(exp)
37   (7,939 missing values generated)

38   . gen lnincdis = ln(incdis)
39   (7,759 missing values generated)

40   . global X "lnincdis i.fnum cnum1 cnum2 educ female c.age##c.age empl married"

41   . qui reg lnexp ${X}

42   . by hid: egen obstotal = sum(e(sample))

43   . su obstotal, meanonly

44   . gen Si = obstotal == r(max)

45   . xtdescribe if Si

46      hid:  10004, 10008, ..., 15008                          n =       1424
47     wave:  1, 2, ..., 10                                      T =         10
48            Delta(wave) = 1 unit
49            Span(wave)  = 10 periods
50            (hid*wave uniquely identifies each observation)

51   Distribution of T_i:    min      5%     25%      50%     75%     95%     max
52                            10      10      10       10      10      10      10
```

```
53    Freq.  Percent   Cum.   Pattern
54
55    1424   100.00  100.00   1111111111
56
57    1424   100.00           XXXXXXXXXX
```

36–39행에서 로그 변수들을 생성하였다. 40행에서 추정모형의 독립변수들을 전역global 매크로macro로 만들었다. 41행에서 예비적인 OLS 회귀를 하고, 42행에서 각 *i*별로 사용된 관측치의 개수를 세어 obstotal 변수를 만든다. 43–44행에서 전체 기간에 표본으로 사용된 가구들에 대하여 Si를 1로 설정하고 그 나머지는 0으로 설정한다. Si가 1인 관측치들의 패널 데이터 구조를 45행 명령으로써 살펴보자. 46행에 의하면 1,424가구이고, 53–57행에 의하면 이 가구들은 균형패널을 형성한다. 마지막으로, 균형패널을 이용하여 모형을 POLS 추정하면 결과는 다음과 같다.

```
58 . reg lnexp ${X} i.year if Si, vce(cl hid)

59 Linear regression                          Number of obs   =      14,240
60                                            F(25, 1423)     =      570.86
61                                            Prob > F        =      0.0000
62                                            R-squared       =      0.7747
63                                            Root MSE        =      .42844

64                          (Std. Err. adjusted for 1,424 clusters in hid)
```

lnexp	Coef.	Robust Std. Err.	t	P>|t|	[95% Conf. Interval]	
lnincdis	.3736531	.0161274	23.17	0.000	.3420171	.4052891
fnum						
2	.2452958	.0274384	8.94	0.000	.1914717	.2991199
3	.4432813	.0324095	13.68	0.000	.3797059	.5068568
4	.6708835	.0381778	17.57	0.000	.5959926	.7457744
5	.7468532	.0465795	16.03	0.000	.6554814	.8382251
6	.8037972	.0878126	9.15	0.000	.6315412	.9760532
7	.9584518	.1013892	9.45	0.000	.7595634	1.15734
8	.7397492	.1682588	4.40	0.000	.4096873	1.069811
cnum1	-.1306603	.0186484	-7.01	0.000	-.1672416	-.094079
cnum2	-.0360068	.0133416	-2.70	0.007	-.0621781	-.0098356
educ	.0389758	.0027415	14.22	0.000	.033598	.0443536
female	.0068768	.0238754	0.29	0.773	-.0399579	.0537115
age	.0181556	.0037908	4.79	0.000	.0107194	.0255918
c.age#c.age	-.000248	.0000327	-7.58	0.000	-.0003122	-.0001838
empl	.0596834	.019442	3.07	0.002	.0215452	.0978215
married	.150508	.0235228	6.40	0.000	.1043648	.1966511

year						
2009	.1566518	.012833	12.21	0.000	.1314782	.1818255
2010	.1777667	.013795	12.89	0.000	.150706	.2048275
2011	.2571234	.0158357	16.24	0.000	.2260595	.2881873
2012	.2446415	.0153074	15.98	0.000	.2146141	.2746689
2013	.2939856	.0161671	18.18	0.000	.2622717	.3256994
2014	.3111999	.0166089	18.74	0.000	.2786192	.3437805
2015	.3336898	.0172947	19.29	0.000	.2997639	.3676157
2016	.3423849	.0185051	18.50	0.000	.3060847	.3786852
2017	.2398166	.0192368	12.47	0.000	.202081	.2775522
_cons	3.426257	.1495294	22.91	0.000	3.132935	3.719578

59행에 의하면 전체 관측치 수는 **14,240**개로, 앞의 46–47행에서 구한 n과 T를 곱한 값과 동일하다. 결과를 해석하자. 80–81행에 의하면 71–78행에서 가구원수를 더미변수로써 통제하였음에도 자녀의 수는 여전히 유의한 영향을 미침을 알 수 있다. 82행에 의하면 교육수준이 높을수록 지출이 많으며, 83행에 의하면 여성 가구주라고 하여 경제적이나 통계적으로 유의하게 지출이 적지는 않다. 88행에 의하면 가구주가 고용이 된 경우 지출이 많고, 89행에 의하면 결혼상태인 가구주의 지출이 그렇지 않은 경우보다 현저히 더 높다.

이상은 POLS 추정 결과에 의거한 해석이며, BE, RE, FE 추정을 하면 결과와 해석이 달라질 것이다.

불균형패널 데이터를 균형화하여 추정하더라도 S_i가 오차항과 상관되면 추정량은 비일관적이 된다. 다만, 여기에서도 S_i와 오차항의 상관이 주로 μ_i로 인한다면 적어도 FE 추정(μ_i가 소거됨)의 경우에는 편향이 무시할 만할 것으로 생각된다.

▶ **연습 9.1.** 불균형 패널 데이터가 있고 통상적인 FE 추정에 관심이 있다고 하자. 표본선택이나 표본이탈 확률이 개체의 시변하는 특성이 아니라 내재된 시간불변의 속성에만 의존한다면 표본선택이나 표본이탈로 인한 편향은 문제가 되는가?

선택이나 이탈을 무시하고 전체 불균형패널을 사용하거나 균형화된 부분패널을 사용하는 경우 편향의 방향은 종속변수 값이 어떠할 때 관측이 더 많이 되는가에 따라 달라지지만, 그 방향을 쉽게 가늠하기는 어렵다. 외생적 설명변수가 하나(X_{it}가 스칼라)인 모형에서 만약 u_{it}의 값이 클수록(따라서 동일 X_{it} 값에서 y_{it}의 값이 클수록) 종속변수의 관측 확률이 높다면 s_{it}와 u_{it}가 양의 상관관계를 갖고, 따라서 양(+)의 편향을 가질 것으로 얼핏 예상되겠지만 꼭 그렇지만은 않다. 수학적으로 보면, 독립변수, 오차항, 관측여부 변수 3자 간의 관계가 중요하고 절편으로 인하여 복잡해지는 측면도 고려해야 한다. 심지어 X_{it}와 s_{it}가 양의 상관을 가지고 s_{it}와 u_{it}가 양의 상관을 가지는 경우에도 기울기 계수 추정량의 편향은

음이 될 수도 있다. 절편과 기울기에서의 편향이 복잡하게 상호작용하기 때문이다. 섣불리 판단하지 말기 바란다.

9.3 선택편향의 검정

표본선택으로 인하여 편향이 존재하는지 검정하는 가장 손쉬운 방법은 s_{it-1} 변수를 우변에 포함시켜 선형패널 추정을 하는 것이다(Nijman and Verbeek 1992, Wooldridge 2010). 이때에는 당연히 $s_{it} = 1$ 인 관측치들만을 대상으로 추정이 이루어진다. 표본이탈의 경우, 한 번 이탈한 자는 영원히 돌아오지 않는다면, $s_{it} = 1$ 이면 반드시 $s_{it-1} = 1$ 이므로 $s_{it} = 1$ 인 관측치들 중에서는 s_{it-1} 에 변동이 없다(모두 1). 이때에는 s_{it-1} 대신에 s_{it+1} 을 우변에 추가할 수도 있다. 그 밖에 이탈까지 남아 있는 기간의 수를 우변에 추가하여 검정하는 방법도 있다. 자세한 내용은 Wooldridge (2010)를 참조하라.

9.4 표본선택으로 인한 편향의 교정

표본선택이 일어날 때 모형에서 이를 명시적으로 고려하는 방법으로 크게 두 가지를 생각해 볼 수 있다. (i) 먼저 관측가능한 변수들과 무작위적인 요소들(주방정식 오차항과 독립)에 의하여 관측여부가 결정된다면 확률역수 가중법(inverse probability weighting, IPW)을 사용할 수 있다(Moffit, Fitzgerald and Gottschalk 1999 참조). 이 방법은 우선 각 관측치별로 종속변수가 관측될 확률을 로짓이나 프로빗을 이용하여 추정한 다음 이 추정된 관측확률의 역수를 가중치로 주어 회귀를 하는 것이다. (ii) 다음으로, 주방정식 오차항과 선택방정식 오차항의 결합확률분포가 정규분포라는 가정을 한 후 Heckman (1979)이 제안한 방법을 이용하여 역밀스 비율(inverse Mills ratio, IMR)을 설명변수로 추가하여 편향을 통제하거나 최우추정을 하는 방법이 있다(Wooldridge 2010 참조). 횡단면 모형에서 이 방법들은 부록 B.6에 더 상세히 설명되어 있다. 이 두 방법 중 어느 것을 선택할지는 추정식 오차항과 표본선택이 어떤 관계를 갖느냐에 달려 있다.

확률역수 가중법

관측변수들(주방정식 오차항과 상관될 수 있음)을 통제하고 나면 관측여부 변수(s_{it})가 주방정식 오차항과 독립이 되는 경우, IPW 방법을 사용할 수 있다. 횡단면 모형 $y_i = X_i\beta + u_i$ 에 대하여 부록 B.6에서는 이를 $\Pr(s_i = 1|X_i, w_i, u_i) = \Pr(s_i = 1|X_i, w_i)$ 로 표현하였다(${w_i}$ 는 u_i 에 포함되면서 동시에 s_i 와 상관되어 표본선택을 내생적으로 만드는 변수). 이것이 의미하는 바는, X_i 가 주어진 상황에서 s_i 가 u_i 와 상관되는 것은 전적으로 w_i 때문이며, X_i 와 w_i 를 모두 통제하고 나면 선택(s_i)의 내생성이 없어진다는 것이다(selection on observables). 이때에는 부록 B.6에 설명했듯이

s_i를 X_i와 w_i에 대하여 프로빗 회귀하여 표본선택 확률을 추정한 후, 이 확률의 역수를 가중치로 주어 OLS 추정을 하면 편향이 제거된다.

패널 데이터의 경우를 살펴보자. 모형이 $y_{it} = X_{it}\beta + u_{it}$, $u_{it} = \mu_i + \varepsilon_{it}$ 라 하고 회귀식(POLS 추정이나 RE 추정이라면 원래의 모형, FD 추정이라면 차분방정식, FE 추정이라면 집단내 편차로 이루어진 회귀식) 종속변수의 관측 여부를 나타내는 변수를 d_{it} 라 하자. POLS 추정의 경우에는 $d_{it} = s_{it}$ 일 것이고, FD 추정이라면 t 기와 $t-1$ 기에 모두 종속변수가 관측되어야만 Δy_{it} 도 관측되므로 $d_{it} = s_{it}s_{it-1}$ 일 것이다. d_{it} 와 추정식 오차항(POLS라면 $\mu_i + \varepsilon_{it}$, FD라면 $\Delta\varepsilon_{it}$)이 상관된 경우, 만약 이 상관을 야기하는 변수들 w_{it} 를 관측할 수 있다면 IPW로 β 모수를 추정할 수 있다. 이를 위해서는 먼저 d_{it} 를 $X_{i1},\ldots,X_{iT}$ 와 w_{it} 의 적절한 조합에 대하여 프로빗 회귀하여 확률예측값 $\hat{p}_{it}$ 을 구한 다음 $\hat{p}_{it}^{-1}$ 을 가중치로 사용하여 가중최소제곱을 하면 될 것이다.

교정항을 이용한 편향의 교정

횡단면 모형 $y_i = X_i\beta + u_i$ 에서 앞의 IPW 소절과 달리 Z_i 라는 변수가 추정식 오차항과 독립이면서 관측여부(s_{it})에 영향을 미친다고 하자. 여기서는 Z_i 가 도구변수인 것처럼 작동한다. 선형모형에서 $s_i = 1\{Z_i\delta + v_i > 0\}$ 이고 v_i 의 분산이 1이며 u_i 와 v_i 가 결합정규분포를 가질 때, 표본선택으로 인한 편향의 정도는 역밀스 비율(inverse Mills ratio, IMR) $\lambda_i = \phi(Z_i\delta)/\Phi(Z_i\delta)$ 에 비례한다(ϕ 와 Φ 는 각각 표준정규분포의 밀도함수와 누적확률함수). 따라서 IMR 추정값을 우변에 추가하여 선택 편향을 통제할 수 있다. 아예 최우추정법MLE을 이용할 수도 있다. 상세한 내용은 부록 B.6을 참조하기 바란다.

패널 모형의 경우에도 이와 유사한 방법을 사용할 수 있는데 관측 시점이 많고 고정효과가 존재할 수 있으므로 더 정교화시켜야만 한다. 여기에는 두 가지 방법이 있다. 하나는 Wooldridge (1995)가 제안한 방법으로서, 각 t 에서 IMR을 추정하고 이들을 이용하여 각 t 에서 편향의 교정이 이루어지도록 하는 것이다. 이때 고정효과들은 Chamberlain의 CRE 방법을 사용하여 처리한다. 다른 하나는 두 시점 간 변수들의 차이를 구하여 고정효과를 제거한 다음 표본선택으로 인하여 발생하는 편향을 교정하는 고정효과 방법이다. 이 두 번째 방법은 Kyriazidou (1997) 및 Rochina-Barrachina (1999)의 방법과 관련되어 있다. 이하에서는 이 두 방법들을 설명하고 비교한다.

우선 Wooldridge (1995)의 방법을 보자. 추정식은 $y_{it} = X_{it}\beta + u_{it}^0$ 이고 선택 여부를 나타내는 s_{it} 는 X_{it} 를 포함하는 Z_{it} 에 의하여 결정된다. 추정식과 선택식의 오차항들은 각각 고정효과를 가질 수 있고 시간에 걸쳐 임의로 상관될 수도 있다.

> 나중에 CRE 방법을 적용하고 나면 u_{it} 기호를 다른 의미로 사용할 것이어서 여기서는 복잡해 보이기는 하지만 상첨자 0을 붙였다.

종속변수 y_{it} 는 관측될 수도 있고 결측될 수도 있지만 선택 여부 s_{it} 를 결정하는 요인인 Z_{it} 는 모든 t 에서 관측된다고 하자. 선택방정식의 오차항에도 고정효과가 존재할 수 있을 것으로 보아, Chamberlain (1980)의 방식을 적용하여 $Z_{i1},\ldots,Z_{iT}$ 를 모두 선택방정식의 우변에 포함시킨다. 그 결과, $\mathbf{z}_i = (Z_{i1},\ldots,Z_{iT})'$ 라 할 때 선택방정식은 다음과 같다.

$$s_{it} = 1\{\mathbf{z}_i\boldsymbol{\delta}_t + v_{it} > 0\} \tag{9.1}$$

오차항인 v_{it} 는 $\mathbf{z}_i$ 조건부로 표준정규분포를 갖는 것으로 가정된다. v_{it} 의 분산이 1이라고 한 것은 단순한 표준화로서 $\boldsymbol{\delta}_t$ 의 규모를 정의하는 문제일 뿐이다. $\mathbf{z}_i$ 대신에 좀 더 간편하게 Z_{it} 와 $\bar{Z}_i$ 를 포함시킬 수도 있다. 주방정식(y_{it} 방정식)에서도 고정효과를 CRE로 처리하여 식을 다음과 같이 쓴다.

$$y_{it} = X_{it}\beta + \bar{X}_i\gamma + u_{it} \tag{9.2}$$

여기서 $\bar{X}_i\gamma$ 대신에 $\mathbf{x}_i\boldsymbol{\gamma} = \sum_{s=1}^T X_{is}\gamma_s$ 라고 하여도 된다. 식 (9.1)과 (9.2)에서 오차항인 v_{it} 와 u_{it} 는 모두 임의효과를 가질 수 있고, 또 서로 상관된다. 이 상관을 모형화하기 위하여 다음이 성립한다고 가정한다.

$$u_{it} = \rho_t v_{it} + e_{it}$$

여기서 v_{it} 와 e_{it} 는 서로 독립이며 e_{it} 에는 임의효과가 포함될 수 있다.

모형 (9.2)의 추정에는 당연히 $s_{it} = 1$ 인 관측치들만 사용할 수 있다($s_{it} = 0$이면 종속변수가 관측되지 않으므로). 이때 POLS의 편향을 교정하기 위해서는 $s_{it} = 1$ 이라는 조건부로 오차항의 평균을 구할 필요가 있다. 다음이 성립한다.

$$\mathrm{E}(y_{it}|\mathbf{z}_i, s_{it} = 1) = X_{it}\beta + \bar{X}_i\gamma + \rho_t\lambda_{it}, \quad \lambda_{it} = \mathrm{E}(v_{it}|\mathbf{z}_i, v_{it} > -\mathbf{z}_i\boldsymbol{\delta}_t)$$

정규분포의 특성으로부터 λ_{it} 를 구하면 IMR인 $\lambda_{it} = \phi(\mathbf{z}_i\boldsymbol{\delta}_t)/\Phi(\mathbf{z}_i\boldsymbol{\delta}_t)$ 가 된다. 만일 λ_{it} 를 관측할 수 있다면 편향의 교정을 위해 y_{it} 를 X_{it}, $\bar{X}_i$, 그리고 IMR들에 대하여 POLS 회귀를 하면 될 것이다. 단, λ_{it} 의 계수는 t 마다 다르므로 IMR과 시간더미의 상호작용항을 우변에 포함시켜야 할 것이다. 현실에서는 λ_{it} 데이터가 없으므로, 선택식 (9.1)을 각 t 마다 추정하여 $\boldsymbol{\delta}_t$ 를 추정하고 이로부터 λ_{it} 를 추정하여야 할 것이다.

이상을 종합하면, 편향을 교정하는 추정은 다음 두 단계로 이루어진다.

제1단계: 각 t 마다 s_{it} 를 $\mathbf{z}_i$ 에 대하여 회귀하여 IMR $\hat{\lambda}_{it}$ 들을 $\hat{\lambda}_{it} = \phi(\mathbf{z}_i\hat{\boldsymbol{\delta}}_t)/\Phi(\mathbf{z}_i\hat{\boldsymbol{\delta}}_t)$ 공식에 의하여 구한다. 여기서 Chamberlain (1980)의 방법을 이용하여 CRE를 처리하였음에 유의하라. 만약 $\bar{Z}_i$ 를 이용하고자 한다면 s_{it} 를 Z_{it} 와 $\bar{Z}_i$ 에 대하여 프로빗 회귀해야 한다.

제2단계: 종속변수가 관측된 것들만을 대상으로 y_{it} 를 $(X_{it},\bar{X}_i,0,\ldots,0,\hat{\lambda}_{it},0,\ldots,0)$ 에 대하여 회귀한다. 이와 동일한 방법은 다음과 같은 설명변수 행렬을 만드는 것이다.

$$\begin{pmatrix} X_{i1} & \bar{X}_i & \hat{\lambda}_{i1} & 0 & 0 & \cdots & 0 \\ X_{i2} & \bar{X}_i & \hat{\lambda}_{i2} & \hat{\lambda}_{i2} & 0 & \cdots & 0 \\ X_{i3} & \bar{X}_i & \hat{\lambda}_{i3} & 0 & \hat{\lambda}_{i3} & \cdots & 0 \\ \vdots & \vdots & \vdots & \vdots & \vdots & & \vdots \\ X_{iT} & \bar{X}_i & \hat{\lambda}_{iT} & 0 & 0 & \cdots & \hat{\lambda}_{iT} \end{pmatrix}$$

여기서 만약 y_{i3} 이 관측되지 않는다면 제2단계의 추정에서 X_{i3} 의 행은 무시된다. 주방정식에서 $\bar{X}_i$ 대신에 모든 $X_{i1},\ldots,X_{iT}$ 를 우변에 추가하는 경우, i 번째 개체의 좌변변수 값들과 우변변수 값들은 다음과 같을 것이다(y_{i3}은 관측되지 않는다고 하자).

$$
\begin{pmatrix} y_{i1} \\ y_{i2} \\ \cdot \\ \vdots \\ y_{iT} \end{pmatrix}, \quad
\begin{pmatrix}
X_{i1} & X_{i1} & \cdots & X_{iT} & \hat{\lambda}_{i1} & 0 & 0 & \cdots & 0 \\
X_{i2} & X_{i1} & \cdots & X_{iT} & \hat{\lambda}_{i2} & \hat{\lambda}_{i2} & 0 & \cdots & 0 \\
X_{i3} & X_{i1} & \cdots & X_{iT} & \hat{\lambda}_{i3} & 0 & \hat{\lambda}_{i3} & \cdots & 0 \\
\vdots & \vdots & & \vdots & \vdots & \vdots & \vdots & & \vdots \\
X_{iT} & X_{i1} & \cdots & X_{iT} & \hat{\lambda}_{iT} & 0 & 0 & \cdots & \hat{\lambda}_{iT}
\end{pmatrix}
$$

y_{i3} 이 관측되지 않아서 '··'으로 표시하였다. 이 식을 POLS로 추정하면 세 번째 관측치는 종속변수 자료 누락으로 인하여 무시된다.

제2단계에서 독립변수를 단순히 $(X_{it}, \bar{X}_i, \hat{\lambda}_{it})$ 으로 하지 않고 복잡하게 시간더미와의 상호작용항을 포함시킨 것은 편향교정항인 $\hat{\lambda}_{it}$ 의 계수가 t 마다 다를 수 있기 때문이다. Stata에서 가장 간편한 방법은 IMR들을 구한 다음 시간더미와 IMR의 상호작용을 회귀변수로 포함시키는 것이다. 대부분의 패널 회귀에서 시간더미는 포함되므로, Stata에서는 1단계에서 만든 IMR 변수를 `imr`이라 할 때 회귀식의 우변에 "`c.imr##i.year`"를 추가하면 될 것이다.

▸ **연습 9.2.** 선택방정식 (9.1)의 추정을 모든 패널 데이터에 대하여 통합하여 하지 않고 각 t 마다 개별적으로 하는 이유는 무엇인가?

▸ **연습 9.3.** 주방정식의 추정에서 $\hat{\lambda}_{it}$ 의 계수를 t 마다 다르게 하는 것은 무슨 까닭인가?

예제 9.2   표본선택 편향의 교정

Semykina and Wooldridge (2013)가 사용한 데이터(573명의 1981–1992년도 자료)를 이용하여 실습을 해 보자. 원래 논문에서는 동태적 패널모형에서의 표본선택에 관한 것이나, 이 예제에서는 모형의 뼈대와 데이터만을 빌려 왔다. 종속변수는 로그 시급(lnw)이고 핵심 설명변수는 교육수준(educ)이다. 통제변수로는 나이와 그 제곱(age, agesq)이 있다. 연도별 더미를 우변에 포함시켜 공통의 경기변동 요인들을 통제한다. 추정을 위해서는 먼저 각 t 별로 역밀즈 비율IMR을 구한다. 이때 시간불변 변수들과 자녀수와 관련된 여러 변수들을 추가적 설명변수로 사용한다. 마지막 단계에서는 CRE의 처리를 위해 시간불변 변수들을 포함시키고(설명변수와 μ_i 의 상관을 야기할 만한 시간불변 변수들을 통제함), 선택편향의 교정을 위해 IMR과 연도별 더미들의 상호작용항을 포함시킨다. 다음 결과를 보라.

```
1    . use sw2013, clear
```

```
2   . by id: egen children_bar = mean(children)

3   . reg lnw educ age agesq lnw80 *_bar i.year, vce(cl id)
```

4 Linear regression

			Number of obs	=	5,891
			F(16, 572)	=	47.59
			Prob > F	=	0.0000
			R-squared	=	0.4070
			Root MSE	=	.45672

(Std. Err. adjusted for **573** clusters in id)

lnw	Coef.	Robust Std. Err.	t	P>|t|	[95% Conf. Interval]	
educ	.0651715	.0073186	8.90	0.000	.050797	.0795461
age	.0345565	.0099756	3.46	0.001	.0149633	.0541498
agesq	-.0004361	.0001229	-3.55	0.000	-.0006775	-.0001946
lnw80	.4771561	.043284	11.02	0.000	.3921411	.5621711
children_bar	-.0308154	.0180848	-1.70	0.089	-.0663361	.0047053
year						
2	.0156534	.018192	0.86	0.390	-.0200779	.0513847
3	.0658564	.0199687	3.30	0.001	.0266355	.1050773
4	.014258	.0244222	0.58	0.560	-.0337102	.0622262
5	.0967384	.0221371	4.37	0.000	.0532585	.1402183
6	.1018705	.0237694	4.29	0.000	.0551844	.1485565
7	.1578545	.0253601	6.22	0.000	.1080442	.2076649
8	.1699844	.0271054	6.27	0.000	.1167461	.2232228
9	.1623957	.0282093	5.76	0.000	.1069893	.2178021
10	.1336605	.0286487	4.67	0.000	.0773909	.18993
11	.1129537	.0317622	3.56	0.000	.0505689	.1753386
12	.2036975	.0356616	5.71	0.000	.1336538	.2737413
_cons	-.4410258	.2096343	-2.10	0.036	-.8527727	-.0292788

```
35  . gen imr = .
36  (6,948 missing values generated)

37  . levelsof year, local(yearlevels)
38  1 2 3 4 5 6 7 8 9 10 11 12

39  . foreach year of local yearlevels {
40    2. qui probit s age agesq educ lnw80 children* if year==`year'
41    3. qui predict xb, xb
42    4. qui replace imr = normalden(xb)/normal(xb) if year==`year'
43    5. capture drop xb
44    6. }

45  . reg lnw educ age agesq lnw80 *_bar c.imr##i.year, vce(cl id)
```

46 Linear regression

			Number of obs	=	5,891
			F(28, 572)	=	28.58

```
48                                            Prob > F       =    0.0000
49                                            R-squared      =    0.4096
50                                            Root MSE       =    .45619

51                              (Std. Err. adjusted for 573 clusters in id)
52       ─────────────────────────────────────────────────────────────────
53                         Robust
54       lnw      Coef.   Std. Err.      t    P>|t|    [95% Conf. Interval]
55       ─────────────────────────────────────────────────────────────────
56       educ    .0643345   .0073254    8.78   0.000    .0499465    .0787224
57        age    .0187139   .0105033    1.78   0.075   -.0019158    .0393436
58      agesq   -.0002268   .0001321   -1.72   0.087   -.0004863    .0000326
59      lnw80    .4775314   .0433645   11.01   0.000    .3923583    .5627046
60 children_bar -.0137242   .0195769   -0.70   0.484   -.0521757    .0247273
61        imr    .1459609    .282864    0.52   0.606   -.4096179    .7015398
62
63       year
64          2    .0964718   .0436944    2.21   0.028    .0106507    .1822928
65          3    .1079433   .0445981    2.42   0.016    .0203472    .1955394
66          4     .168433   .0566211    2.97   0.003    .0572223    .2796437
67          5    .1248522   .0450418    2.77   0.006    .0363846    .2133198
68          6    .1934513   .0586333    3.30   0.001    .0782886    .3086141
69          7    .2342492    .060582    3.87   0.000    .1152589    .3532394
70          8    .3050233   .0656701    4.64   0.000    .1760394    .4340072
71          9    .2447748   .0625374    3.91   0.000    .1219439    .3676058
72         10    .2010422   .0538844    3.73   0.000    .0952068    .3068777
73         11    .2778232   .0580599    4.79   0.000    .1637866    .3918597
74         12    .2347751   .0587974    3.99   0.000      .11929    .3502602
75
76  year#c.imr
77          2   -.4245872   .2905622   -1.46   0.144   -.9952862    .1461118
78          3   -.2303146   .2914324   -0.79   0.430   -.8027227    .3420935
79          4   -.7387794   .3194614   -2.31   0.021    -1.36624   -.1113189
80          5   -.1684354    .272981   -0.62   0.537   -.7046029    .3677321
81          6   -.4200243   .3145226   -1.34   0.182   -1.037784    .1977358
82          7   -.3405965   .3239428   -1.05   0.294   -.9768591     .295666
83          8   -.5198683   .3346879   -1.55   0.121   -1.177235    .1374988
84          9   -.3730007   .3317113   -1.12   0.261   -1.024522    .2785201
85         10   -.3273311   .3011779   -1.09   0.278   -.9188806    .2642184
86         11   -.7013305   .3176112   -2.21   0.028   -1.325157   -.0775041
87         12   -.2108238   .3071172   -0.69   0.493   -.8140389    .3923913
88
89      _cons   -.1893601    .230362   -0.82   0.411   -.6418187    .2630986
90       ─────────────────────────────────────────────────────────────────
```

　　2행에서 자녀 수의 개별 평균을 구하였다. 이것을 고정효과와의 상관을 통제하기 위하여 사용할 것이다. 3행에서는 시간불변 변수들을 우변에 추가하고 POLS를 한다. 14행에 의하면 교육수익률은 교육 1년당 약 6.5%의 임금상승이다. 35–44행에서 IMR을 생성한다. 39–44행에서 각 t별로 프로빗을 추정하고 이로부터 IMR을 만든다. 프로빗 추정 시 자녀수와 관련된 변수들이 모두 우변에 포함되었다. 45행에서는 IMR, 연도더미, 상호작용항들을 우변에 추가하고 POLS를 한다. 표본선택 편향을 교정하고 구한 교육수익률은 교육 1년당 약 6.4% 임금상승으로서, 편향을 교정하지 않을 때와 거의 같다.

참고로 3, 40, 45행에서 1980년의 임금(`1nw80`), 말하자면 y_{i0} 을 통제하였는데, 이를 통제하느냐 마느냐에 따라 결과가 크게 바뀐다(통제하면 6.5%, 통제하지 않으면 11%). y_{i0} 이 개 인별 능력을 반영한다는 점을 고려하면 이를 통제하는 것이 합당해 보이기도 하나, y_{i0} 에 시간불변의 `educ`의 영향도 포함되어 있음을 고려하면 포함시켜서는 안 될 것 같다. 그렇다고 빼자니 임금에 영향을 미치는 중요한 요인들이 누락되는 것 같아 찜찜하다. 이에 대한 결론은 일단 유보하자.

예제 9.2에서 56행 이하의 표준오차들은 IMR들이 첫째 단계 회귀로부터 생성되었다는 점을 무시하고 구한 것이므로 이론적으로 타당하지 않다. 표준오차를 교정하는 한 가지 방법이 Wooldridge (1995, Appendix)에 설명되어 있다. Wooldridge (2010, 835쪽)의 설명 처럼 패널 부트스트랩을 하는 방법도 있다.

이상의 Wooldridge (1995) 방법은 고정효과를 CRE의 방법으로 처리하였고, 모형 (9.1)과 (9.2) 를 각 t 마다 고려하였다. 이 모형은 모집단 평균(PA) 모형으로서, 각 시점의 횡단면 데이터를 모아서pool 추정하는 것으로 간주할 수 있다. 이제 두 시점에서의 정보를 결합하여 고정효과를 제거하는 방법을 고려하자. 이를 위해, 선택식은 여전히 (9.1)과 같으나 추정할 주방정식은 다음과 같다고 하자.

$$y_{it} = \alpha + X_{it}\beta + \mu_i + \varepsilon_{it} \tag{9.3}$$

식 (9.2)와 달리 이 식에서는 고정효과와 절편이 명시적으로 표현되어 있다. 여기서 μ_i 를 소거하는 것이 우리의 목적이다. 만약 식 (9.1)과 (9.3)의 오차항들인 ε_{it} 와 v_{it} 가

$$\varepsilon_{it} = \rho_t v_{it} + e_{it} \tag{9.4}$$

의 관계를 갖고 μ_i 와 z_i 조건부로 e_{it} 가 v_{it} 로부터 독립이고 v_{it} 가 μ_i 로부터 독립이면, (9.1), (9.3), (9.4)로부터 다음 관계가 성립한다.

$$E(y_{it}|z_i, \mu_i, s_{it} = 1) = \alpha + X_{it}\beta + \mu_i + \rho_t \lambda_{it}, \quad \lambda_{it} = \phi(z_i \delta_t)/\Phi(z_i \delta_t) \tag{9.5}$$

이로부터

$$E(y_{it}|z_i, \mu_i, s_{it} = 1) - E(y_{it-1}|z_i, \mu_i, s_{it-1} = 1) = \Delta X_{it}\beta + \rho_t \lambda_{it} - \rho_{t-1} \lambda_{it-1}$$

을 얻으므로, 자칫 Δy_{it} 를 ΔX_{it}, λ_{it}, λ_{it-1} 에 대하여 적절하게 시간더미와의 상호작용을 하여 POLS 회귀하면 될 것으로 생각할 수가 있다. 나아가, IMR들을 우변에 포함시킨 후 적절한 방식으로 집단내wG 추정을 하면 될 것으로 착각할 수도 있다. 이 접근법은 잘못되었다.

올바른 접근법은 식 (9.3)에 (9.4)를 대입한 후 차분하여 $\Delta y_{it} = \Delta X_{it}\beta + \rho_t v_{it} - \rho_{t-1} v_{it-1} + \Delta e_{it}$ 를 만든 다음, Δy_{it} 가 관측되는 사건에 대한 조건부로 평균을 취하는 것이다.

$$E(\Delta y_{it}|z_i, s_{it}s_{it-1} = 1) = \Delta X_{it}\beta + \rho_t \psi_{it}^a - \rho_{t-1} \psi_{it}^b \tag{9.6}$$

여기서 ψ_{it}^a와 ψ_{it}^b는 다음과 같으며, 정확한 공식은 Rosenbaum (1961)이 구한 바 있다.

$$\psi_{it}^a = \mathrm{E}(v_{it}|\mathbf{z}_i, s_{it}s_{it-1} = 1) = \mathrm{E}(v_{it}|\mathbf{z}_i, v_{it} > -\mathbf{z}_i\boldsymbol{\delta}_t, v_{it-1} > -\mathbf{z}_i\boldsymbol{\delta}_{t-1})$$

$$\psi_{it}^b = \mathrm{E}(v_{it-1}|\mathbf{z}_i, s_{it}s_{it-1} = 1) = \mathrm{E}(v_{it-1}|\mathbf{z}_i, v_{it} > -\mathbf{z}_i\boldsymbol{\delta}_t, v_{it-1} > -\mathbf{z}_i\boldsymbol{\delta}_{t-1})$$

식 (9.6)에서 중요한 것은 (9.5)에서와 달리 하나의 t에서 y_{it}가 관측되는 사건(s_{it} = 1)의 조건부로 기댓값을 취하는 것이 아니라 y_{it}와 y_{it-1}이 모두 관측되는 사건($s_{it}s_{it-1}$ = 1)의 조건부로 기댓값을 취하는 것이다. 그래야만 $s_{it}s_{it-1}$ = 1인 관측치들에 대하여 Δy_{it}를 ΔX_{it}, ψ_{it}^a, ψ_{it}^b에 대하여 적절하게(시간더미와의 상호작용항을 적절하게 포함시키고) 회귀하였을 때 일관된 추정량을 얻음을 확인할 수 있다(Han and Lee 2017).

이상에서 설명한 차분의 방법을 2단계 추정법으로 구현하려면, 첫째 단계에서 $\boldsymbol{\delta}_t$들뿐 아니라 v_{it}와 v_{it-1}의 상관계수도 추정하여야 한다. T = 2라면 $\boldsymbol{\delta}_t$들과 상관계수를 2변수 프로빗으로써 추정할 수 있다. $T \geq 2$인 일반적인 경우, 연속된 두 기간에 대하여 v_{it}와 v_{it-1}의 상관계수를 추정하여 차분방정식의 편향 교정항을 구하거나, 아니면 모든 가능한 (t_1, t_2) 기간들의 조합에 대하여 $\mathrm{E}(v_{it_1}|\mathbf{z}_i, s_{it_1}s_{it_2} = 1)$과 $\mathrm{E}(v_{it_2}|\mathbf{z}_i, s_{it_1}s_{it_2} = 1)$을 구하여 편향 교정항으로 삼을 수도 있다. 모든 가능한 기간을 고려하는 것은 집단내^{WG} 편차를 이용한 추정과 유사하며 Han and Lee (2017)의 모의실험에 따르면 상당히 좋은 성질을 보인다. 단, 이를 위해서는 모든 기간의 쌍에 대하여 오차항의 상관계수를 추정하여야 한다. 이를 위해서는 Dustmann and Rochina-Barrachina (2007)처럼 각각의 쌍에 대하여 2변수 프로빗 추정을 할 수도 있고 Rochina-Barrachina (1999)와 Han and Lee (2017)가 제안한 것처럼 $\boldsymbol{\delta}_t$는 각 t마다 프로빗으로 추정하고 2기간 데이터들을 결합해서는 오차의 공분산만 추정함으로써 계산 부담을 줄일 수 있다.

마지막으로, 지금까지 설명한 Wooldridge (1995)의 PA 방법("방법 I"이라 함)과 2기간 데이터를 결합하여 고정효과를 제거하는 방법("방법 II"라 함)을 비교해 보자. 우선 방법 I은 각각의 t 시점에서 (y_{it}, s_{it})의 확률분포(marginal distribution)에 관한 정보를 이용하는 반면, 방법 II는 t_1와 t_2 시점에서 (y_{it_1}, s_{it_1})과 (y_{it_2}, s_{it_2})의 결합확률분포(joint distribution)에 관한 정보를 이용한다. 그 결과 방법 I에서는 선택식 오차항의 시간에 걸친 상관계수를 추정할 필요가 없이 오직 각 시점에서 프로빗 추정만 하면 되는 반면, 방법 II에서는 불가피하게 v_{it_1}과 v_{it_2}의 상관계수를 추정하여야 한다. 그리하여 방법 I의 계산이 훨씬 쉽고, 예제 9.2에서 실습해 보았듯이 Stata의 표준적인 명령과 최소한의 프로그래밍만을 통하여 편향을 교정할 수 있다는 큰 장점이 있다(표준오차의 계산은 더 복잡하며 이 책에서는 설명하지 않았다). 반면, 방법 I은 고정효과를 완전히 제거하지 않으며, CRE로 설명하고 남은 임의효과(a_i로 표기하였음)의 분산이 클 때 계수 추정량의 정확성이 훼손되는 일이 발생한다. 얼핏 보기에 이 점은 납득하기 힘들다. 왜냐하면 통상적인(표본선택이 없는) 경우 CRE의 방법을 따라 $\bar{X}_i$나 $X_{i1}, \ldots, X_{iT}$를 우변에 추가하면 POLS 추정량은 FE 추정량(즉, WG 추정량)과 동일하며, 방법 I에서는 분명 $\bar{X}_i$나 $X_{i1}, \ldots, X_{iT}$를 통제하기 때문이다(Han and Lee 2017). 하지만 방법 I에서는 X_{it}와 $\bar{X}_i$뿐 아니라 IMR들과 시간더미의 상호작용항이 우변에 추가되고, 이 추가되는 변수들로 인하여 X_{it} 계수의 CRE 추정량과 FE 추정량이 상당히 다른 성질을 갖게 된다. 그렇다고 하여 방법 I의 마지막 단계에 POLS 대신에 WG 추정을 하려고 해서는 안 된다. 제대로 된 고정효과 추정을 원한다면 방법 II를 사용하여 선택식 오차항들의 공분산을 추정하고 복잡한 방식으로 편향을 교정해야 할 것이다.

Han and Lee (2022)는 $\sum_{t=1}^{T}(a_t - \bar{a})(b_t - \bar{b}) = T^{-1}\sum_{s=1}^{T-1}\sum_{t=s+1}^{T}(a_t - a_s)(b_t - b_s)$ 임을 활용하여 WG 추정량을 2개 기간 간 차이들(pairwise differences)의 식으로 표현하고 선택편향을 교정하는 방법을 제안하였다. 또한 선택편향 교정을 위한 선택방정식 오차항 시계열상관 모수의 안정적인 추정방법과 표준오차 계산 방법을 제시하였다.

9.5 표본이탈의 문제

표본이탈attrition의 문제는 통상적인 표본선택의 문제와 유사하면서도 약간 다르다. 종속변수가 관측이 안 되기도 한다는 점에서는 동일하나, 표본이탈의 경우에는 일단 이탈이 이루어지면 모든 변수가 관측이 안 된다. 예를 들어 표본선택의 경우라면, 어떤 기혼여성이 일을 하지 않기로 결정을 할 때 임금(종속변수)은 관측이 되지 않지만 나이, 학력, 배우자의 소득, 자녀의 수 등 그 여성의 여타 특성들(설명변수들)은 관측이 된다. 반면 이 여성이 표본으로부터 이탈하면 모든 변수들에 대한 관측이 중단된다. 표본으로부터 이탈한 경우에도 관측되는 변수들이 있기는 한데, 이들은 시간불변 변수들이나, 나이처럼 자동으로 알 수 있는deterministic 변수들로 국한된다. 그러므로 표본이탈이 있을 때에는, 확률역수 가중법 IPW이나 헤크먼Heckman의 방법을 사용하는 경우 표본관측 여부 방정식의 프로빗 회귀에서 우변변수가 크게 제한된다는 점을 인식할 필요가 있다.

주방정식의 고정효과(혹은 CRE)를 처리할 때에도, 표본선택의 경우와는 달리 설명변수들의 관측이 표본이탈과 함께 중단되므로 Chamberlain (1980)의 방법을 사용하여 처리할 때 복잡한 문제가 발생할 수 있음에 유의하여야 할 것이다. 만약 $X_{i1},\ldots,X_{iT}$를 모두 우변에 포함시키면 한 시점에서라도 이탈이 일어난 관측치에 대해서는 $X_{i1},\ldots,X_{iT}$ 중 일부가 누락되므로 (본의 아니게) 균형화한 부분패널을 이용하여 주방정식을 추정하고 표본크기가 크게 줄어드는 일이 벌어진다. 예를 들어 $T = 3$일 때 3기에 이탈한 개체의 경우 X_{i1}, X_{i2}, X_{i3}을 모두 우변에 포함시키면 다음과 같은 좌변변수와 우변변수가 만들어진다.

$$\begin{pmatrix} y_{i1} \\ y_{i2} \\ \cdot \end{pmatrix}, \quad \begin{pmatrix} X_{i1} & X_{i1} & X_{i2} & \cdot \\ X_{i2} & X_{i1} & X_{i2} & \cdot \\ \cdot & X_{i1} & X_{i2} & \cdot \end{pmatrix}$$

여기서도 이탈로 누락된 값은 '·'으로 표시하였다. 끝까지 이탈하지 않은 개체의 경우에는 모든 값들이 관측될 것이다. 이렇게 만든 데이터를 이용하여 POLS를 하게 되면 중도에 이탈한 개체의 경우에는 반드시 누락된(·) 변수가 존재하므로 $t = 3$뿐 아니라 모든 기의 관측치가 아예 추정에 이용되지 않는다. 이 문제를 해결하기 위해서는 끝까지 남은 개체들, 3기에 이탈한 개체들, 2기에 이탈한 개체들에 대하여 각각 다음과 같은 복잡한 모형을 만들어 볼 수 있다.

$$\text{2기에 이탈: } y_{it} = X_{it}\beta + X_{i1}\delta_{21} + u_{it}$$

$$\text{3기에 이탈: } y_{it} = X_{it}\beta + X_{i1}\delta_{31} + X_{i2}\delta_{32} + u_{it}$$

$$\text{이탈하지 않음: } y_{it} = X_{it}\beta + X_{i1}\delta_{41} + X_{i2}\delta_{42} + X_{i3}\delta_{43} + u_{it}$$

이때 언제 이탈이 일어나느냐에 따라 모형이 다르므로 "δ" 계수들도 이탈 시기에 따라 상이하도록 설정되었다. 구체적으로, $T = 3$일 때 만약 개체 i는 2기에 이탈하고 j는 3

기에 이탈하며 k는 이탈하지 않는다면, i, j, k 개체들의 관측치를 쌓아 만든 좌변변수와 우변변수들의 값은 다음과 같고, 우변변수들의 각 열에 상응하는 계수들은 순서대로 β, δ_{21}, δ_{31}, δ_{32}, $\delta_{41}, \delta_{42}, \delta_{43}$이 될 것이다.

$$
\begin{pmatrix} y_{i1} \\ y_{j1} \\ y_{j2} \\ y_{k1} \\ y_{k2} \\ y_{k3} \end{pmatrix}, \quad
\begin{pmatrix}
X_{i1} & X_{i1} & 0 & 0 & 0 & 0 & 0 \\
X_{j1} & 0 & X_{j1} & X_{j2} & 0 & 0 & 0 \\
X_{j2} & 0 & X_{j1} & X_{j2} & 0 & 0 & 0 \\
X_{k1} & 0 & 0 & 0 & X_{k1} & X_{k2} & X_{k3} \\
X_{k2} & 0 & 0 & 0 & X_{k1} & X_{k2} & X_{k3} \\
X_{k3} & 0 & 0 & 0 & X_{k1} & X_{k2} & X_{k3}
\end{pmatrix}
$$

이런 식으로 모형을 만듦으로써 표본에 있는 모든 관측치들을 추정에 사용하는 것은 맞지만, 이런 복잡한 일을 하느니 차라리 $\bar{X}_i$를 사용하는 것이 (정확하지는 않겠지만) 간편해 보인다.

표본이탈의 또 하나의 특징은 한 번 이탈하면 복귀하지 않는 것^{absorbing}이 일반적이라는 점이다. 이 경우 확률역수 가중법^{IPW}을 사용할 때 주의할 점이 있다. 매기 표본에 잔류할 확률은 그 직전 기에 표본에 잔류한 개체들만을 대상으로 구한다. 그러므로 매기 프로빗 추정을 통하여 구하는 관측확률은 $\Pr(s_{it}=1|s_{it-1}=1)$이다. 반면 IPW에서 사용할 확률은 $\Pr(s_{it}=1)$이다. 그러므로 $\Pr(s_{it}=1|s_{it-1}=1)$로부터 $\Pr(s_{it}=1)$을 구하여야 한다. 그런데

$$\Pr(s_{it}=1) = \Pr(s_{it}=1|s_{it-1}=1)\Pr(s_{it-1}=1|s_{it-2}=1)\cdots\Pr(s_{i2}=1|s_{i1}=1)\Pr(s_{i1}=1)$$

이므로, $\pi_{it}=\Pr(s_{it}=1|s_{it-1}=1)$이라고 하면 $\Pr(s_{it}=1)=\pi_{it}\pi_{it-1}\cdots\pi_{i1}$이다. 여기서 모든 i에서 $s_{i0}=1$이고 $s_{it-1}=1$이면 $s_{it-2}=\cdots=s_{i1}=1$임을 이용하였다. 이상의 방법을 종합하면, IPW 추정은 다음과 같이 한다. (i) 각 t에서 직전 기에 관측된 개체들만을 대상으로 t기 관측여부를 설명하기 위한 프로빗 모형을 추정하고 (조건부) 관측확률 $\hat{\pi}_{it}$을 구한다. (ii) $\hat{p}_{it}=\prod_{j=1}^{t}\hat{\pi}_{ij}$에 의하여 구한 $\hat{p}_{it}$의 역수를 가중치로 하여 IPW 추정을 한다(Wooldridge 2010).

헤크먼^{Heckman}의 방법을 사용한 편향교정 방법은 표본선택의 경우와 동일하다. 다만, 앞에서 설명한 것처럼 표본으로부터 이탈하면 해당 기의 설명변수들도 관측되지 않으므로 표본이탈 방정식 설명변수의 사용에 (상당한) 제약이 따른다는 점을 지적한다. 물론 표본이탈 여부가 과거의 변수값에만 의존한다면 이런 문제가 발생하지 않겠지만 얼마나 많은 데이터에서 실제 그럴지는 의문이다. 예를 들어 사업체패널의 경우 2년마다 한 번씩 조사되는데, 2년이나 4년 전의 관측변수로 인하여 올해의 이탈 여부가 결정된다고 보는 데에는 한계가 있다. 표본이탈이 당해 시점의 변수 값에 의존할 경우 추정방법을 도구변수법으로 바꾸는 대안이 있기는 하나(Imbens and Wooldrige 2007), 이 대안은 이론적·실질적으로 제한이 있어 보인다. 표본이탈로 인한 편향을 교정하기는 간단하지 않다.

표본의 대표성

모집단으로부터 무작위적으로 표본이 추출되면 그 표본 내 구성원들의 분포는 모집단 내 구성원들의 분포를 닮을 것이고 표본은 모집단을 대표한다고 할 수 있다. 대표성을 갖는 표본이 있으면 표본을 분석함으로써 모집단에 대한 추론을 할 수 있다. 표본조사에서는 조사 목적에 맞추어 특정한 성격을 갖는 집단들을 과다추출하는 경우가 많아, 조사 시 어떤 집단이 과다추출되었고 어떤 집단이 과소추출되었는지에 관한 정보를 제공한다. 이 역할을 하는 것이 조사가중치survey weights이다.

조사가중치는 표본 내 각 관측치가 모집단 구성원 몇 명을 대표하는지를 나타내는 수치로서, 해당 특성을 가진 모집단에서 추출되어 표본에 포함될 확률의 역수이다. 만약 N명으로 이루어진 모집단에서 n명이 무작위로 추출되었다면(단순 무작위 추출) 표본 내 관측치들의 '가중치'는 모두 동일한 N/n이다. 모집단을 하위집단으로 분류(하위집단 j 내 구성원 숫자는 N_j)하고 각 하위집단에서 추출할 표본크기(n_j)를 미리 결정한 후 무작위로 추출하는 경우라면 j집단 내 관측치들의 '가중치'는 N_j/n_j가 된다. 예를 들어 가구가 표본 추출 단위라 할 때, 가구들을 서울 지역(가구 수 총 N_1개)과 비서울 지역(가구 수 총 N_2개)으로 구분하고 서울 지역에서 n_1 가구, 비서울 지역에서 n_2 가구를 무작위로 추출한다면, 표본설계로 인한 가구 i의 가중치는 i가 서울 거주 가구라면 N_1/n_1, 비서울 거주 가구라면 N_2/n_2이다. 여기에 응답 거절로 인한 보정과 인구학적 특성을 고려한 보정이 이루어져 최종적인 가중치 변수가 생성된다. 예를 들어 조사를 해 보니 표본에 여성의 수가 너무 많으면 여성들의 가중치를 줄이는 보정을 해 준다. 무응답 및 인구학적 보정 단계에 로짓 등 회귀분석이 사용되기도 한다. 표본조사 시 생성되는 이 가중치를 Stata에서는 pweight 라고 한다.

> 특정 집단이 과다 혹은 과소 추출되도록 표본이 설계되는 것은 매우 흔한 일이다. 예를 들어 고령화 패널이라면 고령자들이 과다추출되도록 설계될 것이다. 재정패널에서는 세입과 세출이 중요하므로 고소득자와 저소득자가 과다추출되도록 한다. 농업과 관련된 조사라면 당연히 농촌지역이 과다추출되어야 할 것이고, 청소년과 관련된 조사라면 청소년이 과다추출될 것이다. 통상적으로 소수자들은 일부러 챙기지 않으면 표본에 포함되지 않을 가능성이 높으므로 과다추출되는 경향이 있다. 이렇게 의도적으로 과다추출 혹은 과소추출이 일어나도록 표본설계가 이루어질 때, 이를 나타내는 가중치를 설계가중치design weights라 한다. 설계가중치는 추출률(해당 집단 모집단 크기 대비 표본크기의 비율)의 역수이다. 여기에 응답 거절과 인구학적 특성을 고려한 보정이 추가되며 이를 층화후가중치post-stratification weights라 한다. 이에는 무응답 확률 추정과 인구총조사 등 추가적인 정보가 활용된다. 최종적인 조사가중치는 설계가중치와 사후가중치의 곱이다.

모집단 총량(합계)을 추정하고자 할 때 가중치의 절대적인 크기가 있으면 간편할 수 있으나, 평균이나 비율에 관심을 갖는 대부분의 계량경제 분석에서는 가중치의 절대적인 수준은 중요하지 않다. 가중치의 합이나 평균이 1이 되거나 100이 되도록 조정하여도 아무런 문제도 발생하지 않으며, 원하면 언제든지 $w_i/(\sum_j w_j) \times N$ 공식에 의하여 각 관측치가 대표하는 모집단 인원 수를 만들 수 있다. 예를 들어 남자 1천만 명, 여자 1천만 명 모집단에서 남자 100명과 여자 200명 표본이 추출되었다면, 가중치를 남자이면 10만,

여자이면 5만으로 하든, 남자이면 2, 여자이면 1로 하든, 남자이면 1, 여자이면 0.5로 하든, 남자이면 2/3, 여자이면 1/3으로 하든 아무런 차이도 없다.

참고로, 조사가중치는 표본선택 연구(예를 들어 여성 임금 결정요인의 연구)의 **IPW**에 사용될 가중치가 아니다. '가중치' 변수는 나중에 연구자가 분석하고자 하는 모형의 설명변수(외생변수)들에 의존하는 것이 아니라(나중에 연구자가 무슨 변수를 설명변수로 할지 조사 설계자가 어떻게 알겠는가?) 조사 시 선택한 변수들에 따라 구성된다. 가중치는 통상 성별, 연령대, 교육수준, 주거지역 등 인구학적 요인들에 기반하여 산출되며, 표본조사마다 다르다.

패널조사는 보통 '횡단면 가중치'와 '종단면 가중치'를 제공한다. 이들 가중치를 산출하는 방법은 다음과 같다. 우선 1차 연도의 횡단면 가중치를 출발점으로 하여, 2차 연도 이탈로 인한 보정을 한다. 이때 2차 연도 이탈을 설명하는 로짓 모형 등을 추정하여 구한 이탈 확률을 이용한다. 로짓 모형에서 어떤 설명변수를 사용할지는 패널조사마다 다르다. 2차 연도의 이탈보정가중치는 1차 연도 횡단면 가중치를 2차 연도 응답확률(1 빼기 이탈 확률)로 나눈 값이다. 그 후 다시 2차 연도 성별, 연령 등 인구학적 특성을 고려한 보정을 하면 2차 연도 종단면 가중치가 된다. 2차 연도 종단면 가중치는 1, 2차 연도 응답자만을 대상으로 산출한다. 2차 연도 횡단면 가중치는 2차 연도 응답자 전체(1차 연도에 신규로 패널에 진입한 응답자 포함)를 대상으로 산출한다. 3차 연도 종단면 가중치는 1차 연도 응답자, 혹은 1~3차 연도 응답자를 대상으로 하고, 3차 연도 횡단면 가중치는 3차 연도 응답자 전체를 대상으로 한다. 이런 식으로 각 조사연도의 종단면 가중치와 횡단면 가중치를 산정한다.

이상의 횡단면과 종단면 가중치에 대한 설명은 Johnson (2008), Watson (2012), 한국조세재정연구원 (2012), 박민규(2013) 및 기타 다양한 문서를 참고하였다.

개인, 가구, 사업체 등 미시적 주체의 추적조사에 의하여 생성된 패널 데이터(미시 패널 데이터)에서 표본이탈은 어쩔 수 없이 발생하는 불가피한 현상이며, 이로 인하여 시간이 갈수록 표본의 대표성은 점점 나빠진다. 사실, 표본이탈이 전혀 없다고 하더라도 표본의 대표성은 시간이 흐름에 따라 나빠질 수밖에 없다. 왜냐하면 모집단 자체의 분포가 시간이 흐르면서 변할 수 있고, 표본 내 구성원들의 성격 또한 시간이 흐르면서 변할 수밖에 없기 때문이다. 최초 연도에 모집단 분포를 닮도록 설계된 표본이 20년이 지난 후에 모집단을 분포를 닮을 것이라 기대할 수는 없다. 단순히 보더라도 20년이 지나면 사람들은 나이를 20살 더 먹고 그 사이 새로운 사람들이 태어나고 자란다. 그 경우 동일한 사람들을 20년 동안 추적조사한 패널 데이터가 20년 후 사회의 모습을 그려 주기는 어려울 것이다. 이 사실은 우리가 패널 데이터의 분석으로부터 무엇을 얻을 수 있겠는지에 대한 약간의 통찰을 제공하기도 한다. PA 모형은 각 시점에서 모집단의 특성을 살펴보기 위한 모형이므로 횡단면 가중치가 중요할 것 같다. 반면 집단내 ^{WG} 분석은 당초부터 동일 개체 내 시간에 걸친 비교이므로 시변하는 가중치를 사용하는 것이 애매하지만, 이 경우에도 만약 정책 효과가 개체들마다 상이하고 분석의 목적이 평균 효과라면 (무작위 추출이 아니라면) 어떤 형태로든 가중치가 고려되어야 할 것 같기도 하다. 얼핏 떠오르는 생각들이다.

10 시계열 주제와 횡단면 종속

본 장에서는 패널 벡터자기회귀panel vector autoregression, 단위근, 공적분, 횡단면 종속, 공간 spatial 패널 모형, 요인factor 모형 등 특수한 주제들에 대하여 간략히 살펴본다. 이들 주제의 일부에 대해서는 아직 이론이 완전히 정립되지 않았으며 활발히 연구가 진행되고 있으므로, 간단히 소개하는 수준에서 그치고자 한다.

10.1 패널 VAR

다변량 시계열분석에서 벡터자기회귀VAR와 오차수정모형Error Correction Model이 널리 사용된다. 패널에서 이 방법은 어떻게 응용될 수 있는가? 예를 들어 설명해 보자. Y_{it} 는 국가 i 의 t 년도 변수들의 벡터이다. 다음 모형을 고려하자.

$$Y_{it} = \alpha + AY_{it-1} + U_i + V_{it} \tag{10.1}$$

전지구적 경기변동을 통제하기 위하여 연도 더미를 포함시킬 수도 있겠다.

이 모형은 고정효과 U_i 를 가지므로 "패널의 정신"에 투철한 유연한 모형이라는 생각이 들 수도 있다. 하지만 이 모형에도 상당한 제약이 있음을 알고 있어야 한다. 모형 (10.1) 에서는 다른 나라의 과거 값이 우리나라의 현재 값에 영향을 미칠 수 있는 명시적인 통로가 없다. 다시 말하여, i 국의 Y_{it-1} 은 우변 AY_{it-1} 항을 통하여 i 국의 Y_{it} 에 영향을 미치지만, j 국의 Y_{jt-1} 은 i 국의 Y_{it} 에 영향을 미치지 않는다. 연구자는 자신이 분석하고자 하는 내용이 과연 이것인지 확인해 보아야 할 것이다.

또 하나의 제약은 모형 (10.1)에서 Y_{it-1} 의 계수가 모든 i 에서 동일하다는 것이다. 만약 i 마다 상이한 동학dynamics을 갖는다면 모형 (10.1)은 현실을 정확히 표현하는 것이 아니라 일종의 평균적인 모습만을 나타내는 것이 된다. 이 점도 염두에 두어야 할 것이다.

만약 (10.1)이 올바른 모형이라는 확신이 들거나 표본크기가 작아서 이처럼 통합하는 수밖에 없다면, 적절한 방법을 사용하여 모수들을 추정하고, 충격반응분석과 분산분해 등을 할 수 있다. Abrigo and Love (2015)의 pvar 패키지가 많이 사용되고 Cagala and Glogowsky (2014)의 xtvar도 약간 사용된다. 그 전에도 2000년에 Inessa Love가 만든 pvar 패키지가 사용되고 있었으나 2015년에 여기에 심각한 오류가 있는 것이 발견되어 수정되었다. 아직 오류가 있을 수 있으므로 주의하여 사용하도록 하자. 참고로, xtvar 패키지는 동태적 패널임에도 불구하고 LSDV의 방법을 이용하여 추정한다. 동태적 패널 모형에서 T 가 작으면 LSDV 추정량이 상당한 편향을 가지므로 T 가 작을 때에는 xtvar 패키지를 사용하지 말아야 할 것이다. 세상에 완전한 것은 없다.

별도의 패키지를 사용하지 않더라도 패널 VAR을 추정하는 것은 사실상 간단하다. 예를 들어 y_{1it} 와 y_{2it} 에 관한 1차 패널 VAR의 추정식은 다음 두 방정식과 같다.

$$y_{1it} = \alpha_1 + \beta_{11}y_{1it-1} + \beta_{12}y_{2it-1} + \mu_{1i} + \varepsilon_{1it}$$
$$y_{2it} = \alpha_2 + \beta_{21}y_{1it-1} + \beta_{22}y_{2it-1} + \mu_{2i} + \varepsilon_{2it}$$

각각의 방정식은 차분적률법이나 시스템적률법으로 추정할 수 있다. 계수 추정값을 얻고 나면, 단순한(직교화하지 않은) 충격반응함수(impulse-response function, IRF)도 자명하게 구할 수 있다. 또, 충격이 오는 오차항인 $V_{it} = (\varepsilon_{1it}, \varepsilon_{2it})'$ 의 분산·공분산 행렬 Σ_V 의 추정값 $\hat{\Sigma}_V$ 을 여차저차한 방식으로 구하고 나면 직교화된 충격반응함수(orthogonalized impulse-response function, OIRF)와 예측오차 분산분해(forecast-error variance decomposition, FEVD)도 시계열 분석의 표준적인 절차에 의하여 구할 수 있다. 이 절차에 대한 자세한 내용은 시계열 분석에서의 VAR에 대한 문서를 참조하도록 하며, 여기서는 2변수 패널 VAR에서 IRF와 OIRF를 수동으로 계산하는 예를 살펴본다. 이하에서 $\hat{A}$ 은 다음과 같이 정의된다.

$$\hat{A} = \begin{pmatrix} \hat{\beta}_{11} & \hat{\beta}_{12} \\ \hat{\beta}_{21} & \hat{\beta}_{22} \end{pmatrix}$$

참고로 현재 기에 충격이 가해질 때 h 기 이후의 IRF는 $\hat{A}^h$ 이며, $PP' = \hat{\Sigma}_V$ 이 되는 하삼각행렬($\hat{\Sigma}_V$ 의 촐레스키분해)을 P 라 할 때 촐레스키분해를 이용한 OIRF는 $\hat{A}^h P$ 이다. $\hat{A}^0 = I$ 와 $\hat{A}^0 P = P$ 는 각각 충격을 나타낸다(관심 없는 독자는 본 절을 읽을 필요가 없다).

예제 10.1   패널 VAR의 추정과 충격반응함수

xtvar 패키지에 있는 예제 데이터인 xtvar.dta를 사용하자. 여기에는 y1과 y2 변수가 있고 $n = 40$, $T = 45$ 이다. $Y_{it} = (y_{1it}, y_{2it})'$ 이다. 방정식들을 1계차분^{FD} 하여 $\Delta Y_{it} = A\Delta Y_{it-1} + \Delta V_{it}$ 로 변환한 후 Y_{it-2} 를 도구변수로 사용하여 IV 추정을 하는 방법을 생각해 보자. 먼저 pvar 패키지(웹 검색 후 설치)를 이용하여 자동으로 추정을 하면 다음 결과를 얻는다.

```
1   . use xtvar, clear

2   . pvar y1 y2, fd

3   Panel vector autoregresssion

4   GMM Estimation

5   Final GMM Criterion Q(b) =  2.46e-34
```

```
 6  Initial weight matrix: Identity
 7  GMM weight matrix:      Robust
 8                                                    No. of obs    =      1720
 9                                                    No. of panels =        40
10                                                    Ave. no. of T =    43.000
11  ─────────────────────────────────────────────────────────────────────────
12                        Coef.    Std. Err.     z     P>|z|    [95% Conf. Interval]
13  ─────────────────────────────────────────────────────────────────────────
14  y1
15        y1
16        L1.        .447313    .1597617    2.80    0.005    .1341858    .7604402
17
18        y2
19        L1.       .3514139    .1178546    2.98    0.003    .1204231    .5824047
20  ─────────────────────────────────────────────────────────────────────────
21  y2
22        y1
23        L1.       .5498169    .1747436    3.15    0.002    .2073257     .892308
24
25        y2
26        L1.       .4873616    .1253732    3.89    0.000    .2416346    .7330886
27  ─────────────────────────────────────────────────────────────────────────
28  Instruments : l(2/2).(y1 y2)
```

이와 동일한 결과들은 수동으로 FD/IV 추정을 해서도 구할 수 있다.

```
29  . ivregress 2sls d.y1 (ld.(y1 y2) = l2.(y1 y2)), nocons

30  Instrumental variables (2SLS) regression     Number of obs   =     1,720
31                                               Wald chi2(2)    =         .
32                                               Prob > chi2     =         .
33                                               R-squared       =         .
34                                               Root MSE        =    1.4265
35  ─────────────────────────────────────────────────────────────────────────
36     D.y1       Coef.    Std. Err.     z     P>|z|    [95% Conf. Interval]
37  ─────────────────────────────────────────────────────────────────────────
38        y1
39        LD.        .447313    .1613396    2.77    0.006    .1310932    .7635328
40
41        y2
42        LD.       .3514139     .118933    2.95    0.003    .1183094    .5845184
43  ─────────────────────────────────────────────────────────────────────────
44  Instrumented:  LD.y1 LD.y2
45  Instruments:   L2.y1 L2.y2

46  . ivregress 2sls d.y2 (ld.(y1 y2) = l2.(y1 y2)), nocons

47  Instrumental variables (2SLS) regression     Number of obs   =     1,720
48                                               Wald chi2(2)    =         .
49                                               Prob > chi2     =         .
```

```
50                                               R-squared      =        .
51                                               Root MSE       =   1.5637
```

```
52   ─────────────┬──────────────────────────────────────────────────────────────
53        D.y2    │    Coef.   Std. Err.     z    P>|z|   [95% Conf. Interval]
54   ─────────────┼──────────────────────────────────────────────────────────────
55         y1     │
56        LD.     │  .5498169   .1768583   3.11   0.002   .2031809   .8964529
57              │
58         y2     │
59        LD.     │  .4873616   .1303728   3.74   0.000   .2318355   .7428877
60   ─────────────┴──────────────────────────────────────────────────────────────
61   Instrumented:  LD.y1 LD.y2
62   Instruments:   L2.y1 L2.y2
```

38–42행의 계수추정값들은 15–19행의 계수추정값들과 동일함을 알 수 있다. 표준오차는 다르지만 이 점은 당분간 무시하자. 마찬가지로, 55–59행의 계수추정값들은 22–26행의 계수추정값들과 동일하다.

다음으로 직교화하지 않은 IRF를 구해 보자. `pvarirf` 명령을 사용하면 결과를 얻을 수 있다. 앞의 28행 다음에 3기 이후까지의 IRF를 구해 보자(2행을 재실행할 것).

```
63   . pvarirf, nodraw table step(3)

64   IRF
```

```
65   ───────────────┬──────────────────────
66   Response       │
67   variable       │
68   and            │
69   Forecast       │    Impulse variable
70   horizon        │     y1         y2
71   ───────────────┼──────────────────────
72   y1             │
73         0        │       1          0
74         1        │  .447313   .3514139
75         2        │ .3933022   .3284577
76         3        │ .3565208   .2982895
77              │
78   y2             │
79         0        │       0          1
80         1        │ .5498168   .4873616
81         2        │ .5138999   .4307346
82         3        │ .4666993   .3905151
83   ───────────────┴──────────────────────
```

이와 동일한 결과는 다음의 긴 명령을 이용하여 수동으로 구할 수 있다. 29–62행 대신에 다음과 같이 한다.

```
84   . qui ivregress 2sls d.y1 (ld.(y1 y2) = l2.(y1 y2)), nocons

85   . mat a1 = e(b)

86   . qui ivregress 2sls d.y2 (ld.(y1 y2) = l2.(y1 y2)), nocons

87   . mat a2 = e(b)

88   . mat A = [ a1 \ a2 ]

89   . mat A1 = A

90   . mat A2 = A1*A

91   . mat A3 = A2*A

92   . mat l A1

93   A1[2,2]
94              LD.         LD.
95              y1          y2
96   y1  .44731303    .3514139
97   y1  .54981687    .4873616

98   . mat l A2

99   A2[2,2]
100             LD.         LD.
101             y1          y2
102  y1  .39330223   .32845765
103  y1  .51389988   .43073462

104  . mat l A3

105  A3[2,2]
106             LD.         LD.
107             y1          y2
108  y1  .35652077   .29828952
109  y1  .46669927   .39051507
```

85행과 87행에서 두 회귀식 계수추정값들을 a1과 a2로 저장하고, 88행에서 이 둘을 세로로 쌓아 $\hat{A}$ 행렬을 만들었다. 89–91행에서 $\hat{A}$, $\hat{A}^2$, $\hat{A}^3$ 을 각각 A1, A2, A3 행렬로 저장한 후(A1은 굳이 따로 만들 필요가 없지만 표현의 대칭을 위해서 만들었다), 92, 98, 104행에서 화면에 표시하였다. 96행은 74행, 97행은 80행과 동일하다. 나머지 대응하는 결과들도 찾을 수 있을 것이다.

다음으로 직교화된 IRF인 OIRF를 구해 보자. pvarirf 명령을 이용하여 구한 결과는 다음과 같다.

```
110  . qui pvar y1 y2, fd
```

```
111  . pvarirf, oirf nodraw table step(3)

112  IRF
```

Response variable and Forecast horizon	Impulse variable	
	y1	y2
y1		
0	1.002962	0
1	.6208429	.3452137
2	.5554228	.3226625
3	.503749	.2930266
y2		
0	.4900346	.9823564
1	.7902694	.4787628
2	.7264969	.4231349
3	.6594475	.383625

이상을 수동으로 구하기 위해서는 먼저 $\hat{\Sigma}_v$ 을 구하여야 한다. 이 부분은 좀 애매할 수 있다. 한 가지 방법은 FD/IV 추정으로부터의 잔차가 ΔV_{it} 를 추정한 것이므로 이 잔차들의 표본공분산 행렬을 구한 다음 0.5를 곱하는 것이다.

▸ **연습 10.1.** 왜 $\Delta\hat{V}_{it}$ 의 표본공분산 행렬에 0.5를 곱하면 Σ_v 를 추정할 수 있는지 설명하라.

pvar 명령은 이보다는 $Y_{it} - \hat{A}Y_{it-1}$ 의 집단내 편차의 표본공분산 행렬을 사용한다(필자는 개인적으로 이보다는 차분 잔차의 표본공분산에 0.5를 곱한 것을 선호한다). 다음 수동 계산 결과를 보라.

```
132  . gen e1 = y1-a1[1,1]*l.y1-a1[1,2]*l.y2 if e(sample)
133  (80 missing values generated)

134  . gen e2 = y2-a2[1,1]*l.y1-a2[1,2]*l.y2 if e(sample)
135  (80 missing values generated)

136  . xtset
137        panel variable:  i (strongly balanced)
138         time variable:  t, 1 to 45
139                 delta:  1 unit

140  . local ivar = r(panelvar)

141  . forv j=1/2 {
142  2. tempvar tv
143  3. by `ivar': egen `tv' = mean(e`j')
144  4. qui replace e`j' = e`j'-`tv'
```

```
145      5. }

146   . qui corr e1 e2, cov

147   . mat S = r(C)

148   . mat P = cholesky(S)

149   . mat B0 = P

150   . mat B1 = A*B0

151   . mat B2 = A*B1

152   . mat B3 = A*B2

153   . mat l B0

154   B0[2,2]
155              e1          e2
156   e1  1.0029619           0
157   e2  .49003461   .98235635

158   . mat l B1

159   B1[2,2]
160              e1          e2
161   y1   .6208429   .34521367
162   y1  .79026942   .47876276

163   . mat l B2

164   B2[2,2]
165              e1          e2
166   y1  .55542277   .32266246
167   y1  .72649687   .42313489

168   . mat l B3

169   B3[2,2]
170              e1          e2
171   y1  .50374894    .2930266
172   y1  .65944749   .38362496
```

132, 134행에서 $\hat{u}_{1it}$과 $\hat{u}_{2it}$을 각각 e1과 e2로 만들고, 140–145행에서 (지나치게) 멋들어진 방법을 활용하여 집단내 편차로 변환한다. 146행에서 e1과 e2의 분산·공분산 행렬을 만들고 147행에서는 그 결과($\hat{\Sigma}_v$)를 S라는 행렬로 보관한다. 148행에서는 S의 촐레스키 Cholesky 분해를 구하여 P로 보관하고, 149–152행에서 $\hat{A}^0 P$, $\hat{A}^1 P$, $\hat{A}^2 P$, $\hat{A}^3 P$를 각각 B0, B1, B2, B3으로 보관한다. 이것들이 OIRF이고 그 값들이 153행 이하에 표시되어 있다. 이 결과들을 113–131행의 pvarirf 명령 결과와 비교하면 정확히 일치함을 알 수 있다.

▶ **연습 10.2.** 153–172행의 결과와 120–130행의 결과가 적절한 반올림을 하면 정확히 일치함을 확인하라. 129행의 결과는 153–172번 중 어느 줄에 해당하는가?

▶ **연습 10.3.** 위 실습의 132–147행에서는 $\hat{\Sigma}_V$ 을 $Y_{it} - \hat{A}Y_{it-1}$ 의 집단내^{within-group} 표본공분산 행렬이 되도록 계산하고 있다. 그렇게 하지 않고 $\Delta\hat{V}_{it}$ 의 표본공분산 행렬에 0.5를 곱한 값으로 계산하면 OIRF는 어떻게 달라지는가?

계산이 $\hat{A}$ 과 $\hat{\Sigma}_V$ 에만 의존하는 한, 패널 VAR의 방정식들을 별도로 회귀하여 계산을 하여도 문제가 없다. 물론 SUR에서처럼 방정식들 간에 오차항의 상관을 고려하여 더 효율적인 추정을 할 수도 있겠지만 이는 또 다른 문제이다.

개별적 추정 결과들을 결합하는 방법의 한 가지 문제는 계수추정량들의 완전한 공분산을 모두 구하는 것이 불가능하다는 것이다. 한 방정식 내에서는 계수추정량들의 공분산 행렬을 추정할 수 있으나, 상이한 방정식 간에 계수추정량들의 공분산은 Stata가 구해주지 않는다. 위의 예에서, β_{jk} 계수 추정량들을 $\hat{\beta}_{jk}$ 이라 한다면 $(\hat{\beta}_{11}, \hat{\beta}_{12})'$ 의 분산·공분산과 $(\hat{\beta}_{21}, \hat{\beta}_{22})'$ 의 분산·공분산은 각각 개별 회귀로부터 구할 수 있으나, 양자 간의 공분산(예를 들어 $\hat{\beta}_{11}$ 과 $\hat{\beta}_{21}$ 의 공분산)은 개별 회귀들로부터 구하지 못한다. 다만, V_{it} 가 IID라는 가정을 하면 매우 손쉽게 공분산을 구할 수 있기는 하다.

완전한 분산·공분산 행렬을 추정할 수 있다면 시계열 VAR의 경우처럼 모의실험 ^{simulation}이나 수식 연산을 이용하여 IRF나 OIRF의 신뢰구간을 계산할 수 있다. 계수추 정량들의 완전한 공분산 행렬을 구하기 힘들거나 $\hat{A}$ 의 공분산 행렬로부터 구하는 방법이 싫으면, 시계열 VAR의 경우와 마찬가지로 아예 부트스트랩(bootstrap)을 사용할 수 있다. 어차피 부트스트랩(부록 B.7 참조)은 표본재추출(resampling)을 반복하면서 값들을 계산하는 것이므로 계수 추정량의 분산·공분산 행렬이 아예 없어도 IRF 등의 신뢰구간을 구할 수 있다. 계수 추정량의 분산·공분산 행렬을 부트스트랩으로 추정한 다음 이를 이용하여 신뢰구간들을 구하는 방법도 있겠다.

> pvar 패키지는 신뢰구간을 구할 때 모의실험의 방법을 사용한다. xtvar 패키지에서는 부트스트랩과 모의실험 방법을 모두 제공한다. 현재의 pvar과 xtvar 패키지는 제한된 기능만 제공한다. 특히 xtvar은 LSDV에 기초하고, pvar도 Stata의 xtdpd나 xtabond2의 풍부한 기능을 활용하지 않고 용어법도 관례와 달라서 사용자들에게 혼선을 준다. 누군가(여러분일 수도 있다)가 Stata의 여러 기능들을 충분히 활용할 수 있는 제대로 된 패키지를 만들어 제공한다면 유용할 것이다.

⚡ 패널 데이터로 부트스트랩을 할 때, 필자가 보기에 여러 방법 중 특히 두 가지를 고려해 볼 수 있다. 하나는 시계열 VAR(p)에서 하듯이 $\hat{A}$ 추정값을 이용하여 잔차들을 $t = p+1, \dots, T$ 까지 생성한 다음, p개의 초기값들을 재추출하고 $T - p$개의 잔차들을 재추출하는 방법이다(시계열 분석 시 부트스트랩에 대해서 고려대학교 경제학과 김덕파 교수가 많은 도움을 주었다). 단, 잔차들을 상이한 개체 간에 섞을지 아니면 각 개체별로 별도로 부트스트랩을 할지는 잘 모르겠다. 다른 하나는 동일 개체의 관측치들을 한 묶음으로 추출하는 패널 블록 부트스트랩 방법이다.

한편, 변수의 수와 n(예를 들어 국가의 수)이 작고 T가 아주 클 때, j국의 과거 변수값들이 i국의 현재 변수값들에 영향을 미치도록 하기 위해서 각국의 변수들을 모두 한꺼번에 모아 거대한 시계열 VAR 시스템을 만들 수도 있다. 이는 시계열 분석의 영역에 속하며 T가 아주 커야 제대로 된 분석을 할 수 있을 것이다.

10.2 패널 단위근

어떤 시계열 y_t가 단위근unit root을 갖는다는 것은, 가장 간단한 형태에서, ε_t가 정상stationary 시계열일 때 $y_t = y_0 + \sum_{s=1}^{t} \varepsilon_s$에 의해서 y_t가 생성되었다는 뜻이다. 시계열 분석에서 단위근은 여러 흥미로운 점들을 야기한다. 이하에서는 패널 데이터의 분석 시에도 문제가 동일하게 발생하는지 살펴본다.

추정량 분포의 비표준성 문제

만약 y_t가 단위근을 가지면 y_t를 y_{t-1}에 대하여 OLS한 추정량은 통상적인 t분포를 가지지 않는다. 이는 정보가 비정상nonstationary 시계열로부터 오기 때문이다. 상세한 내용은 시계열 분석에 관한 책이나 논문을 읽어 보기 바란다(상당한 수학 필요). 반면 패널 동태적 모형에서는 각각의 i에서 y_{it}가 단위근을 갖더라도 n이 크면 계수 추정량은 표준적인 분포(정규분포)를 갖는다. 이는 정보가 i에 걸친 변동으로부터도 축적되며 이것이 추정량이 표준적인 분포를 갖도록 만들기 때문이다. y_{it}를 y_{it-1}에 대하여 회귀하는 문제는 동태적 패널 모형의 핵심 주제이며, 이미 6장에서 설명하였다. 그러므로 예컨대 $n = 90$인 국가별 패널에서 변수들이 단위근을 갖더라도 추정량이 비표준적인 분포를 가지지는 않으므로 추정량의 비표준성을 염려하여 단위근 검정을 할 필요는 없다.

예를 들어, 모든 i에서 $y_{it} = \sum_{s=1}^{t} \varepsilon_{is}$이어서 모두 단위근을 갖는다고 하자($\varepsilon_{it}$는 IID). 변수의 평균이 0이라는 가정하에 y_{it}를 y_{it-1}에 대하여 절편 없이 POLS를 하면 추정량은 다음과 같다.

$$\hat{\beta} = \sum_{i=1}^{n}\sum_{t=2}^{T} y_{it-1}y_{it} \bigg/ \sum_{i=1}^{n}\sum_{t=2}^{T} y_{it-1}^2 = 1 + \sum_{i=1}^{n}\sum_{t=2}^{T} y_{it-1}\varepsilon_{it} \bigg/ \sum_{i=1}^{n}\sum_{t=2}^{T} y_{it-1}^2$$

분모를 nT^2으로 나누어 보자.

$$\frac{1}{nT^2}\sum_{i=1}^{n}\sum_{t=2}^{T} y_{it-1}^2 = \frac{1}{n}\sum_{i=1}^{n}\frac{1}{T}\sum_{t=2}^{T}\left(T^{-1/2}y_{it-1}\right)^2 = a$$

마지막에 "$= a$"라고 한 것은 "이 수량을 a라 하자"는 뜻이다. 이 a는 0으로 수렴하지도 않고 ∞로 발산하지도 않으며, $n \to \infty$이면 대수의 법칙에 의하여 0보다 큰 상수로 수렴한다. 다음으로 분자의 경우에는 다음이 성립한다.

$$\frac{1}{n^{1/2}T}\sum_{i=1}^{n}\sum_{t=2}^{T} y_{it-1}\varepsilon_{it} = \frac{1}{n^{1/2}}\sum_{i=1}^{n}\sum_{t=2}^{T}\left(T^{-1/2}y_{it-1}\right)\left(T^{-1/2}\varepsilon_{it}\right) = b$$

이것의 분산도 T가 어떤 값일지라도 적당한 크기를 가지며, 그 평균이 0이므로 통상적으로 중심극한정리를 따르게 된다. 이들을 종합하면 POLS 추정량은 다음과 같이 정리된다.

$$\hat{\beta} = 1 + n^{-1/2}T^{-1} \cdot (b/a)$$

여기서 $n \to \infty$일 때 a는 0이 아닌 상수로 수렴하고 b는 정규분포로 수렴하므로 b/a는 근사적으로 정규분포를 갖는다. 단위근 시계열에서 나타나는 초일관성superconsistency이 $T \to \infty$일 때 여기에서도 나타나지만 i에 걸쳐서 평균을 구하기 때문에 정규분포에의 근사가 작동하는 것이다.

가성회귀의 문제

시계열 분석에서, 만일 x_t와 y_t가 서로 아무런 상관도 없고 둘 다 단위근을 갖는다면, x_t가 y_t에 아무런 영향도 미치지 않음에도 불구하고, y_t를 x_t에 대하여 OLS 회귀를 하면 마치 둘 사이에 강한 상관관계가 있는 것처럼 보인다. 이런 가성회귀(spurious regression, Granger and Newbold 1974) 문제도 시계열 분석에서 흔히 등장하는 주제이다. 패널 데이터에서도 n이 작으면 이런 가성회귀가 나타날 수 있으나, n이 큰 패널에서는 가성회귀의 문제가 없다. 이는 n이 커지면서 i에 걸쳐 평균을 취함으로 인하여, 개별적인 시계열에서 보이는 가성회귀 문제가 사라지기averaged-out 때문이다. 통상적인 표준오차를 사용하면 당연히 t통계량을 이용한 검정이 타당하지 않으나(Kao 1999), 클러스터 표준오차를 사용하고 적절한 방식으로 p값을 계산하면 거의 문제가 없다. 다음 모의실험 예를 보라.

```
 1    . clear all

 2    . local n 5

 3    . local T 50

 4    . set obs `=`n'*`T''
 5   number of observations (_N) was 0, now 250

 6    . gen id = ceil(_n/`T')+1

 7    . by id, sort: gen year = _n

 8    . xtset id year
 9         panel variable:  id (strongly balanced)
10          time variable:  year, 1 to 50
11                 delta:  1 unit

12    . program panelsim, rclass
13      1. capture drop x
14      2. capture drop y
15      3. gen x0 = rnormal()
16      4. gen y0 = rnormal()
17      5. by id: gen x = sum(x0)
18      6. by id: gen y = sum(y0)
```

```
19      7. drop x0
20      8. drop y0
21      9. xtreg y x, fe vce(r)
22     10. matrix b = e(b)
23     11. matrix V = e(V)
24     12. return scalar tvalue = b[1,1]/sqrt(V[1,1])
25     13. end
26  . simulate tvalue = r(tvalue), reps(1000) nodots seed(1): panelsim
27
28         command:  panelsim
29          tvalue:  r(tvalue)
30  . gen reject = sqrt((`n'-1)/`n')*abs(tvalue) >= invttail(`n'-1,.025)
31  . su
```

Variable	Obs	Mean	Std. Dev.	Min	Max
tvalue	1,000	.0868697	1.809657	-9.853382	16.12498
reject	1,000	.08	.2714289	0	1

2행과 3행을 보면 이 실험에서 $n = 5$, $T = 50$으로 설정하였다. 그러면 5행에서 보듯이 전체 관측치 수는 $nT = 250$이다. 6행에서 id 변수를 생성하고 7행에서 year 변수를 각각의 i에 대하여 생성한다. 8행에서 xtset 명령을 이용하여 패널 데이터 구조를 Stata에게 알려 준다. 12–25행에서는, 데이터를 $x_{it} = \sum_{s=1}^{t} x_{is}^0$와 $y_{it} = \sum_{s=1}^{t} y_{is}^0$로 서로 독립적으로 생성한 다음(15–20행), y_{it}를 x_{it}에 대하여 FE회귀를 하고(21행) 클러스터(21행 참조) 표준오차를 이용 하여 t값을 구하는(22–24행) 프로세스를 정의한다. 26행에서 1,000회 모의실험을 하고, 30 행에서 n이 작을 때를 감안하여 조정한 t값의 절댓값이 t_{n-1} 분포의 2.5% 임계값 이상이면 1 의 값을 갖는 이진변수를 reject라는 이름으로 생성한다. reject의 값이 1인 실험에서는 x_{it}의 계수가 0이라는 귀무가설을 기각한다는 것을 의미한다. 제대로 된 경우라면 기각의 확률은 5%에 가까워야 한다. 31행에서 그 결과를 요약하여 출력한다. 34행에 따르면 t 통계량의 평균은 약 0.09이고 표준편차는 약 1.81인 것으로 이 모의실험 결과 나타났다. 35행의 Mean 열에 따르면 1,000번 반복실험의 8%에서 귀무가설이 기각되었다. $n = 5$밖에 되지 않음에도 불구하고 검정의 크기는 5%보다 별로 크지 않다. 필자가 $n = 50$으로 하여 실험을 다시 해 보았더니(2행의 5를 50으로 변경) 시간이 많이 걸리고 검정의 크기는 4.1%인 것으로 나타났다. n이 웬만큼 크기만 하면 패널 모형에서 가성회귀의 문제를 걱정할 필요가 없고, "가성회귀의 문제를 염려하여 단위근 검정을 한다"는 말은 성립하지 않는다.

수학적으로, x_{it}와 y_{it}가 독립인데 y_{it}를 x_{it}에 대하여 회귀한다고 하자. 간단하게 하기 위 해서 두 변수 모두 평균이 0이고 모형에 절편은 없다고 하자. 그러면 POLS 추정량은 $\hat{\beta} = \sum_{i=1}^{n} \sum_{t=1}^{T} x_{it} y_{it} / \sum_{i=1}^{n} \sum_{t=1}^{T} x_{it}^2$이다. 만약 단위근을 갖는 변수에서 흔히 그렇듯이 $T^{-1/2} x_{it}$와 $T^{-1/2} y_{it}$ 가 함수 중심극한정리(functional central limit theorem, 혹은 불변정리, invariance principle)를 따른 다면 $n \to \infty$일 때 분모는 다음 항등식에 의해서 nT^2으로 나눌 때 양의 상수로 수렴한다.

$$\frac{1}{nT^2} \sum_{i=1}^{n} \sum_{t=1}^{T} x_{it}^2 = \frac{1}{n} \sum_{i=1}^{n} \frac{1}{T} \sum_{t=1}^{T} (T^{-1/2} x_{it})^2$$

다음으로, 분자를 다음과 같이 정리해 보자.

$$\frac{1}{n^{1/2}T^2} \sum_{i=1}^{n} \sum_{t=1}^{T} x_{it} y_{it} = \frac{1}{\sqrt{n}} \sum_{i=1}^{n} \left[\frac{1}{T} \sum_{t=1}^{T} (T^{-1/2} x_{it})(T^{-1/2} y_{it}) \right]$$

우변 중괄호 안의 항들은 평균이 0이므로 변수들이 i에 걸쳐서 IID일 때 그 분산은 0으로 줄어들지도, ∞로 발산하지도 않으며, $n \to \infty$일 때 정규분포로 수렴한다. 마지막으로 POLS 추정량은 다음처럼 표현된다.

$$\hat{\beta} = n^{-1/2} \cdot \frac{n^{-1/2}T^{-2} \sum_{i=1}^{n} \sum_{t=1}^{T} x_{it} y_{it}}{n^{-1}T^{-2} \sum_{i=1}^{n} \sum_{t=1}^{T} x_{it}^2}$$

우변의 '곱하기'($\cdot$) 뒤에 있는 항은 적당한 분포를 가지므로 $\hat{\beta}$은 대충 $n^{-1/2}$ 정도의 규모를 갖고 $n^{1/2}(\hat{\beta}-0)$은 n이 클 때 대략적으로 정규분포를 갖는다. 하지만 T는 아무리 크더라도 추정량의 정확성을 제고시키지 않는다. 오직 큰 n만이 도움이 된다.

2016년 10월 한국은행 연수에서 연수참석자 한 분이 설명변수 중 하나가 시계열 변수일 때 어떻게 될지 질문하였다. 극단적인 예로 $y_{it} = \beta_0 + \beta_1 x_t + \mu_i + \varepsilon_{it}$ 라 하자. LSDV 추정을 하면 $\hat{\beta}_1$은 다음을 만족시킨다.

$$\hat{\beta}_1 = \beta_1 + \frac{\sum_{i=1}^{n} \sum_{t=1}^{T} \tilde{x}_t \varepsilon_{it}}{\sum_{i=1}^{n} \sum_{t=1}^{T} \tilde{x}_t^2} = \beta_1 + \frac{1}{n} \sum_{i=1}^{n} \left(\frac{\sum_{t=1}^{T} \tilde{x}_t \varepsilon_{it}}{\sum_{t=1}^{T} \tilde{x}_t^2} \right)$$

여기서 $\tilde{x}_t = x_t - \frac{1}{T} \sum_{s=1}^{T} x_s$ 이다. 평균이 존재하면서 $(x_1, \ldots, x_T)$가 $(\varepsilon_{i1}, \ldots, \varepsilon_{iT})$와 독립이면 $\mathrm{E}(\hat{\beta}_1) = \beta_1$ 이고 $n \to \infty$이면 큰 수의 법칙에 따라 $\hat{\beta}_1$은 β_1에 대하여 일관적이다. 또한 $n^{1/2}(\hat{\beta}_1 - \beta_1)$은 n이 클 때 근사적으로 정규분포를 갖는다. 이 경우에도 큰 T는 도움이 안 되고 큰 n이 도움이 된다.

단위근 검정

이상과 같이 n이 큰 패널에서는 단위근이나 공적분의 문제가 회귀의 결과에 이상한 영향을 미치지 않음에도 불구하고 패널 데이터에 단위근이 존재하는지 검정하려 하기도 한다. 단위근 존재 자체가 관심사인 경우에 흔히 그렇다. 예를 들어 구매력평가설(purchasing power parity, PPP)에 의하면 명목환율에서 물가 차이를 제외하고 남은 실질환율은 장기적으로 균형상태에 있어야 하고 이탈은 단기적으로만 일어나야 한다. 그 결과, 만약 이 이론이 맞다면 실질환율은 정상적stationary일 것이므로 실질환율이 단위근을 갖는지 정상적인지 검정함으로써 구매력평가설의 타당성을 검정할 수 있을 것이다.

> PPP 성립 여부를 점검하기 위하여 많은 연구자들이 시계열 데이터를 이용하여 실증분석을 하였으나 실질환율이 단위근을 갖는다는 귀무가설을 기각하지 못하는 경우가 많았다. 즉, PPP가 장기적으로 성립하지 않는다는 것이다. 단위근의 귀무가설을 기각하지 못한 이유가 관측치의 개수가 부족하기 때문이라면 패널 데이터를 구축함으로써 관측치 수를 늘리면 결과가 달라질 것이라는 믿음을 가지고 수많은 연구자들이 패널 단위근 검정을 시도하였다.

시계열에서 단위근 검정의 이론과 실증연구에 대해서는 해당 문헌들을 참고하기로 하고, 본 절에서는 단위근 검정이 패널 데이터에 적용될 때 고려할 사항들에 대하여 간략히 논하고자 한다. 먼저, 시계열 데이터 단위근 검정에서 귀무가설은 보통 시계열이 단위근을 갖는다는 것이고(Dickey-Fuller 검정, Phillips-Perron 검정 등), 드물게 시계열이 정상적이라는 귀무가설에 대하여 검정을 하기도 한다(KPSS 검정). 패널 데이터는 여러 개(n개)의 시계열로 이루어지므로 단위근 검정의 귀무가설과 대립가설이 무엇인지 분명히 해야만 한다. 보통은 모든 시계열이 단위근을 갖는다는 것이 귀무가설이며, 드물게 모든 시계열이 정상적이라는 귀무가설을 설정하기도 한다. 대립가설은 좀 더 복잡하다. ρ_i를 i번째 개체(국가)의 자기회귀계수autoregressive coefficient라 할 때, 단위근 귀무가설이 'H_0 : 모든 i에서 $\rho_i = 1$'이라면 대립가설은 다음 몇 가지가 있을 수 있다.

$$H_1^a : \rho_1 = \rho_2 = \cdots = \rho_n < 1$$
$$H_1^b : \text{적어도 하나의 } i\text{에서 } \rho_i < 1$$
$$H_1^c : \text{일정 비율 이상의 } i\text{에서 } \rho_i < 1$$

이러한 대립가설을 염두에 두고 많은 검정통계량들이 제안되었다. 패널 단위근 검정통계량을 어떤 의도로 만들었든 간에, 중요한 점은 어떤 상황에서 귀무가설이 기각되는가(검정력을 가지는가) 하는 것이다. 아무리 H_1^b를 염두에 두고 검정통계량을 개발하였을지라도, 하나의 i에서만 $\rho_i < 1$이고 나머지는 모두 단위근을 갖는 상황에서 귀무가설이 높은 확률로 기각되지 않는다면 이 검정은 H_1^b에 적절하다 말하기 어렵다(좀 더 정확히 표현하면, 모든 H_1^b의 상황에 검정력을 갖지는 않는다). 사실 n이 작고 고정된 상황에서는 H_1^b의 상황에서 검정력power을 갖는 검정이 있을 수 있겠으나, $n \to \infty$인 경우에는 그러기 어렵다. $n \to \infty$인 경우에 패널 단위근 검정들은 결국 $\rho_i < 1$인 i들의 비율이 0보다 큰지(대립가설이 H_1^c) 검정하는 것이라 할 수 있다(Pesaran 2012).

다음으로, n과 T의 크기에 유의하여야 한다. 대부분의 패널 단위근 검정들은 T가 n에 비하여 큰 상황에서 작동하도록 설계되었으나, 그렇지 않은 검정도 있다.

이와 더불어, 시계열 단위근 검정에서 자기회귀 차수order를 결정하는 문제가 있는데, 패널 단위근 검정에서는 이 자기회귀 차수와 그 계수들을 i에 걸쳐서 동일하게 할지 상이할 수 있도록 할지 고려하여야 한다. 단위근 검정의 목적에 비추어 보아, 자기회귀의 차수와 계수들이 i에 걸쳐서 상이할 수 있도록 하는 것이 적절해 보이며, 약간의 예외를 제외한 대부분의 검정들에서 그렇게 하고 있다.

Stata에서 패널 단위근 검정을 하려면 xtunitroot 명령을 사용한다. Stata는 여러 검정 방법들을 구현하고 있으며 xtunitroot 명령 다음에 검정 방법을 지정하고 그 다음에 변수명을 지정하여 사용한다. 예를 들어 'xtunitroot llc y'라고 하면 'llc'의 방법을 이용하여 y 변수에 단위근이 있는지 검정하라는 뜻이다. 현재 제공되는 검정 방법으로는

Levin, Lin and Chu (2002, LLC)의 검정(llc), Harris and Tsavalis (1999, HT)의 검정(ht), Breitung (2000)의 검정(breitung), Im, Pesaran and Shin (2003, IPS)의 검정(ips), Dickey-Fuller나 Phillips-Perron을 각 패널마다 적용한 후 이들을 결합하는 검정(fisher), Hadri (2000)의 LM 검정(hadri)등이 있다. 이 중 Hadri의 검정의 귀무가설은 모든 시계열들이 정상적이라는 것이며, 나머지 검정들은 모든 시계열이 단위근을 갖는다는 것이 귀무가설이다. 실제 사용법은, 예를 들어 LLC 검정이라면 다음과 같이 한다.

```
. webuse pennxrate, clear
. xtunitroot llc lnrxrate, demean
```

각 검정마다 n과 T의 크기에 관하여 요구되는 조건이 상이하다. LLC 검정은 i별 절편이나 추세가 없는 경우에는 $\sqrt{n}/T \to 0$, i별로 상이한 절편이나 추세가 존재하는 경우에는 $n/T \to 0$일 것을 요구한다. 이는 $\sqrt{n}/T$ 또는 n/T의 값이 0에 가까울 경우에 검정 결과가 타당성을 갖는다는 뜻이다. HT 검정은 T가 고정되고 $n \to \infty$에 사용하는 검정이다. Breitung의 검정, IPS 검정, Hadri 검정에 필요한 조건은 '$T \to \infty$인 다음에 $n \to \infty$'라는 난해한 방식으로 표현되는데, 이것은 n이 작지 않고 T는 훨씬 더 커야 한다는 뜻으로 받아들이면 된다. Fisher 결합 방식은 어떤 방식으로 결합하느냐에 따라 요구조건이 달라지지만 어느 경우에나 $T \to \infty$는 필요하다. 모형과 오차항에 대한 가정도 상이하다. 각 검정에 대한 상세한 논의는 Stata의 xtunitroot 매뉴얼을 참조하기 바란다.

패널 공적분

시계열 데이터의 분석에서, 각각의 변수는 단위근을 갖지만 선형결합하여 정상시계열을 만들 수 있을 때, 이 변수들 간에 공적분(cointegration) 관계가 있다고 한다. 정상시계열로 만들어주는 선형결합 계수들의 벡터를 공적분 벡터(cointegration vector)라 한다. 공적분 벡터는 변수들의 장기적 관계로 해석되고, 오차수정모형(error correction model, ECM)을 분석함으로써 장기균형으로부터의 이탈을 조정하는 방식과 단기동학까지 파악할 수 있다. Granger (1981)는 공적분과 오차수정모형의 관계에 대하여 이야기하고, Engle and Granger (1987)는 오차수정모형의 2단계 추정 방법을 제안하였다. 그 후로 수많은 논문들에서 공적분 벡터를 추정하는 방법을 제시하고 수많은 논문들에서 이 오차수정모형을 이용하여 실증분석을 하였다. 이 분석에서 중요한 것 중 하나는 공적분 벡터를 추정하고 공적분 존재 여부를 검정하는 것이다.

시계열 변수들의 공적분 벡터를 추정하는 방법에는 여러 가지가 있으며, 이 책에서 이들에 대하여 모두 설명할 것은 아니다. 많이 사용되는 방법은 Johansen (1991)의 최우추정법MLE, Stock and Watson (1993)의 Dynamic OLS (DOLS), Phillips and Hansen (1990)과 Phillips (1995)의 Fully Modified OLS (FM-OLS) 등이 있다. 패널 모형의 경우, 2016년 9월 검색에 따르면 Pedroni (1999, 2001)의 내용이 xtpedroni로 구현되어 있고, Westerlund

(2007)의 방법이 xtwest로 구현되어 있다. 관심 있는 독자들은 추가로 검색을 해 보고 자신의 시계열 및 패널 분석에 관한 지식을 활용하여 분석을 시행해 보기 바란다.

한 가지 필자에게 흥미로운 것은, 패널 ECM에서 래그 차수, 공적분 벡터, 오차수정계수가 i 마다 다르게 하는데, 그렇게 하려면 왜 시계열 분석을 하지 않고 굳이 패널로 확장하는가 하는 것이다. 패널 데이터를 활용한다는 것은 시계열 분석만으로는 할 수 없는 무언가를 하겠다는 것이다. 예를 들어 Pesaran, Shin and Smith (1999)의 'Pooled Mean Group (PMG) 추정'은 공적분 벡터는 모든 i에서 동일하고 여타 조정계수나 단기동학 계수는 i마다 상이하도록 설정한다. 그러므로 PMG 추정에서 패널 데이터를 사용함으로써 얻는 이득은 바로 공적분 벡터가 동일하다는 제약으로부터 발생한다. 패널 데이터를 활용하여 시계열 분석을 하는 경우 독자들은 어떠한 제약을 가하여 어떠한 점에서 패널분석의 이득을 얻고자 하는지 분명히 알아 두는 것이 좋겠다.

10.3 횡단면 종속과 공간 패널 모형

저명학술지 Econometric Theory는 매년 유수 계량경제학자에 대한 인터뷰를 시행한다. 2012년에는 서강대학교의 최인In Choi 교수와 국립대만대학교의 관중민Chung-Ming Kuan 교수가 서던 캘리포니아 대학의 쳉 샤오Cheng Hsiao 교수를 인터뷰했다. 이 인터뷰에서 "패널 데이터 분석에서 앞으로 어떤 연구가 진행되어야 한다고 보느냐"는 질문에 대하여 "미래는 젊은 세대의 몫이며 그들이 결정할 문제"라고 한 후, 자신의 관심 분야 중 하나는 횡단면 종속 (cross-sectional dependence)의 문제라고 하였다(다른 관심 분야로는 n과 T가 모든 큰 패널, 비선형 모형 등을 이야기하였다). 횡단면 종속이란 개체들이 서로간에 영향을 주고받는 상황을 의미한다. 특히, X_{it}를 고려하고 나서도 y_{it}가 i에 걸쳐서 상관될 수 있음을 의미한다.

횡단면 모형의 경우에도 이러한 종속성을 모형화하려는 시도가 있었다. 많이 알려진 것은 공간계량경제학(spatial econometrics)이다. 횡단면 모형에서 공간계량경제학은 지역경제학에서 많이 사용한다. 공간계량경제학의 접근법을 크게 둘로 나누면, 하나는 횡단면 모형의 오차항에 i에 걸친 상관(공간자기상관, spatial autocorrelation)이 있다고 하고 표준오차의 문제를 걱정하는 것이고, 다른 하나는 다른 개체들과의 상호작용을 직접 모형에 반영하는 것이다(공간시차모형, spatial lag). 마치 오차항에 개별효과가 포함될 때, 이를 오차항의 문제로만 간주하는 접근법(임의효과 모형)과 설명변수와의 상관까지 고려하여 이를 해결하려 하는 접근법(고정효과 모형)이 있는 것과 같다. 혹은, 시계열 모형에서 오차항에 자기상관이 있다고 하고 표준오차를 교정하는 방법(Newey-West 분산 추정)과, 이 자기상관을 모형에서 직접 고려하는 방법(동태적 모형)이 있는 것과도 유사하다. 개략적인 내용에 대해서는 부록 B.8을 참조하라.

패널 모형에서 오차항의 공간자기상관의 문제는 오차항이 i에 걸쳐 상관되어 있느냐의 문제에 해당한다. 이와 관련된 검정은 4.8절에서 설명한 바 있고, 추정량의 표준오차를 구하는 문제는 2장에서 2중 클러스터 방법에 대하여 간단히 이야기한 바 있다. 물론 오차들이 IID 오차들의 공간자기회귀 과정을 따른다고 가정하고 모수들을 추정할 수도 있으며, 이는 효율성을 높여 주어 표본크기가 작은 경우에 유용할 수도 있다. 반면 공간시차spatial lag 모형은 간단히 말하면 '이웃'의 종속변수 값들의 가중평균을 모형의 우변에 포함시키는 것이다. 여기서 '이웃'의 의미와 가중치의 크기들은 지도상의 거리 등으로 이미 정해져 있다. 추정에는 최우추정법MLE이 많이 사용된다. 예를 들어 Yu, de Jong and Lee (2008)는 $Y_t = (y_{1t}, \ldots, y_{nt})'$ 일 때 다음 모형을 고려하였다.

$$Y_t = \lambda W Y_t + \gamma Y_{t-1} + \rho W Y_{t-1} + X_t \beta + c + V_t$$

여기서 Y_t, Y_{t-1}, c, V_t는 $n \times 1$ 벡터들이고, W는 주어진 $n \times n$ 공간 가중치spatial weights 행렬, X_t는 t기의 $n \times k$ 설명변수 행렬이며, λ, γ, ρ는 스칼라, β는 $k \times 1$이다. 고정효과들은 c로 표현되어 있다. 저자들은 이 모형에 대하여 V_t의 모든 원소들이 IID 정규분포를 갖는다는 가정하에 c까지도 고정된 모수로 간주하고 추정하는 MLE 방법을 제안하였고 일반적 상황(오차항 정규분포 가정 제외)에서 이 MLE 추정량(사실은 QMLE)의 통계적 특성들을 도출하였다.

> 웹 검색에 의하면, Stata에서 여러 공간 패널 모형을 추정하는 패키지가 존재하는 것으로 보인다. 특히 Gordon Hughes와 Andrea Mortari가 만든 xsmle라는 패키지가 이용가능한 것으로 보인다. 필자는 아직 이 패키지를 검증해 보지 않았다.

공간 패널모형에서 중요한 점은 개체(i)들 간에 국지적 상호작용이 가능한 모형이라는 것이다. 예를 들어 국가 패널의 경우 인접국가들 간에만 상호작용이 이루어지도록 공간 가중치 행렬(W)을 설정할 수 있다. 단, 이 공간 가중치는 연구자들이 미리 결정한 것이므로 왜 그러한 가중치를 사용했는지 납득시키는 것은 연구자의 몫이다.

10.4   요인 모형

패널 데이터에 있는 횡단면 종속성을 모형으로 표현하는 가장 단순한 방식은 $y_{it} = \alpha + X_{it}\beta + \mu_i + \theta_t + \varepsilon_{it}$ 처럼 시간별 효과를 포함시키는 것이다. 이 θ_t는 동일한 t에서 미지의 요인에 의하여 모든 개체들이 동일한 방식으로 변동하는 효과를 포착한다. 이 모형을 더 일반화시켜서 다음과 같은 요인모형factor model을 고려해 보자.

$$y_{it} = \alpha + X_{it}\beta + f_t \lambda_i + \varepsilon_{it} \tag{10.2}$$

개별 고정효과만 있는 모형에서는 $f_t = 1$, $\lambda_i = \mu_i$이다. 개별 고정효과와 시간별 효과가 같이 있는 모형에서는 $f_t = (1, \theta_t)$, $\lambda_i = (\mu_i, 1)'$이 된다. 일반적으로, 이 모형은 공통의 충격 f_t가 발생하면 각 개체마다 상이한 방식(λ_i)으로 반응함을 나타낸다. 이 모형에서 β는 종속변수와 독립변수에서 공통의 충격에 반응하는 부분을 제외하고 난 나머지에서 어떤 관계가 평균적으로 존재하는지를 나타내는 모수이다. 식 (10.2)의 $f_t \lambda_i$ 항을 고정효과 상호작용(interactive fixed effects) 항이라 하기도 한다(Bai 2009).

Bai (2009, Section 2)는 IFE 모형의 몇 가지 예를 들고 있다. (i) 거시경제학에서 y_{it} 는 국가별 총생산(또는 성장률), X_{it} 는 노동력과 자본 같은 투입물, f_t 는 공통의 충격(예를 들어 기술혁신이나 금융위기), λ_i 는 공통의 충격에 대한 국가별 반응, ε_{it} 는 국가별 충격이다. (ii) 거시경제학에서, y_{it} 는 투자, X_{it} 는 저축, f_t 는 투자와 저축의 결정에 영향을 미치는 공통요인이다. 이 모형은 Feldstein-Horioka (1980) 퍼즐과 관련된다. (iii) 미시경제학에서, i 는 개인, t 는 연령(또는 연령대), y_{it} 는 임금, X_{it} 는 개인의 관측된 특성(학력, 경력, 성별, 인종 등), λ_i 는 능력, 인내심, 동기부여, 근면성 같은 비관측 속성들, f_t 는 이 비관측 속성들의 가격이 될 수 있다. (iv) 금융경제학에서, y_{it} 는 초과수익률, X_{it} 는 배당수익률, 배당률 및 여타 관측된 특성들, f_t 는 비관측 요소수익 벡터, λ_i 는 이들에 대한 반응을 나타낼 수 있다. (v) 모형의 $f_t\lambda_i$ 성분이 패널 데이터 내의 횡단면 상관을 설명할 수 있다.

이러한 모형을 추정하는 방법은 크게 세 가지로 나눌 수 있다. ① 우선 Pesaran (2006) 의 방법이다. 관측되는 변수들을 $Z_{it} = (y_{it}, X_{it})$ 라 하고 이들이 요인 구조를 갖는다고 하자. 즉 $Z_{it} = f_t\Lambda_i + e_{it}$ 이다. 각 기호의 차원은 Z_{it} 가 $1 \times (1+k)$, f_t 가 $1 \times r$, Λ_i 가 $r \times (1+k)$ 이다. 각 t 별로 i 에 걸친 평균을 구하면 $\bar{Z}_t = f_t\bar{\Lambda} + \bar{e}_t$ 가 된다. n 이 클 때 $\bar{e}_t$ 는 0에 가까울 것이므로(대수의 법칙) $\bar{Z}_t \simeq f_t\bar{\Lambda}$ 이다. 만약 $r \le (1+k)$ 이고 $\bar{\Lambda}\bar{\Lambda}'$ 가 극한에서 가역이라면(차원이 $r \times r$ 임에 유의) $f_t \simeq \bar{Z}_t\bar{\Lambda}'(\bar{\Lambda}\bar{\Lambda}')^{-1}$ 이 되고, 따라서 $\bar{Z}_t$ 만 통제해도 f_t 를 거의 통제하는 셈이 된다. 단, 이 논리가 대체로라도 타당하기 위해서는 변수들의 개수(1+k)가 충분히 많고 이들에 공통의 영향을 주는 요인들의 개수(r)가 충분히 작아서 변수들의 횡단면에 걸친 평균들이 모든 요인들을 조합해 낼 수 있어야 할 것이다. 이상의 논리에 의할 때, $\bar{Z}_t$, 즉 t 별로 모든 변수들에 대하여 구한 횡단면 평균들을 원래 모형 우변에 포함시키고 이들 변수의 계수를 i 마다 다르게 하면(4.5절 참조), 공통요인들(f_t)을 통제하고 β 를 일관되게 추정할 수 있다. 이렇게 구한 추정량을 Pesaran (2006)은 공통상관효과(common correlated effect, CCE) 추정량이라 하였다.

② 다른 하나의 방법은 부록 B.9에서 설명한 방법을 이용하여 각 변수마다 공통요인 들을 추정하고 모든 공통요인들의 합집합을 우변에 포함시켜 통제하는 것이다(이 경우에도 공통요인들의 계수는 i 마다 상이하게 한다). 이때 공통요인의 개수를 추정해야 하는데, 이를 위해 서는 Bai and Ng (2002)의 방법을 사용할 수 있다. 자세한 내용은 Bai and Ng (2002)의 논문을 참조하기 바란다. 이 방법과 관련하여, Greenaway-McGrevy, Han and Sul (2012)은 이 'factor-augmented' 패널 회귀에서 $T/n \to 0$ 이고 $n/T^3 \to 0$ 이면 요인들을 추정하였더라도 진짜 요인들을 사용한 것과 동일함을 보였다.

③ 또 하나의 방법은 Bai (2009)가 제안한 것으로서, $y_{it} = X_{it}\beta + f_t\lambda_i + \varepsilon_{it}$ 모형에서 아예 $\sum_{i=1}^{n}\sum_{t=1}^{T}(y_{it} - X_{it}\beta - f_t\lambda_i)$ 를 β, $f_1, \ldots, f_T$, $\lambda_1, \ldots, \lambda_n$ 에 대하여 최소화시키는 최소제곱 추정법이다. 실제 이 방법을 구현하려면, 주어진 β 에 대하여 $y_{it} - X_{it}\beta$ 의 요인들 f_t 를 (부록 B.9의 방법을 이용하여) 추정하고, 주어진 f_t 에서 factor-augmented 회귀를 통하여 β 와 λ_i 들을

추정하는 것을 반복할 수 있다. 단, f_t가 관측되는 변수의 요소가 아니라 오차항의 요소이 므로, 그 개수(r)를 추정할 때 상당한 주의가 요구된다. Stata 패키지로 Mattieu Gomez의 `regife`가 있다.

공통요인이 포함된 모형을 이용하여 정책 효과(평균처치효과, average treatment effects, ATE)를 측정하려는 시도도 있다. 4.3절에서 살펴본 것처럼 DID가 타당하기 위해서는 처치집단과 통제집단 간 동일 추세 가정이 성립하여야 한다. 처치 변수를 d_{it}라 하고 패널 모형을 $y_{it} = \alpha + \beta d_{it} + \mu_i + \theta_t + \varepsilon_{it}$, $t = 1, 2$, $d_{i1} \equiv 0$, $\theta_1 = 0$이라 하면 처치를 받지 않은 개체들과 처치를 받은 개체들이 1기에서 2기로 갈 때의 시간 추세는 θ_2로 동일하다. 만약 시간 추세가 처치집단과 통제집단 간에 상이하면 공통추세 가정이 위배되고 DID는 ATE와 추세 변화 차이의 합을 추정한다. 고정효과 상호작용IFE 모형은 고정효과와 기간효과 $\mu_i + \theta_t$ 부분을 $\mu_i + \theta_t + f_t \lambda_i$로 일반화함으로써 공통 충격 f_t의 효과가 (특별한 방식으로) i마다 상이할 수 있도록 하는 모형이다. 만약 ε_{it}가 정책과 무관한 오차항이고 매기 오는 충격인 θ_t와 f_t도 정책에 영향받지 않는다면, IFE 모형은 f_t의 영향이 i마다 상이할 수 있도록 통제한 후 관측되는 처치집단과 통제집단 간 종속변수의 체계적인 차이를 정책의 효과로 간주한다. 이로써 IFE 모형은 공통추세의 가정을 완화하고 i간에 (특정한 방식의) 상이한 추세를 허용한다. 만약 f_t가 직접 관측된다면 이 모형은 f_t의 계수가 개체별로 상이한 모형이며, 또 만약 λ_i가 직접 관측된다면 이 모형은 λ_i의 계수가 기간별로 상이한 모형이다. 고정효과 상호작용 모형은 f_t와 λ_i가 모두 관측되지 않을 때 특정한 기법을 이용하여 공통요인의 영향을 통제하는 모형이라 생각하면 되겠다. 다음 예를 보자.

예제 10.2   요인 모형을 이용한 정책 효과 추정

Hsiao, Ching and Wan (2012, HCW)은 요인 모형을 이용하여 홍콩과 중국본토 간 정치적 및 경제적 통합의 효과를 측정한다(데이터는 `hongkong.dta`). HCW는 '정책 처방'(홍콩과 중국의 통합)이 없는 경우의 성과 y_{it}^0이 다음과 같다고 가정한다.

$$y_{it}^0 = \alpha_i + f_t \lambda_i + \varepsilon_{it}$$

정책 처방이 있는 경우의 산출을 y_{it1}^1이라 하자. y_{it1}^1과 y_{it}^0이 모두 관측되는 일은 없다. 정책 처방이 이루어지면 y_{it}^1이 관측되고 정책 처방이 없으면 y_{it}^0이 관측된다. 수식으로 표현하여, d_{it}가 처방 여부를 나타내는 더미변수이고 y_{it}가 관측되는 종속변수라면 $y_{it} = d_{it} y_{it}^1 + (1 - d_{it}) y_{it}^0$이다. 개체 i의 t 시점 처치효과는 $y_{it}^1 - y_{it}^0$이다.

HCW는 $i = 1$(홍콩)에서 T_1 시점에 정책 처방이 이루어지고 여타 비교 국가($i = 2, \dots, n$)에는 정책 처방이 없는 경우를 고려한다. T_1 시점 이전에는 모든 i에서 $y_{it} = y_{it}^0$이다. T_1 시점 이후에는 $y_{1t} = y_{1t}^1$이고 그 나머지는 $j = 2, \dots, n$에 대하여 $y_{jt} = y_{jt}^0$이다. T_1 시점 이후에는 y_{1t}^1

만 관측되고 y_{1t}^0이 관측되지 않으므로, 처치효과를 측정하려면 $i=1$에 대하여 정책 처방이 없었다면 형성되었을 가상적 성과 y_{1t}^0을 추정하여야 한다.

Bai (2009)의 방법으로 α_i, λ_i, f_t를 추정한 후 정책 도입 이후 시점별 $\alpha_1 + f_t\lambda_1$을 추정하고 이를 정책이 없었더라면 실현되었을 가상적 성과로 간주할 수 있으나, n과 T의 크기가 모두 큰 경우가 아니면 f_t의 추정이 만만한 일이 아니다. HCW는 그 대신에 f_t의 추정이 불필요하도록 모형을 변환시키는 방법을 제안한다. 다음 기호를 사용하자.

$$\tilde{y}_t = (y_{2t},\ldots,y_{nt}),\ \tilde{\alpha} = (\alpha_2,\ldots,\alpha_n),\ \tilde{\Lambda} = (\lambda_2,\ldots,\lambda_n),\ \tilde{\varepsilon}_t = (\varepsilon_{2t},\ldots,\varepsilon_{nt})'$$

그러면 $y_{it} = \alpha_i + f_t\lambda_i + \varepsilon_{it}$ 식을 $i=2,\ldots,n$에 대하여 가로로 붙여 $\tilde{y}_t = \tilde{\alpha} + f_t\tilde{\Lambda} + \tilde{\varepsilon}_t$와 같은 식을 만들 수 있다. 이제 $\lambda_1 - \tilde{\Lambda}\tilde{a} = 0$을 만족시키는 $(n-1) \times 1$ 벡터 $\tilde{a}$가 존재한다면 $y_{1t}^0 - \tilde{y}_t\tilde{a} = (\alpha_1 - \tilde{\alpha}\tilde{a}) + (\varepsilon_{1t} - \tilde{\varepsilon}_t\tilde{a})$이 되어 다음이 성립한다.

$$y_{1t}^0 = (\alpha_1 - \tilde{\alpha}\tilde{a}) + \tilde{y}_t\tilde{a} + (\varepsilon_{1t} - \tilde{\varepsilon}_t\tilde{a})$$

위 식 우변변수 $\tilde{y}_t$와 '오차항' $\varepsilon_{1t} - \tilde{\varepsilon}_t\tilde{a}$는 서로 상관될 수 있다(내생성). HCW는 내생성이 문제를 일으키지 않는다는 가정하에서, 정책 시행 이전 기간 y_{1t}의 시계열 데이터를 $\tilde{y}_t$의 시계열 데이터에 대하여 회귀하여 계수들을 추정하고, 이 계수들과 정책 시행 이후 기간의 $\tilde{y}_t$ 값으로부터 y_{1t}^0을 예측할 것을 제안한다. 그 예측값을 $\hat{y}_{1t}^0$이라 할 때, 각 기간의 처치효과는 $y_{1t} - \hat{y}_{1t}^0$이고, 평균처치효과(ATE)는 T_1기 이후 처치효과들의 평균이 된다.

> JAE Data Archive에 HCW 논문에 사용된 데이터가 제공되어 있다. 독자들은 이 데이터를 이용하여 HCW 논문의 결과들을 복원할 수 있을 것이다.

Li and Bell (2017)은 HCW의 ATE 추정량이 일관적일 조건에 대하여 더 엄밀한 이론적 도출을 한다. 명시적으로 언급되어 있지는 않으나 여기서도 내생성이 문제를 야기하지 않는다는 가정이 사실은 필요하다. Li and Bell (2017)의 Assumption 2는 $\tilde{y}_t$가 정상성(weak stationarity)을 갖는다는 것인데, 자세히 들여다 보면 이 가정이 내생성으로 인한 문제를 없앤다는 것을 알 수 있다. 참고로, $\tilde{y}_t$가 정상성을 보인다는 것은 공통요인 f_t도 정상성을 보인다는 것이며, 이는 가상적 성과 y_{it}^0에 장기적인 추세가 없음을 의미한다.

예제 10.2에 소개한 HCW의 방법은 (먼 길을 돌아왔지만 결국 따지고 보면) 정책의 효과를 다음과 같이 구하는 것과 같다. 즉, 정책 시행 이전에는 y_{1t}와 $\tilde{y}_t = (y_{2t},\ldots,y_{nt})$의 시계열 간에 $\mathrm{E}(y_{1t}|\tilde{y}_t) = \tilde{y}_t b$라는 선형 관계가 관측되었는데, 만약 정책이 없었다면 정책 시행 이후의 시기에도 이와 동일한 관계가 유지되었어야 하고, 따라서 정책의 효과는 실제 y_{1t} 값과 가상적인 $\tilde{y}_t b$ 값의 차이라고 보는 것이다. 한 가지 주의할 점은, 만약 $y_{1t}^0 = \tilde{y}_t b + v_{1t}$가 맞다면(이때 v_{1t}는 추세가 없는 무작위 항) 정책 효과로 간주한 $y_{1t} - \tilde{y}_t b$는 진짜 정책 효과인 $y_{1t}^1 - y_{1t}^0$이

아니라 $y_{1t}^1 - y_{1t}^0 + v_{1t}$ 에 해당한다는 사실이다. 다시 말하여, 정책 시행 이후의 각 시점에서 추정한 $y_{1t} - \tilde{y}_t b$ 에는 정책 효과뿐 아니라 해당 시점의 고유한 비관측 요인들도 포함되어 있다. 이 문제는 여러 기간에 걸친 평균을 구함으로써 해결한다. 물론, 정책 효과가 t 마다 상이할 경우 이 평균 해당 기간 정책 효과들의 평균을 추정할 것이다.

요인 모형에서 정책 효과가 어떻게 식별되는지 살펴보는 것은 흥미롭다. 처방이 이루어진 1번 개체의 정책 효과를 Δ_{1t} 라 하자. 즉, $\Delta_{1t} = y_{1t}^1 - y_{1t}^0$ 이다. 정책 시행 이후 y_{1t} 의 값은 y_{1t}^1 이므로, 필요한 것은 (정책이 없었다면 실현되었을) 가상적인 성과 y_{1t}^0 이다. 요인 모형 $y_{it}^0 = \alpha_i + f_t \lambda_i + \varepsilon_{it}$ 에서 y_{1t}^0 의 체계적인 구성부분은 $\alpha_1 + f_t \lambda_1$ 이고 ε_{1t} 는 무작위적인 교란항이다. 체계적인 구성부분의 항목 중 α_1 과 λ_1 은 정책 시행 이전 데이터를 이용하여 추정 가능하다. 더 어려운 부분은 정책 시행 이후의 f_t 인데, 이것은 정책 시행 이후 $\tilde{y}_t$ 의 데이터로부터 추출해 낼 수 있다. 참고로, α_1, λ_1, f_t 의 추정에 정책 시행 이후의 y_{1t} 를 이용하지 않는 것은, y_{1t} 가 정책 시행으로 인하여 이미 '오염'되어 있어 추정값이 잘못될 수 있기 때문이다. Bai (2009)의 방법을 사용하는 것은 α_1, λ_1, f_t 를 직접 추정하는 것에 해당한다. HCW (2012)의 방법에서는 $E(y_{1t}^0|\tilde{y}_t) = \delta_0 + \tilde{y}_t \delta$ 이고 이것이 y_{1t}^0 의 체계적인 부분 $\alpha_1 + f_t \lambda_1$ 과 별도의 무작위 항(추세가 없는)의 합이라는 가정을 한다. 즉, $y_{1t}^0 = \delta_0 + \tilde{y}_t \delta + v_{1t}$ 이고 v_{1t} 가 평균 0의 무작위 항이라는 것이다. 그러면 정책 시행 이후에 $y_{1t} - E(y_{1t}^0|\tilde{y}_t) = y_{1t}^1 - (y_{1t}^0 - v_{1t}) = \Delta_{1t} + v_{1t}$ 가 성립하고 좌변의 평균은 Δ_{1t} 의 평균과 동일하다.

IFE 모형을 이용하여 정책 효과를 분석할 때 절대 간과하지 말아야 할 중요한 점은 시간효과 f_t 가 정책에 의해 영향을 받지 않아야 한다는 것이다. 만약 공통요인 f_t 가 정책으로 인하여 영향을 받는다면, IFE 모형에서처럼 f_t 를 통제하면 정책 효과의 일부만이 정책 효과로 간주될 것이다. 참고로, HCW 논문의 실증분석 부분에서는 이 점을 고려하여 "홍콩은 다른 국가나 지역에 비하여 규모가 아주 작은 도시이므로, 홍콩에서 발생한 일이 다른 국가에 영향을 주지 않을 것으로 본다"고 명시하였다.

정책으로 인하여 f_t 가 영향을 받고 그 변화가 모든 i 에 전파되는 경우, IFE 모형에서는 $f_t \lambda_i$ 의 형태로 전파되는 이러한 영향은 시간 추세 변화로 간주되며 정책의 효과로 간주되지 않는다. 참고로 DID 모형(μ_i 와 θ_t 가 존재하지만 $f_t \lambda_i$ 는 없는 모형)도 이와 유사한 특성을 갖는다. 만약 정책으로 인하여 처치집단과 통제집단이 동일한 영향을 받는다면, 이 영향은 정책의 효과로 간주되지 않는다. 이처럼 IFE 모형과 DID 모형에 유사한 제한점이 있는 것은 사실이지만, 둘 간에 중요한 차이점은 DID는 매우 간명하여 그 의미를 쉽게 파악할 수 있는 반면, IFE 모형에서 $\theta_t + f_t \lambda_i$ 형태로 추세를 통제하는 것은 무엇을 의미하는지 알기 어렵다는 점이다. 고급 추정기법을 활용하여 f_t 를 모두 추정할지라도 이들은 숫자들의 나열일 뿐 정확한 의미를 (운이 좋으면 대략적으로 추측할 수 있을지라도) 설득력 있게 타인에게 전달하기 힘들다. 더구나, IFE 모형에서는 요인의 개수(f_t 내 원소의 개수)가 알려져 있지 않고 특정 알고리즘들을 이용하여 추정한다. 표본크기가 매우 큰 경우 다양한 방법들로부터 구한 요인 개수가 대체로 유사하지만, 실제 응용연구에서는 알고리즘에 따라 상이한 요인 개수 추정값을 얻는 경우가 많다. 중요한 것은 요인 개수 추정값이 달라지면 통제되는 추세도 달라져서 정책 효과가 매우 상이하게 추정될 수 있다는 사실이다. 이는 마치 통상적인 모형에서 통제변수가 달라져서 핵심 변수의 계수가 달라지는 것과 유사한데, 큰 차이는 통상적인 모형에서는 변수들이 관측되므로 무엇이 포함되고 무엇이 제외되는지 분명히 알 수 있는 반면, 요인 모형에서 요인의 개수가 달라질 때 그 의미가 무엇인지 직관적으로 알기 어렵다는 것이다. 어찌 보면, 관측할 수도 없고 몇 개인지도 모르는 무언가를 통제하려는 시도가 애초부터 무모한 것인지도 모르겠다.

A 연습문제 풀이

2.1 $X_{3,t}$

2.2 우변에 고령인구비율, 유가, 산유국 더미변수 및 산유국 더미변수와 유가의 상호작용항을 포함시킴

2.3 (42행 제곱) ÷ (42행 제곱 + 43행 제곱) = 44행

2.4 $1 - \theta = 1/\sqrt{1+T\lambda}$ 이므로 $(1-\theta)^2 = 1/(1+T\lambda)$ 이며, (2.10)에 이를 대입하면 결과를 얻음

2.5 30행과 31행으로부터 $\hat{\lambda} = (\hat{\sigma}_\mu/\hat{\sigma}_\varepsilon)^2$ 을 계산하면 약 1.43239를 얻으며, 이 값을 이용하여 $1 - 1/\sqrt{(1+6\cdot\hat{\lambda})}$ 을 구하면 12행 결과와 동일한 값을 얻음($T = 6$임에 유의)

2.6 일관적(consistent)이지만 비효율적임. 가설검정을 위해서는 클러스터 표준오차 사용

2.7 일관적(consistent)이지만 비효율적임. 가설검정을 위해서는 클러스터 표준오차 사용

2.8 di chi2tail(1,5.83)/2는 0.00787756

2.9 Stata 명령은 다음과 같음(줄 마지막의 '»' 표시는 다음 줄에 붙인다는 뜻)

```
xtreg sav age0_19 age20_29 »
  age65over lifeexp i.year, mle
```

계수들은 비교적 유사함. 이는 양자 모두 동일한 오차 공분산 구조를 상정하고, 그 결과, 주어진 $\sigma_\mu^2/\sigma_\varepsilon^2$ 값에서 β 의 추정량을 구하는 식이 동일하기 때문. 양자에 차이가 있는 것은 $\sigma_\mu^2/\sigma_\varepsilon^2$ 을 구하는 방식이 상이하기 때문. RE는 FE 추정량과 BE 추정량을 이용하여 단번에 추정하고 MLE는 반복적인 절차를 사용하여 구함

2.10 자세한 내용 생략

2.11 생략. 유사함

3.1 회귀식에 i.year를 추가하여 BE 회귀를 하면 연도 더미변수들은 모두 누락되고(omitted) 여타 변수들의 계수 추정값은 전과 동일함

3.2 다음과 같이 하면 결과가 동일함

```
use wdi5data, clear
global EQ "sav age0_19 age20_29 »
  age65over lifeexp"
xtreg ${EQ}, be
gen sample = e(sample)
preserve
collapse ${EQ} if sample, by(id)
reg ${EQ}
restore
```

age0_19 변수의 계수 추정값이 -.7409956이고 표준오차가 .2303477임을 확인할 것

3.3 연도 더미변수들이 누락되지 않고 계수가 모두 추정되며, 여타 변수들의 계수 추정값이 바뀐다(age0_19의 계수 추정값이 -.9255505임을 확인할 것). BE 추정에서 시간더미들을 포함시킬 때 시간더미의 일부 혹은 전부에 대한 추정량이 구해진다면 시간더미들을 포함시키는 것이 낫다. 그럼으로써 관측시점이 상이함으로 인한 차이를 통제할 수 있다.

3.4 Stata 명령은 다음과 같다.

```
use klipsbal, clear
by pid: egen sd_educ = sd(educ)
reg d.(...) i.year if sd_educ==0, »
  vce(cl pid)
```

단, 위 '...' 부분을 적절하게 치환하여야 한다.

3.5 모든 t 에서 X_{it} 가 μ_i 와 비상관이면 그러함 (충분조건)

3.6 일반적으로 표현하여 t_0 기 회귀식을 빼면 $y_{it} - y_{it_0} = (X_{it} - X_{it_0})\beta + (\varepsilon_{it} - \varepsilon_{it_0})$ 이 되고, 강

외생성하에서 이것의 POLS 추정량은 일관적이다. 이 변환된 방정식은 $D_0 y_i = D_0 X_i \beta + D_0 \varepsilon_i$로 표현할 수 있다. 여기서 $t_0 = 1$이라면 $D_0 = (-1_{T-1}, I_{T-1})$이다. 부록 D.4의 논리를 그대로 따라가서 $D_0'(D_0 D_0')^{-1} D_0 = I_T - \frac{1}{T} 1_T 1_T'$임을 보일 수 있다. $t_0 = 2$나 다른 경우에도 이와 동일한 방법으로 증명할 수 있다.

3.7 $T = 2$인 경우 $\tilde{X}_{it} = X_{it} - \bar{X}_i = X_{it} - \frac{1}{2}(X_{i1} + X_{i2})$이다. 정리하면 $\tilde{X}_{i1} = -\frac{1}{2}\Delta X_{i2}$이고 $\tilde{X}_{i2} = \frac{1}{2}\Delta X_{i2}$이다. 이와 마찬가지로 $\tilde{y}_{i1} = -\frac{1}{2}\Delta y_{i2}$이고 $\tilde{y}_{i2} = \frac{1}{2}\Delta y_{i2}$이다. 그러므로 $T = 2$일 때

$$\hat{\beta}_{fe} = \left(\sum_{i=1}^{n} \sum_{t=1}^{2} \tilde{X}_{it}' \tilde{X}_{it} \right)^{-1} \sum_{i=1}^{n} \sum_{t=1}^{2} \tilde{X}_{it}' \tilde{y}_{it}$$

$$= \left(\sum_{i=1}^{n} \frac{2}{4} \Delta X_{i2}' \Delta X_{i2} \right)^{-1} \sum_{i=1}^{n} \frac{2}{4} \Delta X_{i2}' \Delta y_{i2}$$

이며 $\frac{2}{4}$를 소거하면 이는 FD 추정량과 동일하다.

3.8 $\varepsilon_{i1} - \bar{\varepsilon}_i = \varepsilon_{i1} - \frac{1}{3}(\varepsilon_{i1} + \varepsilon_{i2} + \varepsilon_{i3}) = \frac{2}{3}\varepsilon_{i1} - \frac{1}{3}\varepsilon_{i2} - \frac{1}{3}\varepsilon_{i3}$이다. 이와 유사하게 $\varepsilon_{i2} - \bar{\varepsilon}_i = \frac{2}{3}\varepsilon_{i2} - \frac{1}{3}\varepsilon_{i1} - \frac{1}{3}\varepsilon_{i3}$이며 $\varepsilon_{i3} - \bar{\varepsilon}_i = \frac{2}{3}\varepsilon_{i3} - \frac{1}{3}\varepsilon_{i1} - \frac{1}{3}\varepsilon_{i2}$이다. ($\varepsilon_{it}$가 서로 독립이고 평균이 0, 분산이 1이므로) $\varepsilon_{i1} - \bar{\varepsilon}_i$의 분산은 $\frac{4}{9} + \frac{1}{9} + \frac{1}{9} = \frac{6}{9} = \frac{2}{3}$이고, 나머지 두 개의 분산도 이와 동일하다. 공분산은 $\text{cov}(\varepsilon_{i1} - \bar{\varepsilon}_i, \varepsilon_{i2} - \bar{\varepsilon}_i) = -\frac{2}{9} - \frac{2}{9} + \frac{1}{9} = -\frac{1}{3}$이다.

3.9 WG 잔차를 $\hat{u}_{it} = y_{it} - X_{it}\hat{\beta}_{fe}$라 하자. WG 회귀로부터의 집단내 잔차는 $\hat{u}_{it} - \frac{1}{T}\sum_{s=1}^{T}\hat{u}_{is}$, 즉 $(y_{it} - \bar{y}_i) - (X_{it} - \bar{X}_i)\hat{\beta}_{fe}$이다. LSDV 회귀의 경우 행렬기호를 이용하여 $\mathbf{y} = \mathbf{X}\hat{\beta}_{fe} + \mathbf{D}\hat{\alpha} + \mathbf{e}$라 쓰자 (LSDV β 추정량과 WG β 추정량은 동일함에 유의). 여기서 $\mathbf{D}$는 개체별 더미변수들의 $nT \times n$ 행렬, $\hat{\alpha}$은 해당 계수 벡터, $\mathbf{e}$는 잔차이다. $\mathbf{X}\hat{\beta}_{fe}$를 좌변으로 이항한 후 양변에 $(\mathbf{D}'\mathbf{D})^{-1}\mathbf{D}'$를 곱하면, $\mathbf{D}'\mathbf{e} = 0$으로부터 $\hat{\alpha} = (\mathbf{D}'\mathbf{D})^{-1}\mathbf{D}'(\mathbf{y} - \mathbf{X}\hat{\beta}_{fe})$를 얻는다. 그런데 $\mathbf{D}'\mathbf{D} = nI_n$이므로 $\hat{\alpha}$의 i번째 원소인 $\hat{\alpha}_i$은 $\bar{y}_i - \bar{X}_i\hat{\beta}_{fe}$이다. 따라서 LSDV 잔차는 $y_{it} - X_{it}\hat{\beta}_{fe} - (\bar{y}_i - \bar{X}_i\hat{\beta}_{fe})$이고, 이는 WG 회귀로부터의 집단내 잔차와 동일하다.

3.10 다음 명령을 이용한다.

```
use compclust, clear
areg y x1 x2, a(id) vce(cl id)
xtreg y x1 x2, fe vce(r)
```

LSDV 추정(areg 명령 사용) 결과에 의하면 x1과 x2는 10% 수준에서 유의하지 않다. FE 추정(xtreg 명령 사용)에 결과에 의하면 두 변수는 5% 수준에서 유의하다. 소표본 조정의 적절성을 고려할 때 FE 추정 결과를 받아들인다.

3.11 "xtreg sav ${X}, be"의 실행 결과에 의하면 age0_19 계수 추정값은 -1.039488이다. FE 추정값(예제 3.15의 17행)은 -0.024627이며 이 둘의 차이(BE - FE)는 -1.014861이다. 이 값은 예제 3.15의 21행 값과 똑같다. 다른 변수들도 마찬가지이다.

3.12 56–59행의 fe 추정값은 16–19행과 같고, 56–59행의 re 추정값은 40–43행과 같다.

3.13 z1은 시간불변이므로 FE 추정을 하면 소거된다. 실제 FE 회귀를 해 보면 z1이 소거되는 것을 확인할 수 있다.

3.14 "xtreg y x1 x2 z1, be"를 하면 x1 계수 추정값이 이와 동일함을 확인할 수 있다.

3.15 두 표준편차의 비율(70행이 분모)의 제곱은 약 1.006이다. 전체 표본크기가 1,000이고 추정된 계수의 개수가 6개이므로 이 두 표준편차의 차이점은 분산추정값 계산 시 잔차제곱합을 nT로 나누느냐 $nT - k$로 나누느냐에 있는 것으로 보인다. 여타 대응하는 표준편차들의 제곱의 비율도 반올림으로 인한 오차를 제외하면 동일하다.

3.16 "xthtaylor y x1a x2 z1 z2, endog(x2 z2)"의 결과와, 문제에서 힌트로 준 회귀에서 계수추정값들은 동일하다. 단 ivregress를 이용한 표준오차는 크게 다르다. 이는 2SLS 추정에서 고정효과의 존재로 인한 오차항의 시계열상관을 고려하지 않기 때문이다.

3.17 생략

4.1 생략

4.2 생략

4.3 전체 R제곱을 우선 설명하면, y_{it}와 $\hat{y}_{it}$ 간의 표본상관계수의 제곱이다. 그런데 $\hat{y}_{it}$는 x_{it}의 선형변환이므로 이는 y_{it}와 x_{it} 간의 표본상관계수의 제곱과 동일하다. 그런데 설명변수는 모든 회귀

에서 동일하므로 전체 R제곱은 동일하다. 집단내 R제곱과 집단간 R제곱도 같은 이유로 동일하다.

4.4 서로 다르다. Stata가 FE 추정 시 보고하는 통상적인 R제곱은 집단내^{within} R제곱인 반면, FE 추정 후 $1-SSR/SSE$에 의해 계산한 R제곱은 LSDV에 의한 R제곱과 동일하다. 추정 후 `di 1-e(rss)/e(tss)`로 확인할 수 있다.

4.5 $i=21$ 통제집단의 가중치(`omega`)가 가장 크고 그 가중치는 `.12448923`다. 시간 가중치(`lambda`)는 1986년 `.36647063`, 1987년 `.20645305`, 1988년 `.42707632`이고 나머지는 모두 0이다.

4.6 생략

4.7 개별 회귀식들에 `i.year`를 설명변수로 추가하고, 단일 회귀식에 `neg##year`를 추가하라. 개별회귀에서, `neg==0`일 때의 계수추정값은 `7.370296`이고 `neg==1`일 때의 계수추정값은 `4.29482`이다. 단일회귀에서, `lnrinc`의 계수는 `7.370296`고 `1.neg#c.lnrinc`의 계수는 `-3.075475`이다. 상호작용항의 t값은 `-1.90`이고 p값은 `0.060`이므로 이 차이는 10% 수준에서 유의하다.

4.8 ε_{it}가 등분산적이고 시계열상관을 가지지 않는다는 것

5.1 BE 추정량은 다음과 같다.

$$\hat{\beta}_{be} = \left[\sum_{i=1}^{n}\bar{X}_i'\left(\frac{1}{T}\sum_{t=1}^{T}X_{it}\right)\right]^{-1}\sum_{i=1}^{n}\bar{X}_i'\left(\frac{1}{T}\sum_{t=1}^{T}y_{it}\right)$$

$$= \left(\sum_{i=1}^{n}\frac{1}{T}\sum_{t=1}^{T}\bar{X}_i'X_{it}\right)^{-1}\sum_{i=1}^{n}\frac{1}{T}\sum_{t=1}^{T}\bar{X}_i'y_{it}$$

$$= \left(\sum_{i=1}^{n}\sum_{t=1}^{T}\bar{X}_i'X_{it}\right)^{-1}\sum_{i=1}^{n}\sum_{t=1}^{T}\bar{X}_i'y_{it}$$

여기서 마지막 표현은 IV 추정량이다. 균형패널에서 두 추정량의 동일성은 이로써 증명된다. 그런데 처음 두 항등식은 균형패널과 불균형패널 모두에서 성립하지만 마지막 항등식은 균형패널의 경우에만 성립한다. 이 때문에 불균형패널이면 BE 추정량과 IV 추정량이 상이하다. 불균형패널의 경우 가중 BE 추정량은 표현식에서 $\frac{1}{T}$을 모두

제거하고 T를 T_i로 치환하여야 한다. 그러면 모든 등식이 다시 성립한다.

5.2 BE와 FE를 하려면 다음과 같이 함

```
local X "lprbconv lprbpris lavgsen »
  ldensity lwcon-lwloc lpctymle"
local Y "lprbarr lpolpc"
local TV "`Y' `X'"
local TI "lpctmin west central urban"
xtreg lcrmrte `TV' `TI', be
xtreg lcrmrte `TV' i.year, fe
```

EC2SLS를 하려면 계속하여 다음과 같이 함

```
local Z "lmix ltaxpc"
xtivreg lcrmrte `X' `TI' (`Y'=`Z') »
  i.year, re ec2sls
```

5.3 FE2SLS를 위해서는 다음과 같이 함

```
xtivreg lcrmrte `X' (`Y'=`Z') »
  i.year, fe
```

5.4 BE2SLS를 위해서는 다음과 같이 함

```
xtivreg lcrmrte `X' `TI' (`Y'=`Z'), »
  be
```

5.5 x의 계수 추정값은 `.9919749`

6.1 다음과 같이 함

```
import excel ...
xtset code_numeric year_numeric
tab year, gen(yr)
save ajry08five, replace
```

첫째 줄은 문제의 힌트에 제시된 대로 함

6.2 종속변수를 차분한 것은 고정효과를 소거하기 위함이다. y_{it}가 `dem`을 나타내고 x_{it}가 `inc`를 나타낼 때, 설명변수 $(\Delta y_{it-1}, \Delta x_{it-1})$에 대하여 y_{it-2}와 x_{it-2}를 도구변수로 사용하였다. 이 설명변수들이 내생적인 이유는 오차항이 $\Delta\varepsilon_{it}$인데 이 중 ε_{it-1}과 상관되기 때문이다. y_{it-2}와 x_{it-2}는 $\Delta\varepsilon_{it}$와 독립이다.

6.3 지난 기의 민주주의 정도, 전세계적인 민주주의의 변동, 개별효과를 통제할 때, 지난 기의 실질 GDP가 10% 높으면 민주주의 정도는 약 0.01 포인트 낮다. 이 효과는 통계적으로 유의하지 않다.

6.4 생략

6.5 세 항을 각각 $\dot{\varepsilon}_{i1}$, $\dot{\varepsilon}_{i2}$, $\dot{\varepsilon}_{i3}$이라 하자. ε_{it}의 분산을 σ^2이라 하자. $E(\dot{\varepsilon}_{i1}\dot{\varepsilon}_{i2}) = -\frac{1}{3}\sigma^2 + \frac{1}{6}\sigma^2 +$

$\frac{1}{6}\sigma^2 = 0$이고 $E(\dot\varepsilon_{i2}\dot\varepsilon_{i3}) = -\frac{1}{2}\sigma^2 + \frac{1}{2}\sigma^2 = 0$이다. 이와 유사하게 $E(\dot\varepsilon_{i1}\dot\varepsilon_{i3}) = -\frac{1}{3}\sigma^2 + \frac{1}{3}\sigma^2 = 0$이다.

6.6 $r = 1$일 때 $E(\Delta\varepsilon_{it}\Delta\varepsilon_{it-1}) = E[(\varepsilon_{it} - \varepsilon_{it-1})(\varepsilon_{it-1} - \varepsilon_{it-2})] = -E(\varepsilon_{it-1}^2)$. $r \geq 2$의 경우에는 0. $\Delta\varepsilon_{it}$ 에는 자기상관이 있다.

6.7 xtabond 명령에서는 첫째 단계 회귀에서 래 그된 inc_1의 계수가 t마다 다르도록 설정된 반면 연습 6.4에서는 이 계수가 모든 t에서 동일하도록 설정되었다는 것이 차이점

6.8 이 결과에 의하면 소득은 민주주의에 유의한 영향을 미치는 것으로 보임

6.9 (i) 대략적으로 이야기하면, 차분적률법 추정량의 경우 차분 회귀식의 설명변수인 Δy_{it-1}은 ε_{it-1}이고 도구변수는 $y_{it-2}, y_{it-3}, \dots, y_{i1}$인데 설명변수와 도구변수들이 모두 서로 독립이므로 도구변수들이 설명변수와 연관되어 있지 않다. 시스템적률법의 경우에는 설명변수가 y_{it-1}이고 도구변수가 $\Delta y_{it-1} = \varepsilon_{it-1}$인데 설명변수와 도구변수의 공분산은 1이 되어 시스템적률법 추정량은 일관적이다. (ii) 차분식의 오차항은 $\Delta\varepsilon_{it}$이고 이는 도구변수들 $y_{it-2}, \dots, y_{i1}$ 과 비상관이다. 또한 $\Delta y_{it-1} = \mu_i + \varepsilon_{it-1}$이고 $y_{it-2} = (t-2)\mu_i + \sum_{s=1}^{t-2}\varepsilon_{is}$ 이므로 Δy_{it-1}과 $y_{it-2}, \dots, y_{i1}$은 μ_i의 존재로 인하여 모두 상관되어 있다. 그러므로 차분적률법 추정량은 일관적이다. 시스템적률법의 경우에는 오차항이 $\mu_i + \varepsilon_{it}$이고 도구변수가 Δy_{it-1}인 적률조건도 활용하는데, 실제로는 오차항과 도구변수가 μ_i의 존재로 인하여 서로 상관되므로 도구변수들이 실제로는 외생적이지 않아 일관성을 잃는다.

6.10 생략

6.11 명령은 다음과 같음

```
xtdpdsys dem yr3-yr11 if sample==1, »
  pre(inc_1) vce(r)
estat abond
```

Order 1에서 검정통계량 값은 -6.5712이고 p값은 0.0000, order 2에서 검정통계량 값은 .9319이고 p값은 0.3514이므로 모형은 잘 설정되었음

7.1 liv(x1)을 추가하는 것은 x1이 수준방정식 오차항($\mu_i + \varepsilon_{it}$)와 독립임을 전제하는 것이다. 특히 x1이 개별효과 μ_i와 독립임을 의미한다. 만약 x1과 개별효과가 상관되면 liv(x1) 옵션을 추가한 추정량은 일관적이지 않다.

7.2 (i) iv(x1) 옵션으로 인하여 이 경우에는 일관적이지 않다. (ii) 차분식에서는 $\ln y_{it-3}$까지, 수준식에서는 $\Delta\ln y_{it-2}$가 이용된다.

7.3 $t = 0$부터 lny가 관측된다는 점을 고려할 때, 다음 명령을 사용한다.

```
xi i.year
xtabond lny, inst(_Iyear_2-_Iyear_10)
```

l.lny의 계수 추정값은 .46752

7.4 결과는 동일하다. 그 이유는, 차분방정식은 $t = 2, \dots, 10$에 대하여 정의되는데 이 기간에 _Iyear_1의 값은 모두 0이므로 사용되지 않는 것과 마찬가지이기 때문이다.

7.5 윗 줄의 명령에서는 yr4가 추정식 우변으로부터 제거되었음이 분명히 보이고 29행의 명령에서는 이것이 숨겨진다. 결과는 동일하다.

7.6 다음 명령으로 확인 가능

```
xtdpd l(0/1).y yr2-yr4, dgmmiv(y) »
  div(yr2-yr4)
```

7.7 동일함

8.1 예제 8.2를 실행하고 나서 다음 명령을 실행하라.

```
predict phat0, mu
preserve
replace age = age + 1
predict phat1, mu
gen dphat = phat1-phat0
su phat0 phat1 dphat
restore
```

평균부분효과는 .0034525로 추정된다.

8.2 μ_i의 평균은 설명변수들의 선형함수이다. μ_i의 분산은 상수이다(설명변수들과 무관). 분산이 설명변수들과 무관하다는 가정을 하고 그 분포가 정규분포라고 가정하므로 고정효과 모형이 아니라 임의효과 모형이다.

8.3 다음과 같이 추정한다.

```
foreach v of varlist age grade »
  not_smsa south {
    by idcode: egen bar_`v'=mean(`v')
}
xtprobit union age grade not_smsa »
  south black bar_* i.year, re
```

black 변수는 시간불변이므로 이것의 개인별 평균은 black 그 자체와 동일하다. bar_south 변수에 해당하는 p값은 0.000이므로 통계적으로 유의하다.

8.4 xtsum의 결과 school과 black의 "within" 표준편차는 0이므로 시간에 걸쳐 불변이다. 추정 방법은 다음과 같다.

```
use vv98, clear
by nr: egen union0 = total(union/»
  (year==1980)), missing
levelsof year, local(yearlevels)
foreach year of local yearlevels {
    by nr: egen mar_`year' = »
        total(mar/(year==`year')), »
        missing
}
xtprobit l(0/1).union mar union0 »
  mar_* school black i.year, re
```

$\hat{\alpha}$은 .8979825이며 σ_η 추정값은 1.074712

9.1 표본선택이나 이탈에서 내생성을 야기하는 요소들이 소거되어 FE 추정에 편향이 존재하지 않으므로 FE 추정

9.2 t마다 선택방정식 오차항의 분산이 다르면 프로빗 추정을 위해 오차항의 분산을 1로 표준화

하여야 하는데, 그렇게 하면 선택방정식 계수들이 모두 변하기 때문이다.

9.3 선택방정식 오차항과 주방정식 오차항의 상관계수가 t마다 다를 수 있도록 하기 위하여

10.1 V_{it}가 IID라는 가정하에서 $\mathrm{E}(\Delta V_{it} \Delta V_{it}') = 2\mathrm{E}(V_{it}V_{it}') = 2\Sigma_V$이므로

10.2 일치함. 129행 결과는 167행과 동일

10.3 다음과 같이 구할 수 있음

```
local X "(ld.(y1 y2) = l2.(y1 y2))"
ivregress 2sls d.y1 `X', nocons
mat a1 = e(b)
predict du1 if e(sample), resid
ivregress 2sls d.y2 `X', nocons
mat a2 = e(b)
predict du2 if e(sample), resid
mat A = (a1 \ a2)
corr du1 du2, cov
mat S = r(C)*0.5
mat P = cholesky(S)
mat B0 = P
mat B1 = A*B0
mat B2 = A*B1
mat B3 = A*B2
```

결과를 정리하면, A 행렬은 예제 10.1의 96–97행과 동일하며 P 행렬은 다음과 같음

$$P = \begin{pmatrix} 1.0089785 & 0 \\ .48669686 & .99320403 \end{pmatrix}$$

이 둘이 맞았으면 B0, B1, B2, B3은 모두 맞을 것임(B3의 (2,2) 원소는 .38786114)

B 보론

B.1 패널 데이터에서 외생성과 내생성

모형에서 어떤 변수가 오차항과 상관되어 있으면 내생적이라 하고 오차항과 상관되어 있지 않으면 외생적이라 한다. 횡단면 모형 $y = \beta_0 + \beta_1 x + u$에서 기울기 계수가 0이 아닌 한 설명변수($x$)의 변화는 종속변수($y$)에 영향을 미치므로 x는 원인으로 작용하고 y는 결과가 된다. 반대로 y가 x에 영향을 미치는지 보기 위해, 종속변수에 설명변수와 무관한 충격이 왔다고 하자. 이 충격은 오차항의 변화에 기인한다. 이 경우 설명변수가 외생적이면 오차의 변화로 인하여 설명변수가 영향을 받지 않는다. 그러므로 설명변수가 외생적이면 종속변수의 변화는 설명변수에 평균적으로 영향을 미치지 않는다. 따라서 외생적인 설명변수는 항상 종속변수에 영향을 미치는 원인이 될 뿐, 종속변수의 변화에 영향을 받지 않는다. 반면 설명변수가 내생적이면 u와 함께 움직일 수 있으므로 u로 인하여 y가 변화하면 x도 같이 변화하여, 무엇이 원인이고 무엇이 결과인지 불분명하다. 통상적인 횡단면 분석에서는 외생성과 내생성의 구별이 확실하여 어떤 변수는 외생적이 아니면 내생적이다. 애매하게 "외생적인 듯 외생적이 아닌 변수"나, "어떤 면에서는 외생적이고 또 다른 면에서는 내생적인 변수" 같은 것은 없다.

시계열 데이터의 분석에서는 시간 문제가 들어가 있어서 더 복잡하다. 자세한 설명을 위하여 x_t와 y_t 두 변수를 고려하자. 시계열 데이터이므로 t 첨자를 붙였다. x_t를 제외하고 y_t에 영향을 미치는 여타 요소들의 영향을 u_t라고 하자. 전체 시계열 데이터는 T개의 관측 치로 이루어져 있다. 즉, $x_1, x_2, \ldots, x_T$의 데이터와 $y_1, y_2, \ldots, y_T$의 데이터가 있다. 모형은 $y_t = \beta_0 + \beta_1 x_t + u_t$이다.

이 시계열 모형에서 첫 번째로 생각해 볼 수 있는 외생성의 양식은 $x_1, \ldots, x_T$와 $u_1, \ldots, u_T$ 간에 전혀 아무런 상관관계도 없다는 것이다. 이는 과거, 현재, 미래를 통틀어 "x" 변수는 "u" 변수와 아무런 상관이 없다는 것, 즉 모든 t에서 $\mathrm{E}(u_t|x_1, x_2, \ldots, x_T) = 0$이거나 좀 더 약하게 모든 s와 t에서 $\mathrm{E}(x_s u_t) = 0$임을 의미한다. 이 경우 x_t는 강외생적strictly exogenous 또는 수식어 없이 그냥 외생적exogenous이라고 한다(조건부 평균과 선형 상관관계 간에는 차이가 있지만 이 글에서는 이 차이를 부각시키지 않겠다). 강외생성에서 중요한 것은 모든 시기의 설명변수가 모든 시기의 오차와 무관하다는 것이다. 예를 들어, 올해의 설명변수 값은 작년의 오차(y_{t-1}에 온 예기치 못한 충격)에 영향을 받지 않는다.

다음으로 현재와 미래의 오차를 예측하는 데에 아무런 정보도 주지 못한다는 의미에

375

서의 외생성이 있다. 수학적으로 $E(u_t | x_1, x_2, \ldots, x_t) = 0$이거나 $s \le t$에 대하여 $E(x_s u_t) = 0$라는 것인데, 이러한 x 변수를 약외생적weakly exogenous 또는 선결되었다predetermined고 한다. 강외생적인 설명변수와 달리, 약외생적인 설명변수는 작년의 오차에 의하여 영향을 받을 수 있다.

마지막으로 내생적인endogenous 변수가 있다. 이 변수는 동일한 기간의 오차와 상관관계를 가지지만 미래의 오차를 예측해 주지는 못한다. 즉, $s < t$인 경우 $E(x_s u_t) = 0$인 변수이다. 이러한 변수는 동시기 내생적contemporaneously endogenous이라고 한다.

> "동시기적으로 내생적"이라는 표현만 보면 "내생적"이라는 점이 강조되고 있는 듯이 보이나, 더 중요한 점은 미래의 오차가 현재와 과거의 해당변수로부터 독립이라는 사실이다.

예를 들어보자. 종속변수가 GDP라 할 때, 금년 초에 주어진 자본스톡은 전년도 종속 변수 값의 영향을 받지만 금년도의 경제활동과는 무관하므로 선결되었다. 하지만 금년도의 투자는 금년도의 GDP의 구성부분이므로 동시기적으로 내생적이다. 금년도의 투자에 대한 정보가 있어도 내년의 GDP에 올 충격을 예측하지는 못할 것이다. 강외생적인 변수는 찾기 어렵다. 경제변수에 관한 시계열이라면 최소한 과거의 경제활동에 의하여 영향을 받을 것이므로 어떤 변수가 외생적이라고 보기는 쉽지 않을 것이다.

패널 데이터는 횡단면 데이터로서의 성격과 시계열 데이터로서의 성격을 동시에 지니고 있으므로, 시계열 데이터에서 언급되는 내생성과 외생성의 개념까지도 알고 있어야 한다.

B.2 클러스터 표준오차

모형의 오차항에 이분산이나 자기상관이 없다는 가정을 하고 구하는 통상적인ordinary 표준오차standard errors는 오차항에 이분산이나 자기상관이 있으면 타당성을 잃는다. 즉, 이러한 표준오차를 사용하여 구한 t통계량을 이용해서는 제대로 된 검정test을 할 수 없다. 관측된 개체들이 덩어리cluster를 지어, 동일한 덩어리 내에서는 서로간에 아무렇게나 상관이 되고, 상이한 덩어리 간에는 서로 독립일 때 사용하는 표준오차를 클러스터 구조에 견고한 표준오차cluster-robust standard errors, 혹은 짧게 클러스터 표준오차라 한다. 영어로는 글쓴이에 따라 clustered standard errors라 하기도 하고 cluster standard errors라 하기도 한다. 이 절에서는 선형모형에서 클러스터 표준오차를 설명하고자 한다.

관측치들이 m개의 클러스터(덩어리)로 분류되고 각 클러스터 내에 n_i개의 개체들이 있다고 하자. j 클러스터 내 i 개체의 방정식은 $y_{ji} = X_{ji}\beta + u_{ji}$라고 쓸 수 있다. OLS 추정량은 다음과 같이 표현할 수 있다.

$$\hat{\beta} = \left(\sum_{j=1}^{m} \sum_{i=1}^{n_j} X'_{ji} X_{ji} \right)^{-1} \sum_{j=1}^{m} \sum_{i=1}^{n_j} X'_{ji} y_{ji}$$

여기에 $y_{ji} = X_{ji}\beta + u_{ji}$를 대입하여 정리하면 다음을 얻는다.

$$\hat{\beta} = \beta + \left(\sum_{j=1}^{m} \sum_{i=1}^{n_j} X'_{ji} X_{ji} \right)^{-1} \sum_{j=1}^{m} \sum_{i=1}^{n_j} X'_{ji} u_{ji} = \beta + \left(\sum_{j=1}^{m} \mathbf{X}'_j \mathbf{X}_j \right)^{-1} \sum_{j=1}^{m} \mathbf{X}'_j \mathbf{u}_j$$

단, $\mathbf{X}_j = (X'_{j1}, \ldots, X'_{jn_j})'$ 라 하고 $\mathbf{u}_j = (u_{j1}, \ldots, u_{jn_j})'$ 이다. 늘 그렇듯이 X_{ji} 가 모두 비임의적 nonrandom이라고 하면 $\hat{\beta}$ 의 분산·공분산 행렬은 다음이 된다.

$$V(\hat{\beta}) = (\mathbf{X}'\mathbf{X})^{-1} \mathrm{E} \left[\left(\sum_{j=1}^{m} \mathbf{X}'_j \mathbf{u}_j \right) \left(\sum_{j=1}^{m} \mathbf{X}'_j \mathbf{u}_j \right)' \right] (\mathbf{X}'\mathbf{X})^{-1} \tag{B.1}$$

단, $\mathbf{X} = (\mathbf{X}'_1, \ldots, \mathbf{X}'_m)'$ 이다.

　　이제 우변 중앙의 기댓값을 구해 보자. 이 식은 마치 $(a_1 + \cdots + a_m)(b_1 + \cdots + b_m)$ 의 기댓값 같은데, 이 합은 $a_1 b_1 + \cdots + a_m b_m$ 에 모든 교차항들의 합(예를 들어 $a_1 b_2$ 등)으로 이루어진다. 관측된 개체는 클러스터 간에 서로 독립이라고 하였으므로 모든 교차항들의 기댓값은 0이고, 그 결과 다음이 성립한다.

$$\mathrm{E} \left[\left(\sum_{j=1}^{m} \mathbf{X}'_j \mathbf{u}_j \right) \left(\sum_{j=1}^{m} \mathbf{X}'_j \mathbf{u}_j \right)' \right] = \sum_{j=1}^{m} \mathrm{E}[(\mathbf{X}'_j \mathbf{u}_j)(\mathbf{X}'_j \mathbf{u}_j)'] = \mathrm{E} \left(\sum_{j=1}^{m} \mathbf{X}'_j \mathbf{u}_j \mathbf{u}'_j \mathbf{X}_j \right)$$

$\mathbf{X}_j$ 는 관측되는 변수이나 $\mathbf{u}_j$ 는 관측되지 않는다. 그러므로 $\mathbf{u}_j$ 를 잔차들의 벡터 $\hat{\mathbf{u}}_j = (\hat{u}_{j1}, \ldots, \hat{u}_{jn_j})'$ 로 치환하면 다음의 클러스터 구조에 견고한 분산 추정량을 얻는다.

$$\hat{V}(\hat{\beta}) = (\mathbf{X}'\mathbf{X})^{-1} \left(\sum_{j=1}^{m} \mathbf{X}'_j \hat{\mathbf{u}}_j \hat{\mathbf{u}}'_j \mathbf{X}_j \right) (\mathbf{X}'\mathbf{X})^{-1}$$

위 분산 추정량은 클러스터 개수(m)가 크면 분산의 참값 (B.1)과 충분히 가깝다(충분하다는 말은 이것을 이용하여 검정을 하면 대략적으로 타당한 검정이 된다는 뜻). 클러스터 개수가 충분히 크지 않은 경우를 감안하여 '자유도 조정'을 하기도 한다. 클러스터 표준오차들은 위 행렬의 대각 원소들에 제곱근을 취한 것이다.

B.3　겉보기에 상관없는 회귀식들(SUR)

패널 데이터에 관한 모형에서 절편을 포함한 모든 설명변수의 계수값이 i 에 따라 다를 수 있다고 하자. 이 경우 모형은 $y_{it} = X_{it}\beta_i + u_{it}$ 가 될 것이다. 앞에서 설명한 것처럼, 이때에는 각 i 별로 별도의 회귀를 하면 될 것이다. 이 경우에는 표본크기인 T 가 커야 할 것이다. 그렇지 않으면 β_i 추정량의 정확성이 낮을 수밖에 없다.

　　설명변수 계수값들이 i 마다 달라서 i 별로 회귀식들이 서로 무관해 보이는 경우라 할지라도, 만일 서로 다른 i 에 대하여 u_{it} 가 상관되면 이 상관을 적절히 활용하여 β_i 에 대하여 더 나은 추정을 할 수 있다. Zellner (1962)의 SUR (seemingly unrelated regressions, 겉보기에 상관없는 회귀식들)이 이 일을 한다. 예를 들어 $n = 2$ 이고 i 가 국가를 나타내는 경우를 보자. 매우 일반적인 상황에서 2국가 모형은 다음과 같을 것이다.

$$y_{1t} = X_{1t}\beta_1 + u_{1t}$$
$$y_{2t} = X_{2t}\beta_2 + u_{2t} \tag{B.2}$$

여기서 1과 2 하첨자는 국가를 나타내고 t 는 시기(연도)를 나타낸다. 이 모형에서 y_{1t} 와 y_{2t}, X_{1t} 와 X_{2t} 에 포함된 변수들이 양국간에 서로 같지만, SUR은 훨씬 일반적인 모형에 대하여 개발되었으며, 변수들이 국가간에 서로 달라도 상관없다. 변수 개수가 달라도 관계없고, 패널 데이터가 아니어도 상관없으며, 그냥 모형이 두 개 있다고 해도 좋다. SUR에서는 (u_{1t}, u_{2t}) 가 t 에 걸쳐 IID라고 가정하며 u_{1t} 와 u_{2t} 의 분산 및 양자 간의 공분산을 고려하여 더 효율적인 추정을 하고자 한다.

SUR이 추구하는 점은 (B.2)의 두 방정식을 통합하여 추정을 할 때 β_1 과 β_2 추정량이 분산의 측면에서 더 좋은 성질을 가질 수 있다는 것이다. 두 식을 통합하여 추정할 때 더 나아질 수 있다는 점을 약간이라도 직관적으로 설명하자면 다음과 같다. u_{1t} 와 u_{2t} 가 양의 상관을 갖는다는 것을 안다고 하자. 만일 u_{1t} 가 평상시보다 더 높으면 u_{2t} 도 평상시보다 더 높을 것이라 기대할 수 있다. 방향을 바꾸어서, u_{2t} 가 평상시보다 더 높으면 u_{1t} 도 평상시보다 더 높을 것이라 기대할 수 있다. 두 나라의 오차항이 서로 상관된 경우에는 이처럼 정보를 더 끄집어낼 수 있는 여지가 있다. 물론 오차는 관측할 수 없으나, 만일 어떤 방식으로든 일관된 추정량을 얻을 수 있으면 오차 대신에 잔차를 이용할 수 있을 것이다. SUR은 이처럼 두 식을 한꺼번에 사용해야만 끄집어낼 수 있는 정보를 최대한 이용하는 방법이다. 단, 만일 u_{1t} 와 u_{2t} 가 서로 독립이면 더 끄집어낼 정보가 없고, SUR 추정량은 평범한 개별적 OLS 추정량보다 더 나을 이유가 없다.

SUR을 실제로 구현할 때에는, 여러분이 프로그래머라면 우선 각 방정식을 OLS 회귀하여 잔차들을 구한 다음, 이 OLS 잔차들을 이용하여 $\text{var}(u_{1t})$, $\text{var}(u_{2t})$, $\text{cov}(u_{1t}, u_{2t})$ 를 추정하고, 이 추정값들을 이용하여 적절한 방식으로 FGLS를 할 수 있을 것이다(정확한 공식은 나중에 설명한다). Stata를 이용하여 SUR을 하려면 sureg 명령을 사용한다. 예를 들어 (B.2)에서 X_{1t} 가 x1a, x1b를 포함하고 X_{2t} 가 x2a를 포함한다고 하자. 만일 자료집합이

t	y1	y2	x1a	x1b	x2a
1	·	·	·	·	·
2	·	·	·	·	·
⋮					

처럼 되어 있으면 Stata에서 (B.2)를 SUR로 추정하기 위해서는 다음과 같이 한다.

```
. sureg (y1 x1a x1b) (y2 x2a)
```

모형 (B.2)에서는 두 나라(개체 혹은 모형)만을 고려하였으나, 나라의 수가 여럿인 경우로 간단히 확장할 수 있다. 단, 개체의 수가 G 개라면 추정해야 할 분산과 공분산의 수가

$G(G+1)/2$개임을 염두에 두고, 이 추가적 모수들을 추정하는 것이 괜찮을지 생각해 보아야 한다. 만일 20개국이라면 SUR를 위해 추정해야 할 분산·공분산의 수가 210개이므로 T의 크기가 매우 커야 제대로 작동할 것이다. SUR은 집단(개체)의 수가 작고 T가 큰 경우에나 사용할 수 있는 방법이다.

Kakwani (1967)는 오차항의 분포가 0을 중심으로 대칭이면 Zellner의 SUR 추정량의 분포도 모수의 참값을 중심으로 대칭임을 보였다. 그러므로 SUR 추정량의 평균이 존재한다면 이 추정량은 비편향unbiased이다.

행렬연산을 이용하여 G개의 방정식들을 SUR로 추정하는 방법을 설명하면 다음과 같다. 우선 G개 추정식 오차들의 벡터를 $(u_{1t}, u_{2t}, \ldots, u_{Gt})'$라 하고 이 오차 벡터의 분산·공분산 행렬을 Σ라 하자. G개의 추정식들을 세로로 나열하면 다음 식이 될 것이다.

$$\underbrace{\begin{pmatrix} y_{1t} \\ y_{2t} \\ \vdots \\ y_{Gt} \end{pmatrix}}_{\mathbf{y}_t} = \underbrace{\begin{pmatrix} X_{1t} & 0 & \cdots & 0 \\ 0 & X_{2t} & \cdots & 0 \\ \vdots & \vdots & & \vdots \\ 0 & 0 & \cdots & X_{Gt} \end{pmatrix}}_{\mathbf{X}_t} \underbrace{\begin{pmatrix} \beta_1 \\ \beta_2 \\ \vdots \\ \beta_G \end{pmatrix}}_{\boldsymbol{\beta}} + \begin{pmatrix} u_{1t} \\ u_{2t} \\ \vdots \\ u_{Gt} \end{pmatrix}$$

여기서 오차항의 분산·공분산 행렬이 Σ이다. 좌변을 $\mathbf{y}_t$라 하고 우변의 설명변수 행렬을 $\mathbf{X}_t$, 계수들의 벡터를 $\boldsymbol{\beta}$라 하면 $\boldsymbol{\beta}$의 SUR 추정량은 다음과 같다.

$$\hat{\boldsymbol{\beta}}_{sur} = \left(\sum_{t=1}^{T} \mathbf{X}_t' \hat{\Sigma}^{-1} \mathbf{X}_t \right)^{-1} \sum_{t=1}^{T} \mathbf{X}_t' \hat{\Sigma}^{-1} \mathbf{y}_t \tag{B.3}$$

여기서 $\hat{\Sigma}$는 OLS 잔차들을 이용하여 구한 Σ의 추정량으로서, $\hat{\Sigma}$의 (j,k)원소는 $\hat{u}_{jt}$와 $\hat{u}_{kt}$의 표본공분산이다. 오차들이 t에 걸쳐서 IID라고 가정하므로 t간의 이분산이나 상관은 고려할 필요가 없다. $\hat{\boldsymbol{\beta}}_{sur}$의 첫 블록은 β_1의 추정값, 둘째 블록은 β_2의 추정값이고 마지막 블록은 β_G의 추정값이다.

모형 (B.2)에서 만일 $\mathrm{cov}(u_{1t}, u_{2t}) = 0$이라면 두 방정식의 오차 간에 상관관계가 없으므로 SUR이 개별적 OLS보다 효율적일 것이 없다. 하지만 이 경우도 $\mathrm{cov}(u_{1t}, u_{2t})$의 추정값은 0이 아닐 것이므로 개별적 OLS 추정값과 SUR 추정값은 약간이라도 서로 다를 것이다(두 나라의 OLS 잔차들 간에 표본공분산이 정확히 0이라면 SUR 추정량과 개별 OLS 추정량은 정확히 일치하겠지만 그런 일은 발생하지 않는다고 보아도 좋다).

다른 한편, 오차들 간에 상관이 있든 없든, 두 방정식에서 설명변수가 서로 동일하면, 즉 $X_{1t} = X_{2t}$이면, SUR 추정량은 개별적 OLS 추정량과 완전히 똑같다(증명은 부록 D.1 참조). 실습으로 확인해 보자.

예제 B.1 SUR

본 예제는 Stata 매뉴얼로부터 발췌 및 참고하였으며 Stata 내장 `auto.dta` 데이터를 이용한다. 두 식의 종속변수는 각각 자동차 가격(`price`)과 연비(`mpg`)이고, 두 식 모두 동일한 설명변수(weight와 length)를 이용한다. 첫 번째 회귀(3행)에서는 price를 weight와 length에 대하여 회귀하고, 두 번째 회귀(17행)에서는 mpg를 동일한 설명변수들에 대하여 회귀한다. 마지막으로 31행에서는 이 두 방정식들을 SUR로 회귀한다.

```
1   . sysuse auto, clear
2   (1978 Automobile Data)

3   . reg price weight length
```

4	Source	SS	df	MS	Number of obs	=	74
5					F(2, 71)	=	18.91
6	Model	220725280	2	110362640	Prob > F	=	0.0000
7	Residual	414340116	71	5835776.28	R-squared	=	0.3476
8					Adj R-squared	=	0.3292
9	Total	635065396	73	8699525.97	Root MSE	=	2415.7

11	price	Coef.	Std. Err.	t	P>|t|	[95% Conf. Interval]	
13	weight	4.699065	1.122339	4.19	0.000	2.461184	6.936946
14	length	-97.96031	39.1746	-2.50	0.015	-176.0722	-19.84838
15	_cons	10386.54	4308.159	2.41	0.019	1796.316	18976.76

```
17  . reg mpg weight length
```

18	Source	SS	df	MS	Number of obs	=	74
19					F(2, 71)	=	69.34
20	Model	1616.08062	2	808.040312	Prob > F	=	0.0000
21	Residual	827.378835	71	11.653223	R-squared	=	0.6614
22					Adj R-squared	=	0.6519
23	Total	2443.45946	73	33.4720474	Root MSE	=	3.4137

25	mpg	Coef.	Std. Err.	t	P>|t|	[95% Conf. Interval]	
27	weight	-.0038515	.001586	-2.43	0.018	-.0070138	-.0006891
28	length	-.0795935	.0553577	-1.44	0.155	-.1899736	.0307867
29	_cons	47.88487	6.08787	7.87	0.000	35.746	60.02374

```
31  . sureg (price weight length) (mpg weight length)

32  Seemingly unrelated regression
```

34	Equation	Obs	Parms	RMSE	"R-sq"	chi2	P
36	price	74	2	2366.261	0.3476	39.42	0.0000
37	mpg	74	2	3.34377	0.6614	144.54	0.0000

		Coef.	Std. Err.	z	P>|z|	[95% Conf. Interval]	
price							
	weight	4.699065	1.099354	4.27	0.000	2.544371	6.853759
	length	-97.96031	38.3723	-2.55	0.011	-173.1686	-22.75198
	_cons	10386.54	4219.928	2.46	0.014	2115.635	18657.45
mpg							
	weight	-.0038515	.0015535	-2.48	0.013	-.0068963	-.0008067
	length	-.0795935	.054224	-1.47	0.142	-.1858706	.0266836
	_cons	47.88487	5.963191	8.03	0.000	36.19723	59.57251

13–15행의 개별적인 첫 번째 회귀 결과는 43–45행의 SUR 결과와 동일하고, 27–29행의 개별적인 두 번째 회귀의 결과는 48–50행의 SUR 결과와 동일함을 확인할 수 있다. 표준오차는 OLS와 SUR 결과가 약간 다른데, 별로 중요한 것은 아니고 31행의 SUR 회귀에서 `dfk` 옵션을 주면 OLS와 똑같은 결과를 얻을 것이다.

이상에서 설명한 SUR에서는 $(u_{1t}, u_{2t}, \ldots, u_{Gt})$가 t에 걸쳐 IID라고 가정한다. 패널 데이터에서 이 t에 걸친 IID 가정은 보통 성립하기 어렵지만, 이 가정이 성립하지 않아도 SUR 추정량의 일관성에는 문제가 없고(♛), 효율성 측면에서만 개선의 여지가 있다(♛). 단, SUR을 사용한다는 것은 G가 작고 T가 클 것을 암묵적으로 전제하므로 오차가 t에 걸쳐 IID라는 가정이 위배될 때 어떻게 표준오차를 구해야 할지 분명하지 않다.

B.4 상이한 개체 간의 상호의존성

자료를 통합하여 사용하는 또 하나의 경우는, 좀 더 근본적으로 한 나라가 다른 나라에 미치는 직접적인 영향을 살펴보려고 하는 경우이다. 만일 이것이 목적이라면 $y_{it} = X_{it}\beta + u_{it}$나 $y_{it} = X_{it}\beta_i + u_{it}$와 같은 모형은 분석가의 의도를 제대로 반영하였다 할 수 없다. 왜냐하면 이들 모형에서는 i국의 X만이 i국의 y에 영향을 미치기 때문이다. 그러지 않고 i국의 X가 j국의 y에 영향을 미칠 수 있도록 하기 위해서는 좀 더 "예술가적"인 모형의 조립이 필요하다. 예를 들어, 만일 국가 2의 종속변수가 국가 1의 종속변수에 미치는 영향을 보고 싶다면 $y_{1t} = \alpha_1 + X_{1t}\beta_1 + \gamma_1 y_{2t} + u_{1t}$와 같은 모형을 고려할 수 있다. 그런데 두 나라의 종속변수 y_{1t}와 y_{2t}가 서로 영향을 주고 받는다면 y_{2t}는 u_{1t}와 상관될 수 있고(내생적), 이 경우 만일 X_{2t}가 외생적이라면 이를 추가적 도구변수로 사용하여 도구변수 추정을 할 수 있을 것이다(♛).

📝 y_{2t}를 우변에 포함시켜 둘째 나라의 영향을 완전히 통제하였다면 u_{1t}에는 둘째 나라의 영향이 포함되어 있지 않고, 따라서 y_{2t}와 u_{1t}가 서로 상관되지 않을 수도 있다. 만일 u_{1t}와 u_{2t}가 서로 독립이고 y_{2t}가 y_{1t}에 의하여 영향을 받지 않으면 이런 일이 생긴다.

⚡ 두 국가의 여러 변수들을 모아서 이른바 벡터자기회귀(VAR) 시스템을 만들고 추정할 수도 있을 것이다. 이는 다변량 시계열 분석의 문제가 되며, (B.2)와는 전혀 다른 모형이 된다. 이 VAR을 추정할 수 있기 위해서는 개체의 수가 매우 작고 시계열의 크기가 매우 커야 할 것이다. 또한 VAR 에서는 보통 우변의 변수들이 좌변 변수들의 과거 값이므로 여러분이 횡단면 분석에서 흔히 보는 모양을 하고 있지 않다. 이런 모형을 설정하고 추정하는 것에 대하여 자세히 알아보려면 다변량 시계열 분석을 공부해야 할 것이다.

이와는 다른 모형으로서 패널 VAR 모형이 있다. 이 모형은 여러 시계열 변수들이 시간에 걸쳐 동태적으로 변화하는 과정을 묘사한 VAR 모형을 패널 데이터의 경우로 확장한 것이다. Y_{it} 가 복수의 변수들의 벡터라면 가장 간단한 패널 VAR 모형은 다음과 같다.

$$Y_{it} = AY_{it-1} + U_{it}$$

여기서 U_{it} 는 오차항의 벡터이다. 여기서도 유의할 점은 Y_{it} 가 동일한 i 개체의 과거값인 Y_{it-1} 에 의존하는 부분만 모형화되었다는 사실이다. 따라서 i 개체의 과거값이 상이한 j 개체의 현재값에 미치는 영향은 (오차항 U_{it} 의 상관에 의한 부분을 제외하면) 존재하지 않는다. 이 패널 VAR 모형에 대해서는 10.1절에서 설명하였다.

B.5 횡단면 분석에서 이항반응 모형

종속변수 y_i 가 0 또는 1의 값을 가질 때에도 y_i 를 독립변수 X_i 에 대하여 OLS회귀를 할 수 있다. 여기서는 $E(y_i|\mathbf{X}_i) = X_i\beta$, 즉 $\Pr(y_i = 1|\mathbf{X}_i) = X_i\beta$ 라고 가정하므로 선형확률모형(linear probability model, LPM)이라고 한다.

다른 방법으로는 $\Pr(y_i = 1|\mathbf{X})$ 가 0에서 1 사이의 값을 갖도록 모형을 세우는 것이다. 널리 사용되는 것은 $\Pr(y_i = 1|\mathbf{X}) = F(X_i\beta)$ 로 두고 이 $F(\cdot)$ 함수가 표준 로지스틱 분포의 누적확률분포함수CDF라고 하는 것이다. 이는 $y_i = I(X_i\beta + u_i > 0)$ 이라고 하고 u_i 의 분포가 표준 로지스틱 분포를 갖는다고 하는 것과 동일하다. 이 모형을 로짓(logit) 모형이라 한다. $F(\cdot)$ 함수가 표준정규분포의 CDF라고 하는 경우, 즉 u_i 가 $N(0,1)$ 분포를 갖는다고 하는 경우도 있다. 이 때의 모형을 프로빗(probit) 모형이라 한다.

로짓이나 프로빗은 $\mathbf{X}$ 가 주어질 때 u_i 의 분포에 대한 가정(표준 로지스틱 또는 표준 정규)으로부터 우도함수를 만든다. $\Pr(y_i = 1|\mathbf{X}) = F(X_i\beta)$ 이고 $\Pr(y_i = 0|\mathbf{X}) = 1 - F(X_i\beta)$ 이므로, y_i 의 "밀도"는 $f_i(y) = F(X_i\beta)^y[1 - F(X_i\beta)]^{1-y}$ 라 할 수 있다. 그러므로 $\mathbf{X}$ 조건부로 $y_1, y_2, \ldots, y_n$ 이 서로 확률적으로 독립이라는 가정하에서 우도함수는 다음이 된다.

$$L(\beta) = \prod_{i=1}^{n} f_i(y_i) = \prod_{i=1}^{n} F(X_i\beta)^{y_i}[1 - F(X_i\beta)]^{1-y_i}$$

이것을 최대화시키는 것은 로그를 취하여 최대화시키는 것과 같다. 우도함수에 로그를 취하면 다음이 된다.

$$\ln L(\beta) = \sum_{i=1}^{n} \{ y_i \ln F(X_i\beta) + (1 - y_i) \ln[1 - F(X_i\beta)] \}$$

이 함수는 컴퓨터 알고리즘을 이용하여 최대화한다. Stata에서는 로짓이냐 프로빗이냐에 따라 `logit` 또는 `probit` 명령을 사용한다.

한 가지 유의할 점은 $y_i = I(X_i\beta + u_i > 0)$ 모형에서 u_i의 분포가 완전히 정해져 있다는 것이다. 로짓 모형의 경우에는 표준 로지스틱 분포이고 프로빗 모형의 경우에는 표준 정규 분포이다. 예를 들어 u_i가 $N(0,1)$ 분포를 갖는다는 가정은 합당하나 미지의 σ^2에 대하여 $N(0,\sigma^2)$ 분포를 갖는다는 가정은 합당하지 않다. 물론 $N(0,2)$ 분포를 갖는다고 하여도 문제될 것은 없으나 굳이 복잡하게 $N(0,2)$를 선택할 것 없이 $N(0,1)$을 선택하면 된다.

로짓이나 프로빗 모형을 추정한 다음에는 계수 추정값들을 바탕으로 부분효과(partial effects)나 한계효과(marginal effects)를 구할 수 있다. 부분효과(한계효과)의 의미와 종류 등은 **계량경제학 강의**에 설명되어 있다.

예제 B.2 여성의 경제활동 참가

예를 들어 보자. Mroz (1987)의 데이터를 사용한다. 인터넷에서 여러 가지 버전의 Mroz 데이터를 구할 수 있으며, 이 책에서는 Wooldridge가 제공하는 데이터를 사용한다("`Wooldridge mroz.dta`" 키워드로 검색). 사용할 변수들은 다음과 같다.

```
1   . use mroz, clear

2   . su inlf nwifeinc educ exper age kidslt6 kidsge6

3       Variable |        Obs        Mean    Std. Dev.        Min        Max
4   -------------+--------------------------------------------------------
5           inlf |        753    .5683931    .4956295          0          1
6       nwifeinc |        753    20.12896     11.6348  -.0290575         96
7           educ |        753    12.28685    2.280246          5         17
8          exper |        753    10.63081     8.06913          0         45
9            age |        753    42.53785    8.072574         30         60
10  -------------+--------------------------------------------------------
11       kidslt6 |        753    .2377158     .523959          0          3
12       kidsge6 |        753    1.353254    1.319874          0          8
```

`inlf` (in labor force)는 1975년 wife의 경제활동 여부를 나타내는 이진변수, `nwifeinc` (non-wife income)은 1975년 wife의 소득을 제외한 가구 소득(1천 달러), `educ`은 wife의 교육수준(연), `exper`는 wife의 경력(연), `age`는 wife의 나이, `kidslt6`은 가구 내 0–5세 자녀의 수, `kidsge6`은 6–18세 자녀의 수이다. 표본크기는 $n = 753$이며, 이 중 56.8%

가 일을 한다(inlf = 1). 정확히는 428명인데, 이 값을 구하려면 'tab inlf'라고 한다. nwifeinc의 최솟값이 음수라는 것이 마음에 걸리기는 하지만 이 변수는 가구소득(faminc)에서 wife의 소득(wage 곱하기 hours)을 뺀 다음 1,000으로 나눈 값이므로 오차가 있을 수 있다. 이 점은 무시한다. 교육수준(educ)은 5년부터 17년까지 다양하고, 경력(exper)은 더욱 다양하다. 30–60세를 대상으로 하고 있으며 자녀의 수는 6세 미만이 0–3명, 6–18세가 0–8명이다.

inlf가 1일 확률이 nwifeinc, educ, exper와 그 제곱, age, kidslt6, kidsge6에 의하여 결정되는 LPM, 로짓, 프로빗 모형을 추정하면 다음 결과를 얻는다.

```
13  . global X "nwifeinc educ c.exper##c.exper age kidslt6 kidsge6"

14  . reg inlf ${X}, vce(r)

15  Linear regression                        Number of obs   =        753
16                                           F(7, 745)       =      62.48
17                                           Prob > F        =     0.0000
18                                           R-squared       =     0.2642
19                                           Root MSE        =     .42713
```

inlf	Coef.	Robust Std. Err.	t	P>|t|	[95% Conf. Interval]	
nwifeinc	-.0034052	.0015249	-2.23	0.026	-.0063988	-.0004115
educ	.0379953	.007266	5.23	0.000	.023731	.0522596
exper	.0394924	.00581	6.80	0.000	.0280864	.0508983
c.exper# c.exper	-.0005963	.00019	-3.14	0.002	-.0009693	-.0002233
age	-.0160908	.002399	-6.71	0.000	-.0208004	-.0113812
kidslt6	-.2618105	.0317832	-8.24	0.000	-.3242058	-.1994152
kidsge6	.0130122	.0135329	0.96	0.337	-.013555	.0395795
_cons	.5855192	.1522599	3.85	0.000	.2866098	.8844287

```
36  . logit inlf ${X}, nolog

37  Logistic regression                      Number of obs   =        753
38                                           LR chi2(7)      =     226.22
39                                           Prob > chi2     =     0.0000
40  Log likelihood = -401.76515              Pseudo R2       =     0.2197
```

inlf	Coef.	Std. Err.	z	P>|z|	[95% Conf. Interval]	
nwifeinc	-.0213452	.0084214	-2.53	0.011	-.0378509	-.0048394
educ	.2211704	.0434396	5.09	0.000	.1360303	.3063105
exper	.2058695	.0320569	6.42	0.000	.1430391	.2686999

```
47
48          c.exper#
49           c.exper    -.0031541    .0010161    -3.10   0.002    -.0051456   -.0011626
50
51              age    -.0880244     .014573    -6.04   0.000     -.116587   -.0594618
52          kidslt6    -1.443354    .2035849    -7.09   0.000    -1.842373   -1.044335
53          kidsge6     .0601122    .0747897     0.80   0.422     -.086473    .2066974
54            _cons     .4254524    .8603697     0.49   0.621    -1.260841    2.111746
55
```

```
56 . probit inlf ${X}, nolog
```

```
57 Probit regression                              Number of obs   =        753
58                                                LR chi2(7)      =     227.14
59                                                Prob > chi2     =     0.0000
60 Log likelihood = -401.30219                    Pseudo R2       =     0.2206
61
62           inlf       Coef.    Std. Err.       z    P>|z|     [95% Conf. Interval]
63
64         nwifeinc   -.0120237    .0048398    -2.48   0.013    -.0215096   -.0025378
65            educ     .1309047    .0252542     5.18   0.000     .0814074     .180402
66            exper    .1233476    .0187164     6.59   0.000     .0866641    .1600311
67
68          c.exper#
69           c.exper   -.0018871       .0006    -3.15   0.002     -.003063   -.0007111
70
71              age   -.0528527    .0084772    -6.23   0.000    -.0694678   -.0362376
72          kidslt6   -.8683285    .1185223    -7.33   0.000    -1.100628    -.636029
73          kidsge6     .036005    .0434768     0.83   0.408     -.049208    .1212179
74            _cons    .2700768     .508593     0.53   0.595    -.7267472    1.266901
75
```

14행의 LPM 추정(즉, OLS)에 의한 계수추정값들(24–34행)은 일할 확률에 미치는 영향들로 해석할 수 있다. 예를 들어, `kidslt6`의 계수추정값 `-.2618105`가 의미하는 바는, `nwifeinc`, `educ`, `exper`와 그 제곱, `age`, `kidsge6`을 통제할 때, 6세 미만 자녀의 수가 1명 더 많으면 wife가 일할 확률이 약 26% 낮다는 것이다. 이 효과는 실질적으로도 크며 통계적으로 매우 유의하다(p값은 0.000).

동일한 모형에 대하여 36행에서는 로짓 추정을 하고, 56행에서는 프로빗 추정을 한다('nolog'는 MLE 중간 단계의 결과를 보여주지 말라는 옵션이다). 추정된 계수값들은 서로 상당히 다른데, 이는 오차항의 분포가 서로 다르게 가정되기 때문에 당연하다. 계수 추정값들을 바탕으로 부분효과(partial effects)나 한계효과(marginal effects)를 구하면 서로 비슷하다(자세한 내용은 계량경제학 강의 참조).

B.6   횡단면 분석에서 표본선택

여성의 교육수익률(1년의 추가적 교육이 임금을 증가시키는 정도)에 관한 고전적인 예를 생각해 보자. 어떤 성향을 가진 사람이 일을 하고 어떤 성향을 가진 사람이 일을 하지 않는지 정확히는 알 수 없다. 같은 교육수준에서 더 높은 임금을 받을(비관측 요인에 의하여) 여성이 더 높은 임금노동 성향을 보이고, 그 임금 차이가 교육수준별로 다르다고 해 보자. 임금노동 성향이 더 높은 여성이 더 높은 임금을 받는 정도가 교육수준별로 다르므로, 일을 하는 여성들만의 자료를 이용하여 교육수익률을 추정하면 모집단 내 대표적인 여성의 교육수익률을 일관되게 추정할 수 없다.

> ✏️ 이를 다른 방식으로 표현할 수도 있다. 일을 하는 사람들의 집단에서 교육수준과 임금의 평균적 관계와 일을 하지 않는 사람들의 집단에서 교육수준과 임금의 평균적 관계가 상이하다고 하자. 모집단이 관측될 때, 일을 하는 사람의 경우 그 관계가 관측되지만, 일을 하지 않는 사람의 경우에는 그 관계가 관측되지 않을 것이다. 만약 우리의 관심사가 모집단 전체의 평균적인 교육수익률이라면, 일을 하는 사람들만의 자료를 이용하여 회귀하면 편향된 결과를 얻는다.

관측된 자료만을 바탕으로 할 때, 관측된 개체들이 전체 모집단에서 임의로 추출되는 것이 아니라 특정한 성향을 갖는 집단이 과다추출되는 현상을 표본선택(sample selection)이라 한다. 그 중 특히 자신의 이해관계에 따라 각자가 표본에의 포함 여부를 선택하는 현상을 자기선택(self selection)이라 한다.

선형모형에서 표본선택이나 자료누락이 있을 때, 관측여부가 외생변수값에 의존할 수는 있지만 외생변수를 경유하지 않고 종속변수값에 직접 의존하지 않는다면(외생적 표본선택) OLS 추정량은 여전히 일관적이다. 수식으로, 모형이 $y_i = X_i\beta + u_i$이고 $s_i = 1$인 i의 y_i값이 관측된다고 하자. OLS 추정량은 다음과 같다.

$$\hat{\beta} = \left(\sum_{i=1}^{n} s_i X_i' X_i\right)^{-1} \sum_{i=1}^{n} s_i X_i' y_i = \beta + \left(\sum_{i=1}^{n} s_i X_i' X_i\right)^{-1} \sum_{i=1}^{n} s_i X_i' u_i$$

만약 주어진 X_i값에서 관측여부(s_i)가 오차항 u_i와 비상관이면, 즉 $E(s_i u_i | X_i) = 0$이면, $\hat{\beta}$은 여전히 일관적이다. 주어진 X_i값에서 s_i와 u_i가 상관되면 OLS 추정량은 편향되는데, 이 문제를 해결하는 방법으로 크게 두 가지 접근법이 있다. 하나는 u_i 안에 있는 어떤 변수들 w_i가 관측되고, 이 w_i로 인하여 u_i와 s_i가 상관된다고 가정하는 것이다. 이 경우 w_i와 u_i는 상관되나, w_i를 제외한 나머지 u_i 구성요소들은 s_i와 무관하다고 가정한다. 이를 "selection on observables"라고 하며, $W_i = (X_i, w_i)$라 할 때 수학적으로 $\Pr(s_i = 1 | W_i, u_i) = \Pr(s_i = 1 | W_i)$ 혹은 $\Pr(s_i = 1 | W_i, y_i) = \Pr(s_i = 1 | W_i)$로 표현한다(Moffit, Fitzgerald and Gottschalk 1999, Wooldridge 2010 참조; W_i는 X_i와 w_i를 모두 포함함에 유의). 이 가정하에서 일관된 추정량을 구하려면 확률역수 가중법(inverse probability weighting, IPW)을 사용한다(다음 문단에서 설명). 다른 하나의 접근법은, 별도의 z_i 변수들이 있는데, 이 z_i는 관측여부에 영향을 미치지만 주방정식 오차항 u_i 및 선택방정식 오차항과 독립이라고 가정하는 것이다. 말하자면 z_i가 일종의 도구변수

IV이다. 이 가정을 "selection on unobservables" 가정이라고 하며, 흔히 오차항에 정규분포를 가정하고서 헤크먼(Heckman)의 2단계 추정이나 최우추정MLE을 이용하여 β를 추정한다(그 다음 문단에서 설명).

먼저 IPW의 방법을 간략히 설명하고 이 방법이 작동하는 이유에 대하여 설명한다. 별도의 변수를 w_i라 하고 $W_i = (X_i, w_i)$라 할 때, IPW란 $\Pr(s_i = 1|W_i)$를 추정한 다음 이 확률추정값 $\hat{p}_i$의 역수를 가중치로 하는 가중최소제곱WLS을 하는 것이다. IPW 추정량은 다음과 같다.

$$\hat{\beta}_{IPW} = \left(\sum_{i=1}^{n} s_i \hat{p}_i^{-1} X_i' X_i \right)^{-1} \sum_{i=1}^{n} s_i \hat{p}_i^{-1} X_i' y_i$$

이 방법이 성립하는 이유를 보기 위하여 $p_i = P(s_i|W_i)$를 안다고 하고 $\hat{p}_i$ 대신에 p_i를 사용해 보자. 추정량 식에 $y_i = X_i\beta + u_i$를 대입하여 평소와 마찬가지로 정리하면 $\mathrm{E}(s_i p_i^{-1} X_i' u_i)$가 0인지 여부가 IPW 추정량의 일관성에 중요함을 알 수 있다. 그런데 이 기댓값은 다음과 같이 정리된다.

$$\mathrm{E}(s_i p_i^{-1} X_i' u_i) = \mathrm{E}\left[\mathrm{E}(s_i|W_i, u_i) p_i^{-1} X_i' u_i \right] = \mathrm{E}\left[\mathrm{E}(s_i|W_i) p_i^{-1} X_i' u_i \right] = \mathrm{E}[X_i' u_i] = 0$$

첫째 등식은 반복평균의 법칙law of iterated expectations이고 둘째 등식은 "selection on observables" 가정에 의하며, 셋째 등식은 $\mathrm{E}(s_i|W_i, u_i) = \Pr(s_i = 1|W_i) = p_i$이기 때문에 성립하고, 마지막 등식은 모집단에서 X_i가 외생적이므로 당연히 성립한다. 직관적으로 볼 때, p_i는 관측이 될 확률을 의미하므로, IPW는 p_i가 작은 관측치에 더 높은 가중치를 주어, 관측된 표본이 모집단을 대표할 수 있도록 만들어 주는 셈이다. 예를 들어 $p_i = 0.1$이면 이는 전체 10개 중 하나만 관측됨을 의미하므로 하나에 10배의 가중치를 주어 대표성을 회복시킨다. Stata 를 사용한다면, w_i 변수들을 찾은 다음 다음과 같은 방법으로 추정을 할 수 있을 것이다.

```
. probit s x w
. predict phat, pr
. reg y x [w = 1/phat]
```

참고로 마지막 줄에 'if s==1'을 추가하여, 관측된 표본만을 대상으로 한다고 명시적으로 표시할 수도 있다.

"Selection on unobservables"의 경우는 흔히 헤크먼(Heckman)의 2단계 추정을 통하여 해결한다. 이 모형에서는 표본선택에 영향을 미치는 비관측요소들과 원래 추정식의 비관측 요소들이 서로 상관되며 2변량 정규분포를 갖는다고 가정한다. 이 정규분포의 가정하에서 선택된 표본으로만 OLS 추정을 하려 할 때 편향을 야기하는 항을 구할 수 있고, 이 편향을 야기하는 항을 선택방정식의 추정값으로부터 추정하여 우변에 통제함으로써 편향을 교정 하는 것이다. 2단계로 추정할 수도 있고 최우추정MLE을 할 수도 있다.

수학적으로, 원래 추정식이 $y_i = X_i\beta + u_i$이고 $Z_i = (X_i, z_i)$라 하자. 표본선택 방정식이 $s_i = I(Z_i\gamma + v_i > 0)$일 때, $\mathrm{E}(y_i|Z_i, s_i = 1) = X_i\beta + \mathrm{E}(u_i|Z_i, s_i = 1)$인데, Z_i가 (u_i, v_i)와 독립이

라는 가정과 (u_i, v_i)가 2변량 정규분포를 갖는다는 가정을 하면 $E(u_i|Z_i, s_i = 1) = E(u_i|v_i >$ $-Z_i\gamma) = \rho\lambda(Z_i\gamma)$임을 구할 수 있다. 여기서 ρ는 u_i와 v_i의 상관계수이고 $\lambda(\cdot)$는 역밀스비율(inverse Mills ratio, IMR)로서, $\phi(z)$와 $\Phi(z)$를 각각 표준정규분포의 확률밀도함수 및 누적확률분포함수라 할 때 $\lambda(z) = \phi(z)/\Phi(z)$이다. 그러므로 선택방정식에서 γ를 프로빗으로 추정하여 $\hat{\gamma}$을 구하고 난 후 각 관측치별로 $\lambda(Z_i\hat{\gamma})$을 계산하여 변수 $\hat{\lambda}_i$을 만들고, 마지막으로 표본선택이 된 관측치만을 대상으로 y_i를 X_i와 $\hat{\lambda}_i$에 대하여 OLS를 추정할 수 있다. 아니면 정규분포의 가정으로부터 β, γ, ρ에 대한 우도함수를 만들고 이 우도함수를 최대화함으로써 모수들을 추정할 수도 있다.

Stata에서는 `heckman` 명령을 사용하면 된다. 예를 들어 다음 명령에서는 원래의 추정식이 `wage`를 `educ`와 `age`에 대하여 회귀하는 것이고, 선택방정식 우변에 `married`, `children`, `educ`, `age`일 때, 첫째 명령은 MLE를 하고 둘째 명령은 2단계 추정을 한다.

```
. heckman wage educ age, select(married children educ age)
. heckman wage educ age, select(married children educ age) twostep
```

계량경제학 강의의 마지막 장에 약간 더 설명이 되어 있으며, Stata의 `heckman` 명령에 대한 도움말도 좋은 참고자료가 된다.

B.7 부트스트랩

선형모형 $y_i = X_i\beta + u_i$에서 (X_i, y_i)가 $i = 1, \ldots, n$까지 관측된다고 하자. OLS 추정량 $\hat{\beta}$의 분포는 모집단으로부터 $\{(X_i, y_i), i = 1, \ldots, n\}$의 추출을 무한 반복하면서 각 추출된 표본마다 OLS 추정값을 계산함으로써 얻어지는 무수히 많은 $\hat{\beta}$값들의 분포를 의미한다. 실제 분석에서는 데이터가 단 한 조만 주어지므로 표본을 반복하여 추출하는 실험을 할 수 없다. Efron (1979)의 부트스트랩(bootstrap)은 모집단으로부터 표본을 반복추출하는 대신, 주어진 자료표본으로부터 무작위로 표본을 재추출하는 것을 반복하여 추정량의 분포를 대략적으로 알아보는 방법이다. 데이터가 $i = 1, 2, \ldots, n$에 대하여 관측되어 있을 때, 이 부트스트랩은 $1, 2, \ldots, n$의 정수로부터 n개의 정수를 무작위로 복원추출한다(그러면 어떤 정수는 여러 번 추출되고, 아예 추출되지 않는 숫자도 있을 것이다). 이들 추출된 n개의 i에 해당하는 데이터를 표본(부트스트랩 표본)으로 사용하여 추정값을 계산할 수 있다. Efron의 부트스트랩은 이 재추출과 재추정을 반복하고 그 추정값들의 분포를 구한다.

예를 들어 〈표 B.1〉 (a)와 같은 $n = 5$인 표본이 있다고 하자. 이 원자료를 이용하여 y를 x에 대하여 회귀하면 기울기 계수추정값은 0.43이다. 이제 1부터 5까지 정수로부터 5개의 정수를 무작위 복원추출하여 예컨대 $2, 2, 3, 5, 2$의 숫자를 얻었다고 하자. 그러면 이 다섯 i에 해당하는 부트스트랩 표본은 〈표 B.1〉 (b)와 같으며, 이로부터 구한 OLS 기울기 계수추정값은 0.5062이다. 한 번 더 재추출을 하여 $5, 5, 4, 4, 1$이 구해졌다면, 이에 해당하는

〈표 B.1〉 원 표본과 부트스트랩 표본

	(a) 원 표본			(b) 부트스트랩 표본1			(c) 부트스트랩 표본2	
i	x	y	i	x	y	i	x	y
1	12	3.5	2	10	2.8	5	18	7.0
2	10	2.8	2	10	2.8	5	18	7.0
3	14	4.3	3	14	4.3	4	16	3.7
4	16	3.7	5	18	7.0	4	16	3.7
5	18	7.0	2	10	2.8	1	12	3.5

부트스트랩 표본은 〈표 B.1〉 (c)와 같으며, 이로부터 구한 기울기 계수추정값은 0.5833 이다. 이런 식의 표본재추출과 추정을 반복하면 기울기 계수추정값의 분포가 나올 것인데, 이 분포가 바로 $\hat{\beta}_1$ 의 부트스트랩 분포이다. 〈표 B.1〉 (b)와 (c)에는 실험에서는 재추출을 2 회 하였다. 필자가 재추출을 100회 반복하고, 이로부터 구한 100개 기울기 계수추정값들의 평균과 표준편차를 구했더니, 평균은 0.424, 표준편차는 0.21이었다. 여러분이 해 보면 다른 값들이 나올 것이다.

원래 부트스트랩bootstrap이라는 단어는 신발boots 뒤끈straps을 잡아당겨서 담장을 넘어가려 는 (불가능한) 시도를 말한다. 표본이 하나가 주어졌는데 자기자신을 복제하여 반복된 표본 추출을 하는 것을 적절하게 비유하는 표현 같다. 통계학에서 부트스트랩은 Efron (1979)이 처음 제안하였다. 본 절에서 설명한 내용은 Efron (1979)의 부트스트랩이다. 다른 방식도 있다. 더 자세한 내용은 Horowitz (2001)를 참조하라.

B.8 공간계량경제학

표준적인 횡단면 계량모형에서 개체들은 서로간에 독립이라고 가정을 한다. 이 가정하에서 추정량의 일관성이 증명되고 적절한 표준오차가 계산된다. 개체들 간의 상관관계가 부분 적으로 허용되는 경우도 있다. 데이터가 가족과 같은 클러스터 단위로 모이는 경우인데, 이때에도 중요한 것은 클러스터 간에는 서로 독립이라는 것이며, 만약 서로간에 독립인 클러스터의 수가 적으면 추론의 정확성이 떨어진다. 횡단면 모형에서 공간계량경제학(spatial econometrics)은 개체들 간의 상호의존성과 이질성을 명시적으로 모형에 포함시키고 이에 초점을 맞추어 분석을 진행하는 계량경제학이다. 여기서 중요한 것은 '공간적인' 측면이 암시되는 것이 아니라 모형에 명시적으로 들어 있다는 것이다.

공간계량경제학에서는 개체 간 상호의존성을 반영하기 위하여 각 개체와 다른 개체 간의 '거리'를 미리 정한다. 예를 들어 행정구역별 데이터가 있다면, i와 j 간의 거리는 지도상 i행정구역과 j행정구역 간의 최소 거리(인접 구역 간의 거리는 0)로 할 수 있다. 이처럼 '거리'를 결정하면, 그 다음에는 개체들 간의 거리가 짧을수록 이들 간의 상호의존성이 높을 것으로 모형을 만들 수 있다. 각 i마다 다른 개체들과의 상호의존성의 정도가 있을 것이므로, 표본크기가 n일 때 상호의존성은 $n \times n$ 행렬 W로 나타낸다(단, 자기자신과의 상호의존성은 완벽하겠지만 모형의 식별을 위하여 0으로 둔다).

횡단면 모형 $y_i = X_i\beta + u_i$가 있을 때, 공간계량경제학에서는 개체 간 상호의존성을 크게 두 가지 모형으로써 고려한다. 하나는 공간오차모형(spatial error model)이고 다른 하나는 공간시차모형(spatial lag model)이다. 공간오차모형에서는 u_i와 u_j가 공간적 상관을 갖는 다고 보고 $u_i = \rho \sum_{j \neq i} w_{ij} u_j + e_i$의 관계가 있다고 모형화한다. 여기서 w_{ij}는 W 행렬(미리 알려져 있음)의 i번째 행이며, $w_{ii} = 0$이고(자기 자신은 제외) 각 행별 합계가 1이 되도록 만들어 준 것이다. 그러면 결국 공간오차모형은 "내 오차항은 나를 제외한 나머지 오차항들을 나와의 의존정도에 비례하여 가중평균한 것과 ρ만큼의 상관을 갖는다"고 간주하는 것이 된다. 최우추정MLE을 하여 β와 ρ를 추정할 수 있다.

공간시차모형에서는 다른 개체들의 평균 y값이 우변에 포함된다. 가장 간단한 형태는 $y_i = \rho \sum_{j \neq i} w_{ij} y_j + X_i\beta + u_i$가 될 것이다. 이 모형은 나의 종속변수 값(y_i)이 나를 제외한 나머지 개체들의 평균 종속변수 값($\sum_{j \neq i} w_{ij} y_j$)에 ρ만큼 의존하도록 만든 것이다. 여기서도 w_{ij}는 숫자들이므로 모든 i에서 $\sum_{j \neq i} w_{ij} y_j$를 관측할 수 있고, MLE로써 ρ와 β를 추정할 수 있다. 모형을 복잡하게 하면, 다른 개체들의 종속변수 평균값뿐 아니라 독립변수들의 평균값도 우변에 포함시킬 수 있고, 오차항에도 공간상관을 포함시킬 수도 있다.

공간계량경제학은 Paelinck and Klaasen (1979)으로부터 공식적으로 출범하였다고 한다. Anselin (2010)은 공간계량경제학의 역사를 우호적인 관점에서 요약하였다.

B.9   공통요인 추출과 주성분 분석

한 변수 x_{it}를 공통의 요인에 의한 부분과 자신에게 고유한 부분으로 분해하는 것을 생각해 보자. 말하자면 $x_{it} = f_t'\lambda_i + e_{it}$이며, x_{it}는 관측변수이지만 f_t, λ_i, e_{it} 중 어느 것도 관측되지 않는다. 어떤 주어진(알려진) r에 대하여 f_t와 λ_i는 $r \times 1$ 벡터이다. x_{it}의 패널 데이터가 관측될 때 이러한 분해를 하는 것이 가능할까?

한 가지 방법은 최소제곱법을 사용하여 $f_1, \ldots, f_T$와 $\lambda_1, \ldots, \lambda_n$을 모두 추정하는 것이다. 이 방법은 $\sum_{i=1}^{n} \sum_{t=1}^{T} (x_{it} - f_t'\lambda_i)^2$을 최소화시키는 $f_1, \ldots, f_T$와 $\lambda_1, \ldots, \lambda_n$을 구한다. 이 최소화 방법을 수학적으로 설명하기 위해서 $X_i = (x_{i1}, \ldots, x_{iT})'$라 하고 $F = (f_1, \ldots, f_T)'$라 하자. 그러면 최소화시킬 함수는 $\sum_{i=1}^{n} (X_i - F\lambda_i)'(X_i - F\lambda_i)$이다. $T \times r$ 행렬 F가 주어지면 각 i에서 $(X_i - F\lambda_i)'(X_i - F\lambda_i)$를 최소화시키는 $r \times 1$ 벡터 λ_i를 OLS로 추정할 수 있다. 그 값은 간단히 $(F'F)^{-1}F'X_i$이다. 이 값을 대입하면 $X_i - F\lambda_i = X_i - F(F'F)^{-1}F'X_i = M_F X_i$

이다. 여기서 $M_F = I_T - F(F'F)^{-1}F'$ 이다. 각 i에서 $(M_F X_i)'(M_F X_i)$는 주어진 F에서 λ_i를 조정하여 만들 수 있는 최소의 값이다. 원래의 최소화 문제는 우선 각각의 F에서 λ_i들을 조정하여 최소화시킨 다음, 그 최솟값들의 합을 최소화시키는 F를 찾으면 된다. 그러므로 우리가 최소화시킬 함수는 다음과 같이 표현된다.

$$\sum_{i=1}^{n}(M_F X_i)'(M_F X_i) = \sum_{i=1}^{n}X_i'M_F X_i = \sum_{i=1}^{n}X_i'X_i - \sum_{i=1}^{n}X_i'F(F'F)^{-1}F'X_i$$

첫 번째 등식에서 $M_F'M_F = M_F$를 이용하였고 두 번째 등식에서는 $M_F = I_T - F(F'F)^{-1}F'$ 임을 이용하였다. 따라서 우리의 최소화 문제는 $\sum_{i=1}^{n}X_i'F(F'F)^{-1}F'X_i$의 최대화 문제와 동일하다. 행렬 대각합trace의 성질에 따라 α가 스칼라일 때 $\alpha = \text{tr}(\alpha)$이고 $\text{tr}(AB) = \text{tr}(BA)$ 이므로, $G = F(F'F)^{-1/2}$이라 할 때, 최대화시킬 대상은 다음과 같이 나타낼 수 있다.

$$\sum_{i=1}^{n}\text{tr}\{X_i'F(F'F)^{-1}F'X_i\} = \sum_{i=1}^{n}\text{tr}\{G'X_iX_i'G\} = \text{tr}\left\{G'\left(\sum_{i=1}^{n}X_iX_i'\right)G\right\}$$

이제 이 함수를 G에 대하여 최대화시킬 것인데, 이 G는 원래 $F(F'F)^{-1/2}$이므로 $G'G = (F'F)^{-1/2}F'F(F'F)^{-1/2} = I_r$을 반드시 만족시켜야 한다. 그러므로 $\sum_{i=1}^{n}\sum_{t=1}^{T}(x_{it} - f_t'\lambda_i)^2$ 을 최소화시키는 문제는 다음 최대화 문제와 동일하다.

$$\max_{G:G'G=I_r}\text{tr}(G'Q_X G), \quad Q_X = \sum_{i=1}^{n}X_iX_i'$$

여기서 Q_X는 데이터로부터 구하는 $T \times T$ 대칭 행렬이다. $T \times r$ 행렬 G를 $(g_1, g_2, \ldots, g_r)$ 이라고 나타내자(각각의 g_j는 $T \times 1$). 그러면 $g_j'g_j = 1$, $g_j'g_k = 0$ $(j \neq k)$이며, $\text{tr}(G'Q_X G) = \sum_{j=1}^{r}g_j'Q_X g_j$이다. $r = 1$인 경우, $g_1'g_1 = 1$이면서 $g_1'Q_X g_1$을 최대화시키는 벡터 g_1은 Q_X의 가장 큰 고유근eigenvalue에 해당하는 고유벡터eigenvector이다. 이와 유사하게 $\sum_{j=1}^{r}g_j'Q_X g_j$를 최대화시키는 직교정규orthonormal 벡터들은 Q_X의 처음 r개(큰 것부터 차례로) 고유근에 해당하는 고유벡터들이다. 이처럼 Q_X의 가장 큰 r개의 고유근에 대응하는 고유벡터들의 행렬을 $\hat{G}$이라 하자($\hat{G}'\hat{G} = I_r$ 만족). 그러면 $\sum_{i=1}^{n}\sum_{t=1}^{T}(x_{it} - f_t'\lambda_i)^2$을 최소화시키는 $\hat{F} = (\hat{f}_1, \ldots, \hat{f}_T)$은 $\hat{F}(\hat{F}'\hat{F})^{-1/2} = \hat{G}$을 만족시킨다. 이 $\hat{G}$으로부터 F의 추정값인 $\hat{F}$을 유일하게 구할 방법은 없다. 어떠한 가역행렬 B에 대해서든 $\hat{F} = \hat{G}B$이면 $\hat{F}(\hat{F}'\hat{F})^{-1/2} = \hat{G}$이 만족된다. 보통 $\hat{F}$은 $\hat{G}$에 $\sqrt{T}$를 곱한 것으로 선택한다. 그럼으로써 $T^{-1}\hat{F}'\hat{F} = I_r$이 된다. $\hat{F}$을 이처럼 추정하고 나면 $\lambda_1, \ldots, \lambda_n$은 $\hat{\lambda}_i = (\hat{F}'\hat{F})^{-1}\hat{F}'X_i = \frac{1}{T}\hat{F}'X_i$로 추정한다. 참고로 처음 r개의 $T \times 1$ 고유벡터들을 가로로 붙여 $T \times r$ 행렬을 만들어 $\hat{G}$이 되고 여기에 $\sqrt{T}$를 곱하여 $\hat{F}$이 된다. 이 $\hat{F}$의 각 행은 $1 \times r$ 벡터인데, 이것이 f_t의 추정량이다.

　　이상에서 Q_X의 최대 고유근에 해당하는 고유벡터를 찾는 것은 주성분 분석(principal component analysis, PCA)을 응용한 것이다. $\sum_{i=1}^{n}G'X_iX_i'G$에서 $G'X_i$는 $x_{i1}, \ldots, x_{iT}$의 r 개 선형결합들을 의미한다($g_1'X_i, g_2'X_i, \ldots, g_r'X_i$는 r개의 선형결합이다). 이 선형결합들은 제곱합 $\sum_{i=1}^{n}(g_j'X_i)^2$이 가장 큰 순서부터 차례로 나열되었다. 즉, $j = 1$이라면, $(g_1'X_1, g_1'X_2, \ldots, g_1'X_n)$

은 $c'c = 1$이 만족되는 선형결합 $(c'X_1, c'X_2, \ldots, c'X_n)$ 중 제곱합이 가장 큰 것이다. 그런 의미에서 $(g_1'X_1, g_1'X_2, \ldots, g_1'X_n)$은 $(X_1, \ldots, X_n)$의 첫 번째 주성분principal component이다. 이와 유사하게 $(g_j'X_1, \ldots, g_j'X_n)$은 j번째 주성분이다. 그러므로 $\hat{F}$은 처음 r개의 주성분들을 만들어 주는 선형결합 계수이며 $\hat{\lambda}_i = \frac{1}{T}\hat{F}'X_i$들은 그 주성분들이다.

한편, 주성분 분석을 할 때에는 보통 변수들을 표준화시킨다. 이는 변수들의 측정단위가 바뀌어 규모가 변하기만 해도 주성분들이 달라지기 때문이다. 이 표준화는 각 변수들의 표본표준편차로 나누는 것이다. 다양한 변수들(예를 들어 GDP, 이자율, 저축 등)이 섞여 있으면 이런 표준화는 적절해 보인다. 하지만 동일한 변수의 국가별 패널 데이터라면 표준화를 꼭 시켜야 하는지 애매할 수도 있다.

C 적률법

C.1 일반화된 적률법

본 부록에서는 적률법method of moments과 일반화된 적률법generalized method of moments (GMM)에 대하여 살펴본다. 우선 예를 들어 보고, 그 다음 일반적인 설명을 하자.

예제 C.1 적률법에 의한 평균의 추정

어떤 모집단에서 주당 운동 시간을 X라 하자. X의 평균을 θ_0이라 하자. 즉, $E(X) = \theta_0$이다. 이를 다시 쓰면 $E(X - \theta_0) = 0$이다. 이것은 함수 $X - \theta$의 모집단 평균이 $\theta = \theta_0$에서 0으로 된다고 볼 수 있다. 이 함수 $X - \theta$는 확률변수 X와 파라미터 θ의 함수로서 적률함수(moment function)라 한다. 참값 θ_0은 이 적률함수의 모집단 평균을 0으로 만드는 값이라고 정의된다. 이 조건 $E(X - \theta_0) = 0$을 적률조건(moment condition)이라 한다. 이처럼 모수의 참값이 적률함수의 모집단 평균이 0이라는 적률조건을 만족시키는 값일 때, 적률법은 해당 적률함수의 표본평균이 0이라는 표본 적률조건을 만족시키는 값을 추정량으로 삼는 방법이다. 위의 예에서 $X_1, \ldots, X_n$이 표본이라면 $n^{-1} \sum_{i=1}^{n} (X_i - \hat{\theta}) = 0$이 되는 $\hat{\theta}$이 바로 θ_0의 적률법 추정량(method of moments estimator)이다. 계산에 따르면 $\hat{\theta} = n^{-1} \sum_{i=1}^{n} X_i$이다.

예제 C.1의 내용을 재정리하면 다음과 같다. 맨 먼저 적률함수가 있다. 이 함수는 $X - \theta$처럼 확률변수들과 파라미터로 구성된 함수이며, 일반적으로 $g(X, \theta)$라 표기하자. 이 적률함수에 대응하는 모수 참값(θ_0)은 이 적률함수의 모집단 평균이 0이 되도록 만들어주는 값으로 정의된다. 즉, θ_0은 적률조건 $E[g(X, \theta_0)] = 0$에 의하여 정의된다. 이에 대응하는 적률법 추정량($\hat{\theta}$)은 이 적률함수의 표본평균이 0이 되도록 만들어 주는 값으로 정의된다. 즉, $\hat{\theta}$은 $n^{-1} \sum_{i=1}^{n} g(X_i, \hat{\theta}) = 0$을 만족시키는 $\hat{\theta}$ 값이다.

이상의 논의에서 $g(X, \theta)$라는 함수는 모수의 참값 θ_0을 제대로 식별해 줄 수 있어야 한다. 즉, 오직 $\theta = \theta_0$만이 $E[g(X, \theta)] = 0$을 만족시키고, 만일 $\theta \neq \theta_0$이라면 반드시 $E[g(X, \theta)] \neq 0$이어야 할 것이다. 그렇지 않으면 모수의 참값이 적률함수에 의하여 정의되지 않으므로 우리가 무엇을 하는지조차 모르는 상황이 전개된다. 이 경우 모수가 식별되지 않는다(unidentified)고 하는데, 앞으로 이 상황은 발생하지 않는다고 가정한다.

예제 C.1은 모수가 1개이고 적률조건도 1개이다. 모수가 여러 개인 경우에도 이와 유사한 방식으로 논의를 진행할 수 있다.

예제 C.2   적률법에 의한 평균과 분산의 추정

X의 평균과 분산을 $\mu_0 = \mathrm{E}(X)$, $\sigma_0^2 = \mathrm{E}\{[X - \mathrm{E}(X)]^2\}$이라 하자. 이 경우 $\theta = (\mu, \sigma^2)'$이고 두 적률함수는 다음과 같다.

$$g(X, \theta) = [X - \mu, (X - \mu)^2 - \sigma^2]'$$

자세히 살펴보면 $\mathrm{E}[g(X, \theta)]$를 0으로 만들어 주는 θ는 $(\mu_0, \sigma_0^2)'$임을 알 수 있다. 이 벡터를 θ_0이라 표기하자. $X_1, \ldots, X_n$이 표본이라 할 때, θ_0의 적률법 추정량 $\hat{\theta} = (\hat{\mu}, \hat{\sigma}^2)'$은 다음 두 식(표본 적률조건)을 만족시킨다.

$$\frac{1}{n} \sum_{i=1}^{n} (X_i - \hat{\mu}) = 0, \quad \frac{1}{n} \sum_{i=1}^{n} [(X_i - \hat{\mu})^2 - \hat{\sigma}^2] = 0$$

이 두 식을 풀면 $\hat{\mu} = \bar{X}$와 $\hat{\sigma}^2 = n^{-1} \sum_{i=1}^{n} (X_i - \bar{X})^2$을 얻는다(여기서 $\bar{X} = n^{-1} \sum_{i=1}^{n} X_i$).

모수 θ가 $k \times 1$ 벡터라 하자. 예를 들어 예제 C.1에서 $k = 1$이고 예제 C.2에서는 $k = 2$이다. 적률함수 $g(X, \theta)$가 $q \times 1$이라 하자. 예제 C.1에서는 $q = 1$이고 예제 C.2에서는 $q = 2$이다. 두 경우 모두 $q = k$이며, 이때 모수가 딱 맞게 식별된다(exactly identified)고 한다. 모수가 딱 맞게 식별되는 경우, 보통 $n^{-1} \sum_{i=1}^{n} g(X_i, \hat{\theta}) = 0$을 풀어서 적률법 추정량 $\hat{\theta}$을 구할 수 있다. 이제 $q > k$인 경우를 살펴보자. 식별하고자 하는 모수의 개수보다 적률조건의 개수가 더 많은 경우이다. 이런 경우 모수가 과다식별된다(over-identified)고 하며, 좀 복잡한 문제가 발생한다. 다음 예를 보자.

예제 C.3   부부의 운동시간

부부들의 모집단이 있다. X를 아내의 주당 운동 시간, Y를 남편의 주당 운동 시간이라 하자. 이제 선험적으로 X의 평균과 Y의 평균이 같다는 것을 안다고 하고, θ_0이 이 공통의 평균이라 하자. 그러면 $\theta_0 = \mathrm{E}(X)$이면서 동시에 $\theta_0 = \mathrm{E}(Y)$이다. 따라서, 두 적률함수는 다음과 같다.

$$g(X, Y, \theta) = (X - \theta, Y - \theta)' \tag{C.1}$$

여기서 모수의 개수는 $k = 1$이고 적률함수의 개수는 $q = 2$이다. 이 적률함수들이 정의해 주는 모수의 참값 θ_0은 $E(X-\theta_0)=0$과 $E(Y-\theta_0)=0$, 즉 $\theta_0=E(X)$와 $\theta_0=E(Y)$를 나타내므로 이 예제의 시작 부분에서 한 이야기와 맥이 통하는 것을 알 수 있다.

이 경우 표본 적률조건 $n^{-1}\sum_{i=1}^{n}g(X_i,Y_i,\hat{\theta})=0$을 만족시키는 $\hat{\theta}$은 아주 특별한 경우가 아니면 존재하지 않음을 알 수 있다. 이는 그 해가 $\hat{\theta}=\bar{X}$와 $\hat{\theta}=\bar{Y}$를 모두 만족시켜야 하기 때문이다. $\bar{X}=\bar{Y}$가 아닌 이상 이 두 식을 모두 만족시키는 $\hat{\theta}$ 값은 없다.

예제 C.3에서는 적률함수들이 모수의 참값을 과다식별하고($k=1$인데 $q=2$), 이 경우 표본 적률함수들을 모두 0으로 만들어주는 θ 값은 보통 존재하지 않는다. 그러므로 $\bar{g}(\theta)$를 0으로 만들어 줌으로써 θ_0을 추정하려고 해서는 안 된다. 그 대신 $\bar{g}(\theta)$의 크기를 가능한 한 작게 만드는 방법을 생각해볼 수 있다. 여기서 $\bar{g}(\theta)$의 크기란 이것과 원점 간의 거리(유클리드 거리)를 말한다. $\bar{g}(\theta)$에는 q개의 원소가 있는데 이것과 원점과의 거리는 각 좌표의 제곱의 합에 제곱근을 취한 것, 즉 $[\bar{g}(\theta)'\bar{g}(\theta)]^{1/2}$이다. 이것을 최소화하는 것은 $\bar{g}(\theta)'\bar{g}(\theta)$를 최소화하는 것과 같다. 이처럼 $\bar{g}(\theta)'\bar{g}(\theta)$를 최소화하는 방법을 일반화된 적률법(generalized method of moments, GMM)이라 하고, 그 최소화시키는 θ를 GMM 추정량이라 한다.

예제 C.4 부부 운동시간 예의 GMM 추정량

예제 C.3의 예를 계속해 보자. 주어진 적률함수에 대하여 GMM은 다음을 최소화한다.

$$\bar{g}(\theta)'\bar{g}(\theta)=(\bar{X}-\theta)^2+(\bar{Y}-\theta)^2$$

이를 최소화시키는 GMM 추정량은 $\hat{\theta}=(\bar{X}+\bar{Y})/2$이다.

모집단 적률조건이 $E[g(X,\theta)]=0$이라 하자. 만일 $q\times q$ 행렬 A가 비임의적이라면 $E[Ag(X,\theta)]=AE[g(X,\theta)]=0$이므로 $Ag(X,\theta)$도 타당한 적률함수이다. 이에 해당하는 표본적률함수는 $n^{-1}\sum_{i=1}^{n}Ag(X_i,\theta)=A\bar{g}(\theta)$이므로, $[A\bar{g}(\theta)]'[A\bar{g}(\theta)]$를 최소화시키는 값도 타당한 GMM 추정량임을 알 수 있다. 이 새 함수는 $\bar{g}(\theta)'A'A\bar{g}(\theta)$로 쓸 수 있다. 중간의 $A'A$는 대칭(symmetric)이며 양반정(positive semi-definite)인 행렬이다. 이를 W라고 표기하고 가중치 행렬(weighting matrix)이라 하자. W를 가중치로 사용하는 가중 GMM(weighted GMM)은 $Ag(X,\theta)$를 적률함수로 사용하는 GMM과 동일한 것으로서, $\bar{g}(\theta)'W\bar{g}(\theta)$를 최소화시키는 방법을 의미한다. 항등행렬을 가중치 행렬로 사용하는 가중 GMM 추정량을 가중하지 않은(unweighted) GMM 추정량이라 하기도 한다. 예제 C.4의 추정량은 가중하지 않은 GMM 추정량이다.

가중행렬 W는 연구자 마음대로 고를 수 있다. 수많은 가능성 중 어떻게 고르는 것이 최적이겠는지 생각해 보자. 이를 위해서는 W를 가중행렬로 사용할 때 가중 GMM 추정량 $\hat{\theta}$의 분산을 알아야 한다. 그런 다음 그 분산을 가장 작게 만드는 최적의 W를 찾을 수 있다. 상당한 수학을 동원하면 $\sqrt{n}(\hat{\theta}-\theta)$가 평균이 0이고 분산·공분산행렬이 다음과 같은 정규분포로 수렴함을 보일 수 있다.

$$(D'WD)^{-1}D'W\Omega WD(D'WD)^{-1} \tag{C.2}$$

여기서 $D = \mathrm{E}\left[\frac{\partial \bar{g}(\theta)}{\partial \theta'}\right]$이고 $\Omega = \lim n\mathrm{E}[\bar{g}(\theta)\bar{g}(\theta)']$이다. 만일 관측치들이 i에 걸쳐 IID라면 $D = \mathrm{E}\left[\frac{\partial g(X_i,\theta)}{\partial \theta'}\right]$이고 $\Omega = \mathrm{E}[g(X_i,\theta)g(X_i,\theta)']$이다. 이 D와 Ω 식에서 θ는 모수의 참값이다.

식 (C.2)를 증명해 보자. 완전히 엄밀한 증명을 하는 것은 이 책의 성격에 맞지 않으며, 증명하는 방식만 설명한다. 가중 GMM 추정량은 $\bar{g}(\theta)'W\bar{g}(\theta)$를 최소화한다. 큰 수의 법칙에 따라 이 함수는 $\mathrm{E}[\bar{g}(\theta)]'W\mathrm{E}[\bar{g}(\theta)]$라는 함수로 수렴(확률수렴)한다. $\mathrm{E}[\bar{g}(\theta)]$가 $\theta=\theta_0$에서 유일하게 0이 된다면, $\mathrm{E}[\bar{g}(\theta)]'W\mathrm{E}[\bar{g}(\theta)]$는 $\theta=\theta_0$에서 최솟값을 갖는다(그 최솟값은 0이다). 그러므로 $\hat{\theta}$은 θ_0에 대하여 일관적이다consistent. 다음으로, 함수가 미분가능하다는 가정하에서, 미분을 사용하여 최소화의 1계조건을 구하면 $\bar{D}(\hat{\theta})'W\bar{g}(\hat{\theta}) = 0$이 된다. 여기서 $\bar{D}(\theta) = \frac{\partial \bar{g}(\theta)}{\partial \theta'}$이다. 중간값 정리(mean value theorem)에 따르면 $\bar{g}(\hat{\theta}) = \bar{g}(\theta_0) + \bar{D}(\tilde{\theta})(\hat{\theta}-\theta_0)$이며, 여기서 $\tilde{\theta}$는 $\hat{\theta}$과 θ_0을 직선으로 연결한 선분상에 있다. 따라서 다음이 성립한다.

$$0 = \bar{D}(\hat{\theta})'W\bar{g}(\hat{\theta}) = \bar{D}(\hat{\theta})'W\bar{g}(\theta_0) + \bar{D}(\hat{\theta})'W\bar{D}(\tilde{\theta})(\hat{\theta}-\theta_0)$$

양변에 $\sqrt{n}$을 곱하고 항들을 옮겨 정리하면 다음을 얻는다.

$$\sqrt{n}(\hat{\theta}-\theta_0) = -[\bar{D}(\hat{\theta})'W\bar{D}(\tilde{\theta})]^{-1}\bar{D}(\hat{\theta})'W\sqrt{n}\bar{g}(\theta_0)$$

이제 우변의 항들에 대하여 적절한 가정을 한다. 우선 $\bar{D}(\theta)$가 적절한 방식(locally uniformly)으로 $\mathrm{E}[\bar{D}(\theta)]$로 확률수렴한다고 가정하면 $\bar{D}(\hat{\theta})$와 $\bar{D}(\tilde{\theta})$는 모두 D로 확률수렴한다. 다음으로 $\mathrm{E}[\bar{g}(\theta_0)] = 0$이므로, $\sqrt{n}\bar{g}(\theta_0)$은 중심극한정리에 의하여 $N(0,\Omega)$ 분포로 수렴한다고 가정할 수 있다. 결국 $\sqrt{n}(\hat{\theta}-\theta_0)$은 $-(D'WD)^{-1}D'WN(0,\Omega)$로 수렴한다. 이 분포는 정규분포이며 그 평균은 0, 분산은 (C.2)의 $(D'WD)^{-1}D'W\Omega WD(D'WD)^{-1}$이다. 모든 대칭 가역 W에 대하여 $(D'WD)^{-1}D'W\Omega WD(D'WD)^{-1} - (D'\Omega^{-1}D)^{-1}$은 양반정이다.

▶ **연습 C.1.** 모든 대칭 가역 W에 대하여 $(D'WD)^{-1}D'W\Omega WD(D'WD)^{-1} - (D'\Omega^{-1}D)^{-1}$이 양반정임을 증명하라. 힌트: $D'\Omega^{-1}D - D'WD(D'W\Omega WD)^{-1}D'WD$이 양반정임을 증명하라.

풀이: $D'\Omega^{-1}D - D'WD(D'W\Omega WD)^{-1}D'WD$를 다음과 같이 나타내자.

$$D'\Omega^{-1/2}\left[I - \Omega^{1/2}WD(D'W\Omega WD)^{-1}D'W\Omega^{1/2}\right]\Omega^{-1/2}D$$

중괄호 안에 있는 표현을 A라 하면 $A'A = A$임을 보일 수 있다. 따라서 위 식은 $D'\Omega^{-1/2}A'A\Omega^{-1/2}D$이다. 앞뒤에 λ'와 λ를 곱하면 제곱의 합이므로 반드시 0보다 크거나 같다. **끝**

식 (C.2)를 가장 "작게" 만들어 주는 W는 $W = \Omega^{-1}$이다(연습 C.1 참조). 이때 Ω^{-1}을 가중치 행렬로 사용하는 가중 GMM 추정량은 W를 조정하여 만들 수 있는 최적 GMM 추정량(Optimal GMM estimator)이다.

예제 C.5 부부 운동시간 예의 최적 GMM 추정량

표본 $\{(X_i, Y_i), i = 1, 2, \ldots, n\}$이 임의표본(IID)이라는 가정하에서 예제 C.3의 최적^{Optimal} GMM 추정량을 구하여 보자. 이를 위해서는 우선 $\Omega = \mathrm{E}[g(X, Y, \theta_0)g(X, Y, \theta_0)']$를 구하여야 한다. $g(X, Y, \theta_0) = (X - \theta_0, Y - \theta_0)'$이고 θ_0은 $\mathrm{E}(X)$이면서 $\mathrm{E}(Y)$이므로, $\sigma_X^2 = \mathrm{var}(X)$, $\sigma_Y^2 = \mathrm{var}(Y)$, $\sigma_{XY} = \mathrm{cov}(X, Y)$라 할 때, Ω는 다음과 같다.

$$\Omega = \begin{pmatrix} \sigma_X^2 & \sigma_{XY} \\ \sigma_{XY} & \sigma_Y^2 \end{pmatrix}$$

2×2 행렬의 역행렬을 구하는 공식에 따르면 Ω의 역행렬은 다음과 같다.

$$\Omega^{-1} = \frac{1}{\sigma_X^2 \sigma_Y^2 - \sigma_{XY}^2} \begin{pmatrix} \sigma_Y^2 & -\sigma_{XY} \\ -\sigma_{XY} & \sigma_X^2 \end{pmatrix}$$

그러므로 σ_X^2, σ_Y^2, σ_{XY}를 아는 경우, 최적 GMM은 다음 함수를 최소화하는 값이다.

$$\bar{g}(\theta)' \Omega^{-1} \bar{g}(\theta) = \frac{\sigma_Y^2 (\bar{X} - \theta)^2 - 2\sigma_{XY}(\bar{X} - \theta)(\bar{Y} - \theta) + \sigma_X^2 (\bar{Y} - \theta)^2}{\sigma_X^2 \sigma_Y^2 - \sigma_{XY}^2}$$

이것을 최소화하기 위해서는 분자만 최소화하면 된다. 우변을 θ에 대하여 미분하여 0이 되도록 만들면 $-2\sigma_Y^2(\bar{X} - \hat{\theta}) + 2\sigma_{XY}[(\bar{X} - \hat{\theta}) + (\bar{Y} - \hat{\theta})] - 2\sigma_X^2(\bar{Y} - \hat{\theta}) = 0$이 된다. 이를 $\hat{\theta}$에 대하여 풀면 다음을 얻는다.

$$\hat{\theta} = \frac{(\sigma_Y^2 - \sigma_{XY})\bar{X} + (\sigma_X^2 - \sigma_{XY})\bar{Y}}{(\sigma_Y^2 - \sigma_{XY}) + (\sigma_X^2 - \sigma_{XY})} = \lambda \bar{X} + (1 - \lambda)\bar{Y}$$

여기서 $\lambda = (\sigma_Y^2 - \sigma_{XY})/[(\sigma_Y^2 - \sigma_{XY}) + (\sigma_X^2 - \sigma_{XY})]$이다. 최적 GMM $\hat{\theta}$은 $\bar{X}$와 $\bar{Y}$를 가중평균한 것이며, 그 가중치는 $\sigma_Y^2 - \sigma_{XY}$와 $\sigma_X^2 - \sigma_{XY}$의 상대적 크기에 의하여 결정된다. 만일 Y의 분산이 상대적으로 더 크다면 $\bar{X}$에 더 큰 가중치를 주고, 반대로 X의 분산이 상대적으로 더 크다면 $\bar{Y}$에 더 큰 가중치를 준다. Y의 분산이 상대적으로 크다는 것은 X에 비하여 Y의 표본에 잡음이 상대적으로 더 많다는 뜻이므로 $\bar{Y}$에 더 작은 가중치를 주고 $\bar{X}$에 더 큰 가중치를 주어 $\bar{Y}$에 있는 정보를 상대적으로 덜 사용하는 것이 상식적으로 옳아 보인다.

최적^{Optimal} GMM 추정량 $\hat\theta$의 경우 $\sqrt{n}(\hat\theta - \theta_0)$의 극한분포의 분산은 (C.2)에 $W = \Omega^{-1}$을 대입하면 $(D'\Omega^{-1}D)^{-1}$이 됨을 알 수 있다. 이것이 우리가 W를 조정하여 얻을 수 있는 가장 "작은" 분산·공분산 행렬이다.

최적^{Optimal} GMM은 Ω를 알아야 구할 수 있다. 이 Ω는 θ_0을 알아야 하는 것이므로 특별한 경우 또는 특별한 가정하에서가 아니면 알지 못한다. 일반적으로는 우선 일차적으로 일관적인 추정량 $\tilde\theta$를 구하고(어떻게 구하는지는 본 문단의 마지막쯤에 설명함), 이를 이용하여

$$\tilde\Omega = \frac{1}{n}\sum_{i=1}^{n} g(X_i, \tilde\theta)g(X_i, \tilde\theta)'$$

를 구한 다음 Ω 대신 $\tilde\Omega$를 사용하여 최적 GMM을 한다. 이를 두 단계 효율적 GMM(two-step efficient GMM)이라 한다. 이름 그대로 이 방법은 두 단계로 이루어져 있다. 첫 번째 단계에서는 Ω를 추정하여 $\tilde\Omega$를 구하고 두 번째 단계에서는 $\tilde\Omega^{-1}$을 가중치 행렬로 사용한 가중 GMM을 한다. 첫 번째 단계에서 Ω를 추정하려면 일차적인^{initial} 일관된 추정량 $\tilde\theta$를 구해야 하는데, 이를 얻기 위해서는 몇 가지 방법을 사용할 수 있다. 가장 흔히 사용하는 것은 가중하지 않은^{unweighted} GMM 추정량을 사용하는 것이다. 또, k개의 딱 맞게 식별하는 적률함수만을 임의로 골라서 사용하는 방법도 있다. 예제 C.5에서는 이보다는 $X_1, \ldots, X_n$의 표본분산, $Y_1, \ldots, Y_n$의 표본분산, 이 둘의 표본공분산을 사용하여 Ω를 추정하는 것이 좀 더 적절해 보인다. 하지만 반드시 그래야 하는 것은 아니다.

지금까지 $q = k$인 경우와 $q > k$인 경우를 별도로 살펴보면서 $q = k$인 경우를 적률법 추정, $q > k$인 경우를 일반화된 적률법^{GMM} 추정이라 하였다. 하지만 $q = k$인 경우도 GMM의 특별한 경우로 간주할 수 있다. 만일 $\bar{g}(\theta) = 0$을 얻을 수 있다면 그 추정량은 동시에 $\bar{g}(\theta)'W\bar{g}(\theta)$를 최소화할 것이기 때문이다. 그러므로 앞으로는 적률법 추정과 GMM을 별도로 구분하지 않고 그냥 적률법이라고 하거나 GMM이라고 할 것이다. 유의해야 할 것은 딱 맞게 식별된 경우에는 가중치 행렬로 무엇을 사용하든 추정량이 항상 동일하다는 것이다. 즉, $q = k$인 경우 가중치 행렬에 대하여는 아무런 고려도 할 필요가 없다.

C.2   선형 횡단면 데이터 모형에서 GMM

선형 횡단면 데이터 모형에서 GMM이 어떻게 적용되는지 살펴보자. $y_i = X_i\beta_0 + u_i$라는 모형을 고려하자. 설명변수 X_i와 오차항 u_i가 상관되어 있지 않다는 적률조건, 즉 $\mathrm{E}(X_i' u_i) = 0$이라는 조건을 이용한 GMM 추정량을 도출해 보자. 이 적률조건에 해당하는 적률함수는 $g(y_i, X_i, \beta) = X_i'(y_i - X_i\beta)$이다. 모수의 개수는 k개이고 적률함수의 개수도 k개이므로 모수 β_0은 딱 맞게 식별되어 있다. GMM 추정량 $\hat\beta$은 다음을 만족시킨다.

$$\frac{1}{n}\sum_{i=1}^{n} X_i'(y_i - X_i\hat\beta) = 0$$

이 $\hat{\beta}$ 추정량은 바로 OLS 추정량이다. 그러므로 OLS 추정량은 설명변수와 오차항이 서로 비상관이라는 가정에 입각한 GMM 추정량이다. 여기서는 $q = k$이므로, 추가적인 정보가 제공되지 않는 한, 적률조건들이 타당한지(설명변수가 실제로 외생적인지) 검정할 방법은 없다.

다음으로 $1 \times q$ 벡터 확률변수 Z_i가 있고, 우리는 $\mathrm{E}(Z_i' u_i) = 0$이라 믿는다고 하자. 이 q개의 적률조건에 해당하는 적률함수는 $Z_i'(y_i - X_i\beta)$이다. 만일 $q = k$이면 적률법 추정량 $\hat{\beta}$은 $n^{-1}\sum_{i=1}^{n} Z_i'(y_i - X_i\hat{\beta}) = 0$을 만족시킨다. 이 추정량은 바로 도구변수(IV) 추정량인 $\hat{\beta} = (\sum_{i=1}^{n} Z_i' X_i)^{-1} \sum_{i=1}^{n} Z_i' y_i$이다. 만일 $q > k$이면 우선 Ω를 구해야 한다. 모두 IID이고 Z_i와 u_i가 독립이라는 가정하에서 $\Omega = \mathrm{E}[(Z_i' u_i)(Z_i' u_i)'] = \sigma^2 \mathrm{E}(Z_i' Z_i)$이다. 그런데 σ^2은 스칼라이므로 최소화 문제에 영향을 미치지 않고 $\mathrm{E}(Z_i' Z_i)$는 $n^{-1}\sum_{i=1}^{n} Z_i' Z_i$로써 추정할 수 있으므로 최적 GMM 추정량은 $[n^{-1}\sum_{i=1}^{n} Z_i'(y_i - X_i\beta)]'(n^{-1}\sum_{i=1}^{n} Z_i' Z_i)^{-1} n^{-1}\sum_{i=1}^{n} Z_i'(y_i - X_i\beta)$를 최소화한다. 그 해는 바로 2단계최소제곱(two stage least squares, 2SLS) 추정량과 같다. 그러므로 2SLS 추정량은 변수들 Z_i가 오차항과 비상관이라는 가정을 이용한 최적 GMM 추정량이다(IID 가정하에서 최적). 만일 $q > k$라면 Z_i 내의 모든 변수들이 외생적인지 검정할 수 있다(과다식별 검정). 상세한 내용은 **계량경제학 강의**에 설명되어 있다.

C.3 적률조건 타당성의 검정

GMM은 우리가 옳다고 믿는 바(적률조건)로부터 시작한다. 이 적률조건을 적률함수로 표현하고, 이 적률함수에 기초하여 최적 GMM 추정량을 구한다. 본 절에서는 이 적률조건들이 모두 옳은지 검정하는 방법을 설명한다.

만일 θ_0을 안다면 $\bar{g}(\theta_0)$의 값이 얼마나 0과 다른지 점검함으로써 $\mathrm{E}[g(X, \theta_0)]$이 0인지 검정할 수 있다. 예를 들어 적률함수가 $g(X, \theta) = X - \theta$로 주어진 경우, $\theta_0 = 1$이라는 것을 안다면, $X - 1$의 모집단 평균이 0이라는 것을 검정함으로써 적률조건이 맞는지 확인할 수 있고, 이를 위해서는 $X - 1$의 표본평균이 얼마나 0에 가까운지 보면 된다. 일반적으로, 적률함수 $g(\cdot, \theta)$가 주어질 때, θ의 참값 θ_0을 안다면 $\bar{g}(\theta_0)$을 계산할 수 있다(통계량). 적당한 가정 아래에서 $\sqrt{n}\bar{g}(\theta_0)$은 근사적으로 정규분포를 갖고 그 분산·공분산 행렬은 $n^{-1}\sum_{i=1}^{n} g(X_i, \theta_0) g(X_i, \theta_0)'$로써 추정할 수 있다. 이상을 결합하면, $\bar{g}(\theta_0)'[\sum_{i=1}^{n} g(X_i, \theta_0) g(X_i, \theta_0)']^{-1} \bar{g}(\theta_0)$은 근사적으로 χ_q^2 분포를 갖고, 이로부터 $\mathrm{E}[\bar{g}(\theta_0)]$이 정말로 0인지 검정할 수 있다.

현실에서는 θ_0을 알지 못하므로 이 방법을 쓸 수 없다. 그 대신 미지의 θ_0을 통계량인 $\hat{\theta}$으로 치환하여야 할 것이다. 결국 $\bar{g}(\hat{\theta})$이 얼마나 0과 가까운지가 검정의 기초가 된다. $\bar{g}(\hat{\theta})$이 0과 충분히 가까우면 $\mathrm{E}[\bar{g}(\theta_0)]$이 0이라는 판단을 내릴 것이고, $\bar{g}(\hat{\theta})$이 0과 다른 값을 가지면 $\mathrm{E}[\bar{g}(\theta_0)]$이 0이 아니라는 판단을 내릴 것이다. 그런데 θ_0을 $\hat{\theta}$으로 치환할 때 주의하여야 할 중요한 점이 있다.

모수가 딱 맞게 식별된 경우($q = k$)를 고려해 보자. 이 경우에는 항상 $\bar{g}(\hat{\theta}) = 0$이다.

그 이유는 $\hat{\theta}$을 구할 때 $\bar{g}(\hat{\theta}) = 0$이 되도록 선택하기 때문이다. 이처럼 $q = k$일 때에는 $\mathrm{E}[g(\cdot, \theta_0)]$이 0이든 아니든 상관없이 $\bar{g}(\hat{\theta})$은 반드시 0이므로, 적률조건들이 정말 맞는지 확인할 방법이 없다. 예를 들어 X의 평균인 θ_0을 모르는데 $X - \theta_0$의 평균이 0이 맞느냐고 물어보면 할 말이 없다. 모든 정보(적률조건)를 θ_0의 추정에 써 버리고 나면(이 경우 $\hat{\theta} = \bar{X}$), 이 정보가 정말 맞는지를 확인할 방법은 없는 것이다.

모수가 과다식별된 경우($q > k$)에는 모수를 추정한 다음에도 정보가 남는다. 이 여분의 정보를 이용하여 적률조건들이 충족되는지 검정해 볼 수 있다. 이 검정을 과다식별 검정(overidentification test)이라고 한다. 흔히 사용되는 검정통계량은 $n\bar{g}(\hat{\theta})'\hat{\Omega}^{-1}\bar{g}(\hat{\theta})$이며, 여기서 $\hat{\Omega}$은 보통 $n^{-1}\sum_{i=1}^{n}g(X_i, \hat{\theta})g(X_i, \hat{\theta})'$이다. 이 검정통계량을 흔히들 J통계량 또는 제안자들의 이름을 따서 Sargan-Hansen J통계량이라 한다. 귀무가설하에서 이 J통계량은 자유도가 $q - k$인 카이제곱 분포를 갖는다. 이 $q - k$를 과다식별 정도(degrees of over-identification)라고 한다. 이 검정은 $q > k$인 경우에만 사용할 수 있다.

귀무가설하에서 J통계량의 분포를 도출해 보자. $\sqrt{n}\bar{g}(\theta_0) \to N(0, \Omega)$이므로 $\sqrt{n}\bar{g}(\hat{\theta})$도 근사적으로 $N(0, \Omega)$ 분포를 갖는다고 하고 싶은 유혹이 생기겠지만 그렇게 해서는 안 된다. 제대로 도출하기 위해서는 2단계 효율적 GMM 통계량 $\hat{\theta}$이 최소화의 1계조건인 $\hat{D}'\tilde{\Omega}^{-1}\bar{g}(\hat{\theta}) = 0$을 만족시킨다는 점에 유의하여야 한다. 여기서 $\hat{D} = \bar{D}(\hat{\theta})$으로서 $q \times k$ 행렬이다. $q > k$일 때 $\hat{C}'\hat{\Omega}^{-1}\hat{D} = 0$이 되는 $(q-k) \times k$ 행렬 $\hat{C}$이 존재한다. $H = [\hat{D}, \hat{C}]$이라 하면 H는 가역이고, J통계량은 다음과 같이 정리할 수 있다.

$$J = n\bar{g}(\hat{\theta})'\hat{\Omega}^{-1}\bar{g}(\hat{\theta}) = n\bar{g}(\hat{\theta})'\hat{\Omega}^{-1}HH^{-1}\hat{\Omega}\hat{\Omega}^{-1}\hat{\Omega}(H')^{-1}H'\hat{\Omega}^{-1}\bar{g}(\hat{\theta})$$

$$= n[\bar{g}(\hat{\theta})'\hat{\Omega}^{-1}\hat{D}, \bar{g}(\hat{\theta})'\hat{\Omega}^{-1}\hat{C}]\begin{pmatrix} \hat{D}'\hat{\Omega}^{-1}\hat{D} & 0 \\ 0 & \hat{C}'\hat{\Omega}^{-1}\hat{C} \end{pmatrix}^{-1}\begin{bmatrix} \hat{D}'\hat{\Omega}^{-1}\bar{g}(\hat{\theta}) \\ \hat{C}'\hat{\Omega}^{-1}\bar{g}(\hat{\theta}) \end{bmatrix}$$

$$= n\bar{g}(\hat{\theta})'\hat{\Omega}^{-1}\hat{D}(\hat{D}'\hat{\Omega}^{-1}\hat{D})^{-1}\hat{D}'\hat{\Omega}^{-1}\bar{g}(\hat{\theta}) + n\bar{g}(\hat{\theta})'\hat{\Omega}^{-1}\hat{C}(\hat{C}'\hat{\Omega}^{-1}\hat{C})^{-1}\hat{C}'\hat{\Omega}^{-1}\bar{g}(\hat{\theta})$$

$$= J_1 + J_2$$

우변의 J_1에서 $\hat{D}'\hat{\Omega}^{-1}\hat{D}$은 가역인 행렬로 수렴하고 $\sqrt{n}\hat{D}'\hat{\Omega}^{-1}\bar{g}(\hat{\theta}) = \hat{D}'(\hat{\Omega}^{-1} - \tilde{\Omega}^{-1})\sqrt{n}\bar{g}(\hat{\theta})$인데, $\hat{\Omega}^{-1} - \tilde{\Omega}^{-1}$은 0으로 확률수렴하고 $\sqrt{n}\bar{g}(\tilde{\theta}) = \sqrt{n}\bar{g}(\theta_0) + \bar{D}(\tilde{\theta})\sqrt{n}(\hat{\theta} - \theta_0)$이므로 $O_p(1)$이다. 따라서 J_1은 0으로 확률수렴한다. 다음으로 J_2에서

$$\sqrt{n}\hat{C}'\hat{\Omega}^{-1}\bar{g}(\hat{\theta}) = \sqrt{n}\hat{C}'\hat{\Omega}^{-1}\bar{g}(\theta_0) + \sqrt{n}\hat{C}'\hat{\Omega}^{-1}\bar{D}(\tilde{\theta})(\hat{\theta} - \theta_0) = J_{2a} + J_{2b}$$

인데, J_{2b}에서 $\bar{D}(\tilde{\theta})$와 $\hat{D}$의 차이가 0으로 수렴하므로 $\hat{C}'\hat{\Omega}^{-1}\bar{D}(\tilde{\theta})$도 0으로 수렴하고, $\sqrt{n}(\hat{\theta} - \theta_0) = O_p(1)$이므로, J_{2b}는 0으로 수렴한다. J_{2a}는 평균이 0이고 분산행렬이 $C'\Omega^{-1}\Omega\Omega^{-1}C = C'\Omega^{-1}C$인 정규분포로 수렴한다. 이상을 종합하면 J_2가 χ^2 분포로 수렴하고 자유도는 $\hat{C}$의 행의 개수인 $q - k$임을 알 수 있다. 이 도출은 Hansen (1982)의 증명보다 약간 덜 축약된 형태이다.

C.4 동태적 패널 모형의 차분적률법

동태적 패널 모형을 $y_{it} = \alpha_i + X_{it}\beta + \varepsilon_{it}$ 로 나타낼 수 있다. 여기서 y_{it-1} 은 X_{it} 의 한 원소이고 앞의 본문에서 사용한 기호에 의하면 $\alpha_i = \alpha + \mu_i$ 이다. 우선 차분을 하여 $\Delta y_{it} = \Delta X_{it}\beta + \Delta\varepsilon_{it}$ 를 구하고 t 기의 도구변수를 Z_{it} 라 하자. 그러면 적률조건들은 $\mathrm{E}(Z_{it}'\Delta\varepsilon_{it}) = 0$ 이라는 것이다. 이 적률조건들이 $t = 2, \ldots, T$ 에 대하여 존재한다. 적률함수들은 다음과 같다.

$$Z_{i2}'(\Delta y_{i2} - \Delta X_{i2}\beta),$$
$$Z_{i3}'(\Delta y_{i3} - \Delta X_{i3}\beta),$$
$$\vdots$$
$$Z_{iT}'(\Delta y_{iT} - \Delta X_{iT}\beta)$$

최적 GMM을 위해서는 Ω 를 구해야 한다. 이것은 다음과 같다.

$$\Omega = \begin{bmatrix} \mathrm{E}(\Delta\varepsilon_{i2}\Delta\varepsilon_{i2}Z_{i2}'Z_{i2}) & \mathrm{E}(\Delta\varepsilon_{i2}\Delta\varepsilon_{i3}Z_{i2}'Z_{i3}) & \cdots & \mathrm{E}(\Delta\varepsilon_{i2}\Delta\varepsilon_{iT}Z_{i2}'Z_{iT}) \\ \mathrm{E}(\Delta\varepsilon_{i3}\Delta\varepsilon_{i2}Z_{i3}'Z_{i2}) & \mathrm{E}(\Delta\varepsilon_{i3}\Delta\varepsilon_{i3}Z_{i3}'Z_{i3}) & \cdots & \mathrm{E}(\Delta\varepsilon_{i3}\Delta\varepsilon_{iT}Z_{i3}'Z_{iT}) \\ \vdots & \vdots & & \vdots \\ \mathrm{E}(\Delta\varepsilon_{iT}\Delta\varepsilon_{i2}Z_{iT}'Z_{i2}) & \mathrm{E}(\Delta\varepsilon_{iT}\Delta\varepsilon_{i3}Z_{iT}'Z_{i3}) & \cdots & \mathrm{E}(\Delta\varepsilon_{iT}\Delta\varepsilon_{iT}Z_{iT}'Z_{iT}) \end{bmatrix} \tag{C.3}$$

여기서 만약 ε_{it} 가 IID라 하면, $\mathrm{E}(\Delta\varepsilon_{it}\Delta\varepsilon_{it}Z_{it}'Z_{it}) = 2\sigma^2\mathrm{E}(Z_{it}'Z_{it})$, $\mathrm{E}(\Delta\varepsilon_{it}\Delta\varepsilon_{it-1}Z_{it}'Z_{it-1}) = -\sigma^2\mathrm{E}(Z_{it}'Z_{it-1})$, $\mathrm{E}(\Delta\varepsilon_{it-1}\Delta\varepsilon_{it}Z_{it-1}'Z_{it}) = -\sigma^2\mathrm{E}(Z_{it-1}'Z_{it})$ 이고, 모든 $|t-s| \geq 2$ 인 t 와 s 에 대하여 $\mathrm{E}(\Delta\varepsilon_{it}\Delta\varepsilon_{is}Z_{it}'Z_{is}) = 0$ 이다. 이러한 제약하에서는 다음과 같이 Ω 가 σ^2 곱하기 단번에 추정할 수 있는 행렬로 표현된다.

$$\Omega = \sigma^2 \begin{bmatrix} 2\mathrm{E}(Z_{i2}'Z_{i2}) & -\mathrm{E}(Z_{i2}'Z_{i3}) & \cdots & 0 \\ -\mathrm{E}(Z_{i3}'Z_{i2}) & 2\mathrm{E}(Z_{i3}'Z_{i3}) & \cdots & 0 \\ \vdots & \vdots & & \vdots \\ 0 & 0 & \cdots & 2\mathrm{E}(Z_{iT}'Z_{iT}) \end{bmatrix}$$

실제 추정에서 σ^2 은 상수이므로 무시할 수 있다. 그리고 $\mathrm{E}(Z_{it}'Z_{is})$ 는 $n^{-1}\sum_{i=1}^{n} Z_{it}'Z_{is}$ 로 추정할 수 있다. Ω 자리에 그 행렬을 사용하여 구한 추정량은 ε_{it} 가 IID라는 가정하에서 최적의 GMM 추정량으로서, Stata에 한 단계 효율적 GMM(one-step efficient GMM)으로 구현되어 있다. 만약 ε_{it} 가 IID라는 가정이 옳으면 이 추정량은 일관되고 효율적이다. ε_{it} 가 IID가 아니면 이 추정량은 일관되지만 비효율적이다.

ε_{it} 가 IID라는 가정을 하지 않으면 Ω 를 추정하기 위하여 우선 위의 한 단계 GMM 추정량을 구한 후 $\Delta\varepsilon_{it}$ 에 해당하는 잔차를 구하고, 이 잔차를 이용하여 (C.3)의 $\mathrm{E}(\Delta\varepsilon_{it}\Delta\varepsilon_{is}Z_{it}'Z_{is})$ 를 $n^{-1}\sum_{i=1}^{n} \widehat{\Delta\varepsilon_{it}}\widehat{\Delta\varepsilon_{is}}Z_{it}'Z_{is}$ 로써 추정한 다음 Ω 자리에 이를 사용하여 두 단계 추정을 할 수 있다. 이것이 Stata에 두 단계 효율적 GMM(two-step efficient GMM)으로 구현되어 있다.

어느 경우에나 일반적인 원리를 이용하여 과다식별 검정을 행할 수 있음은 당연하며, Stata에서는 `estat sargan` 명령을 이용한다는 것은 7장에 설명되어 있다.

모형 $y_{it} = \alpha_i + X_{it}\beta + \varepsilon_{it}$ 에서 고정효과 α_i를 제거하는 방법은 차분만 있는 것이 아니다. 다른 방법을 사용하면 ε_{it}가 IID라는 가정하에서 좀 더 간편한 방식으로 GMM 추정량을 계산할 수도 있다. 구체적으로, 미래의 평균값을 차감해 보자. 그러면 차분식 대신 다음의 식을 얻는다.

$$\left(y_{it} - \frac{1}{T-t}\sum_{s=t+1}^{T} y_{is}\right) = \left(X_{it} - \frac{1}{T-t}\sum_{s=t+1}^{T} X_{is}\right)\beta + \left(\varepsilon_{it} - \frac{1}{T-t}\sum_{s=t+1}^{T} \varepsilon_{is}\right) \tag{C.4}$$

만일 ε_{it}가 IID라면 위 식 우변의 오차항($\tilde{\varepsilon}_{it}^F$라 하자)은 t에 걸쳐서 상관이 없음을 보일 수 있다. 하지만 $\tilde{\varepsilon}_{it}^F$의 분산은 t별로 상이하다. 계산을 해 보면 $\mathrm{var}(\tilde{\varepsilon}_{it}^F) = [1 + 1/(T-t)]\sigma^2 = \sigma^2(T-t+1)/(T-t)$임을 알 수 있다.

▶ **연습 C.2.** ε_{it}가 IID이고 분산(σ^2)이 유한하면 $\tilde{\varepsilon}_{it}^F$는 t에 걸쳐 비상관임을 증명하라. 또한 $\mathrm{var}(\tilde{\varepsilon}_{it}^F) = \sigma^2(T-t+1)/(T-t)$임을 증명하라. 단, $\tilde{\varepsilon}_{it}^F = \varepsilon_{it} - (T-t)^{-1}\sum_{s=t+1}^{T}\varepsilon_{is}$이다.

풀이: ε_{it}가 IID이므로, $s < t$이면 $\mathrm{E}(\tilde{\varepsilon}_{it}^F \tilde{\varepsilon}_{is}^F) = -\frac{1}{T-s}(\sigma^2 - \frac{1}{T-t}\sum_{j=t+1}^{T}\sigma^2) = 0$이다. $\tilde{\varepsilon}_{it}^F$의 분산은 $\sigma^2 + (T-t)^{-2}\times(T-t)\sigma^2 = (1 + \frac{1}{T-t})\sigma^2 = \sigma^2(T-t+1)/(T-t)$이다. **끝**

변환된 오차항의 분산을 동일하게 하기 위하여 (C.4)의 양변에 $C_{T-t} = [(T-t)/(T-t+1)]^{1/2}$를 곱하면 그 결과로 얻는 오차항은 서로 비상관이고 동일한 분산(σ^2)을 갖는다. 이처럼 $C_{T-t}[y_{it} - (T-t)^{-1}\sum_{s=t+1}^{T} y_{is}]$로 변환하는 것을 헬머트 변환(Helmert transformation)이라 하고, 그 변환 결과 얻는 것을 y_{it}의 FOD (forward orthogonal deviations)라 한다(Arellano and Bover 1995). 이 FOD들을 각각 $\ddot{y}_{it}$, $\ddot{X}_{it}$, $\ddot{\varepsilon}_{it}$라 하고 다음 식을 고려하자.

$$\ddot{y}_{it} = \ddot{X}_{it}\beta + \ddot{\varepsilon}_{it}, \quad t = 1, 2, \ldots, T-1$$

ε_{it}가 IID이면 $\ddot{\varepsilon}_{it}$는 t에 걸쳐 비상관이고 등분산적이다. 그런 다음 $\ddot{\varepsilon}_{it}$와 무관한 변수들을 도구변수로 사용하여 GMM 추정을 할 수 있다. 이 GMM 추정에서 중요한 것은 Ω가 블록 대각block-diagonal이어서 Ω^{-1}의 계산이 간편하고 그 결과 쉬운 선형 추정이 가능하다는 것이다. 균형 패널의 경우 차분 후에 GMM을 하는 것과 FOD 변환 후에 GMM을 하는 것은 전적으로 동일하며, 오직 계산 방식에만 차이가 있다. 만일 ε_{it}가 IID가 아니면(이분산) $\ddot{\varepsilon}_{it}$에 이분산과 자기상관이 존재할 수 있다. 그러므로 Ω가 블록 대각이 아니며, 따라서 한 단계 추정량은 비효율적이고 두 단계 효율적 GMM을 하여야 효율적 추정을 할 수 있다.

D 수학적 증명과 도출

본 장에는 지나치게 수학적인 논의들과 증명들을 모아 놓았다. 주로 행렬 연산을 사용할 것이다. 사용되는 기호에 대해서는 별도의 설명이 없을 경우 (2.3)을 참조하라.

D.1 설명변수가 동일할 때 SUR과 개별 OLS의 동일성

본 절에서는 B.3절에서 설명한 것처럼 모든 방정식에서 설명변수들이 동일할 때 SUR 추정량이 개별적인 OLS 추정량들과 동일함을 증명한다. 이 증명에는 크로네커 곱(Kronecker product)과 관련된 행렬연산을 이용할 때 가장 간편하게 증명할 수 있다. 크로네커 곱은 흔히 '$\otimes$' 기호를 이용하여 나타낸다. 크로네커 곱은 어떤 크기의 행렬들에 대해서든 정의된다. A가 $n \times r$ 행렬이고 그 (i,j) 원소가 a_{ij}일 때 $A \otimes B$는 다음과 같이 정의된다.

$$A \otimes B = \begin{pmatrix} a_{11}B & a_{12}B & \cdots & a_{1r}B \\ a_{21}B & a_{22}B & \cdots & a_{2r}B \\ \vdots & \vdots & & \vdots \\ a_{n1}B & a_{n2}B & \cdots & a_{nr}B \end{pmatrix}$$

모든 행렬 A에 대하여 $A \otimes 1$과 $1 \otimes A$는 모두 A와 동일하다. 여기서 '1'이란 스칼라 1을 말한다.

크로네커 곱과 관련하여 몇 가지 유용한 계산 법칙이 있다. 우선 결합법칙이 성립한다. 즉, $(A \otimes B) \otimes C = A \otimes (B \otimes C)$이다. 다음으로 분배법칙이 성립한다. 즉, $A \otimes (B+C) = A \otimes B + A \otimes C$이고 $(A+B) \otimes C = A \otimes C + B \otimes C$이다. 행렬의 전치 시에는 순서를 바꿀 필요가 없이 $(A \otimes B)' = A' \otimes B'$이다. AC와 BD가 정의되도록 행렬들의 크기가 적절하다면 $(A \otimes B)(C \otimes D) = AC \otimes BD$라는 결과도 성립한다. 이로부터 만일 A와 B가 모두 가역이라면 $(A \otimes B)^{-1} = A^{-1} \otimes B^{-1}$이라는 결과가 도출된다. 이보다 자세한 내용에 대해서는 선형대수 책을 참조하거나 웹 문서들을 참조하라.

▶ **연습 D.1.** AC와 BD가 정의될 때 $(A \otimes B)(C \otimes D) = AC \otimes BD$임을 이용하여, A와 B가 각각 가역일 때 $(A \otimes B)^{-1} = A^{-1} \otimes B^{-1}$임을 증명하라.

풀이: $(A \otimes B)(A^{-1} \otimes B^{-1}) = AA^{-1} \otimes BB^{-1} = I \otimes I = I$이며, 마찬가지로 $(A^{-1} \otimes B^{-1})(A \otimes B) = I$. **끝**

이제 설명변수들이 모두 동일하여 $X_{1t} = X_{2t} = \cdots = X_{Gt}$인 경우를 생각해 보자. 동일한 설명변수들의 벡터를 X_t라고 표현하면 $\mathbf{X}_t$는 $I_G \otimes X_t$이다. 이 경우 (B.3)을 구해 보자. 우선 다음이 성립한다.

$$\mathbf{X}_t' \hat{\Sigma}^{-1} \mathbf{X}_t = (I_G \otimes X_t)' \hat{\Sigma}^{-1} (I_G \otimes X_t) = (I_G \otimes X_t')(\hat{\Sigma}^{-1} \otimes 1)(I_G \otimes X_t) = \hat{\Sigma}^{-1} \otimes X_t' X_t$$

그러므로 "분모"에 해당하는 항의 역행렬은 다음이 된다.

$$\left(\sum_{t=1}^{T} \mathbf{X}_t' \hat{\Sigma}^{-1} \mathbf{X}_t \right)^{-1} = \left[\sum_{t=1}^{T} (\hat{\Sigma}^{-1} \otimes X_t' X_t) \right]^{-1} = \left(\hat{\Sigma}^{-1} \otimes \sum_{t=1}^{T} X_t' X_t \right)^{-1} = \hat{\Sigma} \otimes \left(\sum_{t=1}^{T} X_t' X_t \right)^{-1}$$

위에서 둘째 등식은 분배법칙으로부터 도출됨에 유의하라. 이어서, "분자"에 해당하는 항은 다음과 같이 조작할 수 있다.

$$\mathbf{X}_t'\hat{\Sigma}^{-1}\mathbf{y}_t = (I_G \otimes X_t')(\hat{\Sigma}^{-1} \otimes 1)\mathbf{y}_t = (\hat{\Sigma}^{-1} \otimes X_t')\mathbf{y}_t$$

이 표현들을 모두 결합하고 $Q = \sum_{t=1}^{T} X_t'X_t$ 라 하면 (B.3)은 다음과 같이 나타낼 수 있다.

$$\hat{\boldsymbol{\beta}}_{sur} = (\hat{\Sigma} \otimes Q^{-1})\sum_{t=1}^{T}(\hat{\Sigma}^{-1} \otimes X_t')\mathbf{y}_t = \sum_{t=1}^{T}(\hat{\Sigma} \otimes Q^{-1})(\hat{\Sigma}^{-1} \otimes X_t')\mathbf{y}_t = \sum_{t=1}^{T}(I_G \otimes Q^{-1}X_t')\mathbf{y}_t$$

크로네커 곱을 풀어서 쓰고 $\hat{\boldsymbol{\beta}}_{sur}$과 $\mathbf{y}_t$를 풀어서 쓰면 위의 식은 다음이 된다.

$$\begin{pmatrix} \hat{\beta}_{1,sur} \\ \vdots \\ \hat{\beta}_{G,sur} \end{pmatrix} = \sum_{t=1}^{T} \begin{bmatrix} Q^{-1}X_t' & \cdots & 0 \\ \vdots & \vdots & \vdots \\ 0 & \cdots & Q^{-1}X_t' \end{bmatrix} \begin{pmatrix} y_{1t} \\ \vdots \\ y_{Gt} \end{pmatrix} = \begin{bmatrix} Q^{-1}\sum_{t=1}^{T}X_t'y_{1t} \\ \vdots \\ Q^{-1}\sum_{t=1}^{T}X_t'y_{Gt} \end{bmatrix}$$

이것은 각 방정식별로 OLS 회귀할 때의 추정량들을 세로로 쌓은 것과 동일하다. 설명변수들이 상이하면 이런 단순화가 생기지 않는다.

D.2   RE 추정을 위한 변환식의 도출

일단 (2.9)의 θ가 주어지면, 변환된 식 (2.8)의 변환된 오차항 $u_{it} - \theta\bar{u}_i$가 RE 가정 (2.7)하에서 시계열 상관을 갖지 않는다는 것을 증명하는 것은 간단하고 앞에서 해 보았(거나 **연습** 2.4에서 증명하라고 하였)다. 하지만 아무것도 모르는 상태에서 (2.8)과 (2.9)를 도출하는 것은 간단하지 않다. 이 어려운 일을 한번 해 보자. $\mathbf{u}_i = (u_{i1}, u_{i2}, \ldots, u_{iT})'$라 하자. 그러면 $\mathbf{u}_i$의 공분산 행렬은 (2.7)에 의하여 다음과 같다.

$$\mathrm{E}(\mathbf{u}_i\mathbf{u}_i') = \sigma_\varepsilon^2 I_T + \sigma_\mu^2 \mathbf{1}_T\mathbf{1}_T' = \sigma_\varepsilon^2(I_T + \lambda\mathbf{1}_T\mathbf{1}_T') = \sigma_\varepsilon^2\Omega, \quad \lambda = \sigma_\mu^2/\sigma_\varepsilon^2 \tag{D.1}$$

여기서 I_T는 $T \times T$ 항등행렬이고 $\mathbf{1}_T$는 모든 원소가 1인 $T \times 1$ 벡터이다. 확률변수들은 i에 걸쳐 비상관이고 모두 똑같은 시계열 공분산 구조를 갖는다고 가정함에 유의하라. 물론 λ를 모르므로 적절한 방식으로 σ_μ^2과 σ_ε^2을 추정한 후 FGLS를 해야 할 것이다. 이 문제는 나중에 다시 이야기하고 지금 단계에서는 λ를 안다고 해 보자.

GLS는 방정식을 적절하게 선형변환시켜 변환된 오차항에 이분산이나 자기상관이 없도록 만들어 준 후 OLS를 하는 것과 같다. 지금 문제는 (2.7)에 보이듯이 오차 u_{it} 내에 자기상관이 존재한다는 것이다. 어떤 선형변환이 이를 제거해 줄 것인가?

만일 그 형태가 (2.8)과 같다는 것을 안다면 그 다음은 비교적 간단하며 문제는 오직 적절한 θ를 선택하는 것뿐이다. 하지만 우리는 (2.8)이 적절한 형태라는 사실까지도 도출해야 하는 실정이므로 (2.8)으로부터 출발할 수는 없다. 우리는 $\Omega = I_T + \lambda\mathbf{1}_T\mathbf{1}_T'$의 형태에서 시작해야 한다.

W라는 $T \times T$ 행렬이 있는데 $W\Omega W' = I_T$가 된다고 하자. 이 경우 $W\mathbf{u}_i$의 공분산 행렬은 $\mathrm{E}[(W\mathbf{u}_i)(W\mathbf{u}_i)'] = W\mathrm{E}(\mathbf{u}_i\mathbf{u}_i')W' = \sigma_\varepsilon^2 W\Omega W' = \sigma_\varepsilon^2 I_T$가 된다. 다시 말하여 $W\mathbf{u}_i$ 내에는 이분산도 자기상관도 없다. 그러므로 $W\Omega W' = I_T$가 되는 W행렬을 찾아 주기만 하면 된다. 이 식의 양변의 앞에 W^{-1}를 곱하고 뒤에 $(W')^{-1}$를 곱하면 $\Omega = W^{-1}(W')^{-1}$가 된다. 다시 양변의 역행렬을 구하면 $\Omega^{-1} = W'W$가 되므로 $W\Omega W' = I_T$인 W를 구하기 위해서는 $W'W = \Omega^{-1}$인 W를 구하면 된다. 일반적인 행렬에서 역행렬을 손으로 계산하고 이런 W를 찾는 것은 쉬운 일이 아니다. 하지만 (D.1)의 모양으로 된 Ω 행렬에 대하여 이러한 W를 구하는 것은 머리를 잘 쓰면 할 수 있다.

> 컴퓨터를 사용하여 수치적으로 계산하는 것은 가능하다. 이를 위해서는 우선 Ω^{-1}를 구하고 이것의 촐레스키 분해(Cholesky decomposition)를 구하면 된다. 그러나 Ω의 크기가 $T \times T$이므로 만일 T가 크면 이 수치연산에 약간 시간이 걸릴 수도 있으므로 가능하다면 손으로 문제를 풀고자 한다.

(D.1) 형태의 행렬을 직접 다루지 말고 좀 더 일반적인 경우에 대하여 논의를 시작하자. 어떤 두 행렬 P와 M이 있는데 $P' = P$, $M' = M$, $PP = P$, $MM = M$, $PM = 0$, $MP = 0$을 만족한다고 하자. 이제 0이 아닌 실수 a와 b에 대하여 $A = aP + bM$이라면 $A^{-1} = (1/a)P + (1/b)M$이 된다. 이 부분의 증명은 매우 간단하여 $(aP + bM)[(1/a)P + (1/b)M] = I$임과 $[(1/a)P + (1/b)M](aP + bM) = I$임을 쉽게 보일 수 있다. 또, $a > 0$이고 $b > 0$이면 $C = \sqrt{a}P + \sqrt{b}M$이라고 하면 $C'C = A$임을 간단히 보일 수 있다. 이제 $\Omega = aP + bM$이면서 이 문단의 첫 부분에 나열한 성질을 가지는 P와 M 행렬, 그리고 양의 실수 a와 b를 찾기만 하면 된다. 그러면 $(1/\sqrt{a})P + (1/\sqrt{b})M$이 바로 W 행렬이다. 다행히도 Ω의 모양이 좋아서 이것을 할 수 있다.

이하에서는 I_T 행렬과 $\mathbf{1}_T$ 벡터가 많이 등장할 것인데, "T" 첨자를 반복해서 쓰면 모양이 지저분해 보이므로 그 대신 I와 $\mathbf{1}$이라고 표기하자. 독자들은 I가 $T \times T$ 항등행렬이고 $\mathbf{1}$이 모든 원소가 1인 $T \times 1$ 벡터임을 염두에 두어야 할 것이다. 이제 $P = (1/T)\mathbf{1}\mathbf{1}'$라 하고 $M = I - P = I - (1/T)\mathbf{1}\mathbf{1}'$라 하자. 그러면 $P' = P$, $M' = M$임은 자명하고, $PP = (1/T)^2\mathbf{1}\mathbf{1}'\mathbf{1}\mathbf{1}' = (1/T)\mathbf{1}\mathbf{1}' = P$이다. 두 번째 등식이 성립하는 것은 $\mathbf{1}'\mathbf{1} = T$이기 때문이다. 그러므로 $MM = (I-P)(I-P) = I - P - P + PP = I - P = M$이다. 여기서 세 번째 등식을 도출할 때 $PP = P$임을 이용하였다. 다음으로 $PM = P(I-P) = P - PP = P - P = 0$이고 이와 마찬가지의 방법을 이용하여 MP도 0임을 보일 수 있다.

이제 이들 P와 M 행렬을 이용하여 Ω를 나타내 보자. $I = M + P$이므로 다음이 성립한다.

$$\Omega = I + \lambda \mathbf{1}\mathbf{1}' = M + P + \lambda \mathbf{1}\mathbf{1}' = (T\lambda + 1)P + M$$

▸ **연습 D.2.** 위 마지막 등식을 증명하라.

풀이: $\mathbf{1}\mathbf{1}' = TP$이므로 $M + P + \lambda \mathbf{1}\mathbf{1}' = M + P + T\lambda P = (T\lambda + 1)P + M$이다. 끝

그러므로 $\Omega^{-1} = (T\lambda + 1)^{-1}P + M$이다. 더 나아가

$$W = \frac{1}{\sqrt{T\lambda + 1}}P + M$$

이라고 하면 $W' = W$이고 $W'W = \Omega^{-1}$, 즉 $W\Omega W' = I$를 만족시킨다.

위의 W 식은 P와 M으로 인해 깔끔해 보이지 않는다. 그래서 $P = (1/T)\mathbf{1}\mathbf{1}'$와 $M = I - P$를 이용하여 다시 정리하면 다음을 얻는다.

$$W = \frac{1}{\sqrt{T\lambda + 1}}P + I - P = I - \left(1 - \frac{1}{\sqrt{T\lambda + 1}}\right)P = I - \theta \cdot \frac{1}{T}\mathbf{1}\mathbf{1}', \quad \theta = 1 - \frac{1}{\sqrt{T\lambda + 1}}$$

바로 이 θ가 (2.9)의 θ이다.

W 행렬을 구했으므로 이 W 행렬을 이용하여 방정식을 변환해 보자. (2.3)의 기호들을 사용하면 모형은 $\mathbf{y}_i = \mathbf{1}\alpha + \mathbf{X}_i\boldsymbol{\beta} + \mathbf{u}_i$가 되고, 좌우변에 앞에 W를 곱하면 다음이 된다.

$$W\mathbf{y}_i = W\mathbf{1}\alpha + W\mathbf{X}_i\beta + W\mathbf{u}_i$$

여기서 W는 변환된 총오차 $W\mathbf{u}_i$에 이분산이나 자기상관이 존재하지 않도록 고안되었음을 기억하라. 이제 $W\mathbf{y}_i$가 어떤 모양을 갖는지 보자.

$$W\mathbf{y}_i = (I - \theta \cdot \tfrac{1}{T}\mathbf{1}\mathbf{1}')\mathbf{y}_i = \mathbf{y}_i - \theta \mathbf{1}(\tfrac{1}{T}\mathbf{1}'\mathbf{y}_i)$$

인데 $\frac{1}{T}\mathbf{1}'\mathbf{y}_i$ 는 $(y_{i1}+y_{i2}+\cdots+y_{iT})/T$ 이므로 $\bar{y}_i$ 라고 표현하면 다음을 얻는다.

$$W\mathbf{y}_i = \begin{pmatrix} y_{i1} \\ y_{i2} \\ \vdots \\ y_{iT} \end{pmatrix} - \theta \begin{pmatrix} 1 \\ 1 \\ \vdots \\ 1 \end{pmatrix} \bar{y}_i = \begin{pmatrix} y_{i1}-\theta\bar{y}_i \\ y_{i2}-\theta\bar{y}_i \\ \vdots \\ y_{iT}-\theta\bar{y}_i \end{pmatrix}$$

즉, $W\mathbf{y}_i$ 의 t 번째 원소는 $y_{it}-\theta\bar{y}_i$ 가 된다. 독립변수들의 경우에도 마찬가지이다. $W\mathbf{X}_i$ 의 t 번째 행은 $\mathbf{X}_i$ 자체의 t 번째 행에서 θ 곱하기 변수별 표본평균을 빼면 얻을 수 있다. 즉, $W\mathbf{X}_i$ 의 t 번째 행은 $X_{it}-\theta\bar{X}_i$ 이다(단, $\bar{X}_i = \frac{1}{T}\sum_{t=1}^{T}X_{it}$). 참고로, 상수항의 경우 $W\mathbf{1}$ 의 원소는 모두 $1-\theta$ 로 동일하다.

D.3   POLS 오차 분산 추정량의 극한

표본 크기 n 이 증가할 때 식 (2.5)의 s_{pols}^2 이 무엇으로 수렴하는지 구하여 보자. 먼저, 잔차의 정의로부터 다음의 관계가 성립함을 알 수 있다.

$$\hat{u}_{it} = y_{it} - X_{it}\hat{\beta}_{pols} = X_{it}\beta + u_{it} - X_{it}\hat{\beta}_{pols} = u_{it} - X_{it}(\hat{\beta}_{pols}-\beta)$$

양변을 제곱하면 다음이 된다.

$$\hat{u}_{it}^2 = u_{it}^2 - 2u_{it}X_{it}(\hat{\beta}_{pols}-\beta) + (\hat{\beta}_{pols}-\beta)'X_{it}'X_{it}(\hat{\beta}_{pols}-\beta)$$

이에 대해 i 와 t 에 걸친 표본평균을 구하면 다음이 된다.

$$\begin{aligned}\frac{1}{nT}\sum_{i=1}^{n}\sum_{t=1}^{T}\hat{u}_{it}^2 &= \frac{1}{nT}\sum_{i=1}^{n}\sum_{t=1}^{T}u_{it}^2 - \frac{2}{nT}\sum_{i=1}^{n}\sum_{t=1}^{T}u_{it}X_{it}(\hat{\beta}_{pols}-\beta) \\ &+ (\hat{\beta}_{pols}-\beta)'\left(\frac{1}{nT}\sum_{i=1}^{n}\sum_{t=1}^{T}X_{it}'X_{it}\right)(\hat{\beta}_{pols}-\beta).\end{aligned}$$ (D.2)

우변을 살펴보면, 둘째 줄의 평균 부분(가운데에 괄호로 묶인 부분)은 일종의 표본평균이므로 n 이나 T 가 증가하면서 적당한 크기로 유지된다고 가정할 수 있다. 그런데 $\hat{\beta}_{pols}$ 가 일치성을 갖는다면 $\hat{\beta}_{pols}-\beta$ 는 0과 가깝다. 그러므로 둘째 줄은 0과 가깝다. 이와 마찬가지의 방법을 사용하여 우변 둘째 항도 0으로 수렴함을 알 수 있다. 그러므로 좌변의 잔차 제곱 평균은 오차 제곱 평균(우변 첫째 항)과 거의 같다. 우변 첫째 항은 $n \to \infty$ 일 때 큰 수의 법칙(law of large numbers)에 의하여 $\frac{1}{T}\sum_{t=1}^{T}\mathrm{E}(u_{it}^2)$ 으로 수렴한다. 유일하게 남은 점은 s_{pols}^2 는 $nT-k$ 로 나누는 반면 (D.2)의 좌변은 nT 로 나눈다는 사실이다. 하지만 nT 가 클 때 이 둘의 비율은 1로 수렴하므로 이 차이점에 대해서는 염려할 필요가 없다. 즉,

$$s_{pols}^2 = \frac{nT}{nT-k} \cdot \frac{1}{nT}\sum_{i=1}^{n}\sum_{t=1}^{T}\hat{u}_{it}^2$$

이고 $nT/(nT-k) \to 1$ 이므로 s_{pols}^2 의 극한은 (D.2)의 극한과 동일하다.

D.4   1계차분 GLS 추정량과 FE 추정량의 동일성

3.3절의 끝에서 ε_{it} 가 IID이며 평균이 0이고 분산이 σ_ε^2 이라는 가정하에서 1계차분식 (3.6)에 대하여 GLS를 하는 것이 (3.10)의 POLS인 FE 추정량과 동일하다고 한 바 있다. 이 명제는 다음과

같이 증명할 수 있다. 차분된 회귀식의 오차항 벡터를 식 (3.8)의 D'로써 표현하면 $D'\boldsymbol{\varepsilon}_i$이다. $\mathrm{E}(\boldsymbol{\varepsilon}_i\boldsymbol{\varepsilon}_i') = \sigma_\varepsilon^2 I_T$일 때 이 차분된 오차항들의 분산 공분산 행렬은 다음과 같다.

$$\mathrm{E}[(D'\boldsymbol{\varepsilon}_i)(D'\boldsymbol{\varepsilon}_i)'] = D'\mathrm{E}(\boldsymbol{\varepsilon}_i\boldsymbol{\varepsilon}_i')D = \sigma_\varepsilon^2 D'D$$

우리에게 필요한 것은 $W(D'D)W' = I_{T-1}$, 즉 $W'W = (D'D)^{-1}$를 만족시키는 W 행렬이다. 이러한 W 가 있다고 하고, 차분한 방정식 $D'\mathbf{y}_i = D'\mathbf{X}_i\beta + D'\boldsymbol{\varepsilon}_i$의 양변에 W를 곱하면 $WD'\mathbf{y}_i = WD'\mathbf{X}_i\beta + WD'\boldsymbol{\varepsilon}_i$ 가 되는데, 이 식에 대하여 POLS를 하면 다음의 FD-GLS 추정량을 얻는다.

$$\hat{\beta}_{fd,gls} = \left(\sum_{i=1}^{n} \mathbf{X}_i'DW'WD'\mathbf{X}_i\right)^{-1} \sum_{i=1}^{n} \mathbf{X}_i'DW'WD'\mathbf{y}_i$$

그런데 $W'W = (D'D)^{-1}$라 하였으므로 $DW'WD' = D(D'D)^{-1}D'$가 된다. 이 행렬을 M이라 하자. 참고로 M은 $T \times T$이다. 또 $M' = M$이고 $MM = D(D'D)^{-1}D'D(D'D)^{-1}D' = D(D'D)^{-1}D' = M$이다. 그러므로 $M'M = M$이기도 하다. 이 M 기호를 사용하여 FD-GLS 추정량을 나타내면 $DW'WD' = D(D'D)^{-1}D' = M = M'M$이므로

$$\hat{\beta}_{fd,gls} = \left(\sum_{i=1}^{n} \mathbf{X}_i'M'M\mathbf{X}_i\right)^{-1} \sum_{i=1}^{n} \mathbf{X}_i'M'M\mathbf{y}_i$$

이고, 이는 $M\mathbf{y}_i$를 $M\mathbf{X}_i$에 대하여 OLS 회귀하는 것과 동일하다.

이제 M 행렬이 어떤 모양을 갖는지 알아보자. $H = (\mathbf{1}_T, D)$라 하자. 그러면 H는 $T \times T$ 행렬이 면서 역행렬을 가지므로, $H(H'H)^{-1}H' = HH^{-1}(H')^{-1}H' = I_T$이다. 그런데 $D'\mathbf{1}_T = 0$이고, 따라서

$$H(H'H)^{-1}H' = (\mathbf{1}_T, D)\begin{pmatrix} \mathbf{1}_T'\mathbf{1}_T & 0' \\ 0 & D'D \end{pmatrix}^{-1}\begin{pmatrix} \mathbf{1}_T' \\ D' \end{pmatrix} = \frac{1}{T}\mathbf{1}_T\mathbf{1}_T' + D(D'D)^{-1}D'$$

이다. 이 식이 항등행렬(I)이어야 하므로, $D(D'D)^{-1}D' = I_T - \frac{1}{T}\mathbf{1}_T\mathbf{1}_T'$이다. 이것이 바로 M 행렬이고, 이 M에 대하여 $M\mathbf{y}_i$가 $y_{it} - \bar{y}_i$의 $T \times 1$ 벡터임은 앞에서 이미 보았다. 그러므로 $M\mathbf{y}_i$를 $M\mathbf{X}_i$에 대하여 OLS하는 것은 $y_{it} - \bar{y}_i$를 $X_{it} - \bar{X}_i$에 대하여 POLS하는 것과 동일하다.

D.5 LSDV 회귀와 FE 회귀의 동일성

LSDV 회귀와 FE 회귀로부터 구한 β 추정량이 동일함을 증명하자. (2.3)의 행렬 부호를 사용하고 $M = I_T - \frac{1}{T}\mathbf{1}_T\mathbf{1}_T'$라 하자. 그러면 $M\mathbf{y}_i$의 t번째 원소는 $y_{it} - \bar{y}_i$임을 이미 보았다. 따라서 $\hat{\beta}_{fe}$는 $M\mathbf{y}_i$ 를 $M\mathbf{X}_i$에 대하여 OLS한 것과 같다. 이제 LSDV 추정량을 표현하기 위하여 $\mathbf{D}_i$를 i번째 열이 1의 값을 갖고 나머지는 모두 0의 값을 갖는 $T \times n$ 행렬이라 하고 이들을 세로로 쌓아서 만든 행렬을 $\mathbf{D}$라 하자. 그러면 β의 LSDV 추정량은 $\mathbf{y} - \mathbf{D}(\mathbf{D}'\mathbf{D})^{-1}\mathbf{D}'\mathbf{y}$를 $\mathbf{X} - \mathbf{D}(\mathbf{D}'\mathbf{D})^{-1}\mathbf{D}'\mathbf{X}$에 대하여 OLS 회귀하여 구하는 추정량과 동일하다. 그런데 $\mathbf{D}$를 크로네커 곱으로 표시해 보면 $\mathbf{D} = I_n \otimes \mathbf{1}_T$이다. 따라서 $\mathbf{D}(\mathbf{D}'\mathbf{D})^{-1}\mathbf{D}' = (I_n \otimes \mathbf{1}_T)[(I_n \otimes \mathbf{1}_T)'(I_n \otimes \mathbf{1}_T)]^{-1}(I_n \otimes \mathbf{1}_T)'$이다. 크로네커 곱의 성질에 의해 계산이 매우 단순해져 이 식은 $\frac{1}{T}(I_n \otimes \mathbf{1}_T\mathbf{1}_T')$가 된다. 그리하여 다음을 얻는다.

$$\mathbf{D}(\mathbf{D}'\mathbf{D})^{-1}\mathbf{D}'\mathbf{y} = \begin{pmatrix} \frac{1}{T}\mathbf{1}_T\mathbf{1}_T' & \cdots & 0 \\ \vdots & & \vdots \\ 0 & \cdots & \frac{1}{T}\mathbf{1}_T\mathbf{1}_T' \end{pmatrix}\begin{pmatrix} \mathbf{y}_1 \\ \vdots \\ \mathbf{y}_n \end{pmatrix} = \begin{pmatrix} \mathbf{1}_T\bar{y}_1 \\ \vdots \\ \mathbf{1}_T\bar{y}_n \end{pmatrix}$$

이로부터 $\mathbf{y} - \mathbf{D}(\mathbf{D}'\mathbf{D})^{-1}\mathbf{D}'\mathbf{y}$의 각 원소는 $y_{it} - \bar{y}_i$임을 확인할 수 있고, 이와 동일한 방법을 사용하여 X_{it}와 관련된 부분도 확인할 수 있다. 이로써 LSDV가 FE와 동일한 방법임을 증명하였다.

D.6   FE 로짓 추정량의 도출

$\Pr(y_{it}=1|\mu_i)=\Lambda(\alpha+X_{it}\beta+\mu_i)$ 이고 $T=2$ 라 하자. 여기서 $\Lambda(\cdot)$ 는 표준 로지스틱 분포의 CDF, 즉 $\Lambda(x)=e^x/(1+e^x)$ 이다. μ_i 조건부로 y_{it} 가 서로 독립이라 하자. 만약 μ_i 가 관측된다면 여느 로짓 추정과 마찬가지로 다음과 같은 로그우도함수를 최대화함으로써 α 와 β 를 추정할 수 있을 것이다.

$$\ln L^*(\alpha,\beta)=\sum_{i=1}^{n}\sum_{t=1}^{T}\{y_{it}\ln\Lambda(\alpha+X_{it}\beta+\mu_i)+(1-y_{it})\ln[1-\Lambda(\alpha+X_{it}\beta+\mu_i)]\}$$

문제는 μ_i 가 관측되지 않으므로 이 로그우도함수는 값을 구할 수 없으며 최대화시키지도 못한다는 것이다. 임의효과RE 접근법에서는 μ_i 에 대한 특정 분포를 가정하고 μ_i 에 대하여 평균을 취하여 제거해 버린다average out.

로짓의 경우 고정효과FE 접근법이 가능하다. 그 핵심은 $y_{i1}\neq y_{i2}$ 라는 조건부로 확률분포를 구하는 것이다. 독립변수들(X_{it})이 비임의적nonrandom이라는 가정하에 다음이 성립한다.

$$\Pr(y_{i2}=1|y_{i1}\neq y_{i2},\mu_i)=\frac{\Pr(y_{i1}=0,y_{i2}=1|\mu_i)}{\Pr(y_{i1}=0,y_{i2}=1|\mu_i)+\Pr(y_{i1}=1,y_{i2}=0|\mu_i)}$$
$$=\frac{(1-q_{i1})q_{i2}}{(1-q_{i1})q_{i2}+q_{i1}(1-q_{i2})},\quad q_{it}=\Lambda(\alpha+X_{it}\beta+\mu_i)$$

여기서 첫째 줄은 조건부 확률의 정의와 $\Pr(A|B,C)=\Pr(A\cap B|C)/\Pr(B|C)$ 로부터 도출되고, 둘째 줄은 로짓 모형이므로 성립한다. $\Lambda(\cdot)$ 함수의 정의를 이용하여 $1-\Lambda(x)=1/(1+e^x)$ 을 얻고, 그 다음 이리저리 약분하고 정리하면 다음을 얻는다.

$$\Pr(y_{i2}=1|y_{i1}\neq y_{i2},\mu_i)=e^{\Delta X_{i2}\beta}/(1+e^{\Delta X_{i2}\beta})=\Lambda(\Delta X_{i2}\beta),\quad \Delta X_{i2}=X_{i2}-X_{i1}\qquad(D.3)$$

이제 양변에 μ_i 에 대하여 평균을 취하면average out 다음이 된다.

$$\Pr(y_{i2}=1|y_{i1}\neq y_{i2})=\mathrm{E}\big[\Pr(y_{i2}=1|y_{i1}\neq y_{i2},\mu_i)\big|y_{i1}\neq y_{i2}\big]=\mathrm{E}[\Lambda(\Delta X_{i2}\beta)|y_{i1}\neq y_{i2}]=\Lambda(\Delta X_{i2}\beta)$$

첫째 등식은 반복평균의 법칙law of iterated expectations이고, 둘째 등식은 (D.3)이며, 마지막 등식은 X_{it} 가 비임의적nonrandom이므로 성립한다. 이 식에 따르면 $y_{i1}\neq y_{i2}$ 인 관측치들만 골라내서 y_{i2} 를 ΔX_{i2} 에 대하여 로짓회귀를 하면 β 의 일관된 추정량을 얻을 수 있다.

$T>2$ 인 경우에는 다음과 같이 할 수 있다. $k_i=\sum_{t=1}^{T}y_{it}$ 라 하자. 즉, k_i 는 i 번째 개체에서 종속 변수 값이 1이 발생한 횟수이다. 그러면 모든 $\sum_{t=1}^{T}y_t=k$ 인 $y_1,y_2,\ldots,y_T$ 에 대하여

$$\Pr(y_{i1}=y_1,\ldots,y_{iT}=y_T|k_i=k,\mu_i)=\frac{\Pr(y_{i1}=y_1,\ldots,y_{iT}=y_T|\mu_i)}{\Pr(k_i=k|\mu_i)}\qquad(D.4)$$

이며, μ_i 조건부로 y_{it} 는 서로 독립이므로, 분자는 $\prod_{t=1}^{T}\Pr(y_{it}=y_t|\mu_i)$ 가 된다. 분모는 $\sum_{t=1}^{T}y_{it}=k$ 가 되는 모든 가능한 $(y_{i1},\ldots,y_{iT})$ 조합들의 조건부 확률의 합, 즉 $\Pr(k_i=k|\mu_i)=\sum_{\mathbf{d}\in S(k)}\Pr(\mathbf{y}_i=\mathbf{d}|\mu_i)$ 이다. 여기서 $\mathbf{y}_i=(y_{i1},\ldots,y_{iT})$ 이고, $S(k)$ 는 0과 1로 구성되었으며 원소의 합이 k 인 모든 T 벡터들의 집합이다. 로지스틱 CDF의 특징에 의하여 (D.4)의 분자의 분모와 분모의 분모가 서로 소거되고, $\mathbf{y}=(y_1,\ldots,y_T)$ 및 $\mathbf{d}=(d_1,\ldots,d_T)$ 라 할 때 (D.4)는 다음이 된다.

$$\Pr(\mathbf{y}_i=\mathbf{y}|k_i=k,\mu_i)=\frac{\prod_{t=1}^{T}\exp\{y_t(\alpha+X_{it}\beta+\mu_i)\}}{\sum_{\mathbf{d}\in S(k)}\prod_{t=1}^{T}\exp\{d_t(\alpha+X_{it}\beta+\mu_i)\}}$$

분자와 분모를 자세히 들여다 보자. 여기서는 $\sum_{t=1}^{T} y_t = k$, $\sum_{t=1}^{T} d_t = k$이고 $\exp(a+b) = \exp(a)\exp(b)$ 이므로 분자와 분모에서 α나 μ_i와 관련된 항들은 모두 서로 소거됨을 알 수 있다. 그리하여 다음 표현을 얻는다.

$$\Pr(\mathbf{y}_i = \mathbf{y}|k_i = k, \mu_i) = \frac{\exp(\sum_{t=1}^{T} y_t X_{it}\beta)}{\sum_{\mathbf{d}\in S(k)} \exp(\sum_{t=1}^{T} d_t X_{it}\beta)}$$

우변에 μ_i가 없으므로 μ_i를 평균하여 제거하면 다음 확률을 얻는다.

$$\Pr(\mathbf{y}_i = \mathbf{y}|k_i = k) = \frac{\exp(\sum_{t=1}^{T} y_t X_{it}\beta)}{\sum_{\mathbf{d}\in S(k)} \exp(\sum_{t=1}^{T} d_t X_{it}\beta)} \tag{D.5}$$

참고로, $k = T$이거나 $k = 0$이면 이 식의 우변은 β와 무관하게 1의 값을 갖는다. 조건부 확률식 (D.5) 로부터 로그우도함수는 다음과 같이 도출된다.

$$\ln L(\beta) = \sum_{i=1}^{n}\left[\sum_{t=1}^{T} y_{it} X_{it}\beta - \ln \sum_{\mathbf{d}\in S(k_i)} \exp\left(\sum_{t=1}^{T} d_t X_{it}\beta\right)\right]$$

FE 로짓 추정량은 이 로그우도함수를 최대화한다. 이 로그우도함수는 조건부 확률로부터 도출된 것으로 조건부 로그우도함수(conditional log-likelihood)라고들 한다. 그래서 FE 로짓 추정량을 조건부 로짓 추정량(conditional logit estimator)이라고도 한다.

식 (D.5)로부터 $T = 2$인 경우의 표현을 도출해 보자. $T = 2$이고 $k = 1$이면 $S(1) = \{(0,1),(1,0)\}$ 이다. 그러므로 $\Pr(y_{i1} = 0, y_{i2} = 1|y_{i1} + y_{i2} = 1)$의 분자는 $\exp(0 + X_{i2}\beta)$이고 분모는 $\exp(0 + X_{i2}\beta) + \exp(X_{i1}\beta + 0)$이 되어, 분자와 분모를 $\exp(X_{i1}\beta)$로 나누면 (D.3)의 표현을 얻는다.

최우추정을 실제로 하기 위해 식 (D.5)의 분모를 계산하려면 $\binom{T}{k}$개의 항들을 계산하여야 한다. 이 계산에는 상당히 시간이 많이 걸릴 수 있다. 예를 들어 $T = 20$이면 $k_i = 10$인 i에 대하여 하나의 주어진 β에 대하여 184,756번의 연산이 필요하다. 각각의 i에 대하여 연산을 해야 하므로 각 β마다 총 연산의 횟수는 $\sum_{i=1}^{n}\binom{T}{k_i}$로서 어마어마하게 클 수 있다. 거기에 로그우도함수의 수치적 최대화를 위해서는 반복된 연산이 필요하므로 소요시간이 더욱 배가된다. Stata의 "xtlogit, fe"는 축차적 대입 방법을 이용하여 이 연산을 효율적으로 하도록 만들어 놓았다. 자세한 내용은 Stata의 clogit 명령에 대한 매뉴얼과 거기에 제시된 참고문헌을 읽어 보기 바란다.

참고문헌

Abadie, Alberto, and Javier Gardeazabal (2003). The economic cost of conflicts: A case study of the Basque Country, *American Economic Review* 93(1), 113–132.

Abadie, Alberto, Alexis Diamond, and Jens Hainmueller (2010). Synthetic control methods for comparative case studies: Estimating the effect of California's tobacco control program, *Journal of American Statistical Association* 105(409), 493–505.

Abrigo, Michael R. M., and Inessa Love (2015). Estimation of Panel Vector Autoregression in Stata: a Package of Programs. University of Hawaii working paper.

Acemoglu, Daron, Simon Johnson, James A. Robinson, and Pierre Yared (2008). Income and Democracy, *American Economic Review* 98(3), 808–842.

Adão, Rodrigo, Michal Kolesár, and Eduardo Morales (2019). Shift-share designs: Theory and inference, *Quarterly Journal of Economics* 134(4), 1949–2010.

Ahn, Seung C., and Peter Schmidt (1995). Efficient estimation of models for dynamic panel data, *Journal of Econometrics* 68, 5–27.

Amemiya, Takeshi, and Thomas E. MaCurdy (1986). Instrumental-variable estimation of an error-components model, *Econometrica* 54(4), 869–880.

Anderson, T.W., and Cheng Hsiao (1981). Estimation of dynamic models with error components, *Journal of American Statistical Association* 76(375), 598–606.

Anselin, Luc (2010). Thirty years of spatial econometrics, *Papers in Regional Science* 89(1), 3–25.

Arcand, Jean Louis, Enrico Berkes, and Ugo Panizza (2015). Too much finance? *Journal of Economic Growth* 20, 105–148.

Arellano, Manuel (2003). *Panel Daga Econometrics*, Oxford University Press Inc., New York.

Arellano, Manuel (2014). Econometrics of survey data, Presentation Slides, September 2014, CEMFI.

Arellano, Manuel, and Stephen Bond (1991). Some tests of specification for panel data: Monte Carlo evidence and an application to employment equations, *Review of Economic Studies* 58(2), 277–297.

Arellano, Manuel, and Olympia Bover (1995). Another look at the instrumental variable estimation of error-components models, *Journal of Econometrics* 68, 29–51.

Arkhangelsky, Dmitry, Susan Athey, David A. Hirshberg, Guido W. Imbens, and Stefan Wager (22021). Synthetic difference-in-differences, *American Economic Review* 111(12), 4088–4118.

Auto, David H., David Dorn, and Gordon H. Hanson (2013). The China syndrome: Local labor market effects of import competition in the United States, *American Economic Review* 103(6), 2121–2168.

Bai, Jushan (2003). Inferential theory for factor models of large dimensions, *Econometrica* 71(1), 135–171.

Bai, Jushan (2009). Panel data models with interactive fixed effects, *Econometrica* 77(4), 1229–1279.

Bai, Jushan, and Serena Ng (2002). Determining the number of factors in approximate factor models, *Econometrica* 70(1), 191–221.

Balestra, Pietro and Jayalakshmi Varadharajan-Krishnakumar (1987). Full information estimations of system of simultaneous equations with error component structure, *Econometric Theory* 3, 223–246.

Baltagi, Badi H. (1981). Simultaneous equations with error components, *Journal of Econometrics* 17, 189–200.

Baltagi, Badi H. (2003). *Econometric Analysis of Panel Data*, John Wiley and Sons.

Baltagi, Badi H. (2006). Estimating an Economic Model of Crime using Panel Data from North Carolina, *Journal of Applied Econometrics* 21(4), 543–547.

Baltagi, Badi H. (2013). *Econometric Analysis of Panel Data*, 5th Edition, Wiley.

Baltagi, Badi H., and Qi Li (1990). A Lagrange multiplier test for the error components model with incomplete panels, *Econometric Reviews* 9, 103–107.

Baltagi, Badi H., and Qi Li (1992). A note on the estimation of simultaneous equations with error components, *Econometric Theory* 8(1), 113–119.

Bartik, Timothy J. (1991). *Who Benefits from State and Local Economic Development Policies?*, Kalamazoo, MI: W.E. Upjohn Institute for Employment Research.

Bhargava, Alok, L. Franzini, and W. Narendranathan (1982). Serial correlation and the fixed effects model, *Review of Economic Studies* 49, 533–549.

Bhargava, Alok, and J. D. Sargan (1983). Estimating dynamic random effects models from panel data covering short time periods, *Econometrica* 51(6), 1635–1659.

Blundell, Richard, and Stephen Bond (1998). Initial conditions and moment restrictions in dynamic panel data models, *Journal of Econometrics* 87, 115–143.

Breusch, Trevor S. (1979). Testing for autocorrelation in dynamic linear models, *Australian Economic Papers* 17, 334–355.

Breusch, Trevor S., Grayham E. Mizon, and Peter Schmidt (1989). Efficient estimation using panel data, *Econometrica* 57(3), 695–700.

Breusch, Trevor S., and Adrian R. Pagan (1979). A simple test for heteroskedasticity and random coefficient variation, *Econometrica* 47, 987–1007.

Breusch, Trevor S., and Adrian R. Pagan (1980). The Lagrange multiplier test and its applications to model specification in econometrics, *Review of Economic Studies* 47, 239–253.

Breusch, Trevor S., Michael B. Ward, Hoa Thi Minh Nguyen, and Tom Kompas (2011). On the fixed-effects vector decomposition, *Political Analysis* 19, 123–134.

Broxter, Daniel A., and William D. Larson (2020). An empirical examination of shift-share instruments, *Journal of Regional Science* 60, 677–711.

Burke, Marshall, Solomon M. Hsiang, and Edward Miguel (2015). Global non-linear effect of temperature on economic production, *Nature* 527, 235–239.

Cagala, T., and U. Glogowsky (2014). Panel Vector Autoregression for Stata (xtvar).

Cameron, A. Colin, and Douglas L. Miller (2015). A practitioner's guide to cluster-robust inference, *Journal of Human Resources* 50(2), 317–372.

Chamberlain, Gary (1980). Analysis of covariance with qualitative data, *Review of Economic Studies* 47(1), 225–238.

Chowdhury, G. (1987). A note on correcting biases in dynamic panel models, *Applied Economics* 19, 31–37.

Choi, In, and Chung-Ming Kuan (2012). The ET interview: Professor Cheng Hsiao, *Econometric Theory* 28, 1351–1372.

Cochrane, D., and G. H. Orcutt (1949). Application of least squares regression to relationships containing auto-correlated error terms, *Journal of American Statistical Association* 44(245), 32–61.

Cornwell, Christopher, and Peter Rupert (1988). Efficient estimation with panel data: An empirical comparison of instrumental variables estimators, *Journal of Applied Econometrics* 3(2), 149–155.

Cornwell, Christopher, and William N. Trumbull (1994). Estimating the economic model of crime with panel data, *Review of Economic Statistics* 76(2), 360–366.

Correia, Sergio (2017). reghdfe: Stata module for linear and instrumental-variable/gmm regression absorbing multiple levels of fixed effects. Statistical Software Components s457874, Boston College Department of Economics. https://ideas.repec.org/c/boc/bocode/s457874.html

Cox, Nicholas J. (2011). Speaking Stata: Compared with ⋯, *The Stata Journal* 11(2), 305–314.

de Chaisemartin, Clément and Xavier D'Haultfœuille (2020). Two-way fixed effects estimators with heterogenous treatment effects, *American Economic Review* 110(9), 2964–2996.

de Hoyos, Rafael E., and Vasilis Sarafidis (2006). Testing for cross-sectional dependence in panel-data models, *The Stata Journal* 6(4), 482–496.

Drukker, David M. (2003). Testing for serial correlation in linear panel-data models, *The Stata Journal* 3(2), 168–177.

Dustmann, Christian, and María Engracia Rochina-Barrachina (2007). Selection correction in panel data models: An application to the estimation of females' wage equations, *Econometrics Journal* 10, 263–293.

Efron, Bradley (1979). Bootstrap methods: Another look at the jackknife, *Annals of Statistics* 7(1), 1–26.

Eicker, Friedhelm (1967). Limit theorems for regressions with unequal and dependent errors, *Proceedings of the Fifth Berkeley Symposium on Mathematical Statistics and Probability* 1, 59–82.

Engle, Robert F., and Clive W. J. Granger (1987). Co-integration and error correction: Representation, estimation, and testing, *Econometrica* 55(2), 251–276.

Feldstein, Martin S., and Charles Y. Horioka (1980). Domestic saving and international capital flow, *Economic Journal* 90, 314–329.

Frees, Edward W. (1995). Assessing cross-sectional correlation in panel, *Journal of Econometrics* 69, 393–414.

Frees, Edward W. (2004). *Longitudinal and Panel Data: Analysis and Applications in Social Sciences*, Cambridge University Press.

Friedman, Milton (1937). The use of ranks to avoid the assumption of normality implicit in the analysis of variance, *Journal of American Statistical Association* 32, 675–701.

Goldsmith-Pinkham, Paul, Issac Sorkin, and Henry Swift (2019). Bartik instruments: What, when, why, and how, *NBER Working Paper 24408*.

Goodman-Bacon, Andrew (2021). Difference-in-differences with variation in treatment timing, *Journal of Econometrics* 225, 254–277.

Granger, Clive W. J. (1981). Some properties of time series data and their use in econometric model specification, *Journal of Econometrics* 16, 121–130.

Granger, Clive W. J., and Paul Newbold (1974). Spurious regressions in econometrics, *Journal of Econometrics* 2(2), 111–120.

Greenaway-McGrevy, Ryan, Chirok Han, and Donggyu Sul (2012). Asymptotic distribution of factor augmented estimators for panel regression, *Journal of Econometrics* 169, 48–53.

Greenaway-McGrevy, Ryan, Chirok Han, and Donggyu Sul (2012). Efficient estimation and inference for difference-in-difference regressions with persistent errors, *Advances in Econometrics* 33, 281–302.

Greene, William (2000). *Econometric Analysis*, Upper Saddle River, NJ: Prentice-Hall.

Greene, William (2011). Fixed effects vector decomposition: a magical solution to the problem of time-invariant variables in fixed effects models? *Political Analysis* 19, 135–146.

Grunfeld, Yehuda (1958). *The Determinants of Corporate Investment*, Ph.D. thesis, Department of Economics, University of Chicago.

Guimarães, Paulo, and Pedro Portugal (2010). A simple feasible alternative procedure to estimate models with high-dimensional fixed effects, *Stata Journal* 10(4), 628–649.

Hadri, K. (2000). Testing for stationarity in heterogeneous panel data. *Econometrics Journal* 3, 148–-161.

Han, Chirok (2016). Efficiency comparison of random effects two stage least squares estimators, *Economics Letters* 148, 59–62.

Han, Chirok, and Goeun Lee (2017). Efficient estimation of linear panel data models with sample selection and fixed effects, *Discussion Paper 1707*, Korea University.

Han, Chirok, and Goeun Lee (2022). Bias correction for within-group estimation of panel data models with fixed effects and sample selection, *Economics Letters* 220, 110882.

Han, Chirok, and Hyoungjong Kim (2014). The role of constant instruments in dynamic panel estimation, *Economics Letters* 124, 500–503.

Han, Chirok, and Peter C. B. Phillips (2010). GMM estimation for dynamic panels with fixed effects and strong instruments at unity, *Econometric Theory* 26, 119–151.

Han, Chirok, and Peter C. B. Phillips (2013). First difference maximum likelihood and dynamic panel estimation, *Journal of Econometrics* 175,

35–45.

Han, Chirok, Peter C. B. Phillips, and Donggyu Sul (2011). Uniform asymptotic normality in stationary and unit root autoregression, *Econometric Theory* 27, 1117–1151.

Han, Chirok, Peter C. B. Phillips, and Donggyu Sul (2014). X-differencing and dynamic panel model estimation, *Econometric Theory* 30, 201–251.

Han, Chirok, and Kwanho Shin (2016). What Explains Current Account Surplus in Korea? *KIEP Working Paper*, Korea Institute for International Economic Policy.

Hansen, C. B. (2007a). Generalized least squares inference in panel and multilevel models with serial correlation and fixed effects, *Journal of Econometrics* 140(2), 670–694.

Hansen, C. B. (2007b). Asymptotic properties of a robust variance matrix estimator for panel data when T is large, *Journal of Econometrics* 141(2), 597–620.

Hansen, Lars Peter (1982). Large sample properties of generalized method of moments estimators, *Econometrica* 50(4), 1029–1054.

Harris, R. D. F., and E. Tzavalis (1999). Inference for unit roots in dynamic panels where the time dimension is fixed, *Journal of Econometrics* 91, 201–226.

Hausman, Jerry A. (1978). Specification tests in econometrics, *Econometrica* 46(6), 1251–1271.

Hausman, Jerry A., and William E. Taylor (1981). Panel data and unobservable individual effects, *Econometrica* 49(6), 1377–1398.

Heckman, James (1976). The common structure of statistical models of truncation, sample selection and limited dependent variables and a simple estimator for such models, *Annals of Economic and Social Measurement* 5(4), 475–492.

Heckman, James (1979). Sample selection bias as a specification error, *Econometrica* 47(1), 153–161.

Honoré, Bo E., and Ekaterini Kyriazidou (2000). Panel data discrete choice models with lagged dependent variables, *Econometrica* 68(4), 839–874.

Horowitz, J. (2001). The bootstrap, in J. J. Heck-man and E. E. Leamer (eds.), *Handbook of Econometrics*, Vol. 5 (North-Holland Publishing Co., Amsterdam).

Hsiao, Cheng (2014). *Analysis of Panel Data*, Third Edition, Cambridge University Press.

Hsiao, Cheng, H. Steve Ching, and Shui Ki Wan (2012). A panel data approach for program evaluation: Mesuring the benefits of political and economic integration of Hong Kong with Mainland China, *Journal of Applied Econometrics* 27, 705–740.

Hsiao, Cheng, M. Hashem Pesaran, and A. Kamil Tahmiscioglu (2002). Maximum likelihood estimation of fixed effects dynamic panel data models covering short time periods, *Journal of Econometrics* 109, 107–150.

Im, K. S., M. H. Pesaran, and Y. Shin (2003). Testing for unit roots in heterogeneous panels, *Journal of Econometrics* 115, 53–-74.

Imbens, Guido, and Jeffrey M. Wooldridge (2007). What's new in econometrics? Lecture 12, *NBER Lecture Notes 12, Summer '07*.

Johansen, Søren (1991). Estimation and hypothesis testing of cointegration vectors in Gaussian vector autoregressive models, *Econometrica* 59(6), 1551–1580.

Johnson, David R. (2008). Using Weights in the Analysis of Survey Data, Presentation Slides, Pennsylvania Stata University.

Kakwani, N. C. (1967). The unbiasedness of Zellner's Seemingly Unrelated Regression Equations Estimators, *Journal of American Statistical Association* 62(317), 141–142.

Kao, C. (1999). Spurious regression and residual-based tests for cointegration in panel data, *Journal of Econometrics* 90, 1–44.

Kitazawa, Yoshitsugu (2012). Hyperbolic transformation and average elasticity in the framework of the fixed effects logit model, *Theoretical Economics Letters* 2, 192–199.

Kripfganz, S. (2016). xtdpdqml: Quasi-maximum likelihood estimation of linear dynamic short-T panel data models, *Stata Journal* (accepted manuscript).

Kyriazidou, Ekaterini (1997). Estimation of a panel data sample selection model, *Econometrica*

65(6), 1335–1364.

Lee, Myoung-Jae (2002). *Panel Data Econometrics*, New York: Academic Press.

Lee, Myoung-Jae (2010). *Micro-Econometrics: Methods of Moments and Limited Dependent Variables*, Second Edition, Springer.

Levin, A., C.-F. Lin, and C.-S. J. Chu (2002). Unit root tests in panel data: Asymptotic and finite-sample properties, *Journal of Econometrics* 108, 1–24.

Li, Kathleen T., and David R. Bell (2017). Estimation of average treatment effects with panel data: Asymptotic theory and implementation, *Journal of Econometrics* 197, 65–75.

Liang, Kung-Yee, and Scott L. Zeger (1986). Longitudinal data analysis using generalized linear models, *Biometrika* 73(1), 13–22.

Ludwig, Volker (2010). xtfeis.ado: linear fixed effects models with individual slopes, Presentation at the 8th German Stata Users Group Meeting, University of Mannheim.

Ludwig, Volder, and Josef Brüderl (2018). Is there a male marital wage premium? New evidence from the United States, *American Sociological Review* 83(4), 744–770.

Manski, Charles F. (1975). Maximum score estimation of the stochastic utility model of choice, *Journal of Econometrics* 3 205–228.

Moffit, Robert, John Fitzgerald, and Peter Gottschalk (1999). Sample attrition in panel data: the role of selection on observables, *Annales d'Économie et de Statistique* 55–56, 129–152.

Mroz, Thomas A. (1987). The sensitivity of an empirical model of married women's hours of work to economic and statistical assumptions, *Econometrica* 55, 765–799.

Mundlak, Yair (1978). On the pooling of time series and cross section data, *Econometrica* 46(1), 69–85.

Newey, Whitney K., and Kenneth D. West (1987). A simple, positive semi-definite, heteroskedasticity and autocorrelation consistent covariance matrix, *Econometrica* 55(3), 703–708.

Neyman, Jerzy, and Elizabeth L. Scott (1948). Consistent estimation from partially consistent

observations, *Econometrica* 16(1), 1–32.

Nickell, Stephen (1981). Biases in dynamic models with fixed effects, *Econometrica* 49(6), 1417–1426.

Nijman, Theo, and Marno Verbeek (1992). Nonresponse in panel data: The impact on estimates of a life cycle consumption function, *Journal of Applied Econometrics* 7(3), 243–257.

Paelinck J, and L. Klaassen (1979). *Spatial econometrics*, Saxon House, Farnborough.

Pedroni, P. (1999). Critical values for cointegration tests in heterogeneous panels with multiple regressors, *Oxford Bulletin of Economics and Statistics*, Special Issue, 653–670.

Pedroni, P. (2001). Purchasing power parity tests in cointegrated panels, *Review of Economic Statistics* 83(4), 727–731.

Pesaran, M. Hashem (2004). General diagnostic tests for cross section dependence in pan- els. University of Cambridge, Faculty of Economics, Cambridge Working Papers in Economics No. 0435.

Pesaran, M. Hashem (2006). Estimation and inference in large heterogeneous panels with a multifactor error structure, *Econometrica* 74(4), 967–1012.

Pesaran, M. Hashem (2012). On the interpretation of panel unit root tests, *Economics Letters* 116, 545–546.

Pesaran, M. Hashem, Yongcheol Shin, and Ron P. Smith (1999). Pooled mean group estimation of dynamic heterogenous panels, *Journal of American Statistical Association* 94(446), 621–634.

Phillips, Peter C. B. (1995). Fully modified least squares and vector autoregression, *Econometrica* 63(5), 1023–1078.

Phillips, Peter C. B., and Pierre Perron (1988). Testing for a unit root in time series regression, *Biometrika* 75(2), 335–346.

Plümper, Thomas, and Vera E. Troeger (2007). Efficient estimation of time-invariant and rarely changing variables in finite sample panel analyses with unit fixed effects, *Political Analysis* 15, 124–139.

Rochina-Barrachina, María Engracia (1999). A

new estimator for panel data sample selection models, *Annales d'Economie et de Statistique* 55–56, 153–182.

Rosenbaum, S. (1961). Moments of truncated bivariate normal distribution, *Journal of Royal Statistical Society, Series B (Methodological)* 23(2), 405–408.

Semykina, Anastasia, and Jeffrey M. Wooldridge (2013). Estimation of dynamic panel data with sample selection, *Journal of Applied Econometrics* 28, 47–61.

Shakil, Shahadat Hossain (2013). *Shift Share Analysis* [Presentation Slides]. `slideshare.net/ShakilURP06BUET/ shift-share-analysis.`

StataCorp. (2015). *Stata Statistical Software: Release 14*, College Station, TX: StataCorp LP.

Stock, J. H., and M. W. Watson (2008). Heteroskedasticity-robust standard errors for fixed effects panel data regression, *Econometrica* 76(1), 155–174.

Swamy, P. A. V. B., and S. S. Arora (1972). The exact finite sample properties of the estimators of coefficients in the error components regression models, *Econometrica* 40(2), 261–275.

Summers, R., and A. Heston (1991). The Penn World Table (Mark 5): An expanded set of international comparisons, 1950–1988, *Quarterly Journal of Economics* 106(2), 327–368.

Thompson, Samuel B. (2009). Simple formulas for standard errors that cluster by both firm and time, *SSRN working paper*.

Vella, Francis, and Marno Verbeek (1998). Whose wages do unions raise? A dynamic model of unionism and wage rate determination for young men, *Journal of Applied Econometrics* 13(2), 163–183.

Verbeek, Marno (2004). *A guide to modern econometrics*, John Wiley and Sons.

Wallace, T. D., and Ashiq Hussain (1969). The use of error components model in combining cross section with time series data, *Econometrica* 37(1), 55–72.

Watson, Nicole (2012). *Longitudinal and Cross-sectional Weighting Methodology for the HILDA Survey*, HILDA Project Technical Paper Series No. 2/12, December 2012.

Westerlund, J. (2007). Testing for error correction in panel data, *Oxford Bulletin of Economics and Statistics* 69(6), 709–748.

White, Halbert (1980). A heteroskedasticity-consistent covariance matrix estimator and a direct test for heteroskedasticity, *Econometrica* 48(4), 817–838.

Windmeijer, Frank (2005). A finite sample correction for the variance of linear effcient two-step GMM estimators, *Journal of Econometrics* 126, 25–51.

Wooldridge, Jeffrey M. (1995). Selection corrections for panel data models under conditional mean independence assumptions, *Journal of Econometrics* 68, 115–132.

Wooldridge, Jeffrey M. (2002). *Econometric Analysis of Cross Section and Panel Data*, MIT.

Wooldridge, Jeffrey M. (2005). Simple solutions to the initial conditions problem in dynamic, non-linear panel data models with unobserved heterogeneity, *Journal of Applied Econometrics* 20(1), 39–54.

Wooldridge, Jeffrey M. (2010). *Econometric Analysis of Cross Section and Panel Data*, 2nd ed., MIT.

Wooldridge, Jeffrey M. (2013). *Introductory Econometrics: A Modern Approach*, South-Western, Cengage Learning.

Yu, Jihai, Robert de Jong, and Lung-fei Lee (2008). Quasi-maximum likelihood estimators for spatial dynamic panel data with fixed effects when both n and T are large, *Journal of Econometrics* 146, 118–134.

Zellner, Arnold (1962). An efficient method of estimating seemingly unrelated regressions and tests for aggregation bias, *Journal of American Statistical Association* 57(298), 348–368.

민인식·최필선(2012). STATA 패널데이터 분석, 지필미디어

민인식·최필선(2012). STATA 고급 패널데이터 분석, 지필미디어

박민규(2013). 한국노동패널 가중치 연구, 보고서 2013.12, 한국노동연구원

박상수·한치록(2019). 계량경제학I, Introductory

Econometric: A Modern Approach, 7th Edition 국역, Cengage, 박영사

한국조세재정연구원(2012). 재정패널 가중치, 재정패널조사 테크니컬리포트, 2012-04-10, 한국조세재정연구원

한치록(2019). 계량경제학 강의, 제3판, 박영사

찾아보기

저자 약력

한치록

서울대학교 경제학과 학사, 석사
미시간주립대학교 경제학과 박사(계량경제학 전공)
뉴질랜드 빅토리아대학교 경제학과 교수 역임
뉴질랜드 오클랜드대학교 경제학과 교수 역임
현 고려대학교 경제학과 교수
e-mail: chirokhan@korea.ac.kr

제4판
패널데이터강의

초판발행	2017년 2월 25일
제2판발행	2019년 1월 10일
제3판발행	2021년 2월 25일
제4판발행	2024년 1월 10일
지은이	한치록
펴낸이	안종만·안상준
편 집	전채린
기획/마케팅	이영조
표지디자인	이영경
제 작	고철민·조영환
펴낸곳	(주)**박영사**
	서울특별시 금천구 가산디지털2로 53, 210호(가산동, 한라시그마밸리)
	등록 1959. 3. 11. 제300-1959-1호(倫)
전 화	02)733-6771
f a x	02)736-4818
e-mail	pys@pybook.co.kr
homepage	www.pybook.co.kr
ISBN	979-11-303-1885-1 93320

정 가 36,000원